Information und Recht

Band 60

Schriftenreihe Information und Recht

Herausgegeben von

Prof. Dr. Thomas Hoeren
Prof. Dr. Gerald Spindler
Prof. Dr. Bernd Holznagel, LL.M.
Prof. Dr. Georgios Gounalakis
PD Dr. Herbert Burkert
Prof. Dr. Thomas Dreier

Band 60

Verlag C.H. Beck München 2006

Digital Rights Management Systeme

Der Einsatz technischer Maßnahmen zum Schutz digitaler Inhalte

von

Christian Arlt

Verlag C.H. Beck München 2006

Verlag C.H. Beck im Internet:
beck.de

ISBN 3 406 54410 X

Wilhelmstraße 9, 80801 München

Druck: Nomos Verlagsgesellschaft
In den Lissen 12, 76547 Sinzheim

Satz: ES-Editionssupport, München

Gedruckt auf säurefreiem, alterungsbeständigen Papier
(hergestellt aus chlorfrei gebleichtem Zellstoff)

Vorwort

Vorliegende Arbeit wurde im Sommersemester 2005 von der Juristischen Fakultät der Georg-August-Universität Göttingen als Dissertation angenommen. Erste einschlägige Rechtsprechung sowie Literatur konnte – sofern greifbar – bis September 2005 berücksichtigt werden.

Besonderer Dank gilt meinem Doktorvater, Herrn Prof. Dr. Gerald Spindler für die Anregung und exzellente Begleitung der Arbeit. Bei Fragen hatte er stets ein offenes Ohr und gab weiterführende Hinweise. Gleiches gilt auch für meine Tätigkeit als Mitarbeiter an seinem Lehrstuhl. Die zeitnahe und fachkundige Erstellung des Erstgutachtens weiß ich zu schätzen. Dank schulde ich auch Herrn Prof. Hans-Martin Müller-Laube für das Abfassen des Zweitgutachtens. Für die zwei schönen und wertvollen Jahre am Lehrstuhl Spindler danke ich dem ganzen Team.

Auch all diejenigen, die mich in zahlreichen Gesprächen inspirierten – besonders gerne denke ich an die regelmäßigen gemeinsamen Mittagessen zurück – haben einen nicht unwesentlichen Teil zum Gelingen dieser Arbeit beigetragen. Herrn Sascha Knauf möchte ich für sein anregendes Korrekturlesen sowie die technische Unterstützung herzlich danken. Ebenso danke ich Frau Andrea Lohnherr für deren Korrekturlesung.

Das größte Dankeschön zum Schluß: Es gilt meiner Familie, insbesondere meinen Eltern, welche nicht nur die vorliegende Arbeit, sondern meine gesamte Ausbildung zu jedem Zeitpunkt in vielerlei Hinsicht unterstützt haben. Ohne ihren Beitrag wäre diese Arbeit in dieser Form nicht entstanden.

Gewidmet ist die Arbeit schließlich meinem Opa, der während meines ersten Staatsexamens verstarb und meine folgenden Lehrjahre an der Universität Göttingen leider nicht mehr miterleben konnte.

Göttingen, im September 2005 *Christian Arlt*

Inhaltsübersicht

Inhaltsverzeichnis

Literaturverzeichnis

Aalto, Sakari/Seppälä, Antti, Technological Protection Measures – Has Copyright Directive resultedt in harmonization?, in: CRi 2005, 103

Abdallah, Tarek/Gercke, Björn/Reinert, Peter, Die Reform des Urheberrechts – hat der Gesetzgeber das Strafrecht übersehen? – Zu den strafrechtlichen Implikationen von Privatkopie und wirksamen technischen Schutzmaßnahmen unter besonderer Berücksichtigung privatkopierter Audio-CDs, in: ZUM 2004, 31

Anderson, Ross, Trusted Computing Frequently Asked Questions – TC/TCG/LaGrande/NGSCB/Longhorn/Palladium/TCPA, Version 1.1 (August 2003), abgerufen unter www.cl.cam.ac.uk/~rja14/tcpa-faq.html, zuletzt abgerufen: 05.09.2004 (zitiert: Anderson, Trusted Computing)

Arlt, Christian, Digital Rights Management-Systeme – Begriff, Funktion und rechtliche Rahmenbedingungen nach den jüngsten Änderungen des UrhG – insbesondere zum Verhältnis der §§ 95 a ff. UrhG zum Zugangskontrolldiensteschutzgesetz (ZKDSG), in: GRUR 2004, 548

ders., Ansprüche des Rechteinhabers bei Umgehung seiner technischen Schutzmaßnahmen, in: MMR 2005, 148

ders., Die Undurchsetzbarkeit digitaler Privatkopien gegenüber technischen Schutzmaßnahmen im Lichte der Verfassung – Eine Untersuchung der Verfassungsmäßigkeit der Nichtberücksichtigung digitaler privater Vervielfältigungen in § 95b UrhG, in: CR 2005, 646

Auer, Günter, Rechtsschutz für technischen Schutz im Gemeinschaftsrecht, in: Tades, Helmut/Danzl, Karl-Heinz/Graninger, Gernot (Hrsg.) „Festschrift für Robert Dittrich zum 75. Geburtstag", Wien 2000, S. 3 ff. (zitiert: Auer FS Dittrich)

Bär, Wolfgang/Hoffmann, Helmut, Das Zugangskontrolldiensteschutz-Gesetz – Ein erster Schritt auf dem richtigen Weg, in: MMR 2002, 654

Bamberger, Heinz/Roth, Herbert, Kommentar zum Bürgerlichen Gesetzbuch, Band 1, §§ 1–610, Band 2, §§ 611–1296, München 2003 (zitiert: Bearbeiter in Bamberger/Roth, BGB)

Barlow, John, The Economy of Ideas – Selling Wine Without Bottles on the Global Net, abgerufen unter www.eff.org/~barlow/EconomyOfIdeas.html, zuletzt abgerufen 05.09.2004 (zitiert: Barlow, Economy of Ideas)

Bassenge, Peter u.a., Bürgerliches Gesetzbuch, 63. Auflage, München 2004 (zitiert: Bearbeiter in Palandt)

Bayreuther, Frank, Beschränkungen des Urheberrechts nach der neuen EU-Urheberrechtsrichtlinie, in: ZUM 2001, 828

Beard, Lucy/Budd, Valerie/Haller, Arnd/Schuler, Marc/Silver, Ingrid/Wimmers, Jörg, Harmonization of Copyright Law in the European Community – A comparative overview of the implementation of the Copyright Directive (2001/29/EC) in France, Germany and the United Kingdom, in: CRi 2004, 33

Bechtold, Rainer, Anmerkung zu EuGH, Urt. v. 06.04.1995 – verb. RS. C-241/91 P u. C-242/91 P (Magill-Urteil), in: EuZW 1995, 345 *ders.*, GWB – Kartellgesetz – Gesetz gegen Wettbewerbsbeschränkungen, 3. Auflage, München 2002 (zitiert: Bechtold, GWB)

Bechtold, Stefan, Vom Urheber- zum Informationsrecht – Implikationen des Digital Rights Management, München 2002 (zitiert: Bechthold, Informationsrecht)

ders., Trusted Computing – Rechtliche Probleme einer entstehenden Technologie, in: CR 2005, 393

ders., Schutz und Identifizierung durch technische Maßnahmen, in: Hoeren, Thomas/ Sieber, Ulrich „Handbuch Multimediarecht – Rechtsfragen des elektronischen Geschäftsverkehrs", Loseblatt (Stand: April 2004), München 2004, Kap. 7.11 (zitiert: Bechtold in Hoeren/Sieber, Multimediarecht)

ders., Digital Rights Management zwischen Urheber- und Innovationsschutz, in: Zerdick, Axel/Picot, Arnold/Schrape, Klaus/Burgelman, Jean-Claude/Silverstone, Roger (Hrsg.) „E-Merging Media – Kommunikation und Medienwirtschaft der Zukunft", Berlin u.a. 2004, S. 333 ff. (zitiert: Bechtold in Zerdick/Picot/Schrape/ Burgelman/Silverstone, E-Merging Media)

ders., Digital Rights Management nach der Urheberrechtsnovelle, in: Büllesbach, Alfred/Dreier, Thomas (Hrsg.) „Wem gehört die Information im 21. Jahrhundert? – Proprietäre versus nicht proprietäre Verwertung digitaler Inhalte", Köln 2004, S. 145 ff. (zitiert: Bechtold in Büllesbach/Dreier, Information im 21. Jahrhundert)

ders., Multimedia und Urheberrecht – einige grundsätzliche Anmerkungen, in: GRUR 1998, 18

ders., Der Schutz des Anbieters von Informationen – Urheberrecht und Gewerblicher Rechtsschutz im Internet, in: ZUM 1997, 427

ders., From Copyright to Information Law – Implications of Digital Rights Management, in: Sander, Tomas (Hrsg.) „Security and Privacy in Digital Rights Management", Berlin u.a. 2002, S. 213 ff. (zitiert: Bechtold in Sander, Digital Rights Management)

Bechtolsheim von, Sebastian/Bruder, Florian, Die Essential Facilities Doktrin und § 19 (4) Nr. 4 GWB, in: WRP 2002, 55

Becker, Eberhard/Buhse, Willms/Günnewig, Dirk/Rump, Niels, Digital Rights Management – Technological, Economic, Legal and Political Aspects, Berlin u.a. 2003 (zitiert: Bearbeiter in Becker/Buhse/Günnewig/Rump, DRM)

Becker, Eberhard/Günnewig, Dirk, Digital Rights Management & Trusted Computing – Technische Aspekte, in: Büllesbach, Alfred/Dreier, Thomas (Hrsg.) „Wem gehört die Information im 21. Jahrhundert? – Proprietäre versus nicht proprietäre Verwertung digitaler Inhalte", Köln 2004, S. 11 ff. (zitiert: Becker/Günnewig in Büllesbach/Dreier, Information im 21. Jahrhundert)

Becker, Jürgen, Konsequenzen für die Verwertungsgesellschaften und deren Lizenzierungssystem, in: Stern, Klaus/Prütting, Hanns „Die Entwicklung des Urheberrechts um europäischen Rahmen – Expertentagung von 2. und 3. Oktober 1998 in Köln", München 1999, S. 53 ff. (zitiert: Becker in Stern/Prütting, Entwicklung des Urheberrechts)

Beier, Friedrich-Karl, Mißbrauch einer beherrschenden Stellung durch Ausübung gewerblicher Schutzrechte?, in: Westermann, Harm Peter/Rosener, Wolfgang (Hrsg.) „Festschrift für Karlheinz Quack zum 65. Geburtstag am 3. Januar 1991", Berlin 1991, S. 15 ff. (zitiert: Beier FS Quack)

ders., Ausschließlichkeit, gesetzliche Lizenzen und Zwangslizenzen im Patent- und Musterrecht, in: GRUR 1998, 185

Berger, Christian, Die Neuregelung der Privatkopie in § 53 Abs.1 UrhG im Spannungsverhältnis von geistigem Eigentum, technischen Schutzmaßnahmen und Informationsfreiheit, in: ZUM 2004, 257

Beucher, Klaus/Engels, Stefan, Harmonisierung des Rechtsschutzes verschlüsselter Pay-TV-Dienste gegen Piraterieakte, in: CR 1998, 101

Bing, Jon, Implementing the Copyright Coordination Directive in Norway, in: CRi 2005, 107

ders., Convergence – and Some Possible Consequences for Copyright and Right Holders, in: CRi 2001, 104

Bornkamm, Joachim, Der Dreistufentest als urheberrechtliche Schrankenbestimmung – Karriere eines Begriffs, in: Ahrens, Hans-Jürgen (Hrsg.) „Festschrift für Willi Erdmann zum 65. Geburtstag", Köln u. a. 2002, S. 29 ff. (zitiert: Bornkamm FS Erdmann)

ders., Erwartungen von Urhebern und Nutzern an den Zweiten Korb, in: ZUM 2003, 1010

ders., Die Reprographievergütung im digitalen Zeitalter, in: Loewenheim, Ulrich (Hrsg.) „Urheberrecht im Informationszeitalter – Festschrift für Wilhelm Nordemann zum 70. Geburtstag am 8. Januar 2004", München 2004, S. 299 ff. (zitiert: Bornkamm FS Nordemann)

Bosak, Jan, Urheberrechtliche Zulässigkeit privaten Downloadings von Musikdateien, in: CR 2001, 176

Braun, Thorsten, „Filesharing"-Netze und deutsches Urheberrecht, in: GRUR 2001, 1106

Braunmühl von, Patrick, Entwurf für den Zweiten Korb des neuen Urheberrechts bringt weitere Nachteile für Verbraucher, in: ZUM 2005, 109

Briem, Stephan, Elektronische Lizenzierung von urheberrechtlich geschützten Werken, in: MMR 1999, 256

Bühler, Lukas, Schweizerisches und internationales Urheberrecht im Internet, Freiburg i.d. Schweiz 1999 (zitiert: Bühler, Urheberrecht im Internet)

Büllesbach, Alfred, Datenschutzrechtliche Aspekte des Digital Rights Managements, in: Büllesbach, Alfred/Dreier, Thomas (Hrsg.) „Wem gehört die Information im 21. Jahrhundert? – Proprietäre versus nicht proprietäre Verwertung digitaler Inhalte", Köln 2004, S. 163 ff. (zitiert: Büllesbach in Büllesbach/Dreier, Information im 21. Jahrhundert)

Buhse, Wilms, Wettbewerbsstrategien im Umfeld von Darknet und Digital Rights Management – Szenarien und Erlösmodelle für Onlinemusik, München 2004 (zitiert: Buhse, Onlinemusik)

ders., Implications of Digital Rights Management for Online Music – A Business Perspective, in: Sander, Tomas (Hrsg.) „Security and Privacy in Digital Rights Management", Berlin u. a. 2002, S. 201 ff. (zitiert: Buhse in Sander, Digital Rights Management)

Bunte, Hermann-Josef, Kartellrecht, München 2003 (zitiert: Bunte, Kartellrecht)

ders., 6. GWB-Novelle und Mißbrauch wegen Verweigerung des Zugangs zu einer „wesentlichen Einrichtung", in: WuW 1997, 302

Burchard von, Friedrich, Third Party Access and European Law, in: EuZW 1992, 693

Canaris, Claus-Wilhelm, Methodenlehre der Rechtswissenschaft, 3. Auflage, Berlin u. a. 1995 (zitiert: Larenz/Canaris, Methodenlehre der Rechtswissenschaft)

Chromek, Thomas, Urheberrecht in der Informationsgesellschaft – Auftakt zum Zweiten Korb – Diskussionsbericht des gleich lautenden Symposions, veranstaltet am 16. September 2003 vom Bundesministerium der Justiz in Zusammenarbeit mit dem Institut für Urheber- und Medienrecht, in: ZUM 2003, 1063

Cichon, Caroline, Musikpiraterie im Internet, in: K&R 1999, 547

Clark, Charles, The Answer to the Machine is in the Machine, in: Hugenholtz, Bernt (Hrsg.) „The Future of Copyright in a Digital Environment", Den Haag 1996, S. 139 ff. (zitiert: Clark in Hugenholtz, Future of Copyright)

Cohen Jehoram, Herman, Kritische Überlegungen zur wirtschaftlichen Bedeutung des Urheberrechts, in: GRUR Int. 1989, 23

ders./Mortelmans, Kamiel, Zur „Magill"-Entscheidung des Europäischen Gerichtshofs, in: GRUR Int. 1997, 11

Czychowski, Christian, Das Gesetz zur Regelung des Urheberrechts in der Informationsgesellschaft – Ein Über- und Ausblick, in: NJW 2003, 2409

ders./Bröcker, Tim, ASP – Ein Auslaufmodell für das Urheberrecht?, in: MMR 2002, 81

Däubler-Gmelin, Private Vervielfätigung unter dem Vorzeichen digitaler Technik, in: ZUM 1999, 769

dies., Urheberrechtspolitik in der 14. Legislaturperiode – Ausgangspunkt und Zielsetzung, in: ZUM 1999, 265

Davies, Gillian, Urheberrecht in der Informationsgesellschaft: Technische Mechanismen zur Kontrolle privater Vervielfältigung, in: GRUR Int. 2001, 915

dies., Copyright in the Information Society – Technical Devices to Control Private Copying, in: Ganea, Peter „Festschrift für Adolf Dietz zum 65. Geburtstag", München 2001, S. 307 ff. (zitiert: Davies FS Dietz)

Delp, Ludwig, Das Recht des geistigen Schaffens in der Informationsgesellschaft, 2. Auflage, München 2003 (zitiert: Delp, Recht des geistigen Schaffens)

Deselaers, Wolfgang, Die „Essential Facilities"-Doktrin im Lichte des Magill-Urteils des EuGH, in: EuZW 1995, 563

Diemar von, Undine, Kein Recht auf Privatkopien – Zur Rechtsnatur der gesetzlichen Lizenz zu Gunsten der Privatvervielfältigung, in: GRUR 2002, 587

dies., Die digitale Kopie zum privaten Gebrauch, Münster u. a. 2002 (zitiert: v. Diemar, Digitale Kopie)

Diesbach, Martin, Kennzeichnungspflichten bei Verwendung technischer Schutzmaßnahmen nach § 95d UrhG – Darstellung praktischer Auswirkungen am Beispiel Kopierschutz, in: K&R 2004, 8

Dietz, Adolf, Die EU-Richtlinie zum Urheberrecht und zu den Leistungsschutzrechten in der Informationsgesellschaft, in: ZUM 1998, 438

ders., The Protection of Intellectual Property in the Information Age – The Draft E.U. Copyright Directive of November 1997, in: IPQ 1998, 335

Dolzer, Rudolf/Vogel, Klaus/Graßhof, Karin, Bonner Kommentar zum Grundgesetz, Band 1, Loseblatt (Stand: März 2004), Heidelberg 2004 (zitiert: Bearbeiter in Bonner Kommentar, GG)

Dreher, Meinrad, Die Verweigerung des Zugangs zu einer wesentlichen Einrichtung als Mißbrauch der Marktbeherrschung, in: DB 1999, 833

Dreier, Horst, Grundgesetz – Kommentar, Band I, 2. Auflage, Tübingen 2004 (zitiert: Bearbeiter in Dreier, GG)

Dreier, Thomas, Urheberrecht an der Schwelle des 3. Jahrtausends – Einige Gedanken zur Zukunft des Urheberrechts, in: CR 2000, 45

ders., Die Umsetzung der Urheberrechtsrichtlinie 2001/29/EG in deutsches Recht, in: ZUM 2002, 28

ders., Urheberrecht im Zeitalter digitaler Technologie – Bericht über ein WIPO-Symposium an der Harvard University, in: GRUR Int. 1993, 742

ders., Digitaltechnik und Urheberrecht, in: Fiedler, Herbert/Ullrich, Hanns (Hrsg.) „Information als Wirtschaftsgut – Management und Rechtsgestaltung", Köln 1997, S. 155 ff. (zitiert: Dreier in Fiedler/Ullrich, Information als Wirtschaftsgut)

ders., Urheberrecht und digitale Werkverwertung – Die aktuelle Lage des Urheberrechts im Zeitalter von Internet und Multimedia, Düsseldorf 1997 (zitiert: Dreier, Urheberrecht und digitale Werkverwertung)

ders./Schulze, Gernot, Urheberrechtskommentar, München 2004 (zitiert: Bearbeiter in Dreier/Schulze, UrhG)

Dressel, Christian/Scheffler, Hauke, Rechtsschutz gegen Dienstepiraterie – Das ZKDSG in Recht und Praxis, München 2003 (zitiert: Bearbeiter in Dressel/Scheffler, Dienstepiraterie)

Dreyer, Gunda/Kotthoff, Jost/Mechel, Astrid, Heidelberger Kommentar zum Urheberrecht, Heidelberg, 2004 (zitiert: Dreyer/Kotthoff/Mechel, UrhR)

Dreyfuss, Rochelle/Zimmermann, Diane/First, Harry, Expanding the Boundaries of Intellectual Property – Innovation Policy for the Knowledge Society, Oxford 2001 (zitiert: Bearbeiter in Dreyfuss/Zimmerman/First, Boundaries)

Dusollier, Severine, Legal and Technical Aspects of Electronic Rights Management Systems (ERMS), in: Kaestner, Jan (Hrsg.) „Legal Aspects of Intellectual Property Rights in Electronic Commerce", München 1999, S. 227 ff. (zitiert: Dusollier in Kaestner, Intellectual Property Rights, Intellectual Property Rights)

dies., Electrifying the Fence: The Legal Protection of Technological Measures for Protecting Copyright, in: EIPR 1999, 285

dies., Anti Circumvention Protection outside Copyright, abgerufen unter www.jura.uni-muenster.de/eclip/documentsII/research/anti-circumvention.pdf, zuletzt abgerufen: 05.09.2004 (zitiert: Dusollier, Anti Circumvention)

dies./Poullet, Y./Buydens, M, Copyright and Access to Information, abgerufen unter www.jura.uni-muenster.de/eclip/documentsII/research/copyr_accesstoinfo.pdf, zuletzt abgerufen: 05.09.2004 (zitiert: Dusollier/Poullet/Buydens, Copyright and Access to Information)

Ehle, Dirk, Anmerkung zu EuGH Urt. vom 26.11.1998 – Rs. C-7/97 (Bronner-Urteil), in: EuZW 1999, 89

Ehlgen, Heinz-Werner, Die Digitale Audio-Casette (DAT) – Klangtechnische Revolution im Widerstreit der Interessen, in: ZUM 1987, 381

Ekey, Friedrich/Klippel, Diethelm/Kotthoff, Jost/Meckel, Astrid, Heidelberger Kommentar zum Wettbewerbsrecht, 2. Auflage, Heidelberg 2005 (zitiert: Bearbeiter in Ekey/Klippel/Kotthoff/Meckel, UWG)

Ellard, David, The EU`s IPR Enforcement Directive – Origin, key provisions and future of the EU`s IPR Enforcement Directive, in: CRi 2004, 65

Enders, Theodor, Digital Rights Management Systeme (DRMS) als besondere Herausforderung an das Urheberrecht, in: ZUM 2004, 593

Engels, Stefan, Die Auswirkungen der UWG-Reform auf Medien und Kommunikation, in: AfP 2004, 316

Ernst, Stefan, Kopierschutz nach dem neuen UrhG – Bedeutung und Tragweite des Verbots von Umgehungsmaßnahmen und Hacking-Werkzeugen für die Praxis, in: CR 2004, 39

ders., Urheberrechtliche Probleme bei der Veranstaltung von On-demand-Diensten, in: GRUR 1997, 592

Fallenböck, Markus, On the Technical Protection of Copyright: The Digital Millenium Copyright Act, the European Community Copyright Drirective and their Anticircumvention Provisions, abgerufen unter: http://www.ijclp.org/7_2003/pdf/fallenboeck-artikel-ijclp-15–01–03.pdf, zuletzt abgerufen: 30.09.2004 (zitiert: Fallenböck, Technical Protection of Copyright)

ders., From Anticircumvention Provisions to Intermediary Liability: Digital Rights Management Legislation in Europe and the U.S – Part I, in: MR-Int 2004, 11

ders./Weitzer, Johann, Digital Rights Management: A New Approach to Information and Content Management?, in: CRi 2003, 40

ders./Haberler, Michael, Technische Schutzmaßnahmen und Urheberrecht in der Informationsgesellschaft, in: ecolex 2002, 262

Fechner, Frank, Geistiges Eigentum und Verfassung, Tübingen 1999 (zitiert: Fechner, Geistiges Eigentum)

Federrath, Hannes, Multimediale Inhalte und technischer Urheberrechtsschutz im Internet, in: ZUM 2000, 804

Fetscherin, Marc, Present State and Emerging Scenarios of Digital Rights Management Systems, in: JMM 2002, 164

Fezer, Karl-Heinz, Lauterkeitsrecht – Kommentar zum Gesetz gegen den unlauteren Wettbewerb (UWG), München 2005 (zitiert: Bearbeiter in Fezer, UWG)

Fikentscher, Wolfgang, Urhebervertragsrecht und Kartellrecht, in: Beier, Friedrich-Karl/Götting, Horst-Peter/Lehmann, Michael/Moufang, Rainer (Hrsg.) „Urhebervertragsrecht – Festgabe für Gerhard Schricker zum 60. Geburtstag", München 1995, S. 149 ff. (zitiert: Fikentscher FS Schricker)

Fischer, Thomas, Strafgesetzbuch und Nebengesetze, 52. Auflage, München 2004 (zitiert: Tröndle/Fischer)

Flechsig, Norbert, Grundlagen des Europäischen Urheberrechts – Die Richtlinie zur Harmonisierung des Urheberrechtsschutzes in Europa und die Anforderungen an ihre Umsetzung in deutsches Recht, in: ZUM 2002, 1

ders., Urheberrecht in der Wissensgesellschaft, in: ZRP 2004, 249

ders., Darbietungsschutz in der Informationsgesellschaft – Das neue Leistungsschutzrecht des ausübenden Künstlers nach der Umsetzung der Informationsrichtlinie, in: NJW 2004, 575

ders., Buchbesprechung: von Diemar, Undine „Die digitale Kopie zum privaten Gebrauch", Münster 2002, in: ZUM 2003, 795

Fleischer, Holger/Weyer, Hartmut, Neues zur „essential facilities"-Doktrin im Europäischen Wettbewerbsrecht, in: WuW 1999, 350

Fleischer, Holger/Körber, Torsten, Marktmacht, Machtmissbrauch und Microsoft – Zur Rolle des Kartellrechts in der New Economy, in: K&R 2001, 623

Foged, Rerese, U.S. v. E.U. Anti-Circumvention Legislation: Preserving the Public's Privileges in the Digital Age?, in EIPR 2002, 525

Fränkl, Gerald/Karpf, Philipp, Digital Rights Management Systeme – Einführung, Technologien, Recht, Ökonomie und Marktanalyse, München 2004 (zitiert: Fränkl/Karpf, DRM-Systeme)

Freiwald, Sven, Die private Vervielfältigung im digitalen Kontext am Beispiel des Filesharing, Baden-Baden 2004 (zitiert: Freiwald, private Vervielfältigung im digitalen Kontext)

Frey, Dieter, EU-Richtlinie zur Durchsetzung der Rechte des geistigen Eigentums – Anmerkungen zur Harmonisierung des immaterialgüterrechtlichen Sanktionsrechts aus urheberrechtlicher Perspektive, in: ZUM 2004, 522

Freytag, Stefan, Digital Millennium Copyright Act und europäisches Urheberrecht für die Informationsgesellschaft, in: MMR 1999, 207

Fromm, Friedrich Karl/Nordemann, Wilhelm, Urheberrecht – Kommentar, 9. Auflage, Stuttgart 1998 (zitiert: Bearbeiter in Fromm/Nordemann, UrhR)

Gamm von, Otto-Friedrich, Urheberrechtsgesetz – Kommentar, München 1968 (zitiert: v. Gamm, UrhG)

Gass, Wolfram, Digitale Wasserzeichen als urheberrechtlicher Schutz digitaler Werke?, in: ZUM 1999, 815

Gaster, Jens, Kartellrecht und geistiges Eigentum: Unüberbrückbare Gegensätze im EG-Recht? – Die Auflösung eines klassischen Spannungsverhältnisses im Spiegel der europäischen Rechtsprechung, in: CR 2005, 247

ders., Urheberrecht und verwandte Schutzrechte in der Informationsgesellschaft – Anmerkungen zum Grünbuch der Europäischen Union, in: ZUM 1995, 740

ders., Der Erfahrungsbericht zur EG-Computerprogramm-RL, in: CRi 2000, 11

Geerlings, Jörg, Das Urheberrecht in der Informationsgesellschaft und pauschale Geräteabgaben im Lichte verfassungs- und europarechtlicher Vorgaben, in: GRUR 2004, 207

Gehrke, Nick/Seidendaden, Lutz/Hellmold, Marco/Schuhmann, Matthias, Digital Rights Management, in: WISU 2004, 666

Geiger, Christophe, Der urheberrechtliche Interessenausgleich in der Informationsgesellschaft – Zur Rechtsnatur der Beschränkungen des Urheberrechts, in: GRUR Int. 2004, 815

ders., Right to Copy v. Three-Step Test – The Future of the Private Copy Exception in the Digital Environment, in: CRi 2005, 7

Generotzky, Christoph/Nieland, Stefan/Weigand, Carsten, Digital Rights Management – Technologien für legale Musikdownloads, Aachen 2003 (zitiert: Generotzky/Nieland/Weigand, DRM)

Gerlach, Tilo, „Making available right" – Böhmische Dörfer?, in: ZUM 1999, 278

Ginsburg, Jane, From Having Copies to Experiencing Works: the Development of an Access Right in U.S. Copyright Law, abgerufen unter: http://papers.ssrn.com/sol3/papers.cfm?abstract_id=222493, zuletzt abgerufen: 04.10.2004 (zitiert: Ginsburg, Access Right)

Glarner, Andreas, Musikpiraterie im Internet – Urheberstrafrechtliche Betrachtungen, Bern, 2002 (zitiert: Glarner, Musikpiraterie)

Gloy, Wolfgang/Loschelder, Michael, Handbuch des Wettbewerbsrechts, 3. Auflage, München 2005 (zitiert: Bearbeiter in Gloy/Loschelder, Hdb Wettbewerbsrecht)

Götting, Horst-Peter, Anmerkung zu EuGH Urt. v. 06.04.1995 – Rs. C-241 und 242/91 P (Magill-Urteil), in: JZ 1996, 307

Goldberg, David/Bernstein, Robert, The Prohibition on Circumvention and the Attack on the DVD, in: EIPR 2001, 160

Goldmann, Bettina/Liepe, Andreas, Vertrieb von kopiergeschützten Audio-CDs in Deutschland – Urheberrechtliche, kaufrechtliche und wettbewerbsrechtliche Aspekte, in: ZUM 2002, 362

Gottschalk, Eckart, Digitale Musik und Urheberrecht aus US-amerikanischer Sicht, in: GRUR Int. 2002, 95

ders., Das Ende von „fair use"? – Technische Schutzmaßnahmen im Urheberrecht der USA, in: MMR 2003, 148

Grassmuck, Volker, Ein Plädoyer für durchsetzbare Schrankenbestimmungen für Privatkopie, Zitat und Filesharing, in: ZUM 2005, 104

ders., Der zweite Korb dient der Allgemeinheit! – Für ein „Gesetz zur Sicherung der Nutzerrechte und einer fairen Pauschalvergütung in der Informationsgesellschaft", in: ZUM 2003, 1014

Greyerz von, Walo, Sweden: Implementation of Copyright Directive, in: CRi 2004, 123

Groeben von der, Hans/Schwarze, Jürgen, Kommentar zum Vertrag über die Europäische Union und zur Gründung der Europäischen Gemeinschaft, Band 2 (Art. 81–97 EGV), 6. Auflage, Baden-Baden 2003 (zitiert: Bearbeiter in von der Groeben/Schwarze, EG)

Grosheide, Willem, Copyright Law from a User's Perspective: Access Rights for Users, in: EIPR 2001, 321

Guggemos, Werner-Christian, Digital Rights Management im praktischen Einsatz, in: ZUM 2004, 183

Gutman, Daniel, Rechtliche Flankierung technischer Schutzmöglichkeiten, in: K&R 2003, 491

ders., Abruf im Internet von unbekannten und offensichtlich urheberrechtlich unrechtmäßigen Werken, in: MMR 2003, 706

Haedicke, Maximilian, Die Umgehung technischer Schutzmaßnahmen durch Dritte als mittelbare Urheberrechtsverletzung, in: Festschrift für Adolf Dietz zum 65. Geburtstag, München 2001, S. 349 ff. (zitiert: Haedicke FS Dietz)

ders., Urheberrecht und Internet im Überblick, in: Jura 2000, 449

ders., Die Haftung für mittelbare Urheber- und Wettbewerbsrechtsverletzungen, in: GRUR 1999, 397

Häuser, Markus, Pauschalvergütung und digitale Privatkopie – Digitale Privatkopie, Geräte- und Speichermedienabgabe im Referentenentwurf zum zweiten Korb der Urheberrechtsreform, in: CR 2004, 829

Hansen, Sven, Un-CDs, nein danke!, in: c't 2003, Heft 9, S. 112

ders., CD-Schutz kontra Verbraucherschutz, in: c't 2003, Heft 7, S. 136

Harte-Bavendamm, Henning/Henning-Bodewig, Frauke, Gesetz gegen den unlauteren Wettbewerb (UWG) – Kommentar, München 2004 (zitiert: Bearbeiter in Harte-Bavendamm/Henning-Bodewig, UWG)

Heidemann-Peuser, Helke, Statement Verbraucherzentrale Bundesverband e. V., in: ZUM 2003, 1027

Hefermehl, Adolf, Wettbewerbsrecht, 22. Auflage, München 2001 (zitiert: Baumbach/Hefermehl, Wettbewerbsrecht)

Heinemann, Andreas, Immaterialgüterschutz in der Wettbewerbsordnung, Tübingen 2002 (zitiert: Heinemann, Immaterialgüterschutz)

Helberger, Natali, Hacken von Premiere bald europaweit verboten? – Der rechtliche Schutz von Pay-TV Programmen nach europäischem Recht, in: ZUM 1999, 295

dies., Hacking BskyB: The legal protection of contidional access services under European law, abgerufen unter: http://www.ivir.nl/publications/helberger/Hacking-BskyB.html, zuletzt abgerufen: 30.09.2004 (zitiert: Helberger, Contidional Access)

Henning-Bodewig, Frauke, Das neue Gesetz gegen den unlauteren Wettbewerb, in: GRUR 2004, 713

dies., Harmonisierung und Globalisierung, in: Schricker, Gerhard/Dreier, Thomas/Kur, Anette (Hrsg.) „Geistiges Eigentum im Dienst der Innovation", Baden-Baden 2001, S. 125 ff. (zitiert: Henning-Bodewig in Schricker/Dreier/Kur, Geistiges Eigentum)

Herrnleben, Georg, Raubkopie – ein Kavaliersdelikt? – Neue Studie zu den wirtschafts-, gesellschafts- und arbeitsmarktrechtlichen Konsequenzen, in: MMR 2004, 505

Herrigel, Alexander, Digitale Wasserzeichen als Urheberschutz, in: DuD 1998, 254

Hertin, Paul, Urheberrecht, München 2004 (zitiert: Hertin, UrhR)

Hestermeyer, Holger/Worley, Christa, Tagungsbericht über die Digital Rights Management Konferenz 2002, in: CR 2002, 392

Hilf, Meinhard, Das Recht der Europäischen Union, Loseblatt, Band I (Stand: April 2003), München 2003, Band II (Stand: August 2003) und Band IV (Stand: August 2003), München 2004 (zitiert: Bearbeiter in Grabitz/Hilf, EG)

Höhne, Sven, Digital Rights Management – Technik, Einsatzmöglichkeiten, rechtlicher Schutz, in: Wiebe, Andreas/Leupold, Andreas (Hrsg.) „Recht der elektronischen Datenbanken", Heidelberg 2003, Teil V, C. (zitiert: Höhne in Wiebe/Leupold, elektronische Datenbanken)

Hölscher, Ina, Die Ausnahmebestimmungen für den eigenen Gebrauch im deutschen und französischen Urheberrecht, Berlin 2001 (zitiert: Hölscher, eigener Gebrauch)

Höppner, Thomas, Missbräuchliche Verhinderung „neuer" Produkte durch Immaterialgüterrechte – Zur Anwendung von Art. 82 EG auf Lizenzverweigerungen, in: GRUR Int. 2005, 457

Hoeren, Thomas, Urheberrecht in der Informationsgesellschaft – Überlegungen zu einem Rechtsgutachten von Gerhard Schricker et al., in: GRUR 1997, 866

ders., Anmerkung zu LG München Urt. v. 07.03.2005–21 O 3220/05, in: MMR 2005, 387

ders., Der 2. Korb der Urheberrechtsreform – eine Stellungnahme aus der Sicht der Wissenschaft, in: ZUM 2004, 885

ders., Urheberrecht 2000 – Thesen für eine Reform des Urheberrechts, in: MMR 2000, 1

ders., Entwurf einer EU-Richtlinie zum Urheberrecht in der Informationsgesellschaft – Überlegungen zum Zwischenstand der Diskussion, in: MMR 2000, 515

ders., Pressespiegel und das Urheberrecht – Eine Besprechung des Urteils des BGH „Elektronischer Pressespiegel", in: GRUR 2002, 1022

ders., Internet und Recht – Neue Paradigmen des Informationsrechts, in: NJW 1998, 2849 *ders.*, Urheberrecht und Verbraucherschutz. Überlegungen zum Gesetz über Urheberrecht in der Informationsgesellschaft, abgerufen unter: www.vzbv.de/mediapics/1043159929Gutachten_Urheberrecht_Hoeren_2003.pdf?PHPSESSID=29ad635c911389b82705 86ce3d07488f, zuletzt abgerufen: 05.09.2004 (zitiert: Hoeren, Urheberrecht und Verbraucherschutz)

ders., Internetrecht (Stand: Juli 2004), abgerufen unter: http://uni-muenster.de/Jura.itm/hoeren/material/Skript/skript_juli2004.pdf, abgerufen: 29.07.2004 (zitiert: Hoeren, Internetrecht)

Hohagen, Gisbert, Überlegungen zur Rechtsnatur der Kopierfreiheit, in: Ohly, Ansgar/Bodewig, Theo/Dreier, Thomas/Götting, Horst-Peter/Haedicke, Maximilian/Lehmann, Michael (Hrsg.) „Perspektiven des Geistigen Eigentums und Wettbewerbsrechts – Festschrift für Gerhard Schricker zum 70. Geburtstag", München 2005, S. 353 ff. (zitiert: Hohagen FS Schricker 2005)

Hohmann, Holger, Die essential facility doctrine im Recht der Wettbewerbsbeschränkungen, Baden-Baden 2001 (zitiert: Hohmann, essential facility doctrine)

Holzhäuser, Michael, Essential Facilities in der Telekommunikation, München 2001 (zitiert: Holzhäuser, Essential Facilities)

Holznagel, Bernd/Brüggemann, Sandra, Das Digital Right Management nach dem Ersten Korb der Urheberrechtsnovelle – Eine verfassungsrechtliche Beurteilung der neuen Kopierschutzregelungen, in: MMR 2003, 767

dies., Verfassungsrechtliche Probleme des „Digital Rights Management" am Beispiel der Einführung neuer Kopierschutzregelungen in das deutsche Urheberrechtsgesetz, in: Taeger, Jürgen/Wiebe, Andreas (Hrsg.) „Informatik – Wirtschaft – Recht – Festschrift für Wolfgang Kilian zum 65. Geburtstag, Baden-Baden 2004, S. 603 ff. (zitiert: Holznagel/Brüggemann FS Kilian)

Hossenfelder, Silke/Lutz, Martin, Die neue Durchführungsverordnung zu den Artikeln 81 und 82 EG-Vertrag, in: WuW 2003, 118

Hubmann, Heinrich, Die Idee vom geistigen Eigentum, die Rechtsprechung des Bundesverfassungsgerichts und die Urheberrechtsnovelle von 1985, in: ZUM 1988, 4

Hucko, Elmar, Privatkopie auf Biegen und Brechen? – Gedanken zum Urheberrecht, zum Verbraucherschutz und zur Informationsfreiheit, in: Loewenheim, Ulrich (Hrsg.) „Urheberrecht im Informationszeitalter – Festschrift für Wilhelm Nordemann zum 70. Geburtstag am 8. Januar 2004", München 2004, S. 321 ff. (zitiert: Hucko FS Nordemann)

ders., Statement: Urheberrecht in der Informationsgesellschaft – der Referentenentwurf zum Zweiten Korb, in: ZUM 2005, 128

Hugenholtz, Bernt, Why the Copyright Directive is Unimportant, and Posibly Invalid, in: EIPR 2000, 499

Huppertz, Marie-Therese, The Pivotal Role of Digital Rights Management Systems in the Digital World – An analysis of the copyright protection provided for in the 2001 Copyright Directive with a specific emphasis on the protection of the digital rights management systems and their implementation into the national law, in: CRi 2002, 105

Iglezakis, Ioannis, Greece: Implementing the Copyright Directive, in: CRi 2003, 28

Immenga, Ulrich/Mestmäcker, Ernst-Joachim, GWB – Kommentar zum Kartellgesetz, 3. Auflage, München 2001 (zitiert: Bearbeiter in Immenga/Mestmäcker, Kartellrecht) *dies.*, EG-Wettbewerbsrecht – Kommentar, München 1997 (zitiert: Bearbeiter in Immenga/Mestmäcker, EG-WbR)

Jaeger, Till, Auswirkungen der EU-Urheberrechtsrichtlinie auf die Regelungen des Urheberrechtsgesetzes für Software – Stellungnahme des ifrOSS zur Umsetzung des Art. 6 Richtlinie 2001/29/EG im Verhältnis zu den §§ 69 a ff. UrhG, in: CR 2002, 309

ders./Kreutzer, Till, Stellungnahme der ifrOSS zum Regierungsentwurf für ein „Gesetz zur Regelung des Urheberrechts in der Informationsgesellschaft" vom 11.12.2002, abgerufen unter www.urheberrecht.org/topic/Info-RiLi/st/ifross/art25.pdf, zuletzt abgerufen: 05.09.2004 (zitiert: Jaeger/Kreutzer, Stellungnahme Regierungsentwurf)

dies., Stellungnahme der ifrOSS zum Referentenentwurf für ein „Gesetz zur Regelung des Urheberrechts in der Informationsgesellschaft" vom 15.04.02, abgerufen unter www.urheberrecht.org/topic/Info-RiLi/st/ifross/art22.pdf, zuletzt abgerufen: 05.09.2004 (zitiert: Jaeger/Kreutzer, Stellungnahme Referentenentwurf)

Jähnke, Burkhard/Laufhütte, Heinrich Wilhelm/Odersky, Walter, StGB – Leipziger Kommentar, Band 7 (§§ 302 a StGB), 11. Auflage, Berlin u.a. 1993 (zitiert: Bearbeiter in LeipKomm)

Jani, Ole, Was sind offensichtlich rechtswidrig hergestellte Vorlagen? – Erste Überlegungen zur Neufassung von § 53 I 1 UrhG, in: ZUM 2003, 842

Jarass, Hans/Pieroth, Bodo, Grundgesetz für die Bundesrepublick Deutschland – Kommentar, 4. Auflage, München 1997 (zitiert: Bearbeiter in Jarass/Pieroth, GG)

Jehoram, Herman, Einige Grundsätze zu den Ausnahmen im Urheberrecht, in: GRUR Int. 2001, 807

Junker, Abbo/Benecke, Martina, Computerrecht, 3. Auflage, Baden-Baden 2003 (zitiert: Junker/Benecke, Computerrecht)

Kappes, Florian, Gesetzliche Vergütungsansprüche bei der privaten Nutzung von computergestützten Informationssammlungen, in: GRUR 1997, 338

Kirk, Ewan, Encryption and Competition in the Information Society, in: IPQ 1999, 37

Klett, Alexander, Die Entwicklung des Urheberrechts im Jahr 2003, in: K&R 2004, 257

Klimisch, Annette/Lange, Markus, Zugang zu Netzen und anderen wesentlichen Einrichtungen als Bestandteil der kartellrechtlichen Mißbrauchsaufsicht, in: WuW 1998, 15

Kneip, Ansbert, Das Imperium schlägt zurück, in: „Der Spiegel" vom 28.06.2004 (Nr. 27 2004), Hamburg 2004, S. 172 (zitiert: Kneip, Der Spiegel 28.06.2004)

Knies, Bernhard, Kopierschutz für Audio-CDs – Gibt es den Anspruch auf die Privatkopie, in: ZUM 2002, 793

ders., DeCSS – oder: Spiel mir das Lied vom Code, in: ZUM 2003, 286

Koch, Frank, Urheberrechtliche Zulässigkeit technischer Beschränkungen und Kontrolle der Software-Nutzung, in: CR 2002, 629

ders., Zugänglichmachen von Werken im Internet – Das neue Recht in der Vertragspraxis, in: ITRB 2004, 131

Köhler, Helmut, Das neue UWG, in: NJW 2004, 2121

ders./Piper, Henning, Gesetz gegen den unlauteren Wettbewerb, 3. Auflage, München 2002 (zitiert: Bearbeiter in Köhler/Piper, UWG)

Köhler, Jürgen, The Interplay of Copyright Law and New Technologies, in: K&R 2003, 535

Koelman, Kamiel, A Hard Nut to Crack: The Protection of Technological Measures, in: EIPR 2000, 272

ders./Helberger, Natali, Protection of Technological Measures, in: Hugenholtz, Bernt (Hrsg.) „Copyright and Electronic Commerce – Legal Aspects of Electronic Copyright Management", Den Haag 2000, S. 165 ff. (zitiert: Koelman/Helberger in Hugenholtz, Future of Copyright)

Koenig, Christian/Neumann, Andreas, Anforderungen des EG-Wettbewerbrechts an vertrauenswürdige Systemumgebungen – TCPA, TCG, Palladium und NGSCB, in: MMR 2003, 695

dies., Neue wettbewerbspolitische und -rechtliche Entwicklungen zum „Trusted Computing", in: DuD 2004, 555

dies./Katzschmann, Tobias, Trusted Computing – Technik, Recht und gesellschaftspolitische Implikationen vertrauenswürdiger Systemumgebungen, Heidelberg 2004 (zitiert: Bearbeiter in Koenig/Neumann/Katzschmann, Trusted Computing)

König, Michael, Zur Zulässigkeit der Umgehung von Software-Schutzmechanismen, in: NJW 1995, 3293

Körber, Torsten, Meilenstein oder Pyrrhussieg? – Zur Entscheidung Microsoft/Kommission des EuG, in: K&R 2005, 193

ders., Machtmissbrauch durch Multimedia? – Der Fall Microsoft zwischen Produktinnovation und Behinderungsmissbrauch, in: RIW 2004, 568

ders., Geistiges Eigentum, essential facilities und „Innovationsmissbrauch" – Überlegungen zum Microsoft-Fall im Lichte der EuGH-Entscheidung IMS Health GmbH, in: RIW 2004, 881

Kreile, Reinhold, Thesen zur Weiterentwicklung des Urheberrechts in der Informationsgesellschaft (sogenannter Korb 2) – Erwartungen, Hoffnungen und Forderungen der Urheber an den Gesetzgeber, in: ZUM 2003, 1018

ders./Becker, Jürgen, Multimedia und die Praxis der Lizenzierung von Urheberrechten, in: GRUR Int. 1996, 677

dies., Legitimation, Praxis und Zukunft der privaten Vervielfältigung – Dargestellt am System der privaten Vervielfältigung in Deutschland, in: Loewenheim, Ulrich (Hrsg.) „Urheberrecht im Informationszeitalter – Festschrift für Wilhelm Nordemann zum 70. Geburtstag am 8. Januar 2004", München 2004, S. 279 ff. (zitiert: Kreile/Becker FS Nordemann)

dies., Digital Rights Management und private Vervielfältigung aus Sicht der GEMA, in: Ohly, Ansgar/Bodewig, Theo/Dreier, Thomas/Götting, Horst-Peter/Haedicke, Maximilian/Lehmann, Michael (Hrsg.) „Perspektiven des Geistigen Eigentums und Wettbewerbsrechts – Festschrift für Gerhard Schricker zum 70. Geburtstag", München 2005, S. 387 ff. (zitiert: Kreile/Becker FS Schricker 2005)

Krempl, Stefan, Geschützte Kopiersperren, in: c`t 2002, Heft 8, S. 18

Kreutzer, Till, Stellungnahme zu einer möglichen Neuregelung der Schrankenvorschrift § 53 UrhG und damit zusammenhängender Normen im Zuge der Neuordnung des deutschen UrhG bei der Einarbeitung der Richtlinie 2001/29/EG, abgerufen unter www.urheberrecht.org/topic/Info-RiLi/st/ifross/art13.pdf, zuletzt abgerufen: 05.09.2004 (zitiert: Kreutzer, Stellungnahme § 53 UrhG)

ders., Stellungnahme des ifrOSS zu gesetzgeberischen Möglichkeiten der Realisierung einer Vergütung nach § 54 UrhG für modulare Systeme im 2. Korb der Urheberrechtsreform, abgerufen unter: www.urheberrecht.org/topic/Korb-2/st/2004/art42.pdf, zuletzt abgerufen: 05.09.2004 (zitiert: Kreutzer, § 54 UrhG) *ders.*, Napster, Gnutella & Co.: Rechtsfragen zu Filesharing-Netzen aus Sicht des deutschen Urheberrechts de lege lata und de lege ferenda, in: GRUR 2001, 193 und 307

ders., Herausforderungen an das System der Pauschalvergütungen nach den §§ 54, 54 a UrhG durch die Umsetzung der Richtlinie 2001/29/EG, in: ZUM 2003, 1041

ders./Jaeger, Till/Schulz, Carsten, Stellungnahme der ifrOSS zum Fragebogen des Bundesjustizministeriums der Justiz zur weiteren Reform des Urheberrechts in der Informationsgesellschaft („2. Korb") vom 30.10.2003, abgerufen unter: http://www.bmj.bund.de/media/archive/526.pdf, zuletzt abgerufen: 12.09.2004 (zitiert: Kreutzer/Jaeger/Schulz, Stellungnahme Fragebogen)

Kröber, Christian, Vergütungspflicht für digitales Kopieren bestätigt, in: ZUM 2000, 545

Kröger, Detlef, Enge Auslegung von Schrankenbestimmungen – wie lange noch?, in: MMR 2002, 18

ders., Informationsfreiheit und Urheberrecht, München 2002 (zitiert: Kröger, Informationsfreiheit)

ders., Die Urheberrechtsrichtlinie für die Informationsgesellschaft – Bestandsaufnahme und kritische Bewertung, in: CR 2001, 316

ders., Wer bestimmt die Reichweite der Urheberrechte? – Technische Schutzsysteme als Schranken des Uheberrechts, in: DuD 2001, 723

ders., Urheberrechtsrichtlinie der EG für die Informationsgesellschaft, in: Kröger, Detlef/Gimmy, Marc (Hrsg.) „Handbuch zum Internetrecht – Electronic Commerce-, Informations-, Kommunikations- und Mediendienste", 2. Auflage, Heidelberg 2002, S. 381 ff. (zitiert: Kröger in Kröger/Gimmy, Handbuch Internetrecht)

Krüger, Christof, Anpassung der Höhe der Urhebervergütung für die Privatkopie durch einen neuen § 54 a III 1 UrhG? – Kritische Überlegungen zum Referentenentwurf für den „Zweiten Korb", in: GRUR 2005, 206

ders., Die digitale Privatkopie im „Zweiten Korb",in: GRUR 2004, 204

Kuch, Hansjörg, Lizenzrecht und Internet – Grußwort anlässlich des gleichnamigen XIV. Münchner Symposiums zum Film- und Medienrecht am 30. Juni 2000 im Literaturhaus München, in: ZUM 2000, 801

Kunig, Philip, Grundgesetz-Kommentar, Band 1, 5. Auflage, München 2000 (zitiert: Bearbeiter in v. Münch/Kunig, GG)

Ladeur, Karl-Heinz, Rechtliche Regulierung von Informationstechnologien und Standartsetzung – Das Beispiel der Set-Top-Box im digitalen Fernsehen, in: CR 1999, 395

Lahmann, Nils, Rechtlicher und technischer Schutz von Werken im Urheberrechtsgesetz – Eine Untersuchung des Urheberrechts in der Informationsgesellschaft, Hamburg 2005 (zitiert: Lahmann, technischer Schutz)

Lampert, Thomas, Der EuGH und die essential facilities-Lehre, in: NJW 1999, 2235

Lapp, Thomas/Lober, Andreas, Schutz des Urheberrechts im digitalen Zeitalter – Entwurf von Vertragsklauseln, in: ITRB 2003, 234

Lauber, Anne/Schwipps, Karsten, Das Gesetz zur Regelung des Urheberrechts in der Informationsgesellschaft, in: GRUR 2004, 293

Lehmann, Michael, Internet- und Multimediarecht (Cyberlaw)", Stuttgart 1997 (zitiert: Bearbeiter in Lehmann, Cyberlaw) *ders.*, Die Europäische Richtlinie über den Schutz von Computerprogrammen, in: GRUR Int. 1991, 327

ders., Die IT-relevante Umsetzung der Richtlinie Urheberrecht in der Informationsgesellschaft, in: CR 2003, 553

ders., Anmerkung zu BGH Urt. v. 09.11.1995 – I ZR 220/95, in: CR 1996, 80

Lenckner, Theodor u. a., Strafgesetzbuch – Kommentar, 26. Auflage, München 2001 (zitiert: Bearbeiter in Schönke/Schröder, StGB)

Lerche, Peter, Aktuelle Grundfragen der Informationsfreiheit, in: Jura 1995, 561

Lessig, Lawrence, Code und andere Gesetze des Cyberspace, Berlin 2001 (zitiert: Lessig, Code)

Leupold, Andreas/Demisch, Dominik, Bereithalten von Musikwerken zum Abruf in digitalen Netzen, in: ZUM 2000, 379

Lewinski von, Silke, Urheberrecht und verwandte Schutzrechte im Rahmen der WIPO und neuere europäische Entwicklungen, in: Hoeren, Thomas/Sieber, Ulrich „Handbuch Multimediarecht – Rechtsfragen des elektronischen Geschäftsverkehrs", Loseblatt (Stand: April 2004), München 2004, Kap. 7.9 (zitiert: v. Lewinski in Hoeren/Sieber, Multimediarecht)

dies., Europäische Harmonisierung und Globalisierung – ein Erfahrungsbericht, in: Schricker, Gerhard/Dreier, Thomas/Kur, Anette (Hrsg.) „Geistiges Eigentum im Dienst der Innovation", Baden-Baden 2001, S. 139 ff. (zitiert: v. Lewinski in Schricker/Dreier/Kur, Geistiges Eigentum)

dies., Der EG-Richtlinienvorschlag zum Urheberrecht und zu verwandten Schutzrechten in der Informationsgesellschaft, in: GRUR Int. 1998, 637

dies., Die WIPO-Verträge zum Urheberrecht und zu verwandten Schutzrechten vom Dezember 1996, in: CR 1997, 438

dies., Die Multimedia-Richtlinie – Der EG-Richtlinienvorschlag zum Urheberrecht in der Informationsgesellschaft, in: MMR 1998, 115

dies., Die diplomatische Konferenz der WIPO 1996 zum Urheberrecht und zu verwandten Schutzrechten, in: GRUR Int. 1997, 667

Lindhorst, Hermann, Schutz von und vor technischen Maßnahmen, Osnabrück 2002 (zitiert: Lindhorst, Technische Maßnahmen)

Linnenborn, Oliver, Update: Europäisches Urheberrecht in der Informationsgesellschaft, in: K&R 2001, 394

ders., Urheberrecht goes Europe! – Der EU-Richtlinienvorschlag zum Urheberrecht und den verwandten Schutzrechten im Lichte digitaler Technologien und des E-Commerce, in: K&R 1999, 201

ders., Keine Chance für Piraten: Zugangskontrolldienste werden geschützt, in: K&R 2002, 571

Litman, Jessica, Digital Copyright, New York 2001 (zitiert: Litman, Digital Copyright)

Lober, Andreas, Die IMS-Health-Entscheidung der Europäischen Kommission: Copyright K.O.?, in: GRUR Int. 2002, 7

Löffler, Martin, Das Grundrecht auf Informationsfreiheit als Schranke des Urheberrechts, in: NJW 1980, 201

Loewenheim, Ulrich, Vervielfältigungen zum eigenen Gebrauch von urheberrechtswidrig hergestellten Werkstücken, in: Festschrift für Adolf Dietz zum 65. Geburtstag, München 2001, S. 415 ff. (zitiert: Loewenheim FS Dietz) *ders.*, Handbuch des Urheberrechts, München 2003 (zitiert: Bearbeiter in Loewenheim, Hdb UrhR)

Lubitz, Markus, Lizenzverweigerung und Missbrauch nach Art. 82 EG, in: K&R 2004, 469

Maaßen, Wolfgang, Urheberrechtliche Probleme der elektronischen Bildverarbeitung, in: ZUM 1992, 338

Malpricht, Marc, Über die rechtlichen Probleme beim Kopieren von Musik-CDs und beim Download von MP3-Dateien aus dem Internet, in: NJW-CoR 2000, 233

Markert, Kurt, Die Anwendung des US-amerikanischen Monopolisierungsverbots auf Verweigerungen des Zugangs zu „wesentlichen Einrichtungen", in: Festschrift für Ernst-Joachim Mestmäcker zum 70. Geburtstag, Baden-Baden 1996, S. 661 ff. (zitiert: Markert FS Mestmäcker)

Marks, Dean/Turnbull, Bruce, Technical Protection Measures: The Intersection of Technology, Law and Commercial Licences, in: EIPR 2000, 198

Marly, Jochen, Rechtsschutz für technische Schutzmechanismen geistiger Leistungen, in: K&R 1999, 106

ders., Urheberrechtsschutz für Computersoftware in der Europäischen Union, München 1995 (zitiert: Marly, Computersoftware)

Martenczuk, Bernd, Die „essential facilities"-Doktrin im Europäischen Wettbewerbsrecht und der Zugang zu Vertriebsnetzen, in: EuR 1999, 565

Maske, Carel, Der Fall Microsoft – auch 2004 kein Ende in Sicht, in: K&R 2004 Heft 2 „Die erste Seite"

Mayer, Christoph, Die Privatkopie nach der Umsetzung des Regierungsentwurfs zur Regelung des Urheberrechts in der Informationsgesellschaft, in: CR 2003, 274

Mayer, Hans-Peter, Richtlinie 2001/29/EG zur Harmonisierung bestimmter Aspekte des Urheberrechts und der verwandten Schutzrechte in der Informationsgesellschaft, in: EuZW 2002, 325

Medwenitsch, Franz/Schanda, Reinhard, Download von MP3-Dateien aus dem Internet – Private Vervielfältigung und rechtmäßig erstellte Vorlage, in: Tades, Helmut/Danzl, Karl-Heinz/Graninger, Gernot (Hrsg.) „Festschrift für Robert Dittrich zum 75. Geburtstag", Wien 2000, S. 219 ff. (zitiert: Medwenitsch/Schanda FS Dittrich)

Melichar, Ferdinand, Urheberrecht in Theorie und Praxis, Tübingen 1999 (zitiert: Melichar, Urheberrecht)

ders., Die Umsetzung der EU-Urheberrechtsrichtlinie in deutsches Recht, in: Schwarze, Jürgen/Becker, Jürgen (Hrsg.) „Regulierung im Bereich von Medien und Kultur – Gestaltungsmöglichkeiten und rechtliche Grenzen", Baden-Baden 2002, S. 43 ff. (zitiert: Melichar in Schwarze/Becker, Regulierung)

ders., Verleger und Verwertungsgesellschaften, in: UFITA 1991, 5

ders., Neue Techniken und ihre Auswirkungen auf urheberrechtliche Vergütungen, in: ZUM 2003, 1046

Mennicke, Petra, „Magill" – Von der Unterscheidung zwischen Bestand und Ausübung von Immaterialgüterrechten zur „essential facilities"-Doktrin in der Rechtsprechung des Europäischen Gerichtshofes?, in: ZHR 160 (1996), 626

Mestmäcker, Ernst-Joachim, Unternehmenskonzentration und Urheberrechte in der alten und „neuen" Musikwirtschaft, in: ZUM 2001, 185

Metzger, Axel, Stellungnahme des ifrOSS zur EU-Urheberrechtsrichtlinie über Urheberrecht in der Informationsgesellschaft, abgerufen unter www.urheberrecht.org/

topic/Info-RiLi/st/ifross/art21.pdf, zuletzt abgerufen: 05.09.2004 (zitiert: Metzger, Stellungnahme Multimedia-RL)

ders., Die Privatkopie – Vom Aussterben bedroht, Beitrag vom 24.07.2001, abgerufen unter: http://www.heise.de/tp/deutsch/inhalt/te/9123/1.html, zuletzt abgerufen: 30.09.2004 (zitiert: Metzger, Privatkopie)

ders./Kreutzer, Till, Richtlinie zum Urheberrecht in der „Informationsgesellschaft" – Privatkopie trotz technischer Schutzmaßnahmen, in: MMR 2002, 139

dies., Stellungnahme zur Umsetzung von Art. 6 Abs. 4 Unterabsatz 4 der Richtlinie 2001/29/EG, abgerufen unter www.urheberrecht.org/topic/Info-RiLi/st/ifross/art14.pdf, zuletzt abgerufen: 05.09.2004 (zitiert: Metzger/Kreutzer, Stellungnahme Art. 6 IV Unterabs. 4)

Mitchell, Iain, Humpty Dumpty, DRM and the InfoSoc Directive, in: MMR 2003, 549

Möschel, Wernhard/Bechtold, Stefan, Copyright-Management im Netz, in: MMR 1998, 571

Mönkemöller, Lutz, Moderne Freibeuter unter uns? – Internet, MP3 und CD-R als GAU für die Musikbranche!, in: GRUR 2000, 663

Montag, Frank, Gewerbliche Schutzrechte, wesentliche Einrichtungen und Normung im Spannungsfeld zu Art. 86 EGV, in: EuZW 1997, 71

ders./Rosenfeld, Andreas, A Solution to the Problems? Regulation 1/2003 and the modernization of competition procedure, in: ZWeR 2003, 107

Moritz, Hans-Werner, Microsoft in Not? – Der europäische Rechtsrahmen für Kopplungen und Zwangslizenzen an Interface-Informationenm im Lichte der Microsoft-Entscheidung der EU-Kommission, in: CR 2004, 321

ders., Vervielfältigungsstück eines Programms und seine berechtigte Verwendung – § 69d UrhG und die neueste BGH-Rechtsprechung, in: MMR 2001, 94

Müller, Matthias, Die „Essential-Facilities"-Doktrin im Europäischen Kartellrecht, in: EuZW 1998, 232

Müller, Ulf, Verwertungsgesellschaften im digitalen Umfeld, in: Hoeren, Thomas/Sieber, Ulrich „Handbuch Multimediarecht – Rechtsfragen des elektronischen Geschäftsverkehrs", Loseblatt (Stand: April 2004), München 2004, Kap. 7.12 (zitiert: Müller in Hoeren/Sieber, Multimediarecht)

Nicolini, Käte, Urheberrechtsgesetz – Kommentar, 2. Auflage, München 2000 (zitiert: Bearbeiter in Möhring/Nicolini, UrhG)

Nippe, Wolfgang, Die Sieben im Urheberrecht – Gedanken zur Anzahl zulässiger Vervielfältigungsstücke, in: GRUR 1994, 888

Nordemann, Axel/Goddar, Heinz/Tönhardt, Marion/Czychowski, Christian, Gewerblicher Rechtsschutz und Urheberrecht im Internet, in: CR 1996, 645

Nordemann, Bernd/Dustmann, Andreas, To Peer Or Not To Peer – Urheberrechtliche und datenschutzrechtliche Fragen der Bekämpfung der Internet-Piraterie, in: CR 2004, 380

Nordemann, Wilhelm/Nordemann, Axel/Nordemann, Jan, Wettbewerbs- und Markenrecht, 9. Auflage, Baden-Baden 2003 (zitiert: Nordemann, Wettbewerbs- und Markenrecht)

Oekonomidis, Dimitris, Urheberrechtliche Problemstellungen im Internet (aus Sicht des deutschen und griechischen Rechts), in: Festschrift für Adolf Dietz zum 65. Geburtstag, München 2001, S. 365 ff. (zitiert: Oekonomidis FS Dietz)

Olenhusen von, Albrecht, Digitale Information- und Wissensgesellschaft und das Urheberrecht, in: ZRP 2003, 232

Omsels, Hermann-Josef, Zur Lauterkeit der gezielten Behinderung von Mitbewerbern (§ 4 Nr. 10 UWG), in: WRP 2004, 136

Ory, Stephan, Blick in den „2. Korb" des Urheberrechts in der Informationsgesellschaft, in: AfP 2004, 500

ders., Urheberrecht in der Informationsgesellschaft, JurPC Web.-Dok. 126/2002, abgerufen unter www.jurpc.de/aufsatz/20020126.htm, zuletzt abgerufen: 05.09.2004 (zitiert: Ory JurPC 126/2002)

Pahud, Eric, Zur Begrenzung des Urheberrechts im Interesse Dritter und der Allgemeinheit, in: UFITA 2000, 99

Paul, Jörg-Alexander/Naskret, Stefanie, Die Zukunft der Geräteabgabe – Der Formulierungsvorschlag des Bundesrates zur Neuregelung von §§ 54, 54 a UrhG und die Scanner-Entscheidung des BGH: Sind PC und Drucker vergütungspflichtig?, in: CR 2003, 473

Perrit, Henry, Law and the Information Superhighway, 2. Auflage, New York 2001 (zitiert: Perrit, Information Superhighway)

Peukert, Alexander, Digital Rights Management und Urheberrecht, in: UFITA 2002, 689

ders., USA: Ende der Expansion des Copyright?, in: GRUR Int. 2002, 1012

ders., Neue Techniken und ihre Auswirkungen auf die Erhebung und Verteilung gesetzlicher Vergütungsansprüche, in: ZUM 2003, 1050

Pfennig, Gerhard, Digital Rights Management Systeme aus der Sicht von Verwertungsgesellschaften, in: ZUM 2004, 198

Pfeiffer, Gerd, Karlsruher Kommentar zur Strafprozeßordnung, 5. Auflage, München 2003 (zitiert: Bearbeiter in KarlsKomm, StPO)

Pichlmaier, Tobias, Abschied von der Privatkopie? – Von der Zukunft einer Institution, in: CR 2003, 910

Picot, Arnold, Digital Rights Management, Berlin 2003 (zitiert: Bearbeiter in Picot, DRM)

ders./Heger, Dominik, Braucht das Internet eine neue Wettbewerbspolitik? – Ein globales Problem aus deutscher Perspektive, in: Zerdick, Axel/Picot, Arnold/Schrape, Klaus/Burgelman, Jean-Claude/Silverstone, Roger (Hrsg.) „E-Merging Media – Kommunikation und Medienwirtschaft der Zukunft", Berlin u. a. 2004, S. 343 ff. (zitiert: Picot/Heger in Zerdick/Picot/Schrape/Burgelman/Silverstone, E-Merging Media)

Pilny, Karl, Mißbräuchliche Marktbeherrschung gemäß Art. 86 EWGV durch Immaterialgüterrechte, in: GRUR Int. 1995, 954

ders., Schnittstellen in Computerprogrammen – Zum Rechtsschutz in Deutschland, den USA und Japan, in: GRUR Int. 1990, 431

Pleister, Christian/Ruttig, Markus, Neues Urheberrecht – neuer Kopierschutz – Anwendungsbereich und Durchsetzbarkeit des § 95 a UrhG, in: MMR 2003, 763

Plura, Michael, Der versiegelte PC, in: c't 2002, Heft 22, S. 204

Poll, Günter/Braun, Thorsten, Privatkopien ohne Ende oder Ende der Privatkopie? – § 53 Abs.1 UrhG im Lichte des „Dreistufentests", in: ZUM 2004, 266

Rasch, Clemens, The Role of Collecting Societies in Electronic Commerce II, in: Kaestner, Jan (Hrsg.) „Legal Aspects of Intellectual Property Rights in Electronic Commerce“, München 1999, S. 173 ff. (zitiert: Rasch in Kaestner, Intellectual Property Rights)

Raubenheimer, Andreas, Beseitigung/Umgehung eines technischen Programmschutzes nach UrhG und UWG, in: CR 1996, 69

ders., Vernichtungsanspruch gemäß § 69 f UrhG, in: CR 1994, 129

ders., Die jüngste Rechtsprechung zur Umgehung/Beseitigung eines Dongles – Zugleich eine Analyse des Urteils des OLG Karlsruhe (6 U 40/95) vom 10.1.1996, in: NJW-CoR 1996, 174

ders., Softwareschutz nach den Vorschriften des UWG, in: CR 1994,264

Raue, Peter, Zum Dogma von der restriktiven Auslegung der Schrankenbebestimmungen des Urheberrechtsgesetzes, in: Loewenheim, Ulrich (Hrsg.) „Urheberrecht im Informationszeitalter – Festschrift für Wilhelm Nordemann zum 70. Geburtstag am 8. Januar 2004“, München 2004, S. 327 ff. (zitiert: Raue FS Nordemann)

Reber, Nikolaus, Aktuelle Fragen zu Recht und Praxis der Verwertungsgesellschaften, in: GRUR 2000, 203

Rebmann, Kurt/Säcker, Franz/Rixecker, Roland, Münchener Kommentar zum Bürgerlichen Gesetzbuch, Band 1, §§ 1–240, 4. Auflage, München 2001 und Band 5, §§ 705–853, 4. Auflage, München 2004 (zitiert: Bearbeiter in MünchKommBGB)

Rehbinder, Manfred, Copymart als Technologie der Informationsgesellschaft – Ein Tagungsbericht, in: ZUM 2002, 816

ders., Urheberrecht, 13. Auflage, München 2004 (zitiert: Rehbinder, Urheberrecht)

Reinbothe, Jörg, Die Umsetzung der EU-Urheberrechtsrichtlinie in deutsches Recht, in: ZUM 2002, 43

ders., Die EG-Richtlinie zum Urheberrecht in der Informationsgesellschaft, in: GRUR Int. 2001, 733

ders., Rechtliche Perspektiven für Verwertungsgesellschaften im Europäischen Binnenmarkt, in: ZUM 2003, 27

ders., Geistiges Eigentum und die Europäische Gemeinschaft, in: ZEuP 2000, 5

ders., Der EU-Richtlinienentwurf zum Urheberrecht und zu den Leistungsschutzrechten in der Informationsgesellschaft, in: ZUM 1998, 429

ders., Die kollektive Wahrnehmung von Rechten in der Europäischen Gemeinschaft, in: Festschrift für Adolf Dietz zum 65. Geburtstag, München 2001, S. 517 ff. (zitiert: Reinbothe FS Dietz)

Retzer, Karin, On the Technical Protection of Copyright – A critical evaluation of the different legal regimes that EU Member States are in the process of adopting to govern technical protection and copyright management systems, in: CRi 2002, 134

Richters, Swantje/Schmitt, Jens, Die urheberrechtliche Pauschalvergütung für PCs – Zulässigkeit einer pauschalen Vergütungspflicht vor dem urheber-, verfassungs- und europarechtlichen Hintergrund der erstinstanzlichen Entscheidung des LG München, in: CR 2005, 473

Rigamonti, Cyrill, Schutz gegen Umgehung technischer Maßnahmen im Urheberrecht aus internationaler und rechtsvergleichender Perspektive, in: GRUR Int. 2005, 1

Rodríguez, Blanca, After Napster: Cyberspace and the Future of Copyright, in: CRi 2003, 1

Röhm, Alexander/Wilop, Karsten, Urheberrechtlicher Schutz im Internet, in: DuD 1998, 250

Röttinger, Moritz, Die volkswirtschaftliche Bedeutung des Urheberrechts, in: ZUM 1990, 510

Rohleder, Bernhard, Für eine zukunftsfähige Urhebervergütung, in: ZUM 2003, 1061

ders., DRM – Herausforderung und Chance in der digitalen Welt, in: ZUM 2004, 203

Rom von, Katharina, Die Leistungsschutzrechte im Regierungsentwurf für ein Gesetz zur Regelung des Urheberrechts in der Informationsgesellschaft, in: ZUM 2003, 128

dies., Digital Rights Management – Rechtliche und wirtschaftliche Aspekte, in: ZUM 2004, 204

Rombach, Wolfgang, Killer-Viren als Kopierschutz – Vertragliche und deliktische Anspruchsgrundlagen der Betroffenen, in: CR 1990, 101 und 184

Rosén, Jan, Urheberrecht und verwandte Schutzrechte in der Informationsgesellschaft – Zur Umsetzung der EG-Richtlinie 2001/29/EG in den nordischen Ländern, in: GRUR Int. 2002, 195

Rosenblatt, Bill/Trippe, Bill/Mooney, Stephen, Digital Rights Management – Business and Technology, New York, 2002 (zitiert: Rosenblatt/Trippe/Mooney, DRM)

Runte, Christian, Produktaktivierung – Zivilrechtliche Fragen der „Aktivierung" von Software, in: CR 2001, 657

Ruttig, Markus, Halbzeit bei der Novellierung des Urheberrechts (Korb II), K&R 2004, 182

Sachs, Michael, Grundgesetz – Kommentar, 3. Auflage, München 2003 (zitiert: Bearbeiter in Sachs, GG)

Schack, Heimo, Schutz digitaler Werke vor privater Vervielfältigung – zu den Auswirkungen der Digitalisierung auf § 53 UrhG, in: ZUM 2002, 497

ders., Private Vervielfältigung von einer rechtswidrigen Vorlage?, in: Festschrift für Willi Erdmann zum 65. Geburtstag, Köln u.a. 2002, S. 165 ff. (zitiert: Schack FS Erdmann)

ders., Urheber- und Urhebervertragsrecht, 3. und 2. Auflage, Tübingen 2005 und 2001 (zitiert: Schack, UrhR)

ders., Neue Techniken und Geistiges Eigentum, in: JZ 1998, 753

ders., Europäisches Urheberrecht im Werden, in: ZEuP 2000, 799

Schaefer, Martin, Welche Rolle spielt das Vervielfältigungsrecht auf der Bühne der Informationsgesellschaft? – Neue Herausforderungen an eine bewährte Rechtsfigur, in: Festschrift für Wilhelm Nordemann, Baden-Baden 1999, S. 191 ff. (zitiert: Schaefer FS Nordemann)

Schippan, Martin, Harmonisierung oder Wahrung der nationalen Kulturhoheit? – Die wundersame Vermehrung der Schrankenbestimmungen in Art. 5 der „Multimedia-Richtlinie", in: ZUM 2001, 116

ders., Urheberrecht goes digital – Das Gesetz zur Regelung des Urheberrechts in der Informationsgesellschaft, in: ZUM 2003, 378

ders., Nun endgültig verabschiedet: Das digitale Urheberrecht – Korb 1, in: ZUM 2003, 678

ders., Urheberrecht goes digital – Die Verabschiedung der „Multimedia-Richtlinie 2001/29/EG", in: NJW 2001, 2682

ders., Die Harmonisierung des Urheberrechts in Europa im Zeitalter von Internet und digitaler Technologie, Baden-Baden 1999, UFITA-Schriftenreihe Band 170 (zitiert: Schippan, Harmonisierung) *ders.*, Rechtsfragen bei der Implementierung von Digital Rights Management-Systemen, in: ZUM 2004, 188

Schmid, Matthias/Wirth, Thomas, Urheberrechtsgesetz – Handkommentar, Baden-Baden 2004 (zitiert: Schmid/Wirth, UrhG)

Schmidt-Bleibtreu, Bruno/Klein, Franz, Kommentar zum Grundgesetz, 9. Auflage, Neuwied 1999 (zitiert: Bearbeiter in Schmidt-Bleibtreu/Klein, GG)

Schmundt, Hilmar, Bröselnde Bits, in: „Der Spiegel" vom 24.11.2003 (Nr. 48 2003), Hamburg 2003, S. 210 (zitiert: Schmundt, Der Spiegel 24.11.2003)

Schnelle, Ulrich, Die Öffnung von leistungsnotwendigen Einrichtungen für Dritte und der Schutz des Eigentums, in: EuZW 1994, 556

Schricker, Gerhard u. a., Urheberrecht auf dem Weg zur Informationsgesellschaft, Baden-Baden 1997 (zitiert: Schricker, Informationsgesellschaft)

ders., Urheberrecht zwischen Industrie- und Kulturpolitik, in: GRUR 1992, 242

ders., Urheberrecht – Kommentar, 2. Auflage, München 1999 (zitiert: Bearbeiter in Schricker, UrhR)

ders., Zur Bedeutung des Urheberrechtsgesetzes von 1965 für das Verlagsrecht, in: GRUR Int. 1983, 446

Schröter, Helmuth/Jakob, Thinam/Mederer, Wolfgang, Kommentar zum Europäischen Wettbewerbsrecht, Baden-Baden 2003 (zitiert: Bearbeiter in Schröter/Jakob/Mederer, EG-WbR)

Solmecke, Christian, Aktuelle Probleme des Internet-Rechts aus amerikanischer Sicht – Zugleich ein Tagungsbericht über das Internet Law Program an der Harvard Law School, in: TKMR 2002, 372

Streinz, Rudolf, EUV/EGV – Vertrag über die Europäische Union und Vertrag zur Gründung der Europäischen Gemeinschaft, München 2003 (zitiert: Bearbeiter in Streinz, EUV/EGV)

Schwarze, Jürgen, EU-Kommentar, Baden-Baden 2000 (zitiert: Bearbeiter in Schwarze, EG)

ders., Der Schutz des geistigen Eigentums im europäischen Wettbewerbsrecht – Anmerkungen zur jüngsten Entscheidungspraxis, in: EuZW 2002, 75

ders., Urheberrechte und deren Verwaltung im Lichte des europäischen Wettbewerbsrechts, in: ZUM 2003, 15

Schwarz-Gondek, Nicolai, Digital Rights Management durch Kopierschutzmaßnahmen in Audio-CDs: Technische und urheberrechtliche Aspekte, in: TKMR 2003, 250

Schwenzer, Oliver, Werden Träume wahr in der CD-Kopier-Bar? – Grenzen der Privatkopie nach § 53 Abs.1 UrhG, in: ZUM 1997, 478

ders., Tonträgerauswertung zwischen Exklusivrecht und Sendeprivileg im Lichte von Internetradio, in: GRUR Int. 2001, 722

Schwintowski, Hans Peter, Der Zugang zu wesentlichen Einrichtungen – Einige kritische Bemerkungen zu § 19 Abs.4 Nr. 4 GWB unter Berücksichtigung der amerikanischen und europäischen Kartellrechtspraxis, in: WuW 1999, 842

Sedlmeier, Tobias/Kolk, Daniel, ASP – Eine vertragstypologische Einordnung, in: MMR 2002, 75

Seifert, Fedor, Geistiges Eigentum – ein unverzichtbarer Begriff, in: Festschrift für Henning Piper zum 65. Geburtstag, München 1996, S. 769 ff. (zitiert: Seifert FS Piper)

Senftleben, Martin, Privates digitales Kopieren im Spiegel des Dreistufentests – Genügt die deutsche Regelung zur Privatkopie den Vorgaben des internationalen Rechts?, in: CR 2003, 914

ders., Copyright, Limitations and the Three-Step Test, Den Haag, 2004 (zitiert: Senftleben, Three-Step Test)

Senft-Werner, Ingo, Digitale Wasserzeichen: Unsichtbarer Schutz für Filme und Musikstücke, abgerufen unter www.heise.de/newsticker/data/jk-21.08.02–001, zuletzt abgerufen: 05.09.2004 (zitiert: Senft-Werner, Digitale Wasserzeichen)

Senger, Michael, Wahrnehmung digitaler Urheberrechte – Untersuchung der Tragfähigkeit und Funktionsweise des Systems der urheberrechtlichen Verwertungsgesellschaften im Hinblick auf die durch Digitalisierung im Internet aufgeworfenen Probleme, Wien u. a. 2002 (zitiert: Senger, Wahrnehmung digitaler Urheberrechte)

Sieber, Ulrich, Urheberstrafrecht der Informationsgesellschaft, in: MMR 2002, 701

Siegrist, Hannes, Geschichte und aktuelle Probleme des geistigen Eigentums (1600–2000), in: Zerdick, Axel/Picot, Arnold/Schrape, Klaus/Burgelman, Jean-Claude/Silverstone, Roger (Hrsg.) „E-Merging Media – Kommunikation und Medienwirtschaft der Zukunft", Berlin u. a. 2004, S. 313 ff. (zitiert: Siegrist in Zerdick/Picot/Schrape/Burgelman/Silverstone, E-Merging Media)

Sitar, Oliver, The EU Microsoft Decision: Preserving Interoperability and Free Choice in Software Markets, in: MR-Int 2004, 2

Sietmann, Richard/Krempl, Stefan, Zaghaft nach Digitalien – Das neue Urheberrecht auf Probe, in: c't 2003, Heft 9, S. 18

Spieker, Oliver, Bestehen zivilrechtliche Ansprüche bei Umgehung von Kopierschutz und beim Anbieten von Erzeugnissen zu dessen Umgehung?, in: GRUR 2004, 475

Spindler, Gerald, Europäisches Urheberrecht in der Informationsgesellschaft, in: GRUR 2002, 105

ders., Hyperlinks und ausländische Glückspiele – Karlsruhe locuta causa finita?, in: GRUR 2004, 724

ders., Urheberrecht und Tauschplattformen im Internet, in: JZ 2002, 60

ders., Die kollisionsrechtliche Behandlung von Urheberrechtsverletzungen im Internet, in: IPRax 2003, 412

ders., Deliktsrechtliche Haftung im Internet – nationale und internationale Rechtsprobleme, in: ZUM 1996, 533

ders./Apel, Katharina, Urheber- versus Kartellrecht – Auf dem Weg zur Zwangslizenz?, in: JZ 2005, 133

Sprickmann Kerkerinck, Peter, Die Essential-Facilities-Doktrin – unter besonderer Berücksichtigung des geistigen Eigentums, Frankfurt a. M. 2002 (zitiert: Sprickmann Kerkerinck, Essential-Facilities-Doktrin)

Starck, Christian, Das Bonner Grundgesetz – Kommentar, Band 1, 4. Auflage, München 1999 (zitiert: Bearbeiter in v. Mangoldt/Klein/Starck, GG)

Stickelbrock, Barbara, Die Zukunft der Privatkopie im digitalen Zeitalter, in: GRUR 2004, 736

Stollhoff, Frank, Der Ausschluß von Marktrisiken durch Essential Facilities durch Art. 82 EGV – Zur Übertragbarkeit der amerikanischen Essential Facilities Doktrin auf das Mißbrauchsverbot des europäischen Kartellrechts, Baden-Baden 2000 (zitiert: Stollhoff, Ausschluß von Marktrisiken)

Strömer, Tobias/Gaspers, Holger, „Umgehen“ des Kopierschutzes nach neuem Recht, in: K&R 2004, 14

Strowel, Alain/Daems, Erik, The Implementation of the 2001/29/EC Copyright Directive in Belgium an the Netherlands, in: CRi 2001, 167

Terheggen, Erik, The Role of Collecting Societies in Electronic Commerce, in: Kaestner, Jan (Hrsg.) „Legal Aspects of Intellectual Property Rights in Electronic Commerce“, München 1999, S. 165 ff. (zitiert: Terheggen in Kaestner, Intellectual Property Rights)

Thomaschki, Kathrin, Europäisches Urheberrechts in der Infprmationsgesellschaft – Der EU-Richtlinienentwurf zur Harmonisierung des Urheberrechts und der verwandten Schutzrechte in der Informationsgesellschaft, in: DuD 1998, 265

Tiedemann, Klaus, Europäisches Gemeinschaftsrecht und Strafrecht, in: NJW 1993, 23

Tränkle, Claudia, Die „essential facilities“-Doktrin im europäischen Wettbewerbsrecht, Tübingen 2001 (zitiert: Tränkle, essential facilities)

Trafkowski, Armin, Medienkartellrecht – Die Sicherung des Wettbewerbs auf den Märkten der elektronischen Medien, München 2002 (zitiert: Trafkowski, Medienkartellrecht)

Traugott, Rainer, Zur Abgrenzung von Märkten, in: WuW 1998, 929

Trayer, Martin, Technische Schutzmaßnahmen und elektronische Rechtewahrnehmungssysteme – Die Umsetzung von Art. 6 und 7 der EU-Urheberrechtsrichtlinie in deutsches Recht und der Schutz des Nutzers urheberrechtlicher Werke, Baden-Baden 2003 (zitiert: Trayer, Technische Schutzmaßnahmen)

Trinkl, Stephanie, Ein Korb voller Fragen: Das neue Urheberrecht – Politik und Musikwirtschaft im Einklang?, in: K&R 2004, 584

Uchtenhagen, Ulrich, Die wirtschaftliche Bedeutung des Urheberrechts, in: ZUM 1990, 398

Ulbricht, Johannes, Tücken im Schutz für Kopierschutz – Gibt es einen Wertungswiderspruch zwischen § 95a UrhG und dem materiellen Urheberrecht?, in: CR 2004, 674

ders., Studie vom Januar 2003: Pauschalabgaben – ein inkonsequenter Kompromiss zum Nachteil der Urheber?, abgerufen unter: www.druck-gegen-abgaben.de/data/studie_ulbricht.pdf, zuletzt abgerufen: 05.09.2004 (zitiert: Ulbricht, Pauschalabgaben)

Ulmer-Eilfort, Constanze, Zur Zukunft der Vervielfältigungsfreiheit nach § 53 UrhG im digitalen Zeitalter, in: Festschrift für Wilhelm Nordemann, Baden-Baden 1999, S. 285 ff. (zitiert: Ulmer-Eilfort FS Nordemann)

Umbach, Dieter/Clemens, Thomas, Grundgesetz – Mitarbeiterkommentar und Handbuch, Band I, Heidelberg 2002 (zitiert: Bearbeiter in Umbach/Clemens, GG)

Vinje, Thomas, Microsoft v. EC: In the European Courts – Analysis and Implications of the Court of First Instance's Order Against Microsoft, in: CRi 2005, 97

ders., Copyright Imperilled?, in: EIPR 1999, 192

ders., A Brave New World of Technical Protection Systems: Will There Still Be Room For Copyright?, in: EIPR 1996, 431

Wagner, Axel-Michael, Quo vadis, Urheberrecht? – Überlegungen zur Bedeutung des Urheberrechts in der Informationsgesellschaft und zum anstehenden „Korb II“, in: ZUM 2004, 723

Walter, Michael, Europäisches Urheberrecht – Kommentar, Wien 2001 (zitiert: Bearbeiter in Walter, Europäisches Urheberrecht)

Wand, Peter, Technische Schutzmaßnahmen und Urheberrecht, München 2001 (zitiert: Wand, Technische Schutzmaßnahmen)

ders., Dreifach genäht hält besser! – Technische Identifizierungs- und Schutzsysteme, in: GRUR Int. 1996, 897

Wandtke, Artur, Copyright und virtueller Markt in der Informationsgesellschaft – oder das Verschwinden des Urhebers im Nebel der Postmoderne, in: GRUR 2002, 1

ders./Schäfer, Oliver, Music on Demand – Neue Nutzungsart im Internet?, in: GRUR Int. 2000, 187

ders./Bullinger, Winfried, Praxiskommentar zum Urheberrecht, München 2002 (zitiert: Bearbeiter in Wandtke/Bullinger, Praxiskommentar UrhR)

dies., Gesetz zur Regelung des Urheberrechts in der Informationsgesellschaft – Ergänzungsband zum Praxiskommentar UrhR, München 2003 (zitiert: Bearbeiter in Wandtke/Bullinger, Praxiskommentar UrhR Ergänzungsband)

Weber, Rolf, Traditionelles Urheberrecht: Sprengstoff für die Informationsgesellschaft, in: Hilty, Reto (Hrsg.) „Urheberrecht am Scheideweg?“, Bern 2002 (zitiert: Weber in Hilty, Urheberrecht am Scheideweg)

Weitbrecht, Andreas, Das neue EG-Kartellverfahrensrecht, in: EuZW 2003, 69

Westermann, Harm, Bürgerliches Gesetzbuch, Band I (§§ 1–811) und Band II (§§ 812–2385), 11. Auflage, Köln 2004 (zitiert: Bearbeiter in Erman)

Westkamp, Guido, Towards Access Control in UK Copyright Law? – Some Remarks on The Implementation of the EU Copyright Directive, in: CRi 2003, 11

Wiebe, Andreas, Zum Funktionswandel des Urheberrechts im digitalen Umfeld, in: Taeger, Jürgen/Wiebe, Andreas (Hrsg.) „Informatik – Wirtschaft – Recht – Festschrift für Wolfgang Kilian zum 65. Geburtstag, Baden-Baden 2004, S. 603 ff. (zitiert: Wiebe FS Kilian)

Wiechmann, Peter, Urheber- und gewährleistungsrechtliche Probleme der Kopiersperre bei digitalen Audio-Kasetten-Recordern, in: ZUM 1989, 111

Wiedemann, Gerhard, Handbuch des Kartellrechts, München 1999 (zitiert: Bearbeiter in Wiedemann, Hdb KartellR)

Wiegand, Nicolai, Technische Kopierschutzmaßnahmen in Musik-CDs – Aufklärungspflicht über die Implementierung, in: MMR 2002, 722

Wildpaner, Christine, Behindert die Anti-Pirateriegesetzgebung des DMCA den „fair use“?, in: MR 2002, 383

Winghardt, Stefan, Kopiervergütung für den PC, in: ZUM 2002, 349

Wirtz, Markus/Holzhäuser, Michael, Die kartellrechtliche Zwangslizenz, in: WRP 2004, 683

Wirtz, Martin, Urheberrecht und verwandte Schutzrechte, in: Bröcker, Tim/Czychowski, Christian/Schäfer, Detmar „Praxishandbuch Geistiges Eigentum im Internet“, München 2003, S. 568 ff. (zitiert: Wirtz in Bröcker/Czychowski/Schäfer, Geistiges Eigentum im Internet)

Wolf, Manfred, Bürgerliches Gesetzbuch, Band 2, Allgemeiner Teil 2, §§ 104–240, 13. Auflage, Stuttgart 1999 (zitiert: Bearbeiter in Soergel)

Wünschmann, Christoph, Die kollektive Verwertung von Urheber- und Leistungsschutzrechten nach europäischem Wettbewerbsrecht, Baden-Baden 2000, UFITA-Schrigtenreihe Band 184 (zitiert: Wünschmann, kollektive Verwertung) *ders.,* Clearingstellen für Multimedia-Produkte und europäisches Wettbewerbsrecht, in: ZUM 2000, 572

Wuermeling, Ulrich, Letzte Rettung der Verwertungsgesellschaften, in: K&R 2003 Heft 1 „Die Erste Seite“

Zecher, Jan, Die Umsetzung der EU-Urheberrechtsrichtlinie in deutsches Recht, in: ZUM 2002, 52 und ZUM 2002, 451

Zimmerlich, Antje, Der Fall Microsoft – Herausforderungen für das Wettbewerbsrecht durch die Internetökonomie, in: WRP 2004, 1260

Zulegg, Manfred, Der Beitrag des Strafrechts zur europäischen Integration, in: JZ 1992, 761

Zypries, Brigitte, Das Urheberrecht in der Informationsgesellschaft: Bestandsaufnahme und Überlegungen zum weiteren Regelungsbedarf, in: ZUM 2003, 981

Literatur namentlich unbekannter Autoren:

- Zweiter Bericht der Bundesregierung über die Entwicklung der urheberrechtlichen Vergütung gemäß §§ 54 ff. Urheberrechtsgesetz (2. Vergütungsbericht), in: UFITA 2000, 691
- Stellungnahme des Forums der Rechteinhaber zum sog. „Zweiten Korb“ einer Reform des Urheberrechts in der Informationsgesellschaft vom Januar 2004, abgerufen unter www.urheberrecht.org/topic/Korb-2/st/2004/forum_und_film_2_korb.pdf, zuletzt abgerufen: 05.09.2004 (zitiert: Stellungnahme Rechteinhaber)
- Stellungnahme der BITKOM zur Neuregelung der Privatkopie un ihrer Vergütung in der weiteren Reform des Urheberrechts (2. Korb), abgerufen unter: www.urheberrecht.org/topic/Korb-2/st/2003/BITKOM-24–09–2003.pdf, zuletzt abgerufen: 05.09.2004 (zitiert: Stellungnahme BITKOM zur Privatkopie)
- Stellungnahme von privatkopie.net u. a. zum Zweiten Korb der Novellierung des Urheberrechtsgesetzes an die Bundesjustizministerin Brigitte Zypries vom 21.06.2004, abgerufen unter: http://www.bmj.bund.de/media/archive/708.pdf, zuletzt abgerufen: 12.09.2004 (zitiert: Stellungnahme privatkopie.net u. a.)
- Bundesministerium der Justiz, Informationen für die Presse vom 09.09.2004
  Urheberrecht in der Wissensgesellschaft – ein gerechter Ausgleich zwischen Kreativen, Wirtschaft und Verbrauchern, abgerufen unter: http://www.urheberrecht.org/topic/Korb-2/bmj/749.pdf, zuletzt abgerufen: 10.09.2004 (zitiert: Bundesministerium der Justiz, Urheberrecht in der Wissensgesellschaft)
- Bundesministerium der Justiz
  Referentenentwurf für ein Zweites Gesetz zur Regelung des Urheberrechts in der Informationsgesellschaft vom 27.09.2004, abgerufen unter: http://www.bmj.bund.de/media/archive/760.pdf, zuletzt abgerufen: 28.09.2004 (zitiert: Bundesministerium der Justiz, Referentenentwurf Zweiter Korb)
- heise online news vom 23.09.2004 „SlySoft: CloneCD nicht illegal“, abgerufen unter: http://www.heise.de/newsticker/meldung/51389, zuletzt abgerufen: 25.09.2004
- Privatkopie.net u. a.
  Kompensation ohne Kontrolle – Stellungnahme zum Zweiten Korb der Novellierung des Urheberrechtsgesetzes an Bundesjustizministerin Brigitte Zypries vom 21.06.2004, abgerufen unter: http://www.bmj.bund.de/media/archive/708.pdf, zuletzt abgerufen: 03.08.2005 (zitiert: Kompensation ohne Kontrolle)

Einleitung

Digitalisierte Inhalte sind das Lebenselixir des Internets. Digitaltechnik und Internet führen aber zunehmend zu mit herkömmlichen Mitteln kaum noch kontrollierbaren Massennutzungen und leisten so der Piraterie im großen Stil Vorschub. Die noch vor einigen Jahren durch relativ geringe Datenübertragungsgeschwindigkeiten technisch begrenzten Piratériemöglichkeiten im Internet gehören wohl der Vergangenheit an. Digital Rights Management (DRM) bzw. Digital-Rights-Management-Systeme (DRM-Systeme) sind bei zunehmender Verdigitalisierung unserer Gesellschaft, der Wissens- oder Informationsgesellschaft, die Antwort der Unterhaltungsindustrie hierauf[1].

Die Informationsgesellschaft beruht auf digitaler Technik, deren Entwicklung stetig schneller vonstatten zu gehen scheint[2]. Hiermit einhergehend wird die Digitaltechnik immer mehr Bestandteil unseres Alltags. Was geistige Inhalte betrifft, ergeben sich charakterliche Besonderheiten, sofern sie in digitalem Format vorliegen: Digitale Inhalte können ohne jeglichen Qualitätsverlust in beliebig vielen Generationen vervielfältigt werden. Sie können auch nahezu ohne Zeitverschiebung und mit minimalem Kostenaufwand in der ganzen Welt verbreitet werden. Voraussetzung hierfür ist lediglich der Zugang zum „Netz" – wie das Internet gemeinhin genannt wird[3]. Inhalte in digitaler Form unterscheiden sich in ihrem Potential also wesentlich von solchen im Analogformat. Auf der einen Seite ein Segen, bringt die Digitalisierung auch beachtliche Probleme mit sich; aus Sicht der Rechteinhaber ist sie Chance und Risiko zugleich. Theoretisch genügt ein einziges Angebot im Internet zum Herunterladen[4], um innerhalb kürzester Zeit von einem unüberblickbaren inter-

---

[1] Gottschalk GRUR Int. 2002, 95 (105): „Technischer Gegenangriff"; Schack ZUM 2002, 497 (503): „Elektronische Selbsthilfe"; Glarner, Musikpiraterie, S. 161: „Technische Selbsthilfe".

[2] Gordon Moore formulierte bereits im Jahre 1965 das sog. „Moorsche Gesetz", welches besagt, daß die Packungsdichte der Transistoren auf einem Mikroprozessor und damit deren Leistung sich etwa alle 18 Monate verdoppelt. Daraus ergibt sich für Computer schließlich eine Vervierfachung deren Speicherkapazitäten etwa alle drei Jahre und eine Verzehnfachung deren Geschwindigkeit etwa alle dreieinhalb Jahre.

[3] Vor diesem Hintergrund stellt das Internet möglicherweise die am meisten die Gesellschaft verändernde Entwicklung seit der Erfindung des Buchdrucks dar, vgl. Litman, Digital Copyright, S. 12.

[4] Allgemein neudeutsch bezeichnet als „download".

nationalen Publikum konsumiert werden zu können. So bringt die fortschreitende Digitalisierung eine neue Dimension der Inhaltepiraterie mit sich, welche erhebliche wirtschaftliche Bedeutung für die gesamte Kulturindustrie besitzt. Der herkömmliche urheberrechtliche Schutz versagt insoweit weitestgehend, da die große Masse an weltweit stattfindenden Nutzungen kaum zu überblicken ist. Vor diesem Hintergrund werden Investitionen im Digitalbereich bereits heute teilweise gescheut: Wenn die Wahrscheinlichkeit, durch entsprechende Investitionen verdienen zu können, aufgrund ausufernder Piraterie schwindet, steigt gleichzeitig das Risiko der Fehlinvestition[5]. Die technische Weiterentwicklung verläuft daher teilweise nicht optimal[6]; gleiches gilt grundsätzlich auch für die Inhalteindustrie[7].

Die Infrastruktur der Informationstechnik ist in den letzten Jahren enorm ausgebaut worden. Handelsübliche Personal Computer (PC) als Zugangsmedium zum „Netz" sowie auch als Kopiermedium sind heutzutage in nahezu jedem Haushalt anzutreffen[8]. Das informationstechnikspezifische Bildungsniveau des Durchschnittskonsumenten dürfte in den letzten Jahren gestiegen sein. Die Piraterie urheberrechtlich geschützter Inhalte ufert dank des Internets, welches sich mittlerweile als Medium im Alltag etabliert hat[9], und einem im digitalen Umfeld weitgehend degenerierten Bewußtsein für Urheberrechtsverletzungen immer stärker aus[10]. Quasi als Antwort hierauf reagiert die Inhalteindustrie verstärkt mit dem Einsatz von Kopierschutzmaßnahmen[11]; sie sieht hierin einen Hauptpfeiler ihrer Strategie zur Wahrung ihrer Verwertungsinteressen. Deren Umgehung ist bislang jedoch regelmäßig nicht sonderlich schwierig. Man muß kein Spezialist und auch nicht besonders technisch versiert sein, um durchschnittliche Kopierschutzmechanismen zu umgehen. Sehr häufig bietet das Internet entsprechende „Tools"[12] hierzu an. Häufig ist das Um-

[5] Vgl. etwa Dam in Dreyfuss/Zimmerman/First, Boundaries, S. 103: Die Gefahren für einen Rechteinhaber, welcher seine Inhalte im Internet zur Verfügung stellt, seien ein „digitaler Jungle".

[6] Vgl. Wand GRUR Int. 1996, 897 (897); Peukert in Loewenheim, Hdb UrhR, § 33, Rn. 1.

[7] Vgl. Thomaschki DuD 1998, 265 (265).

[8] Die Quoten privater Haushalte im Besitz eines Personal Computers bzw. mit Internetzugang haben von 1993 bis 2003 von 21,2% auf 61,4% bzw. von 1998 bis 2003 von 8% auf 46% zugenommen, Bundesministerium der Justiz, Referentenentwurf Zweiter Korb, S. 20 f.

[9] Siehe heise online news vom 22.09.2005, abgerufen (26.09.2005) unter http://www.heise.de/newsticker/meldung/64162.

[10] Davies GRUR Int. 2001, 915 (918): „Eskalation".

[11] Beispielsweise „Cactus Data Shield 200", „Key2Audio", oder „DOCloc"; vgl. auch Strömer/Gaspers K&R 2004, 14 (15); Schwarz-Gondek TKMR 2003, 250 (252), Fn. 9.

[12] Engl. für Werkzeuge: Gemeint ist hiermit entsprechende Software.

gehen solcher Systeme nicht motiviert durch finanzielle Interessen; in vielen Fällen dürfte es sich dabei eher um eine Art „Sport" der Internetgemeinde handeln. Um den elektronischen Geschäftsverkehr mit all seinen Vorteilen zu etablieren und für Investoren interessant zu machen und zu erhalten, ist es erforderlich, diesen effektiv gegen Piraterie zu schützen; ebenso wichtig ist die Entwicklung an das Informationszeitalter angepaßter Vertriebswege. Das Mittel hierzu sind DRM-Systeme in ihren zahlreichen Erscheinungsformen.

DRM-Systeme sind ein Phänomen, das von drei wissenschaftlichen Disziplinen gleichzeitig geprägt wird: Informationstechnik, Ökonomie und Recht[13]. Eine Betrachtung aus einer ausschließlich an einer dieser Disziplinen ausgerichteten Perspektive heraus kann die vielseitigen Aspekte der DRM-Technik nicht ausreichend würdigen und dürfte so vielfach zu nicht optimalen Ergebnissen führen. Obwohl die vorliegende Arbeit sich als rechtswissenschaftlicher Beitrag versteht, werden technische Ausführungen insoweit gemacht, als die Technik Ausstrahlungswirkungen auf die juristische Materie mit sich bringt oder es für ein besseres Verständnis notwendig ist. Ähnliches gilt für ökonomische Erwägungen: Auf diese kann und soll ebensowenig verzichtet werden. Sie werden an entsprechenden Stellen gleichfalls anzutreffen sein.

Die vorliegende Arbeit beschäftigt sich mit grundlegenden rechtlichen Fragen bezüglich des Einsatzes in der Praxis immer mehr an Bedeutung gewinnender DRM-Systeme, insbesondere mit der Umsetzung der Richtlinie 2001/29/EG im Gesetz zur Regelung des Urheberrechts in der Informationsgesellschaft. Die sich rasch entwickelnde neue IT-Technik in Form von DRM-Systemen erlaubt zum einen, der Piraterie geistigen Eigentums, insbesondere im Internet, zu begegnen, zum anderen bietet sie die Möglichkeit der Zugangs- und Nutzungskontrolle hinsichtlich von Inhalten in digitaler Form. Die juristische Behandlung des Einsatzes von DRM-Systemen befindet sich trotz des Hintergrundes der kontinuierlich wachsenden wirtschaftlichen Bedeutung[14] erst in den Kinderschuhen. Eine umfassende Untersuchung der Auswirkungen des Einsatzes von DRM-Systemen ist insbesondere über das Urheberrecht hinaus in

---

[13] Ausführlich Ulbricht in Becker/Buhse/Günnewig/Rump, DRM, S. 587 ff.; teilweise nimmt man sogar an, es bestünden auch merkliche Bezüge zu Philosophie und Ethik: Günnewig in Becker/Buhse/Günnewig/Rump, DRM, S. 528 (573).

[14] So beklagt die Musik-, Film- und Softwareindustrie von Jahr zu Jahr höhere Umsatzeinbußen, wofür die Inhaltepiraterie verantwortlich gemacht wird.

[15] Die Arbeit von Wand, Technische Schutzmaßnahmen, etwa beschäftigt sich im Wesentlichen nur mit dem Rechtsschutz vor der Umgehung technischer Schutzmaßnahmen, während Bechtolt, Informationsrecht, sich auf die Implikationen des DRM auf das Urheberrecht fokussiert. Auch bei Lindhorst, Technische Maßnahmen, steht das Urheberrecht absolut im Vordergrund. Das Werk von Becker/Buhse/Günnewig/Rump, DRM, bietet hingegen einen breit aufgestellten Ansatz; da es von einer Vielzahl

Deutschland bislang noch kaum angestellt worden[15]. Nicht zuletzt unter ökonomischen Gesichtspunkten ist es aber bedeutsam, möglichst rasch einen adäquaten Rechtsrahmen zur Verbesserung der Rechtssicherheit anzustreben. Zwar werden das Recht und die rechtswissenschaftliche Diskussion den technischen Entwicklungen auch hier wie regelmäßig zeitlich nachhinken, jedoch bedeutet dies nur umso mehr, daß die zügige juristische Aufarbeitung der neuen technischen Schutzmöglichkeiten geistiger Werke dringend geboten ist. Die vorliegende Arbeit will hierzu einen Beitrag leisten. Es wird aufgezeigt, daß die aufkommende DRM-Technik und deren Einsatz die Verwertung von geistigen Inhalten nachhaltig beeinflußt, sowie daß die Rechtsordnung hiervon an zahlreichen Stellen betroffen ist. Der Einsatz von DRM-Systemen strahlt über das Urheberrecht hinaus.

In einem ersten Schritt werden begriffliche, technische und rechtliche Grundlagen dargestellt (A.), bevor auf den Einsatz von DRM-Systemen und dessen rechtliche Rahmenbedingungen eingegangen wird (B.). Im Anschluß werden private Vervielfältigungen im Digitalzeitalter speziell behandelt (C.). Sodann sollen die gesetzlichen Sanktionen zum Schutz der Rechteinhaber vor Umgehung der von ihnen eingesetzten DRM-Systeme aufgezeigt werden (D.). Auch die Auswirkungen der DRM-Technik auf das urheberrechtliche Vergütungssystem finden Berücksichtigung (E.). Das Phänomen, daß DRM-Systeme auch zur Abschottung von Märkten fruchtbar gemacht werden können, ist Gegenstand der hieran anschließenden Untersuchung, insbesondere unter kartellrechtlichen Gesichtspunkten (F.). Dem folgt eine Würdigung des Gesetzes zur Regelung des Urheberrechts in der Informationsgesellschaft (G.). Schließlich wird noch eine gestraffte Zusammenfassung der wesentlichen Ergebnisse geboten (J.) sowie ein Ausblick auf mögliche künftige Entwicklungen gegeben (K.). Weitere Problembereiche, insbesondere kollisionsrechtlicher Art sowie des Datenschutzes, können im Rahmen des Beitrages hingegen nur kurz skizziert werden (H.). Deren ausführliche Untersuchung würde den Rahmen der Arbeit überschreiten.

---

von Autoren verfaßt worden ist, werden jedoch Querverbindungen nicht immer in ausreichendem Maße klar. Zwar bietet Trayer, Technische Schutzmaßnahmen, erfreulicherweise einen relativ weiten Ansatz, kartellrechtliche Erwägungen etwa finden allerdings auch hier nur geringen Anklang.

A. Grundlagen

Die juristische Bewertung neuer Sachverhalte kann nur dann glücken, wenn die Hintergründe bekannt und verstanden sind[16]. Von der Richtigkeit dieser Aussage überzeugt, wird zunächst das Potential digitaler Inhalte dargestellt, woran sich der Versuch anschließen wird, zur Klärung der Begriffe des DRM bzw. der DRM-Systeme beizutragen. Sodann werden entsprechende technische Grundlagen kurz dargestellt, bevor auf grundlegende Prinzipien des Urheberrechts eingegangen wird.

I. Besonderheiten digitaler Inhalte

1. Potential

Digitale Inhalte unterscheiden sich von analogen in vielerlei Hinsicht[17]: Sie bieten hinsichtlich ihrer Verarbeitung zahlreiche Möglichkeiten[18]. Ein großer Vorteil der Digitaltechnik gegenüber der analogen liegt darin, Inhalte in ein und demselben technischen Format darstellen und speichern zu können[19]. So können Inhalte im digitalen Format problemlos verändert oder etwa in ein multimediales Werk eingebunden werden. Ein besonderes Merkmal digitaler Inhalte liegt insbesondere auch darin, daß digitale Vervielfältigungen ihrer Kopiervorlage qualitativ gleichwertig sind, so daß man von daher nicht ohne Weiteres zwischen Vervielfältigungsstück und seiner Kopiervorlage unterscheiden kann. Digitalkopien besitzen also regelmäßig die Qualität eines Originalstücks[20]; bei analogen Kopien nimmt die Qualität hingegen ab[21], so daß analoge Kopien höherer

---

16 Kuch ZUM 2000, 801 (802).

17 Siehe Gass ZUM 1999, 815 (815 f.); vgl. auch den Vergütungsbericht der Bundesregierung, UFITA 2000, 691 (705 f.).

18 Siehe Lehmann in Lehmann, Cyberlaw, S. 25 (32 f.).

19 Vgl. Wandtke GRUR 2002, 1 (9).

20 Reinbothe ZUM 2002, 43 (49): „master copy in master quality"; Goldmann/Liepe ZUM 2002, 362 (365): „Perfektes Duplikat"; Schippan ZUM 2001, 116 (120): „Zweites Original"; Schaefer FS Nordemann, S. 191 (197): „perfekter Klon"; Schack ZUM 2002, 497 (510): „Klone von Originalen".

21 Schippan ZUM 2001, 116 (120): „Qualitätsgefälle". Bei der Wiedergabe einer analogen Kopie, etwa von einer Audio-Kasette, kann man z. B. regelmäßig ein mehr oder minder bemerkbares Rauschen feststellen.

Generationen[22] häufig nur eingeschränkt zu gebrauchen sind. Verständlich ist daher, warum die Piraterie urheberrechtlich geschützter Inhalte im digitalen Zeitalter in bedenklichem Umfang zugenommen hat. Das Kopieren etwa ganzer Musik-CDs ersetzt den Erwerb eines Originals vollkommen: Während ein analoges privates Vervielfältigungsexemplar wegen seiner schlechteren Qualität regelmäßig keine vollständige Substitution des Erwerbs eines Originalwerkstücks darstellt, gilt dies nicht mehr für digitale Kopien[23]. Digitale Kopien können zudem regelmäßig auch von Privatpersonen orginalgetreu erstellt werden, für analoge Medien gilt dies hingegen nicht[24]. Digitalen Kopien wohnt also ein Substitutionseffekt inne[25]. Digitale Kopien haben aber noch weitere Vorteile gegenüber analogen: Erstere können verhältnismäßig leicht und kostengünstig angefertigt[26] und über das Internet ohne großen Aufwand oder zeitliche Verzögerung weltweit verbreitet werden. Im Wege eines Schneeballeffektes verbreiten digitale Kopien sich daher im Vergleich zu analogen regelmäßig auffällig schnell und in gesteigertem Umfang. Der „natürliche Gegner“ der „Erfolgsstory Kopie“ in Gestalt des eintretenden Qualitätsverlustes fehlt.

2. Piraterie

Aufgrund des soeben dargestellten besonderen Charakters von Inhalten im digitalen Format eignen sich diese in besonderem Maße zu unrechtmäßigen Vervielfältigungen, also zur Inhaltepiraterie[27], weshalb die Rechteinhaber die Digitaltechnologie bisweilen als Gefahr betrachten. Die Piraterie stellt mit zunehmender Dimension eine durchaus größere Bedrohung dar, als auf den ersten Blick erkennbar. Unkontrollierbare Piraterie könnte letztlich dazu führen, daß alle Beteiligten auf der Verliererseite sind: Die Rechteverwerter wegen eintretender Umsatzeinbußen, die Konsumenten, weil wegfallende Anreize der Inhalteindustrie zu Einbu-

---

[22] Eine Kopie von einer Kopie bezeichnet man auch als Kopie zweiter Generation; kopiert man diese wiederum, so erhält man eine Kopie dritter Generation etc.

[23] Thomaschki DuD 1998, 265 (267).

[24] Welche Privatperson kann schon etwa eine Schallplatte oder ein Buch orginalgetreu vervielfältigen? Die Digitalisierung führt daher zu einer zunehmenden Verlagerung der Kopiertätigkeit vom gewerblichen in den privaten Bereich.

[25] Monkemöller GRUR 2000, 663 (669).

[26] Bei entsprechender Stückzahl an Vervielfältigungen tendieren die Grenzkosten digitaler Kopien gegen Null: Guggemos ZUM 2004, 183 (184); siehe Grimm in Picot, DRM, S. 93 (96); vgl. auch Buhse, Onlinemusik, S. 48 ff.

[27] Angemerkt sein soll, daß Vervielfältigungen, jedenfalls sofern sie nur im privaten Bereich erstellt und genutzt werden, wegen der geltenden Fassung des § 53 UrhG häufiger rechtmäßig sein dürften, als die Inhalteindustrie es die Bevölkerung durch (Fehl-) Informationskampagnen glauben machen möchte. In derartigen Fällen von Piraterie zu sprechen, wäre verfehlt.

ßen bei der Vielfalt kultureller Produkte führen, und schließlich auch die Allgemeinheit als solche, der Staat, weil diesem bei unkontrollierter Nutzung von Inhalten letztlich Steuereinnahmen entgehen. Vereinzelt wird die Piraterie sogar für den Rückgang von Arbeitsplätzen im Bereich der Inhalteindustrie verantwortlich gemacht oder gar als Einnahmequelle für das organisierte Verbrechen an den Pranger gestellt[28]. Nicht zuletzt vor dem Hintergrund, daß die Prosperität der Wirtschaft zunehmend vom Erfolg der Informationswirtschaft abhängen dürfte[29], erwächst hieraus ein ernstzunehmendes Problem.

Hinsichtlich der Inhaltepiraterie dürfte dem Musiksektor eine gewisse Vorreiterrolle zuteil werden[30]. Einer GFK-Sonderbefragung vom Oktober 2004 zufolge entfielen im Jahr 2003 von urheberrechtlich relevanten Brennvorgängen in Deutschland etwa 41% auf Musik, während Kinofilme nur einen Anteil von 13% hatten und Viedeos nur 14% ausmachten[31]. Der Musikmarkt spiegelt allerdings durchaus die allgemeine Tendenz der Piraterie digitaler Inhalte wieder: In den vergangenen fünf Jahren sind die Umsätze in der Musikbranche um mehr als 30% zurückgegangen; inwieweit dies auf eine generelle Konsumzurückhaltung ob der aktuellen Wirtschaftlage zurückzuführen ist, läßt sich nicht zuverlässig abschätzen[32]. Die Verkäufe von Musik-Raubkopien[33] haben sich weltweit in den ersten drei Jahren des neuen Jahrtausends jedenfalls mehr als verdoppelt; im Jahre 2002 wurden mehr als eine Milliarde illegaler Audio-CDs verkauft: Gegenüber 2001 ist dies ein Zuwachs um 14%[34]. Der Wert illegal kopierter und im Internet getauschter Musikdateien belief sich im Jahre 2002 Schätzungen zufolge auf 4,3 Milliarden US-Dollar[35]. Die Dimension der Inhaltepiraterie ist in den klassischen Industrienationen allerdings tendenziell eher gering[36]. Im Jahre 2002 überstieg in 25 Ländern, allen voran in China, die Zahl der illegalen die der legalen Musikverkäufe[37]. Auf der anderen Seite beklagte die Musikindustrie im Jah-

---

28 Herrnleben MMR 2004, 505 (506).

29 Kuhlen in Picot, DRM, S. 107 (119).

30 Dies ergibt sich einerseits daraus, daß generell mehr Musik gehört als Video gesehen wird, und andererseits deshalb, weil die Datenmengen im Musikbereich deutlich kleiner sind, so daß bereits auf niedrigerem technischen Niveau Vervielfältigungen relativ schnell erstellt werden können.

31 Kreile/Becker FS Schricker 2005, S. 387 (389).

32 Stickelbrock GRUR 2004, 736 (736); siehe auch Freiwald, private Vervielfältigung im digitalen Kontext, S. 42.

33 Zum Begriff vgl. Generotzky/Nieland/Weigand, DRM, S. 12.

34 Abgerufen (05.09.2004) unter www.audiofire.de/audiofire/datein/news/newsdatein/1057923791.html; siehe auch Spieker GRUR 2004, 475 (477).

35 Wiebe FS Kilian, S. 603 (603), Fn. 1.

36 Vgl. Kuhlen in Picot, DRM, S. 107 (119).

37 Abgerufen (05.09.2004) unter www.audiofire.de/audiofire/datein/news/newsdatein/1057923791.html.

re 2001 einen Umsatzeinbruch von mehr als 10%, wobei die Zahlen der verkauften Audio-CDs sogar um 13% bis 15% zurückgegangen sein sollen[38]; im Jahre 2002 war wiederum ein rückläufiger Umsatz zu verzeichnen[39]. Eine neuere Studie der GfK[40] ergab: Im Jahre 2002 überstieg die Zahl der allein in Deutschland selbstgebrannten Musik-CDs die Anzahl der verkauften CD-Alben um rund 100 Millionen Stück. Gegenüber dem Vorjahr wurden 2002 42% mehr CD-Rohlinge mit Musik bespielt. Die Anzahl der Personen, die selbst Musik-CDs brannten, stieg von 17,1 Millionen auf 22,5 Millionen; das ist ein Zuwachs von etwa einem Drittel. Etwa jede Zweite dieser Personen versorgte auch nicht mit ihr in häuslicher Gemeinschaft lebende Dritte mit gebrannten Musik-CDs. Auf Musiktauschbörsen im Internet wurden im Jahre 2002 ungefähr 620 Millionen Titel heruntergeladen; ein Jahr zuvor waren es noch nicht einmal 500 Millionen. Die Umsätze des Tonträgermarktes gingen in Deutschland in den letzten Jahren daher verständlicherweise zurück[41]. Die soeben angeführten Zahlen dürften als gesichert gelten. Die Dunkelziffer liegt allerdings vermutlich noch höher. Piraterie ist aber schon längst kein Phänomen allein der Musikbranche mehr: Auch Filme werden mittlerweile in beachtlichem Umfang kopiert[42]. So war etwa „Der Herr der Ringe“ bereits vor seiner Deutschlandpremiere im Internet „erhältlich“[43]. Gleiches gilt ferner für Software: Etwa jede dritte in Deutschland eingesetzte Software dürfte raubkopiert sein; so war die nicht lizenziert genutzte Software im Jahr 2003 allein in Deutschland 1,7 Milliarden Euro wert[44]. Es zeichnet sich im Ergebnis die klare Tendenz der Zunahme der Piraterie an digitalen Inhalten ab.

---

38 Wiegand MMR 2002, 722 (722) unter Berufung auf die SZ vom 07.03.2002 und 27./28.04.2002.

39 Abgerufen (05.09.2004) unter www.audiofire.de/audiofire/datein/news/newsdatein/1057923791.html.

40 Abgerufen (05.09.2004) unter www.urheberrecht.org/news/?id=1221&w=&p=1.

41 Siehe Sietmann/Krempl c't 9/2003, S. 18.

42 Siehe Kneip, Der Spiegel 28.06.2004, S. 172 (173 f.).

43 Kneip, Der Spiegel 28.06.2004, S. 172 (172). Bereits im Jahre 2000 sollen etwa 80% des Gesamtangebots aller im Internet verfügbaren MP3-Dateien illegal hergestellte Raubkopien gewesen sein, so Medwenitsch/Schanda FS Dittrich, S. 219 (220).

44 Herrnleben MMR 2004, 505 (505/506).

II. Digital Rights Management

1. Begrifflichkeiten

a) Digital Rights Management

Man konnte bereits lesen, DRM sei dumm, weil es niemals effektiv sein könne und den Konsumenten zugleich Rechte wegnähme[45]. Will man sich über diese Aussage eine Meinung bilden, so gilt es zunächst zu klären, was sich hinter diesem, für Außenstehende durchaus futuristisch anmutenden Begriff überhaupt verbirgt. Fest steht, daß DRM ein bislang vergleichsweise junger Begriff und dieser als solcher noch nicht eindeutig konturiert ist; er wird deshalb auch nicht einheitlich gebraucht, bzw. es werden gleiche technische Sachverhalte unterschiedlich oder aber nur ähnliche Sachverhalte gleich benannt. Eine echte, d.h. einheitliche Begriffsdefinition gibt es insofern bislang nicht[46]. Schon heute ist aber abzusehen, daß der Begriff DRM einen festen Platz in unserem Sprachgebrauch einnehmen wird[47]. Allein deshalb ist die begriffliche Klärung von besonderer Bedeutung. Als interdisziplinärer Begriff stößt DRM insbesondere bei den beteiligten Kreisen auf ein jeweils differentes Grundverständnis. So werden Juristen, Ökonomen und Vertreter der Informationstechnik, die sich allesamt mit der Thematik des DRM auseinanderzusetzen haben, wohl regelmäßig eine nicht ganz kongruente Vorstellung des Begriffs an den Tag legen. In der juristischen Literatur wird der Begriff teilweise auch schlichtweg gebraucht, ohne sich mit ihm inhaltlich auseinanderzusetzen; er wird dann als bekannt und klar konturiert vorausgesetzt[48].

Unter dem Begriff DRM[49] ist im weiten Sinn die Verwaltung, d.h. die wirtschaftliche Verwertung von Rechten an immateriellen Werken in ihrer digitalen Gestalt und deren Absicherung zu verstehen; mit anderen Worten: DRM bezeichnet den Einsatz der zur Verfügung stehenden Mittel durch Rechteinhaber zum Schutz geistigen Eigentums im digitalen

---

45 So Safford, wiedergegeben von Grassmuck in Koenig/Neumann/Katzschmann, Trusted Computing, S. 150.

46 Gooch in Becker/Buhse/Günnewig/Rump, DRM, S. 16 (18); Dusollier in Kaestner, Intellectual Property Rights, S. 227 (228); v. Diemar, Digitale Kopie, S. 149; siehe auch Fetscherin JMM 2002, 164 (165); Fränkl/Karpf, DRM-Systeme, S. 25 f.

47 Peukert UFITA 2002, 689 (690).

48 So etwa Ulbricht CR 2004, 674 (674/676/677); Paul/Naskret CR 2003, 473 (479); Reinbothe ZUM 2003, 27 (33); Koch CR 2002, 629 (638).

49 Vgl. auch Bechtold, Informationsrecht, S. 1–18; Dusollier in Kaestner, Intellectual Property Rights, S. 227 (228).

Format[50]. Diese können rechtlicher[51] oder auch tatsächlicher Natur sein[52]. Rechtliche und faktische Maßnahmen können auch symbiotisch ineinandergreifen[53]. Aus diesem Verständnis heraus bedeutet DRM demnach das Praktizieren ökonomischer Konzepte, die letztlich auf Ertragsoptimierung ausgerichtet sind[54]. Richtigerweise wird daher auch der Begriff „Rights Management for Digital Goods"[55] ins Spiel gebracht. Man kann DRM hingegen auch weniger weit auffassen, nämlich dahingehend, daß dieses lediglich den Einsatz technischer Mittel bedeutet, welche eine der materiellen Rechtslage entsprechende Verwertung immaterieller Rechte an digitalen Werken gewährleisten sollen und/oder der Abwicklung der Verwertung dienen[56]. Unter besagten technischen Mitteln sind dann die DRM-Systeme zu verstehen; sie bilden insofern einen Aspekt

[50] Durchaus ähnlich Generotzky/Nieland/Weigand, DRM, S. 15; Bechtold, Informationsrecht, S. 3/5 f.: DRM ist eine Vielzahl unterschiedlicher technischer und rechtlicher Phänomene, die alle miteinander zusammenhängen, oder auch nur Schlagwort für eine Vielzahl unterschiedlicher Systeme.

[51] Als Schutzmaßnahmen rechtlicher Natur bieten sich entsprechende Vereinbarungen im Rahmen der Einräumung der Nutzungslizenz an, welche dem Konsumenten bestimmte Pflichten auferlegen, d. h. gewisse Verhaltensweisen untersagen und die zudem für den Fall der Zuwiderhandlung Sanktionen vorsehen. Diese Möglichkeiten der Absicherung der Rechteinhaber sollen allerdings im Rahmen der Arbeit nicht eingehender gewürdigt werden. Der Bezug zur DRM-Technik ist jedoch erkennbar: Unter der Voraussetzung eines effektiven DRM-Systems dürfte es dem Rechteinhaber mit Blick auf seine monopolartige Stellung – urheberrechtlich geschützten Werken ist der Charakter immanent, einzigartig zu sein – häufig möglich sein, die Nutzung digitaler Inhalte vom vorherigen Abschluß eines Nutzungsvertrages abhängig zu machen, welcher seine Interessen über die gesetzlichen Vorschriften hinaus schützt. Dies ist für den Rechteinhaber auch regelmäßig ratsam, da er in diesem Fall über den technischen Schutz und den durch das Urheberrecht hinaus zusätzlich vertraglichen Schutz genießt. An dieser Stelle wird deutlich, daß DRM-Technik einen bei weitem größeren Schutz der Rechteinhaber bieten kann, als auf dem ersten Blick erkennbar ist.

[52] Interessant und durchaus unter den DRM-Begriff in besagtem weiten Sinn zu fassen dürfte auch der Trick sein, daß österreichische Telefonbücher vorsätzlich eine Vielzahl an falschen Einträgen aufweisen, um mißbräuchliche Verwendungen der Teilnehmerverzeichnisse nachweisen zu können. Übernimmt jemand unberechtigt die kompletten Datensätze der Telefonbücher, so übernimmt er auch die erfundenen Angaben. Im Rahmen der Beweisführung bezüglich der Übernahme dürfte deren Vorhandensein ein starkes Indiz für das Kopieren der in Rede stehenden Datensätze sein. Für Näheres siehe die heise online news vom 26.09.2004, abgerufen (27.09.2004) unter http://www.heise.de/newsticker/meldung/51501.

[53] Siehe Bechtold in Zerdick/Picot/Schrape/Burgelman/Silverstone, E-Merging Media, S. 333 (336); ders., Informationsrecht, S. 36 ff./157.

[54] So wird der technische Schutz digitaler Inhalte häufig mit rechtlichem in Form von Nutzungsverträgen und Technologie-Lizenzverträgen einhergehen, Höhne in Wiebe/Leupold, elektronische Datenbanken, Teil V, C., Rn. 122.

[55] So Becker/Günnewig in Büllesbach/Dreier, Information im 21. Jahrhundertt, S. 11 (12).

[56] In diese Richtung offenbar eine Forrester-Studie aus dem Jahr 2000, berichtet von Fallenböck MR-Int 2004, 11 (12).

des DRM. Im Rahmen der vorliegenden Arbeit sollen lediglich Fragen behandelt werden, welche diesem engeren DRM-Begriff, also dem Einsatz technischer Maßnahmen entspringen.

b) Digital-Rights-Management-Systeme

aa) Begriffsbestimmung

Zwar geht selbst der Gesetzgeber davon aus, daß der Einsatz von DRM-Technik künftig deutlich zunehmen wird[57]. Dennoch steckt dieser noch immer in seinen Kinderschuhen. Womöglich ist dies der Grund dafür, daß eine anerkannte Definition des Begriffs DRM-System sich bislang noch nicht hat etablieren können[58]. Weitläufig werden als DRM-Systeme[59] lediglich Technologien verstanden, welche die Möglichkeit der individuellen Nutzungskontrolle und insbesondere der individuellen Abrechenbarkeit[60] bieten[61], also quasi elektronische Lizenzierungssysteme. Diese Definition sieht andere technische Schutzmaßnahmen wie etwa bloße

---

[57] Bundesministerium der Justiz, Referentenentwurf Zweiter Korb, S. 21.

[58] Höhne in Wiebe/Leupold, Teil V, C., Rn. 2; Bechtold, Informationsrecht, S. 2.

[59] Ebenfalls den Begriff „Digital Rights Management Systems" verwendend etwa Bechtold, Informationsrecht, passim; Davies GRUR Int. 2001, 915 (919). Weitgehend synonym werden häufig die Begriffe „Electronic Copyright Management System" (ECMS), so Schack JZ 1998, 753 (759); Möschel/Bechtold MMR 1998, 571 (572); Dusollier EIPR 1999, 285 (286); Bechtold GRUR 1998, 18 (19); Cichon K&R 1999, 547 (553); Schippan ZUM 2001, 116 (120), Fn. 33; offensichtlich auch Briem MMR 1999, 256 (260), „Copyright Management Systems" (CMS), „Elektronic Rights Management System" (ERMS), so Dusollier in Kaestner, Intellectual Property Rights, S. 227 (227), „Automated Rights Management" (ARM), „Trusted Systems", „Technological Protection Measures" (TPM) als auch „Intellectual Property Rights Management" (IPRM) verwandt; vgl. auch Bechtold, Informationsrecht, S. 2, Fn. 3; wiederum anders Dam in Dreyfuss/Zimmerman/First, Boundaries, S. 103 (106): „Self-Help Systems".

[60] Ausführlich zu elektronischen Zahlungssystemen Sadeghi/Schneider in Becker/Buhse/Günnewig/Rump, DRM, S. 113 ff.; siehe auch Czychowski in Bröcker/Czychowski/Schäfer § 13, Rn. 251; Briem MMR 1999, 256 (257 ff.); Bechtold GRUR 1998, 18 (19 ff.); Kappes GRUR 1997, 338 (340 ff.); Wünschmann ZUM 2000, 572 (573 f.).

[61] So die offenbar überwiegende Meinung: Lindhorst, Technische Maßnahmen, S. 35; v. Diemar, Digitale Kopie, S. 149; ebenso zu verstehen Czychowski in Bröcker/Czychowski/Schäfer § 13, Rn. 250; Dusollier EIPR 1999, 285 (286); Koelman/Helberger in Hugenholtz, Future of Copyright, S. 165 (169); Goldmann/Liepe ZUM 2002, 362 (368); Huppertz CRi 2002, 105 (112); Leupold/Demisch ZUM 2000, 379 (388 f.); Davies FS Dietz, S. 307 (317); Möschel/Bechtold MMR 1998, 571 (572); Bechtold GRUR 1998, 18 (19); Dusollier/Poullet/Buydens, Copyright and Access to Information, S. 24; Spindler GRUR 2002, 105 (112); Wuermeling K&R 2003 Heft 1 „Die Erste Seite"; anklingend bei Schwarz-Gondek TKMR 2003, 250 (250); Schippan ZUM 2003, 188 (190); Enders ZUM 2004, 593 (593); unterschwellig ebenso Flechsig ZUM 2002, 1 (16 f.); offensichtlich a. A. Höhne in Wiebe/Leupold, elektronische Datenbanken, Teil V, C., Rn. 2/44 f., der das Merkmal der individuellen Abrechenbarkeit nicht als konstitutiv für ein DRM-System sieht.

Kopierschutzmechanismen also nicht als DRM-Systeme an[62]. Besagte einschränkende Begriffsbestimmung wird jedoch den vielfältigen Erscheinungsformen und Anwendungsfeldern technischer Mittel zum Schutz der Rechte an Werken im digitalen Format nicht gerecht. Denn auch bloße Kopierschutzmechanismen – um beim Beispiel zu bleiben – dienen der Verwaltung der an den geschützen Werken bestehenden Rechte[63], also letztlich dem Erzielen von Einnahmen: Sie tragen somit ebenso zum „Managen" digitaler Rechte bei[64]. Das dargestellte enge Verständnis von DRM-Systemen ist deshalb abzulehnen. Man kann allenfalls von DRM-Systemen der ersten und zweiten Generation[65] oder von DRM-Systemen im engen und im weiten Sinn sprechen[66]. DRM-Systeme verfolgen jedenfalls in mehrerlei Hinsicht das Ziel, der Bedrohung der Rechteinhaber durch die moderne Informationstechnologie durch den Einsatz eben derselben Technologie zu begegnen[67]; hierin liegt ihre Gemeinsamkeit, unabhängig von der konkreten Erscheinungsform.

Zutreffend ist daher das Verständnis, DRM-Systeme weit als technische Mittel zu fassen, welche digitale Inhalte gegen unbefugten Zugriff schützen und/oder deren Gebrauch überwachen bzw. der Durchsetzung von Einschränkungen der eingeräumten Nutzerrechte dienen[68]. Ferner

---

[62] So offenbar Melichar ZUM 2003, 1046 (1046/1047); Freiwald, private Vervielfältigung im digitalen Kontext, S. 98/176; Jaeger/Kreutzer, Stellungnahme Regierungsentwurf, S. 1/20; Schippan ZUM 2003, 378 (386); Schwarz-Gondek TKMR 2003, 250 (250), Fn. 4; v. Diemar, Digitale Kopie, S. 146.

[63] Kopierschutzmaßnahmen dienen dem in den §§ 15 I Nr. 1, 16 UrhG geregelten Vervielfältigungsrecht.

[64] Mehr oder weniger ausdrücklich ebenfalls Kopierschutzmaßnahmen als DRM-Systeme einordnend Federrath in Dressel/Scheffler, Dienstepiraterie, S. 20; Cichon K&R 1999, 547 (553); Paul/Naskret CR 2003, 473 (479); Glarner, Musikpiraterie, S. 160.

[65] Höhne in Wiebe/Leupold, elektronische Datenbanken, Teil V, C., Rn. 44 f.

[66] Der Begriff des DRM-Systems im engen Sinn kann dann etwa bloße Kopierschutzmechanismen nicht erfassen, während der Begriff im weiten Sinn dies vermag.

[67] Schon vor einigen Jahren prägte Clark in Hugenholtz, Future of Copyright, S. 139 ff., die vor diesem Hintergrund zu verstehende Aussage: „The answer to the machine is in the machine.".

[68] So bereits Arlt GRUR 2004, 548 (549); zustimmend Richters/Schmitt CR 2005, 473 (479); ähnlich Fränkl/Karpf, DRM-Systeme, passim; Becker/Günnewig in Büllesbach/Dreier, Information im 21. Jahrhundertt, S. 11 (12/14); Kröger, Informationsfreiheit, S. 8; Schack JZ 1998, 753 (759); offenbar ebenfalls von einem weiten Begriff der DRM-Systeme ausgehend Wandtke/Ohst in Wandtke/Bullinger, Praxiskommentar UrhR Ergänzungsband, § 95a, Rn. 3; Stickelbrock GRUR 2004, 736 (742); Goldmann in Becker/Buhse/Günnewig/Rump, DRM, S. 502 (518): Maßnahmen zum Schutz vor unberechtigtem Zugang und unberechtigter Nutzung als Teilmenge der DRM-Systeme; Diesbach K&R 2004, 8 (9); ungenau Schmid/Wirth, UrhG, § 95a, Rn. 5:, die einmal von „elektronischen Vertriebssystemen" und einmal von „Kopierschutzsystemen" reden; differenzierend Höhne in Wiebe/Leupold, elektronische Datenbanken, Teil V, C., Rn. 2, der DRM-Systeme als eine Untergruppe unter dem Oberbegriff der technischen Schutzmaßnahmen einordnet: Ein DRM-System sei ein elektronisches Vertriebssystem

sind natürlich auch technische Mittel, die der Abwicklung der Verwertung dienen, d. h. elektronische Lizenzierungssysteme als DRM-Systeme zu klassifizieren. Es handelt sich beim Begriff der DRM-Systeme somit um einen Sammelbegriff.

Die gleiche Technik, auf welcher DRM-Systeme beruhen, kann jedoch nicht nur zum Schutz materieller Rechtspositionen sowie zur Abwicklung der Verwertung eingesetzt werden, sondern über diese defensiven Zwecke hinaus auch zur Verwirklichung weitergehender offensiver Interessen[69]. Begrifflich ist dann wohl nicht mehr von DRM-Systemen auszugehen. Des besseren Verständnisses wegen wird jedoch im Rahmen der Arbeit auch in diesem Umfeld von DRM-Systemen oder einem entsprechenden Synonym[70] die Rede sein.

bb) DRM-System als Produkt einzelner Komponenten

„Ein“ DRM-System existiert technisch nicht. Vielmehr setzt sich ein jedes DRM-System aus zahlreichen einzelnen technischen Komponenten zusammen[71], welchen jeweils eine bestimmte Funktion zukommt[72]. Der Einfachheit halber, wird im Rahmen der Arbeit jedoch wiederum der Ausdruck „DRM-System“ oder ein Synonym hierfür verwendet.

cc) Präventive und repressive DRM-Systeme

Der Einsatz von DRM-Technik kann direkten und indirekten Schutz[73] bieten: DRM-Systeme sind nach dem vorliegend präferierten Verständnis zunächst diejenigen technischen Werkzeuge, die der Rechteverwaltung bezüglich digitaler Werke dienen und einer unrechtmäßigen Nutzung vorbeugen sollen, also präventiv wirken[74]. Unter den vorliegend zugrunde gelegten Begriff der DRM-Systeme kann man indes auch Techniken fassen, welche der Rechtsverfolgung nach bereits erfolgter Rechtsverlet-

---

für digitale Inhalte, das eine effektive und differenzierende Rechteverwaltung integriert. Höhne a. a. O. räumt jedoch selbst ein, daß der Übergang zwischen technischen Schutzmaßnahmen und DRM-Systemen fließend sei; zu kurz greifend Kreile/Becker FS Schricker 2005, S. 387 (387 f.).

[69] Etwa zur Marktdifferenzierung oder gar -abschottung, siehe B.I.1.b) bzw. F.I.

[70] Etwa „DRM-Technologie“, „technische Schutzmaßnahmen“ oder ähnliches.

[71] Bechtold in Hoeren/Sieber, Multimediarecht, Kap. 7.11, Rn. 20; ders., Informationsrecht, S. 20; ausführlich zu den einzelnen Komponenten Becker/Buhse/Günnewig/Rump, DRM, S. 26 ff.

[72] Siehe Fetscherin JMM 2002, 164 (165 ff.); ebenso Dusollier/Poullet/Buydens, Copyright and Access to Information, S. 24; andeutend Höhne in Wiebe/Leupold, elektronische Datenbanken, Teil V, C., Rn. 2, indem er von „Bestandteil“ eines DRM-Systems spricht; vgl. auch Becker/Günnewig in Büllesbach/Dreier, Information im 21. Jahrhundertt, S. 11 (14).

[73] Begriff in Anlehnung an Senger, Wahrnehmung digitaler Urheberrechte, S. 178.

[74] Bechtold, Informationsrecht, S. 279: „ex-ante-Schutz“.

zung dienen[75], etwa durch den Einsatz von Metadaten[76]. Von DRM-Systemen kann man somit auch im Zusammenhang repressiver Maßnahmen sprechen[77]. In der aktuellen Diskussion dürften DRM-Systeme mit präventivem Schwerpunkt allerdings im Vordergrund stehen.

c) Weitere Begrifflichkeiten

Der Begriff „Werk“ impliziert nicht zwangsläufig, daß es sich dabei um ein geschütztes Werk i. S. d. § 2 UrhG handelt[78]. Um Verwechslungen dahingehend zu vermeiden, bietet es sich zwar an, allgemeiner zu formulieren, also etwa von Inhalten zu sprechen. Der besseren Lesbarkeit halber werden im Rahmen der vorliegenden Arbeit die Begriffe Werk und Inhalt jedoch grundsätzlich synonym gebraucht.

DRM-Systeme werden zum Schutz digitalisierter Inhalte eingesetzt, genauer gesagt zum Schutz der entsprechenden Urheberrechte an diesen Inhalten. Derjenige, der Inhaber dieser Rechte ist, wird als Rechteinhaber bezeichnet. Die Stellung des Rechteinhabers kann entweder originär oder derivativ erworben werden. Originärer Rechteinhaber nach dem UrhG ist der Urheber[79]. Dieser kann gemäß den §§ 31 ff. UrhG anderen Personen sog. (derivative) Nutzungsrechte einräumen: Das einfache Nutzungsrecht berechtigt nach § 31 II UrhG allein zur Nutung des Werkes auf die erlaubte Art, während das absolute Nutzungsrecht gemäß § 31 III 1 UrhG auch den Ausschluß aller anderen Personen sowie die Befugnis zur Erteilung weiterer Nutzungsrechte beinhaltet[80]. Im Hinblick auf den Einsatz von DRM-Systemen ist allein das absolute Nutzungsrecht von Bedeutung[81]. Soweit im Rahmen der vorliegenden Arbeit vom Rechteinhaber die Rede ist, meint dies entweder den Urheber oder den Inhaber eines ausschließlichen Nutzungsrechts. Zu unterscheiden ist hiervon der Hersteller technischer Schutzmaßnahmen: Dieser ist regelmäßig nicht Rechte-

[75] Köhler K&R 2003, 535 (539): „Post-Infringement Measures“; siehe auch Gass ZUM 1999, 815 (818).

[76] Begriff nach Bechtold, Informationsrecht, S. 34 f.; hingegen Reinbothe GRUR Int. 2001, 733 (742): „Rights Management Information“; ebenso ders. in Lehmann, Kap.M, Rn. 92; vgl. auch die Definition in § 95c II UrhG; für Näheres siehe Höhne in Wiebe/Leupold, elektronische Datenbanken, Teil V, C., Rn. 19 ff.; Bechtold, Informationsrecht, S. 34 ff.; Peukert in Loewenheim, Hdb UrhR, § 35, Rn. 2 f.

[77] Anklingend ebenfalls bei Peukert in Loewenheim, Hdb UrhR, § 33, Rn. 1, Fn. 7.

[78] Vgl. auch § 69a III UrhG. Der urheberrechtliche Werkbegriff des § 2 UrhG wird grundsätzlich nicht von europäischen Vorgaben berührt, anderes gilt jedoch etwa im Bereich der Computerprogramme, siehe Bullinger in Wandtke/Bullinger, Praxiskommentar UrhR, § 2, Rn. 13 f.; Schulze in Dreier/Schulze, UrhG, § 2, Rn. 22.

[79] § 1 UrhG.

[80] Siehe Wandtke/Grunert in Wandtke/Bullinger, Praxiskommentar UrhR, § 31, Rn. 27 ff.; Spautz in Möhring/Nicolini, UrhG, § 31, Rn. 39 f.

[81] Dies folgt daraus, daß der Inhaber eines einfachen Nutzungsrechts eben keine Ausschließlichkeitsbefugnisse bezüglich entsprechender Inhalte hat.

inhaber bezüglich der mit deren Hilfe geschützten Inhalte[82]. Inhaber von nach dem UrhG geschützten Positionen können auch bezüglich des gleichen Inhalts mehrere Personen nebeneinander sein[83].

2. Funktionalitäten der DRM-Technik

DRM-Systeme können eine Mehrzahl an Funktionen erfüllen.

a) Zugangs- und Nutzungskontrolle

DRM-Systeme sind entsprechend ihrer Funktion zu unterscheiden: Teilweise werden sie eingesetzt im Rahmen einer bereits bestehenden Nutzung, teilweise zu einer hierzu vorgelagerten Kontrolle des Zugangs zu entsprechenden Inhalten[84]. DRM-Systeme lassen sich somit grob in zwei Funktionsgruppen einteilen: Nutzungs- und Zugangskontrollsysteme[85].

In ihrer Funktion als Zugangskontrolle sind DRM-Systeme mit einem Tresor vergleichbar, welcher den Zugriff auf die in ihm gelagerten Gegenstände unter normalen Umständen nur demjenigen gewährt, der die Zahlenkombination weiß oder den entsprechenden Schlüssel besitzt, also dem Berechtigten. Die Zugangskontrolle dürfte ihren Hauptanwendungsbereich im Online-Bereich haben und dient primär der individuellen Lizenzerteilung bei individueller Lizenzgebühr. DRM-Systeme erfüllen aber auch noch weitere Funktionen[86]. DRM-Systeme zur Nutzungskontrolle stellen ein Überwachungsinstrument sowohl in qualitativer als auch in quantitativer Hinsicht dar: Mit ihrer Hilfe kann die konkrete Art der Nutzung, also deren Qualität[87] sowie auch das Ausmaß der ermöglichten Nutzungen gesteuert werden. DRM-Systeme lassen sich zusammenfassend also hinsichtlich der Nutzung digitaler Inhalte sowohl zur Kontrolle des „Ob“ (Zugangskontrolle)[88] als auch des „Wie“ (Nutzungskontrolle) fruchtbar machen. Einen für die Praxis sehr wichtigen

---

82 Gleiches gilt für denjenigen, welcher solche Maßnahmen zugunsten des Rechteinhabers installiert.

83 Etwa Komponist, Interpret und Tonträgerhersteller in der Musik-Branche.

84 Spindler GRUR 2002, 105 (117); Dusollier EIPR 1999, 285 (288); vgl. auch Ginsburg, Access Right, S. 4.

85 Marks/Turnbull EIPR 2000, 198 (201); Glarner, Musikpiraterie, S. 160; Huppertz CRi 2002, 105 (107); Dusollier/Poullet/Buydens, Copyright and Access to Information, S. 24; ebenso offenbar Federrath in Dressel/Scheffler, Dienstepiraterie, S. 20: Zugangskontrolldienste als Teilsysteme von DRM-Systemen; Generotzky/Nieland/Weigand, DRM, S. 15; siehe auch Senger, Wahrnehmung digitaler Urheberrechte, S. 177 f.

86 Siehe Dusollier in Kaestner, Intellectual Property Rights, S. 227 (228 f.); Koelman/Helberger in Hugenholtz, Future of Copyright, S. 165 (166 ff.); siehe ferner Dusollier/Poullet/Buydens, Copyright and Access to Information, S. 24.

87 Siehe Fränkl/Karpf, DRM-Systeme, S. 31.

88 Fränkl/Karpf, DRM-Systeme, S. 30, beschreiben Zugangskontrollen hingegen als eine Frage des „Wer“.

Teilbereich der Nutzungskontrollsysteme stellen technische Kopierschutzsysteme dar. Das Verständnis vom Kopierschutz geht wiederum über seinen eigentlichen semantischen Sinn hinaus: DRM-Systeme in Gestalt von Kopierschutzroutinen können das Erstellen von Vervielfältigungen nicht nur unterbinden, sondern vielmehr ist es mit deren Hilfe auch möglich, Kopiervorgänge zu steuern. Will man sprachlich exakt sein, so müßte man in letzterem Fall besser von Kopierkontrolle sprechen. Eine scharfe Differenzierung zwischen der Nutzungskontrolle und der Zugangskontrolle beim Einsatz von DRM-Systemen dürfte allerdings erhebliche Abgrenzungsprobleme mit sich bringen, da der kontrollierte Zugang denknotwendig auf die nachfolgende Nutzung ausstrahlt[89]. Oder einfach ausgedrückt: Wer nicht einmal Zugang zu einem digitalen Werk, digitaler Information oder einem digitalen Dienst hat, kann insofern auch keine (un-)befugte Nutzung tätigen.

b) Weitere Funktionalitäten

Teilweise werden noch weitere Funktionsgruppen von DRM-Systemen unterschieden[90]. So wird etwa von der aktiven und passiven Funktion von DRM-Technik gesprochen: Während DRM-Systeme in ihrer passiven Funktionalität danach als Restriktion dienen, bieten sie in aktiver Erscheinungsform weitere Möglichkeiten zur Profilierung des entsprechenden Produkts[91]. Andernorts versteht man lediglich unter passiven DRM-Systemen den Kopierschutz und unter aktiven die restlichen Funktionen der Rechteverwaltung[92]. Unabhängig davon, wie man DRM-Systeme nun klassifiziert, ist ihnen in all ihren Erscheinungsformen gemeinsam, daß sie zum Schutz immaterieller Rechte an digitalen Werken nutzbar gemacht werden, sei es zu deren Schutz gegen unautorisierte Nutzungsweisen, insbesondere der Vervielfältigung, oder hinsichtlich des Zugangs zu diesen selbst.

3. Einsatzbereiche und Entwicklungsstand der DRM-Technik

Das technische Potential von DRM-Systemen nimmt entsprechend des technologischen Fortschritts kontinuierlich zu. Dies gilt sowohl unter Sicherheitsgesichtspunkten[93] als auch bezüglich deren Funktionalität.

---

[89] Siehe B.VII.2.a)aa).

[90] Vgl. Wandtke/Ohst in Wandtke/Bullinger, Praxiskommentar UrhR Ergänzungsband, § 95a, Rn. 17; Czychowski in Bröcker/Czychowski/Schäfer § 13, Rn. 256; Wand, Technische Schutzmaßnahmen, S. 22.

[91] So Guggemos ZUM 2004, 183 (184).

[92] So Schippan ZUM 2004, 188 (189 f.).

[93] Siehe Dam in Dreyfuss/Zimmerman/First, Boundaries, S. 103 (110 f.); zu möglichen Manipulationen siehe Bechtold, Informationsrecht, S. 80 ff.

a) Einsatzbereiche der DRM-Technik

Bereits heute gibt es zahlreiche, breit gefächerte Einsatzmögichkeiten für DRM-Systeme; künftig werden diese sich sicherlich noch vermehren[94]. DRM-Systeme ebnen insbesondere den Weg zu einer Werkverwertung auf einer pay-per-use-Basis, bei welcher der Nutzer ein Werkstück zur dauerhaften Speicherung eben nicht erhält, er vielmehr allein für den jeweiligen Werkgenuß bezahlt[95]. Zwei ebenso wichtige Anwendungsfelder der DRM-Technik sind Kopierschutzroutinen sowie die automatische Lizenzierung: DRM-Systeme können idealerweise einen möglichst vollständig automatisierten Vertrieb digitaler Inhalte ermöglichen. Die Durchsetzung und Abrechnung der Vergütung kann im Idealfall unter Einsatz derselben Technik vonstatten gehen, welche entsprechende Inhalte auch vor unbefugtem Zugang sowie unbefugter Nutzung schützt. Insoweit kann der Rechteinhaber auch im Einzelnen bestimmen, welchen Nutzern oder Nutzergruppen er wieweitgehende Nutzungsmöglichkeiten einräumt[96]. Dies dürfte in der Praxis regelmäßig allein eine Frage des Entgeltes sein. Ein zentraler Einsatzbereich ist auch die technische Unterbindung von Vervielfältigungen[97], klassischerweise etwa bei Software[98]. Beim Einsatz technischer Kopierschutzmechanismen soll jedenfalls der Durchschnittskonsument nicht ohne weiteres eine Kopie erstellen können. Für technisch versierte Personen wird es allerdings auf absehbare Zeit Umgehungsmöglichkeiten geben[99]. Dies gilt speziell für die Kreise der Hacker und Cracker[100], in denen die Umgehung technischer Schutz-

---

[94] Siehe Fetscherin JMM 2002, 164 (167 f.); vgl. auch Bechtold in Hoeren/Sieber, Multimediarecht, Kap.7.11, Rn. 23 ff.; ders., Informationsrecht, S. 21; Wand, Technische Schutzmaßnahmen, S. 16 ff.; zu einem historischen Abriß siehe Höhne in Wiebe/Leupold, elektronische Datenbanken, Teil V, C., Rn. 10 ff.

[95] Bundesministerium der Justiz, Referentenentwurf Zweiter Korb, S. 21.

[96] Vgl. Bechtold, Informationsrecht, S. 4; ders. GRUR 1998, 18 (20); Wirtz in Bröcker/Czychowski/Schäfer, Geistiges Eigentum im Internet, § 8, Rn. 176.

[97] Vgl. Höhne in Wiebe/Leupold, elektronische Datenbanken, Teil V, C., Rn. 11 f./29 f.; Strömer/Gaspers K&R 2004, 14 (15); Wand, Technische Schutzmaßnahmen, S. 16 ff.

[98] Siehe Koch CR 2002, 629 (629 f.). Hinsichtlich von Computerprogrammen gelten die besonderen Regelungen der §§ 69a ff. UrhG; Computerprogramme sind nicht gleichzusetzen mit dem weiter gefaßten Begriff der Software, vgl. Grützmacher in Wandtke/Bullinger, Praxiskommentar UrhR, § 69c, Rn. 2. Im Rahmen der vorliegenden Arbeit werden die Begriffe jedoch synonym gebraucht.

[99] Zu den einzelnen „Arbeitsschritten" einer Umgehung vgl. Lindhorst, Technischen Maßnahmen, S. 47 f.; Knies ZUM 2003, 286 (292): Den Hacker und technischen Freak werden Schutzmechanismen wohl auch künftig eher anspornen denn abschrecken.

[100] Während es Hackern nach ihrem Selbstverständnis allein um die Erforschung der Sicherheitssysteme von Computern und Netzwerken geht, also gerade nicht um die Schädigung anderer, versuchen Cracker, Sicherheitsbarrieren mit Schädigungsabsicht zu umgehen, vgl. Bechtold, Informationsrecht, S. 201, Fn. 996.

maßnahmen teilweise eher aus „sportlichem Ehrgeiz" betrieben wird, wirtschaftliche Aspekte hingegen nur von sekundärer Natur sind. Relativ neu sind Varianten von „Kopierschutz"-Mechanismen, welche die Vervielfältigung zwar zunächst nicht unterbinden, die Kopie sich bei Gebrauch aber nach und nach quasi selbst zerstört, etwa indem bestimmte, meist zentrale Funktionalitäten nicht mehr zu gebrauchen sind. Diese neue subtile Form des Kopierschutzes nennt sich bezeichnenderweise „Fade"[101]. In den letzten Jahren beschränkt sich der Einsatz technischer Kopierschutzmaßnahmen nicht mehr auf den Softwarebereich, sondern erobert mehr und mehr auch den Musik-[102] und Filmmarkt. So werden mittlerweile neben Audio-CDs auch Musik- sowie Filmdateien bzw. DVDs gegen unberechtigte Vervielfältigung oder anderweitige unberechtigte Nutzung geschützt. Möglich ist auch, daß die eingesetzte Technik nur eine bestimmte Zahl von Kopien zuläßt[103].

b) Entwicklungsstand

Die Rechtsvorschriften bezüglich des Einsatzes von DRM-Systemen und der Stand der Technik bedingen sich insofern gegenseitig, als daß Recht und Technik sich idealerweise ergänzen. Es gilt daher, den aktuellen Stand der Technik nicht aus den Augen zu verlieren, will man einen möglichst sachgerechten Rechtsrahmen bieten: Je leistungsfähiger die DRM-Technik ist, desto mehr gilt es tendenziell, hinsichtlich deren Einsatzes die Interessen der Nutzerseite in den maßgeblichen Rechtsvorschriften angemessen zu berücksichtigen.

aa) Bestandsaufnahme

(1) Mangelnde technische Leistungsfähigkeit

(a) Funktionalität

Schon im Jahre 1999 sollen wirkungsvolle Technologien zur Verfügung gestanden haben, welche eine individuelle Nutzungskontrolle und Abrechnung ermöglichten[104]. Diese Aussage ist jedoch nicht zutreffend[105]. Vielmehr sind unterschiedliche Gutachten zur Frage, ob DRM-Systeme schon heute geeignet sind, die Vergütungsansprüche der Rechteinhaber

---

[101] Siehe Schmundt, Der Spiegel 24.11.2003, S. 210.

[102] Siehe Gottschalk GRUR Int. 2002, 95 (95 f.).

[103] Schwarz-Gondek TKMR 2003, 250 (251); siehe auch Bechtold, Informationsrecht, S. 33 f.

[104] So Schaefer FS Nordemann, S. 191 (198).

[105] Im Ergebnis ebenso Becker in Stern/Prütting, Entwicklung des Urheberrechts, S. 53 (55): Marktreife Systeme dieser Art stünden nicht zur Verfügung; Gerlach in Wandtke/Bullinger, Praxiskommentar UrhR Ergänzungsband, WahrnG § 13, Rn. 2; ähnlich Höhne in Wiebe/Leupold, elektronische Datenbanken, Teil V, C., Rn. 45.

durch ein System der individuellen Erfassung und Abrechnung sicherzustellen, zu konträren Ergebnissen gelangt[106]; insofern liegen also kaum gesicherte Erkenntnisse vor[107]. Es ist demnach nicht zuverlässig zu sagen, ob und inwieweit zur individuellen Abrechnung effektive DRM-Systeme heute schon zur Verfügung stehen[108].

Bereits existente DRM-Systeme können nicht zwischen berechtigter[109] und unerlaubter Nutzung unterscheiden[110]. Dies liegt insbesondere daran, daß keine DRM-Technik zur Verfügung steht, welche die im Rahmen urheberrechtlicher Schranken erforderliche Ausfüllung unbestimmter Rechtsbegriffe vornehmen kann, die regelmäßig eine gewisse Wertung erfordert[111]. Durchaus realisierbar sind indes schon heute Systeme, die einzelne Schrankenbestimmungen mit punktuell technisch berücksichtigungsfähigem Aussagegehalt in angemessener Weise umsetzen können: Kopierschutzmechanismen können etwa derart konfiguriert werden, daß nur eine bestimmte Anzahl an Vervielfältigungsstücken zugelassen wird[112].

(b) Wirksamkeit

Entgegen wohl vereinzelter Stimmen[113] existieren momentan weitgehend noch keine für den Masseneinsatz geeigneten DRM-Systeme[114], die eine

---

106 Stickelbrock GRUR 2004, 736 (742).

107 Jaeger/Kreutzer, Stellungnahme Regierungsentwurf, S. 12; Winghardt ZUM 2002, 349 (352 f./358).

108 Bejahend etwa Geerlings GRUR 2004, 207 (209); verneinend etwa Schack ZUM 2002, 497 (510); offenlassend Bundesministerium der Justiz, Referentenentwurf Zweiter Korb, S. 36.

109 Etwa im Rahmen urheberrechtlicher Schranken, §§ 44a ff. UrhG: Derzeit erhältliche DRM-Systeme können beispielsweise nicht feststellen, ob die erwünschte Vervielfältigung zum privaten Gebrauch oder aber kommerziell motiviert erfolgen soll; im Rahmen des § 53 UrhG ist dies aber entscheidend.

110 Dreier in Dreier/Schulze, UrhG, § 95b, Rn. 1; Linnenborn K&R 2001, 394 (399); Dreier ZUM 2002, 28 (38); Dusollier in Kaestner, Intellectual Property Rights, S. 227 (232); ähnlich Peukert in Loewenheim, Hdb UrhR, § 36, Rn. 14.

111 Vgl. Stickelbrock GRUR 2004, 736 (742 f.).

112 So dürfen im Rahmen des § 53 UrhG zu privaten Zwecken nicht mehr als sieben Kopien angefertigt werden.

113 Etwa Bechtold in Zerdick/Picot/Schrape/Burgelman/Silverstone, E-Merging Media, S. 333 (333).

114 In diese Richtung auch der Bundesrat in seiner Stellungnahme zum Gesetz zur Regelung des Urheberrechts in der Informationsgesellschaft, BT-Dr. 15/38, S. 37; Kreile ZUM 2003, 1018 (1019); Melichar ZUM 2003, 1046 (1046); Senger, Wahrnehmung digitaler Urheberrechte, S. 175; Wiebe FS Kilian, S. 603 (603); Freiwald, private Vervielfältigung im digitalen Kontext, S. 98; ähnlich Grassmuck, wiedergegeben von Ruttig K&R 2004, 182 (184); von nur mangelhafter Effektivität derzeit verfügbarer DRM-Systeme ausgehend: Paul/Naskret CR 2003, 473 (479) unter Berufung auf Federrath anläßlich der DRM-Tagung 2002 in Berlin; offenbar ebenso Wandtke/Ohst in Wandtke/Bullinger, Praxiskommentar UrhR Ergänzungsband, § 95b, Rn. 1.

hohe Resistenz gegen Angriffe[115] von Spezialisten bieten[116]. So wurden bislang die meisten Mechanismen zum Schutz digitaler Inhalte bereits kurz nach ihrer Veröffentlichung „geknackt“, einige sogar schon bevor sie auf den Markt kamen[117]. Von daher nachvollziehbar wird das DRM mitunter als „technologische Sackgasse“ angesehen[118]. Die technische Entwicklung von DRM-Systemen steht allerdings noch immer an ihrem Anfang[119].

(2) Mangelnde Kompatibilität unterschiedlicher DRM-Systeme

Die derzeit am Markt erhältlichen DRM-Systeme sind regelmäßig nicht kompatibel, d. h. sie können mit anderen technischen Komponenten nicht ausreichend „kommunizieren“, was letztlich zu Einschränkungen in der Funktionalität führen kann[120]. Dies hat technische Gründe[121], liegt letztlich aber auch daran, daß weder eine entsprechende rechtliche Normierung existiert, obwohl eine solche durchaus auch in der EU-Kommision erwogen wird[122], noch eine faktische Standardisierung stattgefunden hat[123].

Vor dem Hintergrund, daß insbesondere Informationstechnologien in hohem Maße auf die Erzeugung und Nutzung sogenannter Netzwerkeffekte[124] angelegt sind[125] und Kompatibilität somit einen wichtigen Faktor für den Markt digitaler Inhalte darstellt[126], ist der momentane Zustand nicht optimal. Nachvollziehbar ist aus diesem Blickwinkel daher die For-

[115] Zur Sicherheit von DRM-Systemen siehe Gooch in Becker/Buhse/Günnewig/Rump, DRM, S. 16 (21 f.); Federrath, wiedergegeben von Becker/Günnewig in Becker/Buhse/Günnewig/Rump, DRM, S. 655 (667).

[116] Höhne in Wiebe/Leupold, elektronische Datenbanken, Teil V, C., Rn. 119; vgl. ders. a. a. O., Rn. 57 ff.; zu den Standards siehe Bechtold, Informationsrecht, S. 101 ff.

[117] Plura c`t 22/2002, S. 204.

[118] So die Stellungnahme privatkopie.net u.a, S. 4 ff.

[119] Höhne in Wiebe/Leupold, elektronische Datenbanken, Teil V, C., Rn. 3; ähnlich Bechtold in Zerdick/Picot/Schrape/Burgelman/Silverstone, E-Merging Media, S. 333 (335); ders., Informationsrecht, S. 20/127; Haedicke FS Dietz, S. 349 (362).

[120] Siehe Hansen c`t 9/2003, S. 112 ff.; Buhse, Onlinemusik, S. 74; Bechtold, Informationsrecht, S. 143: Interoperabilität unterschiedlicher DRM-Systeme als ungelöstes Problem; vgl. aber auch ders. in Becker/Buhse/Günnewig/Rump, DRM, S. 597 (631 ff.). Zum Begriff der Kompatibilität in Abgrenzung zur Interoperabilität siehe Gooch in Becker/Buhse/Günnewig/Rump, DRM, S. 16 (20).

[121] Vgl. Buhse, Onlinemusik, S. 74.

[122] Vgl. Czychowski in Bröcker/Czychowski/Schäfer § 13, Rn. 256; kritisch Bechtold in Becker/Buhse/Günnewig/Rump, DRM, S. 597 (650 ff.).

[123] Generotzky/Nieland/Weigand, DRM, S. 21; Schwarz-Gondek TKMR 2003, 250 (250); vgl. auch Peukert in Loewenheim, Hdb UrhR, § 35, Rn. 2, Fn. 5; Bechtold, Informationsrecht, S. 122 ff.; kritisch gegenüber einer Standardisierung Huppertz CRi 2002, 105 (109): Die „Artenvielfalt“ der am Markt verbreiteten Angebotsarten digitalen Inhalts könnte negativ beeinflußt werden.

[124] Siehe B.II.3.

[125] Ladeur CR 1999, 395 (397).

[126] Vgl. Cheng/Rambhia in Becker/Buhse/Günnewig/Rump, DRM, S. 162 (164); Köhler K&R 2003, 535 (540); vgl. auch Koenig/Neumann MMR 2003, 695 (697).

derung nach der Förderung von Kompatibilität unterschiedlicher DRM-Technik[127]: Kompatibilität ist grundsätzlich ein fundamentaler Faktor beim Einsatz von DRM-Systemen[128]. Mangelnde Kompatibilität dürfte unter anderem ein Faktor sein, warum der Einsatz von DRM-Technik derzeit am Markt für digitale Inhalte von den Konsumenten noch längst nicht akzeptiert wird[129]. Man darf andererseits jedoch nicht außer acht lassen, daß eine Standardisierung die technische Entwicklung der DRM-Technologie potentiell hemmen dürfte. Dies ist wiederum insoweit bedenklich, als daß das technische Niveau der DRM-Technik noch relativ niedrig ist. Dies spricht durchaus gegen das Vorantreiben möglicherweise voreiliger Standardisierungsvorgänge.

bb) Ausblick

Die Standardisierung von DRM-Techniken dürfte eine maßgebliche Voraussetzung für den Erfolg von DRM-Systemen am Markt sein[130], auch wenn sie natürlich ihre Tücken hat, insbesondere den technischen Fortschritt entsprechender DRM-Technik potentiell hemmt[131]; in Erwägungsgrund 54 S. 3 Multimedia-RL äußert sich daher verständlicherweise der Richtliniengeber derart, daß Kompatibilität und Interoperabilität gefördert werden sollten. Man ist schließlich auf breiter Front um die Etablierung von Standards für DRM-Systeme bemüht[132], auch wenn dies durchaus kartellrechtliche Schwierigkeiten mit sich bringt[133]. Auch zeichnet sich

[127] Etwa Peukert in Loewenheim, Hdb UrhR, § 33, Rn. 2; siehe auch Reinbothe ZUM 2002, 43 (50); ders. ZUM 2003, 27 (33).

[128] Implizit Lehmann CR 2003, 553 (556); vgl. auch Gooch in Becker/Buhse/Günnewig/Rump, DRM, S. 16 (20).

[129] Grundsätzlich ist wahrscheinlich, daß der Einsatz von DRM-Technik künftig entsprechend der jeweiligen Akzeptanz der Verbraucher bezüglich unterschiedlicher Produkte differieren wird, siehe Kreutzer ZUM 2003, 1041 (1044).

[130] Fränkl/Karpf, DRM-Systeme, S. 34; Buhse, Onlinemusik, S. 75; anklingend auch bei Bechtold in Zerdick/Picot/Schrape/Burgelman/Silverstone, E-Merging Media, S. 333 (334). Hiervon geht offenbar auch der Microsoft-CEO Steve Ballmer aus, siehe den Bericht der heise online news vom 05.10.2004, abgerufen (05.10.2004) unter http://www.heise.de/newsticker/meldung/51814.

[131] Siehe G.III.1.b)aa).

[132] So haben erst kürzlich führende Elektronik- und Medienunternehmen die Gründung eines Konsortiums bekanntgegeben, dessen Ziel die Entwicklung kompatibler DRM-Standards ist, berichtet von heise online news vom 04.10.2004, abgerufen (05.10.2004) unter http://www.heise.de/newsticker/meldung/51770; siehe Bechtold in Hoeren/Sieber, Multimediarecht, Kap. 7.11, Rn. 21 ff.; Bremer/Buhse in Becker/Buhse/Günnewig/Rump, DRM, S. 334 (338); Cheng/Rambhia in Becker/Buhse/Günnewig/Rump, DRM, S. 162 (176); Becker/Günnewig in Becker/Buhse/Günnewig/Rump, DRM, S. 655 (666/667 f.); Generotzky/Nieland/Weigand, DRM, S. 21 ff.

[133] Siehe Koenig/Neumann MMR 2003, 695 (698 ff.): Problematisch ist die Vereinbarkeit von Standardisierungsvereinbarungen mit den Art. 81, 82 EG; siehe auch dies. in Koenig/Neumann/Katzschmann, Trusted Computing, S. 116 ff.; vgl. ferner dies. DuD 2004, 555 (555 ff.).

ab, daß Anbieter von DRM-Systemen derzeit Versuche einer De-facto-Standardisierung unternehmen[134]. Ziel ist ein umfassendes DRM-System, mit dem digitale Inhalte auf ihrem Weg vom Schöpfer hin zum Nutzer geschützt werden können. Im Mittelpunkt des Interesses stehen insbesondere Lösungen zur Ermöglichung einer automatisierten individuellen Abrechnung[135]. Es ist davon auszugehen, daß letztere in absehbarer Zeit zur Verfügung stehen und marktfähig sein werden[136], auch wenn gegenwärtig nicht abzuschätzen ist, welcher Standard sich etablieren wird[137]. Nicht minder wichtig ist allerdings auch der Schutz digitaler Inhalte vor unberechtigter Nutzung. Die DRM-Technik der Zukunft wird daher regelmäßig sowohl Schutz- als auch Identifizierungsfunktionen in sich vereinen[138], so daß integrierte Systeme Schutz vor unerlaubter Nutzung bieten und gleichzeitig als elektronisches Lizenzierungssystem fungieren können. Ein umfassendes DRM-System wird neben Funktionalitäten zur Nutzungskontrolle ferner auch solche zur Zugangskontrolle zur Verfügung stellen[139]. Es zeichnet sich ab, daß DRM-Systeme künftig zunehmend leistungsfähiger werden[140]; die Sicherheit, vordringlich mit Blick auf die Umgehbarkeit, dürfte also kontinuierlich zunehmen. Aus technischer Sicht vielversprechend erscheint in diesem Zusammenhang die Integration von Sicherheitsmechanismen bereits in entsprechende Hardware[141]. Auch wenn dies seitens einiger Interessenvertreter bestritten wird, berühren sich hier das DRM und das sog. „Trusted Computing"[142], wie es vor allem die TCG (Trusted Computing Group)[143], welche in jüngster Zeit aus der

[134] Czychowski in Bröcker/Czychowski/Schäfer § 13, Rn. 256 f.; siehe auch Bechtold in Becker/Buhse/Günnewig/Rump, DRM, S. 597 (633 ff.); Koenig/Neumann MMR 2003, 695 (695/697).

[135] Ähnlich Buhse, Onlinemusik, S. 71.

[136] Sadeghi/Schneider in Becker/Buhse/Günnewig/Rump, DRM, S. 113 (137); ebenso Paul/Naskret CR 2003, 473 (479); Ulmer-Eilfort FS Nordemann, S. 285 (285).

[137] Sadeghi/Schneider in Becker/Buhse/Günnewig/Rump, DRM, S. 113 (137).

[138] Fallenböck/Weitzer CRi 2003, 40 (40).

[139] Nach Höhne in Wiebe/Leupold, elektronische Datenbanken, Teil V, C., Rn. 100 ist dies bereits heute der Fall.

[140] Peukert in Loewenheim, Hdb UrhR, § 33, Rn. 6; ähnlich Dam in Dreyfuss/Zimmerman/First, Boundaries, S. 103 (106); Bechtold in Zerdick/Picot/Schrape/Burgelman/Silverstone, E-Merging Media, S. 333 (335/339).

[141] Siehe Plura c't 22/2002, S. 204 (205 ff.); Gehrke/Seidenfaden/Hellmond/Schuhmann WISU 2004, 666 (669); vgl. auch Koenig/Neumann MMR 2003, 695 (695 f.).

[142] Siehe Bechtold CR 2005, 393 ff.; Anderson, Trusted Computing, passim; Koenig/Neumann/Katzschmann, Trusted Computing, passim; Becker/Günnewig in Büllesbach/Dreier, Information im 21. Jahrhundertt, S. 11 (24 ff.); Kuhlmann/Gehring in Becker/Buhse/Günnewig/Rump, DRM, S. 178 ff.; vgl. auch Dreyer in Dreyer/Kotthoff/Mechel, UrhR, § 95a, Rn. 14. Die Fruchtbarmachung zum DRM dürfte in der Tat eine maßgebliche Antriebsfeder für das Trusted Computing sein.

[143] Siehe Pfitzner in Koenig/Neumann/Katzschmann, Trusted Computing, S. 30; Kuhlmann/Gehring in Becker/Buhse/Günnewig/Rump, DRM, S. 178 (202 f.); vgl. auch

TCPA (Trusted Computing Platform Alliance)[144] hervorgegangen ist, erreichen will[145]. Dennoch werden DRM-Systeme von Spezialisten auch künftig umgehbar sein. Auch werden auf absehbare Zeit DRM-Systeme wohl nicht zwischen berechtigter und unberechtigter Nutzung digitaler Inhalte differenzieren können[146]. Ob die vereinzelt geäußerte Vermutung, daß die Entwicklung der DRM-Technik sich in Zukunft auf Amerika und Asien konzentrieren wird[147], tatsächlich wahr wird, bleibt abzuwarten.

4. Technischer Überblick

Umfangreiche technische Ausführungen über die Funktionsweisen von DRM-Systemen würden den Umfang der Arbeit sprengen und sind auch gar nicht beabsichtigt. Die folgenden Darstellungen beschränken sich daher auf einen kurzen Überblick über deren wichtigste Komponenten[148].

a) Automatisierter Vertrieb digitaler Inhalte

Insbesondere zur Verwirklichung elektronischer Lizenzierungssysteme, welche letztlich auf einen möglichst vollautomatischen Vertrieb digitaler Inhalte abzielen, müssen die Inhalte mit Informationen über den Inhalt selbst, den Rechteinhaber und über die entsprechenden Nutzungsbedingungen versehen sein[149]. Digitale Inhalte werden daher mit entsprechenden Zusatzinformationen, d. h. mit Metadaten versehen: Die dauerhafte Identifizierung und Beschreibung digitaler Inhalte ist eine der Grundvoraussetzungen für die Verwaltung urheberrechtlicher Rechte[150]; dies gilt

---

die TCG-Homepage www.trustedcomputinggroup.org (abgerufen: 05.09.2004). Im Oktober 2004 zählte die TCG 84 Mitglieder.

144 Siehe Kuhlmann/Gehring in Becker/Buhse/Günnewig/Rump, DRM, S. 178 (180).

145 Siehe Grassmuck in Koenig/Neumann/Katzschmann, Trusted Computing, S. 143 f. Zumindest behauptet die TCG selbst, DRM sei nicht das Ziel des Trusted Computing, berichtet von heise online news vom 18.10.2004, abgerufen (19.10.2004) unter http://www.heise.de/newsticker/meldung/52275.

146 Dreier in Dreier/Schulze, UrhG, § 95b, Rn. 1; Koelmann/Helberger in Hugenholtz, Future of Copyright, S. 165 (196/197): „highly unlikely"; ähnlich Fallenböck/Weitzer CRi 2003, 40 (43); Haedicke FS Dietz, S. 349 (362).

147 So Elßner, wiedergegeben von v. Rom ZUM 2004, 204 (206).

148 Für Näheres siehe Fränkl/Karpf, DRM-Systeme, S. 35 ff.; Höhne in Wiebe/Leupold, elektronische Datenbanken, Teil V, C., Rn. 18 ff./27 ff./44 ff.; Bechtold, Informationsrecht, S. 23 ff.; siehe ferner Koelmann/Helberger in Hugenholtz, Future of Copyright, S. 165 (166 ff.); Möschel/Bechtold MMR 1998, 571 (572 ff.); Bechtold GRUR 1998, 18 (19 ff.); Federrath ZUM 2000, 804 (808 f.); Gottschalk GRUR Int. 2002, 95 (104).

149 Vgl. Lehmann CR 2003, 553 (556 f.); Peukert in Loewenheim, Hdb UrhR, § 33, Rn. 3/§ 35, Rn. 2.

150 Senger, Wahrnehmung digitaler Urheberrechte, S. 176; siehe auch Bechtold in Becker/Buhse/Günnewig/Rump, DRM, S. 597 (618 f.).

natürlich auch beim Einsatz von DRM-Systemen[151]. Zu recht werden Metadaten daher als Kernstück eines DRM-Systems in technischer Hinsicht bezeichnet[152]. Metadaten können die Nutzungsbedingungen nach Belieben festlegen, natürlich auch über Fragen der Vervielfältigung hinaus. Hierzu müssen diese mit dem digitalen Inhalt, auf den sie sich beziehen, verbunden werden. Hierfür kommen technisch mehrere Wege in Betracht: Möglich ist etwa, die Metadaten in speziell hierfür reservierten Bereichen bestimmter Datenformate abzulegen. Dies erweist sich aber als gegen Angriffe nicht sonderlich sicher[153]. Bestmögliche Sicherheit kann erreicht werden, wenn die entsprechenden Metadaten vom dazugehörigen digitalen Inhalt nicht getrennt werden können. Ein Ansatzpunkt hierfür ist der Einsatz sog. digitaler Wasserzeichen[154], wodurch auch die – hinsichtlich digitaler Vervielfältigungen ansonsten nicht vorhandene – Unterscheidbarkeit von Original und Kopie wieder möglich wird[155].

b) Kopierschutz

Der Einsatz von Kopierschutzmechanismen erfreut sich wachsender Beliebtheit[156]. Mit genaueren technischen Angaben über eingesetzte Kopierschutzverfahren ist die Industrie verständlicherweise zurückhaltend[157]. Grundsätzlich kann man unterscheiden zwischen einseitigen und zweiseitigen Kopierschutzmechanismen[158]. Weil ein Produkt sich auf dem Markt

[151] Paskin in Becker/Buhse/Günnewig/Rump, DRM, S. 26 (27); vgl. auch Bechtold in Hoeren/Sieber, Multimediarecht, Kap. 7.11, Rn. 149 ff.; Möschel/Bechtold MMR 1998, 571 (572).

[152] Peukert UFITA 2002, 689 (691).

[153] Siehe Bechtold, Informationsrecht, S. 53 f.

[154] Ausführlich Petitcolas in Becker/Buhse/Günnewig/Rump, DRM, S. 81 ff.; siehe auch Herrigel DuD 1998, 254 ff.; Generotzky/Nieland/Weigand, DRM, S. 25 f.; Höhne in Wiebe/Leupold, elektronische Datenbanken, Teil V, C., Rn. 41 f.; Bechtold, Informationsrecht, S. 54 ff.; Gass ZUM 1999, 815 (816 ff.); Lindhorst, Technische Maßnahmen, S. 34; Federrath ZUM 2000, 804 (808 f.); Marks/Turnbull EIPR 2000, 198 (209/212); Röhm/Wilop DuD 1998, 250 (252); Gehrke/Seidenfaden/Hellmond/Schuhmann WISU 2004, 666 (669 f.); Gottschalk GRUR Int. 2002, 95 (104); Bechtold GRUR 1998, 18 (19 f.); Wand GRUR Int. 1996, 897 (899); ders. in Lehmann, Cyberlaw, S. 35 (40); Bing CRi 2001, 104 (107 f.); Peukert in Loewenheim, Hdb UrhR, § 33, Rn. 3; Wandtke/Ohst in Wandtke/Bullinger, Praxiskommentar UrhR Ergänzungsband, § 95a, Rn. 24 f.; Dam in Dreyfuss/Zimmerman/First, Boundaries, S. 103 (108 f.); Senft-Werner, Digitale Wasserzeichen, S. 1 f.; vgl. auch Wandtke/Ohst in Wandtke/Bullinger, Praxiskommentar UrhR Ergänzungsband, § 95c, Rn. 10.

[155] Siehe Gass ZUM 1999, 815 (818); Herrigel DuD 1998, 254 (256 f.); vgl. auch Peukert in Loewenheim, Hdb UrhR, § 35, Rn. 2.

[156] Siehe Wiegand MMR 2002, 722 (722).

[157] Siehe aber Wandtke/Ohst in Wandtke/Bullinger, Praxiskommentar UrhR Ergänzungsband, § 95a, Rn. 29 ff.; Goldmann/Liepe ZUM 2002, 362 (362) m. w. N. in Fn. 7; Schwarz-Gondek TKMR 2003, 250 (251 f.); Wiegand MMR 2002, 722 (722); vgl. auch Lindhorst, Technische Maßnahmen, S. 48, Fn. 128.

[158] Siehe Knies ZUM 2002, 793 (794 f.).

ansonsten kaum durchsetzen könnte, müssen eingesetzte Kopierschutzformate regelmäßig rückwärts kompatibel sein[159]. Hierdurch beschränken sich die technischen Möglichkeiten bei der Entwicklung neuer Kopierschutzmechanismen[160]. Regelmäßig können mit Hilfe von Kopierschutzmechanismen auch lediglich digitale Kopien, nicht indes analoge Vervielfältigungen unterbunden werden[161]. Werden analog hergestellte Kopien wieder ins digitale Format überführt (Redigitalisierung), so entsteht regelmäßig eine Schutzlücke („analoges Loch")[162]. Es machen in der Medien-Industrie mittlerweile daher Überlegungen die Runde, analoge Schnittstellen (engl.: interfaces) an Hifi-Anlagen und DVD-Spielern abzuschaffen und nur noch die besser kontrollierbaren digitalen Ausgänge vorzusehen[163].

c) Zugangskontrolle

Als Zugangskontrollen sind allgemein Technologien zu verstehen, welche den Zugang zu Werken oder Leistungen in verständlicher Form von einer individuellen Erlaubnis des Rechteinhabers abhängig machen[164]. Der Zugang kann technisch bereits an der Quelle[165], oder aber auch erst später bei der Übertragung der Inhalte[166] kontrolliert werden. Auch bei einem bereits erworbenen Inhalt ist eine Zugangskontrolle nicht ausgeschlossen. Der Zugangskontrolltechik entspricht in der realen Welt etwa ein Schloß, zu dessen Überwindung es regelmäßig des entsprechenden Schlüssels bedarf. Die sicherste Methode zur Erreichung einer effektiven Zugangskontrolle stellen Verschlüsselungsverfahren dar[167]. Zu unterscheiden ist insofern zwischen symmetrischer und asymmetrischer Verschlüsselung[168].

---

[159] D.h. neuere Datenträger müssen auf älteren Abspielgeräten lauffähig sein, eine aktuelle Audio-CD etwa auf einem älteren CD-Player; vgl. Knies ZUM 2002, 793 (794 f.).

[160] Schwarz-Gondek TKMR 2003, 250 (251).

[161] Schwarz-Gondek TKMR 2003, 250 (251).

[162] Sieber MMR 2002, 701 (701): Redigitalisierbarkeit als „systemimmanente Schwäche".

[163] Berichtet von Knies ZUM 2003, 286 (287).

[164] Wandtke/Ohst in Wandtke/Bullinger, Praxiskommentar UrhR Ergänzungsband, § 95a, Rn. 15; zur Technik siehe Federrath in Dressel/Scheffler, Dienstepiraterie, S. 11 ff.; siehe ferner Wand GRUR Int. 1996, 897 (897 f.); Dusollier/Poullet/Buydens, Copyright and Access to Information, S. 22; Möschel/Bechtold MMR 1998, 571 (573).

[165] Etwa durch Verwendung von Paßwortabfragen.

[166] Z. B. durch Verschlüsselung.

[167] Höhne in Wiebe/Leupold, elektronische Datenbanken, Teil V, C., Rn. 27/31.

[168] Siehe Höhne in Wiebe/Leupold, elektronische Datenbanken, Teil V, C., Rn. 32 f: Während symmetrische Verschlüsselungsverfahren für die Ver- und Entschlüsselung einen identischen Schlüssel verwenden, kommt bei der asymmetrischen Verschlüsselung jeweils ein Schlüsselpaar zur Anwendung, bestehend aus einem öffentlichen und einem geheimen Schlüssel.

III. Bedeutung und Rechtsquellen der Urheberrechtsordnung

Die rechtliche Diskussion über den Einsatz von DRM-Systemen ist stark geprägt von der Dogmatik und den grundlegenden Wertungen der Urheberrechtsordnung und deren Wandel im Zuge der modernen Informationsgesellschaft. Im Folgenden werden daher die entsprechenden Grundlagen dargestellt.

1. Bedeutung der Urheberrechtsordnung

Die Urheberrechtsordnung ist von grundlegender Bedeutung für die Entfaltung der schöpferischen Persönlichkeit und für das kulturelle Leben der Gesellschaft. Sie sichert die Existenz der geistig Schaffenden[169] und reguliert die Vermittlung von Kulturgütern[170]. Nicht zu unterschätzen ist die (volks-)wirtschaftliche Bedeutung der Urheberrechtsordnung[171]. In einer Marktwirtschaft erfüllt das Urheberrecht die Funktion, die wegen ihrer Natur potentiell ubiquitäre Nutzung immaterieller Güter überhaupt handelbar zu machen. Die Urheberrechtsordnung hat im Kern einen schwierigen Balanceakt zu bewältigen: Zum einen muß sie den schöpferisch Tätigen hinsichtlich seiner immateriellen Leistungen schützen, zum anderen gilt es, im Interesse der Gesellschaft einen relativ hohen Verbreitungsgrad schöpferischer Schutzgegenstände zu erreichen.

2. Urheberrechtsharmonisierung im Zuge der modernen Informationsgesellschaft

a) Urheberrecht in der Informationsgesellschaft

Jede grundlegende technische Neuerung verlangt regelmäßig eine Anpassung des Urheberrechts[172]. Mit anderen Worten: Die Geschichte des Urheberrechts ist weithin ein Prozeß rechtlicher Reaktion auf die Herausforderungen der Technik[173]. Charakteristisch für die moderne Informa-

---

169 Vgl. Däubler-Gmelin ZUM 1999, 265 (266): „Arbeitsrecht“ der Freischaffenden.

170 Schricker in Schricker, UrhR, Einl., Rn. 8.

171 Siehe Jehoram GRUR Int. 1989, 23 ff.; Uchtenhagen ZUM 1990, 398 ff.; Röttinger ZUM 1990, 510 ff.

172 Gottschalk MMR 2003, 148 (149).

173 Schricker in Schricker, UrhR, Einl., Rn. 1.

tionsgesellschaft ist, daß sie nicht mehr durch nationale Grenzen beschränkt ist. Einen wichtigen Beitrag hierzu hat die Erfolgsgeschichte des Internet beigetragen, durch welches digitale Daten aller Art schnell und kostenkünstig über Landesgrenzen hinaus übermittelt werden können. Staatsgrenzen bilden somit kein nennenswertes Hindernis mehr. Die Werknutzung bleibt zumindest für digitale Inhalte somit im Regelfall nicht auf ein einzelnes Staatsgebiet beschränkt, sondern erfolgt in den meisten Fällen vielmehr grenzüberschreitend. Dem Aspekt der Internationalität des geistigen Eigentums wird durch das Internet daher sowohl quantitativ als auch qualitativ eine neue Dimension verliehen[174]. Da durch das Internet verbreitete Inhalte häufig urheberrechtlich geschützt sind, bringt dies die Notwendigkeit eines staatsgebietsübergreifenden internationalen Urheberrechtsschutzes mit sich[175].

b) Internationale Abkommen

Die Internationalität der Informationsgesellschaft führte auf Initiative der USA[176] hin zu den WIPO[177]-Verträgen vom 20.12.1996[178], welche auch die Bundesrepublik Deutschland unterzeichnet hat. Die Unterzeichnerstaaten trifft insbesondere die Verpflichtung, einen angemessenen Rechtsschutz gegen die Umgehung wirksamer technologischer Schutzmaßnahmen gegen Urheberrechtsverletzungen (Art. 11 WCT bzw. Art. 18 WPPT)[179] sowie hinsichtlich technischer Informationen zur Rechtewahrnehmung (Art. 12 WCT bzw. Art. 19 WPPT) zu schaffen. Weder Art. 11 WCT noch Art. 18 WPPT ist allerdings speziell für auftretende Fragen der Durchsetzung gerechtfertigter Nutzung im Fall einschlägiger Urheberrechtsschranken konzipiert[180].

---

174 Bühler, Urheberrecht im Internet, S. 327.

175 Siehe H.I.

176 Trayer, Technische Schutzmaßnahmen, S. 108.

177 World Intellectual Property Organization; siehe Dressel/Scheffler, Dienstepiraterie, S. 239 f.

178 WCT (WIPO Copyright Treaty), abgedruckt in GRUR Int. 2004, 112 (112 ff.), sowie WPPT (WIPO Performances and Phonograms Treaty), abgedruckt in GRUR Int. 2004, 112 (116 ff.); siehe Schack ZEuP 2000, 799 (803 f.); Trayer, Technische Schutzmaßnahmen, S. 108 ff.; Rehbinder, Urheberrecht, Rn. 30 ff.; Foged EIPR 2002, 525 (528 ff.); v. Lewinski CR 1997, 438 (439 ff.); dies. GRUR Int. 1997, 667 (671 ff.); Fallenböck MR-Int 2004, 11 (13 f.); siehe ferner Wand, Technische Schutzmaßnahmen, S. 24 ff.; v. Lewinski GRUR Int. 1998, 637 (637); Hartmann in Möhring/Nicolini, UrhG, Vor §§ 120 ff., Rn. 119 ff. m. w. N.; Katzenberger in Schricker, UrhR, Vor §§ 120 ff., Rn. 50 ff.

179 Ausführlich Rigamonti GRUR Int. 2005, 1 (3 ff.); siehe auch Wand, Technische Schutzmaßnahmen, S. 35 ff.; Bechtold in Hoeren/Sieber, Multimediarecht, Kap. 7.11, Rn. 36.

180 Spindler GRUR 2002, 105 (115).

c) Europäische Vorgaben

aa) Multimediarichtlinie

Auf europäischer Ebene ist im Jahre 2001 die Multimediarichtlinie[181] erlassen worden, die von einigen Autoren teilweise auch anders bezeichnet wird: Informationsgesellschafts-Richtlinie[182], Informations-Richtlinie[183] oder Urheberrechts-Richtlinie[184]. Übergeordnetes Ziel der Richtlinie ist die gemeinschaftsweite Harmonisierung des Urheberrechts, insbesondere mit Blick auf die Erfordernisse der modernen Informationsgesellschaft, um von den nationalen rechtlichen Eigenheiten der einzelnen Mitgliedstaaten hin zu einem möglichst homogenen europäischen Binnenmarkt zu gelangen, also einer Zersplitterung des europäischen Binnenmarktes und einer entsprechenden rechtlichen Inkohärenz hinsichtlich der urheberrechtlichen Beurteilung im Umfeld des Einsatzes technischer Schutzmaßnahmen entgegenzutreten[185]. Die Dynamik des gemeinsamen Marktes dürfte ein gewisser Antrieb in diese Richtung gewesen sein[186]. Das „europäische Haus der Informationsgesellschaft“[187] hat mittlerweile also verstärkt Konturen angenommen[188].

---

[181] Richtlinie 2001/29/EG des Europäischen Parlaments und des Rates zur Harmonisierung bestimmter Aspekte des Urheberrechts und der verwandten Schutzrechte in der Informationsgesellschaft vom 22.05.2001, ABlEG Nr. L 167, S. 10 ff. (im Folgenden: Multimedia-RL), veröffentlicht in GRUR Int. 2001, 745. Für Näheres siehe Flechsig ZUM 2002, 1 ff.; Reinbothe GRUR Int. 2001, 733 ff.; ders. ZUM 2002, 43 ff.; Foged EIPR 2002, 525 (534 ff.); Kröger CR 2001, 316 ff.; Schippan NJW 2001, 2682 f.; siehe ferner Fallenböck, Technical Protection of Copyright, S. 34 ff.; Spindler GRUR 2002, 105 (105 f.); Lehmann in Loewenheim, Hdb UrhR, § 54, Rn. 41 ff.; Hoeren MMR 2000, 515 ff.; Davies GRUR Int. 2001, 915; Marly K&R 1999, 106 (108); v. Lewinski MMR 1998, 115 ff.; Reinbothe ZUM 1998, 429 (433 ff.); Dietz IPQ 1998, 335 ff.; zur Entstehungsgeschichte vgl. v. Lewinski in Hoeren/Sieber, Multimediarecht, Kap. 7.9, Rn. 84 ff.; Wand, Technische Schutzmaßnahmen, S. 94 ff.; Flechsig ZUM 2002, 1 (1 f.); Kröger CR 2001, 316 (316 f.); zum Prozeß der Harmonisierung des Urheberrechts in Europa siehe Schippan, Harmonisierung, S. 49 ff.

[182] So Jehoram GRUR Int. 2001, 807 (809).

[183] So etwa Dressel/Scheffler, Dienstepiraterie, S. 238.

[184] So Reinbothe GRUR Int. 2001, 733 (733), Dreier ZUM 2002, 28 (28), Kröger, Informationsfreiheit, S. 47.

[185] Erwägungsgrund 6 S. 1 Multimedia-RL.

[186] Dreier CR 2000, 45 (47).

[187] Spindler GRUR 2002, 105 (105).

[188] Flechsig ZUM 2002, 1 (1): „Meilenstein“; hingegen Kröger CR 2001, 316 (316): „politischer Kompromiß mit erheblichen Opfern“; zur Rechtsangleichung auf Ebene der Europäischen Union siehe Reinbothe ZEuP 2000, 5 (10 ff.); kritisch bezüglich des tatsächlichen Erfolges allerdings Aalto/Seppälä CRi 2005, 103 (106).

bb) Weitere Richtlinien

Neben der Multimedia-RL existieren noch weitere europäische Richtlinien[189], welche schon vor dieser verabschieded wurden und ebenfalls die Urheberrechtsordnung berühren: Zu nennen sind hier insbesondere die Computerprogrammrichtlinie[190] sowie die Datenbankrichtlinie[191]. Wie sich aus Art. 1 II Multimedia-RL explizit ergibt, bleiben die Bestimmungen besagter Richtlinien von der Multimedia-RL unberührt, d. h. bezüglich des in jenen geregelten jeweils speziellen Bereichs kommt der Multimedia-RL nur ergänzende Funktion zu.

d) Internationaler Ursprung der Regulierung des Einsatzes von DRM-Systemen

Führt man sich vor Augen, daß die Entwicklung und der Einsatz von DRM-Systemen maßgeblich von der globalen Vernetzung durch das Internet vorangetrieben wird, so ist nachvollziehbar, daß rechtlicher Schutz diesbezüglich von Anfang an auf internationaler Ebene thematisiert worden ist. Während regelmäßig ein entsprechender Rechtsrahmen seinen Ursprung in den einzelnen Nationalstaaten hat und dann international vereinheitlicht wird, verlief die Geschichte des Rechtsschutzes für DRM-Systeme quasi rückwärts, also beginnend bei der WIPO, über die Multimedia-RL, hin zu deren nationalen Umsetzungen[192].

IV. Rechtsschutz des Urhebers

Der Urheber genießt für sein Werk in Deutschland rechtlichen Schutz nach Maßgabe des Urheberrechtsgesetzes (UrhG)[193]. Unterfällt ein Werk dem Schutz nach § 2 UrhG, dann gilt dies selbstverständlich auch für sein digitales Format, da dieses lediglich eine besondere Darstellungform ist[194].

189 Siehe Schack ZEuP 2000, 799 (802 f.).

190 Richtlinie 91/250/EWG des Rates über den Rechtsschutz von Computerprogrammen vom 17.05.1991, ABl. EG Nr. L 122, S. 42 (im Folgenden: Computerprogramm-RL), abgedruckt in GRUR Int. 1991, 545; siehe Lehmann GRUR Int. 1991, 327 ff.

191 Richtlinie 96/9/EG des Europäischen Parlaments und des Rates über den rechtlichen Schutz von Datenbanken vom 11.03.1996, Abl. EG Nr. L 77/20 (im Folgenden: Datenbank-RL).

192 Vgl. Peukert in Loewenheim, Hdb UrhR, § 33, Rn. 12 ff.

193 § 1 UrhG.

194 Vgl. Ahlberg in Möhring/Nicolini, UrhG, § 2, Rn. 40.

1. Ausschließlichkeitsrechte des Urhebers

Im Folgenden werden die rechtlich dem Urheber zugeordneten ausschließlichen, d. h. absoluten[195] Rechte bezüglich seines Werkes kurz beschrieben: Das Urheberpersönlichkeitsrecht (§§ 12–14 UrhG) schützt den Urheber in seinen geistigen und persönlichen Beziehungen zum Werk[196], wohingegen die Verwertungsrechte (§§ 15 ff. UrhG) der Sicherung des materiellen Vorteils dienen, den eine Verwertung des Werkes mit sich bringen kann. Die Rechtsposition des Urhebers hat nach deutschem Verständnis also eine doppelte Stoßrichtung und ist mithin auf zwei unterschiedliche Ansatzpunkte zurückzuführen, zum einen auf persönlichkeitsrechtliche, zum anderen auf wirtschaftliche Erwägungen. Wegen des absoluten Charakters des Urheberrechts stehen dem Werkschöpfer regelmäßig neben dem durch das UrhG gewährten Rechtsschutz (§§ 97 ff. UrhG) ergänzend grundsätzlich auch die nach dem BGB bei absoluten Rechten bestehenden Ansprüche zu, insbesondere der Schadensersatzanspruch nach § 823 I BGB sowie der quasinegatorische Unterlassungs- und Beseitigungsanspruch analog § 1004 BGB[197]. Dies kommt auch in § 97 III UrhG zum Ausdruck, wonach Ansprüche aus anderen gesetzlichen Vorschriften unberührt bleiben.

a) Grundlagen

Die ausschließliche Rechtsposition des Urhebers im Hinblick auf das von ihm geschaffene Werk hat sowohl verfassungsrechtliche als auch ökonomische Hintergründe[198]. Beide Aspekte sollen im Folgenden in ihren Grundzügen aufgezeigt werden.

aa) Verfassungsrecht

(1) Wirtschaftliche Beteiligung an geistigem Eigentum

Die urheberrechtlichen Verwertungsrechte machen deutlich, wie eng die Rechtsposition des Urhebers mit dem Verständis verbunden ist[199], daß Eigentum nicht nur an materiellen, sondern auch an immateriellen Gegenständen, d. h. geistigen Schöpfungen bestehen kann (Theorie vom geisti-

[195] Vgl. Heerma in Wandtke/Bullinger, Praxiskommentar UrhR, § 15, Rn. 1; Kroitsch in Möhring/Nicolini, UrhG, § 15, Rn. 20; v. Ungern-Sternberg in Schricker, UrhR, § 15, Rn. 1.

[196] Siehe Rehbinder, Urheberrecht, Rn. 26.

[197] Rehbinder, Urheberrecht, Rn. 74; zu weiteren in Betracht kommenden Ansprüchen siehe statt vieler Lütje in Möhring/Nicolini, UrhG, § 97, Rn. 253 ff.

[198] Ausführlich zur Rechtfertigung urheberrechtlichen Schutzes Pahud UFITA 2000, 99 (100 ff.).

[199] Siehe Hubmann ZUM 1988, 4 (5 ff.).

gen Eigentum)[200]; letztlich können die Verwertungsrechte hierauf zurückgeführt werden[201]. Der Gedanke vom geistigen Eigentum seinerseits hat seine historischen Wurzeln in der Naturrechtslehre, welche zu Beginn der Neuzeit im Kreise der Rechtsgelehrten Konjunktur hatte[202]. So unterfällt das Urheberrecht mit seinem vermögensrechtlichen Bestandteil auch der verfassungsrechtlichen Eigentumsgarantie des Art. 14 GG. Aus dieser folgt letztlich in ständiger Rechtsprechung, daß der Urheber bzw. Leistungsschutzberechtigte an der wirtschaftlichen Nutzung seines Werkes bzw. seiner Leistung tunlichst angemessen zu beteiligen ist (sog. Beteiligungsgrundsatz)[203], und zwar auch dann, wenn die Nutzung keinen unmittelbaren Ertrag abwirft[204]. In neuerer Zeit wird das Urheberrecht daher verstärkt auch als ein Recht der Kulturwirtschaft angesehen[205].

(2) Urheberpersönlichkeitsrecht

Die starke absolute Rechtsposition des Urhebers liegt aber auch darin begründet, daß die Persönlichkeit des Urhebers allgemein, also sowohl in ihrer Menschenwürde (Art. 1 GG), als auch in ihrer Entfaltung (Art. 2 GG) von Verfassungs wegen geschützt ist[206]. So ist auch das umfassende Recht des ausübenden Künstlers, über Art und Umfang der Verwertung seiner Leistung selbst zu entscheiden, von der Rechtsprechung anerkannt worden[207].

---

200 Siehe Seifert FS Piper, S. 769 ff.; siehe ferner Schack, UrhR, Rn. 23/99 ff.; Rehbinder, Urheberrecht, Rn. 20 ff.; zum geschichtlichen Wandel des geistigen Eigentums siehe Siegrist in Zerdick/Picot/Schrape/Burgelman/Silverstone, E-Merging Media, S. 313 (320 ff.).

201 Schricker in Schricker, UrhR, Einl., Rn. 11.

202 Hubmann ZUM 1988, 4 (5).

203 Vgl. BGH Urt. v. 25.02.1999 – I ZR 118/96 – Kopienversanddienst, GRUR 1999, 707 (713) m.w.N; BGH Urt. v. 04.07.1996 – I ZR 101/94 – Klimbim, BGHZ 133, 281 (288); BGH Urt. v. 23.02.1995 – I ZR 68/93 – Mauer-Bilder, BGHZ 129, 66 (72); BGH Urt. v. 12.12.1991 – I ZR 210/89 – Altenwohnheim II, BGHZ 116, 305 (308); BGH Urt. v. 28.06.1984 – I ZR 65/82 – Zeitschriftenauslage in Wartezimmern, BGHZ 92, 54 (57); BGH Urt. v. 12.11.1992 – I ZR 194/90 – Katalogbild, GRUR 1993, 822 (824); BGH Urt. v. 31.05.1990 – I ZR 233/88 – Salome, GRUR 1990, 1005 (1007); v. Ungern-Sternberg in Schricker, UrhR, § 15, Rn. 6.

204 Rehbinder, Urheberrecht, Rn. 108.

205 Hierdurch werden allerdings möglicherweise die Interessen des Urhebers in den Hintergrund gedrängt, vgl. Schack, UrhR, Rn. 5.

206 Vgl. Schack, UrhR, Rn. 44; Rehbinder, Urheberrecht, Rn. 106. Verwertet ein Urheber sein Werk – wie regelmäßig – nicht in eigener Person, so finden Verletzungen des Urheberpersönlichkeits in einem anderen Rechtsverhältnis statt als die Verletzungen der wirtschaftlich bedeutsamen urheberrechtlichen Verwertungsrechte.

207 BGH Urt. v. 31.05.1960 – I ZR 64/58, BGHZ 33, 20 (24); BGH Urt. v. 31.05.1960 – I ZR 87/58, BGHZ 33, 38 (45). Seit der Einführung der §§ 73 ff. UrhG ist dies allerdings nicht mehr relevant.

bb) Ökonomische Rechtfertigung der Verwertungsrechte

Ausschließliche Verwertungsrechte machen Güter informationeller Art erst handelbar[208]. Im Kontext digitaler Inhalte wird dies besonders deutlich.

(1) Anreizwirkung

Die Einräumung der ausschließlichen Verwertungsrechte am geschaffenen Werk im Sinne eines Herrschaftsrechts über die geistige Schöpfung erfährt ihre Rechtfertigung aber nicht nur aus verfassungsrechtlichen Erwägungen, sondern auch aufgrund ökonomischer Überlegungen: Durch die Gewährung der häufig wirtschaftlich sehr ertragsreichen Verwertungsrechte schafft die Urheberrechtsordnung einen über die ideelle Motivation hinausgehenden monetären Anreiz[209] zur geistigen Schöpfung (Anreiztheorie), wodurch die Schaffung und Verbreitung wissenschaftlicher und kultureller Werke gefördert und so die Gesellschaft in ihrer Gesamtheit bereichert wird. Ohne den Schutz durch das Urheberrecht wäre es dem Urheber hingegen nicht möglich zu verhindern, daß sein Werk genutzt wird, ohne daß er hierfür ein Entgeld erhält[210]; das Interesse an der Schaffung neuer Werke wäre damit negativ beeinflußt.

(2) Investitionsschutz

Auch zur Schöpfung geistiger Werke ist häufig ein beachtlicher Kapitalaufwand erforderlich: Regelmäßig muß der Urheber zunächst investieren. Könnte das von ihm geschaffene Werk von jedermann verwertet werden, hätte er kaum eine Möglichkeit, seine Investitionen im nachhinein wieder zu amortisieren. Dies hielte viele potentielle Werkschöpfer von ihrem Schaffen ab; der Gesellschaft entgingen so Kulturgenuß sowie wissenschaftliche Fortschritte. Die ausschließlichen Verwertungsrechte des Urhebers dienen damit auch dem Investitionsschutz, also dem Amortisationsinteresse des Urhebers[211]. Den Verwertungsrechten kommt letztlich die Funktion zu, einem Versagen des Marktes[212] entgegenzusteuern[213], welches ansonsten bezüglich nicht-rivalisierender und nicht-exklusiver

---

[208] Wiebe FS Kilian, S. 603 (604).
[209] Schricker in Schricker, UrhR, Einl., Rn. 10: „Alimentationsinteresse des Urhebers".
[210] Vor dem Aufkommen der DRM-Technologie galt dies natürlich auch bezüglich digitaler Inhalte uneingeschränkt.
[211] Schricker in Schricker, UrhR, Einl., Rn. 10.
[212] Ein Marktversagen liegt in Situationen vor, in denen der Markt von sich aus nicht zu optimalen Ergebnissen führt.
[213] Siehe Bechtold, Informationsrecht, S. 287.

Werke[214] eintreten würde. Es entstünde bezüglich bestimmter schöpferischer Werke eine Unterversorgung des Markts.

b) Verwertungsrechte

Zum Zweck der wirtschaftlichen Nutzbarmachung des Urheberrechts (suum cuique![215]) sind die Verwertungrechte, welche die materiellen Befugnisse des Urhebers regeln, von entscheidender Bedeutung. Diesen kommt in der Praxis somit auch die wichtigste Rolle zu. Verwertungsrechte an innovativen und kreativen Leistungen sind also ein wichtiger wirtschaftlicher Faktor, insbesondere in der digitalen Informationsgesellschaft[216], die eine große Nachfrage nach Rechten mit sich bringt[217]. Mit Voranschreiten der modernen Unterhaltungsindustrie, spätestens mit dem Siegeszug des Internets sind die persönlichkeitsrechtlichen Aspekte des Urheberrechts hingegen in der Praxis im Vergleich zu den ökonomischen Aspekten in den Hintergrund getreten[218]. Der Stellenwert der Verwertungsrechte dürfte in der sich heute erst im Anfangsstadium befindlichen Informationsgesellschaft künftig – einhergehend mit dem technischen Fortschritt, insbesondere der digitalen Technik – sogar noch weiter zunehmen. Schon heute dürften die Verwertungsrechte der maßgebliche Kapitalfaktor in bestimmten Branchen sein, allen voran die Musik-, Film- und Softwareindustrie. Geeigneten und funktionierenden Verwertungsverfahren ist daher ein hoher Stellenwert beizumessen, stellen sie doch das Bindeglied zwischen dem schöpferischen Wirken des Urhebers und dessen finanziellen Nutzen hieraus dar. Regelmäßig verwerten Urheber ihr Werk nicht in eigener Person, sondern übertragen ihre Verwertungsrechte gegen Entgelt ganz oder teilweise an Dritte, sog. Rechteverwerter: Sie räumen ihnen zu diesem Zweck entsprechende Nutzungsrechte ein[219].

Durch die Generalklausel des § 15 I HS 1 UrhG wird dem Rechteinhaber das alleinige Recht eingeräumt, sein Werk zu nutzen. Dies umfaßt sowohl ein positives Nutzungsrecht als auch in negativer Weise das Recht,

---

214 Ein Gut bzw. Werk ist nicht-rivalisierend, wenn sein Konsum den Nutzen des Gutes für andere potentielle Konsumenten nicht schmälert, und nicht-exklusiv, wenn es nicht möglich ist, den Konsum von der Zahlung eines Entgeltes abhängig zu machen.

215 Schack, UrhR, Rn. 5.

216 Ähnlich Peukert UFITA 2002, 689 (701); Dreier CR 2000, 45 (46): Das Urheberrecht entwickelt sich zunehmend zu einem rechtlichen Investitionsschutz.

217 Siehe Wandtke GRUR 2002, 1 (2). Die Digitalisierung bringt einen Rückgang der herkömmlichen Form des Verkaufs der vom Rechteinhaber hergestellten (Original-) Vervielfältigungsstücke mit sich, während im Gegenzug die Lizenzierung des Rechts zur Erstellung eines Vervielfältigungsstücks durch den Nutzer selbst immer mehr an wirtschaftlicher Bedeutung gewinnt.

218 Huppertz CRi 2002, 105 (112): Geistiges Eigentum als „Währung" der Rechteinhaber; siehe Bühler, Urheberrecht im Internet, S. 19 f.

219 §§ 31 ff. UrhG; siehe A.II.1.c).

Dritte von der Benutzung auszuschließen. Die Aufzählung der häufigsten Nutzungsarten in § 15 I HS 2 UrhG ist nicht abschließend, so daß insbesondere das ausschließliche Recht der Verwertung sich automatisch auf neue Verwertungsformen erstreckt[220]. Wie bereits erwähnt soll der Urheber als Schöpfer seines Werkes grundsätzlich an dessen wirtschaftlichem Nutzen angemessen beteiligt sein. Bei den Verwertungsrechten handelt es sich jedoch nicht um reine Vermögensrechte: Sie besitzen vielmehr zugleich einen urheberpersönlichkeitsrechtlichen Gehalt[221].

aa) Klassische Verwertungsrechte

Zu den traditionellen Verwertungsrechten gehören insbesondere das Vervielfältigungsrecht (§ 16 UrhG), das Verbreitungsrecht (§ 17 UrhG) sowie das Recht der öffentlichen Wiedergabe (§ 15 II, III UrhG). Die bloße Rezeption eines Werkes, also der schlichte Gebrauch in Gestalt des einfachen Werkgenusses wird hingegen urheberrechtlich nicht erfaßt[222]: Da der Genuß jedoch denknotwendig das Vorhandensein eines Vervielfältigungsstücks erfordert, geht diesem zwangsweise regelmäßig[223] eine urheberrechtsrelevante Handlung voraus[224]: Entsprechende Lizenzkosten werden regelmäßig auf den Endverbraucher umgelegt. Man spricht daher vom Stufensystem zur mittelbaren Erfassung des Endverbrauchers[225]. Eine Wiedergabe ist nunmehr nach dem neu formulierten § 15 III UrhG öffentlich, wenn sie für eine Mehrzahl von Mitgliedern der Öffentlichkeit bestimmt ist, wobei zu letzterer jeder gehört, der nicht mit demjenigen, der das Werk verwertet, oder mit den anderen Personen, denen das Werk in unkörperlicher Form wahrnehmbar oder zugänglich gemacht wird, durch persönliche Beziehung verbunden ist[226]. Die Einführung des Merkmals der Verbundenheit durch persönliche Beziehungen zur Beschränkung der Nicht-Öffentlichkeit bringt keine inhaltliche Änderung mit sich. Es sollte hiermit lediglich eine gegenüber dem alten Gesetzestext klarere Formulierung geschaffen werden, welche zugleich der Rechtsan-

---

[220] Vgl. Heerma in Wandtke/Bullinger, Praxiskommentar UrhR, § 15, Rn. 2; Kroitzsch in Möhring/Nicolini, UrhG, § 15, Rn. 2.

[221] Siehe v. Ungern-Sternberg in Schricker, UrhR, § 15, Rn. 2.

[222] BGH Urt. v. 04.10.1990 – I ZR 139/89 – Betriebssystem, BGHZ 112, 264 (278); BGH Urt. v. 20.01.1994 – I ZR 267/91 – Holzhandelsprogramm, GRUR 1994, 363 (364 f.); v. Ungern-Sternberg in Schricker, UrhR, § 15, Rn. 8; Heerma in Wandtke/Bullinger, Praxiskommentar UrhR Ergänzungsband, § 15, Rn. 3; ders. in Wandtke/Bullinger, Praxiskommentar UrhR, § 15, Rn. 3; Kroitzsch in Möhring/Nicolini, UrhG, § 15, Rn. 12; Nordemann in Fromm/Nordemann, UrhR, § 15, Rn. 1.

[223] Sofern nicht das Original Objekt des Werkgenusses ist.

[224] Siehe Rohleder ZUM 2003, 1061 (1061).

[225] BVerfG Beschl. v. 07.07.1971 – 1 BvR 775/66, BVerfGE 31, 255 (267); v. Ungern-Sternberg in Schricker, UrhR, § 15, Rn. 8.

[226] Siehe Heerma in Wandtke/Bullinger, Praxiskommentar UrhR, § 15, Rn. 21 ff.; siehe auch Spindler GRUR 2002, 105 (108 f.).

wendung ausreichend Flexibilität bietet, um angesichts des einerseits gebotenen Schutzes des Urhebers und andererseits mit Blick auf die berechtigten Interessen in der Informationsgesellschaft zu sachgerechten Ergebnissen zu gelangen[227].

bb) Öffentliche Zugänglichmachung

Erst im Zuge der Umsetzung des Art. 3 Multimedia-RL, der Urhebern das ausschließliche Recht der öffentlichen Zugänglichmachung ihrer Werke in der Weise gewährt, daß sie Mitgliedern der Öffentlichkeit von Orten und zu Zeiten ihrer Wahl zugänglich sind, wurde das Verwertungsrecht der öffentlichen Zugänglichmachung (§ 19a UrhG) ausdrücklich benannt[228], auch wenn es – zumindest für Urheber[229] – bereits zuvor bestanden hat, wie mittlerweile höchstrichterlich bestätigt wurde[230]; es handelt sich also lediglich um eine entsprechende Klarstellung[231]. Die Vorgaben des Art. 3 Multimedia-RL sind ihrerseits auf Art. 8 WCT bzw. Art. 10, 14 WPPT zurückzuführen. Das Recht der öffentlichen Zugänglichmachung beschreibt das Recht, das Werk drahtgebunden oder drahtlos der Öffentlichkeit derart zugänglich zu machen, daß es den Mitgliedern der Öffentlichkeit von Orten und zu Zeiten ihrer Wahl zugänglich ist[232]. Es kommt also gerade nicht darauf an, ob der entsprechende Inhalt später auch abgerufen wird; bereits das Bereithalten in der beschriebenen Art und Weise[233] ist ausreichend. Notwendig geworden war die Benennung eines neuen Verwertungrechts, da die beschriebene Art der wirtschaftlichen Nutzung eines Werkes stetig an Bedeutung gewinnt, eine Subsumption unter die bestehenden benannten Verwertungsformen jedenfalls mit Blick auf deren wirtschaftlichen Kerngehalt aber kaum möglich war[234]. Für das Recht der öffentlichen Zugänglichmachung, welches teilweise auch als besondere Errungenschaft der Multimediarichtlinie angesehen wird[235], waren im Vorfeld der Einfüh-

---

[227] BT-Dr. 15/38, S. 17.

[228] Siehe Bullinger in Wandtke/Bullinger, Praxiskommentar UrhR Ergänzungsband, § 19a, Rn. 1 ff.; Hoeren in Loewenheim, Hdb UrhR, § 21, Rn. 50 ff.; Dreier in Dreier/Schulze, UrhG, § 19a, Rn. 1 ff.; siehe auch Kröger in Kröger/Gimmy, Handbuch Internetrecht, S. 381 (388 ff.); vgl. auch Reinbothe GRUR Int. 2001, 733 (736); zu Bedenken siehe Zecher ZUM 2002, 451 (453 f.). Vorgeschlagen wurde auch, das Recht der öffentlichen Zugänglichmachung anstatt in § 19a UrhG in einem § 20c UrhG umzusetzen, vgl. Dreier ZUM 2002, 28 (31).

[229] Siehe Dreier in Dreier/Schulze, UrhG, § 19a, Rn. 3.

[230] BGH Urt. v. 17.07.2003 – I ZR 259/00 – Paperboy, CR 2003, 920 (922).

[231] Stickelbrock GRUR 2004, 736 (736).

[232] Koch ITRB 2004, 131 (131): „zeitlich und örtlich wahlfreier abrufsweiser Zugriff".

[233] Lehmann CR 2003, 553 (555): „Aushängung an einem öffentlichen schwarzen Brett".

[234] Heerma in Wandtke/Bullinger, Praxiskommentar UrhR, § 15, Rn. 12.

[235] So Reinbothe ZUM 2002, 43 (48).

rung in die deutsche Urheberrechtsordnung verschiedene Bezeichnungen vorgeschlagen worden: „Interaktives Anbieterecht“[236], „interaktives Wiedergaberecht“[237], „Recht des Bereithaltens zum elektronischen Abruf“[238], „Übertragungsrecht“[239], „Recht der elektronischen Wiedergabe“[240], „Recht der Übermittlung an die Öffentlichkeit“[241] sowie „Making available right“[242]. Der vom Umsetzungsgesetzgeber gewählte Begriff des Rechts der öffentlichen Zugänglichmachung in Anlehnung an die präzise Definition in Art. 3 Multimedia-RL ist zu begrüßen, da die genannten Vorschläge im Querschnitt nicht ganz treffend sind[243]. Das Recht der öffentlichen Zugänglichmachung definiert der deutsche Gesetzgeber sinnvollerweise eng am Wortlaut des Art. 3 I Multimedia-RL; ferner ordnet er dieses in § 15 II 2 UrhG entsprechend der Systematik der Multimedia-RL der öffentlichen Wiedergabe zu[244]. Hauptanwendungsbereich des Rechtes der öffentlichen Zugänglichmachung ist das Bereithalten von Werken zum elektronischen Abruf im Internet[245]. Vor der Einführung des Verwertungsrechts der öffentlichen Zugänglichmachung war die urheberrechtliche Qualifizierung der Werkverwertung vordringlich im Rahmen von On-Demand-Diensten[246] umstritten[247]. Folge hiervon war weitgehende Rechtsunsicherheit. Überwiegend wurde die Qualifizierung als unbenanntes Recht der öffentlichen Wiedergabe[248] angenommen. Unabhängig von der Frage der genauen Qualifizierung bestand allerdings schon früher Einigkeit darüber, daß die Vorhaltung urheberrechtlich geschützter Werke zum Abruf im Ergebnis einem ausschließlichen Verwertungsrecht des Urhebers unterfallen sollte.

[236] So Reinbothe ZUM 2002, 43 (48).

[237] So Walter in Walter, Europäisches Urheberrecht, Info-RiLi, Rn. 74.

[238] So Heerma in Wandtke/Bullinger, Praxiskommentar UrhR, § 15, Rn. 16.

[239] So v. Ungern-Sternberg in Schricker, UrhR, § 15, Rn. 24.

[240] So Schack, UrhR, 2. Aufl., Rn. 420.

[241] So Nordemann in Fromm/Nordemann, UrhR, § 15, Rn. 2.

[242] So Gerlach ZUM 1999, 278 ff.

[243] Siehe Heerma in Wandtke/Bullinger, Praxiskommentar UrhR, § 15, Rn. 15 f.

[244] BT-Dr. 15/38, S. 16.

[245] Zum weiteren Anwendungsbereich siehe Heerma in Wandtke/Bullinger, Praxiskommentar UrhR, § 15, Rn. 17.

[246] Im Gegensatz zur Sendung ist bei On-Demand-Diensten das Programm nicht festgelegt. Der Kunde kann also individuell bestimmen, auf welche Daten bzw. Werke er Zugriff nehmen will. On-Demand-Dienste fallen daher nicht unter das Senderecht des § 20 UrhG, Heerma in Wandtke/Bullinger, Praxiskommentar UrhR, § 15, Rn. 17.

[247] Siehe Spindler GRUR 2002, 105 (108), Fn. 53; Wandtke/Schäfer GRUR Int. 2000, 187 (189 ff.).

[248] So die wohl zuletzt h. M.: LG München I Urt. v. 30.03.2000 – 7 O 3625/98, ZUM 2000, 418 (422); Heerma in Wandtke/Bullinger, Praxiskommentar UrhR, § 15, Rn. 13; Nordemann in Fromm/Nordemann, UrhR, § 15, Rn. 2; Schack, UrhR, 2. Aufl., Rn. 420; Ernst GRUR 1997, 592 (594); Metzger, Stellungnahme Multimadia-RL, S. 2; ähnlich v. Ungern-Sternber in Schricker, UrhR, § 15, Rn. 24, der jedoch von einer entsprechenden Anwendung des § 15 II UrhG ausgeht, was mit Blick auf den nicht abschließenden Charakter dieser Norm allerdings nicht verständlich ist.

Gemäß § 15 II 2 Nr. 2 UrhG ist nunmehr die maßgebliche Verwertungshandlung bereits das Zugänglichmachen eines Werkes für den interaktiven Abruf. Hierdurch soll ein frühzeitig einsetzender Schutz zugunsten des Urhebers gewährleistet sein. Das Recht der öffentlichen Zugänglichmachung ist im Übrigen technologieneutral gefaßt und deshalb auch nicht ausschließlich auf den Bereich des Internets begrenzt[249]. Mit § 15 II 2 Nr. 5 UrhG wird darüberhinaus klargestellt, daß das Recht der Wiedergabe als Zweitverwertungsrecht insbesondere auch das Recht umfaßt, auf öffentlicher Zugänglichmachung beruhende Wiedergaben eines Werkes öffentlich wahrnehmbar zu machen[250]. Hierunter fällt beispielsweise die Wiedergabe mittels Bildschirms in einem Schaufenster.

Obwohl schon länger strittig ist, ob das für den klassischen Bereich der öffentlichen Wiedergabe teilweise geforderte Kriterium der Gleichzeitigkeit[251] auf das Vorhalten von Werken zum Abruf in digitalen Netzen, also auf On-Demand-Dienste bzw. interaktive Dienste, zu übertragen ist, hat der Gesetzgeber auf eine entsprechende Klarstellung im Gesetzestext bewußt verzichtet[252]. Aus Art. 3 I Multimedia-RL ergibt sich jedoch, daß es bei On-Demand-Diensten gerade nicht auf eine gleichzeitige Öffentlichkeit ankommen kann[253]. Fälle der sukzessiven Öffentlichkeit, in denen das Werk zwar gleichförmig, nicht aber gleichzeitig wiedergegeben wird, werden also vom Recht der öffentlichen Zugänglichmachung erfaßt[254]. Wollte man dies ablehnen, so müßte man ignorieren, daß bei Online-Angeboten eine praktische Notwendigkeit für den zeitgleichen Werkgenuß durch Mitglieder der Öffentlichkeit nicht mehr besteht[255]. Ohnehin handelt es sich bei dem soeben Diskutierten lediglich um eine Scheinproblematik: Maßgebliche Handlung bei der öffentlichen Zugänglichmachung ist nämlich das Einstellen des entsprechenden Inhaltes in das Internet; auf den Zeitpunkt der einzelnen Abrufe kann es daher nicht ankommen[256].

---

249 BT-Dr. 15/38, S. 38 f.

250 BT-Dr. 15/38, S. 17.

251 So v. Ungern-Sternberg in Schricker, UrhR, § 15, Rn. 59 f m. w. N.; a. A. Heerma in Wandtke/Bullinger, Praxiskommentar UrhR, § 15, Rn. 22 f m. w. N.

252 BT-Dr. 15/38, S. 17.

253 Heerma in Wandtke/Bullinger, Praxiskommentar UrhR, § 15, Rn. 22.

254 Siehe Dreier in Dreier/Schulze, UrhG, § 19a, Rn. 3; vgl. auch Heerma in Wandtke/Bullinger, Praxiskommentar UrhR, § 15, Rn. 23; a. A. offenbar Kroitzsch in Möhring/Nicolini, UrhG, § 20, Rn. 34.

255 Vgl. Dreier in Dreier/Schulze, UrhG, § 19a, Rn. 3.

256 Ähnlich Dreier in Dreier/Schulze, UrhG, § 19a, Rn. 3.

2. Spezialvorschriften für Computerprogramme und Datenbanken

a) Computerprogramm-RL, Datenbank-RL

Europäische Richtlinien geben einen speziellen Rechtsrahmen für Computerprogramme und Datenbanken vor: Art. 4 Computerprogramm-RL bzw. Art. 5 Datenbank-RL.

b) Öffentliche Wiedergabe und Zugänglichmachung

Das Recht der öffentlichen Wiedergabe und der öffentlichen Zugänglichmachung im Sinne des Art. 3 Multimedia-RL wird in der Computerprogramm-RL nicht behandelt[257]. Auch Computerprogramme können aber insbesondere öffentlich zugänglich gemacht werden. Dies ist offenbar aber auch im Kontext der Formulierung der Multimedia-RL nicht bedacht worden. Das führt zu der Frage, welche Rechtsvorschriften insofern anzuwenden sind. Es erscheint zunächst naheliegend, daß die Computerprogramm-RL auch das Recht der öffentlichen Wiedergabe sowie der öffentlichen Zugänglichmachung erfassen muß, wenn es mit einem speziellen (abschließenden) Regelungskomplex für Computerprogramme seitens des europäischen Richtliniengebers ernst gemeint ist. Wie Erwägungsgrund 50 Multimedia-RL durchaus zum Ausdruck bringt, ist hiervon auszugehen[258]. Aus gleichem Erwägungsgrund könnte man auch die Absicht des europäischen Richtliniengebers erkennen, den Bereich der Computerprogramme in seiner Gesamtheit den hierfür speziellen Regelungen zu unterstellen. Unter sinnvoller Berücksichtigung des Erwägungsgrundes 50 Multimedia-RL liegt also durchaus der Schluß nahe, daß die Computerprogramm-RL auch das Recht der öffentlichen Wiedergabe und Zugänglichmachung erfaßt[259] und insofern der Multimedia-RL gegenüber speziell ist; auf letztere wäre insoweit nicht zurückzugreifen. Trotz dieser Überlegungen liegt es dennoch näher, daß die Multimedia-RL auch für die öffentliche Wiedergabe sowie die öffentliche Zugänglichmachung von Computerprogrammen maßgeblich ist: Während das Recht der öffentlichen Wiedergabe sowie Zugänglichmachung in die Computerprogramm-RL erst hineininterpretiert werden müßte, findet es in der Multimedia-RL eine ausdrückliche Regelung. Diese ist zur Schließung der entsprechenden Regelungslücke der Computerprogramm-RL

[257] Vgl. Art. 4 Computerprogramm-RL.

[258] Erwägungsgrund 50 S. 1, 2 Multimedia-RL lauten: Der Rechtsschutz nach der Multimedia-RL „läßt die speziellen Schutzbestimmungen gemäß der Richtlinie 91/250/EWG unberührt. Er sollte insbsondere nicht auf den Schutz der in Verbindung mit Computerprogrammen verwendeten technischen Maßnahmen Anwendung finden, der ausschließlich in jener Richtlinie behandelt wird.“.

[259] Vgl. Jaeger CR 2002, 309 (311).

tauglich und daher heranzuziehen. Da die Multimedia-RL bezüglich des Rechts auf öffentliche Wiedergabe sowie Zugänglichmachung über die Computerprogramm-RL hinausgeht, wird das in letzterer angelegte Konzept für Computerprogramme in Gemäßheit des Art. 1 II Lit. a Multimedia-RL hierdurch auch nicht berührt[260]. Das gefundene Ergebnis läßt sich zudem beachtlich dadurch stützen, daß die Multimedia-RL ausdrücklich auch der Umsetzung des WIPO Copyright Treaty (WCT) dient, welcher in seinen Art. 4, 8 eben ein Recht auf öffentliche Wiedergabe für Computerprogramme vorsieht[261].

c) Nationale Vorschriften

aa) Computerprogramme

Die nationalen Sondervorschriften orientieren sich an den europäischen Vorgaben. So bedarf die Verwertung von gemäß § 69a UrhG geschützten Computerprogrammen in den in § 69c UrhG genannten Fällen der Zustimmung des Rechteinhabers[262]. Es handelt sich dabei klassischerweise um das Vervielfältigungsrecht (§ 69c Nr. 1 UrhG), das Recht auf Übersetzung, Bearbeitung, zum Arrangement und auf sonstige Umarbeitung (§ 69c Nr. 2 UrhG) sowie das Recht zur Verbreitung einschließlich der Vermietung (§ 69c Nr. 3 UrhG)[263]. Gefordert[264] und schließlich im Rahmen der Umsetzung der Multimedia-RL neu eingeführt wurde die Klarstellung[265] in § 69c Nr. 4 UrhG, daß auch das Recht der öffentlichen Wiedergabe einschließlich der öffentlichen Zugänglichmachung[266] ausdrücklich dem Rechteinhaber zugewiesen ist.

bb) Datenbanken

Datenbanken im Sinne des § 87a I UrhG dürfen gemäß § 87b I 1 UrhG nur vom Datenbankhersteller vervielfältigt, verbreitet oder öffentlich wiedergegeben werden[267].

---

[260] Jaeger CR 2002, 309 (311).

[261] Jaeger CR 2002, 309 (311).

[262] Siehe Grützmacher in Wandtke/Bullinger, Praxiskommentar UrhR, § 69c, Rn. 4 ff.; Junker/Benecke, Computerrecht, Rn. 56 ff.

[263] Siehe Marly, Computersoftware, Computersoftware, S. 157 ff.

[264] Etwa Jaeger CR 2002, 309 (311).

[265] BT-Dr. 15/38, S. 22.

[266] Siehe Grützmacher in Wandtke/Bullinger, Praxiskommentar UrhR Ergänzungsband, § 69c, Rn. 1 ff.

[267] Siehe statt vieler Thum in Wandtke/Bullinger, Praxiskommentar UrhR, § 87b, Rn. 23 ff.

V. Urheberrechtsschranken

Die Verwertungsrechte des Rechteinhabers werden begrenzt durch korrespondierende Urheberrechtsschranken, was schließlich eine Zuteilung von Märkten bedeudet[268]. Die Schranken als „Feinabstimmung der dem Urheber vorbehaltenen ausschließlichen Rechte“[269] fanden sich traditionell in den §§ 45 ff. UrhG. Der Besonderheit der Informationstechnologie, daß urheberrechtlich relevante Vervielfältigungen aus technischen Gründen erforderlich sein können[270], trägt nun die neu eingeführte Schranke des § 44a UrhG[271] Rechnung: Zulässig sind vorübergehende Vervielfältigungshandlungen, die flüchtig oder begleitend sind und einen integralen und wesentlichen Teil eines technischen Verfahrens darstellen und deren alleiniger Zweck es ist, eine Übertragung in einem Netz zwischen Dritten durch einen Vermittler oder eine rechtmäßige Nutzung eines Werkes oder sonstigen Schutzgegenstandes zu ermöglichen, und die keine eigenständige wirtschaftliche Bedeutung haben. Ebenfalls neu ist die – allerdings nur bis zum 31.12.2006 geltende[272] – Schranke des § 52a UrhG, welche die öffentliche Zugänglichmachung i. S. d. § 19a UrhG unter engen Voraussetzungen zu Zwecken des Unterrichts und der Forschung zulässt[273]. Wie die Gewährung der ausschließlichen Rechte zugunsten des Rechteinhabers haben auch deren Ausnahmen ihre sinnvolle Berechtigung, und zwar ebenfalls unter verfassungsrechtlichen als auch ökonomischen Gesichtspunkten[274]. Da der Einsatz von DRM-Technik den aus den ausschließlichen Positionen des Rechteinhabers und entsprechenden Urheberrechtsschranken bestehenden Interessenausgleich unmittelbar berührt, ist es angezeigt, die Grundlagen zu den Schranken eingehender darzustellen.

[268] Vgl. Dreier in Fiedler/Ullrich, Information als Wirtschaftsgut, S. 155 (171); Olenhusen ZRP 2003, 232 (234); Schricker, Informationsgesellschaft, S. 142.

[269] Dreier, Urheberrecht und digitale Werkverwertung, S. 24.

[270] So fallen etwa bei einem Download aus dem Internet, der das Äquivalent einer einzelnen Vervielfältigung in der analogen Welt darstellt, technisch bedingt gleich mehrere Kopien an, siehe Decker in Möhring/Nicolini, UrhG, § 53, Rn. 8.

[271] Betrachtet man die entsprechende Vorgabe der Multimedia-RL in Art. 5 I, so kann man mit Blick auf deren Wortlaut durchaus skeptisch bezüglich deren „Schranken“-Eigenschaft sein, siehe B.VI.2.b)aa)(5).

[272] § 137k UrhG.

[273] Bei § 52a UrhG handelt es sich um die mit §§ 15 II 2 Nr. 2, 19a UrhG korrespondierende Urheberrechtsschranke bezüglich der öffentlichen Zugänglichmachung: Diese ist in gewissem Umfang aus Gründen der Unterrichtung und der Forschung ohne Zustimmung des Rechteinhabers zulässig.

[274] Urheberrechtsschranken können sich darüberhinaus durchaus auch aus praktischen Gründen rechtfertigen, vgl. Ulmer-Eilfort FS Nordemann, S. 285 (294). Ausführlich zur Berechtigung der Urheberrechtsschranken Pahud UFITA 2000, 99 (116 ff.).

1. Rechtliche Rechtfertigung

Im Folgenden sollen zunächst die widerstreitenden Interessen der Beteiligten und sodann die maßgeblichen verfassungsrechtlichen Überlegungen kurz aufgezeigt werden.

a) Interessenausgleichsfunktion des Urheberrechts

Das Urheberrecht kann nicht auf die Funktion des Schutzes der Rechteinhaber reduziert werden. Eine wichtige Funktion des Urheberrechts besteht vielmehr darin, durch Anerkennung von geschützten Gütern einerseits und deren Begrenzung andererseits eine angemessene Balance zu finden und so einen sinnvollen Ausgleich zwischen den widerstreitenden Interessen der Beteiligten herzustellen. Um ihrer Interessenausgleichsfunktion gerecht zu werden, muß die Urheberrechtsordnung die Interessen der Rechteinhaber und diejenigen der Allgemeinheit[275] zu einem ausgewogenem Gleichgewicht führen[276]: Das Interesse des Urhebers ist regelmäßig darauf gerichtet, aus seinem schöpferischen Wirken einen möglichst großen finanziellen Vorteil zu ziehen, sowie im Hinblick auf ggf. im Vorfeld der Werkerstellung notwendig gewordene Investitionen zumindest keinen Verlust zu erleiden: Kaum ein Urheber wird wohl von derart stark ausgeprägtem Idealismus getrieben, daß er für die Schöpfung seines Werkes auch noch finanzielle Einbußen hinzunehmen bereit ist. Gleiches gilt für Rechteverwerter, vor allem deshalb, da diese regelmäßig für die Einräumung entsprechender Nutzungsrechte seitens des Urhebers diesem eine entsprechende Vergütung leisten müssen. Für die Rechteverwerter gewinnt also der Aspekt des Amortisationsinteresses durchaus gesteigerte Bedeutung. Die Allgemeinheit hingegen strebt nach einem möglichst ungehinderten Zugang zum Werk bzw. danach, dieses für sich nutzen zu können, und zwar ohne hierfür die Zustimmung des Rechteinhabers einholen zu müssen, da dies wiederum im Regelfall mit Aufwand und Kosten für die Lizenzierung verbunden ist. Sobald man sich einmal entschieden hat, ein Werk zu nutzen oder zu genießen und hierfür den Urheber auch zu vergüten, richtet sich das Interesse darauf, dieses Werk möglichst uneingeschränkt nutzen zu können, ohne daß hierfür eine weitere Zustimmung des Rechteinhabers notwendig wird.

---

275 Vgl. Melichar in Schricker, UrhR, Vor §§ 45 ff., Rn. 4.

276 In diesem Sinn hat der Gesetzgeber den Inhalt des Urheberrechts in den §§ 11 ff. UrhG und §§ 44a ff. UrhG ausgestaltet.

b) Verfassungsrechtliche Gebotenheit der Ausnahmen

Die Gewährung der dem Urheber zustehenden ausschließlichen Rechte ohne entsprechende Beschränkungen wäre unter verfassungsrechtlichen Gesichtspunkten zu mißbilligen[277].

aa) Sozialbindung geistigen Eigentums

Die urheberrechtlichen Ausschließlichkeitsrechte, insbesondere die Verwertungsrechte, beziehen ihre Rechtfertigung in beträchtlichem Maße daraus, daß das Recht an der Werkschöpfung als geistiges Eigentum qualifiziert und somit dem Schutzbereich des Art. 14 GG unterstellt wird. Wie das Sacheigentum unterliegt aber auch das geistige Eigentum dem verfassungsrechtlichen Grundsatz der Sozialbindung (Art. 14 II 2 GG)[278], und zwar sowohl in vertikaler als auch in horizontaler Hinsicht: Die vertikale Sozialpflichtigkeit des geistigen Eigentums erfaßt das Verhältnis des Urhebers zur Allgemeinheit. Letztere hat einen quasi grundgesetzlich verbürgten Anspruch darauf, an schöpferischen Werken in angemessener Weise teilhaben zu können. Die Ausschließlichkeitsrechte des Urhebers an seinem Werk können schon deshalb nicht schrankenlos gewährt werden. Die horizontale Sozialbindung hingegen bezieht sich auf das Verhältnis des Urhebers zu weiteren (potentiellen) Urhebern: Kulturelles Schaffen ist nämlich nicht ohne das Aufbauen auf früheren Leistungen anderer Urheber denkbar; vielmehr gehören die Auseinandersetzung mit fremden Werken und die Aufnahme von Anregungen aus diesen zum Wesen geistig-schöpferischer Tätigkeit[279]. So erfordert die kulturelle Fortentwicklung fast zwangsläufig, daß ein Werk seinerseits wieder den Ausgangspunkt für spätere Werke bildet, d. h. zur Schaffung späterer Werke genutzt werden kann[280]. Der zustimmungsfreien Nutzbarkeit bestehender Werke kommt somit eine wichtige Rolle für die Schöpfung neuer Werke zu[281]. Aus der horizontalen Sozialbindung geistigen Eigentums muß also hervorgehen, daß die Nutzung urheberrechtlich geschützter

---

[277] Vgl. auch Dreier in Dreier/Schulze, UrhG, § 95b, Rn. 1.

[278] Melichar in Schricker, UrhR, Vor §§ 45 ff., Rn. 1; Nordemann in Fromm/Nordemann, UrhR, Vor §§ 45, Rn. 1; Hohagen FS Schricker 2005, S. 353 (359): „Ein uneingeschränktes ausschließliches ... Recht [der Rechteinhaber] ... würde ... dem Regelungsauftrag des Art. 14 Abs.1 S. 2, Abs.2 GG nicht gerecht werden."; für Näheres siehe Melichar, Urheberrecht, S. 159 ff.

[279] Loewenheim in Schricker, UrhR, § 24, Rn. 2; Kirk IPQ 1999, 37 (54): „key ingredient" für die Erschaffung weiterer schöpferischer Werke; siehe auch Senftleben CR 2003, 914 (916).

[280] Ahlberg in Möhring/Nicolini, UrhG, § 24, Rn. 1; vgl. auch Fechner, Geistiges Eigentum, S. 348.

[281] Schricker, Informationsgesellschaft, S. 139 spricht von der „Freiheit geistigen Schaffens" und meint damit wohl genau diesen Gesichtspunkt.

Werke mit dem Ziel des Schaffens neuer schöpferischer Werke gewährleistet sein muß. Das geistige Eigentum ist demnach nicht nur gegenüber der Allgemeinheit sozialgebunden, sondern auch und erst recht zugunsten anderer potentieller Urheber[282]. Das Urheberrecht ist also wie alle absoluten Rechte ein sozialgebundenes Recht, welches unter dem zweigefächerten Gesichtspunkt der sozialen Bindung gewissen Schranken im Interesse der Gemeinschaft unterliegt[283]. Bei der Bestimmung der Schranken der Ausschließlichkeitsrechte bzw. der dazu erforderlichen Güterabwägung ist den Grundsätzen der Verhältnismäßigkeit Rechnung zu tragen. Die in den §§ 44a ff. UrhG formulierten Ausnahmen stellen eben eine verhältnismäßige Einschränkung der grundsätzlich starken Rechtsposition des Urhebers dar.

bb) Informationsfreiheit als Privilegierungsgrund

Schon seit langem gibt es Informationswerke, welche dem Schutz nach § 2 UrhG unterfallen. Mit der Fortentwicklung der Informationsgesellschaft dürfte deren Verbreitung und Stellenwert weiter zunehmen. Zu denken ist hierbei nur an die unzähligen Möglichkeiten der Informationsgewinnung, welche allein das Internet bietet. Vor diesem Hintergrund verständlich findet sich ein weiterer verfassungsrechtlicher Grund für die Notwendigkeit von Schrankenbestimmungen in der in Art. 5 I 1 Alt. 2 GG niedergelegten Informationsfreiheit, welcher für das Funktionieren einer Demokratie eine fundamentale, konstituierende Bedeutung zukommt[284]. Denn die Gewährleistung der freien, individuellen und öffentlichen Meinungsbildung stützt sich auf die Verfügbarkeit des entsprechenden Informationsmaterials. Die Freiheit der demokratischen Meinungsäußerung und Meinungsbildung läuft nämlich leer, wenn der Öffentlichkeit die notwendigen Informationen vorenthalten werden[285]. Der mündige und kritische Bürger will sich von der Richtigkeit der ihm übermittelten Informationen selbst überzeugen. Die Informationsfreiheit strahlt auch auf das Rechtsverhältnis zwischen Urheber und der Allgemeinheit aus[286]. Hieraus ergibt sich im Informationszeitalter schließlich für den Einzelnen ein Anspruch auf Teilhabe an den modernen Kommu-

---

282 Melichar, Urheberrecht, S. 165.

283 Vgl. die amtliche Begründung zum RegE UFITA 45, 240 (243).

284 BVerfG Beschl. v. 03.10.1969 – 1 BvR 46/65, BVerfGE 27, 71 (80 ff.); BVerfG Beschl. v. 09.02.1994 – 1 BvR 1687/92, BVerfGE 90, 27 (31 f.); BVerfG Beschl. v. 01.10.1987 – 2 BvR 1434/86, BVerfGE 77, 65 (74); BVerfG Beschl. v. 03.12.1985 – 1 BvL 15/84, BVerfGE 71, 206 (219 f.); BVerfG Beschl. v. 27.03.1973 – 2 BvR 684/72, BVerfGE 35, 307 (309); BVerfG Beschl. v. 14.10.1969 – 1 BvR 30/66, BVerfGE 27, 88 (98).

285 Löffler NJW 1980, 201 (202).

286 Vgl. Kröger, Informationsfreiheit, S. 161 ff./203; Löffler NJW 1980, 201 ff.

nikationsmedien[287]. Der Konsum urheberrechtlich geschützter Werke, die der Information dienen, kann von daher nicht generell von der Zustimmung des Rechteinhabers abhängen.

2. Ökonomische Rechtfertigung: Vermeidung unnötiger Kosten

Urheberrechtliche Schranken haben ferner aus ökonomischer Sicht ihre Berechtigung: Ist eine Lizenzierung zu teuer, so kommt sie regelmäßig nicht zustande. Dies ist normalerweise sowohl für den Rechteinhaber als auch für den Konsumenten von Nachteil. Eine kulturell oder wirtschaftlich wertvolle Nutzung eines Werkes findet nicht statt, und der Rechteinhaber erfährt auch keinen finanziellen Vorteil. Hohe Transaktionskosten[288] als Faktor des Endpreises[289] können somit schließlich ein Markversagen verursachen[290]. Aus ökonomischer Sicht erscheint es deshalb nicht sinnvoll, die Nutzung von einer Lizenzierung durch den Rechteinhaber abhängig zu machen, wenn dies zu übermäßig hohen Transaktionskosten führt[291]. Dem tragen urheberrechtliche Schrankenbestimmungen Rechnung, soweit an diese anknüpfend eine mittelbare Vergütung erfolgt[292]. Urheberrechtsschranken erfahren demnach auch wirtschaftlich gesehen ihre Rechtfertigung.

3. Zwischenergebnis

Zusammenfassend kann man festhalten: Die ausschließliche Rechtsposition des Urhebers unterliegt bestimmten Schranken, mit denen die geistige Auseinandersetzung gefördert und den besonderen Interessen der Nutzer, der Wirtschaft sowie des Staates Rechnung getragen wird. Diesen

[287] So Schack FS Erdmann, S. 165 (171); andeutend ders. ZUM 2002, 497 (500) unter Berufung auf Art. 10 I 2 EMRK; offenbar ebenso Starck in v. Mangoldt/Klein/Starck, GG, Art. 5 I und II, Rn. 50; Degenhart in Bonner Kommentar, GG, Art. 5 I und II, Rn. 349; vgl. auch Schack, UrhR, Rn. 16.

[288] Das sind Kosten, welche potentielle Vertragspartner zum Abschluß und zur Durchsetzung eines Vertrages aufwenden müssen; vgl. Bechtold, Informationsrecht, S. 312.

[289] Die Transaktionskosten stellen regelmäßig den Mindestpreis dar.

[290] Der Markt kommt also nicht zu optimalen Ergebnissen, vgl. Bechtold, Informationsrecht, S. 287, Fn. 1502 zum Begriff sowie ders., Informationsrecht, S. 313 ff. (314) zum Mechanismus.

[291] Beispiel: Will ein Nutzer nur eine einzelne Seite aus einem Buch kopieren, müßte er dennoch zunächst Zeit und Geld zur Identifizierung des Urhebers und zur Kontaktaufnahme mit diesem investieren und im Anschuß daran auch noch für möglicherweise aufwendige Vertragsverhandlungen.

[292] Zur mittelbaren Vergütung siehe E.I.2.a).

Ausnahmen von den Ausschließlichkeitsrechten der Rechteinhaber kommt eine beachtliche Bedeutung zu[293].

4. Dogmatik der Urheberrechtsschranken

a) Typen urheberrechtlicher Schranken

Grundsätzlich zu unterscheiden sind zwei unterschiedliche Typen von Urheberrechtsschranken[294]: Da sind einerseits Schranken, welche zwar einen bestimmten Gebrauch eines urheberrechtlich geschützten Werkes ohne die Zustimmung des Rechteinhabers erlauben, was aber nicht bedeutet, daß letzterem hierfür keine Vergütung zuteil wird[295]. Vielmehr soll dem Rechteinhaber nach der Intention dieser Vorschriften ein angemessener finanzieller Ausgleich dafür zukommen, daß er den Gebrauch des entsprechenden Werkes nicht unterbinden kann. Bei diesen Schranken handelt es sich dogmatisch um gesetzliche Lizenzen[296], bei denen das urheberrechtliche Ausschließlichkeitsrecht zu einem Vergütungsanspruch, also zu einem Anspruch auf Lizenzgebühren herabgestuft wird[297]. Als Pessimist könnte man durchaus behaupten, das Urheberrecht verliere hierdurch letztlich an Substanz[298]. Den bei weitem schwereren Eingriff in die Rechtsposition des Urhebers stellen aber diejenigen Schrankenregelungen dar, welche über das zustimmungsfreie Benutzen eines Werkes hinaus diesen Gebrauch auch vergütungsfrei ausgestalten; dem Rechteinhaber steht in diesen Fällen nicht einmal ein finanzieller Ausgleich zu. Es handelt sich um die ersatzlose Aufhebung ausschließlicher Nutzungsrechte[299]. Zusammenfassend ist also zu differenzieren zwischen zustimmungsfreier Nutzung einerseits sowie vergütungsfreier Nutzung andererseits.

[293] Vgl. Vinje EIPR 1999, 192 (207).

[294] Siehe Wirtz in Bröcker/Czychowski/Schäfer, Geistiges Eigentum im Internet, § 8, Rn. 153; vgl. auch Fechner, Geistiges Eigentum, S. 238 f.

[295] Etwa das Anfertigen von Vervielfältigungen zum Privatgebrauch (§ 53 UrhG); für weitere Beispiele siehe Melichar in Schricker, UrhR, Vor §§ 45 ff., Rn. 6.

[296] Spindler JZ 2002, 60 (61 f.); Melichar in Schricker, UrhR, Vor §§ 45 ff., Rn. 6; zu Einzelheiten ders. in Schricker, UrhR, Vor §§ 45 ff., Rn. 17 ff.; allgemein zur Rechtsnatur urheberrechtlicher Schranken Geiger GRUR Int. 2004, 815 ff.

[297] Vgl. BGH Urt. v. 11.07.2002 – I ZR 255/00 – Elektronischer Pressespiegel, WM 2002, 2118 (2121); ähnlich Schricker GRUR Int. 1983, 446 (452): Vergütungsanspruch als Relikt des positiven Nutzungsrechts; a. A. Melichar in Schricker, UrhR, Vor §§ 45 ff., Rn. 18: Der Vergütungsanspruch sei kein Surrogat für das aufgehobene Verbotsrecht.

[298] Vgl. Schwarze EuZW 2002, 75 (81): Durch die Reduzierung auf das rein wirtschaftliche Recht, Lizenzgebühren einzunehmen, verkürze sich der Wesensgehalt des Urheberrechts.

[299] Beispiele bei Melichar in Schricker, UrhR, Vor §§ 45 ff., Rn. 6.

b) Schranken als Ausnahmen

Über den generellen Charakter urheberrechtlicher Schranken besteht keine Einigkeit[300]. Die deutlich überwiegende Meinung sieht diese als Ausnahmen, die auschließlichen Rechte des Urhebers somit als Regelfall an[301]. Zwar dürfte § 1 UrhG, wonach die Rechteinhaber Schutz „nach Maßgabe" des UrhG genießen, durchaus zunächst anderes andeuten, impliziert besagte Norm doch, daß die Verwertungsrechte quasi unter dem Vorbehalt einschlägiger Urheberrechtsschranken stehen. Besagte Ansicht begründet sich allerdings insbesondere damit, daß der Ausnahmecharakter urheberrechtlicher Schranken bereits aus der gesetzlichen Systematik zu erkennen sei: Indem der Gesetzgeber nämlich die Rechte des Urhebers generalklauselartig ausgestaltet hat, entsprechende Schranken indes detailliert normiert und einzeln aufzählt, mache er die Wertung deutlich, daß den Urheberrechten grundsätzlich Vorrang einzuräumen sei[302]. Hingegen gibt es auch Stimmen, welche davon ausgehen, daß schöpferische Leistungen grundsätzlich der Allgemeinheit frei zugänglich sein sollten; die Ausnahme bilden dann folgerichtig die ausschließlichen Rechtspositionen des Urhebers bzw. Rechteinhabers[303]. Die dessen Position einschränkenden Urheberrechtsschranken stellen dann zwangläufig die Wiederherstellung des Normalzustands, also des Regelfalls dar. Die zuletzt dargestellte Auffassung dürfte allerdings relativ modern sein.

c) Auslegung und Analogiefähigkeit von Schrankenregelungen

Entsprechend der Uneinigkeit bezüglich des Charakters urheberrechtlicher Schrankennormen bestehen unterschiedliche Auffassungen auch hinsichtlich deren Auslegung sowie deren Analogiefähigkeit.

aa) Allgemeine Erwägungen

(1) Auslegung

Die wohl h. M. der Literatur nimmt mit der bislang ständigen Rechtsprechung[304] an, wegen ihres Ausnahmecharakters[305] seien urheberrechtliche

[300] Siehe Hölscher, eigener Gebrauch, S. 85 ff.; Raue FS Nordemann, S. 327 ff.

[301] Lüft in Wandtke/Bullinger, Praxiskommentar UrhR, § 45, Rn. 1; Melichar in Schricker, UrhR, Vor §§ 45 ff., Rn. 1/15; v. Gamm, UrhG, § 45, Rn. 4; Ulmer-Eilfort FS Nordemann, S. 285 (288).

[302] Nordemann in Fromm/Nordemann, UrhR, vor § 45, Rn. 3.

[303] So Hoeren in Möhring/Nicolini, UrhG, § 69d, Rn. 2; ders. GRUR 1997, 866 (869 f.); Kröger MMR 2002, 18 (20).

[304] BGH Urt. v. 11.07.2002 – I ZR 255/00 – Elektronischer Pressespiegel, WM 2002, 2118 (2121); BGH Urt. v. 04.05.2000 – I ZR 256/97 – Parfumflakon, BGHZ 144, 232 (235 f.) = GRUR 2001, 51 (52); BGH Urt. v. 08.07.1993 – I ZR 124/91 – Verteileranlagen, BGHZ 123, 149 (155); BGH Urt. v. 10.03.1972 – I ZR 30/70 – Landesversicherungsanstalt, BGHZ 58, 262 (265).

[305] Zur Argumentation siehe auch Pahud UFITA 2000, 99 (134 f.).

Schranken grundsätzlich restriktiv, also eng auszulegen[306]. Über ihren eigentlichen Sinn hinaus dürften diese als Ausnahmen daher nicht erstreckt werden[307], da sie eine Beschränkung des verfassungsmäßig geschützten geistigen Eigentums darstellen. Dem wird teilweise entgegengehalten, die Berücksichtigung der Belange der Allgemeinheit sei eben nicht als eine Ausnahme in dem Sinne zu verstehen, daß die Regelungsabsicht des Gesetzgebers verkehrt würde, sondern vielmehr werde hierdurch lediglich ein vom Gesetzgeber gewünschter Interessenausgleich durchgeführt; in einer das Gemeinwohl konkretisierenden Schranke läge somit keine prinzipiell eng auszulegende Ausnahmeregelung[308]. Diejenigen, welche die Schranken als Wiederherstellung des Normalzustandes qualifizieren, plädieren konsequenterweise regelmäßig für eine großzügige, d. h. extensive Auslegung[309]. Dieses Ergebnis wurde zuletzt – jedenfalls für eine bestimmte Ausnahmekonstellation – auch vom BGH befürwortet[310]. Ob sich hieraus jedoch ein allgemeiner Trend ergeben und wie weit dieser dann ggf. gehen wird, kann man derzeit seriöserweise noch nicht prognostizieren. Gegen eine zu weite Auslegung urheberrechtlicher Schranken bzw. die übermäßige Beschränkung urheberrechtlicher Ausschließlichkeitsrechte spricht jedenfalls der Grundsatz, daß der Urheber an der wirtschaftlichen Nutzung seines Werkes tunlichst angemessen zu beteiligen ist[311]; als Gegenargument läßt sich die Sozialpflichtigkeit des geistigen Eigentums anführen.

(2) Analogiefähigkeit

Parallel, oder zumindest beeinflußt von der Frage nach der Auslegung dürfte ferner die Frage nach der (generellen) Analogiefähigkeit urheberrechtlicher Schranken zu beantworten sein. Sollte der BGH seinen eingeschlagenen Weg bezüglich der Auslegung konsequent weiter beschreiten, so wäre es folgerichtig, daß künftig Schrankenregelungen jedenfalls im

---

306 Melichar in Schricker, UrhR, Vor §§ 45, Rn. 15; Nordemann in Fromm/Nordemann, UrhR, vor § 45, Rn. 3; v. Gamm, UrhG, § 45, Rn. 4; ebenso Schack, UrhR, Rn. 86; ders. JZ 1998, 753 (757); Loewenheim FS Dietz, S. 415 (419); Dreier, Urheberrecht und digitale Werkverwertung, S. 24; Braun GRUR 2001, 1106 (1108); Schwenzer ZUM 1997, 478 (479); Cichon K&R 1999, 547 (553) für § 53 UrhG a. F.; zum Meinungsstand siehe Raue FS Nordemann, S. 327 (328 ff.); kritisch Hoeren GRUR 2002, 1022 (1025 f.); a. A. Raue FS Nordemann, S. 327 (339).

307 Melichar in Schricker, UrhR, Vor §§ 45 ff., Rn. 15; Braun GRUR 2001, 1106 (1108).

308 Kröger MMR 2002, 18 (20).

309 Etwa Kröger MMR 2002, 18 (19 f.); wiederum a. A. Pahud UFITA 2000, 99 (137): Maßgeblich für die Auslegung einer Schranke sei deren eigener objektiver Sinn.

310 BGH Urt. v. 11.07.2002 – I ZR 255/00 – Elektronischer Pressespiegel, WM 2002, 2118 (2121).

311 BGH Urt. v. 11.07.2002 – I ZR 255/00 – Elektronischer Pressespiegel, WM 2002, 2118 (2121).

Grundsatz auch analog angewandt werden können[312], denn die Grenze von der Auslegung zur Analogiebildung ist nicht immer klar zu bestimmen. In Ausnahmefällen ist die analoge Anwendung einzelner Schrankennormen nach der Rechtsprechung bereits heute möglich[313]; grundsätzlich ist hierfür derzeit aber noch kein Raum[314].

bb) Auslegung in Sachverhalten der Informationsgesellschaft

Die Fragen nach der Auslegung und der analogen Anwendbarkeit von Schrankenregelungen stellen sich insbesondere im Zusammenhang mit Sachverhalten der modernen Informationsgesellschaft, also insbesondere im Kontext der digitalen Technik[315]. Auch für diesen Bereich bilden Urheberrechtsschranken weiterhin den unabdingbaren Gegenpol zu den ausschließlichen Urheberrechten[316]. Dies erkennt auch der BGH und wirft ausdrücklich die Frage auf, ob mit Rücksicht auf die neuen technischen Möglichkeiten eine Schrankenbestimmung ausnahmsweise extensiv ausgelegt werden kann[317]. Man stellte hierzu fest, daß wenn an die Stelle einer privilegierten Nutzung eine neue Form trete, der Ausweitung des entsprechenden Privilegierungstatbestandes nichts entgegenstünde, sofern der mit der Schrankenregelung verfolgte Zweck auch bei der neuen Form eintritt und dem verfassungsrechtlich gebotenen Beteiligungsgrundsatz zugunsten des Urhebers ausreichend Rechnung getragen wird[318]. Zugleich wurde festgestellt, daß die Anwendung der Schrankenbestimmungen zwar im Grundsatz, nicht aber notwendigerweise auf technische Sachverhalte beschränkt sein muß, welche bei der Schaffung des Privilegierungstatbestandes schon bekannt waren[319]. Dies ist auch richtig: Ziel der juristischen Auslegung ist die heutzutage rechtlich maßgebliche Bedeutung des entsprechenden Gesetzes, auch wenn die Regelungsabsich-

[312] Befürwortend Raue FS Nordemann, S. 327 (339), der im Rahmen der Ratio der konkreten Schranke deren analoge Anwendung für möglich hält.

[313] Vgl. BGH Urt. v. 25.02.1999 – I ZR 118/96 – Kopienversanddienst, GRUR 1999, 707 (709) = ZUM 1999, 566 (569); BGH Urt. v. 04.12.1986 – I ZR 189/84 – Filmzitat, GRUR 1987, 362 (363); kritsich Hoeren GRUR 2002, 1022 (1025 f.).

[314] Melichar in Schricker, UrhR, Vor §§ 45 ff., Rn. 16 m. w. N.; Schack JZ 1998, 753 (757).

[315] Vgl. Schack ZUM 2002, 497 (497).

[316] Vinje EIPR 1999, 192 (194).

[317] BGH Urt. v. 11.07.2002 – I ZR 255/00 – Elektronischer Pressespiegel, WM 2002, 2118 (2121).

[318] BGH Urt. v. 11.07.2002 – I ZR 255/00 – Elektronischer Pressespiegel, WM 2002, 2118 (2121): Soweit elektronisch übermittelte Pressespiegel in ihrer Funktion und ihrem Nutzungspotential noch im Wesentlichen dem herkömmlichen Pressespiegel entsprechen, fallen sie nach dieser Entscheidung noch unter den Begriff des Informationsblattes i. S. v. § 49 I 1 UrhG.

[319] BGH Urt. v. 11.07.2002 – I ZR 255/00 – Elektronischer Pressespiegel, WM 2002, 2118 (2121); ebenso Kröger MMR 2002, 18 (20): Die Vorstellungen des historischen Gesetzgebers seien lediglich eines von mehreren Auslegungskriterien.

ten und die Normvorstellungen des historischen Gesetzgebers durchaus zu berücksichtigen sind[320]. Bei der Beantwortung der Frage nach einer ausnahmsweise extensiven Auslegung einer Schrankenbestimmung ist besonders zu berücksichtigen, wie sich die Geltung der Schranke auf die Interessen des Urhebers auswirkt. Insofern können für eine die unentgeltliche Werknutzung ermöglichende Schranke andere Kriterien entscheidend sein als im Fall einer gesetzlichen Lizenz[321]. Die künftige Entwicklung der Auslegung und der analogen Anwendbarkeit urheberrechtlicher Schrankenbestimmungen, insbesondere für Sachverhalte der modernen Informationsgesellschaft bleibt trotz der kürzlich ergangenen „revolutionären"[322] BGH-Entscheidung weiterhin unklar. Die Urheberrechtsordnung sollte technische Neuerungen grundsätzlich berücksichtigen[323].

d) Kein Anspruchscharakter urheberrechtlicher Schranken

Urheberrechtsschranken haben rechtfertigenden Charakter gegen eine Inanspruchnahme durch den Rechteinhaber wegen der Verletzung diesem grundsätzlich ausschließlich zugeordneter Rechte, nicht hingegen Anspruchscharakter[324]. Ein Schrankenbegünstigter kann daher unmittelbar aus einer Urheberrechtsschranke entgegen vereinzelter Verlautbarungen in der Öffentlichkeit[325] keine subjektiven Rechte herleiten[326]. Hierfür spricht nicht zuletzt regelmäßig der Wortlaut urheberrechtlicher Schranken, wenn er von „zulässig" spricht[327]. Mit der Einführung des § 95b II 1 UrhG[328] hat der Gesetzgeber den Charakter urheberrechtlicher Schranken letztlich bestätigt, auch wenn diese Norm bisweilen als dogmatischer

---

[320] Larenz/Canaris, Methodenlehre der Rechtswissenschaft, S. 139.

[321] BGH Urt. v. 11.07.2002 – I ZR 255/00 – Elektronischer Pressespiegel, WM 2002, 2118 (2121).

[322] So Hoeren GRUR 2002, 1022 (1025).

[323] Vgl. Kröger MMR 2002, 18 (19 ff.).

[324] Schack ZUM 2002, 497 (504): Keine „Mindestrechte der Nutzer"; Trayer, Technische Schutzmaßnahmen, S. 147; Wiebe FS Kilian, S. 603 (616); Dreyer in Dreyer/Kotthoff/Mechel, UrhR, § 95b, Rn. 76; Goldmann in Becker/Buhse/Günnewig/Rump, DRM, S. 502 (507); Lahmann, technischer Schutz, S. 56; v. Diemar GRUR 2002, 587 (587/593) bezüglich § 53 I UrhG a. F. unter Berufung auf dessen Rechtsnatur; offengelassen von Ehlgen ZUM 1987, 381 (384); unglücklich formulierend hingegen Knies ZUM 2002, 793 (794): Die digitale Privatkopie sei „gutes Recht des Käufers"; vgl. auch Hoeren, Urheberrecht und Verbraucherschutz, S. 22 f.; Winghardt ZUM 2002, 349 (359); Wiechmann ZUM 1989, 111 (118).

[325] Vgl. Goldmann/Liepe ZUM 2002, 362 (364 f.), Fn. 30.

[326] Im Kontext der Privatkopie ausdrücklich Bundesministerium der Justiz, Referentenentwurf Zweiter Korb, S. 35: „Den Verbrauchern ist aus der Befugnis zur Privatkopie ... kein Recht erwachsen, das sich ... gegen das geistige Eigentum ins Feld führen ließe."; Freiwald, private Vervielfältigung im digitalen Kontext, S. 195.

[327] Goldmann/Liepe ZUM 2002, 362 (365); a. A. Hoeren, Urheberrecht und Verbraucherschutz, S. 23 f im Kontext des § 53 UrhG.

[328] Siehe B.VI.2.c)bb)(2).

Bruch mit dem bis dahin geltenden Urheberrechtssystem angesehen wird[329]. Ansonsten wäre diese anspruchsbegründende Vorschrift schlichtweg überflüssig. Würde man urheberrechtlichen Schranken unmittelbar einen Anspruchscharakter entnehmen wollen, so wäre jedoch nicht nur die Überflüssigkeit des § 95b II 1 UrhG die Folge, sondern man würde sich zudem über diese Norm schlichtweg insofern hinwegsetzen, als daß man die engen Voraussetzungen eines Anspruchs nach dieser Vorschrift im Ergebnis nicht respektiert[330].

5. Schrankenspezifische Vorgaben der Multimedia-RL

Die Multimedia-RL sieht in Art. 5 zahlreiche Beschränkungen der ausschließlichen Rechtsposition des Rechteinhabers vor[331]. Die einzige zwingend in nationales Recht umzusetzende „Schranke" findet sich in Art. 5 I Multimedia-RL bezüglich technisch erforderlicher, flüchtiger oder begleitender Vervielfältigungen, wodurch das Problemfeld technisch bedingter kurzfristig anfallender Vervielfältigungen geregelt wird[332]. Weitere Ausnahmen können die Mitgliedstaaten wahlweise gemäß Art. 5 II, III Multimedia-RL umsetzen oder beibehalten, sofern solche in der jeweiligen nationalstaatlichen Rechtsordnung schon vorhanden sind. Durch diesen fakultativen Charakter nahezu aller Vorgaben der Richtlinie wird das Ziel der entsprechenden europaweiten Harmonisierung durchaus in Frage gestellt[333]: Es ist mit Blick auf die unverbindlichen europäischen Vorgaben verständlich, wenn die meisten Mitgliedstaaten es vorziehen, ihre nationale Rechtsordnung so weit als möglich aufrecht zu erhalten. In Art. 5 V Multimedia-RL findet sich das Gebot zur Beachtung des Drei-Stufen-Tests, welcher besagt, daß die Ausnahmen nach Art. 5 I bis IV Multimedia-RL von der ausschließlichen Rechtsposition des Rechteinhabers sich erstens auf bestimmte Sonderfälle beschränken müssen und

[329] So Stickelbrock GRUR 2004, 736 (740).

[330] Verkennend Hoeren, Urheberrecht und Verbraucherschutz, S. 25; vgl. auch C.II.3.b).

[331] Siehe Bayreuther ZUM 2001, 828 (829 ff.); siehe ferner Spindler GRUR 2002, 105 (110 ff.); Reinbothe GRUR Int. 2001, 733 (739 ff.); Dreier ZUM 2002, 28 (33 ff.); Jehoram GRUR Int. 2001, 807 ff.; Kröger, Informationsfreiheit, S. 246 ff.

[332] Siehe Spindler GRUR 2002, 105 (111 f.). Ob bei Art. 5 I Multimedia-RL dogmatisch von einer Urheberrechts„schranke" auszugehen ist, kann man diskutieren, da Art. 5 I Multimedia-RL ephemere Vervielfältigungen vom Vervielfältigungsrecht i. S. d. Art. 2 Multimedia-RL „ausnimmt".

[333] Skeptisch Rosén GRUR Int. 2002, 195 (200 f.); Kröger CR 2001, 316 (319): Die Harmonisierung der Urheberrechtsschranken sei nur „eingeschränkt" gelungen; deutlicher Schack ZUM 2002, 497 (497): Von Harmonisierung könne kaum ernsthaft die Rede sein; noch weitergehend Jehoram GRUR Int. 2001, 807 (810): Das Ziel der Harmonisierung sei weitgehend zugunsten der „kulturellen Gefühle" der Mitgliedstaaten aufgegeben worden; kritisch auch Hugenholtz EIPR 2000, 499 (501).

zweitens die normale Verwertung des Werkes durch den Rechteinhaber durch diese nicht beeinträchtigt werden darf; dessen berechtigte Interessen dürfen drittens auch ansonsten nicht ungebührlich verletzt werden[334].

6. Besonderheiten für Computerprogramme und Datenbanken

Für Computerprogramme und Datenbanken bestehen ebenso wie hinsichtlich der Verwertungsrechte bezüglich deren Schranken spezielle europäische Vorgaben. Diese finden sich in Art. 5 und 6 Computerprogramm-RL bzw. in Art. 6 und 9 Datenbank-RL. Von Interesse sind insbesondere die Schranken im Bereich der Computerprogramme.

a) Öffentliche Wiedergabe und Zugänglichmachung von Computerprogrammen

Ebensowenig wie das Recht der öffentlichen Wiedergabe sowie zur öffentlichen Zugänglichmachung sind in der Computerprogramm-RL folgerichtig hiermit korrespondierende Schranken explizit vorgesehen[335]. Dies wirft die Frage auf, welchen Schranken das Recht der öffentlichen Wiedergabe bzw. der öffentlichen Zugänglichmachung von Computerprogrammen unterliegt[336]. In Betracht kommen diejenigen der Computerprogramm-RL sowie die der Multimedia-RL. Die Aussage des Art. 1 II Lit. a Multimedia-RL, daß Computerprogramme von der Multimedia-RL nicht vollständig ausgenommen sind, sondern nur die bereits bestehenden Regelungen nicht berührt werden dürfen, beansprucht grundsätzlich auch bezüglich der Urheberrechtsschranken Geltung[337]. Man könnte daher zunächst daran denken, die öffentliche Wiedergabe bzw. die öffentliche Zugänglichmachung von Computerprogrammen den Schranken des Art. 5 Multimedia-RL zu unterstellen. Dies erscheint im ersten Moment auch konsequent, wenn man die Verwertungsrechte gemäß der Multimedia-RL auch hinsichtlich der öffentlichen Wiedergabe und der öffentlichen Zugänglichmachung

[334] Siehe Senftleben, Three-Step Test, S. 245 ff.; Flechsig ZUM 2002, 1 (13); Dreier ZUM 2002, 28 (35); Kröger CR 2001, 316 (319); Bayreuther ZUM 2001, 828 (839); siehe ferner zum Drei-Stufen-Test in der RBÜ (Revidierten Berner Übereinkunft) sowie im TRIPS-Übereinkommen und in den WIPO-Verträgen Bornkamm FS Erdmann, S. 29 (30 ff.); vgl. auch Bundesministerium der Justiz, Referentenentwurf Zweiter Korb, S. 37 f.

[335] Vgl. Art. 5, 6 Computerprogramm-RL.

[336] Relevanz gewinnt die Frage insbesondere für die Geschäftsform des sog. Application Service Providing (ASP), bei welcher der Kunde die auf dem Server des Anbieters abgelegte Software etwa durch das Internet wie seine eigene nutzt, vgl. Jaeger CR 2002, 309 (311); vgl. zur Problematik auch Dreier GRUR 1993, 781 (784); zum ASP vgl. Sedlmeier/Kolk MMR 2002, 75 (76); Czychowski/Bröcker MMR 2002, 81 (81 f.).

[337] Wand, Technische Schutzmaßnahmen, S. 119: Über die Computerprogramm-RL hinausgehende Schranken dürften zulässig sein, soweit dies abschließenden Regelungen der Richtlinie nicht zuwider läuft.

von Computerprogrammen heranzieht[338]. Übersehen wird hierdurch allerdings, daß im Kontext der Computerprogramme ganz spezifische Schranken Relevanz gewinnen. Diese sind eben in der Computerprogramm-RL berücksichtigt. Die in der Computerprogramm-RL vorgesehenen Schranken sind vor diesem Hintergrund als speziell und daher abschließend anzusehen. Sie sind deshalb von der Multimedia-RL und den in ihr geregelten Schranken „unberührt" zu lassen[339].

b) Schranken der deutschen Rechtsordnung

Die nationalen Schranken sind an den europäischen Vorgaben ausgerichtet.

aa) Computerprogramme

So bedarf die bestimmungsgemäße Benutzung eines Computerprogramms einschließlich der Fehlerberichtigung nicht besagter Zustimmung (§ 69d I UrhG)[340]. Gleiches gilt für das Erstellen einer Sicherheitskopie (§ 69d II UrhG) sowie für bestimmte Formen des Beobachtens oder Untersuchens (§ 69d III UrhG) eines Computerprogramms[341]. Unter den Voraussetzungen des § 69e UrhG ist zudem auch die Dekompilierung von Computerprogrammen zustimmungsfrei[342]. Die Schranken nach § 69d III UrhG sowie gemäß § 69e UrhG sind im Übrigen von tragender Bedeutung für die Softwareentwicklung.

bb) Datenbanken

Unter bestimmten Voraussetzungen ist die Vervielfältigung zum privaten Gebrauch (§ 87c I 1 Nr. 1 UrhG), zum eigenen wissenschaftlichen Gebrauch (§ 87c I 1 Nr. 2 UrhG) sowie zu Zwecken des Unterrichts (§ 87c I 1 Nr. 3 UrhG) eines nach Art oder Umfang wesentlichen Teils einer Datenbank zulässig; gleiches gilt gemäß § 87c II UrhG zur Verwendung in einem Gerichtsverfahren, einem Schiedsverfahren, einem behördlichen Verfahren sowie zu Zwecken der öffentlichen Sicherheit nicht nur bezüglich der Vervielfältigung, sondern darüberhinaus auch für die Verbreitung als auch für die öffentliche Wiedergabe[343].

---

[338] So vorliegend vertreten, siehe A.IV.2.b).

[339] Jaeger CR 2002, 309 (311) unter Berufung auf Erwägungsgrund 50 Multimedia-RL.

[340] Siehe Moritz MMR 2001, 94 (94 f.).

[341] Siehe Junker/Benecke, Computerrecht, Rn. 71 ff.; siehe ferner Grützmacher in Wandtke/Bullinger, Praxiskommentar UrhR, § 69d, Rn. 6 ff.

[342] Siehe Grützmacher in Wandtke/Bullinger, Praxiskommentar UrhR, § 69e, Rn. 4 ff.

[343] Zu Einzelheiten siehe Thum in Wandtke/Bullinger, Praxiskommentar UrhR, § 87c, Rn. 2 ff.; Vogel in Schricker, UrhR, § 87c, Rn. 9 ff.; Decker in Möhring/Nicolini, UrhG, § 87c, Rn. 2 ff.; Kotthoff in Dreyer/Kotthoff/Meckel, UrhR, Vor §§ 87c, Rn. 6 ff.

VI. Zusammenfassung

Der Begriff der DRM-Systeme stellt einen Sammelbegriff dar. Ein weites Verständnis zugrunde gelegt, sind als DRM-Systeme technische Mittel aufzufassen, welche digitale Inhalte gegen unbefugten Zugriff schützen und/oder deren Gebrauch überwachen bzw. der Durchsetzung von Einschränkungen der eingeräumten Nutzerrechte dienen, als auch solche technische Mittel, die zur Abwicklung der Verwertung herangezogen werden. DRM-Systeme finden Verwendung sowohl bei der Kontrolle des Zugangs zu digitalen Inhalten, als auch zur Kontrolle deren Nutzung. Derzeit hält sich die technische Leistungsfähigkeit besagter Techniken noch ebenso in Grenzen wie deren Kompatibilität untereinander.

Das System ausschließlicher urheberrechtlicher Positionen und deren Einschränkungen dient der Wahrung der Interessen der Rechteinhaber auf der einen und der Nutzer auf der anderen Seite. Aus urheberrechtlichen Schranken folgt per se keine subjektive Rechtsposition der jeweils Begünstigten. Im Umfeld von Computerprogrammen und Datenbanken gelten spezielle gesetzliche Regelungen.

B. Der Einsatz von DRM-Systemen

In der Inhalteindustrie zeichnet sich bislang in zunehmendem Maße die Tendenz ab, Inhalte in digitalem Format mit DRM-Systemen zu versehen[344]. Man betrachtet diese Technik mittlerweile teilweise als ein in der digitalen Welt unerläßliches Werkzeug zur Wahrung der Interessen von Urhebern und Rechteinhabern, da letztere insbesondere die Verbreitung ihrer Werke mit Blick auf die heutigen Vervielfältigungsmöglichkeiten ohne technischen Schutz nur noch in sehr eingeschränktem Maße kontrollieren könnten[345]. Mit anderen Worten: Die effektive Verwaltung der Rechte an Werken in digitaler Form sei abhängig vom Einsatz von DRM-Technologie[346].

I. DRM-Systeme aus Rechteinhaber- und Nutzersicht

Im Folgenden wird dargelegt, worauf sich auf seiten der Rechteinhaber das Bedürfnis nach dem Einsatz von DRM-Systemen gründet und warum die Konsumenten einem solchen kritisch gegenüberstehen.

1. DRM-Systeme aus Rechteinhabersicht

Der Einsatz technischer Mittel bringt aus Sicht der Rechteinhaber einige Vorteile mit sich, und zwar nicht allein in der Defensive, d. h. in der Funktion als Schutzinstrument.

a) Technisierter Rechtsschutz

aa) Vorteile gegenüber rechtlichem Schutz

Der Schutz durch das Urheberrecht ist vergleichsweise pauschal, wohingegen technische Schutzmaßnahmen relativ flexibel ausgestaltet, also an die individuellen Bedürfnisse der Inhalteanbieter angepaßt werden können und zudem idealerweise noch automatisierte Geschäftsmodelle unterstützen. Mit Hilfe automatisierter Abrechnungssysteme können auch die Transaktionskosten gesenkt oder niedrig gehalten und so schließlich

344 Siehe Fallenböck/Weitzer CRi 2003, 40 ff.; siehe aber auch E.IV.4.a).
345 Schippan ZUM 2003, 378 (386).
346 Fallenböck/Weitzer CRi 2003, 40 (40).

einem Marktversagen entgegen gesteuert werden[347]. Vor allem aber: Beim traditionellen Urheberrecht handelt es sich um einen Schutz, welcher dem Rechteinhaber Ansprüche gegen den Verletzer – sei es auf Schadensersatz, Unterlassung oder Beseitigung – erst dann gewährt[348], wenn er in seinen Rechten bereits verletzt ist (Ex-post-Schutz)[349]. Die Durchsetzung besagter Ansprüche kann sich in der Praxis mitunter als kosten- und zeitaufwendig, kurzum als durchaus langer und mühsamer Weg gestalten. Der Einsatz technischer Schutzmaßnahmen hingegen bietet den Vorteil eines praktisch vorbeugenden Schutzes (Ex-ante-Schutz): Idealerweise kommt es schon gar nicht zu einer Rechtsverletzung. DRM-Systeme wirken insofern als „self-enforcing protection". Auch die Verfolgung von Rechtsverletzungen kann sich mittels technischer (Vorsorge-)Maßnahmen kostengünstiger und effektiver gestalten[350]. Ferner bieten DRM-Systeme für Rechteinhaber den Vorzug, über nationale Grenzen hinweg ein einheitliches Schutzniveau bieten zu können; sie ermöglichen dem Inhalteanbieter also einen weltweit einheitlichen Schutz ohne jeglichen Niveauunterschied[351]. Der urheberrechtliche Schutz hingegen endet regelmäßig am Rande eines jeweiligen Staatsgebietes[352], so daß sich für ein und daßelbe Werk in verschiedenen Staaten ein unterschiedlich ausgeprägter Schutz ergeben kann. Der Schutz durch den Einsatz von DRM-Systemen sieht sich auch nicht der Tatsache ausgesetzt, daß das Urheberrecht zunächst ein durchaus langwieriges Gesetzgebungsverfahren durchlaufen muß, bis es auf neuartige technische Entwicklungen zuungunsten der Rechteinhaber reagieren kann[353]. Kann aber das Gesetz mit dem technischen Fortschritt nicht mithalten, ist ein Schutz der Rechteinhaber durch die Rechtsordnung nicht mehr gewährleistet. Insofern ermöglicht technischer Schutz mehr Aktualität bezüglich technischer Neuerungen. Ein weiteres Plus des faktischen Schutzes mittels technischer Schutzmaßnahmen ist schließlich folgender Aspekt: Während klassicher Urheberrechtsschutz in der Praxis häufig nicht zu tragen kommt, da Ur-

[347] So auch der Bundesrat, BT-Dr. 15/38, S. 37; Koelman/Helberger in Hugenholtz, Future of Copyright, S. 165 (191).

[348] Vgl. §§ 97 ff. UrhG.

[349] Genaugenommen besteht ein urheberrechtliches Verbot auch schon im vornherein, also ex ante. Der Rechteinhaber muß aber zunächst einen Verstoß abwarten, bevor er ex post Ansprüche wegen diesen geltend machen kann. Urheberrechtlicher Schutz kann also auf tatsächlicher Ebene Rechtsverletzungen nicht verhindern, sondern diese nur kompensieren. Aus diesem Blickwinkel heraus ist die Urheberrechtsordnung hinsichtlich der eigentlichen Rechtsverletzung also durchaus ineffektiv.

[350] Inhalte können etwa mit elektronischen Wasserzeichen versehen werden, die es ermöglichen, urheberrechtswidrige Vervielfältigungen im Internet aufzuspüren, etwa mit Hilfe sog. elektronischer Agenten, vgl. Federrath ZUM 2000, 804 (806/809).

[351] Glarner, Musikpiraterie, S. 161; Bechtold, Informationsrecht, S. 369.

[352] Siehe H.I.

[353] Bechtold, Informationsrecht, S. 281; vgl. auch ders. ZUM 1997, 427 (449).

heberrechtsverletzungen in vielen Fällen im privaten Bereich, also unbemerkt und anonym stattfinden, erfordert die Umgehung technischer Schutzmaßnahmen für die Masse der Nutzer, sich in die Öffentlichkeit zu begeben, um an entsprechende Tools zu gelangen. Hierdurch wächst schließlich die Wahrscheinlichkeit, entsprechende Urheberrechtsverletzungen aufdecken zu können. Dies gilt auch, wenn ein Nutzer sich lediglich in die Öffentlichkeit des Internets begibt.

Was die Inhalteindustrie gerne verschweigt: DRM-Systeme können ohne großen zusätzlichen Aufwand auch so ausgestaltet werden, daß neben dem Piraterieschutz ebenfalls die im Rahmen von Urheberrechtsschranken erlaubte Nutzung digitaler Inhalte unmöglich gemacht wird[354]; dabei wird über den Schutz vor unberechtigten Nutzungen oft weit hinausgegangen[355]. Es können also nicht nur urheberrechtswidrige Handlungen unterbunden werden, sondern ebenfalls solche, die das Urheberrecht bestenfalls sogar ausdrücklich zuläßt[356]. Darüberhinaus ist es auch möglich, DRM-Systeme zum Schutz von Inhalten einzusetzen, welche einem urheberrechtlichen Schutz von vornherein, also schon grundsätzlich gar nicht unterliegen[357]. Während also das Urheberrecht dem Rechteinhaber eine ausschließliche Rechtsposition nur innerhalb bestimmter Grenzen einräumt, kann mit Hilfe technischer Mittel eine Kontrolle mit monopolartigem Charakter erzielt werden[358]: Der wesentliche Unterschied des technischen Schutzes zum Urheberrecht besteht mit anderen Worten darin, daß letzteres lediglich die unberechtigte Nutzung des entsprechenden Inhaltes verbietet, während die DRM-Technik Zugang und Nutzung entsprechender Werke umfassend kontrollieren kann[359].

bb) Bedürfnis nach dem Einsatz von DRM-Systemen

Wenn auch in Anbetracht dessen zu befürchten ist, daß DRM-Systeme nicht nur defensiv, d.h. zum Rechtsschutz eingesetzt werden, so besteht grundsätzlich dennoch ein gewisses Bedürfnis nach dieser Technik: Die Digitalisierung immaterieller Werke ermöglicht es, diese ohne Qualitätsver-

---

354 Gottschalk GRUR Int. 2002, 95 (105); Ulmer-Eilfort FS Nordemann, S. 285 (294); Schack ZUM 2002, 497 (504): „den Rechteinhabern nicht unerwünschter Nebeneffekt".

355 Vgl. Hoeren MMR 2000, 515 (520); Bechtold GRUR 1998, 18 (22); Rosén GRUR Int. 2002, 195 (204): Urheberrechtsschranken als „Illusion".

356 Vinje EIPR 1999, 192 (197); siehe auch Dusollier/Poullet/Buydens, Copyright and Access to Information, S. 25.

357 Dieser Aspekt ist etwa in den USA von großer praktischer Relevanz, da es dort keinen rechtlichen Schutz von reinen Datensammlungen, sprich Datenbanken, gibt. In Deutschland hingegen regeln die §§ 87a ff. UrhG den rechtlichen sui-generis-Schutz von Datenbanken.

358 Ähnlich Kirk IPQ 1999, 37 (53).

359 Ähnlich Kirk IPQ 1999, 37 (49).

lust schnell und zudem noch kostengünstig zu vervielfältigen und zu verbreiten. Dies stellt sich zwar für die Rechteinhaber einerseits als vorteilhaft dar, war es doch noch nie so einfach, Inhalte für eine breite Öffentlichkeit zugänglich zu machen. Doch stehen die Möglichkeiten der unkomplizierten, die Qualität nicht beeinträchtiger Vervielfältigung andererseits natürlich auch dem Personenkreis zur Verfügung, der hierzu nicht berechtigt ist. So findet sich heutzutage auch die zur digitalen Vervielfältigung notwendige Technik – regelmäßig genügt hierzu schon ein handelsüblicher PC mit CD-Brennlaufwerk – in fast jedem durchschnittlichen Haushalt, so daß der Normalbürger mit relativ geringem Aufwand zum Urheberrechtsverletzer werden kann; das Risiko der Aufdeckung urheberrechtswidrigen Verhaltens ist für diesen verhältnismäßig gering. Während die Vervielfältigung im analogen Format noch regelmäßig zeitaufwendig und zudem mit einem einhergehenden Qualitätsverlust verbunden war[360], erreichen nicht rechtmäßige Nutzungen im Digitalformat wegen ihrer leichten Kopierbarkeit und Perfektion des Vervielfältigungsstücks, begleitet von der Möglichkeit der unproblematischen Weiterverbreitung durch das Internet, ein immer größeres Ausmaß. Vor diesem Hintergrund sind geistige Eigentumsrechte in der digitalen Umwelt verwundbarer geworden[361]. So bringt die zunehmende Digitalisierung also nicht nur neue Schaffens- und Verwertungsmöglichkeiten mit sich, sondern auch die erhöhte Gefahr unautorisierter Nutzungen. Zwar erstreckt sich der Rechtsschutz durch das Urheberrecht auf Werke im digitalen Format gleichsam wie auf solche des Analogformats. Dieser Schutz ist für die Rechteinhaber jedoch nicht mehr ausreichend. Wird die Versuchung der Rechtsverletzung aufgrund der leichten Realisierbarkeit der Verletzung und der geringen Gefahr negativer Konsequenzen größer, so wird der faktische Schutz durch die Rechtsordnung zurückgedrängt. Der Respekt vor fremdem geistigen Eigentum schwindet, sofern es schnell, heimlich und anonym kopierbar ist und man es beliebig nutzen kann[362]: Verletzungen urheberrechtlicher Verwertungsrechte werden als Kavaliersdelikt empfunden. Dies bringt auf seiten der Rechteinhaber das Bedürfnis nach neuen Mitteln zur Bekämpfung dieser Entwicklung mit sich, um letztlich die ihnen gesetzlich zugesprochenen Rechte auch durchsetzen zu können. DRM-Systeme sind ein solches Mittel. Dieselbe digitale Technologie, welche die Interessen der Urheber bezüglich der Verwertung ihrer Werke in Digitalform bedroht, kann also zugleich die Lösung mit sich bringen. Man spricht in diesem Zusammenhang auch von digitaler Selbsthilfe[363]. Die schon angeklungene Langsamkeit des Gesetzge-

[360] Dieser Umstand hat faktisch durchaus einen gewissen „Urheberschutz“ geboten.
[361] Wand, Technische Schutzmaßnahmen, S. 1.
[362] Ähnlich Schack JZ 1998, 753 (754).
[363] Dreier ZUM 2002, 28 (35); vgl. Dam in Dreyfuss/Zimmerman/First, Boundaries, S. 103 ff.

bungsverfahrens im Vergleich zum technischen Schutz verstärkt letztlich besagte Notwendigkeit: Gerade im Bereich der sich rasant weiterentwickelnden Informationstechnologie kann der Gesetzgeber mit technischen Entwicklungen regelmäßig schwer Schritt halten[364], da der Gesetzgebungsprozeß in seiner Geschwindigkeit gleich bleibt, d.h. eine gewisse Mindestzeitspanne erfordert. Es wird sogar vermutet, daß die Gesetztgebung angesichts der immer größeren Zahl betroffener Interessen im Trend (noch) langsamer werden wird[365].

Die Tendenz, daß die Inhalteindustrie zunehmend zur Selbsthilfe greift, indem sie von technischen Schutzmöglichkeiten in Form von DRM-Systemen Gebrauch macht, ist somit erklärbar. Technische Schutzmaßnahmen sind in gewissem Umfang durchaus notwendig zur angemessenen Interessenwahrung.

cc) Notwendigkeit flankierenden Rechtsschutzes

Trotz der Schutzmöglichkeiten durch DRM-Systeme und deren Vorteile steht dennoch auch fest, daß die Technik allein einen umfassenden Schutz nicht gewährleisten kann: Ein Gesetz der Praxis ist, daß für neue technische Schutzmechanismen von versierten Fachleuten entsprechende Umgehungswege gefunden und veröffentlicht werden. Sowie ein Schutzsystem erst einmal überwunden ist, läßt auch die Verbreitung der entsprechenden Software zu dessen Umgehung regelmäßig nicht lange auf sich warten[366]: Dieser Verbreitungsprozeß verläuft mathematisch gesehen auch nicht etwa liniear, sondern exponentiell, und zwar in hohem Maße[367]. Das DRM-System kann dann jedenfalls wieder von einer Vielzahl von Menschen umgangen werden. Würde die Rechtsordnung keinen urheberrechtlichen Schutz der Rechteinhaber neben dem technischen Schutz durch DRM-Systeme bieten, so bestünde eine Schutzlücke zu deren Lasten. Lediglich eine Verschiebung der Auswirkungen am Markt wäre dann zu erwarten: Einmal zeitlich, da es im Regelfall eine gewisse Zeit dauert bis Umgehungsmöglichkeiten gefunden und veröffentlicht bzw. verbreitet werden[368], und zum anderen in der Intensität, da die Möglichkeiten der Umgehung nicht jedermann erreichen. Die Zahl derer,

---

[364] Wandtke GRUR 2002,1 (5).

[365] Dreier CR 2000, 45 (49).

[366] Die bezeichnenderweise „DeCSS" genannte Software zur Umgehung von CSS („Content Scrambling System") in DVD-Rekordern etwa wurde beachtlich schnell über das Internet verbreitet; zur Entschlüsselung von CSS siehe Knies ZUM 2003, 287 (288 f.); siehe auch Goldberg/Bernstein EIPR 2001, 160 (161 f.).

[367] Gottschalk MMR 2003, 148 (149).

[368] Dies muß natürlich nicht so sein: Es ist durchaus denkbar, daß Umgehungsmöglichkeiten fast zeitgleich mit den technischen Schutzmaßnahmen „auf den Markt kommen".

die einen gefundenen Weg der Umgehung von technischen Schutzmaßnahmen nicht binnen verhältnismäßig kurzer Zeit für sich nutzbar machen können, wird allerdings vor dem Hintergrund des Potentials des Internets zu vernachläßigen sein.

Die Rechteinhaber könnten zwar theoretisch technisch immer leistungsfähigere DRM-Systeme einsetzen. Doch ist der Ausbau technischer Schutzsysteme stets mit Kostenaufwand verbunden, so daß abzuwägen ist zwischen technisch erreichbarer Sicherheit und deren Preis[369]. So müssen die Kosten des Einsatzes der DRM-Systeme in angemessenem Verhältnis zum Wert der geschützen Werke stehen[370] und sollten insbesondere mögliche Einnahmeverluste durch dessen unrechtmäßige Nutzung nicht übersteigen. Technisch bestmögliche Schutzmaßnahmen sind daher nicht gleichzusetzen mit einem wirtschaftlich optimalen Ergebnis. Zudem ist es für die Akzeptanz eines immateriellen Produkts am Markt auch wichtig, daß die zum Einsatz kommenden Schutzmechanismen für die vielen legalen und zahlenden Nutzer praktikabel, d. h. nutzerfreundlich bleiben. Insbesondere dürfen technische Schutzmaßnahmen auf seiten der Nutzer keine übermäßigen Investitionen erforderlich machen[371]. Ferner werden sowohl die Fähigkeiten als auch die Mittel derjenigen, welche technische Schutzsysteme auszuhebeln suchen, mit technischem Fortschritt zunehmend besser und ausgefeilter[372]. Fehlende Flankierung der DRM-Systeme durch das Recht stellte sich also als eine Einladung[373] zur Umgehung technischer Schutzmaßnahmen dar. Auf der Tagesordnung stünde ein technologisches Wettrüsten[374] zwischen den Rechteinhabern und Anbietern geistigen Eigentums und den Nutzern – insbesondere den Hackern und Crackern – auf der Gegenseite. Allein der Schutz durch Technik ist demnach nicht ausreichend. Mit anderen Worten: Die Effizienz eingesetzter DRM-Systeme hängt mitunter wesentlich von ihrem rechtlichen Schutz vor Umgehungshandlungen ab[375]. Sowohl zur Absicherung der den Rechteinhabern durch das Urheberrecht zugebilligten Position, also zur Erreichung eines effizienten Urheberrechtsschutzes, als auch um besagtes Wettrüsten zu vermeiden oder zumindest zu entschärfen, bedarf es eines rechtlichen Schutzes gegen die Umgehung technischer Schutzmaßnahmen[376]. Im Er-

369 Bechtold, Informationsrecht, S. 144; Buhse, Onlinemusik, S. 73: „Gradwanderung“ zwischen perfekter Sicherheit und kostenoptimierter Verbreitung.

370 Wand, Technische Schutzmaßnahmen, S. 2.

371 Wand, Technische Schutzmaßnahmen, S. 2.

372 Bechtold, Informationsrecht, S. 197.

373 Spindler GRUR 2002, 105 (115).

374 Spindler GRUR 2002, 105 (115): „ungehinderter Wettlauf“ zwischen Kopierschutz und Umgehungen.

375 Glarner, Musikpiraterie, S. 161.

376 Leupold/Demisch ZUM 2000, 379 (388); siehe auch Marks/Turnbull EIPR 2000, 198 (199).

gebnis wäre es nämlich den Rechteinhabern ohne angemessenen Rechtsschutz vor der Umgehung von DRM-Systemen nur schwer möglich, ihre digitalen Werke auf den im Zeitalter neuer Medien typischen Wegen zu verwerten, so daß ihre durchaus legitimen Interessen grundlos unterbewertet würden[377]. Rechtlicher Schutz vor der Umgehung technischer Maßnahmen ist demzufolge erforderlich[378].

b) Verfolgung marktstrategischer Ziele

Durch den Einsatz von DRM-Technik können über den technisierten Schutz entsprechender Inhalte hinaus auch marktstrategische Ziele verfolgt werden[379]. So können DRM-Systeme ein taugliches Mittel zur sog. Produktdiversifizierung[380] und hiermit verbunden zur Diskriminierung von Preisen sein[381]. Rechteinhaber können im Rahmen individualisierter Lizenzierung und Abrechnung beispielsweise jedem einzelnen Konsumenten idealerweise den von diesem gerade noch akzeptierten Preis (Vorbehaltspreis) in Rechnung stellen[382]. Neben der Möglichkeit der Preisdifferenzierung ist in diesem Kontext die Möglichkeit zur künstlichen Aufteilung von Märkten zu nennen. Technisch möglich ist diese beispielsweise über die Vergabe verschiedener Ländercodes[383]: Der Weltmarkt wird in verschiedene Zonen aufgeteilt[384]. Die in einer jeweiligen Zone auf dem Markt erhältlichen Abspielgeräte werden dieser durch ihre Software zugeordnet. Damit Datenträger auf diesem Gerät abspielbar sind, müssen sie jeweils die Merkmale der entsprechenden Zone aufweisen. Mit anderen Worten: Inhalteanbieter können bestimmen, daß ein Datenträger nur auf einem Gerät lesbar ist, welches in einer bestimmten Zone des Weltmarktes erworben worden ist. Dies eröffnet der Inhalteindustrie die Möglichkeit der Marktsegmentierung mit beachtenswerten ökonomischen Vorteilen: Zum einen wird die Durchsetzbarkeit unterschiedlicher

---

377 Andeutend Davies FS Dietz, S. 307 (317).

378 Skeptisch insofern Koelman/Helberger in Hugenholtz, Future of Copyright, S. 165 (221/223), die die Frage aufwerfen, ob es nicht vielleicht Sinn machte, die Rechteinhaber zunächst allein mit der zur Verfügung stehenden Technik herumexperimentieren zu lassen, bevor man regulierend eingreift.

379 Siehe Fränkl/Karpf, DRM-Systeme, S. 135 f.

380 Das ist eine differenzierte Produktgestaltung mit abgestuften Nutzungsberechtigungen: Daßelbe Musikwerk kann z. B. als nur einmal abspielbar, als kopiergeschütze oder auch als kopierbare Audio-CD oder in anderen Varianten am Markt angeboten werden.

381 Siehe Bechtold, Informationsrecht, S. 303 ff.; Dreier in Dreier/Schulze, UrhG, § 95a, Rn. 2.

382 Vgl. Dreier/Nolte in Becker/Buhse/Günnewig/Rump, DRM, S. 479 (501).

383 Siehe Bechtold in Becker/Buhse/Günnewig/Rump, DRM, S. 597 (628 f.).

384 Der weltweite Film- bzw. Videomarkt etwa ist in sechs Regionen unterteilt: USA, Kanada – Europa, Naher Osten, Südafrika, Japan – Süd-Ost-Asien – Australien, Mittel- und Südamerika – Afrika, Asien, Osteuropa – Volksrepublick China.

Preiszonen am Weltmarkt möglich. Verkaufspreise können also dem jeweiligen Preisniveau angepaßt werden. Im Ausland kann das CD-Album eines Musikinterpreten daher etwa nur halb so teuer sein wie in Deutschland. Auch wenn die Inhalteindustrie diese Absicht nicht ausdrücklich benennt, so dürfte die Ausnutzung unterschiedlicher Preisniveaus wohl eine wichtige Rolle spielen[385]. Ein weiterer für die Rechteverwerter aus der Marktaufteilung hervorgehender Vorteil besteht darin, daß Inhalte in verschiedenen Ländern zu unterschiedlichen Zeitpunkten am Markt eingeführt werden können. Neben der Musikbranche ist dies insbesondere für die Filmindustrie von Bedeutung. Diese hat bereits bei der Einführung der DVD am Markt einen geeigneten Kopierschutz bedacht und die zweikomponentige Softwarelösung CSS („Content Scrambling System")[386] entwickelt: DVDs werden schon bei ihrer Herstellung mit CSS kodiert und können somit nur von Geräten gelesen werden, auf denen CSS ebenfalls installiert ist, um die Verschlüsselung zu dekodieren. Auf dem DVD-Markt dienen Ländercodes insbesondere der Absicherung des wirtschaftlichen Erfolges neuer in den Kinos anlaufender Kino-Filme. So laufen etwa aktuelle Hollywood-Streifen in den USA regelmäßig einige Zeit früher in den Kinos an als in Deutschland. Könnten deutsche Verbraucher sich solche Kinofilme, die in den USA häufig schon vor dem deutschen Kinostart als DVD erhältlich sind, zum Beispiel über das Internet bestellen und in der amerikanischen Fassung ansehen, so würde dies vermutlich einen spürbaren Rückgang der Besucherzahlen des entsprechenden Films nach Kinostart in Deutschland mit sich bringen. Dem will die Inhalteindustrie durch die entsprechenden Ländercodes entgegenwirken[387].

2. DRM-Systeme aus Nutzersicht

Das Urheberrecht ist kein einseitiges Schutzinstrument zugunsten der Rechteinhaber. Es versucht vielmehr, eine Balance zwischen den beteiligten Parteien zu schaffen und stellt so eine grundsätzliche Wertung des Ge-

[385] Vermutet auch von Knies ZUM 2003, 286 (288).

[386] Siehe Knies ZUM 2003, 286 (287 f.); Marks/Turnbull EIPR 2000, 198 (212 f.). CSS ist eine Form der Datenverschlüsselung, die verhindern soll, daß Videodatein direkt von der DVD gelesen werden. Teile der Daten auf der DVD werden verschlüsselt abgespeichert. Zur Entschlüsselung ist der sogenannte „title key" erforderlich, der wiederum in verschlüsselter Form auf der DVD enthalten ist. Durch ein Kommunikationsverfahren zwischen DVD-Abspielgerät und der Hard- und Software des Decoders soll sichergestellt werden, daß nur berechtigte Decoder die Daten entschlüsseln können. Es handelt sich demnach um ein kryptographisches Verfahren für das Management kryptographischer Schlüssel.

[387] Dem wiederum kann man als Verbraucher natürlich begegnen, indem man sich einen DVD-Player mit entsprechendem Ländercode beschafft oder die Wirksamkeit des Ländercodes sonst auf technische Weise umgeht.

setzgebers dar[388]. Hingegen werden technische Schutzsysteme von den Rechteinhabern einseitig installiert und sind somit natürlich auf deren Schutz ausgerichtet: Der Schutzumfang wird im Rahmen des technisch Möglichen regelmäßig von demjenigen bestimmt, der das System zu seinen Zwecken einsetzt. Die Annahme, Rechteinhaber versuchten nicht, einseitig Nutzen aus der von ihnen auch zu finanzierenden Technologie zu ziehen, wäre blauäugig. Technischer Rechtsschutz ist somit schon in seinem Ausgangspunkt einseitig an den Interessen der Inhalteanbieter ausgerichtet. Hieraus ergeben sich Spannungen, wenn Rechteinhaber dem Nutzer faktisch weniger Nutzungsmöglichkeiten gewähren, als diesem materiellrechtlich zustehen[389].

a) Faktischer Rechtsverlust

Mit Hilfe von DRM-Systemen kann der Inhalteanbieter im Rahmen der technischen Möglichkeiten Umfang, Intensität und Dauer des Schutzes im Grunde selbst festlegen. Technische Systeme können so konfiguriert werden, daß jegliche der Inhalteindustrie unliebsame Nutzung schlimmstenfalls unmöglich gemacht wird, und zwar unabhängig davon, ob die jeweilige Nutzung dem Urheberrecht gemäß zulässig ist oder nicht. Es lassen sich also nicht nur urheberrechtswidrige Handlungen unterbinden, sondern insbesondere auch solche, welche das Urheberrecht durch entsprechende Schranken gerade zuläßt. Zudem können DRM-Systeme auch Inhalte schützen, die urheberrechtlichem Schutz schon grundsätzlich nicht unterliegen. Ausschließlichkeitsrechte können also mit Hilfe technischer Schutzmechanismen auch von Privatparteien definiert werden[390]. Was den digitalen Kontext betrifft, bewegen wir uns deshalb von einer Situation, in welcher Schutzumfang und Schutzintensität durch das Urheberrecht festgelegt werden, hin zu einer Situation, in der diese Faktoren der Rechteinhaber als Privatpartei bestimmt[391]. In diesem Zusammenhang spricht man von einem „in Silikon gegossenen Urheberrecht"[392], vom (Programmier-)Code als Gesetz[393], „privatisiertem" Urheberrecht[394] oder vom „eigenen Urheberrecht"[395] der Inhalteindustrie. Dieses faktische Privaturheberrecht für digitale Inhalte entfaltet seine

[388] Hierzu im Kontext der Informationsgesellschaft Dusollier in Kaestner, Intellectual Property Rights, S. 227 (229 ff.); vgl. auch Gottschalk MMR 2003, 148 (149).

[389] Beispiele bei Bechtold, Informationsrecht, S. 375 ff.

[390] Vgl. Bechtold, Informationsrecht, S. 370; Berger ZUM 2004, 257 (261): Technischen Schutzmaßnahmen hafte daher eine „überschießende Wirkungstendenz" an.

[391] Bechtold, Informationsrecht, S. 370.

[392] Bechtold in Zerdick/Picot/Schrape/Burgelman/Silverstone, E-Merging Media, S. 333 (337); ders., Informationsrecht, S. 370.

[393] Lessig, Code, S. 19 ff.

[394] Lessig, Code, S. 241.

[395] Kröger CR 2001, 316 (321); Hoeren MMR 2000, 515 (520).

Wirkung gegenüber jedermann, wirkt also absolut. Es zeichnet sich daher die Tendenz ab, daß DRM-Systeme für die Schutzinteressen der Inhalteanbieter zunehmend mehr eine vorteilhafte Alternative denn eine Ergänzung des Urheberrechts darstellen[396]: Eine zur Urheberrechtsordnung parallele „faktische Rechtsordnung“ scheint im Begriff zu sein, sich herauszubilden; eine Verprivatisierung des Urheberrechtsschutzes ist im Gange[397]. Hinsichtlich digitaler Inhalte hat die DRM-Technologie auf den ersten Blick durchaus das Potential, die Urheberrechtsordnung als primäres Verteidigungsmittel geistigen Eigentums zu ersetzen[398].

Problematisch an der skizzierten Entwicklung ist nun, daß die gesetzgeberischen Wertungen als Resultat eines umfassenden Interessenausgleichs, wie sie in den Schrankenregelungen zum Ausdruck kommen, durch den Einsatz technischer Schutzmaßnahmen ebenso verhindert werden können wie Raubkopien[399]. Welche Wertungen auch immer der Gesetzgeber trifft, für Inhalteanbieter ist es mit Hilfe von DRM-Systemen technisch häufig ohne großen Aufwand machbar, sich über diese hinwegzusetzen; inwiefern die Rechtsordnung dies hinnimmt, ist eine andere Frage. Deutlich wird die Problematik schon an der elementaren Frage nach der Dauer des Urheberrechts[400]: Im Kontext des DRM wird bisweilen schon der Begriff des „unendlichen Urheberrechts“ gebraucht[401], da theoretisch ein tatsächlicher zeitlich unbegrenzter Schutz möglich ist. Der Aspekt hat heutzutage, da wir noch relativ am Anfang des digitalen Zeitalters stehen, natürlich für die Praxis noch keine echte Bedeutung. Denn Werke, welche aktuell aufgrund Zeitablaufs gemeinfrei werden, liegen heute regelmäßig zumindest auch in analoger Form vor[402]. Die Bedeutung des angesprochenen Gesichtspunktes wird in Zukunft jedoch mit Zeitablauf automatisch größer werden. Die zeitliche Beschränkung des Urheberrechts sollte jedenfalls auch im digitalen Kontext nicht ihre Geltung verlieren[403]. Schon an diesem Beispiel wird klar, daß die DRM-Technik die Gefahr in sich birgt, daß der vom Urheberrecht angestrebte und im Laufe vieler Jahre von Wissenschaft und Praxis kontinuierlich hinterfragte und wo nötig angepaßte, in sich ausbalancierte Interessenausgleich durch den vorgelagerten Schutz unterbunden und das Kräfteverhältnis zwischen Rechteinhaber und Nutzer zugunsten ersterer und folglich zu-

[396] Bechtold, Informationsrecht, S. 370.
[397] Bechtold, Informationsrecht, S. 370 m. w. N.
[398] Siehe aber K.I.1.b)–d).
[399] Vgl. auch Kirk IPQ 1999, 37 (53).
[400] In Deutschland 70 Jahre post mortem auctoris: § 64 UrhG.
[401] Bechtold, Informationsrecht, S. 378; Gottschalk MMR 2003, 148 (154): „unbefristetes Monopol“ der Urheber, ohne daß die Allgemeinheit eine Chance auf freien Zugang hätte.
[402] Gottschalk MMR 2003, 148 (155); Peukert UFITA 2002, 689 (710).
[403] Peukert UFITA 2002, 689 (710).

lasten letzterer verschoben wird. Anders ausgedrückt: Die Entwicklung neuer und leistungsfähigerer DRM-Systeme wird die Durchsetzung berechtigter Nutzungsmöglichkeiten vermutlich zunehmend schwieriger machen[404]. Das in der analogen Welt einst ausbalancierte Pendel zwischen den Interessen der Rechteinhaber und Nutzer[405] könnte relativ schnell zugunsten der Rechteinhaber ausschlagen[406]. Auf Nutzerseite droht also der faktische Verlust der von der Rechtsordnung als sachgerecht empfundenen und daher festgeschriebenen Privilegien[407]. Anders gewendet, das Potential der DRM-Technik bringt eine einseitige Stärkung der Rechteinhaber mit sich. Es steht daher zu befürchten, daß die urheberrechtlichen Schrankenbestimmungen durch den Einsatz technischer Maßnahmen von den Inhalteanbietern unterlaufen werden[408], seitens der berechtigten Kreise daher nicht ausgeübt werden können und so ihre Bedeutung für die Praxis auf dem Sektor digitaler Inhalte nach und nach schwinden wird. Das Bedürfnis nach einer Einschränkung der ausschließlichen Position des Rechteinhabers behält seine Geltung aber unabhängig davon, ob es sich um digitale Inhalte handelt oder nicht. Nimmt man die Bedeutung der urheberrechtlichen Schrankenbestimmungen ernst, so kommt man jedenfalls nicht umhin, daß sie auch bei Schutzmechanismen außerhalb des Urheberrechts ein wie auch immer geartetes Äquivalent haben müssen[409]. Vorstehende Überlegungen sind von großer praktischer Relevanz[410].

b) Kompatibilitätsprobleme

Der Einsatz von DRM-Technik kann dazu führen, daß ein vom Konsumenten ordnungsgemäß erworbenes Original aufgrund von Kompatibilitätsdefiziten nicht oder nur eingeschränkt genutzt werden kann[411]. Konsumenten wollen sich regelmäßig aber nicht etwa an bestimmte Endgeräte binden lassen. Den derzeit ökonomisch wohl bedeutendsten von Kompatibilitätsproblemen betroffenen Marktsektor dürfte die Musikin-

[404] Gottschalk MMR 2003, 148 (155).

[405] Dreier/Nolte in Becker/Buhse/Günnewig/Rump, DRM, S. 479 (501): „finely tuned copyright system“.

[406] Siehe Dusollier in Becker/Buhse/Günnewig/Rump, DRM, S. 462 ff.; dies. in Kaestner, Intellectual Property Rights, S. 227 (230); Gottschalk MMR 2003, 148 (155); ders. GRUR Int. 2002, 95 (105); Bechtold, Informationsrecht, S. 378, der allerdings zugleich anmerkt, daß aus ökonomischer Sicht einiges dafür spräche, daß Inhalteanbieter durch DRM-Systeme ihren eigenen Nutzen maximieren und dabei auf urheberrechtliche Schrankenbestimmungen keine Rücksicht nehmen.

[407] Linnenborn K&R 2001, 394 (401).

[408] Bechtold, Informationsrecht, S. 374 f/380.

[409] Bechtold, Informationsrecht, S. 380 m. w. N. in Fn. 1957; zustimmend Peukert UFITA 2002, 689 (705).

[410] Bechtold, Informationsrecht, S. 375.

[411] Siehe A.II.3.b)aa)(2).

dustrie darstellen. Um einen effektiven Kopierschutz auf Audio-CDs zu gewähren, ist regelmäßig der Einsatz sogenannter zweikomponentiger Kopierschutzprogramme[412] erforderlich. Darunter ist eine Software zu verstehen, welche die auf dem (Original-)Tonträger gespeicherten Daten so verschlüsselt, daß sie nur mit Hilfe einer auf dem Abspielgerät installierten Software hörbar gemacht werden können. Diese Softwarelösungen haben allerdings den Nachteil, daß sie eine neue Generation von Wiedergabegeräten erforderlich machen, welche eben mit besagter Software ausgestattet sind. Ist dies beim Gerät des Nutzers nicht der Fall, so ist das erworbene Original für diesen mangels Abspielbarkeit praktisch wertlos. Da aber nun von der Inhalteindistrie damit begonnen wurde, Inhalte mit derartigem Kopierschutz zu versehen, kommt es für den Konsumenten in der Praxis zunehmend zu Kompatibilitätsproblemen. Immer öfter ist es nicht nur so, daß der zahlende Erwerber einer Original-Audio-CD wegen des Vorhandenseins eines Kopierschutzes von dieser kein rechtmäßiges Vervielfältigungsexemplar zum privaten und sonstigen eigenen Gebrauch im Rahmen der gesetzlichen Vorgaben[413] mehr anfertigen kann, sondern er kann darüberhinaus seine Original-CD mangels Kompatibilität auch nicht einmal auf seinem CD-Player abspielen[414]. Der Erwerber einer solchen CD müßte sich also zusätzlich noch ein entsprechend kompatibles Abspielgerät anschaffen, um jene CD anhören zu können. Mag dieser Effekt von der Inhalteindustrie auch so nicht gewollt sein, so dürfte er jedoch bei der Markteinführung zweikomponentiger Kopierschutzsysteme kaum zu vermeiden sein. Inwiefern der Markt dies akzeptieren wird, ist eine andere Frage[415].

II. Bedürfnis nach rechtlicher Regulierung des Einsatzes von DRM-Systemen

1. Einseitiger Machtzuwachs der Inhalteanbieter

Das Urheberrecht dient nicht allein dem Schutz der Rechteinhaber, sondern ist vielmehr Resultat einer vom Gesetzgeber getroffenen Interessenabwägung, in welche die Belange aller Beteiligten eingeflossen sind. Dies spiegelt sich insbesondere in den Urheberrechtsschranken konkret wieder. Die Urheberrechtsordnung ist ein Regelwerk, das neben dem Schutz der Allgemeinheit insbesondere auch den Schutz der Nutzer bezweckt.

[412] Vgl. Knies ZUM 2002, 793 (795).
[413] Ausführlich unter C.I.
[414] Zur Frage, inwieweit ein Kopierschutz unter kaufrechtlichen Gesichtspunkten als Sachmangel anzusehen ist, siehe J.III.
[415] Skeptisch Lindhorst, Technische Maßnahmen, S. 35.

Der Rechteinhaber kann die Durchsetzung seiner ihm nach dem UrhG zustehenden Rechte mit Hilfe von DRM-Systemen im Rahmen deren technischer Leistungsfähigkeit sicherstellen[416]. Der Durchschnittsnutzer hingegen hat die Möglichkeit, seine ihm aus den Einschränkungen des Urheberrechts gebührende Rechtsstellung technisch abzusichern, nur im Rahmen der ihm zugänglichen Umgehungs-Tools, also grundsätzlich nur in beschränktem Umfang. Ebensowenig kann sich die Allgemeinheit gegen solche technisch geschützten Inhalte zur Wehr setzen, hinsichtlich derer nach der Rechtsordnung – gleich aus welchem Grund[417] – Ausschließlichkeitsrechte überhaupt nicht bestehen. Das sich abzeichnende faktische Privaturheberrecht könnte sich ferner über die in den Schrankenregelungen zum Ausdruck kommenden gesetzlichen Wertungen problemlos hinwegsetzen und bräuchte somit auch auf öffentliche Interessen keine Rücksicht zu nehmen[418]. Durch den Einsatz von DRM-Technik wird die Position der Rechteinhaber also gestärkt, während gleichzeitig diejenige der Nutzer geschwächt wird. Zusammenfassend: Es findet im Verhältnis der Inhalteanbieter zum Nutzer bzw. zur Allgemeinheit faktisch ein einseitiger Machtzuwachs auf seiten ersterer statt. Jedenfalls wohnt DRM-Systemen das Potential hierzu inne[419]. DRM-Systeme könnten künftig also für rechtlich nicht vorgesehene faktische Ausschließlichkeitspositionen stehen[420].

2. Nutzung auf aktuellem technischen Stand

Gegen eine beschränkende Regulierung des Einsatzes von Kopierschutzmechanismen wird angeführt, dieser führe überhaupt nicht zu einer Aushöhlung urheberrechtlicher Schrankenbestimmungen, weil er nur das Herstellen digitaler Verfielfältigungen, nicht hingegen das Anfertigen von Analogkopien unterbindet[421]. Der Ansatz läuft letztlich auf die Frage hinaus, ob die Allgemeinheit Inhalte grundsätzlich in bestmöglicher Qualität nutzen können muß, also am aktuellen Stand der technischen Entwicklung teilhaben können soll[422]. Hierzu ist anzumerken: Zunehmend wer-

416 Zu bedenken ist folgendes: Ist der finanzielle Aufwand für die Umgehung eines DRM-Systems größer als die Kosten einer rechtmäßigen Nutzung, so wird für viele dieser Nutzer, welche die technische Schutzmaßnahme mit entsprechendem Aufwand umgehen könnten, der Anreiz hierzu entfallen, vgl. Möschel/Bechtold MMR 1998, 571 (574).

417 Etwa mangels ausreichender Schöpfungshöhe.

418 Retzer CRi 2002, 134 (135).

419 Bechtold, Informationsrecht, S. 378.

420 Dies bedeutet nicht etwa, daß solche faktischen Ausschließlichkeitspositionen verboten sind.

421 Vgl. Bechtold, Informationsrecht, S. 381 f.

422 Vgl. Bechtold, Informationsrecht, S. 381, Fn. 1959; Wand, Technische Schutzmaßnahmen, S. 59/245.

den Inhalte in digitaler Form geschützt veröffentlicht. Es scheint wahrscheinlich, daß auf absehbare Zeit immer mehr Werke ausschließlich digital auf den Markt kommen werden. In diesem Fall ist ein Ausweichen auf alternative analoge Medien dann nicht mehr möglich. Desweiteren läuft besagte Argumentation letztlich auf eine Diskriminierung der Nutzer hinaus. Es ist nicht einfach, in allgemeiner Form zu begründen, warum Inhalteanbieter zum Schutz ihrer berechtigten Interessen auf die neuen technischen Möglichkeiten der DRM-Technologie zurückgreifen können, den Nutzern hingegen bei der Ausübung ihrer ebenfalls anerkennenswerten Interessen aber die Errungenschaften des technischen Fortschritts, vor allem die perfekte Qualität einer Digitalkopie, nicht zuteil werden sollen[423]. Die Nutzer, welche von den Urheberrechtsschranken Gebrauch machen wollen, auf die Möglichkeit der qualitativ minderen analogen Kopie zu verweisen, stellt sich somit im Grundsatz als nicht einfach rechtfertigbar dar[424].

3. Notwendigkeit rechtlicher Regulierung

Mit Blick auf die fortschreitende Digitalisierung ist zu erwarten, daß ohne ein Gegensteuern das faktische Privaturheberrecht das „echte" Urheberrecht in seiner Wirkung beschneiden wird. Ein Ausgleich der Interessen von Rechteinhaber und Allgemeinheit beim Einsatz von DRM-Technik ist daher notwendig. Ein solcher kommt grundsätzlich auf zwei unterschiedliche Arten in Betracht: Allein durch den Markt selbst oder durch Regulierung mit Hilfe der Rechtsordnung. Sofern zu erwarten sein sollte, daß der Markt die Aufgabe eines interessengerechten Schutzes vor technischen Schutzmaßnahmen erfüllen kann, sollte dieser Möglichkeit der Vorrang eingeräumt werden, da diese eher an der Praxis ausgerichtete Lösungen verspricht, die sich zudem noch als wesentlich flexibler darstellen dürften als eine staatliche Regulierung dies bewerkstelligen könnte. Es ist aber zweifelhaft, ob der Markt besagte Aufgabe aus sich heraus ohne Schützenhilfe des Gesetzgebers leisten kann[425].

Zwar sieht es oberflächlich betrachtet so aus, als könnten die Probleme eines zu weitreichenden technischen Schutzes durch den Wettbewerb zwischen den verschiedenen Inhalteanbietern mit unterschiedlich ausgeprägten technischen Schutzniveaus gelöst werden. Denn in einem Wettbewerbsmarkt würden die Anbieter davon absehen, überzogene Schutzmechanismen einzusetzen, welche zu unverhältnismäßigen Nut-

[423] Vgl. Bechtold in Büllesbach/Dreier, Information im 21. Jahrhundert, S. 145 (157).

[424] Bechtold, Informationsrecht, S. 382.

[425] Siehe Jaeger/Kreutzer, Stellungnahme Referentenentwurf, S. 7; vgl. auch Wiebe FS Kilian, S. 603 (615); zuversichtlich indes Hucko FS Nordemann, S. 321 (325).

zungsbeschränkungen führen, da die Konsumenten dies nicht hinnehmen, sondern vielmehr auf konkurrierende Anbieter mit weniger einschränkenden Schutzmaßnahmen ausweichen würden, so daß die Nachfrage nach stark geschützten Inhalten abflachen würde[426]. Die Konsumenten würden also Produkte wählen, deren technischer Schutz ihren Präferenzen am ehesten entspricht. Demnach würden die von den Anbietern eingesetzten DRM-Systeme, d. h. die hierdurch unterbundenen Nutzungsmöglichkeiten in gleicher Weise zum Entschluß für das Produkt eines bestimmten Anbieters beitragen wie dessen unmittelbare Qualitätseigenschaften sowie dessen Preis. Man könnte nach dem bislang Gesagten annehmen, am Markt würden sich schließlich solche Anbieter durchsetzen, die bestimmte beachtenswerte Interessen der Allgemeinheit sowie der Nutzer am ausgeprägtesten respektieren; dies schließt urheberrechtliche Schrankenbestimmungen mit ein.

Wie bereits angedeutet, treffen diese Überlegungen aber nur auf den ersten Blick zu. Der Markt allein kann einen angemessenen Interessenausgleich nur hinsichtlich substituierbarer Produkte erreichen[427], also auf einem Wettbewerbsmarkt. Da in der Praxis Inhalte zumeist von einem einzelnen Rechteinhaber exklusiv vertrieben werden, wird hinsichtlich schöpferischer Inhalte regelmäßig aber kein Wettbewerbsmarkt bestehen. Für immaterielle Werke gibt es wegen deren Einzigartigkeit nämlich keine Substitute[428]. Deshalb kann sich auch ein umfassender direkter Wettbewerb hinsichtlich des technischen Schutzes mit Blick auf dessen Schutzniveau nicht einstellen. Zudem scheint es zweifelhaft, ob die Modalitäten der jeweils zum Einsatz kommenden Schutzsysteme für die Konsumenten in breitem Umfang transparent sind[429]. Es dürften Informationsdefizite zu erwarten sein, die eine interessengesteuerte Entscheidung für ein Produkt unter Berücksichtigung dessen technischen Schutzes nur schwer möglich machen. Darüberhinaus ist der Wettbewerb auch unter den Gesichtspunkten der Netzwerkeffekte[430] und Lock-in-Situationen[431] zu bedenken: Netzwerkeffekte ergeben sich bei bestimmten Gü-

[426] Siehe Bechtold, Informationsrecht, S. 337.

[427] Dreier in Dreier/Schulze, UrhG, § 95b, Rn. 1.

[428] Wer z. B. eine CD der Musikgruppe X erwerben möchte, weil er deren Fan ist, wird sich nicht für eine CD der Band Y entscheiden, nur weil deren technischer Schutz geringer ist. Auch Informationen können eine nicht durch andere Produkte oder Dienste substituierbare Stellung einnehmen.

[429] Dem wirkt nunmehr allerdings die in § 95d I UrhG niedergelegte Aufklärungspflicht über den Einsatz von DRM-Systemen entgegen.

[430] Siehe Bechtold, Informationsrecht, S. 357 ff.; ders. in Becker/Buhse/Günnewig/Rump, DRM, S. 597 (630 f.); Zimmerlich WRP 2004, 1260 (1261) im Kontext der Microsoft-Entscheidung vom 24.03.2004; Mestmäcker ZUM 2001, 185 (185); Koenig/Neumann MMR 2003, 695 (697); Buhse, Onlinemusik, S. 76 f.; Picot/Heger in Zerdick/Picot/Schrape/Burgelman/Silverstone, E-Merging Media, S. 343 (350 f.).

[431] Siehe Zimmerlich WRP 2004, 1260 (1262).

tern daraus, daß die Nachfrage nach diesen von der Anzahl der weiteren Konsumenten des gleichen Guts abhängig ist[432]. Im Internet potenzieren sich diese Netzwerkeffekte[433]. Netzwerkeffekte können den Wettbewerb zwischen unterschiedlich stark geschützten Inhalten verhindern[434]. Eine Lock-in-Situation liegt vor, wenn ein wirtschaftlich denkender Konsument eines Produkts den Wechsel zu einem gleichartigen Konkurrenzprodukt scheut, weil die Kosten für den Wechselvorgang dessen Nutzen übersteigen. Unter diesem Gesichtspunkt können Konsumenten schließlich ebenfalls gehindert werden, von einem DRM-System auf ein anderes umzusatteln. Auch dies behindert potentiell den Wettbewerb zwischen unterschiedlich intensiv geschützten Inhalten[435]. An dieser Stelle wird deutlich, von welch herausragender Bedeutung die Kompatibilität der am Markt zum Einsatz kommenden DRM-Systeme in einer globalen Informationswelt ist[436].

Zusammenfassend spricht demnach einiges dafür, daß eine angemessene und interessengerechte Beschränkung technischer Schutzmaßnahmen allein über den Markt nicht unbedingt zu erwarten ist[437]. Dies erklärt sich auch dadurch, daß eine Vielzahl der urheberrechtlichen Schrankenbestimmungen dem Allgemeininteresse dient, das Marktgeschehen aber im Wesentlichen Individualinteressen abbildet[438]. Da jedoch besagte Beschränkungen in der Praxis seitens der Nutzer sowie der Allgemeinheit dringend benötigt werden, ist es angebracht, den Einsatz von DRM-Technik seitens der Rechtsordnung regulierend zu beschränken[439]. Es dürften wohl zu vielfältige öffentliche Interessen betroffen sein, als daß man auf eine uneingeschränkte Selbstregulierung des Marktes vertrauen sollte[440].

4. Förderung des Markts für digitale Inhalte

Trotz allem darf jedoch die Bedeutung der rechtlichen Absicherung von DRM-Systemen auch aus Sicht der Nutzer nicht unterschätzt werden, da die Einräumung von Rechten und somit letztlich die Zugänglichmachung

---

432 Klassisches Beispiel hierfür ist etwa das Telefon: Dessen Nutzen wird für jeden einzelnen Telefonbesitzer potentiell höher, je mehr Menschen ebenfalls einen Telefonanschluß haben. Mit steigendem Nutzen ist der Konsument regelmäßig auch bereit, einen entsprechend höheren Preis zu bezahlen.

433 Mestmäcker ZUM 2001, 185 (185).

434 Bechtold, Informationsrecht, S. 362; vgl. auch Spindler/Apel JZ 2005, 133 (136).

435 Bechtold, Informationsrecht, S. 364; vgl. auch Koenig/Neumann MMR 2003, 695 (697).

436 Peukert UFITA 2002, 689 (692); vgl. auch Erwägungsgrund 54 Multimedia-RL.

437 Ebenso Bechtold, Informationsrecht, S. 368.

438 Peukert UFITA 2002, 689 (698).

439 Ähnlich Jaeger/Kreutzer, Stellungnahme Referentenentwurf, S. 7.

440 Peukert UFITA 2002, 689 (712).

von Werken auf digitalem Weg mit allen Vorteilen sich am Markt wohl nur behaupten können und in Zukunft zur Verfügung stehen wird, wenn die zum Schutz eingesetzten technischen Maßnahmen in angemessener Weise gegen Umgehung geschützt sind[441]. Denn Investitionen in solche Systeme werden nur getätigt, wenn ein rechtlicher Rahmen besteht, der angemessenen Schutz bietet[442]. So dient der Einsatz technischer Schutzmaßnahmen schließlich neben dem Interesse der Rechteinhaber auch dem der Nutzer, indem er dazu führt, daß erstere ihre Werke überhaupt digital erhältlich machen und ferner kreative Geschäftsmodelle entwickeln[443].

III. DRM-Systeme im Spannungsfeld von Rechtsschutz und Urheberrechtsschranken

Der Einsatz von DRM-Systemen steht in einem natürlichen Spannungsverhältnis zu den Urheberrechtsschranken[444].

1. Allgemeine Erwägungen

Hinsichtlich der Auflösung dieses Spannungsverhältnisses gibt es zwei Extrempositionen: Einen Pol bildet der Standpunkt, die durch technische Maßnahmen für die Rechteinhaber erreichte Exklusivität digitaler Inhalte sei im Sinne deren Schutzes angemessen und sollte von daher unbeschränkt ausgeübt werden können. Den Gegenpol stellt die Ansicht dar, daß die sich im Urheberrecht widerspiegelnden und historisch gewachsenen Wertungen nicht durch technische Schutzmechanismen faktisch außer Kraft gesetzt werden dürfen, insbesondere auch, weil sie von Privatparteien ausgestaltet werden. Es dürfte nicht leicht fallen, allgemeingültig zu begründen, warum den Interessen und Rechten der Nutzer und der Allgemeinheit hinsichtlich Inhalten im digitalen Format weniger Bedeutung zukommen sollte als dies traditionell der Fall ist. Allein mit dem technischen Fortschritt kann dies sicherlich nicht überzeugend begründet werden. Wäre es nicht sogar eine Ironie der technischen Entwicklung, wenn es ausgerechnet in der „Informationsgesellschaft“ immer schwieriger würde, an Informationen und Inhalte zu gelangen und das Recht dies auch noch unterstützen oder zumindest tolerieren würde? Um privilegier-

[441] Reinbothe ZUM 2002, 43 (47).
[442] Huppertz CRi 2002, 105 (105).
[443] Huppertz CRi 2002, 105 (105).
[444] Vinje EIPR 1999, 192 (197): „äußerst schwierige Wechselbeziehung“; Kröger, Informationsfreiheit, S. 8: „Bedrohung für die Schrankenregelungen“.

te Kreise angemessen zu schützen, bedarf es einer Zügelung der DRM-Technik. Die Frage lautet im Kern, wie ein interessengerechter Ausgleich mit Blick auf das Potential von DRM-Systemen aussehen soll. Es läuft also auf die grundsätzliche Entscheidung hinaus, inwiefern dem Schutz und der Effektivität technischer Maßnahmen gegenüber Schrankenbestimmungen der Vorrang zuteil werden soll, anders gewendet also, inwieweit letzteren um den Preis der faktischen Schwächung von DRM-Systemen zur Durchsetzung zu verhelfen ist. Diese Frage stellt ein grundsätzliches Dilemma dar, da einerseits die Erforderlichkeit für den Einsatz technischer Schutzmaßnahmen besteht, andererseits aber auch den urheberrechtlichen Schrankenregelungen zur praktischen Bedeutung verholfen werden muß[445]. Die Gewährleistung urheberrechtlicher Schrankenbestimmungen um jeden Preis, d. h. auf Kosten der Effektivität des Einsatzes von DRM-Systemen, ist keine befriedigende Lösung des Spannungsfeldes. Man sollte sich über technische Möglichkeiten nicht ohne weiteres hinwegsetzen. Dies brächte potentiell neben der Verlangsamung des technischen Fortschritts eine Kriminalisierung des Einsatzes neuer Technik mit sich. Beides kann aber nicht im gesamtgesellschaftlichen Interesse sein. So kann es grundsätzlich dem Rechteinhaber nicht verwehrt sein, den gebotenen Schutz mit Hilfe von technischen, dem System immanenten Mitteln herbeizuführen[446]. Die absolute Nichtberücksichtigung der Urheberrechtsschranken beim Einsatz von DRM-Systemen ist allerdings ebenfalls keine akzeptable Lösung, ist es doch eben Aufgabe der Rechtsordnung, das Gemeinwohl nicht aus den Augen zu verlieren.

2. Einheitsmodell

a) Einheitsmodell als Idealfall

Am sachgerechtesten wäre es, urheberrechtliche Schrankenbestimmungen unter Berücksichtigung ihrer Grundsätze als in sich stimmigen Interessenausgleich eins zu eins auf den Einsatz von DRM-Technik zu übertragen, quasi im Sinne eines Einheitsmodells. Der Einsatz von DRM-Systemen zum Schutz immaterieller Leistungen in Digitalform sollte also im Idealfall alle urheberrechtlich zulässigen Verhaltensweisen ermöglichen, jedoch auch nicht mehr. Die einschlägigen Schranken und deren faktische Durchsetzung gingen dann Hand in Hand. Es entstünden so

[445] Bayreuther ZUM 2001, 828 (838): „Dem Privilegierten nützen die schönsten Schrankenbestimmungen nichts, wenn es ihm aus tatächlicher Sicht unmöglich ist, von der zugelassenen Nutzung Gebrauch zu machen, oder er dies allenfalls dann könnte, wenn er die technischen Schutzmaßnahmen umgeht, was er aber nicht darf.“.

[446] So bereits BGH Urt. v. 03.06.1981 – VIII ZR 153/80, NJW 1981, 2684 (2684).

keine Wertungswidersprüche. Die technischen Maßnahmen würden genutzt, um das durchzusetzen und abzusichern, was der Gesetzgeber in einem normativen Interessenausgleich vorgegeben hat. Der Einsatz von DRM-Technik stellt sich dann für Inhalte im Digitalformat als eine mit dem Urheberrecht synchronisierte Schutzebene dar, durch welche die Vorteile des technischen Fortschritts genutzt werden, um den gesetzlichen Wertungen faktische Geltung zu verschaffen. Sofern die kongruente Abgleichung privilegierter Nutzungen mit den Urheberrechtsschranken technisch möglich ist, stellt dieser Ansatz die stimmigste Lösung dar.

b) Unzureichende technische Möglichkeiten

Ein solches System kann aber nur dann zu sachgerechten Ergebnissen führen, wenn am Markt DRM-Technik zur Verfügung steht, die in der Lage ist, das Urheberrecht mit all seinen filigranen Einschränkungen genau widerzuspiegeln. Dies mag in Zukunft irgendwann der Fall sein; zum jetzigen Zeitpunkt jedoch ist die zur Verfügung stehende Technologie nicht ausreichend ausgereift, um auch die Feinheiten des urheberrechtlichen Interessenausgleichs berücksichtigen zu können: Momentan ist es nicht möglich, technische Schutzmaßnahmen mit den urheberrechtlichen Schrankenregelungen zu syschronisieren[447]. Eine technische Vorrichtung etwa, die einen effektiven Schutz vor urheberrechtsverletzenden Kopien bieten soll, unterbindet darüberhinaus regelmäßig auch Vervielfältigungen, welche aufgrund von Schranken zulässig sind. Die Einschlägigkeit zahlreicher Schrankenbestimmungen hängt vom Zweck oder den Umständen der konkreten Nutzung ab. DRM-Systeme können bislang aber lediglich technisch kontrollierbare Fakten berücksichtigen. Sie folgen insofern sozusagen einem Alles-oder-Nichts-Prinzip, so daß eine bestimmte Nutzung entweder möglich ist oder eben nicht. Bislang sind technische Schutzvorrichtungen nicht in der Lage, etwa zwischen unterschiedlichen Zwecksetzungen hinter einer gewünschten Nutzung zu differenzieren. Von den Rechteinhabern werden sie regelmäßig daraufhin ausgelegt, vorbehaltlosen Schutz zu gewähren, getreu dem Motto „besser zuviel als zu wenig schützen“.

c) Zwischenergebnis

Fordert man, daß Urheberrechtsschranken auf keinen Fall durch zum Einsatz kommende DRM-Systeme beeinträchtigt werden dürfen, so kommt dies einem vollständigen Verbot des Einsatzes von DRM-Technik gleich, da diese Anforderung derzeit kein technisches Schutzsystem erfüllen kann. Auf absehbare Zeit müssen also andere Lösungswege gefunden werden.

---

[447] Siehe A.II.3.b)aa)(1).

IV. Relevante Vorgaben der Multimedia-RL

Nachdem der Einsatz von DRM-Systemen etwa in den USA schon im Jahre 1998 durch den Digital Millenium Copyright Act (DMCA) eine Regelung erfahren hat[448], gibt seit 2001 auf europäischer Ebene nun auch die Multimedia-RL den Mitgliedstaaten der Europäischen Gemeinschaft[449] den rechtlichen Rahmen vor. Obwohl die Richtlinie sich um eine ausgewogene Lösung bemüht hat, ist sie nicht nur auf Zustimmung[450], sondern auch auf Kritik[451] gestoßen. Im Folgenden soll Art. 6 als Kernstück der Richtlinie[452], der im Übrigen präziser als entsprechende Regelungen des WCT und des WPPT sein dürfte[453], dargestellt werden; hieran ist schließlich auch die deutsche Rechtslage ausgerichtet.

1. Rechtliche Absicherung des Einsatzes von DRM-Systemen

Ein angemessener rechtlicher Schutz von DRM-Systemen ist in der Informationsgesellschaft ein beachtlicher Faktor für deren Wirtschaftlichkeit, somit auch für deren Entwicklung und schließlich für die Verwaltung geistigen Eigentums in digitaler Form[454] mit all den Vorteilen, die dies mit sich bringt.

a) Schutzumfang

Sowohl Schutzgegenstand als auch die durch die Mitgliedstaaten zu sanktionierenden Verhaltensweisen werden von der Multimedia-RL vorgegeben.

---

[448] Ausführlich zu den relevanten §§ 1201 ff. DMCA Fallenböck, Technical Protection of Copyright, S. 10 ff.; Wand, Technische Schutzmaßnahmen, S. 230 ff.; siehe auch Lejeune in Becker/Buhse/Günnewig/Rump, DRM, S. 366 (368 ff.); Wildpaner MR 2002, 383 (383 f.); Lindhorst, Technische Maßnahmen, S. 102 ff.; Peukert GRUR Int. 2002, 1012 (1013 f.); Foged EIPR 2002, 525 (530 ff.); Goldberg/Bernstein EIPR 2001, 160 (160 f.); Freytag MMR 1999, 207 (208); Fallenböck MR-Int 2004, 11 (14 ff.).

[449] Art. 15 Multimedia-RL: Die Multimedia-RL „ist an die Mitgliedstaaten gerichtet.".

[450] Etwa Reinbothe GRUR Int. 2001, 733 (742); Huppertz CRi 2002, 105 (106/107).

[451] Etwa Davies FS Dietz, S. 307 (312).

[452] Dies gilt jedenfalls bezüglich des Einsatzes von DRM-Systemen. Relevant ist ferner insbesondere Art. 7 Multimedia-RL.

[453] Siehe v. Lewinski in Hoeren/Sieber, Multimediarecht, Kap. 7.9, Rn. 110.

[454] Dusollier in Kaestner, Intellectual Property Rights, S. 227 (232).

aa) Schutzgegenstand: Wirksame technische Schutzmaßnahmen

Gegenstand des rechtlichen Schutzes sind wirksame technische Maßnahmen[455]. Was unter solchen zu verstehen ist, regelt Art. 6 III Multimedia-RL.

(1) Technische Schutzmaßnahmen

Nach Art. 6 III 1 Multimedia-RL bezeichnet der Begriff der technischen Maßnahmen im Sinne der Richtlinie alle Technologien, Vorrichtungen oder Bestandteile, die im normalen Betrieb dazu bestimmt sind, Werke oder sonstige Schutzgegenstände betreffende Handlungen zu verhindern oder einzuschränken, die nicht vom Inhaber entsprechender Rechte genehmigt worden sind. Soweit der Rechteinhaber für die Nutzung seines Werkes eine Lizenz erteilt hat, ist also die entsprechende Umgehung etwaiger dies unterbindender technischer Schutzmaßnahmen rechtlich nicht zu beanstanden; denn Art. 6 III 1 Multimedia-RL stellt nur solche technische Maßnahmen unter besonderen Rechtsschutz, die dazu bestimmt sind, vom Urheber nicht gestattete Handlungen an seinen Werken zu verhindern[456]. Daß Art. 6 III 1 Multimedia-RL DRM-Systeme im Sinne des in vorliegender Arbeit vertretenen Begriffs erfaßt[457], liegt auf der Hand[458], will doch Art. 6 Multimedia-RL eben die rechtliche Absicherung dieser technischen Neuerungen erreichen[459]. Schon an dieser Stelle soll darauf hingewiesen sein, daß aus der weiten Fassung des Begriffs der technischen Schutzmaßnahmen i. S. d. Art. 6 III 1 Multimedia-RL Probleme kartellrechtlicher Art entspringen[460].

(2) Wirksamkeit

Vorneweg: Auch wenn die Wirksamkeit einer technischen Schutzmaßnahme diese regelmäßig effektiv macht, so dürften die Begriffe Effektivität und Wirksamkeit im Kontext von DRM-Technik wohl nicht gänzlich kongruent sein. Während die Wirksamkeit einen juristisch belegten Begriff darstellt, weist die Effektivität Bezug zu ökonomischen Erwägungen auf. Ohne daß ich mich dadurch auf eine bestimmte Begriffsbestimmung festlegen will, wird letzterer Begriff innerhalb der vorliegenden Arbeit daher tendenziell im Rahmen wirtschaftlicher Ausführungen gebraucht.

---

[455] Trayer, Technische Schutzmaßnahmen, S. 29 ff. unterscheidet zwischen unmittelbaren und mittelbaren Schutzmaßnahmen.

[456] Metzger, Stellungnahme Multimadia-RL, S. 3.

[457] Auch Maßnahmen zum Schutz eines Sui-generis-Rechts an einer Datenbank fallen hierunter: Flechsig ZUM 2002, 1 (15); vgl. auch die Erwägungsgründe 47 S. 1, 48 S. 1 Multimedia-RL.

[458] Ähnlich Knies ZUM 2002, 793 (796).

[459] Vgl. Erwägungsgrund 47 S. 2 Multimedia-RL.

[460] Siehe F.II.

Das Kriterium der Wirksamkeit definiert die Multimedia-RL in Art. 6 III 2[461]; dabei läßt sie aber im Unklaren, ob zwingend von der Wirksamkeit der in dieser Norm aufgezählten Mechanismen auszugehen ist. Die Wirksamkeit der technischen Maßnahme erscheint als Anknüpfungspunkt für den rechtlichen Schutz zunächst seltsam. Der Rechtsschutz soll seinem Telos gemäß doch gerade dann eingreifen, wenn DRM-Systeme umgangen werden, der technische Schutz allein also unwirksam geworden ist. Warum die Richtlinie zur Voraussetzung des Rechtsschutzes die technische Wirksamkeit der Schutzmechanismen erklärt, ist daher auf den ersten Blick nicht einleuchtend[462]: Denn Systeme, die nicht umgangen werden können, sind nicht schutzbedürftig[463]; solche hingegen, die nicht wirksam sind und daher rechtlichen Schutzes bedürfen, zählen jedenfalls gemäß des Worlauts der Multimedia-RL nicht zu den geschützten Mechanismen. Insofern ist es für den Richtliniengeber durchaus schmeichelhaft, wenn diesbezüglich nur von einem „gewissen Widerspruch“[464] die Rede ist. Es macht jedenfalls schlicht keinerlei Sinn, die Vorgabe der Richtlinie dahingehend zu verstehen, daß nur vollkommen sichere Mechanismen Rechtsschutz genießen sollen[465].

(a) Prüfung im Einzelfall

Eine technische Maßnahme ist gemäß Art. 6 III 2 Multimedia-RL als wirksam anzusehen, soweit die Nutzung eines geschützten Werks oder eines sonstigen Schutzgegenstandes von den Rechteinhabern durch eine Zugangskontrolle oder einen Schutzmechanismus wie Verschlüsselung, Verzerrung oder sonstige Umwandlung des Werks oder sonstigen Schutzgegenstands oder einen Mechanismus zur Kontrolle der Vervielfältigung, die die Erreichung des Schutzziels sicherstellen, unter Kontrolle gehalten wird. Die Definition der Wirksamkeit stößt teilweise insofern auf Bedenken, als daß nicht abzuschätzen sei, welche Gestalt technische Schutzmaßnahmen künftig annehmen, so daß eine allgemeingültige Aussage dahingehend nicht möglich sei[466]. Dem kann jedoch nicht beigepflichtet werden, da besagte Definition ausreichend Spielraum zur Berücksichtigung technischer Entwicklungen läßt. Die Frage nach der Wirksamkeit ist zudem ja auch gerade nach dem jeweiligen Stand der Technik zu be-

461 Siehe etwa Koelman/Helberger in Hugenholtz, Future of Copyright, S. 165 (173 f.).

462 Vgl. auch Abdallah/Gercke/Reinert ZUM 2004, 31 (36).

463 Goldmann in Becker/Buhse/Günnewig/Rump, DRM, S. 502 (515 f.).

464 Spindler GRUR 2002, 105 (115); Mayer CR 2003, 274 (279).

465 Peukert in Loewenheim, Hdb UrhR, § 34, Rn. 12; zur parallel gelagerten Problematik im Rahmen des US-amerikanischen DMCA vgl. Solmecke TKMR 2002, 372 (373 f.).

466 Haedicke FS Dietz, S. 349 (358); Wandtke/Ohst in Wandtke/Bullinger, Praxiskommentar UrhR Ergänzungsband, § 95a, Rn. 48.

antworten[467]. Insofern muß in jedem konkreten Fall, also hinsichtlich jedes einzelnen DRM-Systems gesondert geprüft werden[468]; daß über das Merkmal der Wirksamkeit künftig erheblich gestritten werden wird, dürfte auf der Hand liegen[469]. Besagte Prüfung ist Aufgabe der Rechtsprechung. Diese hat dabei den schnell voranschreitenden technologischen Wandel im Auge zu behalten. Jedenfalls dann, wenn Umgehungsmittel oder das zur Umgehung erforderliche sonstige Know-How im Internet zur Verfügung stehen, dürfte die Annahme der Wirksamkeit schwer fallen[470].

(b) Durchschnittsnutzer als Maßstab

Die Tatsache, daß ein technischer Schutzmechanismus erfolgreich umgangen werden konnte, schließt nicht per se aus, daß er aus einer ex-ante-Betrachtung heraus nicht wirksam war. Ansonsten fehlte der Regelung ihr Anwendungsbereich[471]. Es muß vielmehr auch berücksichtigt werden, von welchem Personenkreis die Umgehung vorgenommen wurde: Ein Schutzmechanismus ist daher als effektiv, d. h. wirksam im Sinne der Regelung zu betrachten, wenn er den Durchschnittsnutzer davon abhält, unerwünschte Nutzungsvorgänge vorzunehmen[472]. Dies darf aber nicht dazu führen, daß sich Hacker und Cracker durch die weite Verbreitung von Umgehungsmitteln, welche Umgehungen einem breiten Publikum ermöglichen, letztlich aus der Verantwortung ziehen können[473]. Die Widerstandsfähigkeit einer Schutzmaßnahme gegen Hacker und Cracker ist zur Bestimmung deren Wirksamkeit im Sinne der Vorschrift also im Ergebnis

467 Mayer EuZW 2002, 325 (328).

468 Dreier in Dreier/Schulze, UrhG, § 95a, Rn. 16.

469 Ähnlich Jaeger/Kreutzer, Stellungnahme Referentenentwurf, S. 4.

470 A. A. Dreier in Dreier/Schulze, UrhG, § 95a, Rn. 16: Offenbar sei Wirksamkeit auch dann möglich, wenn die Umgehungmittel etwa nur in kleinen Internetzirkeln kursieren.

471 Wandtke/Ohst in Wandtke/Bullinger, Praxiskommentar UrhR Ergänzungsband, § 95a, Rn. 50.

472 Hoeren MMR 2000, 515 (520); Wandtke/Ohst in Wandtke/Bullinger, Praxiskommentar UrhR Ergänzungsband, § 95a, Rn. 50; Spindler GRUR 2002, 105 (116); Linnenborn K&R 2001, 394 (397); Kröger CR 2001, 316 (322); ders. DuD 2001, 723 (724); Fallenböck/Haberler ecolex 2002, 262 (263); Wiebe FS Kilian, S. 603 (609); Stickelbrock GRUR 2004, 736 (738); einschränkend Pleister/Ruttig MMR 2003, 763 (765), Fn. 14: Auf den Durchschnittsnutzer sei nur dann abzustellen, wenn dem Nutzer spezifische Umgehungsvorrichtungen nicht zur Verfügung stehen; kritisch Weber in Hilty, Urheberrecht am Scheideweg, S. 69 (75); Strömer/Gaspers K&R 2004, 14 (17) mit Blick auf zahlreiche verfügbare Umgehungs-Tools; a. A. Peukert in Loewenheim, Hdb UrhR, § 34, Rn. 12 unter Berufung auf Gründe der Rechtssicherheit; Lindhorst, Technische Maßnahmen, S. 119, der aus beweisrechtlichen Erwägungen heraus lediglich völlig unzureichende und offensichtlich untaugliche technische Maßnahmen vom Schutz ausnehmen will.

473 Trayer, Technische Schutzmaßnahmen, S. 28.

nicht entscheidend. Der Einwand, gerade im Bereich des Internet sei es schwierig einen Durchschnittsbenutzer zu definieren, da dieses von Gruppen mit völlig unterschiedlichen Kenntnissen genutzt wird[474], läuft indes leer, da sich auch bei einem breit gestreuten Publikum denknotwendig immer ein Druchschnitt bestimmen läßt. Zusammenfassend ist festzuhalten: Technische Schutzmaßnahmen müssen nicht 100%-ige Sicherheit bieten, um wirksam im Sinne des Art. 6 III 2 Multimedia-RL zu sein.

(c) Kein Schutz offensichtlich untauglicher Schutzmaßnahmen

Das Wirksamkeitsmerkmal soll demnach sozusagen eine gewisse objektivierte Ernsthaftigkeit[475], d.h. ein gewisses Mindestniveau[476] des technischen Schutzes erforderlich machen, also völlig unzureichende und einfach zu umgehende, d.h. nicht nennenswert wirksame[477], tatsächlich nicht greifende[478] Maßnahmen aus den Schutzbereich herausnehmen[479]. Am geforderten Mindestniveau fehlt es, wenn das Schutzsystem schon zum Zeitpunkt seiner Installation mit bereits verfügbaren Tools umgangen werden kann[480], in jedem Fall aber dann, wenn es mit Werkzeugen umgehbar ist, die vor Inkrafttreten der Multimedia-RL am 22.06.2001 vertrieben wurden. Naheliegender ist aber, im Rahmen der Würdigung anhand des jeweiligen nationalstaatlichen Rechts auf das Inkrafttreten der nationalen Umsetzung abzustellen[481], da erst hierdurch die unmittelbare Wirkung des Verbots der Vorbereitungshandlungen i.S.d. Art. 6 III Multimedia-RL entstanden ist. Hintergrund des „Wirksamkeits"-Merkmals dürfte sein, daß der Richtliniengeber die Kriminalisierung, also die Verantwortlichkeit schon für die Umgehung offensichtlich untauglicher Schutzmechanismen vermeiden wollte. Andernfalls könnte es seitens der Rechteinhaber sonst nämlich leicht zum mißbräuchlichen Einsatz von DRM-Systemen kommen, da jene dann solche von minimaler Leistungsfähigkeit einsetzen könnten, ohne im Fall derer Umgehung auf Ansprüche verzichten zu müssen. Die Wertungen des traditionellen Urheberrechts mit seinem in den Schrankenregelungen ausdifferenzierten Interessenausgleich könnten so in Frage gestellt werden: Ein Nutzer wür-

474 Lindhorst, Technische Maßnahmen, S. 119.

475 Strömer/Gaspers K&R 2004, 14 (17); Wand, Technische Schutzmaßnahmen, S. 109.

476 Wand, Technische Schutzmaßnahmen, S. 41 m. w. N.; Wandtke/Ohst in Wandtke/Bullinger, Praxiskommentar UrhR Ergänzungsband, § 95a, Rn. 47.

477 Dreier in Dreier/Schulze, UrhG, § 95a, Rn. 15.

478 V. Lewinski/Walter in Walter, Europäisches Urheberrecht, Info-RiLi, Rn. 155.

479 Stickelbrock GRUR 2004, 736 (738); Bechtold, Informationsrecht, S. 199; Schmid/Wirth, UrhG, § 95a, Rn. 8 f.; vgl. auch Wand, Technische Schutzmaßnahmen, S. 41 f.

480 Vgl. Dreier in Dreier/Schulze, UrhG, § 95a, Rn. 15.

481 Ebenso Schmid/Wirth, UrhG, § 95a, Rn. 9.

de sich nämlich dann auch im Fall der Umgehung eines offensichtlich unwirksamen technischen Schutzes unrechtmäßig verhalten, aber nicht etwa weil die Nutzung nicht von einer entsprechenden Schrankenregelung gedeckt wäre, sondern vielmehr allein wegen des Vorhandenseins der nicht effektiven technischen Schutzeinrichtung. Rechteinhaber könnten im Ergebnis zusätzlichen Rechtsschutz durch den Einsatz technischer Maßnahmen erhalten, welche in Wirklichkeit gar keinen technischen Schutz bieten. Anders ausgedrückt: Bereits durch den Einsatz einfachster Maßnahmen würden Urheberrechtsschranken in gewissem Maß umgangen. Um die Gefahr solchen Mißbrauchs abzufangen, müßte man den Nutzern im Rahmen einer bestehenden Schrankenregelung die Umgehung der Maßnahme zubilligen. Hiervon hat man aber mit guten Gründen abgesehen[482]. Es zeigt sich also, daß mit der zunächst seltsam wirkenden Formulierung des Tatbestandsmerkmals der Wirksamkeit der technischen Maßnahme seitens des Richtliniengebers ein anzuerkennendes Ziel verfolgt wurde: Eingesetzte Schutzmaßnahmen sollen einen gewissen Mindeststandard an Schutz aufweisen müssen; dem mißbräuchlichen Einsatz technischer „Pseudo-Schutzmaßnahmen" soll hiermit entgegengetreten werden.

(d) Redigitalisierung

Eine technische Maßnahme wird grundsätzlich nicht dadurch offensichtlich unwirksam, daß sie im Wege der Redigitalisierung überwunden werden kann, da die Möglichkeit dieser „unechten" Umgehungsmethode gerade typischerweise besteht. Ansonsten müßte man wohl nahezu alle derzeit erhältlichen DRM-Systeme letztlich als unwirksam einstufen. Redigitalisierte Inhalte weisen regelmäßig auch eine verminderte Qualität auf, so daß einer der Gründe für die Notwendigkeit von Schutzmechanismen wegfällt: Eine redigitalisierte Kopie etwa entspricht eben in ihren Eigenschaften nicht mehr gänzlich dem Original; die Originalqualität eines digitalen Vervielfältigungsstücks ist aber gerade ein wesentlicher Anreiz zur Inhaltepiraterie[483]. Ob im Fall der Überwindung technischer Schutzmaßnahmen im Wege der Redigitalisierung eine Umgehung im Sinne der Vorschrift vorliegt, ist eine von der Wirksamkeit zu unterscheidende Frage[484].

---

482 Siehe G.III.1.a)bb).

483 Dieser Gedanke relativiert sich zugegebenermaßen jedoch, wenn man sich vor Augen führt, daß besagte Qualitätseinbußen nur einmal stattfinden und von daher nicht merkbar oder gar gravierend sein müssen: Alle digitalen Vervielfältigungen von der (ersten) redigitalisierten Kopie sind mit dieser qualitativ wiederum gleichwertig.

484 Wirksamkeit und Umgehung sind gesonderte Tatbestandsmerkmale, siehe B.VI.2.b)aa)(3).

bb) Untersagte Handlungen

Ziel ist es, den rechtlichen Schutz im Kontext der Umgehung technischer Schutzmaßnahmen möglichst frühzeitig zu gewähren. Die Multimedia-RL untersagt dementsprechend in Art. 6 I die (aktive) Umgehung wirksamer technischer Schutzmaßnahmen in eigener Person und gewährt darüberhinaus in Art. 6 II eine Art ergänzenden Vorfeldschutz vor der Herstellung, Einfuhr, Vermarktung und Werbung für Produkte und Dienstleistungen, welche im Wesentlichen der Umgehung technischer Schutzmaßnahmen dienen, also vor Handlungen, welche die eigentliche Umgehungshandlung letztlich ermöglichen oder zumindest fördern; Art. 6 II Multimedia-RL erfaßt damit kausale Tatbeiträge zu unmittelbaren Umgehungshandlungen Dritter, mit anderen Worten also mittelbare Umgehungshandlungen. Die tatsächliche Verletzung materiell-urheberrechtlich geschützter Positionen ist nicht Voraussetzung des Schutzes nach Art. 6 I, II Multimedia-RL[485].

(1) Unmittelbare Umgehung von DRM-Systemen

Da die Ansicht, die Entfernung etwa eines Kopierschutzes sei bereits aus der Natur der Sache heraus unzulässig[486], keine allgemeine Gültigkeit besitzt, schreibt Art. 6 I Multimedia-RL einen Schutz wirksamer technischer Maßnahmen vor Personen vor, denen bekannt ist oder den Umständen nach bekannt sein muß, daß sie das Ziel einer Umgehung verfolgen[487]. Dabei beschränkt die Richtlinie den Schutz nicht etwa nur auf vorsätzlich handelnde Personen, sondern bezieht auch Fahrlässigkeit mit ein[488]; hierdurch soll Beweisproblemen im Einzelfall begegnet werden[489]. Welche Art der Fahrlässigkeit erfaßt sein soll, läßt sich aus der Formulierung nicht erkennen; diese soll aber eher auf grobe denn auf leichte Fahrlässigkeit hindeuten[490]. Schutzgut des Art. 6 I Multimedia-RL sind primär die urheberrechtlich geschützten Inhalte, welche durch den Einsatz von DRM-Systemen auch tatsächlichen Schutz erfahren[491]. Der Schutz der Integrität solcher Systeme als solche ist dementsprechend Mittel zum Zweck.

---

485 Dies steht möglicherweise in einem Spannungsverhältnis zu Art. 11 WCT bzw. Art. 18 WPPT, siehe Rigamonti GRUR Int. 2005, 1 (3 ff.).

486 So Jani ZUM 2003, 842 (851).

487 Interessanterweise war die Umgehung selbst im ursprünglichen Richtlinienvorschlag noch nicht verboten, sondern wurde erst auf Vorschlag des Europäischen Parlaments hin vorgenommen, vgl. Rosén GRUR Int. 2002, 195 (204).

488 Flechsig ZUM 2002, 1 (14) hingegen nimmt einen verschuldensunabhängigen Rechtsschutz in Form eines quasi-negatorischen Unterlassungsanspruchs an.

489 Wand, Technische Schutzmaßnahmen, S. 110.

490 Spindler GRUR 2002, 105 (116).

491 A. A. Flechsig ZUM 2002, 1 (14): Schutzgut des Art. 6 I Multimedia-RL sei die Integrität technischer Schutzmaßnahmen als solche.

(2) Mittelbare Umgehung von DRM-Systemen (Vorfeldaktivitäten)

Art. 6 II Multimedia-RL trägt dem Umstand Rechnung, daß Verletzungen des Urheberrechts häufig nicht monokausal auf Handlungen nur einer Person zurückzuführen sind. Es sollen mit dieser Regelung die unterschiedlichen Beiträge erfaßt werden, mit denen Dritte mittelbar an (unmittelbaren) Urheberrechtsverletzungen mitwirken können. Dies ist für einen effektiven Schutz von DRM-Systemen auch wichtig[492], denn die eigentliche Pirateriegefahr geht nicht von den Umgehungshandlungen einzelner Nutzer aus, sondern vielmehr von den dies erst ermöglichenden Vorbereitungshandlungen kommerzieller Unternehmen[493], indem diese Umgehungsmittel herstellen, verkaufen, vermieten oder hierfür werben[494]: Es wäre blauäugig, zu glauben, parallel zur Entwicklung von DRM-Systemen entstünde nicht jeweils auch ein (Schwarz-)„Markt" für entsprechende Umgehungsvorrichtungen[495]. Art. 6 II Multimedia-RL fordert eine umfassende Kontrollmöglichkeit der Rechteinhaber über Herstellung, Vertrieb und das Bewerben von Umgehungsmaßnahmen. In der Praxis ist diese auch leichter auszuüben als die Überwachung des Verbotes, solche Maßnahmen einzusetzen[496]. Es soll also sozusagen das Übel an seiner Wurzel gepackt werden[497].

(a) Normcharakter

Art. 6 Multimedia-RL, in jedem Fall Art. 6 II Multimedia-RL ist seinem Regelungsgehalt gemäß unter dogmatischen Gesichtspunkten nicht unbedingt dem Urheberrecht zuzurechnen[498]: Derjenige, der lediglich Instrumentarien zur Umgehung technischer Schutzmaßnahmen zur Verfügung stellt, leistet zwar einen Tatbeitrag, hat aber ansonsten mit der eigentlichen (Urheberrechts-)Verletzungshandlung nichts zu tun[499].

492 Huppertz CRi 2002, 105 (107); Wandtke/Ohst in Wandtke/Bullinger, Praxiskommentar UrhR Ergänzungsband, § 95a, Rn. 67.

493 Zwar ist der Anwendungsbereich des Art. 6 II nicht auf kommerzielle Handlungen begrenzt, doch dürften diese den Hauptanwendungsfall der Norm darstellen; vgl. B.IV1.a)bb(c).

494 Vinje EIPR 1999, 192 (198); Fallenböck/Weitzer CRi 2003, 40 (44); Dusollier, Anti Circumvention, S. 20; Marly K&R 1999, 106 (111); Peukert in Loewenheim, Hdb UrhR, § 34, Rn. 18; Wandtke/Ohst in Wandtke/Bullinger, Praxiskommentar UrhR Ergänzungsband, § 95a, Rn. 67.

495 Ähnlich Thomaschki DuD 1998, 265 (268).

496 Vinje EIPR 1999, 192 (198).

497 Peukert in Loewenheim, Hdb UrhR, § 34, Rn. 18.

498 Schack JZ 1998, 753 (759): „Das Wettbewerbsrecht ergänzender Schutz"; Hugenholtz, berichtet von Hestermeyer/Worley CR 2002, 392 (392): „aliud zum Urheberrecht"; Trayer, Technische Schutzmaßnahmen, S. 128 f.; Hoeren in Becker/Buhse/Günnewig/Rump, DRM, S. 574 (576) ordnet Art. 6 II Multimedia-RL dem Recht des unlauteren Wettbewerbs zu; vgl. auch ders. MMR 2000, 515 (520).

499 Haedicke FS Dietz, S. 349 (353).

Art. 6 II Multimedia-RL knüpft auch nicht an den urheberrechtlichen Schutz entsprechender Inhalte an[500].

(b) Umfassender Schutz

Zunächst sieht es so aus, als stünde auch Art. 6 II Multimedia-RL in Bezug zu urheberrechtlich geschütztem Material, verwendet er doch ebenfalls den Begriff „technische Maßnahmen", welche in Art. 6 III 1 definiert werden als Vorrichtungen, die letztlich den Rechteinhaber schützen sollen. In dieselbe Richtung gehend ist auch Erwägungsgrund 47 Multimedia-RL zu verstehen. Auf den zweiten Blick wird allerdings erkennbar, daß dies nicht sachgerecht sein dürfte: Der Schutzbehauptung, die in Rede stehende Technik könne oder solle Systeme, die zum Schutz urheberrechtlich geschützter Inhalte eingesetzt werden, überhaupt nicht umgehen, würde sonst nämlich Tür und Tor geöffnet. Im Interesse eines umfassenden Schutzes vor Handlungen, die letztlich die Umgehung technischer Schutzmaßnahmen vorbereiten (können), kann somit im Rahmen des Art. 6 II anders als bei Art. 6 I nach dem Telos der Vorschrift nicht maßgeblich sein, ob die Vorbereitungshandlungen Bezug haben zur Umgehung urheberrechtlich geschützter Werke[501]. Ob die Vorrichtungen geschütze Inhalte umgehen (sollen), ist also irrelevant. Andernfalls würden wohl nicht alle Umgehungsvorrichtungen vom Schutz nach Art. 6 II Multimedia-RL erfaßt werden[502]. Es bestünde dann die Gefahr, daß der rechtliche Schutz mit der Schutzbehauptung umgangen werden kann, entsprechende Vorrichtungen zielten lediglich auf die Umgehung von Schutzmechanismen ab, welche urheberrechtlich nicht geschützte Inhalte technisch sichern[503]. Die soeben vertretene Auffassung ist auch mit der „Urheberrechtsrichtlinie" in Einklang zu bringen, da der Regelungsgehalt des Art. 6 II der Materie gemäß, wie gerade dargelegt, sachlich nicht unbedingt dem Urheberrecht zuzuordnen ist. Ferner ergibt sich mit Blick auf die Verhinderung besagter Schutzbehauptungen aus jener Ansicht auch kein Widerspruch dazu, daß das Schutzgut des Art. 6 Multimedia-RL primär die technisch gesicherten urheberrechtlich geschützten Inhalte sind.

---

[500] Hierzu gleich, siehe B.IV.1.a)bb)(2)(b).

[501] Ebenso offenbar Linnenborn K&R 2001, 394 (397): Art. 6 II betrifft sämtliche Vorrichtungen oder Dienstleistungen, die die Umgehung technischer Schutzmaßnahmen bewirken; a. A. offenbar Flechsig ZUM 2002, 1 (15); unklar hingegen v. Lewinski/Walter in Walter, Europäisches Urheberrecht, Info-RiLi, Rn. 152.

[502] Ebenso offenbar Koelmann/Helberger in Hugenholtz, Future of Copyright, S. 165 (196).

[503] Vgl. Raubenheimer CR 1996, 69 (79).

(c) Multifunktionale Vorrichtungen und Software

Die Tatsache, daß technische Geräte und Produkte multifunktional[504] sein, d. h. neben erlaubten Zwecken auch zur illegalen Umgehung technischer Schutzsysteme eingesetzt werden können, ohne daß dies jedoch deren primärem Zweck entspricht oder aber daß bei deren Entwicklung die Möglichkeit ihres Einsatzes zur Umgehung von DRM-Systemen überhaupt erkannt worden ist, wird in der Richtlinie nicht ausdrücklich behandelt. Bestes Beispiel für ein multifunktional einsetzbares Gerät ist ein handelsüblicher PC. Für diesen gibt es illegale wie zulässige Einsatzmöglichkeiten. Aus diesem Blickwinkel heraus hätte eine ausdrückliche Klarstellung dahingehend, daß solche, grundsätzlich gesetzlich erlaubte, multifunktionale Geräte nicht unter Art. 6 II Multimedia-RL fallen, durchaus Sinn gemacht[505]. Wenn dies auch nicht geschehen ist, so finden sich doch mittelbar Anhaltspunkte: So müssen die Gegenstände oder Dienstleistungen dem Ziel der Umgehung dienen (Art. 6 II Lit.a), sich hauptsächlich auf eine ermöglichte oder erleichterte Umgehung beziehen (Art. 6 II Lit.c) oder abgesehen von der Umgehung wirksamer technischer Schutzmaßnahmen einen lediglich begrenzten wirtschaftlichen Zweck oder Nutzen haben (Art. 6 II Lit.b), um von der Rechtsordnung sanktioniert zu werden. Letztgenanntes Merkmal soll etwa schon vorliegen, wenn ein Produkt oder eine Leistung bei sonstigem eigenen wirtschaftlich geringen Wert zur Umgehung wirksamer technischer Maßnahmen geeignet ist[506]. Teilweise ist kritisiert worden, es ergäben sich Unstimmigkeiten, sofern Hersteller und Vertreiber entsprechender Technik nicht identisch sind[507]. Jedenfalls dürfte eine multifunktionale Vorrichtung insgesamt illegal sein, wenn die illegalen Funktionalitäten ohne weiteres wegfallen könnten, ohne die restlichen Funktionen zu beeinträchtigen[508]. Zu diesem Ergebnis kommt man auch durch Betrachtung der objektiven Zweckbestimmung der entsprechenden Technik[509]. Im Ergebnis kommt es also darauf an, ob technische Vorrichtungen, die Umgehungspotential haben, hauptsächlich oder zumindest überwiegend[510] auch Umgehungszwecken dienen sollen. Allein die Tatsache, daß etwa ein PC dazu verwendet werden kann, Entschlüsselungsalgorythmen zu

[504] In diesem Zusammenhang wird auch von „Dual-Use-Geräten“ oder „Multi-Purpose-Geräten“ gesprochen: Linnenborn K&R 1999, 201 (208).

[505] Vgl. v. Lewinski GRUR Int. 1998, 637 (641).

[506] Spindler GRUR 2002, 105 (116); ähnlich Marly K&R 1999, 106 (110); a. A. Hoeren MMR 2000, 515 (520): Es sei erforderlich, daß die Vorrichtung eine Umgehung technischer Schutzmaßnahmen bezwecke.

[507] Siehe Trayer, Technische Schutzmaßnahmen, S. 116.

[508] Ernst CR 2004, 39 (41).

[509] Vgl. Pleister/Ruttig MMR 2003, 763 (764).

[510] Vgl. LG München I Urt. v. 07.03.2005 – 21 O 3220/05, K&R 2005, 329 (331).

entwickeln, sollte von daher nicht dazu führen, diesen als illegale Umgehungseinrichtung anzusehen[511].

Bei (Umgehungs-)Software dürfte es regelmäßig darauf ankommen, inwieweit diese in ihrer konkreten Ausgestaltung Funktionen aufweist, die über die Ermöglichung der Umgehung technischer Schutzmaßnahmen hinausgehen. So dürfte etwa Brennsoftware, die beim Brennen auch als Kopierschutz eingefügte Lesefehler auf einer CD korrigiert, allein deshalb nicht schon erfaßt sein[512]. Der hauptsächliche Zweck von Crackprogrammen liegt hingegen regelmäßig in der Umgehung technischer Schutzmaßnahmen[513], so daß diese Komponenten vom Vorfeldschutz nach Art. 6 II Multimedia-RL erfaßt werden.

(d) Funktionsstörungen

Besitzt eine Vorrichtung die Fähigkeit zur Umgehung von Schutzmechanismen nachweislich nur aufgrund einer Funktionsstörung, so fällt sie nicht unter die Vorgaben des Art. 6 II Multimedia-RL: Art. 6 II Lit.c scheidet wegen der dort verankerten subjektiven Komponente aus[514]; ebenso Art. 6 II Lit.a, da die entsprechende Vorrichtung dann nicht als Umgehungsmittel beworben wird[515]. Schließlich ist auch Art. 6 II Lit.b nicht erfüllt, da die Vorrichtung nach Behebung der Funktionsstörung allein zu legalen Zwecken nützt.

b) Angemessener Rechtsschutz

aa) Gegenüber Verletzern und Vorbereitern

Sowohl hinsichtlich der Umgehung technischer Schutzmaßnahmen (Art. 6 I Multimedia-RL) als auch bezüglich entsprechender Vorbereitungshandlungen (Art. 6 II Multimedia-RL) verpflichtet die Multimedia-RL die Mitgliedstaaten, hiergegen angemessenen Rechtsschutz vorzusehen. Gemeint ist hiermit der Rechtsschutz gegen den jeweils Handelnden i. S. d. Art. 6 I bzw. Art. 6 II Multimedia-RL, also gegenüber demjenigen, der technische Schutzmaßnahmen in eigener Person umgeht oder entsprechende Vorbereitungshandlungen tätigt. Hinsichtlich der Art des zu gewährleistenden Rechtsschutzes, d. h. der Frage, ob dieser auf gesetzlicher Ebene geregelt sein muß, oder ob es ausreicht, daß er seitens der Rechtsprechung umgesetzt wird, schweigt die Richtlinie. Hieraus ist zu

---

511 Huppertz CRi 2002, 105 (107); offenlassend Koelman/Helberger in Hugenholtz, Future of Copyright, S. 165 (213).

512 Wiebe FS Kilian, S. 603 (610) unter Berufung auf Erwägungsgrund 48 Multimedia-RL.

513 Wandtke/Ohst in Wandtke/Bullinger, Praxiskommentar UrhR Ergänzungsband, § 95a, Rn. 85.

514 Ebenso Trayer, Technische Schutzmaßnahmen, S. 116.

515 Vgl. Trayer, Technische Schutzmaßnahmen, S. 115.

schließen, daß der Richtliniengeber den Mitgliedstaaten beide Ansatzpunkte offen läßt. Es stellt sich nun die Frage, was unter „angemessen“ zu verstehen ist. Dies kann unter Berücksichtigung allein des Art. 6 I, II Multimedia-RL kaum erschlossen werden. Man muß hierzu den eng mit Art. 6 I, II in Zusammenhang stehenden Art. 8 Multimedia-RL heranziehen. Art. 6 I, II und Art. 8 Multimedia-RL stellen letztlich einen Regelungskomplex dar. Um im Sinne des Art. 8 I 2 Multimedia-RL wirksam zu sein und als Abschreckung zu wirken, müssen als Sanktion jedenfalls zügige Verfahren gewährleistet werden[516]. Es besteht indes keine Pflicht der Mitgliedstaaten, die Umgehung technischer Schutzmaßnahmen auch strafrechtlich zu ahnden[517]; es bleibt den Mitgliedstaaten aber unbenommen, dennoch strafrechtliche Sanktionen einzuführen[518].

bb) Gegenüber Vermittlern (Art. 8 III Multimedia-RL)

(1) Regelungsgehalt

Der nationale Gesetzgeber ist gemäß Art. 8 III Multimedia-RL gehalten, sicherzustellen, daß die Rechteinhaber gerichtliche Anordnungen gegen Vermittler beantragen können, deren Dienste von einem Dritten zur Verletzung eines Urheberrechts oder verwandter Schutzrechte genutzt werden[519]. Mit Vermittlern meint Art. 8 III Multimedia-RL primär Internetprovider[520], über deren Netze Umgehungsvorrichtungen oder illegale Kopien verbreitet werden[521]. Art. 8 III Mulitmedia-RL behandelt also die Gewährung eines Unterlassungsanspruchs der Rechteinhaber gegenüber Providern in Konstellationen, in denen sie technische Dienstleistungen lediglich zur Verfügung stellen und diese Dienstleistungen von einem Dritten in eigener Verantwortung zu einer Urheberverletzung herangezogen werden: Inhaltlich geht es also um die Störerhaftung[522]. Art. 8 III Multimedia-RL steht dabei zur E-Commerce-Richtlinie[523] nicht in Widerspruch[524], bleiben

516 Wand, Technische Schutzmaßnahmen, S. 104.

517 Die Europäische Union hat hierfür auch keine Normsetzungskompetenz, vgl. Tiedemann NJW 1993, 23 (24); Zulegg JZ 1992, 761 (762 f.).

518 Wand, Technische Schutzmaßnahmen, S. 104.

519 Siehe Reinbothe GRUR Int. 2001, 733 (743); Flechsig ZUM 2002, 1 (18); Spindler GRUR 2002, 105 (119 f.); Dreier ZUM 2002, 28 (41); siehe ferner Spindler ZUM 1996, 533 (542 ff.).

520 Erfaßt sind sowohl Content- als auch Service-Provider.

521 Trayer, Technische Schutzmaßnahmen, S. 139.

522 Spindler GRUR 2002, 105 (119).

523 Richtlinie 2000/31/EG des Europäischen Parlaments und des Rates über bestimmte rechtliche Aspekte der Dienste der Informationsgesellschaft, insbesondere des elektronischen Geschäftsverkehrs, im Binnenmarkt vom 08.06.2000, ABl. L 178, S. 1 ff.

524 Siehe Spindler GRUR 2002, 105 (106/120); Reinbothe GRUR Int. 2001, 733 (744); Dreier ZUM 2002, 28 (41); vgl. auch Flechsig ZUM 2002, 1 (20).

doch die in letzterer geregelten Fragen der Haftung von der Multimedia-RL unberührt[525]. Die hinter der Vorgabe des Art. 8 III Multimedia-RL stehende Intention ergibt sich aus Erwägungsgrund 59 S. 1, 2 Multimedia-RL: Vor allem im Digitalbereich ermöglichen Dienste eines Vermittlers verstärkt Urheberrechtsverletzungen, welche häufig von den Vermittlern selbst am effektivsten bekämpft werden können. Eine rechtliche Handhabe gegen Provider soll nach Erwägungsgrund 59 S. 4 Multimedia-RL insbesondere auch in solchen Fällen bestehen, in denen dieser nur kurzfristige, technisch bedingte Vervielfältigungen i. S. d. Art. 5 I Multimedia-RL erstellt. Mit besagter Vorgabe will der Richtliniengeber erreichen, daß ein Provider sich unter Berufung hierauf nicht von jeglicher Inanspruchnahme auf Unterlassung freisprechen kann[526]. Eine Urheberrechtsverletzung durch den Provider selbst ist nicht erforderlich: Anknüpfungspunkt der Haftung des Providers ist das urheberrechtswidrige Verhalten Dritter. Ob das bloße Erbringen reiner Telekommunikationsdienstleistungen ausreicht, ist nicht abschließend geklärt[527]. Weitere den Rechteinhabern zur Verfügung stehende Rechtsbehelfe und Sanktionen sollen von der Regelung unberührt bleiben[528].

(2) Keine Anknüpfung an der Umgehung technischer Schutzmaßnahmen

Zwar kommt es auf eine Urheberrechtsverletzung durch den Provider selbst nicht an, ein urheberrechtswidriges Verhalten (eines Dritten) ist aber dennoch Merkmal des Art. 8 III Multimedia-RL. Es stellt sich die Frage, ob Art. 8 III Multimedia-RL darüberhinausgehend auch Ansprüche gegen den Provider erfaßt, die allein an die Umgehung technischer Schutzmaßnahmen anknüpfen, also Konstellationen des Art. 6 I, II Multimedia-RL, welche letztlich regelmäßig zu einer Urheberrechtsverletzung führen, indem sie diese erst ermöglichen. Dann könnten Rechteinhaber gegen den entsprechenden Provider vorgehen, wenn dessen Dienst genutzt wird, um etwa Werkzeuge zur Umgehung technischer Schutzmaßnahmen zu verbreiten. Der rechtliche Schutz der Rechteinhaber würde entsprechend vorverlagert. Auf den ersten Blick ist dem Wortlaut der Vorschrift gemäß ein solches Verständnis durchaus nicht abwegig[529], setzt doch die Norm lediglich voraus, daß der Dienst des Vermittlers zu urheberrechtsverletzenden Handlungen „genutzt" wird. Letztlich kann dies aber nicht angenommen werden: Im Gegensatz zu Art. 8 I Multime-

[525] Erwägungsgrund 16 S. 3 Multimedia-RL.

[526] Reinbothe GRUR Int. 2001, 733 (743) bezieht sich insoweit auf sämtliche in Art. 5 Multimedia-RL genannten Konstellationen.

[527] Befürwortend Spindler GRUR 2002, 105 (119 f.); ablehnend Trayer, Technische Schutzmaßnahmen, S. 139.

[528] Erwägungsgrund 59 S. 3 Multimedia-RL.

[529] Vgl. Spindler GRUR 2002, 105 (119 f.).

dia-RL, welcher von Verletzungen von in der Richtlinie festgelegten „Rechten und Pflichten“ spricht, ist in Art. 8 III Multimedia-RL nämlich lediglich von der Verletzung eines „Urheberrechts“ oder „verwandter Schutzrechte“, also subjektiver Rechtspositionen die Rede. Art. 8 III Multimedia-RL ist insofern also enger gefaßt. Die Annahme, besagte Vorgabe wolle auch solche Ansprüche gegen den Vermittler erfassen, welche allein an der Umgehung technischer Schutzmaßnahmen anknüpfen, ist genauer besehen folglich mit dem Wortlaut der Norm nicht zu vereinbaren und daher abzulehnen[530]. Dies wird schließlich untermauert von Erwägungsgrund 59 S. 3 Multimedia-RL, der ebenfalls von einer „Rechtsverletzung“ spricht.

2. Ausgleich von Rechteinhaber- und Nutzerinteressen

Ein zentraler Aspekt bei der rechtlichen Regulierung des Einsatzes von DRM-Systemen ist der Ausgleich zwischen dem Schutz der Rechtinhaber und den Interessen der Nutzer, welche häufig darauf angewiesen sind, von bestimmten Schrankenbestimmungen auch tatsächlich profitieren zu können[531]. Der rechtliche Schutz von DRM-Systemen wird an der Stelle problematisch, an der durch deren Einsatz Wertungen der Rechtsordnung unterminiert werden können. Das allgemeine Prinzip des Ausgleichs zwischen den Interessen des Rechteinhabers und bestimmter begünstigter Personenkreise muß auch im Kontext der DRM-Systeme Geltung behalten[532]; ein zu weit gehender Rechtsschutz von DRM-Systemen könnte möglicherweise letztlich sogar das Urheberrecht selbst gefährten[533]. Daher sollen im Umfeld der digitalen Technik zumindest Urheberrechtsschranken, welche den Begünstigten fundamentale Rechte einräumen, insofern als bindend angesehen werden, als daß sie nicht seitens der Rechteinhaber durch den Einsatz technischer Schutzmaßnahmen faktisch abbedungen werden können[534]. Damit also besonders wichtige Nutzungsprivilegierungen nicht durch den Einsatz technischer Schutzmaßnahmen faktisch umgangen werden, also zum Schutz der legitimen Interessen der von solchen Urheberrechtsausnahmen Begünstigten, sieht Art. 6 IV Multimedia-RL[535] einen Ausgleichsmechanismus vor, welcher

[530] Ebenso im Ergebnis implizit Reinbothe ZUM 2002, 43 (51).

[531] Fallenböck/Weitzer CRi 2003, 40 (42).

[532] Huppertz CRi 2002, 105 (108); vgl. auch Dusollier/Poullet/Buydens, Copyright and Access to Information, S. 25.

[533] So Vinje EIPR 1999, 192 (198).

[534] Dusollier in Kaestner, Intellectual Property Rights, S. 227 (230).

[535] Art. 6 IV wurde auf Vorschlag der finnischen Regierung hin erst zu einem relativ späten Zeitpunkt in die Richtlinie eingefügt, vgl. Rosén GRUR 2002, 195 (204 f.); zur Entstehungsgeschichte des Art. 6 IV Multimedia-RL siehe auch v. Lewinski/Walter in Walter, Europäisches Urheberrecht, Info-RiLi, Rn. 156. Nach Art. 6 IV Unterabs. 5

das Verhältnis des Rechtsschutzes von technischen Maßnahmen zu den urheberrechtlichen Schranken adäquat[536] regeln soll. Die Interessen der Rechteinhaber werden in dieser Vorschrift ausbalanciert mit den gegenläufigen Bedürfnissen der Nutzer[537]. Art. 6 IV Multimedia-RL wird daher auch als Sicherheitsventil bezeichnet[538]. Es soll letztlich nicht dazu kommen, daß wichtige Urheberrechtsschranken durch einen überzogenen rechtlichen Schutz eingesetzter DRM-Systeme im Ergebnis praktisch leerlaufen[539]. Vermutlich würden sowohl Gesetzgeber als auch Rechteverwerter von der breiten Öffentlichkeit noch weniger akzeptiert, wenn sie diese grundlegenden Urheberrechtsschranken ignorierten[540].

a) Typisierung urheberrechtlicher Schranken

Art. 6 IV Multimedia-RL will daher sicherstellen, daß bestimmte Schrankenregelungen auch beim Einsatz von DRM-Systemen ihre praktische Geltung behalten. Hier zeigt sich, daß dem Richtliniengeber durchaus bewußt ist, daß urheberrechtliche Schranken im Grundsatz[541] ein ausgewogenes Verhältnis zwischen den berechtigten Interessen der Rechteinhaber und der Allgemeinheit bieten. Der Richtliniengeber ist zudem der Auffassung, daß aus der Gesamtheit der urheberrechtlichen Schrankenregelungen sich einige aufgrund ihrer besonderen Bedeutung für das Gemeinwohl abheben. Dementsprechend werden diese Schranken mit Blick auf ihre Durchsetzbarkeit besonders behandelt. Die Richtlinie etabliert also eine gewisse Hierarchie der Urheberrechtsschranken[542]. Auf diese Weise entstehen schließlich drei Gruppen an Schrankenvorschriften[543].

Multimedia-RL finden die Regelungen des Art. 6 IV Multimedia-RL auch für Datenbanken entsprechende Anwendung.

[536] Vgl. Dusollier, Anti Circumvention, S. 28 ff.

[537] Vgl. Fallenböck/Weitzer CR 2003, 40 (42).

[538] Retzer CRi 2002, 134 (135); ähnlich Flechsig ZUM 2002, 1 (15): „Schutzmaßnahmen versus Schrankenbestimmungen"; Linnenborn K&R 2001, 394 (399): „Austarieren" von Interessen; Reinbothe GRUR Int. 2001, 733 (741): „Gegengewicht gegen den umfassenden Rechtsschutz"; Dreier ZUM 2002, 28 (36): „Gegengewicht zu Art. 6 I Multimedia-RL"; ebenso Reinbothe GRUR Int. 2001, 733 (741).

[539] Dreier ZUM 2002, 28 (36). Schon Vinje EIPR 1999, 192 (200) weist darauf hin, daß der Rechtsrahmen zum Schutz technischer Schutzmaßnahmen das Prinzip der Verhältnismäßigkeit respektieren sollte: Dieses spiegelt sich eben in den Urheberrechtsschranken wieder.

[540] Retzer CRi 2002, 134 (135).

[541] D.h. zumindest in der analogen Welt.

[542] Reinbothe GRUR Int. 2001, 733 (741): Die Auswahl der in Art. 6 IV Unterabs. 1 enumerierten Schranken begründet sich aus „Erwägungen des Allgemeinwohls und der öffentlichen Sicherheit"; ebenso Wandtke/Ohst in Wandtke/Bullinger, Praxiskommentar UrhR Ergänzungsband, § 95b, Rn. 17; kritisch Lindhorst, Technische Maßnahmen, S. 128: Es sei nicht zu erkennen, anhand welcher Kriterien die einzelnen Schranken der jeweiligen Kategorie zugeordnet wurden.

[543] Bayreuther ZUM 2001, 828 (838 f.); Lindhorst, Technische Maßnahmen, S. 125 f. spricht insofern von Schranken erster, zweiter und dritter Klasse.

aa) DRM-resistente Schranken

Zunächst gibt es die von den Mitgliedstaaten obligatorisch zur faktischen Geltung zu bringenden Urheberrechtsschranken im Sinne des Art. 6 IV Unterabs. 1 Multimedia-RL. Insofern ordnet die Richtlinie unmißverständlich an, daß auch bei der Verwendung von DRM-Systemen deren Genuß sichergestellt sein muß, soweit der Begünstigte rechtmäßig Zugang zu dem geschützten Werk oder Schutzgegenstand hat. Die Regelung soll insofern vorteilhaft sein, als daß sie alle Beteiligten zur Zusammenarbeit zwingt[544]. Art. 6 IV Unterabs. 1 Multimedia-RL erfaßt Fotokopien auf Papier oder ähnlichem Material mit Ausnahme von Notenblättern (Art. 5 II Lit. a), Vervielfältigungen von öffentlichen Bibliotheken und anderen Einrichtungen ohne kommerziellen Zweck (Art. 5 II Lit. c), ephemere Aufzeichnungen eines Werkes, die von Sendeunternehmen mit eigenen Mitteln hergestellt wurden (Art. 5 II Lit. d), Vervielfältigung von Sendungen für soziale Einrichtungen (Art. 5 II Lit. e), nichtkommerzielle Nutzungen zur Veranschaulichung im Unterricht oder zur wissenschaftlichen Forschung (Art. 5 III Lit. a), Nutzungen zugunsten Behinderter (Art. 5 III Lit. b) sowie Nutzungen zugunsten der öffentlichen Sicherheit oder in Verwaltungs- oder Gerichtsverfahren (Art. 5 III Lit. e). Wegen der künftig in der Praxis jedenfalls im digitalen Kontext herausragenden Bedeutung dieser ersten Schrankengruppe kann man auch von Königs- oder Kernschranken sprechen[545]. Mit Blick darauf, daß die Regelung des Art. 6 IV Unterabs. 1 Multimedia-RL letztlich das Potential von DRM-Systemen und deren Schutz nach Art. 6 I Multimedia-RL ausgleichen soll, bietet es sich jedoch eher an, von DRM-resistenten Schranken zu reden. Wegen der Verwendung des Wortes „oder" in Art. 6 IV Unterabs.1 Multimedia-RL wird teilweise angenommen, die Mitgliedstaaten hätten lediglich ein Wahlrecht zwischen den dort aufgeführten Schranken[546]. Dies ist aber nicht zutreffend, weil zu weit gehend: Erwägungsgrund 51 zeigt, daß alle dem Gemeinwohl dienenden Schranken von besagter Vorschrift erfaßt sein sollen. Die Formulierung kann demnach ohne Probleme als eine sprachliche Gruppierung aufgefaßt werden, ohne daß die Mitgliedstaaten sich jeweils für eine Schranke zu entscheiden hätten[547].

bb) Digitale Privatkopie: Wahlrecht der Mitgliedstaaten

Desweiteren werden die Mitgliedstaaten in Art. 6 IV Unterabs. 2 Multimedia-RL zum Ergreifen geeigneter Maßnahmen fakultativ ermächtigt, die Vervielfältigung zum privaten Gebrauch auf beliebigem Träger auch

[544] Reinbothe GRUR Int. 2001, 733 (742); vgl. ders. ZUM 2002, 43 (51).
[545] Kröger CR 2001, 316 (322): „Kernbestand" an Schranken.
[546] So Linneborn K&R 2001, 394 (399).
[547] Spindler GRUR 2002, 105 (118).

hinsichtlich ihrer Durchsetzbarkeit zu privilegieren; dem Rechteinhaber muß aber in jedem Fall die Steuerung der Anzahl solcher privater Kopien verbleiben[548]: Gemeint sind hiermit vordringlich digitale Privatkopien. Ob die Ermächtigung ebenso, wie dies in Art. 6 IV Unterabs. 1 Multimedia-RL der Fall ist, unter der Voraussetzung steht, daß seitens der Rechteinhaber keine angemessene Selbstbeschränkung stattfindet, ist mit Blick auf den Wortlaut durchaus fraglich, da Art. 6 IV Unterabs. 2 Multimedia-RL von „derartigen Maßnahmen" redet. Daraus erschließt sich sprachlich nicht, ob damit die freiwilligen Maßnahmen der Rechteinhaber oder aber die staatlichen Maßnahmen für den Fall, daß solche nicht ergriffen werden, gemeint sein sollen. Man geht aber davon aus, daß staatliches Eingreifen auch hier nur in Betracht kommen soll, wenn die Rechteinhaber sich nicht angemessen selbst beschränken[549]. Im Ergebnis ist dem natürlich zuzustimmen, da auch bezüglich des Privilegs der privaten Kopie im Hinblick auf das hier in Rede stehende Tatbestandsmerkmal grundsätzlich gleiche Überlegungen gelten müssen wie hinsichtlich der in Art. 6 IV Unterabs. 1 Multimedia-RL aufgezählten Schranken.

cc) Nicht durchsetzungsfähige Schranken

Schließlich besteht noch die dritte Gruppe von Schrankenregelungen, nämlich die in Art. 6 IV Multimedia-RL gar nicht erwähnten. Diesen dürfen die Mitgliedstaaten im Umkehrschluß zu Art. 6 IV Unterabs. 1, 2 Multimedia-RL auch im Fall des Einsatzes von DRM-Systemen durch die Rechteinhaber zum Schutz ihrer digitalen Werke mangels Berechtigung nicht zur praktischen Geltung verhelfen[550]. Hinsichtlich der letzten Gruppe von Schrankenvorschriften hat der europäische Richtliniengeber dem Interesse der Rechteinhaber am effektiven Schutz ihrer Inhalte eindeutig den Vorrang eingeräumt, und zwar auf Kosten urheberrechtlich privilegierter Nutzungen: Auch sofern nationale Schranken bestehen, können die Rechteinhaber sich über diese hinwegsetzen, jedenfalls im Rahmen der Leistungsfähigkeit ihrer technischen Schutzsysteme. Der nationale Gesetzgeber ist an diese Vorgabe gebunden. Das mit Art. 6 IV Multimedia-RL vorgesehene juristische Gegengewicht zum rechtlich geschützten Einsatz von DRM-Systemen besteht zwingend also nur für eine begrenzte, nicht allzu große Anzahl von Schrankenbestimmungen, d. h. nur partiell[551].

[548] Siehe Spindler GRUR 2002, 105 (118); Reinbothe GRUR Int. 2001, 733(742).
[549] So ohne Begründung Reinbothe GRUR Int. 2001, 733 (742).
[550] Dreier ZUM 2002, 28 (37).
[551] Kritisch daher Dreier ZUM 2002, 28 (37).

b) Geltungsbereichsausnahme für interaktive Dienste

aa) Ausdrücklicher Regelungsgehalt

Die Richtlinie erklärt im auch als „obskur“ bezeichneten[552] Art. 6 IV Unterabs. 4 den von ihr vorgegebenen Interessenausgleich (Art. 6 IV Unterabs. 1, 2) selbst für nicht einschlägig hinsichtlich der Werke oder sonstiger Schutzgegenstände, die der Öffentlichkeit aufgrund einer vertraglichen Vereinbarung in solch einer Weise zugänglich gemacht werden, daß sie Mitgliedern der Öffentlichkeit von Orten und zu Zeiten ihrer Wahl zugänglich sind[553]: Art. 6 IV Unterabs. 4 nimmt also Bezug auf Art. 3 II Multimedia-RL. Insofern gilt im Prinzip die Ausnahme von der Ausnahme[554]. Die Richtlinie selbst spricht in Erwägungsgrund 53 von interaktiven Diensten, jedoch wird auch der Begriff der On-demand-Dienste gebraucht[555]. Werden Inhalte unter Einsatz technischen Schutzes öffentlich zugänglich gemacht, so ist dem nationalen Gesetzgeber nicht gewährt, hinsichtlich irgendeiner Schrankenbestimmung geeignete Maßnahmen zur Sicherstellung ihrer faktischen Durchsetzbarkeit zu ergreifen. Hierfür ist es erforderlich, aber zugleich auch ausreichend, daß der jeweilige Nutzer den einzelnen digitalen Inhalt aufgrund einer vertraglichen Beziehung zum Rechteinhaber zu einer beliebigen Zeit individuell auswählen und nutzen kann[556]. In diesem Bereich wird den vertraglichen Bestimmungen der entsprechenden Nutzungsverträge damit kategorisch Vorrang vor sämtlichen urheberrechtlichen Schrankenbestimmungen zugesprochen[557]. Wer also im interaktiven elektronischen Geschäftsverkehr eine Vereinbarung trifft, kann nicht entgegen dem Vereinbarten Schranken oder Ausnahmen für sich in Anspruch nehmen[558]. Dies betrifft die Kernbereiche der Internet-Kommunikation[559], jedenfalls die künftig wohl allgemein übliche Art und Weise des Zugangs zu digitalen Werken[560]. Die interaktive Werknutzung ist aber auch schon heute bedeutsam[561]. Zu-

552 Retzer CRi 2002, 134 (135).

553 Siehe Bechtold, Informationsrecht, S. 425 f.; Mayer CR 2003, 274 (280 f.).

554 Flechsig ZUM 2002, 1 (16).

555 So Rosén GRUR Int. 2002, 195 (205); Reinbothe GRUR Int. 2001, 733 (742).

556 Siehe auch Erwägungsgrund 25 S. 3 Multimedia-RL.

557 Flechsig ZUM 2002, 1 (16); vgl. auch Metzger/Kreutzer MMR 2002, 139 (141).

558 Der Inhalt solcher Vereinbarungen wird regelmäßig seitens der Rechteinhaber gestellt sein, so daß an dieser Stelle AGB-rechtliche Beurteilungen erforderlich werden dürften.

559 Rosén GRUR Int. 2002, 195 (205).

560 Fallenböck/Weitzer CRi 2003, 40 (43); Dreier ZUM 2002, 28 (37): Regelfall aller Online-Nutzungen; Kröger CR 2001, 316 (323); ähnlich Bechtold, Informationsrecht, S. 426; zurückhaltender Bechtold, Informationsrecht, S. 426: „Vielzahl von Online-Diensten“.

561 Vgl. Höhne in Wiebe/Leupold, elektronische Datenbanken, Teil V, C., Rn. 98.

sammenfassend ist festzuhalten: Durch geschicktes Zusammenspiel von Vertragsgestaltung und DRM-Technik können im Bereich interaktiver Dienste auch solche Nutzungen ausgeschlossen werden, welche urheberrechtlich im Rahmen von Schrankenvorschriften ohne weiteres zulässig sind. Insoweit ist der Rechteinhaber also in der Ausgestaltung seiner DRM-Systeme vollkommen frei und an keinerlei Schrankenregelungen nach dem Urheberrecht gebunden[562].

bb) Interpretation

Wie gerade angedeutet, steht zu befürchten, daß unter die Geltungsbereichsausnahme des Art. 6 IV Unterabs. 4 Multimedia-RL künftig ein Großteil der Online-Nutzungen fallen dürfte. Zwar stellt Erwägungsgrund 53 klar, daß Art. 6 IV Unterabs. 4 nur „interaktive Dienste" erfaßt, während nicht interaktive Formen der Online-Nutzung im Anwendungsbereich des Art. 6 IV Unterabs. 1, 2 verbleiben[563]. Vor dem Hintergrund, daß die Frage nach dem Anwendungsbereich der Geltungsbereichsausnahme darauf hinausläuft, wann ein Abruf im Rahmen einer Vertragsbeziehung, also ein interaktiver Dienst im relevanten Sinn vorliegt, ist es bedauerlich, daß die Richtlinie hierzu keine Definition enthält oder sonst eindeutige Angaben macht[564]. Wesentliches und gesichertes Merkmal ist jedenfalls ein Vertragsverhältnis.

(1) Interaktive Dienste im Sinne des Art. 6 IV Unterabs. 4 Multimedia-RL

Wie sich aus einem Vergleich mit Art. 3 Multimedia-RL ergibt[565], bezieht sich Art. 6 IV Unterabs. 4 Multimedia-RL auf Verwertungshandlungen, welche dem Recht der öffentlichen Zugänglichmachung i. S. d. Art. 3 Multimedia-RL unterfallen[566]. Gleiches folgt auch aus Erwägungsgrund 53 der Multimedia-RL. Was unter die Geltungsbereichsausnahme fällt, steht folglich in direktem Zusammenhang mit der Reichweite des Verwertungsrechts der öffentlichen Zugänglichmachung. Konsequenterweise kann man daher aus Art. 3 Multimedia-RL ableiten, daß unter Art. 6 IV Unterabs. 4 Multimedia-RL alle netzvermittelten Übertragungen fal-

[562] Bechtold, Informationsrecht, S. 426.

[563] Flechsig ZUM 2002, 1 (16) will diesen Unterschied dadurch erklären, daß es bei nicht interaktiven Diensten regelmäßig an entsprechenden urhebervertragsrechtlichen Vereinbarungen fehlt.

[564] Insbesondere Erwägungsgrund 25 Multimedia-RL ist eine entsprechende Aussage nicht zu entnehmen.

[565] Vgl. Peukert in Loewenheim, Hdb UrhR, § 36, Rn. 6.

[566] Wandtke/Ohst in Wandtke/Bullinger, Praxiskommentar UrhR Ergänzungsband, § 95b, Rn. 43; Reinbothe GRUR Int. 2001, 733 (742); ders. in Lehmann, Kap.M, Rn. 91; Mayer EuZW 2002, 325 (328 f.); Linnenborn K&R 2001, 394 (400); vgl. auch Spindler GRUR 2002, 105 (119).

len, welche einen Abruf durch den Kunden erfordern[567]; maßgeblich ist demnach also das Stattfinden einer Punkt-zu-Punkt-Kommunikation (Unicast)[568]. Interaktive Dienste auf Abruf sind demzufolge solche, welche dem Nutzer die individuelle Wahl des Zeitpunktes und des Ortes der Übertragung überlassen. Als jedenfalls interaktiv einzustufen sind deshalb On-demand-Nutzungen jeder Art[569]. Sogenannte (Multicast-)Verteildienste[570] hingegen wie Pay-TV[571], Pay-per-View[572], Webcasting[573], Online-Rundfunk[574] oder Near-on-Demand-Dienste[575] wären dann ausgenommen[576]. Zweifelhaft dürfte hingegen die Einordnung von Push-

---

567 Ähnlich Spindler GRUR 2002, 105 (119); Mayer CR 2003, 274 (280), die sich darüberhinaus auch auf Erwägungsgrund 28 der Multimedia-RL stützen. Inwieweit letzterer, der sich thematisch mit der Erschöpfung der urheberrechtlichen Rechtsposition beschäftigt, zur Beantwortung der Frage, was unter interaktiven Diensten i. S. d. Art. 6 IV Unterabs. 4 der Richtlinie zu verstehen ist, beitragen kann, ist jedoch nicht nachvollziehbar.

568 Wandtke/Ohst in Wandtke/Bullinger, Praxiskommentar UrhR Ergänzungsband, § 95b, Rn. 43; Linnenborn K&R 2001, 394 (400); Mayer CR 2003, 274 (280).

569 Wandtke/Ohst in Wandtke/Bullinger, Praxiskommentar UrhR Ergänzungsband, § 95b, Rn. 43; Schwenzer GRUR Int. 2001, 722 (728) unter Berufung auf Wortlaut und Entstehungsgeschichte des Art. 3 Multimedia-RL; ähnlich Bullinger in Wandtke/Bullinger, Praxiskommentar UrhR Ergänzungsband, § 19a, Rn. 25.

570 Während sog. Abrufdienste dem Nutzer einen gezielten Abruf von Inhalten ermöglichen, kennzeichnen sich die Verteildienste dadurch, daß der Zugriff allein in Form des Einsteigens in eine vorbestimmte und durchlaufende Programmabfolge möglich ist, vgl. Schwenzer GRUR Int. 2001, 722 (728).

571 Hierbei handelt es sich um TV-Kanäle, welche nur gegen – etwa monatliche – Gebühr in Anspruch genommen werden können.

572 Im Gegensatz zum Pay-TV zahlt der Kunde hier nicht pauschal für die Möglichkeit der Nutzung eines TV-Kanals, sondern vielmehr für das von ihm konkret tatsächlich in Anspruch genommene Angebot.

573 Unter Webcasting, bisweilen auch als Netcasting bezeichnet, versteht man Internetangebote, welche Elemente des Internets mit denen des Radios, Fernsehens und des Telefon verbinden.

574 Z. B. Internet-Radio. Es existieren jedoch auch Varianten des Internetradios, bei denen Interaktivität durchaus denkbar erscheint, vgl. Schwenzer GRUR Int. 2001, 722 (724).

575 Für Near-on-Demand-Dienste charakteristisch ist, daß der Nutzer zwar nur auf eine vorgegebene Programmabfolge zugreifen kann, ihm allerdings durch eng gestaffelte Wiederholungen des Programms unter Einsehbarkeit des jeweiligen Übertragungszeitpunktes in gewissem Umfang auch der zielgenaue Zugriff auf konkrete und ständig verfügbare Inhalte ermöglicht wird: Es handelt sich also um einen „Quasi-Abruf". Für Näheres siehe Schwenzer GRUR Int. 2001, 722 (729); vgl. auch Bullinger in Wandtke/Bullinger, Praxiskommentar UrhR Ergänzungsband, § 19a, Rn. 19.

576 Linnenborn K&R 2001, 394 (400); sich anschließend Mayer CR 2003, 274 (280); ebenso Spindler GRUR 2002, 105 (119) für Webcasting und Near-on-Demand-Dienste; Flechsig ZUM 2002, 1 (16) für Online-Rundfunk; Kröger CR 2001, 316 (318) für Pay-TV, Pay-per-View und Near-on-Demand; Reinbothe GRUR Int. 2001, 733 (742) für Pay-per-View und Webcasting; ders. in Lehmann, Kap. M, Rn. 91 ebenfalls für Pay-per-View und Webcasting; ders. GRUR Int. 2001, 733 (736) für Near-on-Demand; Lindhorst, Technische Maßnahmen, S. 127 für Online-Rundfunk; Wandtke/

Diensten[577] sein[578]: Es liegt wohl näher, diese als vom Anwendungsbereich des Art. 6 IV Unterabs. 4 Multimedia-RL nicht erfaßt anzusehen[579]. Es kommt letztlich auf die nicht einfache Abgrenzung von Abruf- und Verteilerdiensten[580] an.

(2) Vertragsschluß im Vorfeld der Nutzung

Man könnte annehmen, das erforderliche Vertragsverhältnis komme bereits zustande, indem ein Nutzer die Internetseite des Rechteinhabers als Anbieter ansteuert und sich ein oder mehrere digitale Werke herunterlät oder den Dienst in sonstiger Weise in Anspruch nimmt. Es erscheint indes überzeugender, eine Vereinbarung im Sinne der Vorschrift nur dann anzunehmen, wenn diese bereits im Vorfeld, d.h. schon vor der erstmaligen Inanspruchnahme des entsprechenden Dienstes zustande gekommen ist[581]. Dies ist natürlich nicht derart weitgehend aufzufassen, daß eine Vereinbarung im Sinn des Art. 6 IV Unterabs. 4 Multimedia-RL nicht auch unter Zuhilfenahme des Internets vonstatten gehen können soll[582]. Jedenfalls ist jedoch zu fordern, daß der Vertragsschluß zeitlich vor dem ersten Abruf von Inhalten zustande gekommen ist. Ein Vertragsschluß durch den Abruf des betreffenden Inhalts selbst kann somit also nicht angenommen werden. Dies würde wohl auch über das Ziel des Art. 6 IV Unterabs. 4 Multimedia-RL hinausschießen. Zwar mag die hier vertretene Ansicht auf den ersten Blick wenig praxisorientiert und formalistisch anmuten. Im Sinne eines effektiven Nutzerschutzes ist sie jedoch angezeigt. Schließlich handelt es sich bei Art. 6 IV Multimedia-RL der Sache nach um Nutzerschutzvorschriften, welche es vor einer allzu leichten

---

Ohst in Wandtke/Bullinger, Praxiskommentar UrhR Ergänzungsband, § 95b, Rn. 44 für Pay-per-View, Near-on-Demand-Dienste und Webcasting; offenbar ebenso v. Lewinski MMR 1998, 115 (116) für Pay-TV, Pay-per-View und Near-on-Demand; zweifelnd hingegen Dreier ZUM 2002, 28 (30), Fn. 20 für Webcasting und Pay-per-View; a.A. Bullinger in Wandtke/Bullinger, Praxiskommentar UrhR Ergänzungsband, § 19a, Rn. 20/26 für Near-on-Demand-Dienste: Diese seien echten On-demand-Diensten gleichzustellen, wenn aus Sicht des Werknutzers aufgrund kurzer Zugriffszeiten sich praktisch eine jederzeitige Möglichkeit zur Nutzung der Inhalte ergibt.

[577] Ein Push-Dienst kennzeichnet sich im Wesentlichen dadurch, daß er seinen Nutzern spezifische, auf sie zugeschnittene Inhalte automatisch übermittelt, ohne daß diese hierzu aktiv tätig werden müssen, vgl. Bechtold GRUR 1998, 18 (25); Buhse, Onlinemusik, S. 76.

[578] Spindler GRUR 2002, 105 (119); vgl. auch Dreier ZUM 2002, 28 (30), Fn. 20.

[579] Im Ergebnis ebenso Bullinger in Wandtke/Bullinger, Praxiskommentar UrhR Ergänzungsband, § 19a, Rn. 30.

[580] Vgl. Spindler GRUR 2002, 105 (108) m.w.N. in Fn. 59.

[581] A.A. Gutman K&R 2003, 491 (495), der bereits das Bestätigen einer Nutzungsvereinbarung beim ersten Aufruf der entsprechenden Internetseite für ausreichend erachtet.

[582] Sonst müßte man insoweit ja auf die Vorzüge des Internets verzichten, was letztlich auch nicht im Interesse des Kunden wäre.

Aushebelung zu schützen gilt. Als Indiz für das gefundene Ergebnis kann man ferner die Richtlinie selbst fruchtbar machen, welche sowohl in Art. 6 IV Unterabs. 4 als auch in Erwägungsgrund 53 S. 2 davon spricht, daß entsprechende Dienste „auf der Grundlage“ vertraglicher Vereinbarungen erbracht werden. Auch angesichts der einschneidenden Folgen sollte die Möglichkeit der Annahme eines Vertragsverhältnisses zwischen Nutzer und Anbieter allein durch die Inanspruchnahme eines online angebotenen Dienstes oder Produkts mit Zurückhaltung betrachtet werden.

(3) Reichweite der Geltungsbereichsausnahme

Die Existenz des Art. 6 IV Unterabs. 4 Multimedia-RL könnte zunächst durchaus den Umkehrschluß hervorrufen, daß bezüglich in Art. 6 IV Unterabs. 1, 2 nicht aufgezählter Schrankenregelungen trotz entgegenstehender vertraglicher Vereinbarungen der Nutzer jederzeit die gesetzlichen Urheberrechtsschranken für sich fruchtbar machen könnte, diese also zwingender Natur wären und von den Vertragsparteien auch nicht geändert werden könnten. Daß dies vom Richtliniengeber aber so nicht beabsichtigt ist, zeigt sich schon darin, daß freiwillige Vereinbarungen bezüglich eines angemessenen Interessenausgleichs durch die Mitgliedstaaten gefördert werden sollen[583]. Zudem wäre dies auch systemwidrig: Wenn schon die bedeutsameren Schranken des Art. 6 IV Unterabs. 1, 2 Multimedia-RL nicht gelten, dann muß dies für die in diesen Normen schon gar nicht aufgezählten erst recht ebenso sein.

Die Geltungsbereichsausnahme des Art. 6 IV Unterabs. 4 Multimedia-RL läßt für den Fall ihrer Einschlägigkeit hinsichtlich ihrer Reichweite auch sonst noch einigen Spielraum zur Auslegung. Hiervon hängt in der Praxis einiges ab. Bislang ist im Rahmen der vorliegenden Arbeit der Vorschrift eine an ihrem Wortlaut ausgerichtete Bedeutung unterstellt worden. Der Wortlaut legt folgende Interpretation nahe: „Die Rechteinhaber können nicht zur Einführung von Maßnahmen gezwungen werden, welche dem Begünstigten einer Schranke des Urheberrechts die Wahrnehmung derselben ermöglichen, wenn es sich um Werkstücke handelt, die von einem Internet-Dienst heruntergeladen wurden, welcher auf vertraglicher Basis erbracht wird.“[584]. Für eine solche Auslegung spricht sowohl der Verweis in Art. 6 IV Unterabs. 4 Multimedia-RL auf den sich seinerseits ausschließlich auf die Schranke der privaten Vervielfältigungen nach Art. 5 II Lit.b Multimedia-RL beziehenden Art. 6 IV Unterabs. 2 Multimedia-RL, der sinnlos wäre, wären nicht auch die bei Vervielfältigungen

[583] Spindler GRUR 2002, 105 (118); siehe auch Erwägungsgrund 51 S. 2 Multimedia-RL.

[584] Interpretation nach Metzger/Kreutzer MMR 2002, 139 (141); dies., Stellungnahme Art. 6 IV Unterabs. 4, S. 10.

eingreifenden Schutzmechanismen gemeint[585], als auch Erwägungsgrund 53 Multimedia-RL, wonach für interaktive Dienste ein sicheres Umfeld für deren Erbringung durch den Einsatz technischer Schutzmaßnahmen gewährleistet sein soll. Ein weiteres Argument kann sich auch dem Wortlaut des Art. 6 IV Unterabs. 4 Multimedia-RL entnehmen lassen, welcher die Unanwendbarkeit des Art. 6 IV Unterabs. 1, 2 Multimedia-RL an interaktiv aufgrund vertraglicher Basis abgerufene Inhalte knüpft, und nicht an die Abrufhandlung[586]. Die Richtigkeit dieser Auslegung zugrunde gelegt, würden Konsumenten, die ein digitales Werk via Internet erwerben, gegenüber denen, welche dies im traditionellen Handel tun, erheblich benachteiligt[587]. Problematisch wäre diese Auffassung auch deshalb, weil hiervon unter anderem nicht nur etwa die Privatkopienschranke betroffen wäre, sondern auch z.B. die Bibliotheks- (Art. 5 II Lit. c Multimedia-RL) und Unterrichtsschranke (Art. 5 III Lit. a Multimedia-RL), also Ausnahmen vom urheberrechtlichen Ausschließlichkeitsrecht, welche in engem Zusammenhang mit der Informationsfreiheit stehen. Insofern scheint eine andere, die Geltungsbereichsausnahme wiederum einschränkende Auslegung geboten. Zum gleichen Ergebnis kommt man auch mit Blick auf die massiven Auswirkungen, welche zuerst dargelegte Auslegung auf den Interessenausgleich zuungunsten der begünstigten Nutzer hätte[588] sowie unter Berücksichtigung des Sinns der Multimedia-RL, soweit diese die Sicherung gewisser Privilegierungen[589] beabsichtigt[590].

Art. 6 IV Unterabs. 4 Multimedia-RL kann auch anders als soeben beschrieben verstanden werden. Aus der Vorgabe geht nämlich nicht klar hervor, welches online zugänglich gemachte Werkstück erfaßt sein soll. Wie gesehen entstehen beachtliche Wertungswidersprüche, wenn man unter die Vorschrift auch die gelieferte Kopie, also den Gegenstand des jeweiligen elektronischen Rechtsgeschäfts faßt, so daß es als näher liegend erachtet wird, daß besagte Norm lediglich die Handlung des öffentlichen Angebots erfassen soll, die Geltungsbereichsausnahme sich also nur auf das auf dem Server befindliche Werk, nicht hingegen etwa auf online angefertigte Kopien eines jeweiligen Nutzers bezieht[591]. Anders ausge-

[585] Spindler GRUR 2002, 105 (119); zustimmend Peukert in Loewenheim, Hdb UrhR, § 36, Rn. 6; nachdrücklich Gutman K&R 2003, 491 (495).

[586] Gutman K&R 2003, 491 (495).

[587] Metzger/Kreutzer MMR 2002, 139 (141).

[588] Vgl. Metzger/Kreutzer MMR 2002, 139 (141).

[589] Nämlich die in Art. 6 IV Unterabs. 1, 2 Multimedia-RL aufgezählten.

[590] Metzger/Kreutzer MMR 2002, 139 (141); dies., Stellungnahme Art. 6 IV Unterabs. 4, S. 11.

[591] Metzger/Kreutzer, Stellungnahme Art. 6 IV Unterabs. 4, S. 11; Linnenborn K&R 2001, 394 (400 f.); vgl. auch Metzger/Kreutzer MMR 2002, 139 (141 f.); Dreier ZUM 2002, 28 (37).

drückt: Das Vervielfältigungsstück, auf das es regelmäßig ankommen wird, nämlich z. B. die auf dem Rechner des Nutzers entstehende Datei, fällt nach diesem Verständnis nicht unter Art. 6 IV Unterabs. 4 Multimedia-RL und ist von daher zu behandeln wie alle anderen, d. h. nicht im Rahmen eines interaktiven Dienstes erworbenen Werke auch. Hierfür spricht schließlich, daß Art. 6 IV Unterabs. 4 Multimedia-RL allein die Zugänglichmachung ausdrücklich anspricht und den Anwendungsbereich auf die interaktiven Dienste beschränkt[592]. Unter der Voraussetzung dieser einschränkenden Auslegung der besagten Richtlinienvorschrift liegt deren einziger Anwendungsbereich darin, daß der Zugang zu den auf dem Server des Inhalteanbieters liegenden Werken von Rechts wegen nicht erzwungen werden kann[593]; insofern ist dann nur das Ansehen, Lesen oder Anhören online Gegenstand der Regelung[594]. Mit anderen Worten: Art. 6 IV Unterabs. 4 Multimedia-RL erfaßt dann lediglich die Umgehung einer ggf. vorhandenen Zugangssperre, nicht indes etwa einen Kopierschutzmechanismus an einem zugänglich gemachten Werk.

Aufgrund der mit der zunächst dargestellten weiten Auslegung verbundenen weitreichenden und so wohl auch nicht intendierten Folgen scheint die zuletzt aufgezeigte nutzerfreundliche Auslegung vorzugswürdig[595]. Hiervon soll sogar der Rat ausgehen[596]. Vor dem Hintergrund, daß sich Art. 6 IV Unterabs. 4 Multimedia-RL auf das Recht der öffentlichen Zugänglichmachung i. S. d. Art. 3 Multimedia-RL bezieht, dürfte für das gefundene Ergebnis letztlich auch sprechen, daß es bei diesem Recht nicht darauf ankommt, ob ein späterer Abruf auch tatsächlich erfolgt, da es bereits in dem Moment relevant wird, in dem der Inhalt zur interaktiven Nutzung angeboten wird[597]. Die Übertragungshandlung kann insofern als für das Recht der öffentlichen Zugänglichmachung nicht charakteristisch[598] und daher als von Art. 6 IV Unterabs. 4 Multimedia-RL nicht beinhaltet angesehen werden.

---

592 Spindler GRUR 2002, 105 (119), der sich im Ergebnis dieser Argumentation jedoch nicht anschließt.

593 Metzger/Kreutzer, Stellungnahme Art. 6 IV Unterabs. 4, S. 12; Dreier ZUM 2002, 28 (37).

594 Linnenborn K&R 2001, 394 (401).

595 Ebenso Linnenborn K&R 2001, 394 (400); Metzger/Kreutzer, Stellungnahme Art. 6 IV Unterabs. 4, S. 11 f.; a. A. Spindler GRUR 2002, 105 (119); offensichtlich ebenfalls a. A. Mayer CR 2003, 274 (281); Gerlach ZUM 1999, 278 (280).

596 Gefolgert von Linnenborn K&R 2001, 394 (400); ähnlich Metzger/Kreutzer, Stellungnahme Art. 6 IV Unterabs. 4, S. 12.

597 Reinbothe GRUR Int. 2001, 733 (736).

598 Vgl. Gerlach ZUM 1999, 278 (279 f.).

c) Vorrang freiwilliger Maßnahmen

aa) Subsidiarität staatlichen Handelns

Ein Eingriff seitens der Mitgliedstaaten zur Sicherstellung der in Art. 6 IV Unterabs. 1 Multimedia-RL[599] aufgezählten Nutzungsmöglichkeiten steht tatbestandlich unter der Voraussetzung, daß seitens der Rechteinhaber keine freiwilligen Maßnahmen oder Vereinbarungen zur Gewährung der aufgezählten Nutzungen ergriffen werden[600]. Freiwillige Maßnahmen durch die betroffenen privaten Rechtsträger genießen folglich Vorrang, oder anders ausgedrückt: Staatliches Eingreifen stellt eine nur subsidiäre Alternative dar[601]. Nach Art. 12 I Multimedia-RL ist alle drei Jahre insbesondere zu prüfen, ob sich der Einsatz wirksamer technischer Maßnahmen nachteilig auf gesetzlich erlaubte Handlungen auswirkt. Es soll also untersucht werden, ob die in Art. 6 IV Unterabs. 1 Multimedia-RL aufgezählten Schrankenregelungen angemessen durchgesetzt werden. Diese Regelung dürfte in der Praxis als eine Art Probezeit genutzt werden, in welcher die Beteiligten am Markt Lösungen suchen können, um staatliches Eingreifen entbehrlich zu machen[602]. Der europäische Gesetzgeber setzt also, wohl auch mit Blick auf die technische Vielfalt von DRM-Systemen[603], vorrangig auf die freiwillige Selbstbeschränkung der Rechteinhaber. Dieser Ansatz dürfte auch Sinn ergeben[604].

bb) Freiwillige Maßnahmen

Was unter freiwilligen Maßnahmen zu verstehen ist, läßt die Richtlinie offen[605]. In Erwägungsgrund 51 S. 2 Multimedia-RL wird lediglich der Abschluß von Vereinbarungen zwischen Rechteinhabern und anderen interessierten Parteien als eine Möglichkeit freiwilliger Maßnahmen angeführt. Ein bestimmter Mindeststandard, welchen die freiwilligen Maßnahmen zu erfüllen haben, wird indes nicht bestimmt. Vorstellbar ist, daß die Rechteinhaber die von ihnen eingesetzten technischen Schutzsysteme von sich aus nicht maximal modifizieren, sondern z.B. eine begrenzte Zahl an Kopien zulassen oder Kopierschutzsysteme etwa zeitlich begren-

---

[599] Sofern der nationale Gesetzgeber von der Möglichkeit des Art. 6 IV Unterabs. 2 Multimedia-RL Gebrauch macht, dürften die Überlegungen entsprechend gelten.

[600] Dem Kontext nach meint die Richtlinie wohl die Gesamtheit oder zumindest den Großteil aller Rechteinhaber im Einflußbereich der jeweils einzelnen Mitgliedstaaten.

[601] Vgl. v. Lewinski/Walter in Walter, Europäisches Urheberrecht, Info-RiLi, Rn. 159.

[602] Rosén GRUR Int. 2002, 195 (205).

[603] V. Lewinski/Walter in Walter, Europäisches Urheberrecht, Info-RiLi, Rn. 157.

[604] Huppertz CRi 2002, 105 (108); Kröger CR 2001, 316 (322); durchaus kritisch jedoch ders. DuD 2001, 723 (724).

[605] Kritisch insofern Lindhorst, Technische Maßnahmen, S. 128.

zen. Dies bringt jedoch die Gefahr der mißbräuchlichen Ausnutzung gelockerter DRM-Systeme mit sich. Auch die unentgeltliche Gewährung einer Lizenz für bestimmte Nutzergruppen kommt in Betracht[606]. Ebenso denkbar ist, daß die Rechteinhaber die nach Art. 6 IV Unterabs.1 Multimedia-RL priviligierten Nutzungen von einer vorherigen Kontaktaufnahme seitens der Begünstigten abhängig machen, welche die Identifizierung des jeweiligen Nutzers, somit die Zuordnung zu einer privilegierten Nutzergruppe oder die Darlegung einer nach einer einschlägigen urheberrechtlichen Schrankenregelung begünstigten Stellung ermöglicht. Erst daraufhin würde dem Schrankenbegünstigten dann der Inhalt zur entsprechenden Nutzung zur Verfügung gestellt. Die Kontaktaufnahme zu großen Einrichtungen, z. B. öffentlichen Bibliotheken oder Forschungseinrichtungen, erscheint wirtschaftlich noch durchaus realisierbar. Sind die Nutznießer einer Begünstigung aber jeweils einzelne Privatpersonen, so dürfte ein Dialog mit all diesen kaum umsetzbar sein, zumindest unter wirtschaftlichen Gesichtspunkten. Die zuletzt dargestellte Möglichkeit dürfte für die Praxis demnach wegen der hohen Transaktionskosten nicht interessant sein. Eine einheitliche Lösung für alle in Art. 6 IV Unterabs. 1 Multimedia-RL genannten Schrankenbestimmungen dürfte sich folglich nicht anbieten. Sofern die Rechteinhaber angebrachte freiwillige Maßnahmen zu treffen überhaupt bereit sind, läuft dies in der Praxis wahrscheinlich auf verschiedenartige freiwillige Maßnahmen entsprechend der jeweiligen Schrankenvorschrift hinaus.

d) Erweiterter Rechtsschutz

Sofern Rechteinhaber den Einsatz von DRM-Systemen freiwillig oder aufgrund freiwilliger Vereinbarungen selbst beschränken, sollen die diesbezüglich zum Einsatz kommenden technischen Maßnahmen von der Rechtsordnung ebenfalls geschützt sein. Gleiches gilt für die Mittel, welche die Rechteinhaber im Rahmen des Art. 6 IV Unterabs. 1 Multimedia-RL[607] zur Verfügung stellen müssen. Ein beschränkter Einsatz von DRM-Systemen liegt vor, wenn diese nicht maximal, d. h. nicht auf dem Schutzniveau des technisch Möglichen eingestellt sind. Solchen nur beschränkt eingestellten DRM-Systemen kommt nach Art. 6 IV Unterabs. 3 Multimedia-RL der Rechtsschutz nach Art. 6 I Multimedia-RL[608], also rechtlicher Schutz vor ihrer Umgehung zu. Die Regelung will unter anderem sicherstellen, daß im Wege der Umgehung nicht maximal eingestellter DRM-Systeme keine Informationen gewonnen werden, welche zur Um-

606 Beispielsweise für öffentliche Bibliotheken.

607 Soweit ein Mitgliedstaat von Art. 6 IV Unterabs. 2 Multimedia-RL Gebrauch macht, gilt dies insoweit entsprechend.

608 Art. 6 IV Unterabs. 3 Multimedia-RL verweist allerdings nicht auch auf den Vorfeldschutz nach Art. 6 II Multimedia-RL.

gehung des eigentlich möglichen Schutzes fruchtbar gemacht werden können[609].

e) Würdigung des in Art. 6 IV Multimedia-RL angelegten Interessenausgleichs

Neben kritischen Stimmen[610] liest man auch, Rat und Europäisches Parlament hätten mit den Regelungen in Art. 6 IV Multimedia-RL besonderes Fingerspitzengefühl bewiesen und zu einer ausgewogenen Lösung gefunden[611], oder daß die Multimedia-RL eine ausgewogene und zeitgemäße Neubewertung erreicht habe[612]. Ferner heißt es, die Qualität der Richtlinie dürfe nicht unterschätzt werden[613]. Richtig ist in jedem Fall, daß ein Ausgleich der Interessen von Rechteinhabern und Schrankenbegünstigten notwendig gewesen ist. Art. 6 IV Multimedia-RL muß sich letztlich aber allein daran messen lassen, inwieweit er seine Zielsetzung auch verwirklichen kann, nämlich das Kräfteverhältnis zwischen Rechteinhabern und den von urheberrechtlichen Schranken Begünstigten, welches sich durch die Möglichkeiten der DRM-Technik und dem korrespondierenden rechtlichen Schutz zugunsten ersterer zu verschieben droht, wieder ausgewogen und angemessen zu gestalten.

aa) Sonderstellung interaktiver Dienste (Art. 6 IV Unterabs. 4 Multimedia-RL)

Schon im Hinblick auf Art. 6 IV Unterabs. 4 Multimedia-RL ist der Aussage, Art. 6 IV Multimedia-RL sei von besonderem Fingerspitzengefühl getragen, zu widersprechen. Verständlich ist die Kritik, eine besonders ausgewogene Lösung könne man in besagter Regelung schon deshalb wohl kaum erblicken, da nicht einmal diejenigen Schrankenbestimmungen Berücksichtigung finden, denen im Rahmen des Art. 6 IV Unterabs. 1 Multimedia-RL aus Gründen des Gemeinwohls zum Durchbruch verholfen werden soll[614]. In der Tat ist es fraglich, ob zwischen interaktiven Online-Diensten und der sonstigen Verwertung ein derartiger Unterschied besteht, daß es sachlich gerechtfertigt ist, in einem Fall die faktische Geltung grundsätzlich einschlägiger Urheberrechtsschranken dem Belieben der Rechteinhaber zu überlassen, im anderen Fall diese jedoch der Bindung an Art. 6 IV Unterabs. 1, 2 Multimedia-RL zu unterwerfen[615]. Der

---

609 Dreier in Dreier/Schulze, UrhG, § 95b, Rn. 19.

610 Etwa Hoeren: Art. 6 IV Multimedia-RL sei ein „Verstoß gegen die informational justice", berichtet von Rehbinder ZUM 2002, 816 (816).

611 So Reinbothe ZUM 2002, 43 (47).

612 Reinbothe GRUR Int. 2001, 733 (745).

613 Reinbothe ZUM 2002, 43 (44 f.), der zugleich einräumt, die Richtlinie sei als politischer Kompromiß so ausgeglichen wie möglich.

614 Dreier ZUM 2002, 28 (37).

615 Vgl. Peukert in Loewenheim, Hdb UrhR, § 36, Rn. 7, Fn. 28.

Gesichtspunkt der Erschließung neuer Märkte dürfte hierfür keine ausreichende Rechtfertigung darstellen[616]. Nachvollziehbar ist daher auch die Auffassung, für die durch Art. 6 IV Unterabs. 4 Multimedia-RL hervorgerufene Schlechterstellung der Nutzer bzw. Besserstellung der Rechteinhaber im Online-Bereich sei ein vernünftiger Grund nicht zu erkennen; allein daß die Online-Nutzungsform vermutlich die stärkste Bedrohung für die Rechteinhaber darstellt[617], könne die Differenzierung zwischen Online- und Offline-Bereich nicht rechtfertigen[618]. Bedenklich ist die Geltungsbereichsausnahme für interaktive Dienste vor allem auch deshalb, da sie mittel- und langfristig die faktische Geltung grundlegender urheberrechtlicher Wertungen in Frage stellen könnte[619]. Dies gewinnt gesteigerte Bedeutung vor dem Hintergrund, daß das Anbieten digitaler Inhalte zum individuellen Abruf in Online-Systemen nicht allein heute schon ein weitverbreitetes Geschäftsmodell ist, sondern auf absehbare Zeit eher expandieren denn rückläufig sein wird, so daß die Einschlägigkeit des Art. 6 IV Unterabs. 4 Multimedia-RL für Online-Dienste zunehmend den Regelfall ausmachen wird. Letzterer Gesichtspunkt relativiert sich natürlich, wenn man hinsichtlich der Reichweite des Art. 6 IV Unterabs. 4 Multimedia-RL die in dieser Arbeit präferierte nutzerfreundliche Auslegung[620] als richtig erachtet.

(1) Mißbrauchsanfälligkeit des Art. 6 IV Unterabs. 4 Multimedia-RL

Die Richtlinie billigt mit Art. 6 IV Unterabs. 4, daß im Online-Bereich urheberrechtliche Schrankenbestimmungen und die dahinterstehenden Wertungen mit Hilfe der DRM-Technik seitens der Rechteinhaber in der Praxis umschifft werden können und daher mit an Sicherheit grenzender Wahrscheinlichkeit wohl nicht nur in Einzelfällen auch tatsächlich umgangen werden[621]. Ein angemessener Interessenausgleich zwischen den Beteiligten geht von der Richtlinie daher schon wegen benannter Geltungsbereichsausnahme nicht aus[622]. Brisanz gewinnen soeben angestellte Überlegungen auch deshalb, weil für digitale Inhalte der Vertrieb im Rahmen interaktiver Dienste relativ leicht einzurichten ist. Durchaus berechtigt wird Art. 6 IV Unterabs. 4 Multimedia-RL daher auch als

[616] Lindhorst, Technische Maßnahmen, S. 156/161 f.

[617] Rosén GRUR Int. 2002, 195 (205).

[618] Mayer CR 2003, 274 (280).

[619] Zu Versuchen des Europäischen Parlaments zur Abmilderung der weitreichenden Folgen des Art. 6 IV Unterabs. 4 Multimedia-RL siehe Bechtold, Informationsrecht, S. 426, Fn. 2173.

[620] Siehe B.IV.2.b)bb)(3).

[621] Kröger CR 2001, 316 (323) vermutet, daß im Online-Bereich verschärfte Regelungen zum Regelfall werden; ebenso Mayer CR 2003, 274 (280); zurückhaltender Bechtold, Informationsrecht, S. 427.

[622] Lindhorst, Technische Maßnahmen, S. 127: „Unausgewogenheit".

„nichtnachvollziehbare Zunichtemachung“ der in Art. 6 IV Unterabs. 1, 2 Multimedia-RL diffizil ausgestalteten Regelung bezeichnet[623]. Es drängt sich letztlich der Eindruck auf, daß besagte Regelung von erfolgreicher und vorausblickender Arbeit von Lobbyisten auf der Seite einflußreicher Rechteinhaber bzw. von deren Verbänden geprägt ist[624]. Denn auch dem Richtliniengeber kann das Mißbrauchspotential des Art. 6 IV Unterabs. 4 Multimedia-RL nicht verborgen geblieben sein. Man könnte fast den Eindruck gewinnen, der Interessenausgleich zwischen Rechteinhabern und Schrankenbegünstigten sei durch die Hinnahme des diesen sehr stark relativierenden Art. 6 IV Unterabs. 4 Multimedia-RL auf politischer Ebene quasi erkauft worden. Die Vorschrift stellt jedenfalls das in Art. 6 IV Unterabs.1 Multimedia-RL angelegte, im Ansatz begrüßenswerte Konzept zur Schaffung eines angemessenen Kräfteverhältnisses in Frage. Auf lange Sicht ist sogar eine Aushebelung des Systems urheberrechtlicher Schrankenregelungen zu befürchten[625].

(2) Keine sachliche Rechtfertigung durch die Privatautonomie

Der Vorrang vertraglich vereinbarter Bestimmungen im Bereich interaktiver Dienste geht zwar konform mit der großen Bedeutung der Privatautonomie[626] und fördert diese schließlich auch. Die Privatautonomie kann jedoch nur dann zu angemessenen Ergebnissen führen, wenn die Verhandlungspartner zumindest annähernd gleich mächtig sind. Hiervon dürfte regelmäßig nicht auszugehen sein[627]. Hinsichtlich der On-Demand-Dienste dürfte es daher in Zukunft wegen der überproportional starken Stellung der Rechteinhaber regelmäßig zu durch diese maßgeblich beeinflußten Standardverträgen kommen[628], so daß der Gesichtspunkt der Vertragsfreiheit die Regelung des Art. 6 IV Unterabs. 4 Multimedia-RL nicht zu rechtfertigen vermag. Dies wird auch dadurch nicht ausreichend abgefedert, daß besagte Standardverträge regelmäßig einer AGB-rechtlichen Kontrolle unterliegen.

bb) Unvollständiger Rechtsschutz für freiwillige Maßnahmen der Rechteinhaber

Die freiwillige Lockerung eingesetzter DRM-Technik durch den Rechteinhaber als freiwillige Maßnahme im Sinn des Art. 6 IV Unterabs. 1 Multimedia-RL ist besonders schutzbedürftig, da die Lockerung poten-

623 Mayer CR 2003, 274 (280).
624 Mayer CR 2003, 274 (281).
625 Brunner, wiedergegeben von Zecher ZUM 2002, 52 (54); kritisch auch Peukert in Loewenheim, Hdb UrhR, § 36, Rn. 5.
626 Siehe statt vieler Heinrichs in Palandt Überbl v § 104, Rn. 1.
627 Ähnlich Kröger CR 2001, 316 (322); Möschel/Bechtold MMR 1998, 571 (575).
628 Ähnlich Lindhorst, Technische Maßnahmen, S. 127.

tiell erst neue Umgehungswege ermöglicht[629]. Warum also eine die Interessen der Schrankenbegünstigten achtende technische Maßnahme nicht auch in den Genuß des Vorfeldschutzes nach Art. 6 II Multimedia-RL kommen soll, leuchtet daher nicht ein. Dies macht es für Rechteinhaber eher unattraktiv, beim Einsatz von DRM-Systemen von einem maximalen Schutz abzusehen. Die Rechteinhaber sollten aber gerade dahingehend motiviert werden. Angebracht wäre daher, wenn Art. 6 IV Unterabs. 3 Multimedia-RL auch auf Art. 6 II Multimedia-RL verwiese.

cc) Selektive Durchsetzbarkeit urheberrechtlicher Schranken

Die Vorschrift des Art. 6 IV Unterabs. 1 Multimedia-RL erfaßt lediglich sieben der insgesamt 21 in Art. 5 Multimedia-RL angeführten Schrankenbestimmungen. Die Zukunft der Privatkopienschranke wird nach Art. 6 IV Unterabs. 2 Multimedia-RL gar in die Hände des nationalen Gesetzgebers gelegt. Alle weiteren Ausnahmen von urheberrechtlichen Ausschließlichkeitsrechten stellt die Richtlinie darüberhinaus praktisch zur Disposition der Inhalteanbieter, indem die nationalen Gesetzgeber hier nicht einmal die Kompetenz zum Eingreifen besitzen. Dies ist deshalb bedenklich, da in letztere Gruppe auch einige in der Praxis bedeutsame und ebenfalls am Gemeinwohl orientierte Schrankenregelungen fallen, beispielsweise der gesamte Bereich der Tagesnachrichten und der Pressedienste mit aktuellen Beiträgen aus Wirtschaft, Politik oder Religion (Art. 5 III Lit. c Multimedia-RL); zum Teil werden Schrankennormen dieser letzten Gruppe gar von durchaus überragenden Gemeinwohlinteressen getragen[630]. Nachvollziehbar ist somit die These, es werde ein Kernbereich der für ein demokratisches Staatsgefüge essentiellen Informationsfreiheit berührt[631]. Art. 6 IV Multimedia-RL läuft schließlich darauf hinaus, daß sich durch den Einsatz von DRM-Systemen den Inhalteanbietern die Möglichkeit eröffnet, den Kreis der in der Praxis definitiv zu achtenden Schrankenbestimmungen zu verkleinern[632]. Die Multimedia-RL enthält also durchaus die Tendenz, die Position der Rechteinhaber zu stärken und die Rechte und Möglichkeiten der Nutzer zu reduzieren.

dd) Ergebnis

Zusammenfassend ist Art. 6 IV Multimedia-RL vor allem dahingehend zu kritisieren, daß die Regulierung des Einsatzes technischer Schutzsysteme die Balance zwischen ausschließlicher Position des Rechteinhabers

[629] Ebenso implizit Hucko FS Nordemann, S. 321 (325).
[630] Dreier ZUM 2002, 28 (37) führt hier zu recht etwa die Kritikfreiheit (Art. 5 III Lit. d Multimedia-RL) an.
[631] Kröger CR 2001, 316 (324).
[632] Kröger DuD 2001, 723 (725); ders. CR 2001, 316 (323).

und deren Schranken nicht vollständig wiedergibt[633]. Besagtes Gleichgewicht zu erhalten, war aber das vornehmliche Ziel des Art. 6 IV Multimedia-RL. Es ist von daher nicht gewiß, ob Art. 6 IV Multimedia-RL und die hierauf basierenden nationalen Regelungen sich als ein „zahnloser Tiger“[634] erweisen wird oder doch sicherzustellen vermag, daß die Schranken und Wertungen des Urheberrechts künftig nicht bedeutungslos werden. Auch der Kommentar, mit Blick auf die Erfolgsgeschichte der Urheberrechtsordnung wäre es vielleicht ratsam gewesen, mehr Respekt für deren Grundsatzprinzipien aufzubringen[635], erscheint in diesem Zusammenhang nicht gänzlich verfehlt. Nicht sachdienlich dürfte auf jeden Fall sein, daß die sprachliche Formulierung des Art. 6 IV Multimedia-RL nicht gerade transparent ist[636]. Zur Rettung des Richtliniengebers sei jedoch vorgebracht, daß er mit besagter Regelung „juristisches Neuland“[637] betreten hat und die Materie alles andere als leicht ist.

V. Relevante nationale Rechtsvorschriften

Im Rahmen des Einsatzes von DRM-Systemen ist die Zugangs- von der Nutzungskontrolle unterscheiden. Diese Differenzierung strahlt auch auf die jeweils einschlägigen Normenkomplexe aus: Wird Gewährung des Zugangs als solcher begehrt, so ist dies nach den Regeln über den Kontrahierungszwang zu beurteilen[638]. Da insbesondere das Gesetz zur Regelung des Urheberrechts in der Informationsgesellschaft[639] spezielle Regelungen diesbezüglich nicht etabliert hat, ist mangels der Existenz einer spezialgesetzlichen Regelung insoweit auf die allgemeinen Grundsätze zurückzugreifen: Eine rechtliche Grundlage bietet § 826 BGB; kartellrechtliche Vorschriften kommen im nichtunternehmerischen Bereich, d. h. wenn der Anspruchsteller Privatperson ist, hingegen nicht in Betracht, da es hier nicht um die Rechtsbeziehungen zwischen Unternehmen

[633] Ebenso Retzer CRi 2002, 134 (138); Kröger CR 2001, 316 (323); vgl. auch Lessig, Code, S. 241.

[634] Bechtold in Büllesbach/Dreier, Information im 21. Jahrhundert, S. 145 (159); zweifelnd auch Lindhorst, Technische Maßnahmen, S. 128; a. A. indes Schippan ZUM 2003, 378 (386 f.): Angesichts des § 95b UrhG laufe der Schutz der Rechteinhaber gemäß § 95a UrhG weitgehend leer.

[635] Retzer CRi 2002, 134 (138).

[636] Retzer CRi 2002, 134 (138) vermißt die erforderliche Klarheit; Flechsig ZUM 2002, 1 (15): „schier unverständlichen Beschreibung und Wortwahl“ – dies könne aber auch an der deutschen Sprache liegen; Knies ZUM 2002, 793 (796): „kryptisch“.

[637] Reinbothe ZUM 2002, 43 (47).

[638] Ebenso Spindler GRUR 2002, 105 (117).

[639] BGBl. I, S. 1784 ff.; zum Gesetzgebungsverfahren siehe Goldmann in Becker/Buhse/Günnewig/Rump, DRM, S. 502 (510 ff.); zur Gesetzgebungskompetenz des Bundes siehe BT-Dr. 15/38, S. 15 f.

geht[640]. Das ZKDSG[641] hingegen enthält Normen zum Schutz der Betreiber bestimmter Dienste hinsichtlich der Kontrolle des Zugangs zu den von ihnen angebotenen Inhalten. Die §§ 95a ff. UrhG strahlen zwar auch auf den Bereich der Zugangskontrolle aus[642]; primär zugeschnitten sind sie aber offenbar auf die Nutzungskontrolle[643]. Darüberhinaus tritt der Einsatz von DRM-Systemen auch mit kartellrechtlichen Vorschriften in Kontakt, ebenso wie mit dem Recht des unlauteren Wettbewerbs.

VI. Gesetz zur Regelung des Urheberrechts in der Informationsgesellschaft

Die zwingenden, fristgebundenen Vorgaben der Multimedia-RL sowie der beiden WIPO-Verträge hat der Gesetzgeber mit dem Gesetz zur Regelung des Urheberrechts in der Informationsgesellschaft umgesetzt[644]. Vom europäischen Recht nicht unbedingt vorgegebene, dennoch anstehende Regelungen sollen zuerst noch eingehend ausgearbeitet und diskutiert werden[645] und stehen dann erst im „Zweiten Korb" zur Einführung an[646]. Von einigen Ausnahmen[647] abgesehen ist die Umsetzung am 13.09.2003 in Kraft getreten. Soweit die Regelungen auf der Multimedia-RL beruhen, sind sie in deren Sinne richtlinienkonform auszulegen[648]. Zu

[640] Eckert in Bamberger/Roth, BGB, § 145, Rn. 15; vgl. auch Heinrichs in Palandt Einf v § 145, Rn. 9; ungenau Spindler GRUR 2002, 105 (117).

[641] Gesetz über den Schutz von zugangskontrollierten Diensten und von Zugangskontrolldiensten (Zugangskontrolldiensteschutzgesetz) vom 19.03.2002, BGBl. I, S. 1090.

[642] Siehe B.VII.2.b).

[643] Dies verdeutlicht letztlich § 95b I 1 UrhG, indem dort „Zugang zu dem Werk" bereits vorausgesetzt wird.

[644] BT-Dr. 15/38, S. 1; zur Diskussion während des Umsetzungsverfahrens siehe Zecher ZUM 2002, 451 ff.; Günnewig in Becker/Buhse/Günnewig/Rump, DRM, S. 528 (561 ff.); siehe ferner Goldmann in Becker/Buhse/Günnewig/Rump, DRM, S. 502 (510 ff.); zur Umsetzung der Richtlinie in anderen Mitgliedstaaten siehe Beard/Budd/Haller/Schuler/Silver/Wimmers CRi 2004, 33 (34 ff./39 ff.): Frankreich, Großbritannien; Westkamp CRi 2003, 11 ff.: Großbritannien; Iglezakis CRi 2003, 28 f: Griechenland; Huppertz CRi 2002, 105 (109 ff.): Österreich, Belgien, Niederlande; Retzer CRi 2002, 134 (135 ff.): Österreich, Belgien, Dänemark, Frankreich, Niederlande, Großbritannien; Strowel/Daems CRi 2001, 167 ff.: Belgien, Niederlande; von Greyerz CRi 2004, 123 f: Schweden; Aalto/Seppälä CRi 2005, 103 (105 f.): Finnland; Bing CRi 2005, 107 f.; vgl. auch Reinbothe in Becker/Buhse/Günnewig/Rump, DRM, S. 405 (410).

[645] Zur Kontroverse bezüglich dieses Vorgehens siehe Zecher ZUM 2002, 451 (452 f.).

[646] Vgl. Bundesministerium der Justiz, Referentenentwurf Zweiter Korb, S. 18 f.

[647] Siehe Art. 6 Gesetz zur Regelung des Urheberrechts in der Informationsgesellschaft.

[648] Peukert in Loewenheim, Hdb UrhR, § 33, Rn. 16; ähnlich Wandtke/Ohst in Wandtke/Bullinger, Praxiskommentar UrhR Ergänzungsband, § 95a, Rn. 9; Dreyer in

beachten sind dabei insbesondere der Richtlinientext selbst, die Erwägungsgründe sowie die weiteren Begründungen im Rahmen der Entstehungsgeschichte der Multimedia-RL[649]. Im Folgenden werden die hinsichtlich des Einsatzes von DRM-Systemen relevanten Vorschriften dargestellt. Das Gesetz zur Regelung des Urheberrechts in der Informationsgesellschaft will nicht nur auf die geänderten Anforderungen durch neue Technologien im Bereich der digitalen Medien und Netzwerktechnik, insbesondere das Internet, reagieren, sondern zugleich für künftig erwartete Entwicklungen einen gesetzlichen Rahmen schaffen[650]. Dabei bringt die Umsetzung tiefgreifende Auswirkungen auf das Gleichgewicht der Interessen von Rechteinhabern und der Allgemeinheit mit sich[651]. Konkrete technische Vorgaben werden bewußt nicht gemacht: Man will den Beteiligten auf diese Weise einen möglichst weiten Gestaltungsspielraum erhalten[652]. Zudem kann der Gesetzgeber allein auch keine technischen Standards setzen[653].

1. Zum Umsetzungsspielraum des Gesetzgebers

Wie jede Richtlinie läßt auch die Multimedia-RL dem Gesetzgeber hinsichtlich ihrer Umsetzung gewissen Spielraum[654]. Dies entspricht dem Charakter der Richtlinie als sanftes Instrument der Harmonisierung. Sie ist zwar bezüglich der mit ihr verfolgten Zielsetzung verbindlich; wie dieses Ziel erreicht wird, d. h. in welcher Form und mit welchen Mitteln, steht hingegen frei[655]. Die Multimedia-RL als dem Unionsrecht typische Rechtshandlungsart ermöglicht so die harmonisierende Anpassung der deutschen Urheberrechtsordnung unter Schonung ihrer bestehenden Strukturen.

Dreyer/Kotthoff/Mechel, UrhR, Vor §§ 95a ff., Rn. 1; siehe Nettesheim in Grabitz/Hilf, EG, Art. 249, Rn. 153.

[649] Vgl. Wandtke/Ohst in Wandtke/Bullinger, Praxiskommentar UrhR Ergänzungsband, § 95c, Rn. 6.

[650] BT-Dr. 15/38, S. 14; Jaeger/Kreutzer, Stellungnahme Regierungsentwurf, S. 1.

[651] Vgl. Enders ZUM 2004, 593 (600 ff.); Schippan ZUM 2001, 116 (117): „Epizentrum des Urheberrechts"; Jaeger/Kreutzer, Stellungnahme Regierungsentwurf, S. 18.

[652] Pakuscher, wiedergegeben von Zecher ZUM 2002, 451 (452); so empfohlen etwa von Dreier CR 2000, 45 (49): „… sollte … (die) Gesetzgebung … so technologieneutral wie möglich sein.".

[653] Kröger CR 2001, 316 (322).

[654] Vgl. Reinbothe GRUR 2001, 733 (744); Dreier ZUM 2002, 28 (38).

[655] Art. 249 III EG; siehe Nettesheim in Grabitz/Hilf, EG, Art. 249, Rn. 133/152; Schroeder in Streinz, EUV/EGV, Art. 249, Rn. 86 ff.

2. Ergänzende Schutzbestimmungen (§§ 95a ff. UrhG)

Der für die analoge Welt konzipierte urheberrechtliche Interessenausgleich kann nicht ohne weiteres auf die digitale Welt übertragen werden[656], zumindest paßt er für diese nicht wirklich gut[657]. So ging es bei der Einführung der §§ 95a ff. UrhG auch nicht darum, den Interessenausgleich zwischen den Rechteinhabern und der Allgemeinheit neu zu bewerten, sondern vielmehr sollten die bewährten urheberrechtlichen Modelle für einen fairen Interessenausgleich grundsätzlich, d.h. soweit es sachgerecht ist[658], auf das neue technologische Umfeld übertragen werden[659]. Erforderlich wurde dies in erster Linie durch die erleichterte Kopierbarkeit und Verbreitbarkeit von digital verfügbaren Werken, d.h. aufgrund tatsächlich veränderter Bedingungen[660]. Auch im Rahmen des Einsatzes von DRM-Systemen gilt es nämlich, praktische Konkordanz zwischen den widerstreitenden Interessen der beteiligten Kreise zu erreichen[661]. Ziel sollte es dabei stets bleiben, eine Herrschaft der DRM-Technik über das Recht zu unterbinden[662]. Die §§ 95a ff. UrhG etablieren nicht ein neues Ausschließlichkeits- bzw. Leistungsschutzrecht, sondern lediglich eine zusätzliche Ebene des Rechtsschutzes für schutzfähige Werke und Leistungen[663], sozusagen flankierende Maßnahmen[664] oder urheberrechtliche Hilfsnormen[665]: Die im UrhG bereits geregelten Befugnisse

---

656 Grosheide EIPR 2001, 321 (323).

657 Litman, Digital Copyright, S. 171; vgl. Däubler-Gmelin ZUM 1999, 769 (770).

658 Siehe Dreier ZUM 2002, 28 (34); Lessig, Code, S. 244.

659 Schaefer FS Nordemann, S. 191 (192); vgl. auch BT-Dr. 15/38, S. 26 f.; Retzer CRi 2002, 134 (135); Huppertz CRi 2002, 105 (108); Vinje EIPR 1996, 431 (436 f.); vgl. ferner Enders ZUM 2004, 593 (600 ff.).

660 Der wirksame rechtliche Schutz geistiger Inhalte ist auch bezüglich deren digitaler Form aufgrund der verfassungsrechtlichen Schutzpflicht für das geistige Eigentum geboten. Zudem ist letztlich auch die Inhalteindustrie, welche immerhin hochwertige Inhalte entwickeln und insbesondere auch im Internet anbieten soll, hierauf angewiesen. Insoweit treffend ist die Aussage von Lessig, Code, S. 223: Verbessert man die Technik und beläßt die Gesetze auf ihrem Stand, so schwächt man letztere.

661 Vgl. Linnenborn K&R 1999, 201 (210).

662 Linnenborn K&R 2001, 394 (402).

663 Arlt MMR 2005, 148 (149); Wandtke/Ohst in Wandtke/Bullinger, Praxiskommentar UrhR Ergänzungsband, § 95a, Rn. 4; ähnlich Peukert in Loewenheim, Hdb UrhR, § 82, Rn. 6; vgl. auch Dreier ZUM 2002, 28 (38); Reinbothe GRUR Int. 2001, 733 (742 f.); a.A. Koelman/Helberger in Hugenholtz, Future of Copyright, S. 165 (203): „quasi-property right"; Pleister/Ruttig MMR 2003, 763 (766) bezüglich § 95a UrhG; ebenfalls a.A. – jedenfalls bezüglich § 95a UrhG – Spieker GRUR 2004, 475 (477): Schutzgegenstand des § 95a UrhG seien die technischen Maßnahmen als solche, die durch sie geschützten Inhalte seien indes nur mittelbar geschützt.

664 Trayer, Technische Schutzmaßnahmen, S. 138.

665 Krüger GRUR 2004, 204 (205); Auer FS Dittrich, S. 3 (12): „Hilfsansprüche", was allerdings insofern unpräzise ist, als daß die §§ 95a ff. UrhG unmittelbar keinen Anspruch geben.

werden quasi ausgebaut[666], auch wenn die §§ 95a ff. UrhG mit dem Urheberrecht im klassischen Sinne wenig zu tun haben[667]. Im Ergebnis stehen die in §§ 95a, c UrhG statuierten Verbote zugunsten des Rechteinhabers den urheberrechtlichen Ausschließlichkeits- bzw. Leistungsschutzrechten charakterlich aber durchaus nahe. Die §§ 95a, c UrhG bieten Schutz zugunsten der Rechteinhaber, während die §§ 95b, d UrhG diesen im Interesse Dritter und der Allgemeinheit wieder eingrenzen. Der Rechtsschutz der §§ 95a ff. UrhG als zusätzliche Ebene rechtlichen Schutzes ist strikt von dem der hiervon abstrakten urheberrechtlichen Rechtsposition im eigentlichen Sinn[668] zu unterscheiden[669]. Der rechtliche Schutz gemäß der §§ 95a ff. UrhG dient letztlich allein der Durchsetzung der im UrhG geregelten Immaterialgüterrechte im veränderten technischen Umfeld des Informationszeitalters[670]. Im Umfeld der Umgehung technischer Schutzmaßnahmen können Ansprüche der Rechteinhaber also zwei unterschiedliche Anknüpfungspunkte haben: Zum einen die Umgehung oder deren Unterstützung in Gestalt eines vorbereitenden Beitrags als solche, zum anderen die eigentliche Verletzung urheberrechtlich geschützter Positionen[671], sofern es zu einer solchen kommt[672]. Kommt dem Schutz nach den §§ 95a ff. UrhG theoretisch zwar lediglich ergänzende Funktion[673] gegenüber der „klassichen" Urheberrechtsordnung zu, so dürfte dies in praktischer Hinsicht jedoch gänzlich anders sein. Dogmatisch steht die Umgehung von DRM-Systemen mittelbaren Urheberrechtsverletzungen nahe[674]. Man kann durchaus die Frage aufwerfen, ob der Regelungsgehalt dieser Vorschriften nicht besser an anderer Stelle in der Rechtsordnung hätte plaziert werden sollen, möglicherweise auch außerhalb des UrhG. Dies tut inhaltlich jedoch nichts zur Sache und soll deswegen auch nicht eingehender untersucht werden.

---

666 Peukert in Loewenheim, Hdb UrhR, § 33, Rn. 11.

667 Bechtold in Hoeren/Sieber, Multimediarecht, Kap. 7.11, Rn. 26; weitergehend Schack, UrhR, Rn. 732k: „Pseudo-Urheberrecht", „Fremdkörper im UrhG".

668 Insofern wird im Folgenden auch vom Urheberrecht im materiellen Sinn die Rede sein.

669 So auch Enders ZUM 2004, 593 (601); kritisch Linnenborn K&R 2001, 394 (400).

670 Peukert in Loewenheim, Hdb UrhR, § 33, Rn. 7; vgl. auch Erwägungsgrund 13 a. E. Multimedia-RL.

671 Ausführlich Arlt MMR 2005, 148 (149 ff.).

672 Dies wird im Anschluß an die Umgehung des technischen Schutzes regelmäßig der Fall sein.

673 Peukert in Loewenheim, Hdb UrhR, § 33, Rn. 11.

674 Arlt MMR 2005, 148 (149); vgl. BT-Dr. 12/4022, S. 15; Trayer, Technische Schutzmaßnahmen, S. 88 m. w. N.; Haedicke FS Dietz, S. 349 (356/361/363).

a) Geltungsbereichsausnahme für Computerprogramme (§ 69a V UrhG)

Nach § 69a V UrhG[675] finden die §§ 95a ff. UrhG und folglich auch hierauf verweisende Vorschriften[676] auf Computerprogramme keine Anwendung[677]. Dies ist nicht dahingehend zu verstehen, daß Computerprogramme, welche etwa die Umgehung von Kopierschutzroutinen auf Audio-CDs mit Hilfe eines PCs ermöglichen, nicht erfaßt werden; vielmehr sind die §§ 95a ff. UrhG bezüglich der Umgehung technischer Maßnahmen, die Computerprogramme als Inhalt schützen, nicht anzuwenden[678]. Eine Regelung wie § 69a V UrhG ist im Vorfeld teilweise auch explizit gefordert worden[679]. Schon die Gesetzesbegründung selbst ruft jedoch durchaus Unsicherheiten hervor[680]. § 69a V UrhG verfolgt das Ziel, der Gefahr einer entsprechenden Ausdehnung des Verweises der für Sprachwerke geltenden Bestimmungen auf Software entgegenzuwirken. Dies brächte nämlich insbesondere die problematische Frage mit sich, wie der Schutz technischer Maßnahmen nach den §§ 95a ff. UrhG sich zu den §§ 69a ff. UrhG, vor allem zum Vernichtungsanspruch des Rechteinhaberrs aus § 69f I, II UrhG[681] verhält. Der Gesetzgeber hat mit Blick auf die sich auch sonst ergebenden Probleme[682] von einer über die Richtlinienumsetzung hinausgehenden Ausdehnung des Rechtsschutzes für technische Maßnahmen auf den Bereich der Computerprogramme entgegen der Auffassung des Bundesrates[683] abgesehen[684]. Diesbezügliche Rechtsfragen sind insofern also ausschließlich nach den §§ 69a ff. UrhG zu beantworten. § 69a V UrhG soll ebenso für Werke gelten, die letztlich auf Computerprogrammen basieren[685]: Hierfür kommen einige Produkte

[675] § 69a V UrhG geht letztlich auf die Multimedia-RL zurück, vgl. Art. 1 II Lit.a sowie Erwägungsgrund 50 S. 2.

[676] Siehe Grützmacher in Wandtke/Bullinger, Praxiskommentar UrhR Ergänzungsband, § 69a, Rn. 5.

[677] Kritisch Lindhorst, Technische Maßnahmen, S. 139/143 f.

[678] OLG München Urt. v. 28.07.2005 – 29 U 2887/05 – AnyDVD, S. 13 f.; Arlt MMR 2005, 148 (154); ebenso Enders ZUM 2004, 593 (599).

[679] So Jaeger CR 2002, 309 (312), systematisch allerdings im Rahmen der §§ 95a ff. UrhG.

[680] BT-Dr. 15/38, S. 26: § 95a UrhG gilt auch für software-implementierte Schutzmaßnahmen.

[681] § 69f I, II UrhG ist die Umsetzung des Art. 7 I Lit. c Computerprogramm-RL; zu Einzelheiten siehe Trayer, Technische Schutzmaßnahmen, S. 67 ff.; Wand, Technische Schutzmaßnahmen, S. 145 ff.; Raubenheimer CR 1994, 129 ff.

[682] Gemeint ist das Spannungsfeld zwischen Art. 5, 6 Multimedia-RL und § 69d II UrhG (Erstellung einer Sicherheitskopie) sowie § 69e UrhG (Dekompilierung).

[683] Siehe BR-Dr. 684/1/02, S. 8 f.; BT-Dr. 15/1066, S. 2.

[684] Die Bundesregierung hat die Ansicht des Bundesrates ausdrücklich zurückgewiesen: BT-Dr. 15/38, S. 22.

[685] Peukert in Loewenheim, Hdb UrhR, § 34, Rn. 8.

in Betracht[686]. Abweichend vom Grundsatz des § 69a V UrhG sollen die §§ 95a ff. UrhG auch dann gelten, wenn der technische Schutz nicht allein dem Schutz von Computerprogrammen dient, sondern zugleich auch dem anderer Werke oder Schutzgegenstände[687]. Zu diesem Ergebnis müsse man insbesondere in dem Fall kommen, daß das DRM-System software-implementiert ist, da das hierfür genutzte Computerprogramm dann im Kern dem Schutz anderer Inhalte dient[688]. Letztlich soll nach Sinn und Zweck des § 69a V UrhG darauf abzustellen sein, ob im Schwerpunkt ein Computerprogramm oder andere schutzfähige Inhalte oder Leistungen geschützt werden sollen[689]. Die Einschlägigkeit des § 69a V UrhG und hiermit die Nichtanwendbarkeit der §§ 95a ff. UrhG hiervon abhängig zu machen, dürfte jedoch nicht im Sinne der Rechtssicherheit sein[690], da die Grenzlinie zwischen Computerprogrammen und anderen Werken zunehmend verschwimmt[691]. Es erscheint hingegen sinnvoller, die Begrenzung des Anwendungsbereichs der §§ 95a ff. UrhG in § 69a V UrhG generell restriktiv auszulegen und auf Computerprogramme im eigentlichen Sinn zu beschränken. Denn schon allein durch die Existenz des § 69a V UrhG entsteht ein Nebeneinander von Vorschriften über die Umgehung von DRM-Systemen, welche ihrer Struktur wie auch Intensität gemäß völlig unterschiedlich sind[692]. Tritt man dem nicht durch eine restriktive Auslegung entgegen, so steht tatsächlich eine Durchlöcherung des Regelungssystems der §§ 95a ff. UrhG zu befürchten[693]. Die Abgrenzungsprobleme zwischen Computerprogrammen und anderen Werken dürften sich vor dem Hintergrund des § 69a V UrhG jedenfalls weiter verschärfen[694], da die Wirkung des § 69a V UrhG maßgeblich von der Definition des Begriffs der Computerprogramme bestimmt wird[695]. Un-

686 Vgl. Grützmacher in Wandtke/Bullinger, Praxiskommentar UrhR Ergänzungsband, § 69a, Rn. 3 f: Computerspiele etwa dürften einen Grenzfall zwischen Computerprogramm und Filmwerk i. S. d. § 2 I Nr. 6 UrhG darstellen.

687 Grützmacher in Wandtke/Bullinger, Praxiskommentar UrhR Ergänzungsband, § 69a, Rn. 4.

688 Grützmacher in Wandtke/Bullinger, Praxiskommentar UrhR Ergänzungsband, § 69a, Rn. 4.

689 Grützmacher in Wandtke/Bullinger, Praxiskommentar UrhR Ergänzungsband, § 69a, Rn. 4: Entscheidend seien insofern die wirtschaftlichen Werte der Schutzgegenstände und deren Verhältnis zueinander.

690 Ebenso Grützmacher in Wandtke/Bullinger, Praxiskommentar UrhR Ergänzungsband, § 69a, Rn. 4.

691 Computerprogramme sind nicht selten mit Video- und/oder Audiodateien verwoben.

692 Lindhorst, Technische Maßnahmen, S. 144.

693 Vgl. Lindhorst, Technischen Maßnahmen, S. 144.

694 Ebenso Wandtke/Ohst in Wandtke/Bullinger, Praxiskommentar UrhR Ergänzungsband, § 95a, Rn. 8.

695 Grützmacher in Wandtke/Bullinger, Praxiskommentar UrhR Ergänzungsband, § 69a, Rn. 3.

abhängig vom allgemeinen Begriff[696] sollten Computerprogramme demzufolge im Rahmen des § 69a V UrhG daher eng verstanden werden, selbst wenn dies möglicherweise zu einem uneinheitlichen Computerprogramm-Begriff führt.

b) Schutz vor der Umgehung von DRM-Systemen (§ 95a I UrhG)

Die von der Richtlinie in Art. 6 I vorgegebene rechtliche Absicherung technischer Schutzmaßnahmen vor Umgehung spiegelt sich in § 95a I UrhG[697] wider. Die Vorschrift findet auch auf solche DRM-Systeme Anwendung, die vor ihrem Inkrafttreten am 13.09.2003 in Verkehr gebracht worden sind[698]. Vor Erlaß des Gesetzes zur Regelung des Urheberrechts in der Informationsgesellschaft war der rechtliche Schutz vor Umgehung von DRM-Systemen nicht ausreichend, da nur rudimentär ausgestaltet[699]. Im Gegensatz zum früher konstruierbaren Schutz nach den Grundsätzen der mittelbaren Urheberrechtsverletzung[700] ist die Umgehung von DRM-Systemen nach § 95a I UrhG jetzt schon per se untersagt, unabhängig davon, ob sich daran eine urheberrechtsverletzende Handlung anschließt oder nicht[701]. Im vorliegenden Kontext verlieren besagte Grundsätze somit an Bedeutung; § 95a I UrhG bietet nunmehr eine explizite gesetzliche Regelung.

aa) Umgehungsverbot

Im Folgenden wird das in § 95a I UrhG statuierte Verbot der Umgehung technischer Schutzmaßnahmen näher dargestellt.

(1) Gesetzliche Vorgaben, Allgemeines

Nach § 95a I UrhG dürfen wirksame technische Maßnahmen[702] zum Schutz eines nach dem UrhG geschützten Werkes oder eines anderen nach

---

[696] Allgemein wird der Begriff weit verstanden: BT-Dr. 12/4022, S. 9; Grützmacher in Wandtke/Bullinger, Praxiskommentar UrhR, § 69a, Rn. 3; offenbar auch Loewenheim in Schricker, UrhR, § 69a, Rn. 4.

[697] § 95a UrhG wird vereinzelt mit Blick auf die Meinungs- und Kommunikationsfreiheit als nicht verfassungskonform angesehen, so Ulbricht CR 2004, 674 (677 ff.) unter Anführung eines bestehenden Wertungswiderspruchs des § 95a UrhG zum klassischen Urheberrecht; ebenfalls die Verfassungsmäßigkeit des § 95a UrhG anzweifelnd Holznagel/Brüggemann MMR 2003, 767 (768).

[698] Dies gilt ebenso für den Schutz nach § 95a III UrhG.

[699] Siehe Wirtz in Bröcker/Czychowski/Schäfer, Geistiges Eigentum im Internet, § 8, Rn. 180; vgl. auch Czychowski NJW 2003, 2409 (2411).

[700] Siehe D.I.1.b).

[701] Eine urheberrechtlich relevante Handlung im klassischen Sinn muß sich jedoch nicht denknotwendig anschließen. Das bedeutet: Untersagt ist schon das „Knacken" des „Tresores", auch wenn man aus diesem dann nichts entwendet.

[702] § 95a UrhG gilt auch für software-implementierte Schutzmaßnahmen, da der gesetzliche Schutz von der verwandten Technologie nicht abhängig ist: BT-Dr. 15/38,

dem UrhG geschützten Schutzgegenstandes ohne Zustimmung des Rechteinhabers[703] nicht umgangen werden, soweit dem Handelnden bekannt ist oder den Umständen nach bekannt sein muß[704], daß die Umgehung erfolgt, um den Zugang zu einem solchen Werk oder Schutzgegenstand oder deren Nutzung zu ermöglichen[705]. Nochmal: Die Umgehungshandlung ist strikt abzuschichten von der durch sie ermöglichten (urheberrechtswidrigen) Nutzung entsprechender Inhalte. Bezüglich des Umgehungsverbotes ist es deshalb irrelevant, ob eine solche überhaupt stattfindet. Mit anderen Worten: Allein die Umgehung technischer Schutzmaßnahmen als solche stellt noch kein materiell urheberrechtlich rechtswidriges Verhalten, also keine Verletzung des Urheberrechts dar[706]. § 95a UrhG schützt auch den Einsatz unrechtmäßig hergestellter technischer Schutzmaßnahmen[707], denn die hierdurch faktisch abgesicherte schöpferische Leistung wird durch diesen Umstand nicht weniger schutzwürdig, so daß sie etwa eines zusätzlichen technischen Schutzes nicht wert wäre[708]. Die tatbestandsausschließende Zustimmung des Rechteinhabers läßt das Merkmal der Umgehung unberührt: Diese ist also zu unterscheiden von der Berechtigung hierzu[709]. Die erforderliche Zustimmung kann zwar nach allgemeinen Grundsätzen auch konkludent vonstatten gehen, doch ist mit Blick auf die Tatsache, daß technischer Schutz eingesetzt wird, hierbei äußerste Zurückhaltung an den Tag zu legen[710]. Werden DRM-Systeme durch Dritte eingesetzt, d.h. von Personen, die nicht über die entsprechenden urheberrechtlichen Positionen verfügen (Nichtberechtigte), so scheidet ein Rechtsschutz zu deren Guns-

---

S.26; Wirtz in Bröcker/Czychowski/Schäfer, Geistiges Eigentum im Internet, § 8, Rn. 181a.

703 Nach dem Telos des § 95a UrhG dürften im Sinne der Terminologie der §§ 183 f BGB sowohl die im Vorfeld erteilte Einwilligung als auch die nachträgliche Genehmigung als „Zustimmung“ im Sinne der Vorschrift erfaßt sein; im Ergebnis ebenso Peukert in Loewenheim, Hdb UrhR, § 34, Rn. 3, Fn. 5; Wandtke/Ohst in Wandtke/Bullinger, Praxiskommentar UrhR Ergänzungsband, § 95a, Rn. 42. In der Praxis relevant dürfte vor allem die im vorhinein erteilte Einwilligung sein. Sofern die Zustimmung an gewisse Bedingungen gebunden ist, sind diese zu beachten, andernfalls liegt eine wirksame Zustimmung nicht vor: Wandtke/Ohst in Wandtke/Bullinger, Praxiskommentar UrhR Ergänzungsband, § 95a, Rn. 58.

704 Dieses Bösgläubigkeitsmerkmal korrespondiert mit der Kennzeichnungspflicht nach § 95d I UrhG; zu § 95d I UrhG siehe B.VI.2.f)aa).

705 § 95a I UrhG übernimmt weitgehend den Wortlaut des Art. 6 I Multimedia-RL, vgl. Dreier ZUM 2002, 28 (39); zu Beispielen siehe Dreyer in Dreyer/Kotthoff/Mechel, UrhR, § 95a, Rn. 55 f.

706 Ebenso Trayer, Technische Schutzmaßnahmen, S. 81; implizit Goldmann/Liepe ZUM 2002, 362 (366).

707 Etwa unter Verletzung fremder Patentrechte.

708 Ungenau Dreyer in Dreyer/Kotthoff/Mechel, UrhR, § 95a, Rn. 13.

709 Dies ergibt sich klar aus dem Wortlaut des § 95a I UrhG.

710 Ähnlich Dreier in Dreier/Schulze, UrhG, § 95a, Rn. 11.

ten nach § 95a I UrhG aus[711]: § 95a UrhG knüpft an die urheberrechtliche Rechteinhaberschaft an. § 95a I UrhG setzt eine auf Werkzugang oder Werkverwertung gerichtete Umgehungsabsicht oder entsprechend fahrlässiges Handeln voraus: Umgehungshandlungen, die ausschließlich wissenschaftlichen Zwecken dienen, sind demnach nicht erfaßt[712]. Zu beachten ist insbesondere, daß die in Art. 6 I Multimedia-RL bindend vorgegebene Tatbestandsvoraussetzung der Bösgläubigkeit auch für jene zivilrechtlichen Ansprüche gilt, bei denen regelmäßig beispielsweise die objektive Störereigenschaft genügt[713]. Zu denken ist hierbei vordringlich an Unterlassungsansprüche.

(2) Ausmaß des Umgehungsverbots

Nach den allgemeinen Wertungen des Urheberrechts freie Inhalte und Nutzungen sind vom Schutz nach § 95a UrhG ausgenommen[714]. Da der rechtliche Schutz eingesetzter DRM-Technik also an den materiellrechtlichen Rechtsschutz nach dem UrhG anknüpft, ist es insbesondere notwendig, daß der entsprechende Inhalt die erforderliche Schöpfungshöhe aufweist[715]. Ist dies nicht der Fall, so kommt besagter Schutz der technischen Maßnahmen nach § 95a I UrhG nicht in Betracht. Wie die Existenz des § 95b UrhG zeigt, gilt allerdings anderes, sofern ein Inhalt grundsätzlich Urheberrechtsschutz genießt, dieser jedoch konkret aufgrund der Einschlägigkeit einer Urheberrechtsschranke suspendiert ist: In diesem Fall besteht ebenfalls Schutz nach § 95a I UrhG. Anders formuliert: In Ermangelung an Ausnahmetatbeständen gilt § 95a I UrhG im Umkehrschluß zu § 95b UrhG[716] auch dann, wenn das mit der Umgehung bezweckte Verhalten von einer Urheberrechtsschranke erfaßt, also ein erlaubtes Ziel verfolgt wird. So ist es auch von der Multimedia-RL vorgesehen[717]: Zunächst sieht die Multimedia-RL in Art. 6 I rechtlichen Schutz vor der Umgehung technischer Maßnahmen vor, bevor in Art. 6 IV der Schutz der aus Urheberrechtsschranken begünstigten Kreise thematisiert wird. Die Struktur der Richtlinie spricht also für soeben dargelegtes Verständnis[718]. Zudem besagt Erwägungsgrund 51 S. 1 Multimedia-RL, daß

[711] Hoeren NJW 1998, 2849 (2853); unpräzise Peukert in Loewenheim, Hdb UrhR, § 34, Rn. 14.

[712] BT-Dr. 15/38, S. 26.

[713] BT-Dr. 15/38, S. 26; Dreier in Dreier/Schulze, UrhG, § 95a, Rn. 11.

[714] BT-Dr. 15/38, S. 26.

[715] Urheberrechtlicher Schutz kann auch aus anderen Gründen von vornherein nicht bestehen, etwa für amtliche Werke im Rahmen des § 5 UrhG oder wegen Erlöschens des Urheberrechts 70 Jahre post mortem auctoris gemäß § 64 UrhG.

[716] Peukert in Loewenheim, Hdb UrhR, § 34, Rn. 4.

[717] Siehe Trayer, Technische Schutzmaßnahmen, S. 118; anders hingegen Art. 11 WCT und Art. 18 WPPT, siehe Ulbricht CR 2004, 674 (675).

[718] Hoeren, Urheberrecht und Verbraucherschutz, S. 17 f.

der Rechtsschutz technischer Maßnahmen unbeschadet des in Art. 5 der Richtlinie zum Ausdruck kommenden Gesichtspunktes des Allgemeininteresses zu gelten hat. Es gilt demzufolge ein rigides, d. h. absolutes Umgehungsverbot[719], allerdings nur, sofern der entsprechende Inhalt im Grundsatz materiellrechtlichen Rechtsschutz nach dem UrhG genießt. Dies führt im Ergebnis dazu, daß auf dem Feld der Urheberrechtsschranken der Einsatz von DRM-Systemen zum Schutz von Inhalten im Digitalformat einen umfassenderen Rechtsschutz genießt als dem Rechteinhaber materiellrechtlich zuteil wird. Zur Erhellung des Sinns oder Unsinns dieser Regelung sei folgendes Beispiel angeführt: Die Unterscheidung von Urheberrechtsverletzung und Umgehungshandlung als verschiedene Bezugspunkte rechtlicher Sanktionen kann im Ergebnis dazu führen, daß derjenige, der ein DRM-System beispielsweise mit dem Ziel der Erstellung einer Kopie zu privaten Zwecken umgeht, wegen des Privilegs privater Vervielfältigungen gemäß § 53 I UrhG im Ergebnis eine Urheberrechtsverletzung nicht begeht und unter diesem Gesichtspunkt auch nicht in Anspruch genommen werden kann, er aber dennoch wegen eines Verstoßes gegen das Umgehungsverbot des § 95a I UrhG haftet. Wer sich hingegen im Rahmen einer Urheberrechtsschranke von einer Vorlage eine Kopie erstellt, welche erst durch die Umgehung technischen Schutzes durch eine andere Person ermöglicht wurde, muß rechtliche Sanktionen nicht befürchten. Dogmatisch gesehen erscheint das Ergebnis paradox, geht doch der Rechtsschutz für die Schutztechnik über den materiellrechtlichen hinaus, obwohl er an eben diesem anknüpft: Durch die §§ 95a ff. UrhG soll ein Schutz der Rechteinhaber vor der Verletzung ihrer urheberrechtlichen Positionen geboten werden[720]. Letztlich ist das Resultat jedoch nicht zu umschiffen, will man den Nutzern nicht zubilligen, im Rahmen einschlägiger Urheberrechtsschranken technische Maßnahmen „auf eigene Faust" zu umgehen, wofür gute Gründe sprechen[721]. Im Sinne eines effektiven Schutzes der Rechteinhaber ist das Ergebnis hinzunehmen, auch wenn es zugegebenermaßen seltsam anmutet. Außerdem: Auch die Multimedia-RL harmonisiert die Urheberrechtsschranken in den Mitgliedstaaten nur in gewissem Umfang. Würde man technischen Schutz im Rahmen der (national unterschiedlichen) Schranken nicht auch rechtlich absichern, so würde dies die Etablierung einheitlicher Standards auf dem Feld der DRM-Technik deutlich erschweren, da DRM eben ein internationales Phänomen ist[722]; eine entsprechende Standardisie-

[719] Siehe Peukert in Loewenheim, Hdb UrhR, § 34, Rn. 4; teilweise a. A. Abdallah/Gercke/Reinert ZUM 2004, 31 (39): Die Umgehung technischer Maßnahmen sei nicht zu beanstanden, wenn deren Einsatz eine Straftat darstellt.

[720] Vgl. Art. 1 I Multimedia-RL: Gegenstand insbesondere der §§ 95a ff. UrhG ist der „rechtliche Schutz des Urheberrechts und der verwandten Schutzrechte".

[721] Siehe G.III.1.a)bb).

[722] Ähnlich Trayer, Technische Schutzmaßnahmen, S. 132.

rung wird jedoch gerade angestrebt. Für den Rechtsschutz technischer Maßnahmen auch im Rahmen urheberrechtlicher Schranken sprechen maßgeblich also insbesondere auch pragmatische Erwägungen.

(3) Begriff der Umgehung

Sofern es aufgrund einer Umgehung des technischen Schutzes zu urheberrechtswidrigen Verwertungshandlungen kommt, ist dies eine von der Umgehung der Schutzmaßnahme als solche strikt abzuschichtende Materie. Im Rahmen des § 95a UrhG ist wiederum zu unterscheiden zwischen den Tatbestandsmerkmalen der Wirksamkeit einer technischen Maßnahme und der Umgehung einer solchen. Das zentrale Merkmal des Umgehungsschutzes, die Umgehung als saktionierte Handlung, regelt § 95a UrhG ebensowenig wie Art. 6 Multimedia-RL. Zur Ausfüllung des Umgehungsbegriffs wird etwa vorgeschlagen, auf den strafrechtlichen Tatbestand des Automatenmißbrauchs nach § 265a I StGB zurückzugreifen[723]. Sinnvoller dürfte indes sein, das Merkmal der Umgehung anhand des Gesamtzusammenhangs zu beurteilen: Eine Umgehung ist diesem gemäß dann gegeben, wenn eine technische Maßnahme zum Schutz schöpferischer Inhalte im Digitalformat in ihrer Wirksamkeit beeinträchtigt oder sogar ausschaltet wird[724]. Die „Umgehung“ ist demnach formal aus einem technischen Blickwinkel heraus zu verstehen, also den gesamten Hintergrund nicht berücksichtigend[725]. Eine Umgehung ist jedenfalls dann anzunehmen, wenn eine Handlung den Zugang oder die Nutzung des geschützten Inhaltes der Kontrolle des Rechteinhabers entzieht[726]. Unter Kontrolle ist insofern die Verfügungsgewalt über wirksamen technischen Schutz zu verstehen. Eine Einwirkung auf die technische Maßnahme selbst ist nicht unbedingt erforderlich: Es reicht auch aus, wenn deren Umfeld derart manipuliert wird, daß die Maßnahme gar nicht erst wirksam werden kann[727]. Eine i. S. d. § 95a I UrhG relevante Umgehung liegt allerdings nur dann vor, wenn die außer Kraft gesetzte Schutzmaßnahme gerade vor der konkreten Art der Überwindung Schutz geboten hat[728]. Eine darüberhinausgehende Umgehung ist ja auch gar nicht erfor-

[723] So Trayer, Technische Schutzmaßnahmen, S. 25; vgl. Lenckner/Perron in Schönke/Schröder, StGB, § 265a, Rn. 9.

[724] Ähnlich Holznagel/Brüggemann MMR 2003, 767 (768).

[725] A. A. Holznagel/Brüggemann FS Kilian, S. 423 (438/442): Aus verfassungsrechtlichen Gründen sei der Umgehungsbegriff materiell aufzufassen; dies. MMR 2003, 767 (771 f/773), wenngleich sie a. a. O. (768) einräumen, daß die Ratio des § 95a I UrhG ein formal-technisches Verständnis nahelegt.

[726] Ähnlich Dreier in Dreier/Schulze, UrhG, § 95a, Rn. 10.

[727] Trayer, Technische Schutzmaßnahmen, S. 25; offenlassend Ernst CR 2004, 39 (40).

[728] Ähnlich Strömer/Gaspers K&R 2004, 14 (18), die auf die Zweckrichtung der technischen Maßnahme abstellen; Ernst CR 2004, 39 (40); im Ergebnis ebenso Dreyer

derlich[729], fehlt es dann ja schon an einer wirksamen technischen Schutzvorrichtung. Dieser Befund läßt sich sinngemäß auf den Vorfeldschutz nach § 95a III UrhG übertragen.

(4) Zustimmungskompetenz

Die maßgebliche Zustimmung im Sinne des § 95a I UrhG ist die des Rechteinhabers, also desjenigen, welcher die Rechte am durch die technische Maßnahme geschützten Inhalt hat[730]. Dies folgt daraus, daß der rechtliche Schutz vor der Umgehung technischer Schutzmaßnahmen nach § 95a I UrhG an den urheberrechtlichen Schutz der betroffenen Inhalte anknüpft; eben letzterem dient der Einsatz von DRM-Systemen auch: Primäres Schutzgut des § 95a UrhG sind die (technisch geschützten) digitalen Inhalte. Zustimmungskompetent sind folglich die Rechteinhaber, originär also die Urheber und Leistungsschutzberechtigten, ferner aber auch die Inhaber derivativer ausschließlicher Rechte, welche ihnen kraft Gesetzes oder auf vertraglicher Basis eingeräumt worden sind[731]. Spräche man darüberhinaus auch Herstellern und Betreibern der technischen Schutzmaßnahmen eine Zustimmungskompetenz zu, so führte dies zu einer nicht angestrebten Ausweitung des Umgehungsschutzes[732]. Auf deren Zustimmung kann es demnach nicht ankommen. Gleiches Ergebnis folgt zudem daraus, daß § 95a UrhG charakterlich hilfsweise der Durchsetzung der Ausschließlichkeitsrechte des Rechteinhabers dient; nur dieser kann sich folglich auf den in Rede stehenden Schutz berufen[733]. Auch im Sinne der Effektivität des § 95a UrhG ist ein anderes Ergebnis nicht erforderlich[734]. Schützt ein DRM-System Inhalte mehrerer Rechteinhaber, so ist die Zustimmung aller erforderlich[735]: Relevant wird dies vordringlich im Multimedia-Bereich.

(5) Umgehung von DRM-Systemen zum bloßen Werkgenuß

Unstimmigkeiten treten hinsichtlich der Umgehung von DRM-Systemen allein zur Ermöglichung des Genusses der hierdurch geschützten Inhalte

in Dreyer/Kotthoff/Mechel, UrhR, § 95a, Rn. 23; anklingend auch bei Trayer, Technische Schutzmaßnahmen, S. 25.

[729] Strömer/Gaspers K&R 2004, 14 (17).

[730] Ebenso Lindhorst, Technische Maßnahmen, S. 120/142.

[731] Wandtke/Ohst in Wandtke/Bullinger, Praxiskommentar UrhR Ergänzungsband, § 95a, Rn. 59.

[732] Vgl. Lindhorst, Technische Maßnahmen, S. 120: „Paracopyright".

[733] Vgl. Wandtke/Ohst in Wandtke/Bullinger, Praxiskommentar UrhR Ergänzungsband, § 95a, Rn. 89.

[734] So aber anklingend bei Lindhorst, Technische Maßnahmen, S. 120.

[735] Wand, Technische Schutzmaßnahmen, S. 105; ähnlich Wandtke/Ohst in Wandtke/Bullinger, Praxiskommentar UrhR Ergänzungsband, § 95a, Rn. 59, die maßgeblich darauf abstellen, wer entsprechendes DRM-System installiert hat.

auf. Dogmatische Reibungspunkte ergeben sich daraus, daß der schlicht rezeptive Genuß von Inhalten tatbestandsmäßig keine urheberrechtsrelevante Verwertungshandlung im Sinne des § 15 UrhG ist. Dies spräche durchaus dafür, dem schlichten Werkgenuß entgegenstehende DRM-Systeme vom Schutz des § 95a I UrhG auszunehmen[736]. Im digitalen Umfeld besteht aber die Besonderheit, daß aus zwingenden technischen Gründen dem Werkgenuß urheberrechtlich relevantes Verhalten vorausgehen kann, etwa in Form einer Vervielfältigung im Arbeitsspeicher eines Computers[737]. Den sich hieraus ergebenden Widerspruch könnte man nur auflösen, indem man den entsprechenden „Erlaubnistatbestand" – am Beispiel des Arbeitsspeichers § 44a UrhG[738] – nicht als Urheberrechtsschranke, sondern als Reduktion des Tatbestandes auffaßte[739]. Dies wiederum ließe sich indes kaum in die bestehende Urheberrechtsdogmatik einpassen, deren Regel-Ausnahme-Verhältnis in Form von Verwertungsrechten des Rechteinhabers und diese beschränkenden Schranken zugunsten der Begünstigten ausgestaltet ist. Auch spricht die Richtlinie selbst gegen ein solches Verständnis[740]. Gegen die Herausnahme von DRM-Systemen aus dem rechtlichen Schutz nach § 95a I UrhG, soweit diese dem schlichten Werkgenuß entgegenstehen, spricht zudem schon dessen Wortlaut: Dieser stellt nämlich auf den Schutz von nach dem UrhG geschützten Inhalten, nicht indes darauf ab, ob der Umgang mit solchen Inhalten urheberrechtswidrig ist. Die Multimedia-RL steht dem nicht entgegen. Sofern technische Schutzmaßnahmen allein zum Genuß des entsprechenden Inhaltes umgangen, urheberrechtlich relevante Handlungen, insbesondere Vervielfältigungen also nicht getätigt werden, findet hingegen keine Verletzung materieller Urheberrechte des Rechteinhabers statt[741].

(6) 1:1-Kopien

§ 95a UrhG setzt bei der Umgehung technischer Schutzmaßnahmen an. Es stellt sich somit das spezielle Problem, ob eine Umgehung vorliegt, wenn eine Kopie 1:1 angefertigt wird, d.h. wenn das Vervielfältigungs-

---

[736] So Peukert in Loewenheim, Hdb UrhR, § 36, Rn. 12.

[737] § 16 I UrhG; siehe Heerma in Wandtke/Bullinger, Praxiskommentar UrhR Ergänzungsband, § 16, Rn. 2.

[738] § 44a UrhG als Ausnahme zum Vervielfältigungsrecht gemäß § 16 UrhG beruht auf Art. 5 I Multimedia-RL und läßt technisch erforderliche vorübergehende Vervielfältigungen unter bestimmten Voraussetzungen zu.

[739] So offenbar Peukert in Loewenheim, Hdb UrhR, § 36, Rn. 12, Fn. 57 unter Berufung auf den Wortlaut des Art. 5 I Multimedia-RL: „... werden ... (vom) ... Vervielfältigungsrecht ausgenommen."; in diesem Sinne offenbar auch Dietz ZUM 1998, 438 (443); a.A. Reinbothe GRUR Int. 2001, 733 (738).

[740] Erwägungsgründe 21 S. 1 und 33 S. 1.

[741] Trayer, Technische Schutzmaßnahmen, S. 81.

stück seinerseits den Kopierschutz aufweist[742]; mit anderen Worten: Fraglich ist, ob es eine Umgehung im Sinne der Vorschrift ist, wenn der Kopierschutz mitkopiert wird, wenn also im wahrsten Sinne des Wortes eine „perfekte Kopie“ erstellt wird. Es liegt durchaus nahe, daß in dieser Konstellation § 95a UrhG nicht einschlägig ist[743]. Hiergegen spricht aber die Ratio besagter Vorschrift, welche eben darin liegt, den Rechteinhaber vor der unberechtigten Vervielfältigung des mit dem von ihm eingesetzten DRM-System hiergegen geschützten digitalen Werkes in Schutz zu nehmen. Faßte man die Anfertigung besagter 1:1-Kopien nicht unter § 95a UrhG, so würde man sich hierüber hinwegsetzen: Auch ein Vervielfältigungsstück mit weiterhin intaktem Kopierschutz ist nämlich eine Kopie, welche den Erwerb eines Originalstücks potentiell verhindert. Auch da der Wortlaut des § 95a I UrhG nicht auf die Veränderung oder Entfernung des Kopierschutzes, sondern auf die Ermöglichung der Verwertung abstellt, wird das Mitkopieren des Vervielfältigungsschutzes als Umgehung im Sinne der Vorschrift angesehen[744]. Hierfür spricht schließlich, daß § 95a I UrhG nicht etwa von „Unwirksammachung“ technischer Maßnahmen, sondern von deren „Umgehung“ spricht[745], insbesondere da Art. 6 I Multimedia-RL die gleiche Formulierung verwendet. Richtigerweise ist die Beurteilung von 1:1-Kopien jedoch streng anhand der Tatbestandsmerkmale des § 95a I UrhG zu beurteilen. Man muß daher differenzieren[746]: Maßgeblich ist, ob der eingesetzte Kopierschutz gegen die Erstellung von 1:1-Kopien grundsätzlich Schutz bietet und nur im konkreten Einzelfall überwunden werden konnte, oder ob ein Schutz gegen 1:1-Kopien überhaupt nicht vorgesehen ist. Beugt der eingesetzte Kopierschutz gerade nicht auch der Erstellung der in Rede stehenden 1:1-Kopien vor, so wird durch das Erstellen solcher gegen das Verbot des § 95a I UrhG nicht verstoßen[747]. Ein i. S. d. § 95a I UrhG relevantes Handeln liegt dann schon mangels insoweit wirksamer technischer Maßnahme nicht vor[748]. Für den Fall, daß ein im Prinzip bestehender Schutz im Einzelfall überwunden werden konnte, ist § 95a I UrhG wegen Beeinträchtigung der insoweit grundsätzlich wirksamen Schutzmaßnahme hingegen erfüllt. Im Ergebnis kommt es für die Beurteilung von 1:1-Ko-

[742] Teilweise wird offenbar angenommen, daß nur dann von „Klonen“ gesprochen werden kann: Etwa Schwarz-Gondek TKMR 2003, 250 (251), Fn. 6.

[743] Andeutend Mayer CR 2003, 274 (279).

[744] So Wandtke/Ohst in Wandtke/Bullinger, Praxiskommentar UrhR Ergänzungsband, § 95a, Rn. 55; im Ergebnis ebenso Ernst CR 2004, 39 (40).

[745] Anklingend bei Ernst CR 2004, 39 (40): Umgehung ist nicht Überwindung.

[746] Undifferenziert eine Umgehung i. S. d. § 95a I UrhG bejahend allerdings Schmid/Wirth, UrhG, § 95a, Rn. 3.

[747] Im Ergebnis ebenso Strömer/Gaspers K&R 2004, 14 (18).

[748] Verkennend Stickelbrock GRUR 2004, 736 (739).

pien darauf an, ob die konkret verwandte DRM-Technik hiergegen grundsätzlich Schutz bietet oder nicht[749].

(7) DRM-Systeme als Marktzugangsbeschränkung

Vom Schutz ausgenommen soll der Einsatz von Schutzmechanismen allein zum Zwecke der Marktzugangsbeschränkung sein[750]. Diese Absichtsbekundung des deutschen Gesetzgebers dürfte jedoch nicht mit den Vorgaben der Multimedia-RL vereinbart werden können. Hierauf wird an anderer Stelle eingehend eingegangen[751].

bb) Wirksame technische Maßnahme (§ 95a II UrhG)

(1) Allgemeines

§ 95a II UrhG enthält eine Legaldefinition der wirksamen technischen Maßnahmen[752] als Tatbestandsmerkmal des § 95a UrhG und setzt Art. 6 III Multimedia-RL um. DRM-Systeme gemäß des in vorliegender Arbeit zugrunde gelegten Begriffs[753] stellen sich als technische Maßnahmen im Sinne des § 95a II 1 UrhG dar[754]. Besagte Vorschrift soll für künftige Entwicklungen offen sein und alle Maßnahmen umfassen, welche bei der Umsetzung des mit § 95a UrhG verfolgten Ziels zur Anwendung kommen[755]. Der gesetzlichen Regelung ist dabei immanent[756], daß technische Maßnahmen grundsätzlich auch dann als wirksam im Sinne der Vorschrift anzusehen sind, wenn ihre Umgehung im Einzelfall möglich ist; andernfalls würde das Umgehungsverbot jeweils mit einer einmal erfolgten Umgehung solcher technischen Maßnahmen infolge der dadurch erwiesenen Unwirksamkeit obsolet[757]. Dieses Ergebnis geht auch konform mit der Ansicht, daß im Rahmen des § 69f UrhG Programmschutzmechanismen der Schutz nicht deshalb verwehrt wird, weil sie etwa nicht ef-

[749] In diese Richtung bereits Arlt GRUR 2004, 548 (550); nicht differenzierend indes Bechtold in Hoeren/Sieber, Multimediarecht, Kap.7.11, Rn. 60.

[750] BT-Dr. 15/38, S. 26; Dreier in Dreier/Schulze, UrhG, § 95a, Rn. 3. Während des Gesetzgebungsverfahrens wurde von Jaeger/Kreutzer, Stellungnahme Referentenentwurf, S. 4 sogar vorgeschlagen, dies in einem § 95a I 2 UrhG klarzustellen, der etwa hätte lauten sollen: „Die in Satz 1 genannten Technologien, Vorrichtungen und Bestandteile werden nur insoweit geschützt, als sie dem Schutz eines durch dieses Gesetz geschützten Rechts dienen.“.

[751] Ausführlich unter F.II.

[752] § 95a II 1 UrhG definiert die technische Maßnahme, während in § 95a II 2 UrhG deren Wirksamkeit gesetzlich beschrieben wird. Czychowski in Bröcker/Czychowski/Schäfer § 13, Rn. 256 geht davon aus, daß für die Frage der Wirksamkeit eine Reihe von Faktoren eine Rolle spielen dürfte.

[753] Siehe A.II.1.b)aa).

[754] Ähnlich Dreier in Dreier/Schulze, UrhG, § 95a, Rn. 14.

[755] Peukert in Loewenheim, Hdb UrhR, § 34, Rn. 9.

[756] Schippan ZUM 2003, 378 (385 f.).

[757] BT-Dr. 15/38, § 95a, S. 26.

fektiv seien[758]. Zwar wurde darauf hingewiesen, daß angesichts des rasanten technischen Fortschritts bei der Aufnahme technikspezifischer Normen in das UrhG besondere Vorsicht geboten sei[759]. Die Umsetzung orientiert sich dennoch eng am Wortlaut des Art. 6 III Multimedia-RL. Der deutsche Umsetzungsgesetzgeber hielt dies in Anbetracht des Harmonisierungsziels der Richtlinie für notwendig[760]. Bisweilen wurde vorgeschlagen, bei der Formulierung der Umsetzung in innerstaatliches Recht den Wortlaut sprachlich zu modifizieren[761] oder zusätzliche Elemente aufzunehmen. Hierauf hat der deutsche Gesetzgeber jedoch bewußt verzichtet, da er die möglichst präzise Übernahme der Multimedia-RL als optimalen Ausgangspunkt für eine in diesem Bereich besonders wichtige einheitliche Anwendung und Auslegung in allen Mitgliedstaaten der Europäischen Gemeinschaft ansieht[762]. Insbesondere da § 95a II UrhG richtlinienkonform auszulegen ist, kann für Näheres in vollem Umfang auf die Ausführungen zu Art. 6 III 2 Multimedia-RL verwiesen werden[763].

(2) Technikimmanente Schutzlücken

Eine Schutzmaßnahme kann durchaus wirksam sein, dies allerdings nur hinsichtlich bestimmter Angriffe. Sofern der technische Schutz technikimmanent partiell keinen Schutz bietet, also einen Angriff in seiner konkreten Gestalt seiner Konzeption gemäß nicht abwehren kann, liegt die Wirksamkeit im Sinne des § 95a II 2 UrhG nicht vor. Hierfür spricht klar der Wortlaut des § 95a II 2 UrhG[764]. So soll einem privaten Gutachten zufolge Unwirksamkeit des technischen Schutzes regelmäßig bei derzeit zum Einsatz kommenden Kopierschutzroutinen auf Musik-CDs anzunehmen sein[765]. Daß besagtes Gutachten vom Hersteller einer bekannten CD-Kopiersoftware in Auftrag gegeben wurde, überrascht dabei nicht. Aus der Beurteilung technikimmanenter Schutzlücken folgt letztlich, daß das Erstellen einer analogen Kopie keine i. S. d. § 95a I UrhG relevante Umgehung ist, sofern die entsprechende technische Maßnahme nur die

---

[758] Hoeren in Möhring/Nicolini, UrhG, § 69f, Rn. 18; ähnlich Grützmacher in Wandtke/Bullinger, Praxiskommentar UrhR, § 69f, Rn. 13.

[759] Haedicke FS Dietz, S. 349 (358); Dreier CR 2000, 45 (49); Reinbothe ZUM 2002, 43 (50).

[760] BT-Dr. 15/38, S. 26.

[761] Metzger, Stellungnahme Multimadia-RL, S. 4: Der Wortlaut sei zu unklar; Jaeger/Kreutzer, Stellungnahme Regierungsentwurf, S. 18: Der Wortlaut sei nicht nur zu unklar, sondern auch zu weit gefaßt; siehe auch Mayer CR 2003, 274 (276).

[762] BT-Dr. 15/38, S. 26.

[763] Siehe B.IV.1.a)aa)(2).

[764] § 95a II 2 UrhG: „Technische Maßnahmen sind wirksam, soweit …".

[765] Berichtet von heise online news vom 23.09.2004, abgerufen (25.09.2004) unter http://www.heise.de/newsticker/meldung/51389.

Anfertigung digitaler Vervielfältigungen unterbindet[766]; dies gilt auch, wenn die Analogkopie mit dem alleinigen Ziel der Redigitalisierung angefertigt wird[767]. In den soeben behandelten Kontext dürfte auch die Frage gehören, wie es sich im Fall der Eingabe eines Freischalte-Codes bzw. eines Paßworts durch einen Unberechtigten verhält: Kann hierin eine Umgehung i. S. d. § 95a I UrhG gesehen werden? Die Tatsache, daß die technische Schutzmaßnahme hier in einer Weise überwunden wird, wie es vom Rechteinhaber vorgesehen worden ist, dürfte maßgeblich dafür sprechen, daß sie in dieser Fallkonstellation nicht „umgangen" wird[768]: Da das entsprechende Schutzsystem nicht prüft, wer das Paßwort eingibt, sondern nur, ob dieses korrekt ist, stellt es sich insofern als nicht wirksam dar[769].

(3) Maßgeblicher Zeitpunkt für die Beurteilung der Wirksamkeit

Erstaunlicherweise wird die Frage nach dem relevanten Zeitpunkt für die Beurteilung, ob ein technischer Schutzmechanismus wirksam im Sinne des § 95a II 2 UrhG ist, bislang – soweit ersichtlich – weder im Rahmen der Multimedia-RL[770] noch auf nationaler Ebene diskutiert. Diese Frage ist aber von großer praktischer Bedeutung: Kann der Rechteinhaber an § 95a I, III UrhG anknüpfende Ansprüche[771] auch dann geltend machen, wenn die von ihm verwendete DRM-Technik zwar zum Zeitpunkt ihres erstmaligen Einsatzes wirksam war, dies aber zur Zeit der Umgehungshandlung bzw. der für den Vorfeldschutz maßgeblichen Handlung nicht mehr der Fall ist? Das Problem lautet also: Inwiefern müssen eingesetzte DRM-Systeme up-to-date sein, um rechtlichen Schutz zu erfahren? Die Antwort hierauf fällt nicht leicht. Einerseits kann man dem Rechteinhaber wohl nicht zumuten, stets auf dem absolut neuesten Stand der Technik zu sein. Andererseits würde das Wirksamkeitsmerkmal obsolet, würde man Rechtsschutz auch zusprechen, obwohl entsprechende Technik selbst für den Durchschnittsnutzer schon längst umgehbar ist. Unter Berücksichtigung letzteren Aspektes bietet es sich an, das Inverkehrbringen des entsprechenden Inhaltes als maßgeblichen Zeitpunkt anzusehen. Dies

[766] Ernst CR 2004, 39 (40); Pleister/Ruttig MMR 2003, 763 (765).

[767] Widersprüchlich Dreyer in Dreyer/Kotthoff/Mechel, UrhR, § 95a, Rn. 23/24, die analoge Kopien in besagten Fällen zunächst als nicht vom Verbot des § 95a UrhG erfaßt sieht, dann aber – dogmatisch nicht haltbar – hiervon wieder eine Ausnahme machen will, wenn die Analogkopie allein der Herstellung einer Digitalkopie dient.

[768] Andeutend Strömer/Gaspers K&R 2004, 14 (18).

[769] Verkennend Bechtold in Hoeren/Sieber, Multimediarecht, Kap. 7.11, Rn. 60; unzutreffend auch Trayer, Technische Schutzmaßnahmen, S. 25, der eine Umgehung offenbar nur dann ablehnt, wenn das Paßwort letztlich mit dem Willen des Berechtigten eingegeben wird.

[770] § 95a II 2 UrhG entspricht Art. 6 III 2 Multimedia-RL.

[771] Auch nicht zivilrechtliche Sanktionen hängen hiervon ab.

gilt notwendigerweise jedenfalls für Offline-Angebote, da der Rechteinhaber sich seiner Gestaltungsmöglichkeiten begibt, sobald diese seinen Einflußbereich verlassen. Aber auch bei Online-Angeboten dürfte es dem Rechteinhaber wohl nicht zuzumuten sein, den technischen Schutz stets absolut aktuell zu halten. Tendenziell sind an die Aktualität der Schutzmaßnahmen im Online-Bereich allerdings höhere Anforderungen zu stellen, da der Rechteinhaber sein Angebot hier stets modifizieren kann. Sofern innerhalb einer Produktreihe über einen längeren Zeitraum hinweg mehrere Produkte erscheinen, liegt es nahe, zu fordern, daß später auf den Markt kommende Inhalte mit einem aktualisierten technischen Schutz zu versehen sind, soll dieser als wirksam anzusehen sein. Abzustellen ist bei einer Produktreihe mit anderen Worten auf das Inverkehrbringen des konkreten Produkts. Vor dem Hintergrund der Schnellebigkeit des Informationszeitalters und der hiermit verbundenen Halbwertszeit entsprechender Informationstechnik erscheint es andererseits sachgerecht, dem Rechteinhaber für den Fall, daß eine Umgehungsmöglichkeit für das von ihm eingesetzte DRM-System bekannt wird, eine gewisse Zeitspanne zu entsprechenden Anpassungen zuzubilligen, will er seinen Rechtsschutz nicht verlieren. Diese Zeitspanne sollte mit Blick auf das tatbestandliche Merkmal der Wirksamkeit im Zweifel eher zu kurz denn zu lang bemessen sein. Im Einzelfall wird zu berücksichtigen sein, in welchem Ausmaß die gefundene Umgehungsmöglichkeit sich verbreitet hat.

(4) Gebrauch veralteter Technik

Keine im Sinne des § 95a I UrhG relevante Umgehung dürfte mangels der Wirksamkeit des technischen Schutzes insoweit[772] auch der bloße Einsatz alter, vorhandener Technik darstellen, welche technische Schutzmaßnahmen nicht unterstützt, wenn hierdurch quasi unbeabsichtigt Schutzmaßnahmen „umgangen" werden; anders verhält es sich allerdings, wenn der Nutzer die „alte" Technik nicht bereits besitzt, sondern diese vielmehr nach deren Vorbild (neu) nachbaut[773] oder sich sonstwie mit dem Ziel der Umgehung technischen Schutzes verschafft.

cc) Partieller Rechtsschutz

Voraussetzung für den Schutz nach § 95a I UrhG ist, daß das jeweilige mit Hilfe des eingesetzten DRM-System faktisch geschützte Werk auch rechtlichen Schutz nach Maßgabe des UrhG genießt. Nicht aus § 95a I UrhG ersichtlich wird indes die Rechtslage, wenn eine technische Maßnahme sich teils auf urheberrechtlich geschütztes Material, teils auf freie

[772] § 95a II 2 UrhG: „... wirksam, soweit ...".
[773] Dreyer in Dreyer/Kotthoff/Mechel, UrhR, § 95a, Rn. 24.

Inhalte bezieht. Diese Frage des partiellen rechtlichen Schutzes ist nicht zu verwechseln mit den soeben geschilderten Konstellationen der technikimmanenten Schutzlücken. Im Fall des partiellen Rechtsschutzes soll im Interesse eines vom Gesetz beabsichtigten weitreichenden Urheberschutzes regelmäßig von einem ganzheitlichen Umgehungsschutz auszugehen sein, soweit dies nicht rechtsmißbräuchlich ist[774]. Diese Ansicht erscheint jedoch fragwürdig: Unter Zugrundelegung dieser Auffassung würde es sich für Inhalteanbieter von nicht urheberrechtlich geschütztem Material geradezu aufdrängen, dieses gemeinsam mit geschütztem mit einer technischen Schutzmaßnahme zu versehen. Der Nutzer, welcher in den Genuß des gemeinfreien Teils kommen will, müßte dann die Rechtsmißbräuchlichkeit der soeben beschriebenen Koppelung darlegen und ggf. auch beweisen. Im Ergebnis führte dies zu einer durch DRM-Technik induzierten, von der Urheberrechtsordnung in ihren Grundsätzen jedoch nicht erwünschten, absoluten Stellung des entsprechenden urheberrechtlich nicht geschützten Inhaltes.

dd) Geltungsbereichsausnahme (§ 95a IV UrhG)

Durch § 95a IV UrhG wird über die Vorgaben der Multimedia-RL hinaus geregelt, daß rechtlicher Schutz nach § 95a I UrhG oder § 95a III UrhG nicht besteht, wenn öffentliche Stellen zum Zwecke des Schutzes der öffentlichen Sicherheit oder der Strafrechtspflege tätig werden. Da solche öffentlichen Stellen regelmäßig nicht über ausreichende Sachkunde verfügen, muß die Norm auch solche Fälle erfassen, in denen sich jene Stellen dritter Personen bedienen[775]. Nach Auffassung des Gesetzgebers kommt der Regelung allein klarstellende Funktion zu[776]. § 95a IV UrhG ist zudem nicht Ermächtigungsgrundlage für die jeweilige Handlung[777]. Durchaus fraglich ist allerdings, ob die Regelung des § 95a IV UrhG richtlinienkonform ist. Zwar können die Mitgliedstaaten eine Werknutzung zu Zwecken der öffentlichen Sicherheit nach Art. 5 III Lit. e Multimedia-RL privilegieren. Fraglich ist aber schon, ob der in § 95a IV Alt. 2 UrhG benutzte Begriff der Strafrechtspflege unter besagte Norm der Richtlinie fällt, denn dort ist lediglich die Rede von Gerichtsverfahren. Letzteres dürfte begrifflich wohl enger zu verstehen sein als die Strafrechtspflege. Andere diesbezüglich einschlägige Kompetenzzuweisungen sind in Art. 5 II, III Multimedia-RL nicht ersichtlich. Die grundsätzliche Subsumierbarkeit von § 95a IV Alt. 2 UrhG unter Art. 5 III Lit. e Multi-

774 Peukert UFITA 2002, 689 (709), Fn. 45; ders. in Loewenheim, Hdb UrhR, § 34, Rn. 6; sich anschließend Bechtold in Hoeren/Sieber, Multimediarecht, Kap.7.11, Rn. 50.

775 Dreier in Dreier/Schulze, UrhG, § 95a, Rn. 19.

776 BT-Dr. 15/38, S.26.

777 Peukert in Loewenheim, Hdb UrhR, § 34, Rn. 30.

media-RL vorausgesetz, liegt das eigentliche Problem jedoch darin, daß nach Art. 6 IV Unterabs. 1 Multimedia-RL die Mitgliedstaaten in dem Fall, daß die Rechteinhaber dies nicht freiwillig tun, gewährleisten müssen, daß entsprechende öffentliche Stellen die zur begünstigten Nutzung erforderlichen Mittel zur Verfügung gestellt bekommen. Ein Recht eines Schrankenbegünstigten zur Umgehung technischen Schutzes besteht hingegen schon mangels Vereinbarkeit mit der Richtlinie[778] nicht. § 95a IV UrhG hebt nun aber den Rechtsschutz nach § 95a I, III UrhG auf. Für die in ihr geregelten Sachverhalte läßt besagte Norm im Ergebnis also zu, daß öffentliche Stellen technische Schutzmaßnahmen umgehen und bricht insoweit grundsätzlich mit dem strikten Verbot der Umgehung. Charakterlich ist dies durchaus mit einem Recht auf Umgehung technischen Schutzes zugunsten eines Schrankenbegünstigten vergleichbar. § 95a IV UrhG setzt sich unter dem vorliegend diskutierten Gesichtspunkt also über die Vorgaben der Multimedia-RL hinweg[779]. Letztere ist als Richtlinie hinsichtlich ihres Ziels für die Mitgliedstaaten aber verbindlich. Demnach spricht einiges dafür, daß besagte Norm letztlich nicht richtlinienkonform sein dürfte[780]. In Richtung dieses Ergebnisses weist auch Erwägungsgrund 51 S. 1 Multimedia-RL, wonach der Rechtsschutz für technische Maßnahmen unbeschadet von Gesichtspunkten der öffentlichen Sicherheit gelten soll.

c) Durchsetzung DRM-resistenter Urheberrechtsschranken (§ 95b UrhG)

Der deutsche Gesetzgeber hat die Vorgaben des Art. 6 IV Unterabs. 1 der Richtlinie in § 95b UrhG[781] umgesetzt, flankiert von Normen des Unterlassungsklagengesetzes (UKlaG)[782]. Trotz mangelnder ausdrücklicher Regelung diesbezüglich findet § 95b UrhG keine Anwendung beim technischen Schutz urheberrechtlich nicht geschützter Werke. Dies muß schon deshalb gelten, da § 95b UrhG ja gerade den umfassenden Schutz nach § 95a I UrhG abmildern und die Interessen der Schrankenbegünstigten wahren will[783]. Allgemein gesprochen: § 95b UrhG soll im Dienste der allgemeinen Interessen einer modernen Informationsgesellschaft gleich einem Übermaßverbot dafür Sorge tragen, daß aus DRM-Systemen kein „digitales Vorhängeschloß" wird[784].

---

778 Siehe G.III.1.a)bb)(2).

779 Im Ergebnis ebenso Lindhorst, Technische Maßnahmen, S. 137/139.

780 A. A. Trayer, Technische Schutzmaßnahmen, S. 130.

781 Siehe etwa den Überblick bei Dressel/Scheffler, Dienstepiraterie, S. 246 ff.

782 Gesetz über Unterlassungsklagen bei Verbraucherrechts- und anderen Verstößen vom 27.08.2002, BGBl. I, S. 3422.

783 Ebenso Dreier in Dreier/Schulze, UrhG, § 95b, Rn. 3.

784 Lehmann CR 2003, 553 (557).

aa) Rechtsnatur

§ 95b UrhG regelt die Durchsetzung bestimmter Urheberrechtsschranken und verhilft diesen unter gewissen Voraussetzungen letztlich zu einer Anspruchsqualität. Die Vorschrift steht also mit diesen in unmittelbarem Zusammenhang; besagte Norm und die in ihr angeführten Schranken (§ 95b I 1 Nr. 1 bis 7 UrhG) bilden somit thematisch eine Einheit. Ebensogut hätte nämlich die Aussage des § 95b UrhG jeder einzelnen der entsprechenden Schranken hinzugefügt werden können. Insbesondere Erwägungen bezüglich der Übersichtlichkeit dürften jedoch hiergegen gesprochen haben. Die in Bezug genommenen Schranken strahlen folglich hinsichtlich ihrer Rechtsnatur auf § 95b UrhG aus, dient diese Norm doch deren faktischer Wahrnehmbarkeit. § 95b UrhG kann also als Annex zu entsprechenden Schranken aufgefaßt werden[785].

bb) Regelungsgehalt

(1) DRM-resistente Schranken (§ 95b I 1 UrhG)

(a) Allgemeines

Nach § 95b I 1 UrhG ist ein Rechteinhaber, soweit er technische Maßnahmen nach Maßgabe des UrhG anwendet, verpflichtet, den durch die DRM-resistenten Schrankenregelungen[786] Begünstigten, soweit sie rechtmäßig Zugang zu dem Werk oder Schutzgegenstand haben[787], die notwendigen Mittel zur Verfügung zu stellen, um von eben diesen Schrankenbestimmungen im erforderlichen Maße Gebrauch machen zu können. Die Nutzungsmöglichkeit darf nicht von mehr als unerheblichen zusätzlichen Voraussetzungen abhängig gemacht werden[788], etwa von einer Aufwandsentschädigung[789]. Eine (angemessene) Vergütung darf der Rechteinhaber jedenfalls nicht fordern, stünde dies doch im Widerspruch zur Intention des § 95b UrhG[790] und zum System der mittelbaren Pauschalvergütung[791]. Über die Verpflichtung des Rechteinhabers aus § 95b I 1

[785] Vgl. A.V.4.d).

[786] Es handelt sich hierbei ausschließlich um die explizit aufgezählten Schrankenregelungen. Peukert in Loewenheim, Hdb UrhR, § 36, Rn. 11 will allerdings unter Berufung auf europarechtskonforme Auslegung des deutschen Rechts analog § 95b I 1 Nr. 1, 6a, b, e UrhG auch den Datenbankhersteller verpflichten, die in § 87c UrhG niedergelegten Schranken gegenüber zum Schutz seiner Datenbank eingesetzten DRM-Systemen zur Geltung zu bringen.

[787] Rechtmäßiger Zugang ist nicht anzunehmen, wenn dieser auf eine Art erfolgt ist, die mit der Rechtsordnung nicht konform geht.

[788] BT-Dr. 15/38, S. 27.

[789] Peukert in Loewenheim, Hdb UrhR, § 36, Rn. 16; siehe auch ders. ZUM 2003, 1050 (1054).

[790] Bechtold in Büllesbach/Dreier, Information im 21. Jahrhundert, S. 145 (154).

[791] Vgl. Peukert ZUM 2003, 1050 (1054); zur Pauschalvergütung siehe E.I.2.

UrhG hinausgehend besteht ein rechtfertigend wirkendes Recht des Nutzers zur Umgehung technischer Schutzmaßnahmen[792] auch im Rahmen ihn begünstigender Urheberrechtsschranken nicht[793]. Nicht durchsetzen konnte sich die Bundestagsfraktion von Bündnis 90/Die Grünen, welche ein (gesetzliches) Recht zur Umgehung im Rahmen urheberrechtlicher Schranken gefordert hatte[794]. Insbesondere kann ein Selbsthilferecht i. S. d. § 229 BGB nicht bestehen, da dem Nutzer aus Urheberrechtsschranken kein Anspruch, also kein subjektives Rechts zuteil wird[795]. Hinsichtlich urheberrechtlich nicht (mehr) geschützter digitaler Inhalte dürfte ein Umgehungsrecht des Nutzers hingegen anzunehmen sein, wie letztlich aus § 95a I UrhG hervorgeht, der den Umgehungsschutz allein innerhalb der Reichweite des Rechtsschutzes des UrhG ansiedelt[796]: § 95b I 1 UrhG bezieht sich auf § 95a I UrhG, also auf den Einsatz technischer Maßnahmen zum Schutz urheberrechtlich geschützter Inhalte; genießt ein DRM-System keinen Rechtsschutz nach § 95a UrhG, so kommt auch § 95b UrhG nicht zur Anwendung. Was konkret als notwendig im Sinne der Vorschrift anzusehen ist, ergibt sich mit Blick auf die jeweilige Schrankenbestimmung. Zweck des § 95b UrhG soll sein, Rechteinhaber und Schrankenbegünstigte gewissermaßen zur Zusammenarbeit zu zwingen[797]. Vor dem Hintergrund eines sich technisch permanent wandelnden Umfelds soll die gesetzliche Regelung flexibel gehalten werden[798]. Entgegen vereinzelter gegenläufiger Anregungen[799] orientiert sich der deutsche

[792] Strikt zu differenzieren ist hiervon die Frage nach der Rechtfertigung einer sich regelmäßig anschließenden Urheberrechtsverletzung, welche anhand der Urheberrechtsschranken zu beurteilen ist.

[793] Trayer, Technische Schutzmaßnahmen, S. 207; Bechtold in Büllesbach/Dreier, Information im 21. Jahrhundert, S. 145 (152); kritisch Wuermeling K&R 2003 Heft 1 „Die Erste Seite": „bittere Realität"; a. A. Holznagel/Brüggemann FS Kilian, S. 423 (438 f.); dies. MMR 2003, 767 (771 f.) unter Verengung des Umgehungsbegriffs bei Vorliegen der Voraussetzungen des § 53 UrhG und solange, bis den Nutzern ein anderweitiges, ebenso effizientes Instrumentarium zur Verfügung gestellt wird.

[794] Vgl. Günnewig in Becker/Buhse/Günnewig/Rump, DRM, S. 528 (544).

[795] Siehe A.V.4.d). Voraussetzung des § 229 BGB ist ein Anspruch desjenigen, der sich auf Selbsthilfe berufen will, siehe Wagner in Erman § 229, Rn. 3; Heinrichs in Palandt § 229, Rn. 2. Selbsthilfe kommt demnach aber jedenfalls dann in Betracht, wenn dem Nutzer ein Anspruch gemäß § 95b II 1 UrhG rechtskräftig zugebilligt wurde, der Rechteinhaber sich jedoch weigert, diesem nachzukommen. Letzteres ist allerdings eine andere Fallkonstellation.

[796] Trayer, Technische Schutzmaßnahmen, S. 208 f.; in diese Richtung auch Bechtold in Hoeren/Sieber, Multimediarecht, Kap. 7.11, Rn. 49, der dies jedenfalls nach Ablauf der urheberrechtlichen Schutzfrist befürwortet; siehe B.VI.2.b)aa)(2).

[797] Wandtke/Ohst in Wandtke/Bullinger, Praxiskommentar UrhR Ergänzungsband, § 95b, Rn. 8; Reinbothe GRUR Int. 2001, 733 (742).

[798] Vgl. auch Dreier CR 2000, 45 (49).

[799] V. Lewinski/Walter in Walter, Europäisches Urheberrecht, Info-RiLi, Rn. 157: Die näheren Bedingungen und das Verfahren seien von den Mitgliedstaaten (gesetzlich) zu regeln.

Gesetzgeber daher eng am Richtlinientext: Er beschreibt den Umfang der zu gewährenden Mittel nur abstarkt. Es wird der Praxis somit ein weiter Gestaltungsspielraum eröffnet, der unterschiedlichste Lösungen zuläßt. So ist nach der Vorstellung des Gesetzgebers etwa folgendes denkbar[800]: Zum einen könnten dem Schrankenbegünstigten Schlüsselinformationen zum ein- oder mehrmaligen Überwinden technischer Maßnahmen überlassen werden; zum anderen ist es aber auch möglich, Verbänden von Schrankenbegünstigten Vervielfältigungsmöglichkeiten zur eigenständigen Verteilung an einzelne Berechtigte einzuräumen. Ferner könnte auch den Berechtigten die Möglichkeit geboten werden, auf unabhängigem Wege[801] weitere Vervielfältigungsstücke in der jeweils benötigten Form zu erhalten. Welche Variante sich am Markt durchsetzen wird, kann man zum jetzigen Zeitpunkt bloß mit Spannung abwarten. Mit der flexiblen Regelung soll zugleich ausgeschlossen werden, daß die Durchsetzung einer begünstigenden Urheberrechtsschranke auf ein Verfahren beschränkt wird, das noch nicht oder nicht mehr (allgemein) üblich ist[802]. In § 95b I 2 UrhG wird diese Regelung zu zwingendem, also nicht dispositivem Recht erklärt[803]. Selbstredend kann sich der Rechteinhaber zur Abwendung seiner Pflicht aus § 95b I 1 UrhG auch nicht darauf berufen, der privilegierte Nutzer könne den Inhalt illegal nutzen, indem er den technischen Schutz umgeht: Der Nutzer hat nun mal kein Recht zur Umgehung.

(b) Rechtmäßiger Zugang

Voraussetzung einer Verpflichtung des Rechteinhabers gemäß § 95b I 1 UrhG ist, daß der Schrankenbegünstigte zum technisch geschützten Inhalt rechtmäßigen Zugang hat. Fraglich ist, was hierunter zu verstehen ist, finden sich doch hierzu weder in der Multimedia-RL, noch in der Begründung zum Gesetz zur Regelung des Urheberrechts in der Informationsgesellschaft erläuternde Ausführungen. § 95b I 1 UrhG will demjenigen, der die Möglichkeit des Gebrauchs eines digitalen Werks erworben hat, bestimmte, urheberrechtlich relevante Facetten des Gebrauchs sichern. Ein urheberrechtliches Verwertungsrecht, das den bloßen Werkgenuß erfaßt, sieht das UrhG nicht vor. Rechtmäßiger Zugang i. S. d. § 95b I 1 UrhG muß vor diesem Hintergrund die mit der Rechtsordnung konforme tatsächliche Herrschaft – genauer: Zugriffsmöglichkeit – über ein

[800] BT-Dr. 15/38, S. 27; siehe G.III.1.

[801] Etwa über einen Abruf im Internet.

[802] BT-Dr. 15/38, S. 27.

[803] Entsprechende Vertragsklauseln sind somit gemäß § 134 BGB nichtig. Nach § 139 BGB führen sie möglicherweise sogar zur Nichtigkeit des gesamten Vertrags. Zu bedenken ist insofern allerdings, daß es um den Schutz des Nutzers geht und der Verlust des gesamten Vertrages diesen unter Umständen schlechter stellen kann als bloße Teilnichtigkeit.

gegenständlich manifestiertes Vervielfältigungsexemplar sein[804], da die Möglichkeit des Gebrauchs des Inhaltes vom Zugriff auf ein solches abhängt. Besagte rechtmäßige Zugriffsmöglichkeit hat etwa der Eigentümer eines gegenständlichen Vervielfältigungsexemplars[805], so daß diese grundsätzlich regelmäßig mit dessen Erwerb einhergeht[806]. Das Merkmal des Zugangs ist demnach jedenfalls nicht im faktischen Sinn zu verstehen.

(c) Gesetzliches Leitbild

Die Regelung des § 95b I 1 UrhG, welche eine Aufzählung der als besonders wichtig eingestuften Urheberrechtsschranken enthält, ist über ihren unmittelbaren Anwendungsbereich hinaus auch bei der Beurteilung entsprechender Vertragsklauseln im Rahmen einer Inhaltskontrolle unter dem Gesichtspunkt des gesetzlichen Leitbilds (§ 307 BGB) von Bedeutung[807]. Angedacht wird ferner die Möglichkeit, vertragliche Regelungen, die den Verbraucher übermäßig einschränken, als sittenwidrig einzustufen[808], so daß diese gemäß § 138 BGB nichtig wären.

(2) Anspruch des Schrankenbegünstigten (§ 95b II 1 UrhG)

(a) Allgemeines

Gemäß § 95b II 1 UrhG kann ein gegen das Gebot des § 95b I 1 UrhG verstoßender Rechteinhaber vom Begünstigten einer in § 95b I 1 UrhG aufgeführten Schrankenbestimmung darauf in Anspruch genommen werden, die zur Verwirklichung der jeweiligen Befugnis benötigten Mittel zur Verfügung zu stellen; dies kann sogar im Rahmen einer einstweiligen Verfügung vonstatten gehen[809]. § 95b II 1 UrhG ist insofern ein Novum, als daß in dieser Norm das deutsche Urheberrecht im Umfeld von Schran-

---

804 Anklingend bei Dreier in Dreier/Schulze, UrhG, § 95b, Rn. 9: „Rechtmäßiger Besitz eines Werkexemplars".

805 Vgl. § 903 S. 1 BGB.

806 Deutlich wird dies insbesondere im Offline-Bereich, vgl. Linnenborn K&R 2001, 394 (400).

807 Siehe Wandtke/Ohst in Wandtke/Bullinger, Praxiskommentar UrhR Ergänzungsband, § 95b, Rn. 47; siehe ferner Lehmann CR 2003, 553 (557); zur Bedeutung des § 95b I 1 UrhG vgl. auch Spindler GRUR 2002, 105 (118). Inwiefern die Erwägung auch auf das in Art. 6 IV Unterabs. 2 Multimedia-RL erwähnte Privatkopienprivileg zutrifft, ist indes fraglich, da es sich hierbei lediglich um eine Ermächtigung, nicht aber um eine Verpflichtung der mitgliedstaatlichen Gesetzgeber handelt und der deutsche Gesetzgeber von dieser keinen Gebrauch gemacht hat. Aufgrund letzteren Umstandes dürfte es näherliegen, im Rahmen einer Inhaltskontrolle von Vertragsklauseln im Kontext des Privatkopienprivilegs nicht unmittelbar auf Art. 6 IV Unterabs. 2 Multimedia-RL zurückzugreifen.

808 Wandtke/Ohst in Wandtke/Bullinger, Praxiskommentar UrhR Ergänzungsband, § 95b, Rn. 47; vgl. auch Dreier ZUM 2002, 28 (38), Fn. 75.

809 Siehe Dreyer in Dreyer/Kotthoff/Mechel, UrhR, § 95b, Rn. 72.

kenregelungen erstmals ein subjektives Recht kodifiziert[810]. Informationen darüber, wie eingesetzte technische Schutzmaßnahmen zu umgehen sind, werden im Sinne der Vorschrift schon mit Blick auf das Verhältnismäßigkeitsprinzip regelmäßig nicht benötigt[811]. Auch wenn nicht wirksame Schutzmaßnahmen sanktionsfrei umgangen werden können[812], bleibt die Verpflichtung des Rechteinhabers aus § 95b I 1 UrhG bestehen. Ersatz seiner im Rahmen der Abwicklung anfallenden Kosten soll der Begünstigte nicht in Ansatz bringen können[813]. Dies erscheint jedoch durchaus unbillig, jedenfalls sofern der Nutzer mit seinem Anspruchsbegehren (vor Gericht) Erfolg hat: Es dürfte angebrachter sein, daß der Nutzer letztlich nicht die Kosten tragen muß, denn schließlich wird für diesen die (gerichtliche) Geltendmachung des Anspruchs aus § 95b II 1 UrhG nur dann erforderlich, wenn der Rechteinhaber seiner Pflicht nach § 95b I 1 UrhG nicht von sich aus nachkommt. Der Anspruch aus § 95b II 1 UrhG ist verschuldensunabhängig ausgestaltet. Dies ist auch notwendig, da es bezüglich der priviligierten Nutzbarkeit eines Werkes für den Begünstigten nicht von Interesse sein kann, ob ihm der Rechteinhaber das Werk schuldhaft vorenthält oder nicht. Im Fall des Verschuldens des Rechteinhabers kommen natürlich im Grundsatz noch weitergehende Ansprüche des Begünstigten in Betracht. Obwohl in Erwägungsgrund 46 S. 1 Multimedia-RL durchaus angeregt, wurde von der Vorschaltung eines Schlichtungsverfahrens mit Blick auf die Effizienz der Schrankendurchsetzung abgesehen[814].

(b) Kein Zugangsanspruch

Ein Anspruch des Begünstigten auf Zugang zum Werk oder zu einem Vervielfältigungstück zur Wahrnehmung ihn begünstigender Schranken kann aus § 95b II 1 UrhG nicht gefolgert werden[815]. Dies macht § 95b I 1 UrhG klar, indem er den rechtmäßigen Zugang zum Werk oder sonstigen Schutzgegenstand durch den Begünstigten eben voraussetzt[816]. Relevant

---

810 Zurückhaltender Czychowski NJW 2003, 2409 (2411): § 95b II 1 UrhG enthalte lediglich „den Ansatz eines subjektiven Rechts". Die Anspruchsgrundlage des § 95b II 1 UrhG ist ebenso wie die hiermit zusammenhängenden Vorschriften der §§ 95d II, 111a I Nr. 2, 3 UrhG sowie §§ 2a, 3a UKlaG gemäß Art. 6 II des Gesetzes zur Regelung des Urheberrechts in der Informationsgesellschaft, BGBl. I, S. 1784 ff., erst am 01.09.2004 in Kraft getreten.

811 Vgl. Lauber/Schwipps GRUR 2004, 293 (300); a. A. offenbar Schippan ZUM 2003, 378 (386).

812 Argumentum e contrario § 95a UrhG.

813 So Peukert in Loewenheim, Hdb UrhR, § 36, Rn. 16.

814 BT-Dr. 15/38, S. 27.

815 Ebenso Lindhorst, Technische Maßnahmen, S. 126/148; Peukert in Loewenheim, Hdb UrhR, § 36, Rn. 9; Dreier in Dreier/Schulze, UrhG, § 95b, Rn. 9.

816 Ebenso Dreier in Dreier/Schulze, UrhG, § 95b, Rn. 9; verkennend Schippan ZUM 2003, 188 (190).

wird der Gesichtspunkt des fehlenden Zugangsanspruchs vor allem beim Geschäftsmodell des Application Service Providing. Regelmäßig dürfte insofern jedoch schon die Geltungsbereichsausnahme des § 95b III UrhG einschlägig sein[817].

(c) Kein dem § 95b II 1, I 1 UrhG inhaltsgleicher Anspruch

Man kann durchaus die Frage stellen, ob sich hinsichtlich Urheberrechtsschranken, die in § 95b I 1 UrhG nicht Erwähnung gefunden haben, im Wege der Naturalrestitution ein mit dem § 95b II 1 UrhG inhaltsgleicher Anspruch eines Schrankenbegünstigten gegen den Rechteinhaber aus den §§ 826 i. V. m. 249 I BGB ergeben kann. Dafür spräche, daß mit dem Einsatz von DRM-Systemen der Rechteinhaber den begünstigten Kreisen auf tatsächlicher Ebene eben das erschwert, ggf. sogar unmöglich macht, was ihnen die Rechtsordnung in den Urheberrechtsschranken ausdrücklich zubilligt. Im Ergebnis ist der in Rede stehende Anspruch jedoch abzulehnen, würde doch ansonsten die Wertung des Gesetzgebers, die dazu führte, nur den in § 95b I 1 UrhG benannten Schranken ein subjektives Recht in Form eines Anspruchs zur Seite zu stellen, umgangen. Da besagte gesetzgeberische Wertung auf Vorgaben der Multimedia-RL basiert, folgt gleiches Ergebnis zudem im Wege zwingender europarechtskonformer Auslegung. Es fügt sich darüberhinaus auch in die Urheberrechtsordnung ein: Aus urheberrechtlichen Schranken allein ergibt sich nämlich kein Anspruch; diese wirken vielmehr nur rechtfertigend im Fall des Eingriffs in urheberrechtliche Verwertungsrechte[818]. Andernfalls wäre die ausdrückliche Anspruchsgrundlage des § 95b II 1 UrhG auch sinnlos.

(3) Beweislastumkehr (§ 95b II 2 UrhG)

Entspricht das angebotene Mittel einer Vereinbarung zwischen Vereinigungen der Rechteinhaber und der durch die Schrankenregelung Begünstigten, so wird nach § 95b II 2 UrhG vermutet, daß das Mittel zur Verwirklichung der jeweiligen schrankenspezifischen Befugnis ausreichend ist[819]. Es handelt sich hierbei um eine gemäß § 292 S. 1 ZPO im Prozeß widerlegbare Beweislastumkehr zugunsten der Rechteinhaber[820], welche erst zu einem fortgeschrittenen Zeitpunkt des Gesetzgebungsverfahrens

[817] Peukert in Loewenheim, Hdb UrhR, § 36, Rn. 9.

[818] Siehe A.V.4.d).

[819] Eine unmittelbare Drittwirkung gegenüber Außenseitern entfalten besagte Vereinbarungen indes nicht: Wandtke/Ohst in Wandtke/Bullinger, Praxiskommentar UrhR Ergänzungsband, § 95b, Rn. 42; Bechtold in Hoeren/Sieber, Multimediarecht, Kap. 7.11, Rn. 76.

[820] Dem Schrankenbegünstigten steht es auch im Fall des § 95b II 2 UrhG offen, darzulegen, daß das angebotene Mittel entgegen besagter Vermutung nicht ausreichend ist, vgl. Enders ZUM 2004, 593 (603); dies kann gemäß § 292 S. 2 ZPO auch im Rahmen der Parteivernehmung passieren.

auf Empfehlung des Rechtsausschusses in das UrhG aufgenommen wurde[821]. Mit § 95b II 2 UrhG soll ein Anreiz zu freiwilligen Vereinbarungen zwischen Rechteinhabern und Schrankenbegünstigten auf Verbandsebene gegeben werden[822]. Im Septenber 2003, also zum Zeitpunkt der Urheberechtsnovelle im Rahmen des „Ersten Korbs“, haben Vereinbarungen i. S. d. § 95b II 2 UrhG nicht bestanden[823]. Inwiefern solche Vereinbarungen in der Praxis Bedeutung erlangen werden, ist aktuell noch nicht zu überblicken. Jedenfalls gibt es sie mittlerweile. Als Beispiel sei hier die Vereinbarung zwischen dem Bundesverband der Phonographischen Wirtschaft, dem Börsenverein des Deutschen Buchhandles und der Deutschen Bibliothek[824] vom Herbst 2004 genannt.

(4) Verbandsklage

Allein ein individueller Anspruch reicht für einen effektiven Schutz der Schrankenbegünstigten nicht aus, da der einzelne Nutzer regelmäßig kaum zur Führung eines entsprechenden Prozesses in der Lage sein dürfte[825]: Der durchschnittliche Schrankenbegünstigte kann sich einen ggf. kostenaufwendigen Prozeß nicht leisten, oder zumindest wäre dies aus wirtschaftlicher Sicht kaum sinnvoll. Daran ändert sich auch nicht viel, wenn man dem Nutzer im Erfolgsfall die Erstattung der im Rahmen der Abwicklung anfallenden Kosten zubilligt, da dieser im Vorfeld eines Prozesses diese sowie seine Erfolgsaussichten kaum zuverlässig abschätzen kann. Ein bloß individueller Anspruch käme wegen des damit verbundenen erheblichen Aufwands und des Kostenrisikos im Ergebnis in vielen Fällen einem Nutzungsverbot gleich; die jeweilige Schrankenbestimmung würde ins Leere laufen[826]. Selbst im Fall einer erfolgreichen Klage des Schrankenbegünstigten käme es zu deutlichen Verzögerungen[827]. Ein ergehendes Urteil wäre zudem auf den konkret zu entscheidenten Einzelfall beschränkt. Kommt dem individuellen Anspruch nach § 95b II 1 UrhG zwar vermutlich weniger praktische Bedeutung zu, so entfaltet er den-

---

[821] § 95b II 2 UrhG ist erst am 09.04.2003 im Rechtsausschuß eingefügt worden.

[822] Wandtke/Ohst in Wandtke/Bullinger, Praxiskommentar UrhR Ergänzungsband, § 95b, Rn. 42; Dreier in Dreier/Schulze, UrhG, § 95b, Rn. 15; Schmid/Wirth, UrhG, § 95b, Rn. 5.

[823] Peukert in Loewenheim, Hdb UrhR, § 36, Rn. 14.

[824] Siehe unter www.ddb.de, dort unter „DDB professionell“, „Vereinbarung über die Vervielfätigung kopiergeschützter Werke“.

[825] Wandtke/Ohst in Wandtke/Bullinger, Praxiskommentar UrhR Ergänzungsband, § 95b, Rn. 39; vgl. auch Metzger/Kreutzer, Stellungnahme Art. 6 IV Unterabs. 4, S. 7.

[826] Hoeren ZUM 2004, 885 (887): „faktische Vereitelung des Schrankengebrauchs“; Paul/Naskret CR 2003, 473 (479); Linnenborn K&R 2001, 394 (401); vgl. aber Wand, Technische Schutzmaßnahmen, S. 126.

[827] Peukert in Loewenheim, Hdb UrhR, § 36, Rn. 22; Wandtke/Ohst in Wandtke/Bullinger, Praxiskommentar UrhR Ergänzungsband, UKlaG § 2a, Rn. 1. Insbesondere in Fällen mit Auslandsbezug werden Verzögerungen erwartet: Ernst CR 2004, 39 (42).

noch durchaus symbolische sowie klarstellende Wirkung: Er verdeutlicht, daß die Realisierbarkeit zwingender Schrankenvorschriften ein subjektives Recht der von diesen Begünstigten begründet[828]. Erfreulicherweise ist mit Wirkung vom 01.09.2004 an[829] durch die §§ 2a I, 3a S. 1 UKlaG ferner die Möglichkeit einer während des Gesetzgebungsverfahrens angeregten[830] Verbandsklage gegen den Rechteinhaber auf Unterlassung des die priviligierte Werknutzung behindernden Verhaltens eingeführt worden, bei welcher die Belastungen für die einzelnen Begünstigten entfallen[831]. Durch § 2a III UKlaG wird allerdings die entsprechende Geltung des § 2 III UKlaG angeordnet und somit klargestellt, daß der Unterlassungsanspruch nicht geltend gemacht werden kann, wenn die Geltendmachung unter Berücksichtigung der gesamten Umstände mißbräuchlich ist[832]. Insbesondere soll durch die Möglichkeit der Verbandsklage eine einheitliche Rechtspraxis gefördert und eine über den Einzelfall hinausgehende Verbindlichkeit von Entscheidungen erreicht werden[833]. Zur Erhebung der Verbandsklage befugt sind gemäß § 3a S. 1 UKlaG rechtsfähige Verbände zur nicht gewerbsmäßigen und nicht nur vorübergehenden Förderung der Interessen der in § 95b I 1 UrhG als Begünstigte enumerierten Kreise. Zum Teil wird angenommen, klagebefugt seien ferner die in § 3 I 1 Nr. 1 bis 3 UKlaG genannten Institutionen, also die dort genannten qualifizierten Einrichtungen, Verbände sowie Industrie- und Handelskammern, sofern sie ihrem Satzungszweck und ihren tatsächlichen Aufgaben gemäß zugleich die Interessen der durch § 95b I 1 UrhG Begünstigten fördern[834]. Mit Blick auf die klar gefaßte Regelung des § 3a S. 1 UKlaG und den entsprechenden Umkehrschluß kann man dem allerdings wohl nicht folgen. Die gerichtliche Zuständigkeit bezüglich der Verbandsklage ist nach § 6 UKlaG zu bestimmen. Hat der in Anspruch genommene Rechteinhaber im Inland weder eine gewerbliche Niederlassung noch einen Wohnsitz, so ist gemäß § 6 I 2 Nr. 3 UKlaG das Gericht des inländischen Aufenthaltsortes zuständig, und in Ermangelung eines solchen das Gericht, in dessen Bezirk der Verstoß gegen § 95b I UrhG stattgefunden hat. Letztlich wird durch die Möglichkeit der Verbandsklage der Anspruch aus § 95b II 1 UrhG ein Stück weit quasi objektiviert.

---

828 Metzger/Kreutzer, Stellungnahme Art. 6 IV Unterabs. 4, S. 7.

829 Art. 6 II des Gesetzes zur Regelung des Urheberrechts in der Informationsgesellschaft.

830 Etwa Dreier ZUM 2002, 28 (39); Metzger/Kreutzer MMR 2002, 139 (141).

831 Kritisch Peukert in Loewenheim, Hdb UrhR, § 36, Rn. 23: Ein Unterlassungsanspruch reiche für einen angemessenen Schutz des Schrankenbegünstigten nicht aus; siehe auch BT-Dr. 15/38, S. 27.

832 Vgl. Bassenge in Palandt UKlaG § 2, Rn. 18f.

833 BT-Dr. 15/38, S. 27.

834 So Dreier in Dreier/Schulze, UrhG, § 95b, Rn. 6 unter Berufung auf die Entstehungsgeschichte des § 3a UKlaG.

(5) Weitere an die Mißachtung des § 95b I 1 UrhG anknüpfende Ansprüche

An die Pflicht des Rechteinhabers gemäß § 95b I 1 UrhG können durchaus auch wettbewerbsrechtliche oder sonstige allgemeine Ansprüche anknüpfen.

(a) Ansprüche aufgrund Verstoßes gegen § 3 UWG

Am 08.07.2004 ist das novellierte Gesetz gegen den unlauteren Wettbewerb (UWG)[835] in Kraft getreten. Die ehemalige Generalklausel des § 1 UWG a. F. findet sind neu angestrichen, d. h. mit neuer Terminologie[836], nun in § 3 UWG wieder[837]: Unlautere Wettbewerbshandlungen, die geeignet sind, den Wettbewerb zum Nachteil der Mitbewerber, der Verbraucher oder sonstiger Marktteilnehmer nicht unerheblich zu verfälschen, sind unzulässig. Das Merkmal der Unlauterkeit im Sinne dieser Vorschrift wird durch die nicht abschließenden Regelbeispiele des § 4 UWG konkretisiert[838]; ist § 4 UWG erfüllt, so ist eine weitere Lauterkeitskontrolle nicht mehr erforderlich[839]. Wird die Auslegung eines der Regelbeispiele des § 4 UWG erforderlich, so fließen wiederum die grundsätzlichen Wertungen des § 3 UWG in die Interpretation ein[840]. Da § 3 UWG im Wesentlichen § 1 UWG a. F. entspricht[841], kann grundsätzlich auf Rechtsprechung und Literatur aus der Zeit vor der Novellierung des UWG zurückgegriffen werden[842]. § 2 I Nr. 1 UWG definiert

---

835 BGBl. I Nr. 32, S. 1414 ff.

836 An Stelle des Begriffs der „guten Sitten" ist nun der Begriff der „Unlauterkeit" getreten.

837 In der Sache ändert sich hierdurch allerdings nichts, BT-Dr. 15/1487, S. 16: „§ 3 enthält entsprechend § 1 UWG a. F. ein allgemeines Verbot unlauteren Wettbewerbs"; BT-Dr. 15/1487, S. 13: Die Generalklausel des § 1 UWG a. F. bleibt als § 3 UWG erhalten; Köhler NJW 2004, 2121 (2122); kritisch insofern indes Schünemann in Harte-Bavendamm/Henning-Bodewig, UWG, § 3, Rn. 5.

838 Siehe Fezer in Fezer, UWG, § 3, Rn. 47 f.

839 Omsels WRP 2004, 136 (138).

840 Schünemann in Harte-Bavendamm/Henning-Bodewig, UWG, § 3, Rn. 5.

841 Henning-Bodewig GRUR 2004, 713 (715): „Die Ersetzung des ... Begriffs der guten Sitten dürfte inhaltlich noch keine Neuorientierung bewirken".

842 Anklingend bei Köhler NJW 2004, 2121 (2122); zurückhaltender indes Henning-Bodewig GRUR 2004, 713 (716): Die Schwelle für die Einschlägigkeit des § 3 UWG sei wegen des nunmehr existierenden Katalogs an Regelbeispielen beträchtlich höher als diejenige bezüglich des § 1 UWG a. F. Sofern also kein Regelbeispiel einschlägig ist, sei es keinesfalls zulässig, ohne weiteres die entsprechende Wettbewerbshandlung quasi analog zu den bisherigen anerkannten Fallgruppen des § 1 UWG a. F. auf § 3 UWG zu transferieren; ebenfalls zurückhaltend Engels AfP 2004, 316 (320): Der Gesetzgeber habe durch die Einführung des Regelbeispielkatalogs den dynamischen Charakter der Generalklausel beschnitten.

die Wettbewerbshandlung[843], § 2 I Nr. 3 UWG den Mitbewerber[844]. Die an die Verletzung des § 3 UWG anknüpfenden zivilrechtlichen Sanktionen sind in den §§ 8–10 UWG geregelt: § 8 UWG regelt den Anspruch auf Beseitigung und Unterlassung, § 9 UWG den Schadensersatz für Mitbewerber, und § 10 UWG bietet einen Anspruch auf Gewinnabschöpfung[845].

Hält sich nun ein Rechteinhaber, der seine Inhalte durch den Einsatz von DRM-Systemen schützt, nicht an das Gebot des § 95b I 1 UrhG, so kommt ein Verstoß gegen § 3 UWG in Betracht. Vorliegend scheint ein Wettbewerbsverstoß wegen Rechtsbruchs möglich. Der Rechteinhaber begeht in besagten Fällen regelmäßig eine Wettbewerbshandlung, die geeignet ist, den Wettbewerb zum Nachteil der Mitbewerber zu verfälschen. Die Unlauterkeit dieser Konstellation könnte sich schon nach dem Regelbeispiel unlauteren Verhaltens in § 4 Nr. 11 UWG[846] wegen des Verstoßes gegen § 95b I 1 UrhG ergeben. Die Annahme der Unlauterkeit unter diesem Gesichtspunkt setzt voraus, daß § 95b I 1 UrhG zumindest eine sekundäre Schutzfunktion zugunsten des Wettbewerbs zukommt[847], es sich bei dieser Norm also um eine Marktverhaltensregelung handelt, d.h. eine Tätigkeit beschrieben wird, die unmittelbar oder mittelbar der Förderung des Absatzes oder Bezugs eines Unternehmens dient[848]. Letztere Eigenschaft erfüllt § 95b I 1 UrhG: Ignoriert ein Rechteinhaber das Gebot des § 95b I 1 UrhG, so verschafft er sich hierdurch gegenüber rechtstreuen Mitbewerbern potentiell einen Vorsprung[849], da diese für die Durchsetzung der in Rede stehenden Schranken anders als er selbst einen Teil ihrer Ressourcen aufwenden müssen[850]. Im Ergebnis kann Wettbewerbern daher in dem Fall, daß ein Rechteinhaber die Vorgabe des § 95b

843 Wettbewerbshandlung i. S. d. UWG ist jede Handlung einer Person mit dem Ziel, zugunsten des eigenen oder eines fremden Unternehmens den Absatz oder den Bezug von Waren oder die Erbringung oder den Bezug von Dienstleistungen, einschließlich unbeweglicher Sachen, Rechte und Verpflichtungen zu fördern.

844 Mitbewerber i. S. d. UWG ist jeder Unternehmer, der mit einem oder mehreren Unternehmen als Anbieter oder Nachfrager von Waren oder Dienstleistungen in Wettbewerb steht.

845 Siehe Köhler NJW 2004, 2121 (2125 f.); Henning-Bodewig GRUR 2004, 713 (719); Engels AfP 2004, 316 (326 ff.).

846 Siehe BT-Dr. 15/1487, S. 19.

847 BT-Dr. 15/1487, S. 19; vgl. BGH Urt. v. 25.04.2002 – I ZR 250/00 – Elektroarbeiten, GRUR 2002, 825 (826); BGH Urt. v. 11.05.2000 – I ZR 28/98 – Abgasemissionen, GRUR 2000, 1076 (1078 f.); siehe auch Götting in Fezer, UWG, § 4–11, Rn. 50; v. Jagow in Harte-Bavendamm/Henning-Bodewig, UWG, § 4 Nr. 11, Rn. 42.

848 Köhler NJW 2004, 2121 (2124); vgl. Kotthoff in Ekey/Klippel/Kotthoff/Meckel, UWG, § 4, Rn. 557.

849 Zum Stichwort „Vorsprung durch Rechtsbruch" siehe Kotthoff in Ekey/Klippel/Kotthoff/Meckel, UWG, § 4, Rn. 545 f.

850 Peukert in Loewenheim, Hdb UrhR, § 36, Rn. 24.

I 1 UrhG ignoriert, grundsätzlich auch ein Anspruch gegen diesen wegen Verstoßes gegen § 3 UWG zustehen[851].

(b) § 823 II BGB

Zum Teil wird § 95b I 1 UrhG als Schutzgesetz i. S. d. § 823 II BGB angesehen[852], so daß an die Mißachtung der aus ersterer Norm entspringenden Verpflichtung Schadensersatzansprüche anknüpfen könnten. Während sich der Gesetzgeber bei Erlaß des Gesetzes zur Regelung des Urheberrechts in der Informationsgesellschaft hinsichtlich wettbewerbsrechtlicher Aspekte im Umfeld des § 95b UrhG offenbar keine Gedanken gemacht hat[853], findet in der Gesetzesbegründung durchaus Anklang, daß man den Anspruchskatalog zugunsten privater Nutzer mit § 95b II 1 UrhG abschließend gestalten wollte[854]. Schadensersatzansprüche nach § 823 II BGB wegen Nichtbeachtung der Verpflichtung aus § 95b I 1 UrhG dürften im Ergebnis daher ausscheiden. Dies spricht dafür, § 95b I 1 UrhG nicht als Schutzgesetz i. S. d. § 823 II BGB zu erblicken.

(6) Ordnungswidrigkeit

(a) Allgemeines

Schließlich wird das Instrumentarium zur wirksamen Durchsetzung der als besonders wichtig empfundenen Schrankenregelungen wie empfohlen[855] erweitert[856] durch die als Ordnungswidrigkeit ausgestaltete Pönalisierung gemäß den §§ 111a I Nr. 2, II i. V. m. 95b I 1 UrhG[857], wonach eine Geldbuße bis zu 50.000 Euro verhängt werden kann[858]. Ein nicht zu

851 Im Ergebnis ebenso Peukert in Loewenheim, Hdb UrhR, § 36, Rn. 24; Metzger/Kreutzer MMR 2002, 139 (140).

852 So Peukert in Loewenheim, Hdb UrhR, § 36, Rn. 21; Dreyer in Dreyer/Kotthoff/Mechel, UrhR, Vor §§ 95a ff., Rn. 8/§ 95b, Rn. 75; sich anschließend Bechtold in Hoeren/Sieber, Multimediarecht, Kap. 7.11, Rn. 74.

853 Vgl. BT-Dr. 15/38, S. 26 ff.

854 Vgl. BT-Dr. 15/38, S. 27: „Das Instrumentarium ... wird ... vervollständigt ...".

855 So etwa Metzger/Kreutzer, Stellungnahme Art. 6 IV Unterabs. 4, S. 8.

856 BT-Dr. 15/38, S. 29: „Zusätzliche Absicherung".

857 Angesichts der Unübersichtlichkeit dieser Regelung wurde vereinzelt die Frage aufgeworfen, ob das verfassungsrechtliche Bestimmtheitsgebot hierdurch noch gewahrt würde: Dietz, wiedergegeben von Zecher ZUM 2002, 451 (457); ausreichende Bestimmtheit annehmend aber Flechsig in Loewenheim, Hdb UrhR, § 91, Rn. 5; Hildebrandt in Wandtke/Bullinger, Praxiskommentar UrhR Ergänzungsband, § 108b, Rn. 3/§ 111a, Rn. 3 unter Berufung auf einen „bestimmbaren Kern" der Norm.

858 Insofern bestimmt das Gesetz etwas anderes i. S. d. § 17 I OWiG. Noch im Gesetzentwurf vom 31.07.02 war eine maximale Bußgeldhöhe von 100.000 Euro vorgesehen. Hierin wurde aber ein Wertungswiderspruch gesehen, da ein Rechteinhaber im Rahmen der Durchsetzung von Schranken mit einem doppelt so hohen Bußgeld hätte belegt werden können wie derjenige, der § 95a III UrhG verletzt, vgl. Flechsig in Loewenheim, Hdb UrhR, § 91, Rn. 27; a. A. offenbar Pakuscher, wiedergegeben von v.

unterschätzender Vorteil des Ordnungswidrigkeitentatbestandes liegt darin, daß anders als im Strafrecht über § 9 OWiG die Möglichkeit besteht, persönliches Verschulden einer juristischen Person zuzurechnen.

(b) Bezugspunkt der Ordnungswidrigkeit

Es stellt sich die Frage, was Bezugspunkt der Ordnungswidrigkeit mit der Höchstbuße von 50.000 Euro ist. Kann diese etwa für jeden Einzelfall, d. h. anknüpfend an jedes einzelne verkaufte Werkexemplar verhängt werden? Beispiel: Ein Rechteverwerter in der Musikbranche verkauft ein bestimmtes kopiergeschütztes CD-Album 10.000 Mal. Kommt er nun seiner Pflicht nach § 95b I 1 UrhG überhaupt nicht, d. h. gegenüber keinem einzigen Konsumenten, nach, bedeutet dies dann, daß er nur eine Ordnungswidrigkeit gemäß § 111a I Nr. 2 UrhG begeht, oder ist dies potentiell 10.000 Mal der Fall? Die Frage lautet also: Liegt Tateinheit i. S. d. § 19 I Alt. 2 OWiG oder Tatmehrheit i. S. d. § 20 OWiG vor, wenn ein Rechteinhaber seiner Pflicht aus § 95b I 1 UrhG einer Mehrzahl von Schrankenbegünstigten gegenüber nicht nachkommt? Der Antwort hierauf kommt gesteigerte wirtschaftliche Bedeutung zu. Ersterenfalls wäre der Ordnungswidrigkeitentatbestand vor dem Hintergrund, daß Rechteverwerter regelmäßig wirtschaftsstarke Unternehmen sind, wohl eher ein zahnloser Tiger. Letzterenfalls hingegen bei weitem nicht, könnte eine Geldbuße wegen des entsprechenden Multiplikators doch schnell in beachtlicher Höhe anfallen. Weigert sich ein Rechteverwerter in mehreren Fällen, hinsichtlich ein- und desselben Inhaltes die i. S. d. § 95b I 1 UrhG notwendigen Mittel zur Verfügung zu stellen, so spricht dies meines Erachtens für eine einzige Tat gemäß § 111a I Nr. 2 UrhG: Es geht dem Rechteverwerter eben darum, keine Mittel i. S. d. § 95b I 1 UrhG preiszugeben, welche die Überwindung des technischen Schutzes bezüglich des entsprechenden Produkts ermöglichen. Bezieht sich seine Weigerung hingegen auf mehrere verschiedene Inhalte bzw. Produkte, so liegen entsprechend viele Taten, also Tatmehrheit i. S. d. § 20 OWiG vor. Maßgeblich ist demnach, ob der Verstoß gegen § 95b I 1 UrhG sich auf gleiche Inhalte bezieht. Hinsichtlich eines jeden Inhalts kommt also die Verhängung einer Geldbuße in Höhe von bis zu 50.000 Euro gemäß den §§ 111a I Nr. 2, II i. V. m. 95b I 1 UrhG nur einmal in Betracht.

(7) Vorrang freiwilliger Maßnahmen

Nach der Intention des Art. 6 IV Multimedia-RL soll freiwilligen Maßnahmen der Rechteinhaber der Vorrang gegenüber staatlichem Einschreiten gebühren. Diesem Ziel dient Art. 6 II des Gesetzes zur Regelung des

Rom ZUM 2003, 128 (130): Eine Differenzierung der Bußgeldhöhe entsprechend der Normadressaten sei notwendig.

Urheberrechts in der Informationsgesellschaft, wonach die §§ 95b II, 111a I Nr. 2 UrhG erst am 01.09.2004 in Kraft getreten sind, also erst mit zeitlicher Verzögerung von fast einem Jahr: Die in den genannten Normen vorgesehenen Mittel zur Durchsetzung der DRM-resistenten Schranken standen den Begünstigten gegenüber den Rechteinhabern für besagten Zeitraum demnach noch nicht zur Verfügung. Der Gesetzgeber wollte hiermit den Verbänden der Rechteinhaber die Möglichkeit verschaffen, entsprechende Verbandsvereinbarungen abzuschließen[859]. Vor dem Hintergrund der dem Nutzer gegenüber regelmäßig überlegenen Stellung der Rechteinhaber zeigten[860] und zeigen diese insofern jedoch eine gewisse Zurückhaltung, was durchaus verständlich ist[861].

(8) Rechtsschutz nach § 95b IV UrhG

§ 95b IV UrhG gewährt in Umsetzung des Art. 6 IV Unterabs. 3 Multimedia-RL unabhängig von der Einschränkung des § 95b III UrhG[862] Rechtsschutz nach § 95a UrhG auch technischen Maßnahmen, die der Erfüllung der in § 95b I UrhG geregelten Verpflichtungen dienen, einschließlich der zur Umsetzung freiwilliger Vereinbarungen[863] angewandten Maßnahmen. Wegen des eindeutigen Wortlauts der Richtlinie erfaßt § 95b IV UrhG im Wege richtlinienkonformer Auslegung auch freiwillige Maßnahmen, die nicht auf freiwilligen Vereinbarungen gründen[864]. Anders als Art. 6 IV Unterabs. 3 Multimedia-RL erfaßt § 95b IV UrhG sowohl den Umgehungsschutz nach § 95a I UrhG als auch den Vorfeldschutz gemäß § 95a III UrhG. Dies geht aus dem insoweit eindeutigen Wortlaut des § 95b IV UrhG hervor, welcher nur vom Rechtsschutz nach § 95a UrhG spricht, insoweit also nicht weiter differenziert: Ein umfassender Schutz ist beabsichtigt, demnach sowohl nach § 95a I UrhG als auch gemäß § 95a III UrhG.

(9) Zwischenergebnis

Zur Durchsetzung der DRM-resistenten Urheberrechtsschranken sieht der deutsche Gesetzgeber ein kombiniertes Modell aus einer Anspruchslösung mit der Möglichkeit der Verbandsklage, flankiert von der Pönalisierung im Rahmen eines Ordnungswidrigkeitstatbestandes vor. Dieser Ansatz hat insbesondere zum Vorteil, daß nicht nur technisch versierte

---

[859] Er dachte dabei etwa an vertragliche Vereinbarungen mit Vereinigungen der jeweiligen Schrankenbegünstigten, BT-Dr. 15/38, S. 27 f.

[860] Enders ZUM 2004, 593 (602).

[861] Vgl. Wandtke/Ohst in Wandtke/Bullinger, Praxiskommentar UrhR Ergänzungsband, § 95b, Rn. 40; Kröger CR 2001, 316 (322).

[862] BT-Dr. 15/38, S. 27.

[863] Vgl. § 95b II 2 UrhG.

[864] Dreier in Dreier/Schulze, UrhG, § 95b, Rn. 19.

Nutzer die ihnen gesetzlich zugesprochenen Freiräume im Rahmen der Urheberrechtsschranken wahrnehmen können, sondern vielmehr alle, die das UrhG als Begünstigte benennt. Während technische Schutzmaßnahmen im Rahmen des materiellen Urheberrechts absoluten Rechtsschutz nach § 95a I UrhG genießen, gestaltet sich dies hinsichtlich der in § 95b I 1 UrhG aufgezählten Schranken demnach quasi als lediglich relativ[865].

cc) Interaktive Dienste (§ 95b III UrhG)

(1) Regelungsgehalt

Mit § 95b III UrhG wird die Geltungsbereichsausnahme für interaktive Dienste nach Art. 6 IV Unterabs. 4 Multimedia-RL umgesetzt. Insbesondere da dem Gesetzgeber kaum Umsetzungsspielraum insofern offenstand, kann im Wesentlichen auf die Ausführungen auf europäischer Ebene verwiesen werden[866]. Im Gegensatz zur Richtlinie gelten die Bestimmungen zur Durchsetzung der in § 95b I UrhG genannten Schrankennormen nicht, „soweit“[867] Werke oder sonstige Schutzgegenstände der Öffentlichkeit aufgrund einer vertraglichen Vereinbarung in solch einer Weise zugänglich gemacht werden, daß sie Mitgliedern der Öffentlichkeit von Orten und zu Zeiten ihrer Wahl zugänglich sind. Durch die Formulierung „soweit“ ist nach Auffassung der Bundesregierung klargestellt, daß sich die Sonderregelung des § 95b III UrhG allein auf technische Maßnahmen erstreckt, die konkret im Rahmen des interaktiven Zurverfügungsstellens auf der Grundlage vertraglicher Vereinbarung angewandt werden; wird das Werk daneben auch in anderen Vertriebsformen angeboten, so ist hinsichtlich dieser § 95b III UrhG nicht einschlägig[868]. Mit anderen Worten: Die Geltungsbereichsausnahme nach § 95b III UrhG greift auch beim Einsatz von DRM-Systemen nicht, wenn der entsprechende Inhalt nicht interaktiv und aufgrund vertraglicher Vereinbarung verwertet wird[869]. Wegen der klaren Aussage des § 69a V UrhG ist § 95b III UrhG auch im Rahmen interaktiver Dienste nicht anzuwenden, sofern es um Computerprogramme geht[870]. Zu beachten ist, daß

[865] Peukert in Loewenheim, Hdb UrhR, § 36, Rn. 2: „relativer Vorrang technischer Maßnahmen“.

[866] Siehe B.IV.2.b).

[867] In Art. 6 IV Unterabs. 4 Multimedia-RL heißt es hingegen: „Die Unterabsätze 1 und 2 gelten nicht für ...“.

[868] BT-Dr. 15/38, S. 27; Dreier in Dreier/Schulze, UrhG, § 95b, Rn. 18.

[869] Peukert in Loewenheim, Hdb UrhR, § 36, Rn. 6; vgl. auch Reinbothe GRUR Int. 2001, 733 (742); Linnenborn K&R 2001, 394 (400); Kröger CR 2001, 316 (323); Dreier ZUM 2002, 28 (37), Fn. 68.

[870] Wandtke/Ohst in Wandtke/Bullinger, Praxiskommentar UrhR Ergänzungsband, § 95b, Rn. 46; a. A. Dreier ZUM 2002, 28 (37) unter Berufung auf eine Erklärung der Kommission im Ratsprotokoll.

aber auch interaktiv angebotene Werke im Rahmen der jeweiligen Schranken weiterhin zulässigerweise begünstigt genutzt werden können. Lediglich steht den Begünstigten insofern keine Durchsetzungsmöglichkeit zur Verfügung. Die Zulassung der Schrankennutzung in diesem Bereich steht also im Belieben des jeweiligen Rechteinhabers, sofern der Nutzer keine anderweitige Möglichkeit hat, an entsprechende Inhalte heranzukommen.

(2) „Altvereinbarungen"

Ob eine vertragliche Vereinbarung i. S. d. § 95b III UrhG auch eine solche ist, die bereits vor Inkrafttreten der anspruchsbegründenden Regelung des § 95b II UrhG (01.09.2004) oder gar vor Inkrafttreten des Gesetzes zur Regelung des Urheberrechts in der Informationsgesellschaft verabredet worden sind, geht weder aus § 95b UrhG selbst noch aus der Gesetzesbegründung hervor. Unter Hinweis auf Sinn und Zweck des § 95b III UrhG, der Privatautonomie möglichst weite Geltung zu verschaffen, sollen auch Vereinbarungen aus der Zeit vor dem 13.09.2003 ausreichend sein, um § 95b I, II UrhG gemäß § 95b III UrhG außer Kraft zu setzen[871]. Dem ist allerdings nicht zu folgen: Ist es bezüglich Abreden seit dem 13.09.2003 noch angemessen, hierin eine Vereinbarung im in Rede stehenden Sinne zu erblicken, da der jeweilige Nutzer zu diesem Zeitpunkt wußte oder zumindest wissen konnte, welcher Rechte er sich hierdurch konkret begibt, so muß jedoch anderes für den Zeitraum davor gelten. Verfehlt wäre indes, insoweit auf das Inkrafttreten der Multimedia-RL im Jahre 2001 abzustellen, da diese ohne Umsetzung in innerstaatliches Recht für den Nutzer keine Verbindlichkeit entfaltet. Vereinbarungen i. S. d. § 95b III UrhG sind demnach Abreden seit dem 13.09.2003.

d) Vorfeldschutz gegen Vorbereitungshandlungen (§ 95a III UrhG)

aa) Regelungsgehalt

Während § 95a I UrhG Schutz vor der konkreten Umgehung technischer Schutzmaßnahmen bietet, stellt § 95a III UrhG einen entsprechenden, quasi abstrakten Rechtsschutz im Vorfeld der eigentlichen Umgehungshandlung zur Verfügung[872].

(1) Untersagtes Verhalten

§ 95a III UrhG setzt den in Art. 6 II Multimedia-RL vorgegebenen Vorfeldschutz trotz vereinzelter Bedenken in der Rechtswissenschaft[873] in en-

871 So Dreyer in Dreyer/Kotthoff/Mechel, UrhR, § 95b, Rn. 19.

872 Vgl. B.IV.1.a)bb).

873 Haedicke FS Dietz, S. 349 (356): Gefahr, daß die Verantwortlichkeit eines Dritten zu weit gezogen werde.

ger Anlehnung an den Richtlinienwortlaut um[874], auch wenn dies im Sinne des europäischen „effet utile"-Gedankens nicht erforderlich war. Gemäß § 95a III UrhG sind folgende Handlungen verboten: Die Herstellung, die Einfuhr, die Verbreitung[875], der Verkauf, die Vermietung, die Werbung[876] im Hinblick auf Verkauf oder Vermietung und der gewerblichen Zwecken dienende Besitz von Vorrichtungen, Erzeugnissen oder Bestandteilen, sowie die Erbringung von Dienstleistungen, die Gegenstand einer Verkaufsförderung, Werbung oder Vermarktung mit dem Ziel der Umgehung wirksamer technischer Maßnahmen sind (Nr. 1) oder abgesehen von der Umgehung wirksamer technischer Maßnahmen nur einen begrenzten wirtschaftlichen Zweck oder Nutzen haben (Nr. 2) oder hauptsächlich entworfen, hergestellt, angepaßt oder erbracht werden, um die Umgehung wirksamer technischer Maßnahmen zu ermöglichen oder zu erleichtern (Nr. 3). Die bloße öffentliche Zugänglichmachung i. S. d. § 19a UrhG ist zwar nicht explizit erwähnt, jedoch mit umfaßt[877]. Die Frage, welche Produkte als Umgehungstechnologie i. S. d. § 95a III UrhG anzusehen sind, kann durchaus nicht einfach zu beantworten sein[878]; dies gilt umso mehr, will man § 95a III UrhG im Lichte urheberrechtlicher Schranken, vordringlich § 53 UrhG, auslegen[879]. Mit § 95a III UrhG will man letztlich die eigentliche Umgehung unterstützende, also vorbereitende Handlungen unterbinden, die es auch einem technischen Laien ermöglichen, DRM-Systeme zu umgehen[880]. Entsprechend Art. 6 II Multimedia-RL ist im Wege richtlinienkonformer Auslegung auch § 95a III UrhG dahingehend zu verstehen, daß er Umgehungsvorrichtungen

[874] BT-Dr. 15/38, S. 26; so angeregt etwa von Reinbothe ZUM 2002, 43 (50); vgl. auch Melichar in Schwarze/Becker, Regulierung, S. 43 (44); zur Rechtslage vor Inkrafttreten des § 95a III UrhG siehe Trayer, Technische Schutzmaßnahmen, S. 83 ff.

[875] Die Verbreitung i. S. d. § 95a III UrhG ist vom auf körperliche Werkstücke beschränkten Verbreitungsrecht des § 17 UrhG zu unterscheiden, BT-Dr. 15/38, S. 26. Problematisch insofern ist, daß dieser gesetzgeberische Wille im Gesetzestext keinerlei Anklang findet, vgl. BVerfG Urt. v. 19.12.1961 – 2 BvL 6/59, BVerfGE 13, 261 (268); BVerfG Beschl. v. 17.05.1960 – 2 BvL 11/59, 11/60, BVerfGE 11, 126 (129 f.).

[876] Zum Begriff der Werbung i. S. d. § 95a III UrhG siehe OLG München Urt. v. 28.07.2005 – 29 U 2887/05 – AnyDVD, S. 15.

[877] Ernst CR 2004, 39 (41).

[878] Siehe Ernst CR 2004, 39 (41), der einfache Kopierprogramme ohne Umgehungsfunktion nicht als Umgehungstechnologie i. S. d. § 95a III UrhG ansieht, während Anwendungen mit Korrekturfunktionen durchaus schon Probleme bereiten können sollen.

[879] So Abdallah/Gercke/Reinert ZUM 2004, 31 (36).

[880] Die Einführung des § 95a III UrhG hat nicht allein die Hersteller entsprechender Umgehungstools, sondern auch die Herausgeber von PC-Zeitschriften durchaus erfinderisch werden lassen, wenn es beispielsweise darum geht, sich um das Thema der Umgehung von Kopierschutztechnik verbal „herumzutricksen". Schlagzeilen wie „So kopieren Sie jede DVD" sind harmloseren Titeln gewichen, wie etwa „Die neuen DVD-Kopierer".

oder Dienstleistungen im Vorfeld unabhängig davon erfaßt, ob diese letztlich zur Umgehung technischer Maßnahmen führen (können), welche urheberrechtlich geschützte Inhalte faktisch absichern[881]. Es handelt sich demnach bei § 95a III UrhG nicht um eine spezialgesetzliche Ausgestaltung von Grundsätzen der mittelbaren Haftung für Urheberrechtsverletzungen Dritter[882], auch wenn die Konstellation natürlich vergleichbar ist. Für nähere allgemeine Erwägungen kann wegen der eng an der Multimedia-RL orientierten Umsetzung auf die Ausführungen zu Art. 6 II Multimedia-RL verwiesen werden[883].

(2) Multifunktionale Vorrichtungen

Bei multifunktionalen Vorrichtungen kommt es mit Blick auf die Formulierung der Vorschrift und deren Anlehnung an Art. 6 II Multimedia-RL offenbar darauf an, ob diese hauptsächlich oder zumindest überwiegend[884] Umgehungszwecken dienen[885].

(3) Private Handlungen

Auf den ersten Blick erschließt sich aus § 95a III UrhG nicht, inwieweit private, d.h. nicht geschäftlich motivierte Handlungen unter die Vorschrift fallen. Zu dieser Frage ist folgendes zu sagen: Eine Dienstleistung wird in der Regel gegen Entgelt erbracht[886]. Aus der Tatsache, daß der Gesetzgeber den Begriff der Dienstleistung gebraucht, ergibt sich somit, daß private Hilfestellungen hierunter nicht zu verstehen sind[887]. Dieser Gedanke läßt sich übertragen auf die Merkmale des Verkaufs und der Vermietung: Eine „private" Vermietung oder ein „privater" Verkauf scheinen dem Gedanken des § 95a III UrhG nicht zu entsprechen. Ebenso ist eine nicht geschäftlich motivierte Werbung kaum anzunehmen[888]. Nach dem inhaltlich insofern Art. 6 II Multimedia-RL[889] entsprechenden Wortlaut des § 95a III UrhG[890] unterfällt auch der Besitz von Vorrichtun-

---

881 Siehe B.IV.1.a)bb)(2)(b); a.A. Bechtold in Hoeren/Sieber, Multimediarecht, Kap.7.11, Rn. 114 unter Berufung auf die systematische Stellung des § 95a III UrhG; Dreier in Dreier/Schulze, UrhG, § 95a, Rn. 3.

882 So Bechtold in Hoeren/Sieber, Multimediarecht, Kap.7.11, Rn. 99.

883 Siehe B.IV.1.a)bb)(2).

884 Vgl. Bechtold in Hoeren/Sieber, Multimediarecht, Kap.7.11, Rn. 124 f., dessen Ausführungen sich offenbar allerdings auf die klassisch-urheberrechtliche Ebene beziehen, vgl. D.I.1.b).

885 Siehe B.IV.1.a)bb)(c).

886 Vgl. Edenfeld in Erman § 611, Rn1; Putzo in Palandt § 611, Rn. 49.

887 Ebenso Wandtke/Ohst in Wandtke/Bullinger, Praxiskommentar UrhR Ergänzungsband, § 95a, Rn. 80.

888 § 95a III UrhG spricht auch von „Werbung im Hinblick auf Verkauf oder Vermietung".

889 „Besitz zu kommerziellen Zwecken".

890 „Gewerblichen Zwecken dienender Besitz".

gen, Erzeugnissen oder Bestandteilen im Sinne der Vorschrift zu privaten Zwecken dem § 95a III UrhG nicht, auch wenn Erwägungsgrund 49 Multimedia-RL durchaus dahingehend verstanden werden könnte[891], da der verfügende Teil der Richtlinie insofern gegenüber den Erwägungsgründen vorrangig ist. Hingegen erfassen die Begriffe der Herstellung, des Verbreitens sowie der Einfuhr wohl auch private Verhaltensweisen[892]. Zusammenfassend ist also festzuhalten, daß auch bestimmte nicht geschäftliche Handlungen unter das Verbot des § 95a III UrhG fallen können[893]. Ein anderes Verständnis dürfte mit dem Wortlaut des § 95a III UrhG, als auch mit dessen Telos schwer zu vereinbaren sein[894], will besagte Norm Rechteverwertern doch einen effektiven Rechtsschutz im Vorfeld der eigentlichen Umgehungshandlungen bieten.

bb) § 95a III UrhG aus Sicht der Hersteller von Umgehungsvorrichtungen

Wie so vieles hat auch der Schutz der Rechteinhaber nach den §§ 95a ff. UrhG seine Kehrseite der Medaille: Was wird nun aus den Entwicklern und Herstellern von Umgehungsvorrichtungen, insbesondere von Vervielfältigungs-Software[895], die diese vor dem Inkrafttreten der Urheberrechtsnovelle durchaus legal vertreiben konnten[896]? Diesen nimmt man weitgehend ihre Erwerbsgrundlage. Können sich diese insbesondere gegen § 95a III UrhG möglicherweise sogar auf grundrechtliche Positionen berufen? In Betracht kommen hier die Eigentumsfreiheit nach Art. 14 GG[897] sowie die Berufsfreiheit gemäß Art. 12 GG[898]. Denn immerhin bestreiten die Hersteller solcher Vorrichtungen, die seit dem Inkrafttreten des Gesetzes zur Regelung des Urheberrechts in der Informationsgesellschaft als unzulässige Umgehungsvorrichtungen stigmatisiert sind, mit ihrer Tätigkeit potentiell ihren Lebensunterhalt und haben an ihren Produkten auch durchaus immaterielle vermögenswerte Rechtspositionen[899]. Eine verfassungsrechtliche Würdigung des § 95a III UrhG unter diesen Gesichtspunkten wird von vorliegender Arbeit nicht angestrebt,

---

891 Erwägungsgrund 49 Multimedia-RL: „Der Rechtsschutz technischer Maßnahmen läßt ... Rechtsvorschriften unberührt, die den privaten Besitz ... untersagen.“.

892 Für die Einfuhr ebenso Spindler GRUR 2002, 105 (116).

893 Im Ergebnis ebenso Pleister/Ruttig MMR 2003, 763 (764).

894 Ähnlich Pleister/Ruttig MMR 2003, 763 (764). Dies gilt entsprechend für die Vorgaben des Art. 6 II Multimedia-RL.

895 Beispielsweise CloneCD.

896 Das Ulmer Softwarehaus S.A.D. etwa hat bislang mit Kopierprogrammen wie „Movie Jack“ oder „Game Jack“ Jahresumsätze von gut fünf Millionen Euro erzielt: Krempl c't 8/2002, S. 18 (19).

897 § 95a III UrhG könnte etwa eine entschädigungslose Enteignung zulasten der Erzeuger von Umgehungsvorrichtungen sein.

898 Ausführlich Holznagel/Brüggemann MMR 2003, 767 (770 f.).

899 Etwa Patentrechte.

da dies ihren Rahmen sprengen würde. Letztlich werden besagte Positionen der Hersteller und Entwickler im Ergebnis jedoch hinter die von § 95a III UrhG geschützten Interessen der Rechteinhaber zurücktreten müssen[900]. Ausschlaggebend dürfte hierbei der Umstand sein, daß Herstellung und Vertrieb von Umgehungsvorrichtungen letztlich mittelbar nur auf Kosten schutzwürdiger Interessen und Rechtspositionen Dritter, nämlich der Rechteinhaber, Erfolg haben können. So klingt in einer aktuellen Entscheidung des Landgerichts München auch richtigerweise die Verfassungsmäßigkeit des § 95a III UrhG an, wenn auch in einem anders gelagerten Kontext[901]. Vorstehende Erwägungen lassen sich auf den insofern vergleichbar gelagerten § 3 ZKDSG übertragen.

cc) Keine Behinderung der technischen Fortentwicklung

Wie schon aus Erwägungsgrund 48 S. 2 der Multimedia-RL hervorgeht, will Art. 6 II Multimedia-RL und damit auch § 95a III UrhG nicht die technische Weiterentwicklung behindern. Hieraus folgt, daß die Veränderung der technischen Umgebung von DRM-Systemen, etwa die Einführung eines neuen Betriebssystems, welches die Umgehung technischen Schutzes ermöglicht oder erleichtert, nicht unter diese Vorschrift fallen kann[902].

dd) Anleitungen zur Umgehung von DRM-Systemen und Setzen einschlägiger Links

(1) Kommerzielle Anleitungen

Kommerzielle Anleitungen zur Umgehung von DRM-Systemen können gemäß des Telos der Vorschrift unter den Begriff der Dienstleistungen im Sinne des § 95a III UrhG fallen[903], zumindest dann, wenn sie derart konkret sind, daß der an entsprechender Anleitung interessierte durchschnittliche Nutzer die jeweilige technische Schutzmaßnahme ohne weitere Informationen umgehen kann[904]. Der Einwand, dem stünde entge-

---

[900] So nun auch das OLG München Urt. v. 28.07.2005 – 29 U 2887/05 – AnyDVD, S. 12: „Durchgreifende Bedenken gegen die Verfassungsmäßigkeit von § 95a UrhG bestehen nicht. ... § 95a UrhG ... verfolgt ... ein unter Verfassungsgesichtspunkten legitimes Anliegen."; a. A. Holznagel/Brüggemann MMR 2003, 767 (771) unter Hinweis auf fehlende Übergangsregelungen zur Wahrung der Interessen der Hersteller und Entwickler; Holznagel, Gutachten vom 26.09.2003, berichtet von Dreyer in Dreyer/Kotthoff/Mechel, UrhR, § 95a, Rn. 54. Es sei darauf hingewiesen, daß es sich bei besagtem Gutachten um ein privates handelt.

[901] Vgl. LG München I Urt. v. 07.03.2005 – 21 O 3220/05, K&& 2005, 329 (332): § 95a III UrhG sei eine „wirksame" Schrankenbestimmung im Sinne des Art. 5 II GG.

[902] Strömer/Gaspers K&R 2004, 14 (18).

[903] Dreier in Dreier/Schulze, UrhG, § 95a, Rn. 18; ungenau indes BT-Dr. 15/38, S. 26, wo von Anleitungen allgemein, d. h. ohne Beschränkung auf den kommerziellen Bereich die Rede ist; vgl. B.IV.1.a)bb)(c).

[904] OLG München Urt. v. 28.07.2005 – 29 U 2887/05 – AnyDVD, S. 17.

gen, daß § 95a III UrhG eine in sich geschlossene Regelung darstellte, welche Anleitungen nicht anführt[905], verfängt nicht, spricht § 95a III Nr. 3 UrhG doch ausdrücklich von der Erbringung von Dienstleistungen, die hauptsächlich erbracht werden, um die Umgehung wirksamer technischer Maßnahmen zu ermöglichen oder zu erleichtern. Auch § 95a III Nr. 2 UrhG, der Dienstleistungen erfaßt, die abgesehen von der Umgehung von Schutzmaßnahmen nur einen begrenzten wirtschaftlichen Zweck oder Nutzen haben, dürfte im Fall kommerzieller Umgehungsanleitungen einschlägig sein. Anderes muß allerdings im Fall privater Anleitungen gelten: Die Vorschrift erfaßt ihrem Wortlaut gemäß offensichtlich nur Dienstleistungen und Produkte, nicht hingegen die bloße Information einer Privatperson[906]. Gleiches Ergebnis folgt letztlich auch aus dem Telos der Norm, welche sich im Kern gegen vorbereitende Handlungen kommerzieller Unternehmen richtet[907].

(2) Setzen einschlägiger Hyperlinks

Das Ergebnis ist übertragbar auf die Fälle, in denen jemand einen Hyperlink auf eine Internetseite legt, auf welcher Informationen oder gar Tools zur Umgehung technischer Maßnahmen abgerufen werden können[908], jedenfalls sofern dies unter Verletzung zumutbarer Prüfungspflichten[909] oder gar vorsätzlich geschieht[910]. Wie die „Schöner Wetten"-Rechtsprechung des BGH[911] aus dem Jahre 2004 zeigt, kann das Setzen von Hyperlinks nämlich grundsätzlich Anknüpfungspunkt zivilrechtlicher Haftung sein. Allein weil Links ein charakteristisches Element des Internets sind, bedeudet dies keine Freizeichnung von jeglicher Verantwortlichkeit für diese[912]. Sind solche Links kommerzieller Art, so spricht für das Eingreifen des § 95a III UrhG, daß dadurch der Kreis derer, die auf entsprechende Informationen zur Umgehung Zugriff haben, potentiell umsomehr vergrößert wird[913]. § 95a III UrhG setzt allerdings voraus, daß der Link

[905] So Hoeren MMR 2005, 387 (388) bezüglich des Setzens von Hyperlinks.

[906] Vgl. Spindler GRUR 2002, 105 (116); unklar insofern die Gesetzesbegründung, vgl. BT-Dr. 15/38, S. 26; zwischen kommerziellen und privaten Anleitungen nicht differenzierend auch Schmid/Wirth, UrhG, § 95a, Rn. 11.

[907] Wandtke/Ohst in Wandtke/Bullinger, Praxiskommentar UrhR Ergänzungsband, § 95a, Rn. 80.

[908] Vgl. OLG München Urt. v. 28.07.2005 – 29 U 2887/05 – AnyDVD, S. 12 ff.

[909] Vgl. BGH Urt. v. 01.04.2004 – I ZR 317/01 – Schöner Wetten, GRUR 2004, 693 (695 f.).

[910] Geschieht das Setzen eines solchen Links im Rahmen einer von der Pressefreiheit geschützten Tätigkeit, so ist deren Gewicht allerdings grundsätzlich zu beachten. Kritisch in seiner Anmerkung zum Urteil des LG München I vom 07.03.2005 – 21 O 3220/05, K&R 2005, 329 ff. daher Hoeren MMR 2005, 387 (388).

[911] BGH Urt. v. 01.04.2004 – I ZR 317/01 – Schöner Wetten, GRUR 2004, 693 ff.

[912] Vgl. Spindler GRUR 2004, 724 (728); tendenziell a. A. Hoeren MMR 2005, 387 (388).

zu einem Produkt führt, das zu einer Umgehung i. S. d. § 95a I UrhG genutzt werden kann. Da das Erstellen analoger Vervielfältigungen und deren anschließende Redigitalisierung nicht von dieser Norm erfaßt wird[914], können konsequenterweise auch Links, die zu einem entsprechenden Produkt führen[915], nicht unter § 95a III UrhG fallen.

Bei privat gesetzten Links dürfte entsprechend des soeben zu Anleitungen Gesagten eine Haftung ohnehin schon von vornherein ausscheiden.

e) Rechtlicher Schutz von Metadaten (§ 95c UrhG)

aa) Hintergrund

Informationen zur Rechtewahrnehmung stellen das Fundament einer funktionierenden Rechtewahrnehmung im digitalen Bereich dar[916]. So ist etwa die klare Erkennbarkeit der urheberrechtlichen Situation bezüglich eines digitalen Inhaltes Grundlage des Schutzes eines Rechteinhabers, somit quasi selbst eine eigene Art Schutz[917]. In Betracht kommen auch sonst unterschiedlichste vertragliche Nutzungsbestimmungen. Informationen zur Rechtewahrnehmung kommt bei der Bekämpfung von Piraterie sowie auch sonst im elektronischen Geschäftsverkehr beachtliche Bedeutung zu[918]. Der auf Art. 7 Multimedia-RL[919] zurückzuführende § 95c UrhG schützt deshalb Metadaten in elektronischer Form[920] und ergänzt hierdurch den Schutz nach § 95a UrhG[921]; ausgenommen sind Metadaten zur Identifizierung von Computerprogrammen[922]. Metadaten definiert § 95c II UrhG als Informationen, die Werke oder andere Schutzgegenstände, den Urheber oder jeden anderen Rechteinhaber identifizieren, Informationen über die Modalitäten und Bedingungen für die Nutzung der Werke oder Schutzgegenstände sowie Zahlen und Codes, durch welche derartige Informationen ausgedrückt werden[923]. Der Einsatz von Metadaten verfolgt regelmäßig zwei Zwecke: Eine möglichst automatisierte Rechtever-

---

[913] Vgl. Wiebe FS Kilian, S. 603 (610 f.).

[914] Siehe B.VI.2.b)bb)(2).

[915] Vgl. etwa den Bericht auf heise online news vom 19.09.2005, abgerufen (26.09.2005) unter http://www.heise.de/newsticker/meldung/63854.

[916] Siehe A.II.4.a).

[917] Spindler GRUR 2002, 105 (119).

[918] Vgl. Erwägungsgrund 55 Multimedia-RL.

[919] Siehe Trayer, Technische Schutzmaßnahmen, S. 28 f/125; Dreier ZUM 2002, 28 (39 f.); Flechsig ZUM 2002, 1 (16 f.); Reinbothe GRUR Int. 2001, 733 (742); ders. ZUM 2002, 43 (51); Spindler GRUR 2002, 105 (119); vgl. auch v. Lewinski/Walter in Walter, Europäisches Urheberrecht, Info-RiLi, Kap. VII., Rn. 161 f.; Wand, Technische Schutzmaßnahmen, S. 112 ff.; siehe auch Erwägungsgrund 56 Multimedia-RL.

[920] Peukert in Loewenheim, Hdb UrhR, § 35, Rn. 6 m. w. N. in Fn. 18.

[921] Peukert in Loewenheim, Hdb UrhR, § 35, Rn. 3: „zusätzliche Schutzebene".

[922] § 69a V UrhG, siehe aber auch B.VI.2.a).

[923] Beispiele bei Dreier in Dreier/Schulze, UrhG, § 95c, Rn. 7.

waltung sowie die Rechtsverfolgung[924]. Darüberhinaus soll § 95c UrhG auch ein persönlichkeitsrechtlicher Einschlag innewohnen[925].

bb) Regelungsgehalt

Im Rahmen der Vorschrift muß man unterscheiden zwischen dem Entfernungs- und Änderungsverbot in § 95c I UrhG[926] sowie dem Nutzungsverbot nach § 95c III UrhG[927]. Beide Verbote sind als eine Art Zwischenschritt zum Schutz urheberrechtlicher Rechtspositionen zu begreifen[928] und werden in § 108b UrhG auch strafrechtlich abgesichert[929]. Einen dem § 95a III UrhG vergleichbaren Vorfeldschutz bezüglich zur Rechtewahrnehmung erforderlicher Informationen statuiert § 95c UrhG nicht. Das Nutzungsverbot des § 95c III UrhG soll die Entstehung nicht autorisierter, unkontrollierbarer Parallelmärkte unterbinden[930]. Ebenso wie der Schutz nach § 95a UrhG ist auch derjenige nach § 95c UrhG abhängig vom Bezug zu urheberrechtlich geschützten Inhalten. Während jedoch Handlungsweisen, welche allein der Wahrnehmung urheberrechtlicher Schranken dienen, mangels Selbsthilferechts des Begünstigten dem Verbot des § 95a UrhG unterfallen, werden sie von § 95c UrhG nicht erfaßt, da dieser sowohl in Abs.1 als auch in Abs.3 jeweils auf die Verletzung von Urheberrechten abstellt. Geht eine Manipulation der Metadaten mit der Umgehung des entsprechenden DRM-Systems einher, so kommt rechtlicher Schutz grundsätzlich gemäß § 95a UrhG sowie § 95c UrhG parallel in Betracht[931]. Die Regelung des § 95a IV UrhG soll auf § 95c UrhG analog anzuwenden sein[932]. Sollte dies richtig sein, könnten öffentliche Stellen zum Zwecke des Schutzes der öffentlichen Sicherheit oder der Straf-

[924] Ähnlich Reinbothe GRUR Int. 2001, 733 (742); zur Rolle von Metadaten bei der Rechtsverfolgung siehe Köhler K&R 2003, 535 (539); vgl. auch Wand GRUR Int. 1996, 897 (897); Gass ZUM 1999, 815 (818).

[925] Dietz ZUM 1998, 438 (448); Peukert in Loewenheim, Hdb UrhR, § 35, Rn. 3, Fn. 9; Wandtke/Ohst in Wandtke/Bullinger, Praxiskommentar UrhR Ergänzungsband, § 95c, Rn. 8.

[926] Für Näheres siehe Peukert in Loewenheim, Hdb UrhR, § 35, Rn. 8 ff.; Wandtke/Ohst in Wandtke/Bullinger, Praxiskommentar UrhR Ergänzungsband, § 95c, Rn. 14 ff.; Dreier in Dreier/Schulze, UrhG, § 95c, Rn. 4 f.; Bechtold in Hoeren/Sieber, Multimediarecht, Kap.7.11, Rn. 156 ff.

[927] Für Näheres siehe Peukert in Loewenheim, Hdb UrhR, § 35, Rn. 15 ff.; Wandtke/Ohst in Wandtke/Bullinger, Praxiskommentar UrhR Ergänzungsband, § 95c, Rn. 24 ff.; Dreier in Dreier/Schulze, UrhG, § 95c, Rn. 8; Bechtold in Hoeren/Sieber, Multimediarecht, Kap.7.11, Rn. 159.

[928] Dreyer in Dreyer/Kotthoff/Mechel, UrhR, § 95c, Rn. 24.

[929] § 108b I Nr. 2a UrhG bezieht sich auf § 95c I UrhG und § 108b I Nr. 2b UrhG auf § 95c III UrhG; für Näheres siehe D.II.3.

[930] Peukert in Loewenheim, Hdb UrhR, § 35, Rn. 3.

[931] Peukert in Loewenheim, Hdb UrhR, § 35, Rn. 7.

[932] Peukert in Loewenheim, Hdb UrhR, § 35, Rn. 18, Fn. 38.

rechtspflege Metadaten entfernen oder ändern und entsprechende Inhalte zudem nutzen.

f) Kennzeichnungspflichten des Rechteinhabers (§ 95d UrhG)

Nach § 95d UrhG unterliegen Rechteinhaber bestimmten Kennzeichnungspflichten, sofern sie DRM-Systeme einsetzen[933]. Während § 95d II UrhG durchaus noch mit der Multimedia-RL im Zusammenhang steht (Art. 6 IV), beruht § 95d I UrhG nicht auf Vorgaben der Multimedia-RL; man kann daher darüber streiten, ob § 95d I UrhG systematisch im UrhG richtig positioniert ist[934].

aa) Informationen über eingesetzte DRM-Technik (§ 95d I UrhG)

Gemäß § 95d I UrhG, der zum Teil als unnötig angesehen wird[935], sind Werke und andere Schutzgegenstände, die mit technischen Maßnahmen geschützt werden, deutlich sichtbar mit Angaben über deren Eigenschaften zu kennzeichnen[936]. Dies gilt nach § 137j I UrhG für alle ab dem 01.12.2003 neu in den Verkehr gebrachten Werke und Schutzgegenstände[937]: Die praktisch allenfalls mit erheblichem Aufwand durchführbare nachträgliche Kennzeichnung bereits im Handel befindlicher Produkte sollte vermieden werden. Trotz seines Wortlauts, der auf den Zeitpunkt des Inverkehrbringens abstellt und somit erkennbar auf körperliche Werkstücke anspielt, ist § 137j I UrhG auch auf unkörperliche Angebote von Inhalten, etwa technisch geschützte Online-Dienste anzuwenden, so daß auch für solche maßgeblicher Zeitpunkt der 01.12.2003 ist[938]. Quasi positiver Nebeneffekt für die Rechteinhaber ist, daß der Hinweis nach § 95d I UrhG regelmäßig die Bösgläubigkeit des Nutzers als Tatbestandsmerkmal des § 95a I UrhG mit sich bringen dürfte[939].

(1) Umfang der Informationspflicht

Zu den erforderlichen Eigenschaftsangaben gehört etwa der Hinweis, daß bestimmte Kompatibilitäten nicht gegeben sind[940]; dies gilt zumin-

[933] § 69a V UrhG gilt allerdings auch insoweit.

[934] Vgl. Diesbach K&R 2004, 8 (10/14), Fn. 16.

[935] So Diesbach K&R 2004, 8 (14).

[936] Verpflichteter des § 95d I UrhG ist regelmäßig der Rechteinhaber, siehe Diesbach K&R 2004, 8 (10).

[937] Für Näheres siehe Peukert in Loewenheim, Hdb UrhR, § 36, Rn. 27 f/32a.

[938] Braun in Wandtke/Bullinger, Praxiskommentar UrhR Ergänzungsband, § 137j, Rn. 5.

[939] Ähnlich Lapp/Lober ITRB 2003, 234 (236).

[940] Ähnlich Lapp/Lober ITRB 2003, 234 (234) mit entsprechendem Formulierungsvorschlag; Wandtke/Ohst in Wandtke/Bullinger, Praxiskommentar UrhR Ergänzungsband, § 95d, Rn. 6 bezüglich Audio-CDs; strenger Bechtold in Hoeren/Sieber, Multimediarecht, Kap.7.11, Rn. 171, der bezüglich eventueller Inkompatibilitäten detailierte Informationen für erforderlich hält.

dest bei Standardprodukten. Ein allgemeiner Hinweis auf Nutzungsbeschränkungen reicht hingegen nicht aus[941]. Der Hinweis kann aber grundsätzlich durch allgemeine Geschäftsbedingungen erfolgen[942]. Nicht hingegen reicht es aus, wenn dieser nicht in deutscher Sprache abgefaßt ist[943]. Unklar ist der Umfang der Informationspflicht in solchen Fällen, in denen der entsprechende Inhalt online erworben wird[944]. Die Informationen müssen dem Konsumenten jeweils im Vorfeld des Vertragsschlusses zur Verfügung stehen[945] damit er seine Erwerbsentscheidung entsprechend daran ausrichten kann. Gegenwärtig sind die Auswirkungen von Nutzungsbeschränkungen sowie etwaige Kompatibilitätsprobleme dem durchschnittlichen Nutzer wohl (noch) nicht bewußt.

(2) Sanktionen im Fall des Verstoßes

Durch die Vorgabe des § 95d I UrhG soll dem Verbraucherschutz gedient werden[946], ebenso wie der Lauterkeit des Wettbewerbs[947]. Hieraus folgt schließlich, daß ein Verstoß des Rechteinhabers gegen § 95d I UrhG regelmäßig Ansprüche nach § 823 II BGB sowie wegen Verstoßes gegen § 3 UWG – unter dem Gesichtspunkt des Vorsprungs durch Rechtsbruch (§ 4 Nr. 11 UWG) – auslösen kann[948]; insbesondere stellt § 95d I UrhG als Informationspflicht eine Marktverhaltensregel i. S. d. § 4 Nr. 11 UWG dar[949]. Auch kommt im Einzelfall grundsätzlich eine irreführende Werbung i. S. d. § 5 UWG in Betracht[950]. Ferner soll ein Verstoß gegen § 95d I UrhG als Betrug gemäß § 263 StGB oder als strafbare Werbung nach § 16 I UWG strafbewehrt sein können[951].

[941] Dreier in Dreier/Schulze, UrhG, § 95d, Rn. 4; Diesbach K&R 2004, 8 (11).

[942] Vgl. Dreyer in Dreyer/Kotthoff/Mechel, UrhR, § 95a, Rn. 111.

[943] A. A. Diesbach K&R 2004, 8 (11), der dem durchschnittlichen Verbraucher Hinweise in englischer Sprache zumuten zu können glaubt.

[944] Siehe Bechtold in Hoeren/Sieber, Multimediarecht, Kap. 7.11, Rn. 174 ff.

[945] Wandtke/Ohst in Wandtke/Bullinger, Praxiskommentar UrhR Ergänzungsband, § 95d, Rn. 10; Diesbach K&R 2004, 8 (12).

[946] Die Informationspflicht nach § 95d I UrhG könnte sich letztlich als ein Mittel darstellen, Rechteinhaber zum Einsatz technischer Maßnahmen anzuhalten, welche die Interessen der Nutzer angemessen berücksichtigen (Stichwort Wettbewerb).

[947] BT-Dr. 15/38, S. 28; Peukert in Loewenheim, Hdb UrhR, § 36, Rn. 26; Wandtke/Ohst in Wandtke/Bullinger, Praxiskommentar UrhR Ergänzungsband, § 95d, Rn. 1; Dreier in Dreier/Schulze, UrhG, § 95d, Rn. 2; a. A. Dreyer in Dreyer/Kotthoff/Mechel, UrhR, § 95d, Rn. 11: § 95d I UrhG habe keinen individualschützenden Charakter.

[948] Peukert in Loewenheim, Hdb UrhR, § 36, Rn. 30; Bechtold in Hoeren/Sieber, Multimediarecht, Kap. 7.11, Rn. 185; ähnlich Dreier in Dreier/Schulze, UrhG, § 95d, Rn. 6; Schmid/Wirth, UrhG, § 95d, Rn. 2.

[949] Vgl. Köhler NJW 2004, 2121 (2124).

[950] Vgl. Dreier in Dreier/Schulze, UrhG, § 95d, Rn. 6; zu § 5 UWG siehe Köhler NJW 2004, 2121 (2124 f.).

[951] So Dreyer in Dreyer/Kotthoff/Mechel, UrhR, Vor §§ 95a ff., Rn. 10/§ 95d, Rn. 10.

bb) Angabe von Adressdaten (§ 95d II UrhG)

Ferner hat nach § 95d II 1 UrhG der Rechteinhaber die von ihm eingesetzten technischen Schutzmaßnahmen zur Ermöglichung der Geltendmachung von Ansprüchen nach § 95b II 1 UrhG mit seinem Namen oder seiner Firma und der zustellungsfähigen Anschrift zu kennzeichnen[952]; die Angabe einer Postfachanschrift soll hierfür ausreichen[953]. Mit § 95d II UrhG als Flankenvorschrift zu § 95b II UrhG will man dessen Regelung vervollkommnen[954] und Hindernissen der Praxis bei der Verfolgung des Anspruchs auf Ermöglichung einer zulässigen Nutzung entgegenwirken. Verstößt der Rechteinhaber gegen dieses Gebot, so verhält er sich gemäß § 111a I Nr. 3 UrhG ordnungswidrig und kann nach § 111a II Alt. 2 UrhG mit einer Geldbuße bis zu 10.000 Euro belegt werden. Da § 95d II UrhG einen wettbewerbsrechtlichen Bezug nicht aufweist[955], kommt im Fall des Verstoßes hiergegen ein Anspruch wegen Verstoßes gegen § 3 UWG – anders als bei Mißachtung des § 95d I UrhG – nicht in Betracht[956], Schadensersatzansprüche nach § 823 II BGB hingegen schon[957]; § 95d II UrhG dürfte insbesondere Schutzgesetz im Sinne letztgenannter Vorschrift sein[958]. Die Kennzeichnungspflicht nach § 95d II 1 UrhG gilt gemäß § 95d II 2 UrhG nicht für das Angebot interaktiver Dienste im Sinne des § 95b III UrhG; dem dürfte jedoch allein deklaratorische Bedeutung zukommen, da ein entsprechender Anspruch eines Schrankenbegünstigten ja eben nicht besteht[959].

cc) Unwirksamkeit des technischen Schutzes

Ebenso wie § 95b I 1 UrhG gilt § 95d II UrhG als dessen rechtliche Flankierung konsequenterweise auch hinsichtlich unwirksamen technischen

---

[952] Siehe Lapp/Lober ITRB 2003, 234 (235); Peukert in Loewenheim, Hdb UrhR, § 36, Rn. 29; Flechsig in Loewenheim, Hdb UrhR, § 91, Rn. 13.

[953] So Diesbach K&R 2004, 8 (12).

[954] BT-Dr. 15/38, S. 28; Wandtke/Ohst in Wandtke/Bullinger, Praxiskommentar UrhR Ergänzungsband, § 95d, Rn. 11; Dreier in Dreier/Schulze, UrhG, § 95d, Rn. 7.

[955] A. A. Flechsig in Loewenheim, Hdb UrhR, § 91, Rn. 13: Die Impressumspflicht habe neben einem wertbezogenem (verbraucherschützendem) Ordnungscharakter zugleich wettbewerbsrechtliche Natur.

[956] Vgl. BGH Urt. v. 13.07.1989 – I ZR 160/87 – Impressumspflicht, GRUR 1989, 830 (831 f.); a. A. Schmid/Wirth, UrhG, § 95d, Rn. 2.

[957] Siehe Peukert in Loewenheim, Hdb UrhR, § 36, Rn. 31.

[958] Dreyer in Dreyer/Kotthoff/Mechel, UrhR, Vor §§ 95a ff., Rn. 11/§ 95d, Rn. 17.

[959] Das Argument von Wandtke/Ohst in Wandtke/Bullinger, Praxiskommentar UrhR Ergänzungsband, § 95d, Rn. 14, daß in Fällen einer interaktiven Punkt-zu-Punkt-Kommunikation davon ausgegangen werden könne, die Vertragspartner seien aufgrund des Vertragsschlusses bekannt, so daß kein weiteres Schutzbedürfnis diesbezüglich bestehe, vermag indes nicht zu überzeugen. Insbesondere im Internet besitzt der Durchschnittsnutzer nämlich häufig nicht ausreichend Überblick über juristisch relevante Handlungen.

Schutzes[960]. Gleiches muß letztlich auch für § 95d I UrhG gelten, da sich für den Nutzer unwirksamer, aber dennoch vorhandener technischer Schutz gleichfalls als Minderwert darstellt, der die Erwerbsentscheidung negativ zu beeinflussen vermag.

dd) Inkrafttreten

§ 95d II UrhG ist gemäß Art. 6 II des Gesetzes zur Regelung des Urheberrechts in der Informationsgesellschaft erst am 01.09.2004 in Kraft getreten. Ob Ansprüche wegen Verletzung des § 95d I UrhG bis zu diesem Zeitpunkt ausgeschlossen waren[961], ist indes fraglich. Die genaue Ausdifferenzierung des Gesetzgebers hinsichtlich des jeweiligen Zeitpunktes des Inkrafttretens dürfte allerdings gewichtig dagegen sprechen, so daß anzunehmen ist, daß letztgenannte Ansprüche schon vor dem 01.09.2004 bestanden haben.

VII. Zugangskontrollschutz

1. Rechtliche Rahmenbedingungen

a) Zugangskontrollrichtline

Art. 4 Zugangskontrollrichtlinie[962] regelt ein Verbot vorbereitender Handlungen, welche potentiell einer späteren Umgehung von DRM-Systemen dienen[963], sofern diese einen entgeltlichen Dienst schützen[964].

[960] Im Ergebnis ebenso Dreyer in Dreyer/Kotthoff/Mechel, UrhR, § 95a, Rn. 19.

[961] So Peukert in Loewenheim, Hdb UrhR, § 36, Rn. 32 hinsichtlich aller Ansprüche aus allgemeinen Delikt- und Wettbewerbsrecht.

[962] Richtlinie 1998/84/EG des Europäischen Parlaments und des Rates über den rechtlichen Schutz von zugangskontrollierten Diensten und von Zugangskontrolldiensten vom 20.11.1998, ABl. EG L 320, S. 54 ff. (im Folgenden: Zugangskontroll-RL); siehe Dressel in Dressel/Scheffler, Dienstepiraterie, S. 58 ff.; Wand, Technische Schutzmaßnahmen, S. 77 ff.; v. Lewinski/Walter in Walter, Europäisches Urheberrecht, Info-RiLi, Kap. VII., Rn. 163 ff.; Helberger ZUM 1999, 295 (296 ff.); dies., Contidional Access, passim; siehe ferner Beucher/Engels CR 1998, 101 (102 ff.).

[963] Unter den Begriff der Zugangskontrolle i. S. d. Zugangskontroll-RL fällt gemäß Art. 2 b) „jede technische Maßnahme und/oder Vorrichtung, die den Zugang zu einem geschützten Dienst in verständlicher Form von einer vorherigen individuellen Erlaubnis abhängig macht". Daß hierunter grundsätzlich auch DRM-Systeme gemäß des im Rahmen der Arbeit zugrundegelegten Begriffs fallen, liegt auf der Hand: Ebenso Bechtold, Informationsrecht, S. 216; Höhne in Wiebe/Leupold, elektronische Datenbanken, Teil V, C., Rn. 72 f.; Dusollier EIPR 1999, 285 (290); Mitchell MMR 2003, 549 (550): Die Zugangskontroll-RL könne zu weitaus mehr gebraucht werden als zum bloßen Schutz von Kabel-TV-Diensten.

[964] Siehe Wand, Technische Schutzmaßnahmen, S. 86 ff.; Koelman/Helberger in Hugenholtz, Future of Copyright, S. 165 (208 ff.); v. Lewinski/Walter in Walter, Europäisches Urheberrecht, Info-RiLi, Kap. VII., Rn. 165; siehe ferner Bechtold, Informationsrecht, S. 215 ff.

b) ZKDSG

Zweck des ZKDSG[965], welches die Zugangskontroll-RL in nationales Recht umsetzt, ist gemäß § 1, Zugangskontrolldienste gegen unerlaubte Eingriffe zu schützen. Das ZKDSG schützt also zugangskontrollierte Dienste[966]; hierunter sind gemäß § 2 Nr. 1 ZKDSG Rundfunkdarbietungen, Teledienste sowie Mediendienste zu verstehen. Durch § 2 Nr. 2 ZKDSG werden Zugangskontrolldienste definiert als technische Verfahren oder Vorrichtungen, die die erlaubte (erste)[967] Nutzung eines zugangskontrollierten Dienstes ermöglichen[968]. Aus der Zusammenschau von § 2 Nr. 1, 2 ZKDSG ergibt sich, daß DRM-Systeme, welche offline angebotene Inhalte schützen, etwa Kopierschutzmechanismen auf einem Datenträger, nicht in den Geltungsbereich des ZKDSG fallen, da solche Inhalte keinen zugangskontrollierten Dienst i. S. d. § 2 Nr. 1 ZKDSG darstellen[969]. § 3 ZKDSG verbietet unter Androhung von Freiheits- bzw. Geldstrafe (§ 4 ZKDSG) oder Geldbuße (§ 5 ZKDSG) die Herstellung, die Einfuhr und die Verbreitung von Umgehungsvorrichtungen zu gewerbsmäßigen Zwecken[970], desweiteren den Besitz, die technische Einrichtung, die Wartung und den Austausch von Umgehungsvorrichtungen zu gewerbsmäßigen Zwecken sowie die Absatzförderung von Umgehungsvorrichtungen[971]. Das Gesetz will gewerbliches Handeln, welches die Umgehung einer Zugangskontrollvorrichtung fördert, unterbinden: Man möchte hierdurch das Angebot an Umgehungsvorrichtungen verknappen und somit mittelbar auch den Endkunden erreichen. Das ZKDSG dient letztlich auch dazu, die Hersteller legaler Entschlüsselungsvorrichtungen vor illegalem Wettbewerb zu schützen; diese können im Fall des Verstoßes gegen das ZKDSG somit grundsätzlich Ansprüche wegen Verstoßes gegen § 3 UWG (§ 4 Nr. 11 UWG) geltend machen[972]. Die

[965] Zum ZKDSG mit Bezug zu DRM-Systemen siehe Höhne in Wiebe/Leupold, elektronische Datenbanken, Teil V, C., Rn. 72 ff.; siehe auch Bechtold in Hoeren/Sieber, Multimediarecht, Kap. 7.11, Rn. 126 ff.; Linnenborn K&R 2002, 571 ff.; Bär/Hoffmann MMR 2002, 654 ff.; Strobel in Dressel/Scheffler, Dienstepiraterie, S. 89 ff.

[966] Nicht indes geschützt ist nach dem ZKDSG die Nutzungskontrolle.

[967] Nach der Begründung zu § 1 des Gesetzesentwurfs vom 07.05.2001, S. 7, sollten vom ZKDSG nur Systeme erfaßt sein, welche die erste Nutzung eines Dienstes kontrollieren, also allein Zugangskontrollfunktionen. Hierzu finden sich in der späteren Gesetzesbegründung jedoch keine Ausführungen mehr, vgl. BT-Dr. 14/7229, § 1, S. 7.

[968] Vgl. auch BT-Dr. 14/7229, § 2 Nr. 2, S. 7.

[969] Höhne in Wiebe/Leupold, elektronische Datenbanken, Teil V, C., Rn. 74.

[970] Zu den Hintergründen, warum private Zwecke nicht erfaßt sind, siehe Koelman EIPR 2000, 272 (277).

[971] Bei § 3 ZKDSG handelt es sich auch um ein Schutzgesetz i. S. d. § 823 II 1 BGB zugunsten der Anbieter zugangskontrollierter Dienste: Scheffler in Dressel/Scheffler, Dienstepiraterie, S. 172.

[972] OLG Frankfurt a. M. Beschl. v. 05.06.2003 – 6 U 7/03 – Magic Modul, CR 2003, 766 (767).

aktive Umgehung als solche erfaßt das ZKDSG indes nicht. Hierin liegt auch ein wesentlicher Unterschied zu § 95a UrhG, welcher in seinem Absatz 1 auch die eigentliche Umgehungshandlung von der Zustimmung des entsprechenden Rechteinhabers abhängig macht und sich zudem nicht auf gewerbliches Handeln beschränkt, sondern grundsätzlich auch private Umgehungen einbezieht[973].

2. Verhältnis der §§ 95a ff. UrhG zu den Vorschriften des ZKDSG

a) Problem und Fragestellung

aa) Das Problem

Vorneweg: Zu unterscheiden ist die Kontrolle des Zugangs zu einem System, des Zugangs zu einem in diesem angebotenen Inhalt[974] sowie die Kontrolle der Nutzung eines solchen Inhalts[975]. Die effektive Blockierung des Zugangs zu einem Werk ist nun gleichsam ein effektiver Schutz gegen dessen (un-)berechtigte Nutzung[976], da der Zugang denknotwendig der Nutzung vorgelagert ist. Mit anderen Worten: Wer schon keinen Zugang zum Werk hat, kann dieses auch nicht nutzen, sei es unbefugt oder aber auch befugt. Nutzungskontrolle kann somit auch in Form von Zugangskontrolle vonstatten gehen. Die Nutzungskontrolle strahlt wiederum auf den Zugang aus[977], etwa wenn auf einen Inhalt nur eine bestimmte Anzahl von Malen zugegriffen werden kann und dieses Kontingent ausgeschöpft ist. Zugangs- und Nutzungskontrolle klar voneinander abzugrenzen, dürfte daher kaum zufriedenstellend gelingen. Indem das ZKDSG auch Dienste der Informationsgesellschaft einbezieht, d.h. indirekt Dienste erfaßt, welche geistiges Eigentum enthalten[978], besteht eine grundsätzliche Überschneidung dessen Anwendungsbereichs mit dem in § 95a III UrhG geregelten Vorfeldschutz[979].

---

973 Siehe Höhne in Wiebe/Leupold, elektronische Datenbanken, Teil V, C., Rn. 77.

974 Weber in Hilty, Urheberrecht am Scheideweg, S. 69 (75) spricht von allgemeinem und spezifischem Zugang; unklar indes Vinje EIPR 1999, 192 (196 f.): Technische Maßnahmen, die den „Zugang" zu einem bereits erworbenen Inhalt kontrollieren, unterscheiden sich von denen, welche den Zugang zum Inhalt als solchen überwachen.

975 Siehe Linnenborn K&R 2001, 394 (398 f.).

976 Ebenso Wandtke/Ohst in Wandtke/Bullinger, Praxiskommentar UrhR Ergänzungsband, § 95a, Rn. 15/§ 95b, Rn. 17; Bechtold, Informationsrecht, S. 220; siehe auch Ginsburg, Access Right, S. 2.

977 Vgl. Weber in Hilty, Urheberrecht am Scheideweg, S. 69 (75).

978 Linnenborn K&R 2001, 394 (398).

979 § 95a III UrhG als Umsetzung des Art. 6 II Multimedia-RL kann nicht allein auf Kopierschutzmechanismen reduziert werden, sondern bezieht sich auch auf Mechanismen der Zugangskontrolle. Erwägungsgrund 21 a.E. der Zugangskontroll-RL sowie Art. 9 und Erwägungsgrund 60 der Multimedia-RL lassen klar erkennen, daß der Richtliniengeber das Spannungsverhältnis gesehen hat; ebenso Bechtold, Informations-

(1) Konvergenz der Schutzgegenstände

Wegen der Konvergenz der Schutzgegenstände[980], welche künftig vermutlich noch zunehmen wird, sind Überschneidungen in Zukunft also wohl kaum zu vermeiden[981], so daß an einer Klärung sowohl wissenschaftliches als vor allem auch praktisches Interesse besteht[982]: Das gesteigerte praktische Interesse entspringt dem Hintergrund, daß die Regelungen der beiden Normenkomplexe in ihren Voraussetzungen und Rechtsfolgen unterschiedlich sind. So kennen die Regelungen über die Zugangskontrolle insbesondere keinerlei Beschränkungen des rechtlichen Umgehungsschutzes, während dies bei den §§ 95a ff. UrhG hingegen der Fall ist[983]. Die letztgenannten urheberrechtlichen Beschränkungen könnten auf diese Weise faktisch ins Leere laufen: Durch ein vorgeschaltetes Zugangskontrollrecht könnten die Beschränkungen hinsichtlich der technischen Maßnahmen zur Nutzungskontrolle im Ergebnis umgangen werden[984], da durch eine umfangreiche Zugangskontrolle mittelbar auch die Werknutzung kontrolliert werden kann[985]. Daß sich ein Rechteinhaber das für ihn günstigere rechtliche Rahmenwerk aussuchen kann[986], etwa in dem Fall, daß der Rechteinhaber eines urheberrechtlich geschützten Werkes dieses selbst anbietet[987], wird insofern kaum eine zufriedenstellende Lösung darstellen, da auf diese Weise vor allem der in § 95b UrhG angelegte Interessenausgleich zwischen den Beteiligten umgangen werden könnte und in der Praxis somit regelmäßig

recht, S. 219; Dreier ZUM 2002, 28 (36) vermutet, daß diese Erkenntnis vom Richtliniengeber allerdings nicht näher ausgelotet worden ist; a. A. offensichtlich Linnenborn K&R 2002, 571 (575); zu den Hintergründen des Art. 9 Multimedia-RL, vor allem mit Blick auf die Zugangskontrolle, siehe Reinbothe GRUR Int. 2001, 733 (743).

980 DRM-Systeme können rechtlichen Vorfeldschutz tatbestandlich sowohl nach dem ZKDSG als auch gemäß § 95a III erfahren; siehe Dusollier EIPR 1999, 285 (288); vgl. auch Peukert in Loewenheim, Hdb UrhR, § 33, Rn. 27 m. w. N.; v. Lewinski/Walter in Walter, Europäisches Urheberrecht, Info-RiLi, Kap. VII., Rn. 165.

981 Ähnlich Dusollier EIPR 1999, 285 (288).

982 Spindler GRUR 2002, 105 (106): Für jede Norm bzw. für jede Richtlinie, welche sich in ihrem Anwendungsbereich mit der Multimedia-RL überschneidet, muß deren Verhältnis zueinander ermittelt werden.

983 Eine dem Art. 6 IV Multimedia-RL vergleichbare Regelung sehen die Zugangskontroll-RL und dem folgend auch das ZKDSG nicht vor.

984 Spindler GRUR 2002, 105 (117) wirft daher zu recht die Frage auf, wie die aufgrund einer Urheberrechtsschranke berechtigte Nutzung eines Werkes durchgesetzt werden kann, wenn dem Nutzer schon der Zugang zum System überhaupt verwehrt wird.

985 Siehe Bechtold, Informationsrecht, S. 220/428.

986 So Linnenborn K&R 2001, 394 (399); Wandtke/Ohst in Wandtke/Bullinger, Praxiskommentar UrhR Ergänzungsband, § 95a, Rn. 7; Peukert in Loewenheim, Hdb UrhR, § 33, Rn. 28, der ausdrücklich ein Wahlrecht des Rechteinhabers annimmt.

987 Vgl. v. Lewinski/Walter in Walter, Europäisches Urheberrecht, Info-RiLi, Kap. VII., Rn. 165; Bechtold, Informationsrecht, S. 221.

auch würde. Es stellt sich also die relevante Frage nach dem Verhältnis zwischen dem Rechtsschutz bezüglich der Zugangskontrolle und dem das Urheberrecht ergänzenden Schutz der §§ 95a ff. UrhG. Dieses ist bislang noch nicht geklärt[988].

(2) Einschätzung des Gesetzgebers

Nach der Gesetzesbegründung zu § 1 ZKDSG soll eine Überschneidung der Regelungskomplexe nicht bestehen[989]. Die Begründung zum Gesetz zur Regelung des Urheberrechts in der Informationsgesellschaft sagt indes über das Verhältnis zum ZKDSG nichts aus[990]. Der deutsche Gesetzgeber geht offenbar – leider unzutreffend – davon aus, daß der Zugang zu einem Dienst und die Nutzung eines durch diesen angebotenen Werkes eindeutig getrennt werden können. Da mit Hilfe moderner DRM-Technologie sowohl der Zugang zu einem System als auch der Zugang zu einem einzelnen hierin angebotenen Werk sowie dessen Nutzung technisch kontrolliert werden kann, kommt es indes zu Überschneidungen der §§ 95a ff. UrhG mit dem ZKDSG[991]. Es droht eine weitgehende mittelbare Umgehung des in den §§ 95a ff. UrhG angelegten Interessenausgleichs: Denn wenn ein Rechteinhaber sich beim Einsatz eines DRM-Systems urheberrechtlichen Schrankennormen ausgesetzt sehen muß, warum sollte er dann nicht versuchen, das juristische Schlachtfeld zu verlagern auf ein anderes Rechtsgebiet, welches solche Ausnahmen nicht kennt? Es liegt auf der Hand, daß Rechteinhaber eine sich anbietende Möglichkeit nicht lange ungenutzt lassen werden. Die Einschätzung des Gesetzgebers ist somit nicht zutreffend.

bb) Fragestellung

Es stellen sich im Wesentlichen zwei Fragen. Erstens: Erfassen die §§ 95a ff. UrhG neben der Nutzungskontrolle auch die Zugangskontrolle[992]? Und zweitens, sofern dies bejaht werden kann: Wie verhalten sich

[988] Vgl. Dusollier EIPR 1999, 285 (290 f.).

[989] BT-Dr. 14/7229, S. 7: „Das ZKDSG greift nicht den noch zu schaffenden Regelungen, wie sie Artikel 6 der … (Multimedia-RL) fordert, vor.“. Noch in der Begründung zu § 1 des Gesetzesentwurfs vom 07.05.2001, S. 7, hieß es, vom ZKDSG würden Systeme zum Kopierschutz von Dateien, wie sie von Art. 6 der Multimedia-RL geregelt werden, nicht erfaßt. Beide Formulierungen dürften aber inhaltlich die gleiche Aussage enthalten.

[990] Vgl. BT-Dr. 15/38, S. 26 ff.

[991] Dies macht schon § 1 ZKDSG deutlich. Bislang wird das ZKDSG weitläufig zwar nur mit Pay-TV in Zusammenhang gebracht, etwa Czychowski NJW 2003, 2409 (2411), Fn. 10, woraus sich schließlich auch die Bezeichnung „Lex Premiere“ ergeben hat. Diese Sichtweise ist jedoch zu eng; vgl. auch Höhne in Wiebe/Leupold, elektronische Datenbanken, Teil V, C., Rn. 72.

[992] Koelman EIPR 2000, 272 (278) stellt die Frage allgemeiner, nämlich nach dem Verhältnis von Copyright und Zugangskontrolle.

hinsichtlich der Zugangskontrolle dann die §§ 95a ff. UrhG und das ZKDSG zueinander? DRM-Systeme werden regelmäßig sowohl in den Anwendungsbereich von ZKDSG als auch der §§ 95a ff. UrhG fallen, da sie häufig sowohl Funktionen der Zugangskontrolle als auch der Nutzungskontrolle in sich vereinen[993]. Die Frage nach dem Verhältnis besagter Regelungskomplexe zueinander ist also in jedem Fall von Interesse[994].

b) Zugangskontrolle als Anwendungsfall der §§ 95a ff. UrhG

Die Zugangskontrolle stellt einen Anwendungsfall der § 95a ff. UrhG dar[995]. Hiervon scheint auch der Gesetzgeber auszugehen; dies zeigt sich darin, daß im Rahmen der Definition der Wirksamkeit einer technischen Maßnahme gemäß § 95a II 2 UrhG die Zugangskontrolle ausdrücklich aufgeführt wird[996]. Dies entspricht den Vorgaben des Art. 6 III 2 Multimedia-RL[997]; offenbar ist auch der Richtliniengeber gleicher Ansicht[998]. Zwar ist zu unterscheiden zwischen der Kontrolle des Zugangs zu einem Gesamtangebot als solchen und der Zugangskontrolle zu einem in diesem angebotenen Inhalt. Der Gesetzgeber läßt jedoch nicht erkennen, daß er insofern differenzieren möchte[999]. Vielmehr ist in § 95a II 2 UrhG die Rede von einem Schutz durch „eine" Zugangskontrolle. Hierin wird erkennbar, daß von den §§ 95a ff. UrhG die Zugangskontrolle in ihrer Ge-

993 Ähnlich Vinje EIPR 1999, 192 (205 f.).

994 Ähnlich Linnenborn K&R 2001, 394 (398 f.).

995 Ebenso Linnenborn K&R 2001, 394 (399); Weber in Hilty, Urheberrecht am Scheideweg, S. 69 (75); vgl. ferner ders. K&R 2002, 571 (575); Dressel in Dressel/Scheffler, Dienstepiraterie, S. 57 f.

996 Ebenso offenbar Höhne in Wiebe/Leupold, elektronische Datenbanken, Teil V, C., Rn. 96; a. A. Peukert in Loewenheim, Hdb UrhR, § 34, Rn. 5: Die Erwähnung der Zugangskontrollen in § 95a II 2 UrhG beziehe sich allein auf Maßnahmen zur Unterbindung der interaktiven Online-Nutzung (§ 19a UrhG); siehe auch Wandtke/Ohst in Wandtke/Bullinger, Praxiskommentar UrhR Ergänzungsband, § 95a, Rn. 15.

997 Trayer, Technische Schutzmaßnahmen, S. 27; bereits zum Richtlinienvorschlag ebenso Marly K&R 1999, 106 (108).

998 A. A. Spindler GRUR 2002, 105 (116) unter Berufung auf die Begründung des Rates zum gemeinsamen Standpunkt vom 28.09.2000, ABlEG Nr. C 344, S. 1 ff., Nr. 45: Die Multimedia-RL soll keinen eigenen Schutz der Zugangskontrolle haben schaffen wollen; Linnenborn K&R 2002, 571 (575): Der Richtliniengeber habe eindeutig seine Absicht erklärt, der Begriff der technischen Maßnahmen i. S. d. Art. 6 Multimedia-RL solle sich allein auf den Kopierschutz von Werken, nicht jedoch auf den vorgelagerten Zugang zum System beziehen, wohingegen ders. in K&R 2001, 394 (398) einräumt, ein urheberrechtliches Zugangskontrollrecht könne durchaus in die Multimedia-RL hineininterpretiert werden, jedenfalls bezüglich der Kontrolle des Zugangs zur Nutzung.

999 Eine diesbezügliche Differenzierung dürfte aufgrund von Abgrenzungsproblemen in der Praxis auch nicht leicht zu realisieren sein. Linnenborn K&R 2001, 394 (398) nimmt etwa an, daß derjenige, welcher den Zugang zur Nutzung kontrolliert, gleichzeitig auch über ein Kontrollinstrument zur Überwachung des Zugangs zum Gesamtangebot verfügt.

samtheit erfaßt sein soll, also sowohl der Zugang zum Gesamtangebot als auch der nachfolgende Zugang zu einem hierin angebotenen Inhalt. Die dogmatische Frage, ob das Recht der Zugangskontrolle hierdurch seinem Charakter nach als ein Teilaspekt der urheberrechtlichen Befugnisse zu klassifizieren ist[1000], wird hierdurch jedoch nicht beantwortet; dies folgt schon daraus, daß Art. 6 – jedenfalls Art. 6 II – Multimedia-RL seinem Regelungsgehalt gemäß unter dogmatischen Gesichtspunkten nicht unbedingt dem Urheberrecht zugerechnet werden muß[1001]. Die §§ 95a ff. UrhG beziehen sich also auch auf die (gesamte) Zugangskontrolle[1002]. Dies ist auch insofern stimmig, als daß der Zugang zu entsprechenden Inhalten beim Einsatz (zugangskontrollierender) DRM-Systeme durchaus mit dem Urheberrecht verzahnt ist[1003]. Hinsichtlich der Zugangskontrolle genießt derjenige, welcher DRM-Systeme zum Schutz seiner Inhalte einsetzt, somit also grundsätzlich sowohl nach dem ZKDSG als auch nach den §§ 95a ff. UrhG rechtlichen Schutz.

c) Zugangskontrolle kein Element der urheberrechtlichen Rechtsstellung

Die aus diesem doppelten Schutz resultierende Gefahr der Umschiffung urheberrechtlicher Schrankenbestimmungen durch die Rechteinhaber könnte möglicherweise bereits abgesehen von der Frage nach dem Verhältnis von ZKDSG und den §§ 95a ff. UrhG in den Griff zu bekommen sein. Sofern man nämlich den Standpunkt einnimmt, im digitalen Umfeld lasse sich die Kontrolle des Zugangs zu einem Werk nicht mehr trennen von der Kontrolle dessen Nutzung, könnte man das Recht der Zugangskontrolle durchaus als Bestandteil des Urheberrechts ansehen[1004], mit der Folge, daß die urheberrechtlichen Schrankenbestimmungen nicht allein bezüglich der Nutzung eines Werkes Geltung beanspruchen würden, sondern darüberhinausgehend auch hinsichtlich des vorgelagerten Zugangs zu diesem[1005]: Konsequenz wäre ein Recht auf Zugang auf seiten poten-

---

1000 Hierzu gleich, siehe B.VII.2.c).

1001 Siehe B.IV.1.a)bb)(2)(a).

1002 A. A. Wandtke/Ohst in Wandtke/Bullinger, Praxiskommentar UrhR Ergänzungsband, § 95a, Rn. 15: Aus dem Schutzzweck des § 95a UrhG ergäbe sich, daß Zugangskontrollmaßnahmen nur insoweit unter die §§ 95a ff. UrhG fallen, als durch sie Handlungen verhindert werden sollen, die Ausschließlichkeitsrechte des Rechteinhabers tangieren.

1003 Ähnlich Spindler GRUR 2002, 105 (117).

1004 Ginsburg, Access Right, S. 3: „access right is an integral part of copyright“; andeutend auch Bechtold GRUR 1998, 18 (26 f.); vgl. ferner ders., Informationsrecht, S. 428, Fn. 2186; anders einordnend Dusollier EIPR 1999, 285 (291): „de-facto-Recht“.

1005 Siehe Ginsburg, Access Right, S. 3/11 ff. Dies ginge einher mit der Ansicht, urheberrechtliche Schranken seien ein unabdingbarer Bestandteil der absoluten und aus-

tieller Nutzer unter Berücksichtigung dieser Schranken[1006]. Dieser Ansatz dürfte aber mit der geltenden (Urheber-)Rechtsordnung nicht in Einklang zu bringen sein[1007], da contra legem: Das Urheberrecht sieht eben kein Recht der Zugangskontrolle vor[1008]. Überhaupt dürfte die Zugangskontrolle charakterlich kaum mit dem Urheberrecht verwandt sein[1009], wenn auch ein solches für den ergänzenden Rechtsschutz hinsichtlich der Nutzungskontrolle noch gelten dürfte.

Unverzichtbare Voraussetzung für ein aus den Urheberrechtsschranken abgeleitetes Zugangsrecht – dogmatisch wohl eine Art Annexanspruch – ist zudem, daß das Werk, zu dem Zugang begehrt wird, urheberrechtlichen Schutz genießt[1010], da ansonsten logischerweise auch urheberrechtliche Schranken nicht zum Tragen kommen können: Der Fall einer Rechtsschranke kann denknotwendig nur dann vorliegen, wenn das entsprechende Recht auch besteht. Für die Fälle, in denen urheberrechtlich nicht geschütztes Material mit Hilfe eines DRM-Systems faktisch geschützt wird, ist also auch mit soeben dargestelltem Ansatz nichts gewonnen. In diesem Fall könnte man allenfalls die Regelungen der Urheberrechtsordnung, also auch die Urheberrechtsschranken entsprechend heranziehen[1011]. Wegen des ZKDSG, welches den kontrollierten Zugang zu einem Dienst eben unabhängig davon schützt, ob die hierin angebote-

schließlichen Rechtsposition des Urhebers: So Spoor, wiedergegeben von Vinje EIPR 1999, 192 (198); sich anschließend Vinje EIPR 1999, 192 (200).

1006 Befürwortend für den Online-Bereich Wandtke/Ohst in Wandtke/Bullinger, Praxiskommentar UrhR Ergänzungsband, § 95b, Rn. 14 mit dem Hinweis, die Verpflichtung der Rechteinhaber aus § 95b I 1 UrhG liefe leer, wenn nicht gleichzeitig ein Zugangsrecht gewährt würde, welches zum Nutzungsrecht parallel verläuft. Diese Argumentation übersieht jedoch § 95b III UrhG; sie kann daher allenfalls insoweit Relevanz gewinnen, als entsprechende Online-Dienste nicht unter § 95b III UrhG fallen.

1007 Im Ergebnis offenbar ebenfalls ablehnend Wand, Technische Schutzmaßnahmen, S. 140: Die Schranken des Urheberrechts werden von der Zugangskontroll-RL nicht betroffen; Dusollier, Anti Circumvention, S. 29: Urheberrechtliche Schranken können erst zur Anwendung kommen, sobald der Zugang zum Werk eingeräumt worden ist; kritisch auch dies. EIPR 1999, 285 (291); Peukert UFITA 2002, 689 (711 f.).

1008 Trayer, Technische Schutzmaßnahmen, S. 82; Ernst CR 2004, 39 (40).

1009 Ebenso Trayer, Technische Schutzmaßnahmen, S. 128 f: Zugangskontrollschutz geht über das Urheberrecht hinaus; offenbar auch Hoeren in Becker/Buhse/Günnewig/Rump, DRM, S. 574 (578).

1010 Ebenso Spindler GRUR 2002, 105 (117 f.): Dies ergäbe sich auch aus Erwägungsgrund 21 der Zugangskontroll-RL, welcher festhält, daß der Schutz geistigen Eigentums von dieser Richtlinie unberührt bleibt; teilweise a. A. Peukert UFITA 2002, 689 (712), der ein die Grenzen des Urheberrechts widerspiegelndes Werkzugangsrecht in Fällen für möglich hält, in denen der Nutzer nicht ein Vervielfältigungsstück erhält, sondern lediglich Zugriff auf einen Server, so daß er das Werk ohne Übermittlung einer Kopie genießen kann. Gemeint ist hiermit das Application Service Providing.

1011 Ablehnend Dusollier, Anti Circumvention, S. 29, da allenfalls die den Schranken zugrunde liegenden Wertungen auf andere Rechtsgebiete übertragen werden könnten, nicht indes die Schranken selbst, da sie nicht vom Urheberrecht und dessen Wertungen getrennt werden können.

nen Inhalte Urheberrechtsschutz genießen oder nicht, fehlt es insoweit allerdings an einer entsprechenden Regelungslücke, welche Voraussetzung jeder entsprechenden Anwendung ist.

Der vorliegend aufgezeigte Ansatz vermag im Ergebnis nicht weiterzuführen.

d) Verhältnis von ZKDSG und §§ 95a ff. UrhG bezüglich der Zugangskontrolle

Die Frage nach dem Verhältnis des ZKDSG zu den §§ 95a ff. UrhG bezüglich des Schutzes von DRM-Systemen in ihrer Funktion als Zugangskontrollinstrument ist also von Bedeutung. Sie dürfte parallel zu beurteilen sein zum Verhältnis von Art. 6 II Multimedia-RL zur Zugangskontroll-RL[1012], da die nationalen Regelungen eben jeweils auf diesen Richtlinien beruhen; jedenfalls drängen sich keine Gründe für eine hiervon losgelöste Untersuchung auf. Die folgende Untersuchung orientiert sich daher zunächst an den europäischen Vorgaben der beiden Richtlinien. In einem zweiten Schritt werden dann Rückschlüsse hinsichtlich der deutschen Rechtsordnung gezogen.

aa) Abgrenzung anhand des Schutzgegenstandes

In Betracht zu ziehen ist zunächst eine Abgrenzung anhand des jeweiligen Schutzgegenstandes: Im Rahmen der Zugangskontroll-RL stellen diesen nicht die über die Dienste der Informationsgesellschaft gelieferten Inhalte, sondern die entsprechenden Dienste eines Inhalteanbieters als solche, also dessen Abgebot dar[1013]; diese Dienste können, müssen jedoch nicht geistiges Eigentum enthalten oder darauf aufbauen[1014]. Der urheberrechtliche Schutz der übertragenen Inhalte ist somit keine unerläßliche Voraussetzung für den rechtlichen Schutz gemäß der Zugangskontroll-RL: Vermittelt wird also ein eigenständiger Rechtsschutz, dessen Entstehen allein vom Einsatz von Zugangskontrolltechnik abhängt. Ziel der Zugangskontroll-RL ist es, das Vergütungsinteresse von Inhalteanbietern bezüglich der von ihnen zur Verfügung gestellten Dienste zu schützen[1015]. Die Multimedia-RL hingegen beabsichtgt den Schutz der Rechteinhaber hinsichtlich ihrer urheberrechtlich geschützten Werke, also den Schutz

---

1012 Die beiden Richtlinien überschneiden sich gerade im Bereich des Vorfeldschutzes.

1013 Koelman EIPR 2000, 272 (277); v. Lewinski/Walter in Walter, Europäisches Urheberrecht, Info-RiLi, Kap. VII., Rn. 165; Höhne in Wiebe/Leupold, elektronische Datenbanken, Teil V, C., Rn. 75; Dusollier EIPR 1999, 285 (290); für das ZKDSG BT-Dr. 14/7229, S. 7; siehe auch Auer FS Dittrich, S. 3 (18 f.).

1014 Auer FS Dittrich, S. 3 (18 f.).

1015 Dusollier EIPR 1999, 285 (290); dies., Anti Circumvention, S. 27; Wand, Technische Schutzmaßnahmen, S. 140.

der geistigen schöpferischen Leistung. So sieht auch die Kommission Zugangskontroll-RL und Multimedia-RL als komplementäre Regelwerke an[1016]. Daraus könnte gefolgert werden: Hinsichtlich der bloßen Umgehung eines DRM-Systems – quasi als ersten Schritt – gelten die Regelungen der Zugangskontroll-RL. Erst sobald eine aufgrund der Umgehung ermöglichte urheberrechtlich relevante Handlung – als zweiter Schritt – erfolgt, kommen die Vorgaben der Multimedia-RL zur Anwendung. Hiergegen spricht allerdings, daß der Zugang zu digitalen Inhalten und deren Nutzung sich unter einem ökonomischen Blickwinkel häufig nicht differenzieren lassen[1017]. Vor dem Hintergrund fließender Grenzen zwischen einem Dienst und einem Werk[1018] scheint dies jedenfalls kaum praktikabel, mag es auch dogmatisch durchaus machbar sein[1019]. Unstimmigkeiten dogmatischer Art ergäben sich zudem daraus, daß im Rahmen des relevanten Vorfeldschutzes nach Art. 6 II Multimedia-RL im Gegensatz zum Schutz vor der eigentlichen Umgehungshandlung gemäß Art. 6 I eben nicht maßgeblich ist, ob die Vorbereitungshandlungen Bezug haben zur Umgehung urheberrechtlich geschützter Werke.

bb) Abgrenzung anhand des geschützten Adressatenkreises

Ferner möglich erscheint eine Abgrenzung anhand des geschützten Adressatenkreises: Man könnte den Inhaber der urheberrechtlichen Rechte von der Multimedia-RL, den Inhalteanbieter hingegen als von der Zugangskontroll-RL geschützt ansehen[1020]. Auch dieser Ansatz vermag aber nicht zu überzeugen: Unter wirtschaftlichen Gesichtspunkten dient nämlich die Zugangskontrolle und somit ebenfalls die Zugangskontroll-RL auch den Interessen der Rechteinhaber[1021]. Denn ein Inhalteanbieter ist letztlich auf die Rechteinhaber angewiesen, welche ihn mit Inhalten versorgen, und unterhält mit diesen regelmäßig auch vertragliche Beziehungen. Der Inhalteanbieter kann sich durchaus haftbar machen, wenn die von ihm eingesetzen technischen Schutzsysteme ineffektiv sind und

---

[1016] Vgl. Vinje EIPR 1999, 192 (205).

[1017] Bechtold, Informationsrecht, S. 428; im Ergebnis ähnlich Vinje EIPR 1999, 192 (205): Die Differenzierung zwischen dem Rechtsschutz gegen die unautorisierte Nutzung urheberrechtlich geschützter Inhalte und dem Schutz vor unautorisiertem Zugang zu entgeltlichen Diensten ist nicht angebracht.

[1018] So sinngemäß Koelman EIPR 2000, 272 (277).

[1019] Ebenso Bechtold, Informationsrecht, S. 219 f. Was sollte beispielsweise gelten, wenn sich jemand unberechtigterweise online Zugang zu digitalen Inhalten mit informativem Charakter verschafft? Dann stellt der Service, also das Angebot informativen Materials selbst den zu schützenden Gegenstand dar: Ähnlich Dusollier EIPR 1999, 285 (290).

[1020] Siehe Bechtold, Informationsrecht, S. 221.

[1021] Dusollier EIPR 1999, 285 (290); dies., Anti Circumvention, S. 27; Bechtold, Informationsrecht, S. 221; ebenfalls in diese Richtung, wenn auch etwas zurückhaltender, Helberger ZUM 1999, 295 (301).

dem Rechteinhaber hieraus wirtschaftliche Nachteile entstehen. Es unterscheiden sich somit zwar die Ansatzpunkte der beiden Richtlinien. Die wirtschaftlichen Konsequenzen decken sich jedoch zu einem nicht unerheblichen Teil[1022].

cc) Abgrenzung unter Spezialitätsgesichtspunkten

Der Gefahr der faktischen Aushebelung der insbesondere in Art. 6 IV Multimedia-RL vorgesehenen Beschränkung des (urheber-)rechtlichen Umgehungsschutzes kann man letztlich dadurch begegnen, daß man die Zugangskontroll-RL als ergänzende Flankierung der Multimedia-RL, also gerade nicht als speziellen Regelungskomplex[1023] betrachtet: Primär maßgeblich für die Beurteilung des Einsatzes von DRM-Systemen ist demnach also die Multimedia-RL innerhalb der von ihr erfaßten Tatbestände, während der Zugangskontroll-RL lediglich subsidiärer Charakter zuteil wird[1024]. Es kommt also auch bezüglich der Zugangskontrolle letztlich darauf an, ob der zugangsgeschützte Dienst urheberrechtliche geschützte Inhalte anbietet oder nicht. Bedenkt man, daß der Schutz hinsichtlich der Zugangskontrolle nach der Multimedia-RL umfassender ist als der nach der enger gefaßten Zugangskontroll-RL[1025], so erweist sich dieses Ergebnis auch als stimmig: Denn wenn ein digitales Werk den Anforderungen genügt, um den Schutz der Urheberrechtsordnung zu erlangen, dann ist es auch sachgerecht, dies zu berücksichtigen hinsichtlich der Umgehung von Maßnahmen, welche der Durchsetzung jenes Schutzes dienen. Zwar wird das Ergebnis womöglich der eigenständigen Rolle der Zugangskontroll-RL zu wenig gerecht, da grundsätzlich beide Richtlinien parallel anwendbar sind[1026]. Es kann jedoch vernünftigerweise angenommen werden, daß die Multimedia-RL als später erlassene Richtlinie[1027] das juristische Problemfeld des Einsatzes von DRM-Systemen zum Schutz digitaler Werke im Rahmen ihrer tatbestandlichen Reichweite ab-

---

1022 Ähnlich Bechtold, Informationsrecht, S. 221.

1023 Ebenso Trayer, Technische Schutzmaßnahmen, S. 27.

1024 Ebenso offenbar Linnenborn K&R 2001, 394 (398); a. A. Trayer, Technische Schutzmaßnahmen, S. 27, der insbesondere unter Berufung auf Erwägungsgrund 21 Zugangskontroll-RL die paralle Anwendung propagiert; Spindler GRUR 2002, 105 (106), der allein die Frage stellt, ob die Regelungen der Multimedia-RL ergänzend neben die älterer Richtlinien – so auch die Zugangskontroll-RL – treten können.

1025 Die Zugangskontroll-RL schützt beispielsweise nicht vor der privaten, d. h. nicht komerziellen Herstellung von Umgehungsvorrichtungen; siehe auch Höhne in Wiebe/Leupold, elektronische Datenbanken, Teil V, C., Rn. 77.

1026 Bechtold, Informationsrecht, S. 219.

1027 Die Multimedia-RL wurde etwa drei Jahre nach der Zugangskontroll-RL erlassen. Angesichts des sich rasch ändernden Standes der Technik bezüglich marktfähiger DRM-Systeme scheint es sachgerecht, den Rechtsrahmen anzuwenden, welcher die aktuelleren Erkenntnisse bezüglich des Standes der Technik, die natürlich auch auf das Recht ausstrahlen (können), in sich aufgenommen hat.

schließend regeln will[1028]. Zwar könnte man hiergegen Art. 9 sowie Erwägungsgrund 60 der Multimedia-RL anführen[1029]. Da aber der europäische Richtliniengeber das Verhältnis von Multimedia-RL und Zugangskontroll-RL offensichtlich nicht näher überdacht, die Überschneidung zweifelsfrei aber gesehen hat[1030], scheint es naheliegender, daß er den technischen Schutz digitaler Inhalte durch den Einsatz von DRM-Systemen primär nach der Multimedia-RL geregelt wissen wollte. Die besagten Erwägungsgründe der beiden Richtlinien sprechen jedenfalls nicht gegen diese Auffassung.

dd) Verhältnis von ZKDSG und §§ 95a ff. UrhG

Entsprechend der soeben auf Ebene der entsprechenden europäischen Richtlinien angestellten Erwägungen erscheint bezüglich des Verhältnisses der §§ 95a ff. UrhG und des ZKDSG folgendes Verständnis vorzugswürdig: Die Umgehung eines DRM-Systems, welches ein vom Urheberrecht geschütztes digitales Werk schützt, ist allein nach den Vorgaben der §§ 95a ff. UrhG zu beurteilen, da diese insofern den spezielleren Regelungskomplex darstellen[1031]; dies gilt auch bezüglich der Handlung, durch welche der Zugang zum eigentlichen Werk erst ermöglicht wird[1032]. Ist der technisch geschützte Inhalt indes nicht ebenfalls von der Urheberrechtsordnung geschützt, so gelten die Vorsehungen des ZKDSG[1033]. Das ZKDSG stellt insoweit also eine flankierende Ergänzung der § 95a ff. UrhG dar[1034]. Ein an das Urheberrecht anknüpfender

1028 Ebenfalls von einem unfassenden Anwendungsbereich der Multimedia-RL ausgehend Spindler GRUR 2002, 105 (106).

1029 Hiernach sollte der Schutz durch die Multimedia-RL die gemeinschaftsrechtlichen Vorschriften u. a. im Bereich der Zugangskontrolle unberührt lassen. Aus Erwägungsgrund 21 der Zugangskontroll-RL geht hingegen nicht klar hervor, ob nur die Regelungen der Multimedia-RL hinsichtlich der Urheberrechte oder auch diesbezügliche Schrankenvorschriften unberührt bleiben sollen: Linnenborn K&R 2001, 394 (398).

1030 Vgl. B.VII.2.a)aa)(2).

1031 Durchaus ähnlich Hildebrandt in Wandtke/Bullinger, Praxiskommentar UrhR Ergänzungsband, § 108b, Rn. 11/§ 111a, Rn. 5 im Rahmen des Straf- und Ordnungswidrigkeitenrechts; a. A. offenbar Peukert in Loewenheim, Hdb UrhR, § 33, Rn. 28: Die Regelungskomplexe der §§ 95a ff. UrhG und des ZKDSG seien in ihrer Anwendung unabhängig voneinander.

1032 So bereits Arlt GRUR 2004, 548 (554); a. A. Linnenborn K&R 2002, 571 (575), welcher vorschlägt, den bloßen Zugang zum System nach dem ZKDSG, den Zugang zur Nutzung des Inhalts hingegen nach den §§ 95a ff. UrhG zu beurteilen.

1033 A. A. Dusollier EIPR 1999, 285 (291): Da DRM-Systeme regelmäßig Funktionen der Zugangs- als auch der Nutzungskontrolle beinhalten, scheine ein separater Rechtsschutz nicht gerechtfertigt.

1034 Ebenso Linnenborn K&R 2002, 571 (575); a. A. Bär/Hoffmann MMR 2002, 654 (658): Das ZKDSG werde durch die §§ 95a ff. UrhG ergänzt, woraus sich konkrete Rückschlüsse auf das Verhältnis der beiden Regelungskomplexe jedoch nicht ableiten ließen.

Verbotstatbestand kann durch die ergänzende Heranziehung des ZKDSG jedoch nicht begründet werden[1035]; ergänzender Rechtsschutz nach dem ZKDSG ist also vom urheberrechtlichen streng zu unterscheiden. Die parallele Anwendbarkeit der §§ 95a ff. UrhG und des ZKDSG[1036] auf den gleichen Bezugspunkt ist nach dem Gesagten nicht anzunehmen. Das vorliegend vertretene Verhältnis der §§ 95a ff. UrhG zum ZKDSG berücksichtigt auch in angemessenem Maße die Tatsache, daß letzteres lediglich Straf- und Bußgeldvorschriften vorsieht, nicht hingegen zivilrechtliche Ansprüche: Vor diesem Hintergrund wäre es durchaus bedenklich, im Umfeld urheberrechtlich schutzfähigen Materials das ZKDSG als vorrangig anzusehen. Die §§ 95a ff. UrhG etablieren demnach also keinen umfassenden, im Sinne von abschließendem Rechtsschutz von Zugangskontrollmechanismen[1037]. Obwohl die gefundene Lösung durchaus Problemen begegnen kann, wenn Vorbereitungshandlungen zur Umgehung einer Mehrzahl von DRM-Systemen geeignet sind[1038], stellt sie unter dem Strich in Erwägung der diskutierten Gesichtspunkte immer noch den sachgerechtesten Weg dar.

VIII. Rechtsschutz von DRM-Technik zum Schutz von Computerprogrammen

Für den Bereich der Computerprogramme existierten mit der Computerprogramm-RL bereits bei Verabschiedung der Multimedia-RL Vorgaben auf europäischer Ebene. Die Computerprogramm-RL wird nach Art. 1 II Lit. a Multimedia-RL von dieser explizit nicht berührt oder in irgendeiner Weise beeinträchtigt. Dies strahlt auch auf den Rechtsschutz hinsichtlich des Einsatzes von DRM-Systemen aus. Die sich hieraus ergebenden Besonderheiten sind Gegenstand der nun folgenden Ausführungen.

1. Maßgeblicher Rechtsrahmen

a) Vorgabe der Computerprogramm-RL

Die Computerprogramm-RL gibt den Mitgliedstaaten in Art. 7 I Lit. c auf, gemäß ihren innerstaatlichen Rechtsvorschriften geeignete Maßnahmen gegen Personen vorzusehen, die Mittel in Verkehr bringen oder zu Erwerbszwecken besitzen, welche allein dazu bestimmt sind, die uner-

[1035] Dreyer in Dreyer/Kotthoff/Mechel, UrhR, Vor §§ 95a ff., Rn. 17.
[1036] So Bechtold in Hoeren/Sieber, Multimediarecht, Kap.7.11, Rn. 141.
[1037] Peukert in Loewenheim, Hdb UrhR, § 34, Rn. 5.
[1038] Dann kann nämlich ggf. nicht mit Sicherheit festgestellt werden, ob im konkreten Fall der Bezug zu urheberrechtlich geschütztem Material besteht oder nicht.

laubte Beseitigung oder Umgehung technischer Programmschutzmechanismen zu erleichtern[1039]. Diese Regelung soll vor allem der Bekämpfung von Software-Piraterie dienen[1040]. Hervorzuheben ist, daß Privatpersonen demnach besagte Mittel besitzen dürfen. In dem Umstand, daß die Richtlinie nicht definiert, wann eine unerlaubte Beseitigung oder Umgehung vorliegt, wird bisweilen eine wesentliche Schwachstelle der getroffenen Regelung gesehen[1041]. Jedenfalls ergibt sich im Umkehrschluß, daß es auch erlaubte Beseitigungen oder Umgehungen geben muß, wäre doch andernfalls das Merkmal des Unerlaubtseins schlicht überflüssig. Art. 7 I Lit. c Computerprogramm-RL spiegelt sich in der deutschen Rechtsordnung in § 69f II UrhG wider.

b) Computerprogramm-RL als relevante Vorgabe

aa) Problemstellung

Ebenso wie Art. 6 II Multimedia-RL enthält Art. 7 I Lit c Computerprogramm-RL einen rechtlichen Vorfeldschutz. Die Regelungsbereiche beider Vorschriften überschneiden sich insoweit[1042]. Hieraus folgt die für die Praxis relevante Frage nach den maßgeblichen Vorgaben, also inwieweit der Schutz technischer Maßnahmen schon durch die Computerprogramm-RL geregelt ist und wie sich das dort anzutreffende Regelwerk zu Art. 6 Multimedia-RL verhält. Relevant ist dies, da die Computerprogramm-RL einen Schutz gegen die Umgehung von DRM-Systemen selbst nicht vorsieht, die Multimedia-RL in Art. 6 I indes schon. Es liegen also unterschiedliche Schutzniveaus vor: Die Computerprogramm-RL beschränkt sich im Gegensatz zur Multimedia-RL auf einen Schutz gegen das Inverkehrbringen und den Besitz entsprechender Mittel[1043] zu Erwerbszwecken.

bb) Maßgeblichkeit des Art. 7 I Lit c Computerprogramm-RL

Zu berücksichtigen ist, daß Art. 1 II Lit. a Multimedia-RL nicht besagt, daß der Bereich der Computerprogramme von der Multimedia-RL vollständig ausgenommen ist, sondern vielmehr, daß lediglich die bereits bestehenden Regelungen nicht berührt werden dürfen. Dies spricht zunächst für eine zur Computerprogramm-RL zusätzliche Anwendung der

---

1039 Siehe Wand S. 67 ff.; Dusollier EIPR 1999, 285 (286); Marly K&R 1999, 106 (107). Auch in den Entwürfen der späteren Datenbankrichtlinie hat sich zeitweise eine dem Art. 7 I Lit. c Computerprogramm-RL entsprechende Vorschrift gefunden, welche in die Endfassung der Richtlinie allerdings nicht übernommen wurde, kritisch hierzu Gaster ZUM 1995, 740 (752).

1040 Vgl. Grützmacher in Wandtke/Bullinger, Praxiskommentar UrhR, § 69f, Rn. 1.

1041 Marly K&R 1999, 106 (107).

1042 Bechtold, Informationsrecht, S. 214; siehe auch Dusollier EIPR 1999, 285 (286).

1043 Beispielsweise Software zur Umgehung von Kopierschutzmaßnahmen.

Vorschriften der Multimedia-RL, soweit sie deren Bestimmungen nicht widersprechen[1044]. Grundsätzlich stünde es demnach offen, die Umgehungsverbote der Multimedia-RL auch auf Computerprogramme anzuwenden[1045]. Jedoch müssen auch die entsprechenden Erwägungsgründe in Betracht gezogen werden. Auch wenn diese als solche nicht verbindlich sind, so lassen sich ihnen doch Hinweise entnehmen; Erwägungsgründe sind regelmäßig ein wichtiges Indiz für das Verständnis der Richtlinie. Aus Erwägungsgrund 50 S. 1, 2 der Multimedia-RL ergibt sich, daß Art. 1 II Lit. a Multimedia-RL den rechtlichen Schutz für technische Schutzmaßnahmen im Bereich der Computerprogramme (allein) nach der Konzeption der Computerprogramm-RL geregelt wissen will[1046]. Hierfür spricht auch folgendes: Die Multimedia-RL stellt in Erwägungsgrund 50 S. 3 klar, daß die Umgehung technischer Maßnahmen im Computerprogrammbereich nicht sanktioniert werden soll, soweit dies der Wahrnehmung spezifischer Schranken dient. Zwar kann man solches der deutschen Fassung des Erwägungsgrundes 50 S. 3 Multimedia-RL wegen dessen Unschärfe in der Formulierung nicht entnehmen, doch ergibt sich dies aus der Betrachtung sowohl der englischen als auch der französichen Version des Richtlinientextes[1047]. Aus dem Wortlaut dieser Fassungen geht nämlich hervor, daß in Bezug auf Computerprogramme jegliches Mittel[1048] zur Umgehung technischen Schutzes mit genannter Zwecksetzung erlaubt sein soll[1049]. Dieser Aspekt spricht letztlich gegen eine ergänzende Anwendung der Multimedia-RL, da deren Art. 6 I hiermit sonst nicht vereinbar wäre. Für die alleinige Maßgeblichkeit der Computerprogramm-RL spricht zudem folgende Überlegung: Der Rechtsschutz für zum Einsatz kommende DRM-Systeme sollte sich an den insoweit maßgeblichen Urheberrechtsschranken orientieren, denn die rechtliche Absicherung technischer Schutzsysteme sollte grundsätzlich auch die faktische Durchsetzbarkeit der rechtlich begünstigten Handlungen berücksichtigen. Mit anderen Worten: Schrankenregelungen und der rechtliche Schutz technischer Maßnahmen sollten wegen des engen sachlichen Zusammenhangs demselben Normenkomplex entspringen. Die maßgeblichen Schrankenregelungen finden sich aber nun mal grundsätzlich in der Computerprogramm-RL[1050]. Der Rechtsrahmen zum Schutz technischer

---

1044 Dreier ZUM 2002, 28 (29).

1045 Vgl. Lindhorst, Technische Maßnahmen, S. 122.

1046 Ähnlich Dreier ZUM 2002, 28 (36); Reinbothe GRUR Int. 2001, 733 (741). Erwägungsgrund 20 S. 3 Multimedia-RL hält sich hingegen hinsichtlich der aufgeworfenen Fragestellung neutral.

1047 Jaeger CR 2002, 309 (310).

1048 „any means" bzw. „tout moyen".

1049 Jaeger CR 2002, 309 (310).

1050 Art. 5, 6 Computerprogramm-RL; siehe auch A.V.6.a).

Maßnahmen zum Schutz von Computerprogrammen hat sich in Erwägung des gerade Erläuterten im Ergebnis also allein nach den Vorgaben der Computerprogramm-RL zu richten; die Multimedia-RL ist von daher nicht (den Rechtsschutz erweiternd) anzuwenden[1051]. Auch der europäische Richtliniengeber selbst scheint die Computerprogramm-RL gegenüber der Multimedia-RL als lex specialis zu betrachten[1052]. Die maßgebliche Vorgabe hinsichtlich des rechtlichen Schutzes für technische Schutzmaßnahmen im Bereich der Computerprogramme findet sich demnach in Art. 7 I Lit c Computerprogramm-RL. Die Praktikapilität des beschrittenen Wegs ist angesichts des zunehmenden Verwischens der Grenzen zwischen unterschiedlichen Werkkategorien allerdings zweifelhaft[1053], vor allem auf lange Sicht. Der europäische Richtliniengeber behält sich möglicherweise nicht zuletzt deswegen eine Neuregelung vor[1054].

c) § 69a ff. UrhG als abschließend maßgeblicher Regelungskomplex

Hinsichtlich der Umgehung von DRM-Systemen zum Schutz von Computerprogrammen ist allein der Regelungskomplex der §§ 69a ff. UrhG maßgeblich. Dieses Ergebnis ist mit § 69a V UrhG auch ins Gesetz eingegangen. Einzige einschlägige Vorschrift im Kontext der Umgehung technischen Schutzes ist somit § 69f II UrhG als Umsetzung des Art. 7 I Lit c Computerprogramm-RL. Das Verhältnis des in dieser Norm geregelten Vernichtungs- bzw. Überlassungsanspruchs[1055] zu den computerprogrammspezifischen Schranken ist bislang allerdings nicht gänzlich geklärt[1056].

2. Recht zur Umgehung

Da die §§ 95a ff. UrhG für Computerprogramme keine Geltung beanspruchen, kommt natürlich die Frage auf, ob für diesen speziellen Bereich entgegen des im Rahmen dieser Vorschriften geltenden Grundsatzes schrankenbegünstigten Kreisen ein Recht zur Umgehung im Sinne eines

---

1051 Ebenso die Bundesregierung, BT-Dr. 15/38, S. 22; Jaeger CR 2002, 309 (310/311); Walter in Walter, Europäisches Urheberrecht, Info-RiLi, Rn. 91; Flechsig ZUM 2002, 1 (18); kritisch Lindhorst, Technische Maßnahmen, S. 122: Eine umfassende Regelung des rechtlichen Schutzes technischer Maßnahmen wäre zu begrüßen, zumal die Regelung der Computerprogramm-RL ihre Schwächen hat; a. A. offenbar Marly K&R 1999, 106 (107), der die Computerprogramm-RL hinsichtlich technischer Schutzmaßnahmen als nicht abschließend ansieht.

1052 Vgl. Gaster CRi 2000, 11 (16).

1053 Vgl. Bechtold, Informationsrecht, S. 215, Fn. 1087.

1054 Gaster CRi 2000, 11 (16) unter Berufung auf eine Äußerung der Kommission.

1055 §§ 98 II i. V. m. 69f I 2 Alt. 1, II UrhG.

1056 Lindhorst, Technische Maßnahmen, S. 83; vgl. auch Grützmacher in Wandtke/Bullinger, Praxiskommentar UrhR, § 69f, Rn. 18.

Selbsthilferechts zusteht, wenn deren Wahrnehmung durch DRM-Systeme verhindert oder eingeschränkt wird. Vertreten wird, man dürfe unter Geltung der deutschen Rechtsordnung technische Maßnahmen zum Schutz von Computerprogrammen selbst dann nicht umgehen, wenn man eine erlaubte Sicherheitskopie herstellen will[1057]. Aber schon der Wortlaut des § 69d UrhG dürfte hiergegen sprechen[1058]. Vor allem widerspricht die Ablehnung eines Selbsthilferechts in den beschriebenen Fällen auch der Intention des europäischen Richtliniengebers, wie sie in Erwägungsgrund 50 S. 3 Multimedia-RL unmißverständlich zum Ausdruck kommt. Mag besagte Ansicht vor Erlaß der Multimedia-RL vertretbar gewesen sein, so dürfte sich dies mittlerweile geändert haben. Vielmehr steht im Bereich der Computerprogramme den schrankenrechtlich begünstigten Kreisen für den Fall eines zu weit gehenden Einsatzes von DRM-Systemen innerhalb der Grenzen der entsprechenden Schranken ein Recht zur Umgehung zu[1059]. Hätte der europäische Richtliniengeber dies nicht so beabsichtigt, so hätte er anders formuliert. Das gefundene Ergebnis schlägt im Wege richtlinienkonformer Auslegung auch auf die mitgliedstaatliche Rechtsordnung durch, also auf die §§ 69a ff. UrhG.

IX. Anspruch auf Zugang zu zugangskontrollierten Inhalten (§ 826 BGB)

Eine Frage von praktischer Relevanz ist, inwieweit potentielle Nutzer in Ausnahme zum Prinzip der Privatautonomie einen Anspruch auf Zugang zu zugangskontrollierten Produkten der Informationsgesellschaft haben[1060]. Für den nichtunternehmerischen Bereich[1061] soll dem im Folgenden nachgegangen werden. Rechtliche Grundlage ist insofern § 826 BGB[1062]. Ob ein Zugangsanspruch im Rahmen eines Kontrahierungs-

[1057] Hoeren in Möhring/Nicolini, UrhG, § 69d, Rn. 14; Loewenheim in Schricker, UrhR, § 69f, Rn. 11; a. A. Raubenheimer CR 1996, 69 (72); König NJW 1995, 3293 (3294).

[1058] Jaeger CR 2002, 309 (311).

[1059] A. A. Wand, Technische Schutzmaßnahmen, S. 180, der das Interesse eines effektiven Schutzes technischer Maßnahmen höher bewertet, jedoch insoweit inkonsequent ist, als daß er hinsichtlich der Dekompilierungsschranke des § 69e UrhG eine Ausnahme machen will.

[1060] Bei der Frage des Zugangs geht es darum, ob der Rechteinhaber sein Produkt oder seinen Dienst überhaupt zur Verfügung stellen will.

[1061] Im unternehmerischen Bereich, d. h. in Fällen, in denen Unternehmen Zugangsansprüche geltend machen, dürften regelmäßig kartellrechtliche Erwägungen erforderlich sein.

[1062] Siehe Kramer in MünchKommBGB Vor § 145, Rn. 13 f.; Armbrüster in Erman Vor § 145, Rn. 28; Wolf in Soergel Vor § 145, Rn. 53; Eckert in Bamberger/Roth, BGB, § 145, Rn. 15; siehe insbesondere auch B.V.

zwangs letztlich unmittelbar aus § 826 BGB als Rechtspflicht zur Schadensverhütung durch Kontrahieren folgt[1063] oder im Zusammenspiel mit dem Grundsatz der Naturalrestitution nach § 249 I BGB[1064], ist im Ergebnis nicht relevant und bedarf von daher im vorliegenden Kontext keiner weiteren Erörterung.

Besagter Anspruch dürfte aber nur in Betracht kommen, wenn mit ihm das Ziel einer in § 95b I 1 UrhG aufgezählten Verhaltensweise verfolgt wird. Hierfür spricht die in dieser Norm Ausdruck findende Wertung: Die in § 95b I 1 UrhG aufgezählten Sachverhalte werden als besonders wichtig angesehen und daher gesetzlich privilegiert. Da mit Blick auf das Prinzip der Einheitlichkeit der Rechtsordnung Wertungswidersprüche zu vermeiden sind, scheidet in Rede stehender Zugangsanspruch zum Zweck von in § 95b I 1 UrhG nicht angeführten Verhaltensweisen somit von vornherein aus.

Voraussetzung für die Annahme eines Zugangsanspruchs ist zunächst eine Monopol- oder zumindest monopolartige Stellung des potentiell Verpflichteten, also des Rechteinhabers. Eine solche dürfte im Regelfall angenommen werden können[1065]. Zudem müßte es sich bei dem Zugang zu entsprechenden Inhalten um ein Gut handeln, hinsichtlich dessen ein allgemeines Bedürfnis danach besteht, daß der Einzelne hieran teilhaben kann[1066]. Zu untersuchen ist somit, ob im Rahmen des § 95b I 1 UrhG ein derartiges Bedürfnis vorliegen kann. Letztlich handelt es sich bei dieser Beurteilung um eine Wertungsfrage, die wohl auch politisch beeinflußt werden wird: Inwieweit soll die Allgemeinheit an den Errungenschaften der Informationstechnologie auf jeden Fall teilhaben? Jedenfalls bezüglich der in § 95b I 1 Nr. 2 (zugunsten behinderter Menschen), 3 (für Sammlungen zum Schul- oder Unterrichtsgebrauch[1067]), 4 (für Schulfunksendungen) und 5 (zum Zwecke der öffentlichen Zugänglichmachung für Unterricht und Forschung) UrhG genannten Zielsetzungen scheint besagtes Bedürfnis nicht fernliegend.

Ein Anspruch bestimmter Kreise gegen den Rechteinhaber auf Zugang zu digitalen Inhalten kommt also durchaus in Betracht.

[1063] So präferiert von Armbrüster in Erman Vor § 145, Rn. 28.

[1064] So insbesondere die Rechtsprechung: BGH Urt. v. 25.05.1956 – VI ZR 66/55, BGHZ 21, 1 (8); vgl. ferner Eckert in Bamberger/Roth, BGB, § 145, Rn. 16 m. w. N.; Kramer in MünchKommBGB Vor § 145, Rn. 13.

[1065] Vgl. F.III.6.b).

[1066] Vgl. Kramer in MünchKommBGB Vor § 145, Rn. 13.

[1067] Für den Kirchengebrauch erscheint dies eher fraglich.

X. Zusammenfassung

Der Einsatz von DRM-Systemen bietet den Rechteverwertern beachtliche Vorteile. Zugleich droht jedoch auch eine spürbare Beeinträchtigung der berechtigten Interessen der Nutzer digitaler Inhalte. Es besteht daher ein Bedürfnis nach einer entsprechenden rechtlichen Regulierung, insbesondere da der Einsatz von DRM-Technik faktisch auf den in der analogen Welt durch urheberrechtliche Ausschließlichkeitspositionen und korrespondierende Schranken rechtlich austarierten Ausgleich der Interessen von Rechteinhabern und Nutzern einwirkt. Für besagte Regulierung enthält die Multimedia-RL entsprechende Vorgaben, welche den Regulierungsspielraum des nationalen Gesetzgebers weitgehend determinieren. Diese Vorgaben wurden durch die §§ 95a ff. UrhG umgesetzt. In Deutschland ist nun in den §§ 95a, c UrhG ein das materielle Urheberrecht ergänzender Schutz vor der Umgehung technischer Schutzmaßnahmen etabliert. Für das Feld der Computerprogramme gilt es die Geltungsbereichausnahme des § 69a V UrhG zu beachten; insoweit gelten spezielle Vorschriften. Die Interessen der Nutzer sollen insbesondere durch die §§ 95b, d UrhG gewahrt werden. In dem Fall, daß ein Rechteinhaber die Vorgabe des § 95b I 1 UrhG ignoriert, kann zudem Wettbewerbern grundsätzlich auch ein Anspruch gegen diesen wegen Verstoßes gegen § 3 UWG zustehen; Ansprüche aus § 823 II BGB dürften insofern indes ausscheiden. Der Regelungskomplex der §§ 95a ff. UrhG wird durch das ZKDSG flankiert, welches seinerseits auf den Vorgaben der Zugangskontrollrichtlinie beruht. In Ausnahme zum Prinzip der Privatautonomie kommt grundsätzlich auch ein Anspruch potentieller Nutzer auf Zugang zu zugangskontrollierten Produkten der Informationsgesellschaft in Betracht; im nichtunternehmerischen Bereich bemißt sich dies am Maßstab des § 826 BGB.

C. Private Vervielfältigungen im Digital- und DRM-Zeitalter

Die Entwicklungen auf dem Gebiet der Informationstechnologie lassen auch den heutzutage wirtschaftlich nicht mehr zu vernachlässigenden Bereich privater Vervielfältigungen nicht unberührt: Im Mittelpunkt steht insoweit die digitale Privatkopie, welcher – entgegen einer insbesondere unter Nichtjuristen weit verbreiteten Meinung – nicht der Charakter einer Sicherheitskopie[1068] zuteil wird und die im Bewußtsein der überwiegenden Bevölkerung weitgehend verankert sein dürfte[1069]. Digitalisierte Inhalte sind mangels Vergleichbarkeit mit Computerprogrammen nicht als solche anzusehen[1070], so daß die insofern speziellen Vorschriften der §§ 69a ff. UrhG nicht greifen. Nachfolgend werden die Berührungspunkte des wirtschaftlich wie politisch bedeutsamen Privatkopienprivilegs (§ 53 I UrhG)[1071] mit dem Internet und dem Einsatz von DRM-Systemen untersucht. Nicht zuletzt vor dem Hintergrund, daß die Aufnahme des Privatkopienprivilegs in § 95b I 1 UrhG, also die Gewährung eines Anspruchs zur Durchsetzung gegenüber DRM-Systemen auch bezüglich digitaler Vervielfältigungen im Rahmen des sog. „Zweiten Korbs" lebhaft diskutiert und erwogen wird, ist eine eingehendere Beschäftigung mit diesem Themenkomplex angezeigt.

I. Privilegierte Vervielfältigung zum privaten Gebrauch

Gemäß Art. 5 II Lit. a) Multimedia-RL können die Mitgliedstaaten Ausnahmen vom ausschließlichen Vervielfältigungsrecht der Rechteinhaber

---

1068 Etwa wie bei Computerprogrammen, vgl. § 69d II UrhG. Teilweise wird allerdings angenommen, Privatkopien käme bisweilen auch sichernde Funktion zu, so Abdallah/Gercke/Reinert ZUM 2004, 31 (35); ungenau v. Braunmühl ZUM 2005, 109 (110).

1069 Pichlmaier CR 2003, 910 (911): Privatkopie als „Institution". Ursprünglich waren die Interessen der Verbraucher allerdings nicht von entscheidender Bedeutung bei der Schafftung des Privatkopienprivilegs; § 53 UrhG war zunächst nur ein Reflex des Schutzes der Kreativen: Bundesministerium der Justiz, Referentenentwurf Zweiter Korb, S. 35; siehe E.I.2.

1070 Spindler JZ 2002, 60 (61): Digitalisierung als bloße Umformung der eigentlichen, unmittelbar wahrnehmbaren Schöpfung, die in ihrer ursprünglichen Form im Gegensatz zu Computerprogrammen auch ohne die Zuhilfenahme entsprechender Technik wahrnehmbar bleiben; im Ergebnis ebenso der Einigungsvorschlag der Schiedsstelle nach dem Gesetz über die Wahrnehmung von Urheberrechten und verwandten Schutzrechten beim Deutschen Patent- und Markenamt vom 04.05.2000 – Sch-Urh 12/99, ZUM 2000, 599 (603).

1071 Vgl. Günnewig in Becker/Buhse/Günnewig/Rump, DRM, S. 528 (537 ff.).

bezüglich Kopien auf Papier oder einen ähnlichen Träger mittels beliebiger fotomechanischer oder anderer Verfahren mit ähnlicher Wirkung unter der Bedingung vorsehen, daß die Rechteinhaber einen gerechten Ausgleich erhalten[1072]. Darüberhinaus haben jene nach Art. 5 II Lit. b) Multimedia-RL – wiederum unter der Voraussetzung des gerechten Ausgleichs zugunsten der Rechteinhaber – die gleiche Möglichkeit hinsichtlich Vervielfältigungen auf beliebigen Trägern durch eine natürliche Person zum privaten Gebrauch für weder direkte noch indirekte kommerzielle Zwecke[1073]: Hierunter fallen vordringlich private Kopien im Digitalformat. In Übereinstimmung mit den europäischen Vorgaben ist § 53 UrhG als entsprechende Vorschrift im deutschen Urheberrecht[1074] modifiziert worden, wonach nun auch digitale Kopien im Gesetzestext Berücksichtigung finden[1075]. Zu einer unangemessenen Benachteiligung der Urheber dürfte dies nicht führen[1076].

1. Digitale Privatkopien

Die Bedeutung des Privatkopienprivilegs hat durch die beachtlichen Möglichkeiten der digitalen Vervielfältigung erheblich an Bedeutung gewonnen[1077]. Man kann daher verständlicherweise die Frage aufwerfen, ob die Gründe, die einst im analogen Zeitalter zum Privileg der privaten Vervielfältigung führten, auch im digitalen Umfeld noch Geltung beanspruchen[1078]. Denn abgesehen von den Möglichkeiten des Mißbrauchs,

---

1072 Ausgenommen sind hiervon jedoch Notenblätter.

1073 Zu Art. 5 II Lit. a) und b) Multimedia-RL siehe Bayreuther ZUM 2001, 828 (831 ff.); Flechsig ZUM 2002, 1 (9 f.); Reinbothe GRUR Int. 2001, 733 (738 f.).

1074 Lediglich darauf hingewiesen soll sein, daß für den Fall, daß die Voraussetzungen des § 53 UrhG nicht erfüllt sind, ein „Zwangskauf kraft Bereicherungsrechts" – Ausdruck nach Schack FS Erdmann, S. 165 (168) – nicht in Betracht kommt. Die Ansicht, wonach der entsprechende Rechteinhaber dann ohne Rücksicht auf ein Verschulden des Nutzers nach den bereicherungsrechtlichen Grundsätzen die übliche Lizenzgebühr verlangen können soll, bildet die Ausnahme: So lediglich Braun GRUR 2001, 1106 (1108). Ein solcher Anspruch des Rechteinhabers ist von § 53 UrhG nämlich nicht beabsichtigt; vielmehr will das Privatkopienprivileg hiervor gerade schützen: Ebenso Schack FS Erdmann, S. 165 (168).

1075 § 53 I UrhG spricht in seiner Neufassung insofern von Vervielfältigungen auf „beliebigen Trägern".

1076 Ebenso Dietz, wiedergegeben von Zecher ZUM 2002, 451 (455); kritisch Wagner ZUM 2004, 723 (729 f.).

1077 Lüft in Wandtke/Bullinger, Praxiskommentar UrhR, § 53, Rn. 2. So hat sich etwa die Zahl der mit Musik bespielten CD-Rohlinge in Deutschland zwischen 1999 und 2002 verfünffacht, während der Anteil der Haushalte mit DVD-Brenner gleichzeitig von ca. 5% auf über 30% gestiegen ist: Holznagel/Brüggemann FS Kilian, S. 423 (432).

1078 Ablehnend offensichtlich Haedicke Jura 2000, 449 (451); Nordemann/Goddar/Tönhardt/Czychowski CR 1996, 645 (649); ebenfalls skeptisch Ulmer-Eilfort FS Nordemann, S. 285 (286 ff.); vgl. auch Schaefer FS Nordemann, S. 191 (197).

wozu das Privatkopienprivileg im digitalen Kontext geradezu verführen soll[1079], bringt das Privileg digitaler privater Kopien für die Rechteinhaber allein für den zulässigen Bereich gravierende Folgen mit sich: Selbst wenn sämtliche Nutzer sich urheberrechtsgetreu verhalten und ausschließlich einzelne Vervielfältigungen legal erworbener Werkstücke zum privaten Gebrauch herstellen, wirkt sich dies wegen des bei digitalen Kopien verstärkt wirkenden Substitutionseffekts spürbar aus[1080]. Das Privileg der Privatkopie wird bezüglich digitaler Vervielfältigungen daher teilweise als nicht mit dem Drei-Stufen-Test des Art. 5 V Multimedia-RL vereinbar angesehen[1081]. Die Abschaffung des Privilegs digitaler Privatkopien[1082] wäre allerdings nicht allein mit Blick auf den aus Art. 5 I 1 GG ableitbaren Anspruch auf Teilhabe an den modernen Kommunikationsmedien[1083] problematisch[1084]. Vielfach hat man sich nicht zuletzt deswegen schon vor längerem gegen eine Herausnahme digitaler Kopien aus dem Anwendungsbereich des Privatkopienprivilegs ausgesprochen[1085]. Hierfür sprechen zudem weitere Gründe: Die Nichtzulassung digitaler privater Kopien ignorierte die soziale Realität und würde die Autorität und Glaubwürdigkeit der Rechtsordnung untergraben[1086]. Zudem könnten Hersteller pauschalabgabenbelasteter Geräte und Leermedien durch

[1079] So Paul/Naskret CR 2003, 473 (479).

[1080] Vgl. Schaefer FS Nordemann, S. 191 (197): „Digitaler Vampirismus", „Tonträgerpiraterie".

[1081] So Berger ZUM 2004, 257 (263); Poll/Braun ZUM 2004, 266 (279) bezüglich des Musik- und Filmbereichs; zum Privatkopienprivileg im Lichte des Drei-Stufen-Tests siehe Geiger CRi 2005, 7 ff.

[1082] Schon länger wurde gefordert, private Vervielfältigungen von CDs zu verbieten, vgl. Däubler-Gmelin ZUM 1999, 769 (773 ff.); sogar für die generelle Abschaffung des Privatkopienprivilegs bezüglich digitaler Kopien Schippan ZUM 2001, 116 (120); vgl. auch Schack ZUM 2002, 497 (500); Goldmann/Liepe ZUM 2002, 362 (365 f.): Das Privatkopienprivileg des § 53 UrhG a. F. sei mit Blick auf digitale Kopien zu großzügig und daher zu reduzieren. Auch aktuell wird ein Verbot der digitalen Privatkopie weiterhin gefordert, etwa von Berger ZUM 2004, 257 (265). Eine nach analoger und digitaler Vervielfältigung abgestufte Umsetzung des Art. 5 II Lit. b Multimedia-RL wäre auch europarechtskonform, siehe Spindler GRUR 2002, 105 (112).

[1083] Siehe A.V.1.b)bb).

[1084] Schack FS Erdmann, S. 165 (171) sähe dies sogar als Verstoß gegen besagten Teilhabeanspruch an.

[1085] So etwa Leupold/Demisch ZUM 2000, 379 (388); Schack FS Erdmann, S. 165 (166): Vor dem Hintergrund der modernen Informationsgesellschaft würde man das Privatkopienprivileg seines Sinnes entkleiden, nähme man die digitale Kopie heraus; offensichtlich ebenso Winghardt ZUM 2002, 349 (352); Oekonomidis FS Dietz, S. 365 (374); a. A. Ulmer-Eilfort FS Nordemann, S. 285 (293) unter Berufung darauf, daß eine Digitalkopie dem Original qualitativ und funktional gleichwertig ist.

[1086] Bundesministerium der Justiz, Referentenentwurf Zweiter Korb, S. 31; Schack ZUM 2002, 497 (509): Ein kategorisches Verbot der Erstellung digitaler Privatkopien sei verfehlt, weil hierdurch die Informationsfreiheit der Nutzer empfindlich beschnitten würde und darüberhinaus der Gesetzgeber ein solches Verbot praktisch auch nicht durchsetzen könnte.

ein Verbot digitaler Privatkopien ohne Zustimmung des Rechteinhabers empfindlich getroffen werden, da es unter der Geltung besagten Verbots nicht unwahrscheinlich wäre, daß die Absatzmöglichkeiten für besagte Geräte spürbar zurückgingen. Auch die Rechteinhaber dürften an besagtem Verbot momentan kein ausgeprägtes Interesse haben, fiele doch dann der Anspruch auf Pauschalvergütung konsequenterweise weg[1087]. Die Gewährleistung digitaler privater Vervielfältigungen ist schließlich durch die Neufassung des § 53 UrhG im Grundsatz auch beibehalten, darüberhinaus sogar in den Gesetzeswortlaut aufgenommen worden, wenn auch nicht ganz ausdrücklich[1088].

2. Keine offensichtliche Rechtswidrigkeit der Kopiervorlage

Die Schranke des § 53 UrhG normiert nach ihrer Neufassung als Voraussetzung für privilegierte Privatkopien, daß für deren Erstellung eine nicht offensichtlich (urheber-)rechtswidrig hergestellte[1089] Kopiervorlage[1090] verwandt wird[1091]. Nachdem der Gesetzgeber das enorme Mißbrauchspotential erkannt hat, welches sich aus einer unbeschränkten Zulässigkeit digitaler Kopien zum privaten Gebrauch ergibt[1092], wird nun mit dieser Formulierung das Ziel verfolgt, die Vervielfältigung von Raubkopien im Privatbereich zu unterbinden. Die durch deren Herstellung verursachte Rechtsverletzung soll nicht dadurch manifestiert, d. h. perpetuiert werden[1093], daß aus rechtswidrigen Vorlagen gewonnene Kopien wiederum zum privaten Gebrauch zugelassen werden. Wann die Offensichtlich-

[1087] Vgl. E.I.2.; siehe auch Pfennig ZUM 2004, 198 (202); Schack ZUM 2002, 497 (510); ders. FS Erdmann, S. 165 (172).

[1088] § 53 I UrhG spricht nun von Privatkopien „auf beliebigen Trägern".

[1089] Von der (urheberrechtlichen) Rechtmäßigkeit der Kopiervorlage strikt zu differenzieren ist die Frage, ob derjenige, welcher eine private Kopie erstellen möchte, auch die Vervielfältigungsvorlage rechtmäßig in seinen Besitz gebracht haben muß, vgl. KG Urt. v. 05.03.1991 – 5 U 4433/91 – Dia-Kopien, GRUR 1992, 168 (169). Aus dieser Fragestellung ergeben sich allerdings keine für den Kontext des Einsatzes von DRM-Systemen spezifischen Probleme, weshalb auf nähere Ausführungen im Rahmen der vorliegenden Arbeit verzichtet wird. Im Online-Bereich dürfte besagte Trennung ohnehin schwer fallen, da eine gegenständliche Kopiervorlage dort eben nicht anzutreffen ist; der Rechner, von welchem entsprechender Inhalt via Internet bezogen wird, dürfte mit einer solchen nicht vergleichbar sein.

[1090] Der Begriff der Vorlage war bis zur Umsetzung der Multimedia-RL dem UrhG fremd. Mit Blick auf Sinn und Zweck der entsprechenden Änderung dürfte hierunter über physische Vervielfältigungsstücke hinaus jede Quelle zu verstehen sein, welche zur Herstellung von Vervielfältigungsstücken dienen kann: Czychowski NJW 2003, 2409 (2411); ders. in Bröcker/Czychowski/Schäfer § 13, Rn. 215.

[1091] Kritisch Jani ZUM 2003, 842 (854).

[1092] Vgl. Schippan ZUM 2003, 378 (383).

[1093] Vgl. Schaefer FS Nordemann, S. 191 (196): Die Rechtswidrigkeit setzt sich am Derivat der unerlaubten Handlung fort.

keit[1094] der Rechtswidrigkeit der Kopiervorlage anzunehmen ist[1095], wird insbesondere mit Blick auf den Einsatz von DRM-Technik Gegenstand der folgenden Ausführungen sein. Zur Ermöglichung einer verständigen Einordnung der das Arbeitsthema unmittelbar berührenden Fragen wird der Problemkreis nicht nur punktuell behandelt.

a) Grundsätzliche Erwägungen

Schon vor der Neufassung des § 53 UrhG wurde die Einschlägigkeit des Privatkopienprivilegs im Fall der rechtswidrigen Kopiervorlage weitgehend abgeleht[1096]. Daran anknüpfend ist zunächst festzuhalten: Die Rechtmäßigkeit oder Legalität der Kopiervorlage, so wie dies im Rahmen der Umsetzung der Multimedia-RL zur Vermeidung von Mißbrauchsmöglichkeiten nicht nur vereinzelt gefordert wurde[1097], ist keineVoraussetzung für die Herstellung einer rechtmäßigen privaten Vervielfälti-

[1094] Der unbestimmte Rechtsbegriff der Offensichtlichkeit bringt durchaus ein gewisses Maß an Rechtsunsicherheit mit sich: Ebenso Schippan ZUM 2003, 678 (679); Bornkamm FS Nordemann, S. 299 (309).

[1095] Nach Klett K&R 2004, 257 (259) ist dies der Fall, wenn ein vernünftiger Restzweifel an der Rechtswidrigkeit nicht besteht, diese der Kopiervorlage gleichsam auf die Stirne geschrieben ist. Diese Definition dürfte als nahezu Leerformel allerdings kaum weiterhelfen.

[1096] Loewenheim FS Dietz, S. 415 (419/422); Winghardt ZUM 2002, 349 (356); Leupold/Demisch ZUM 2000, 379 (385) unter Berufung auf den Sinn und Zweck des § 53 UrhG a. F. sowie auf Billigkeitserwägungen; Medwenitsch/Schanda FS Dittrich, S. 219 (223/227); unter Hinweis auf § 96 UrhG ähnlich Stickelbrock GRUR 2004, 736 (737); Czychowski NJW 2003, 2409 (2410); siehe ferner die zahlreichen Nachweise von Schack FS Erdmann, S. 165 (165), Fn. 3; a. A. Freiwald, private Vervielfältigung im digitalen Kontext, S. 148 f.; Spindler JZ 2002, 60 (61 f.); Mönkemöller GRUR 2000, 663 (667 f.); Cichon K&R 1999, 547 (550); Kreutzer, Stellungnahme § 53 UrhG, S. 4; Schack, Urheber- und Urhebervertragsrecht, 2001, Rn. 496; ders. FS Erdmann, S. 165 (167 f.): Der Gegenansicht liege vermutlich regelmäßig die unausgesprochene Vorstellung von den Früchten des verbotenen Baumes zugrunde; Bosak CR 2001, 176 (181) unter Berufung auf das Recht der Allgemeinheit auf ungehinderten Zugang zu Kulturgütern; Kreutzer GRUR 2001, 193 (200).

[1097] So forderte etwa der Bundesrat in seiner Stellungnahme vom 27.09.2002 die Einführung des Erfordernisses der legalen Kopiervorlage: BT-Dr. 15/38, S. 37; ebenso in BT-Dr. 15/1066, S. 2. Gleiche Forderung wurde auch seitens der Rechtswissenschaft vorgetragen: Etwa Decker in Möhring/Nicolini, UrhG, § 53, Rn. 9; Braun, wiedergegeben von Zecher ZUM 2002, 451 (456): Nur so könne verhindert werden, daß es zu einer Perpetuierung rechtswidriger Zustände komme; Goldmann/Liepe ZUM 2002, 362 (369); Schwarz, wiedergegeben von Zecher ZUM 2002, 451 (456): Ansonsten ergäbe sich ein Wertungswiderspruch zu § 95a UrhG, es sei nämlich inkonsequent, in dieser Vorschrift die Umgehung von DRM-Systemen zu verbieten, andererseits aber im Rahmen des § 53 UrhG zuzulassen, daß jemand mit dem Wissen, daß die von ihm verwandte Kopiervorlage durch die Umgehung technischen Schutzes ermöglicht wurde, eine private Vervielfältigung rechtmäßig erstellen kann; a. A. Kreutzer, Stellungnahme § 53 UrhG, S. 5 ff. Die Bundesregierung wies dies jedoch mit dem Hinweis zurück, besagtes Erfordernis würde die soziale Realität ignorieren und die Autorität und Glaubwürdigkeit der Rechtsordnung untergraben: BT-DR. 15/38, S. 39.

gung[1098]. Es kann daher im Rahmen des § 53 I UrhG dahinstehen, ob eine rechtmäßige (Original-)Vorlage allein dadurch rechtswidrig wird, daß ein auf ihr installiertes DRM-System – insbesondere in Form eines Kopierschutzes – umgangen wird[1099]. Vor dem Hintergrund, daß es dem Nutzer insbesondere im Online-Bereich häufig nicht möglich sein dürfte, die Legalität der Vervielfältigungsvorlage zu prüfen[1100], macht es auch Sinn, die Rechtmäßigkeit der Vorlage nicht zur Voraussetzung des § 53 I UrhG zu machen[1101], da die dem jeweiligen Nutzer durch jenes Erfordernis auferlegte Prüfungspflicht von diesem üblicherweise nicht erfüllt werden könnte und das Privatkopienprivileg auf diese Weise faktisch unterwandert würde[1102]. Zu gleicher Schlußfolgerung kommt man, wenn man sich vor Augen führt, daß die Gewähr einer gesetzlichen Lizenz nach § 53 UrhG gerade auch verhindern will, daß Vervielfältigungshandlungen im privaten Bereich aus Gründen inkriminiert werden, welche sich der Kenntnis des Privatnutzers entziehen[1103]. Für besagte Regelung spricht ferner folgendes: Eine Begrenzung des Anwendungsbereichs des Privatkopienprivilegs, beispielsweise das Erfordernis einer rechtmäßigen Kopiervorlage, müßte sich auch auf die Vergütung der entsprechenden Rechteinhaber gemäß den §§ 54, 54a UrhG mindernd auswirken, da diese eben den Ausgleich für die gesetzlich eingeräumte Lizenz nach § 53 UrhG darstellt[1104]. Zwar wird letzteres vereinzelt kritisiert[1105]: Rechteinhaber könnten die ihnen wegen rechtswidriger Vervielfältigungen zustehenden Schadensersatzansprüche in der Praxis kaum durchsetzen, weshalb sie auch in Fällen rechtswidriger Kopien Vergütungsansprüche haben sollten. Dieser Ansatz läuft jedoch auf eine doppelte Kompensati-

---

1098 Dem stünden möglicherweise systematische Erwägungen entgegen: Das Privatkopienprivileg ist nämlich als gesetzliche Lizenz zugunsten der Begünstigten ausgestaltet; hiermit könnte es schlecht zu vereinbaren sein, wenn die gesetzliche Lizenz bei Privatkopien aus illegaler Quelle nicht gälte, vgl. Pakuscher, wiedergegeben von Zecher ZUM 2002, 451 (456).

1099 Zu dieser Fragestellung gleich, siehe C.I.2.a)aa).

1100 Ebenso Abdallah/Gercke/Reinert ZUM 2004, 31 (33); siehe Jaeger/Kreutzer, Stellungnahme Regierungsentwurf, S. 15 f: Grund hierfür ist insbesondere, daß zum einen der Nutzer zum Anbieter der Kopiervorlage im Online-Bereich regelmäßig in keinerlei (persönlicher) Beziehung steht; zum anderen kann wegen der Perfektheit der Kopie zwischen dieser und dem Original – jedenfalls von technischen Laien – meist gar nicht unterschieden werden. Letzteres gilt vor allem für online-vermittelte Inhalte in Form einzelner Dateien, bei welchen im Gegensatz zu materiellen Trägern ein Erscheinungsbild, das den Schein eines Originals entfalten könnte, nicht existiert.

1101 Ebenso Kreutzer, Stellungnahme § 53 UrhG, S. 3: Ansonsten bestünde erhebliche Rechtsunsicherheit auf seiten der Nutzer.

1102 Kreutzer, Stellungnahme § 53 UrhG, S. 5.

1103 So Kreutzer, Stellungnahme § 53 UrhG, S. 4 f bezüglich des § 53 UrhG a. F.

1104 Vgl. E.I.2. Dieser Zusammenhang ist vom Gesetzgeber auch gesehen worden, vgl. Zecher ZUM 2002, 451 (456).

1105 So Walter, wiedergegeben von Zecher ZUM 2002, 451 (456).

on einer nur einmal in Anspruch genommenen Nutzung hinaus[1106]. Schon aus Gerechtigkeitserwägungen heraus kann er deshalb nur wehement abgelehnt werden. Gleiches ergibts sich zudem aus systematischen Überlegungen heraus: Pauschalvergütungen dienen der Kompensation rechtmäßiger, d. h. eben nicht rechtswidriger Vervielfältigungen[1107].

Andererseits reicht auch allein die Erkennbarkeit der Rechtswidrigkeit der Kopiervorlage nicht aus, um die Berufung auf das Privatkopienprivileg abzulehnen. Erforderlich ist vielmehr, daß jene auch offensichtlich ist. Wann dies der Fall ist, wird in der Gesetzesbegründung allerdings nicht thematisiert[1108]. Die Antwort fällt nicht leicht. Gesichert dürfte sein, daß die Grenzen des § 53 I UrhG überschritten sind, wenn ein Nutzer um die Rechtswidrigkeit der von ihm verwandten Kopiervorlage positiv weiß oder diese kennen mußte, also grob fahrlässig nicht kannte, auch wenn dies dem Wortlaut der Norm nicht unmittelbar zu entnehmen ist[1109]. Die Kopiervorlage muß dann als offensichtlich rechtswidrig gelten. Vor dem Hintergrund, daß der Gesetzgeber die digitale Privatkopie nun mehr oder weniger ausdrücklich gestattet, wäre es widersprüchlich, bezüglich digitaler Kopien für die Frage, wann eine offensichtlich rechtswidrige Kopiervorlage verwandt wird, grundsätzlich nicht die allgemeinen Erwägungen, d. h. die gleichen wie hinsichtlich analoger Kopien, heranzuziehen[1110]. An die Offensichtlichkeit sind jedenfalls höhere Anforderungen zu stellen als die bloße Erkennbarkeit. Offensichtliche Rechtswidrigkeit soll vorliegen, wenn bei verständiger Würdigung des Einzelfalls, insbesondere der Art oder der spezifischen Form der Zurverfügungstellung der Kopiervorlage, keine ernsthaften Zweifel an der Rechtswidrigkeit bestehen[1111]; ein Vervielfältigungsstück ist rechtmäßig, wenn es gemäß der Voraussetzungen einer Urheberrechtsschranke oder im Einverständis mit dem Rechteinhaber angefertigt worden ist. Offensichtliche Rechtswidrigkeit liegt im Umkehrschluß somit vor, wenn es sich aufdrängt, daß weder der Rechteinhaber eine entsprechende Lizenz erteilt hat noch ein gesetzlich priviligierter Fall der Vervielfältigung vorliegt[1112]. Anhaltspunkte

---

1106 Es drängt sich der Verdacht auf, daß diese Ansicht eher lobbyistisch motiviert ist als aufgrund juristischer Erwägungen.

1107 Vgl. E.III.3.b)aa).

1108 Dies dürfte daraus resultieren, daß dieses Merkmal erst im Rahmen des Vermittlungsverfahrens, also nachträglich, in den Gesetzestext aufgenommen wurde.

1109 Im Ergebnis ebenso Jani ZUM 2003, 842 (851) im Wege eines Erst-Recht-Schlusses; vgl. auch Gutman MMR 2003, 706 (708).

1110 Kröger MMR 2002, 18 (19): Grundsätzlich kann der Ausgleich zwischen den Interessen der Allgemeinheit am Zugang zu geistigen Werken – nichts anderes regelt das Privatkopienprivileg als Ausnahme von der ausschließlichen Position des Rechteinhabers – nicht davon abhängen, ob diese in analoger oder digitaler Form vorliegen.

1111 Dreier in Dreier/Schulze, UrhG, § 53, Rn. 12.

1112 Im Ergebnis ebenso Dreier in Dreier/Schulze, UrhG, § 53, Rn. 12.

hierfür können sich aus den das Angebot des entsprechenden Inhaltes begleitenden Umständen ergeben[1113]. Ein deutliches Indiz für die Rechtswidrigkeit der Kopiervorlage könnte sein, wenn diese bereits vor der Veröffentlichung des entsprechenden Inhaltes durch den Rechteinhaber zur Verfügung steht, allerdings nur, wenn diese Tatsache dem Nutzer bekannt ist oder schlechterdings bekannt sein muß. Auch die Qualität oder das äußere Bild einer Kopiervorlage sollen als Indizien herangezogen werden können[1114]. Grundsätzlich kommen zur Beurteilung des Merkmals der Offensichtlichkeit der Kopiervorlage unterschiedliche Anknüpfungspunkte in Betracht.

aa) Keine Rechtswidrigkeit allein wegen der Umgehung technischer Maßnahmen

Wie gerade angedeutet, steht die Frage im Raum, ob eine rechtmäßige (Original-)Vorlage allein dadurch rechtswidrig wird, daß ein auf ihr installierter technischer Schutz umgangen wird. Eine andere, aber durchaus artverwandte Fragestellung ist wiederum diejenige, ob die durch eine solche Umgehung hergestellte Vervielfältigung, also nicht die (Original-) Vorlage selbst, als rechtswidrig anzusehen ist. Obwohl die im Rahmen des Gesetzes zur Regelung des Urheberrechts in der Informationsgesellschaft im September 2003 in Kraft getretene Neufassung des § 53 UrhG dem Piraterieproblem im Internet entgegentreten will, ist im Ergebnis die Rechtswirdigkeit in beiden Fällen aus dogmatischen Gründen abzulehnen: Die technische und klassisch-urheberrechtliche Schutzebene sind strikt zu trennen und bedingen einander nicht[1115]. Während erstere in den §§ 95a ff. UrhG geregelt ist, beurteilt sich letztere nach den §§ 11 ff. UrhG im Zusammenspiel mit den §§ 44a ff. UrhG. So können durch DRM-Technik etwa auch Inhalte geschützt sein, welche nicht dem Schutz des materiellen Urheberrechts unterstellt sind. Daß das Ergebnis möglicherweise nicht das spiegelt, was man bei der Novellierung des Urheberrechts im September 2003 erreichen wollte, ist der eindeutigen Dogmatik wegen hinzunehmen.

bb) Mögliche Anknüpfungspunkte der Beurteilung

Das Merkmal der Offensichtlichkeit kann man (allein) nach objektiven Gesichtspunkten oder (zusätzlich) subjektiv, d.h. aus Sicht des mögli-

---

1113 Ähnlich Dreier in Dreier/Schulze, UrhG, § 53, Rn. 12.

1114 So Dreyer in Dreyer/Kotthoff/Mechel, UrhR, § 53, Rn. 21.

1115 In diese Richtung auch Freiwald, private Vervielfältigung im digitalen Kontext, S. 154; verkennend indes Bundesministerium der Justiz, Referentenentwurf Zweiter Korb, S. 32; Schwarz-Gondek TKMR 2003, 250 (253/255), Fn. 25/44; Berger ZUM 2004, 257 (260); Jani ZUM 2003, 842 (848/851); Lahmann, technischer Schutz, S. 86.

cherweise Begünstigten beurteilen[1116]. Letzterenfalls käme das Privatkopienprivileg nicht schon dann nicht zum Tragen, wenn die Kopiervorlage objektiv, d. h. gemäß der Rechtslage offensichtlich rechtswidrig ist, sondern nur dann, wenn darüberhinaus derjenige, welcher das Privatkopienprivileg für sich in Anspruch nehmen möchte, dies auch ohne weiteres erkennen kann. Das Privileg der Privatkopie wäre dann im Ergebnis mit weniger weitreichenden Restriktionen belastet als bei Annahme eines rein objektiven Beurteilungsmaßstabs; nimmt man also einen rein objektiven Beurteilungsmaßstab an, so entspricht dies einer engeren Interpretation der Privatkopienschranke; fordert man indes, daß die Rechtswidrigkeit der Kopiervorlage auch für den sich auf § 53 UrhG Berufenden offensichtlich ist, so kommt dies einer weiten Interpretation gleich. Zur Beantwortung der soeben aufgeworfenen Frage dürften die allgemeinen Auslegungsgrundsätze hinsichtlich urheberrechtlicher Schrankennormen wohl nicht maßgeblich fruchtbar zu machen sein; dies insbesondere vor dem Hintergrund, daß zwar der wohl h. M. gemäß Urheberrechtsschranken grundsätzlich restriktiv auszulegen sind, sich jedoch die Ansicht von deren weiter Auslegung aus nachvollziehbaren Gründen durchaus im Vordringen befindet. Weitere Erwägungen sind also erforderlich.

cc) Objektives Verständnis

Der in Art. 5 V Multimedia-RL niedergelegte Grundsatz, nach welchem mitgliedstaatliche Urheberrechtsschranken nicht dazu führen dürfen, daß die normale Verwertung des Schutzgegenstandes durch den Rechteinhaber beeinträchtigt oder dessen berechtigte Interessen ungebührlich verletzt werden dürfen, spricht unter dem Gesichtspunkt der richtlinienkonformen Auslegung des § 53 UrhG für ein objektives Verständnis des Merkmals der Offensichtlichkeit[1117]. Demzufolge wäre unabhängig von Kenntnis und Kennenmüssen des Nutzers allein auf objektive Gesichtspunkte abzustellen. Dies soll sich auch aus dem Grundsatz ergeben, daß ein gutgläubiger Rechtserwerb im Urheberrecht nicht möglich ist[1118], genauer aus der diesem Grundsatz zugrunde liegenden Wertung[1119]. Zudem

---

1116 Die Konstellation, daß eine Kopiervorlage sich für einen Nutzer als offensichtlich rechtswidrig darstellt, diese der objektiven Rechtlage gemäß jedoch rechtmäßig ist, dürfte in der Praxis allenfalls äußerst selten vorkommen und soll deshalb nicht eingehender erörtert werden.

1117 Vgl. Loewenheim FS Dietz, S. 415 (419); Schack FS Erdmann, S. 165 (171).

1118 BGH Urt. v. 12.02.1952 – I ZR 115/51 – Parkstraße 13, BGHZ 5, 116 (119); Wandtke/Grunert in Wandtke/Bullinger, Praxiskommentar UrhR, Vor §§ 31 ff., Rn. 41; Spautz in Möhring/Nicolini, UrhG, § 31, Rn. 14; Hertin in Fromm/Nordemann, UrhR, Vor § 31, Rn. 9; v. Gamm, UrhG, § 31, Rn. 6 m.w.N; Schricker in Schricker, UrhR, Vor §§ 28 ff., Rn. 63; Kotthoff in Dreyer/Kotthoff/Mechel, UrhR, § 31, Rn. 34; Schulze in Dreier/Schulze, UrhG, § 31, Rn. 24.

1119 So Medwenitsch/Schanda FS Dittrich, S. 219 (223).

sollen sowohl die Genese als auch Sinn und Zweck des Gesetzes für gleiches Ergebnis sprechen[1120]. Ferner sei dies im Sinne der Rechtssicherheit aus Sicht der Rechteinhaber erforderlich, müßten diese doch vor einer Inanspruchnahme eines Nutzers wegen potentiellen Urheberrechtsverstoßes sonst zunächst dessen persönliche Hintergründe ausloten, um das Prozeßrisiko abschätzen zu können[1121]. Darüberhinaus widerspräche es dem Charakter des absoluten Urheberrechts, wenn seine Reichweite letztlich vom subjektiven Kenntnisstand des Nutzers oder eines maßgeblichen Verkehrskreises, dem der jeweilige Nutzer angehört, abhinge; auch der Gesichtspunkt des Nutzerschutzes[1122] geböte nicht, die Einordnung des Urheberrechts als absolutes Recht zu verwässern[1123]. Zugunsten eines objektiven Verständnisses spräche schließlich, wenn sich eine (urheberrechtliche) Norm finden ließe, aus welcher sich ergibt, daß § 53 UrhG mit Hilfe von urheberrechtswidrigen Vorlagen hergestellte Vervielfältigungen nicht erfassen will, da dies zeigen würde, daß es der Rechtsordnung insoweit mehr auf die tatsächliche Rechtslage ankommt als darauf, ob diese auch weitläufig transparent ist. Eine solche Intention läßt sich in § 96 UrhG durchaus hineininterpretieren[1124].

dd) Subjektives Verständnis

Schon der Begriff der „Offensichtlichkeit" deutet auf eine nicht rein objektive Beurteilung hin, wohnt ihm doch ein gewisses subjektives Element inne. Ein ausschließlich subjektives Verständnis ist andererseits aber wohl schwerlich praktikabel[1125]. Allein deshalb dürfte es nicht sachdienlich sein[1126]. Zu bedenken ist indes auch, daß dem Nutzer schwierige Prüfungspflichten grundsätzlich nicht aufgebürdet werden sollten, da er diese häufig allenfalls nur mit unverhältnismäßigem Einsatz erfüllen könnte[1127], sofern es ihn nicht gar überforderte[1128]. Die Erwägung, daß rechtswidrige Kopien häufig ohne Kenntnis hiervon verwandt werden

[1120] Czychowski NJW 2003, 2409 (2411).

[1121] Vgl. Lauber/Schwipps GRUR 2004, 293 (298).

[1122] Ein objektives Verständnis bringt mit sich, daß der Nutzer sich letztlich nicht mehr auf sein eigenes Urteil verlassen darf.

[1123] Lauber/Schwipps GRUR 2004, 293 (298).

[1124] So Decker in Möhring/Nicolini, UrhG, § 53, Rn. 9: § 96 UrhG lasse sich der allgemeine Rechtsgedanke entnehmen, daß eine Nutzungshandlung, die als Ausgangsmaterial ein urheberrechtswidrig hergestelltes Werkstück verwendet, nicht zulässig sein soll; ebenso Loewenheim FS Dietz, S. 415 (420); jedenfalls im Kontext des Filesharings Braun GRUR 2001, 1106 (1107 f.); a. A. Mönkemöller GRUR 2000, 663 (668).

[1125] Ähnlich Lauber/Schwipps GRUR 2004, 293 (298).

[1126] In der Nähe eines rein subjektiven Verständnisses jedoch Gutman MMR 2003, 706 (707).

[1127] Ähnlich Schack FS Erdmann, S. 165 (168); siehe auch Kreutzer GRUR 2001, 193 (200), Fn. 89; v. Braunmühl ZUM 2005, 109 (110).

[1128] So Kreile/Becker FS Schricker 2005, S. 387 (395).

und somit im Fall einer (rein) objektiven Betrachtung die Gefahr der Kriminalisierung von Nutzern besteht, die ansich rechtschaffend sein wollen, macht daher die Berücksichtigung subjektiver Umstände erforderlich: Der durchschnittliche Bürger als potentieller Begünstigter des § 53 UrhG verfügt regelmäßig nicht über speziellen juristischen Sachverstand. Würde man das Merkmal der Offensichtlichkeit gänzlich objektiv beurteilen, so liefen all diejenigen Nutzer, welche als juristische Laien gar nicht erkennen (können), daß die von ihnen verwandte Vorlage nach juristischen Maßstäben offensichtlich rechtswidrig ist, Gefahr, sich der Rechtsordnung zuwider zu verhalten. Auch vor dem Hintergrund, daß der Gesetzgeber mit der Neuformulierung des Privatkopienprivilegs den mittlerweile weit verbreiteten Mißbrauch eindämmen will und dies natürlich eine anerkennenswerte Zielsetzung ist, kann diese Konsequenz von § 53 UrhG nicht ernsthaft beabsichtigt sein. Das Merkmal der offensichtlichen Rechtswidrigkeit der Vervielfältigungsvorlage ist daher grundsätzlich so zu verstehen, daß es eine Rolle spielt, ob dieses auch für denjenigen, der sich auf das Privatkopienprivileg beruft, in der konkreten Situation grundsätzlich erkennbar ist[1129]. Aus der soeben getätigten Überlegung heraus kann auch der Ansatz nicht überzeugen, das Merkmal der Offensichtlichkeit der Rechtswidrigkeit der Vorlage könne von vornherein nur in solchen Fällen eine Rolle spielen, in denen überhaupt die Möglichkeit besteht, daß diese legal ist[1130]. Denn dies liefe wiederum darauf hinaus, dem gemeinen Nutzer juristische Kenntnisse abzuverlangen.

ee) Maßgeblicher Nutzerhorizont

Natürlich kann es um des effektiven Schutzes der Rechteinhaber willen auch nicht angehen, daß es lediglich auf die Auffassungsgabe des jeweiligen Nutzers ankommt: Durch dann ermöglichte Schutzbehauptungen wären dem Mißbrauch Tür und Tor geöffnet. Mangels juristischer Kenntnisse eines Durchschnittsbürgers erscheint es somit am angebrachtesten, darauf abzustellen, ob die Rechtswidrigkeit der verwandten Vervielfältigungsvorlage aus der Sicht eines juristischen Laien sich demjenigen, welcher sich auf § 53 UrhG berufen möchte[1131], aufdrängen

1129 Ähnlich Dreyer in Dreyer/Kotthoff/Mechel, UrhR, § 53, Rn. 21: Auf die Sicht eines verständigen, informierten und aufmerksamen Durchschnittsvervielfältigers ist nicht abzustellen; Schmid/Wirth, UrhG, § 53, Rn. 9: Abzustellen ist auf den Horizont des Nutzers; a. A. Jani ZUM 2003, 842 (850 f.): Die Offensichtlichkeit sei objektiv aus Sicht eines durchschnittlich verständigen und informierten Nutzers mit Blick auf die konkrete Kopiervorlage zu beurteilen, im Kontext des Internets sei dies ein Nutzer, dem die Grundzüge des Internets geläufig sind.

1130 So Jani ZUM 2003, 842 (851 ff.).

1131 Auch wenn die Privatkopie von einem Dritten hergestellt wird, was unter den Voraussetzungen des § 53 I 2 UrhG zulässig ist, muß es auf das Verständnis desjenigen ankommen, welcher das Vervielfältigungsstück letztlich nutzen will.

mußte[1132]. Läßt sich die Rechtswidrigkeit der Kopiervorlage erst infolge von Nachforschungen erkennen, seien diese tatsächlicher oder rechtlicher Art, so spricht dies gegen deren Offensichtlichkeit[1133]. Dieses Verständnis dürfte den beabsichtigten politischen Kompromiß des Gesetzgebers am ehesten widerspiegeln.

Anderes dürfte gelten, wenn etwa ein Jurist oder sonst wer mit entsprechenden juristischen Kenntnissen, also eben kein juristischer Laie, sich auf § 53 UrhG berufen möchte. Individuelle Spezialbildung mit Bezug zur Offensichtlichkeit der Rechtswidrigkeit der Vorlage ist zu berücksichtigen. Dies läßt sich letztlich aus der die Fahrlässigkeit i. S. d. § 276 II BGB konkretisierenden Rechtsprechung ableiten[1134], die wegen der Ähnlichkeit der Materie auf vorliegend untersuchten Kontext jedenfalls in der zugrundeliegenden Wertung durchaus übertragen werden kann[1135]: Im Rahmen des § 276 II BGB können an bestimmte Personengruppen typisierte (Sonder-)Anforderungen gestellt werden[1136]. Das Ergebnis trägt auch der soeben gestellten Forderung Rechnung, daß es eine Rolle Spielen muß, ob der Nutzer in der konkreten Situation die Rechtswidrigkeit der Kopiervorlage grundsätzlich erkennen kann. Zwar ist mit Blick auf die ohnehin derzeit schon weitgehend nicht bestehende Rechtssicherheit bezüglich des Merkmals der Offensichtlichkeit die Berücksichtigung individueller Spezialbildung durchaus problembehaftet. Folge ist nämlich, daß notwendigerweise zu klären ist, welches Maß an juristischen Kenntnissen schädlich ist, d. h. bei welchen individuellen juristischen Spezialkenntnissen die Kopiervorlage regelmäßig als rechtswidrig zu erkennen ist. Besagte Abstriche bei der Rechtssicherheit sind im Sinne einer möglichst sachdienlichen Lösung allerdings hinzunehmen.

b) Vermutung der Rechtswidrigkeit der Kopiervorlage

Es stellt sich nun also die Frage, wie weit sich die Anhaltspunkte aus juristischer Laiensicht verdichtet haben müssen, bis man das Offensichtlichkeitsmerkmal als erfüllt betrachten kann. Insofern wird angedacht, zur Auslegung auf die zu § 101a III UrhG[1137] oder zu § 6 Nr. 3 des Gesetzes

1132 Anklingend auch bei Lauber/Schwipps GRUR 2004, 293 (298); ebenfalls anklingend bei Jani ZUM 2003, 842 (851) im Rahmen der Bestimmung des durchschnittlichen Nutzers.

1133 Freiwald, private Vervielfältigung im digitalen Kontext, S. 150.

1134 Vgl. BGH Urt. v. 10.02.1987 – VI ZR 68/86, NJW 1987, 1479 (1480).

1135 Vgl. Berger ZUM 2004, 257 (260).

1136 Siehe Westermann in Erman § 276, Rn. 11. Etwa spricht bei ihren Beruf ausübenden Juristen einiges dafür, daß sie tatsächlich rechtswidrige Kopiervorlagen auch als solche erkennen.

1137 So Czychowski NJW 2003, 2409 (2411); ablehnend Jani ZUM 2003, 842 (850), da es sich bei § 101a III UrhG um eine verfahrensrechtliche, nicht materiellrechtliche Vorschrift handelt; zur Rechtsprechung zu § 101a III UrhG siehe etwa Bohne in Wandtke/Bullinger, Praxiskommentar UrhR, § 101a, Rn. 7.

über die Verbreitung jugendgefährdender Schriften und Medieninhalte (GjS)[1138] ergangene Rechtsprechung oder wegen des vergleichbaren Sachverhalts auch auf die Grundsätze des § 11 Nr. 1 TDG[1139] zurückzugreifen. Gleich woran man sich orientiert, ist der Begriff der Offensichtlichkeit letztlich jeweils seinem Wortsinn gemäß auszulegen, so daß jedenfalls evidente Fälle, in denen es einer besonderen Sorgfalt des Nutzers zum Erkennen der Rechtswidrigkeit der verwandten Vorlage nicht bedarf, aus der Reichweite des Privatkopienprivilegs herausfallen, also solche Fälle, in denen aufgrund der tatsächlichen Umstände auch für den juristischen Laien die Annahme der Rechtmäßigkeit der Vorlage vernünftigerweise nicht möglich ist[1140]. In solchen Fällen, d. h. bei Vorliegen noch näher zu bestimmender Indizien, ist dann regelmäßig von der Offensichtlichkeit der Rechtswidrigkeit der Kopiervorlage aus Laiensicht auszugehen. Bestimmte Konstellationen eignen sich demnach zur Begründung eines Anscheinsbeweises für die Rechtswidrigkeit der konkret verwandten Kopiervorlage; will der Nutzer mit der Behauptung des Gegenteils erfolgreich sein, so macht dies indes eine entsprechende Beweisführung erforderlich. Charakterlich handelt es sich hierbei um eine Art verobjektivierte subjektive Beurteilung. Folgerichtig stellt sich die Frage, wann tatsächliche (objektiv zu beurteilende) Umstände vorliegen, welche eine derartige Indizwirkung mit sich bringen. Jedenfalls in Konstellationen, in denen die Kopiervorlage typischerweise und in der Praxis regelmäßig oder zumindest sehr häufig rechtswidrig ist, wird dies der Fall sein. Dann kann und muß der Nutzer von der Rechtswidrigkeit der von ihm konkret benutzten Vorlage ausgehen, es sei denn er hat sich vom Gegenteil überzeugt. Daher ist in derartigen Situationen widerlegbar zu vermuten, daß die Kopiervorlage offensichtlich rechtswidrig im Sinne des § 53 I UrhG ist. Die Berufung auf das Privileg privater Kopien scheidet dann aus.

aa) Keine „Spuren" ursprünglichen technischen Schutzes

Ein Indiz für die Rechtswidrigkeit der verwandten Kopiervorlage wäre es, wenn der Nutzer dieser ohne weiteres ansehen könnte, daß sie unter Umgehung eines DRM-Systems entstanden oder zumindest auf eine solche zurückzuführen ist, wenn also erkennbare „Spuren" der Umgehung zurückgeblieben wären. Regelmäßig wird nämlich derjenige, welcher ein Werk mit einem DRM-System versieht, auch Inhaber der (Urheber-) Rechte sein. Es geht hier also nicht darum, daß eine rechtmäßige Kopier-

[1138] So Jani ZUM 2003, 842 (850).

[1139] So Lauber/Schwipps GRUR 2004, 293 (299).

[1140] Ähnlich Lauber/Schwipps GRUR 2004, 293 (299); vgl. zu § 6 Nr. 3 GjS BGH Urt. v. 14.07.1955 – 1 StR 172/55, BGHSt 8, 80 (87): Ausgehend vom Wortsinn ist offensichtlich, was klar zutage liegt und deshalb von jedermann ohne besondere Mühe erkennbar ist.

vorlage allein deshalb rechtswidrig werden könnte, weil ein auf ihr installiertes DRM-System umgangen wird[1141]. Mag man selbst im Online-Bereich[1142] häufig herausbekommen können, daß die Kopiervorlage unter Umgehung eines DRM-Systems entstanden oder zumindest letztlich auf eine solche zurückzuführen ist, so ist dies einem durchschnittlichen Nutzer jedoch regelmäßig nicht möglich, jedenfalls nicht ohne unverhältnismäßigen Aufwand. Der Otto-Normal-Nutzer kann einem online angebotenen Vervielfältigungsstück regelmäßig nicht ohne weiteres ansehen, wenn die ursprüngliche Kopiervorlage in der Vervielfältigungskette mit Hilfe eines DRM-Systems eben gegen unautorisiertes Kopieren geschützt gewesen ist und umgangen wurde. Aufwendige Recherchen sind dem Nutzer jedoch nicht zuzumuten. Eine allgemeine Vermutung der Rechtswidrigkeit der benutzten Kopiervorlage kann sich unter dem Gesichtspunkt erkennbarer „Spuren“ der Umgehung eines ursprünglich installierten DRM-Systems also nicht ergeben[1143]. Anders mag dies zu beurteilen sein, wenn es im Einzelfall geradezu ins Auge sticht, daß die konkret verwandte Kopiervorlage letztlich erst durch die Umgehung technischen Schutzes ermöglicht wurde.

bb) Anscheinsbeweis aufgrund der Begleitumstände

Die Rechtswidrigkeit der Kopiervorlage kann sich durchaus auch aus den Begleitumständen des Angebots aufdrängen[1144]. Jedoch ist problematisch, inwieweit man mit Blick auf die drohenden Konsequenzen in Form rechtlicher Sanktionen den häufig nicht fachkundigen Verkehr quasi zum „Mitdenken“ verpflichten kann. Vorgeschlagen wird, von einer offensichtlichen Rechtswidrigkeit der Kopiervorlage dann auszugehen, wenn der Rechteinhaber bekanntermaßen Kopierschutzmechanismen einsetzt[1145]; dann müsse der Nutzer davon ausgehen, daß auch der von ihm konkret vervielfältigte Inhalt ursprünglich mit einem DRM-System versehen war. Diesem Ansatz kann man folgen, sofern letztgenannte Tatsache tatsächlich derart bekannt ist, daß der jeweilge Nutzer dies schlechterdings wissen muß. Rechteinhaber tun insofern gut daran, den Einsatz von DRM-Technik publik zu machen[1146], und zwar über die sie gemäß § 95d I UrhG treffende Pflicht hinaus.

[1141] Dies ist im Übrigen abzulehnen, siehe C.I.2.a)aa).

[1142] Im Offline-Bereich dürften insofern keine größeren Probleme entstehen, ebenso Berger ZUM 2004, 257 (260).

[1143] Ungenau Freiwald, private Vervielfältigung im digitalen Kontext, S. 154 f.

[1144] Vgl. Jani ZUM 2003, 842 (851).

[1145] So Dreier in Dreier/Schulze, UrhG, § 53, Rn. 12; ähnlich offenbar Pleister/Ruttig MMR 2003, 763 (765).

[1146] Ebenso Schippan ZUM 2003, 678 (679); vgl. auch Stickelbrock GRUR 2004, 736 (738).

cc) Herunterladen aus dem Internet

Vor dem Hintergrund, daß die Piraterie geistigen Eigentums mit Hilfe des Internets in den letzten Jahren drastisch zugenommen hat, gewinnt die Privatkopie im Kontext des Internets eine neue Dimension[1147] und das Merkmal der Offensichtlichkeit der Rechtswidrigkeit der Kopiervorlage somit besondere Bedeutung, wenn Inhalte online über das Internet erlangt werden. Folgendes gilt es unbedingt zu beachten: Im vorliegend untersuchten Kontext ist maßgeblich, ob die konkrete Kopiervorlage (offensichtlich) rechtswidrig hergestellt wurde, nicht hingegen, ob es urheberrechtskonform ist, diese im Internet zum Abruf anzubieten. Diese zwei Nutzungsvorgänge sind strikt voneinander zu unterscheiden.

(1) Allgemeine Erwägungen

Grundsätzlich kann es aus Sicht des Nutzers für die Privilegierung nach § 53 I UrhG zwar keinen Unterschied machen, ob die Kopie online oder offline hergestellt wird[1148]. Dies spräche zunächst dafür, auch in Fällen, in denen die Kopiervorlage aus dem Internet stammt, den allgemeinen Maßstab anzulegen[1149]. Allerdings dürften sachliche Erwägungen hiergegen sprechen: Würde man nämlich in Fällen der Kopieerstellung via Internet zu hohe Anforderungen an die Restriktion des § 53 I UrhG stellen, so wäre die normale Auswertung des entsprechenden Werkes ziemlich schnell beeinträchtigt[1150]; dies gilt es nach Art. 5 V Multimedia-RL aber gerade zu unterbinden[1151]. Diese europarechtliche Vorgabe muß daher – soweit dies möglich ist – im Wege richtlinienkonformer Gesetzesauslegung auf die Beurteilung des Merkmals der Offensichtlichkeit der Rechtswidrigkeit der Kopiervorlage einwirken; der eindeutige Wortlaut des § 53 I UrhG dürfte allerdings die Grenze besagter richtlinienkonformer Auslegung sein.

Bei der Beurteilung von Kopiervorlagen aus dem Internet darf man auch folgendes nicht vergessen: Mag es im Offline-Bereich teilweise möglich sein[1152], eine rechtswidrige Kopie auf den ersten Blick oder zumindest zweifelsfrei zu erkennen, so ist dies im Online-Bereich regelmäßig nicht

---

[1147] Wirtz in Bröcker/Czychowski/Schäfer, Geistiges Eigentum im Internet, § 8, Rn. 155.

[1148] Schack FS Erdmann, S. 165 (168).

[1149] So offensichtlich Schack FS Erdmann, S. 165 (169).

[1150] Loewenheim FS Dietz, S. 415 (419): Dies hätte „katastrophale Konsequenzen".

[1151] Vgl. auch Loewenheim FS Dietz, S. 415 (419 f.): Hierfür sprächen auch verfassungsrechtliche Überlegungen.

[1152] Daß dies durchaus auch anders sein kann, ist auch dem Gesetzgeber bei Neufassung des § 53 UrhG klar gewesen, siehe BT-Dr. 15/38, S. 39: Bei Offline-Medien wie etwa CDs ist in der Regel allein das Booklet geeignet, die Orginalität der Vorlage zu belegen, nicht indes das Medium selbst.

der Fall[1153], insbesondere da auch eine von einer Urheberrechtsschranke – etwa wiederum § 53 UrhG – gedeckte Kopiervorlage rechtmäßig ist und im Internet zum Herunterladen angebotene Dateien zudem regelmäßig auch keinerlei Anhaltspunkte für ihre Herkunft und somit hinsichtlich ihrer Rechtmäßigkeit bieten[1154]. Die Beurteilung der Rechtmäßigkeit wird im Internet zudem dadurch erschwert, daß dieses ein international ausgerichtetes Medium darstellt und man regelmäßig nicht ohne weiteres weiß, auf welche nationale Rechtsordnung es zur Beurteilung maßgeblich ankommt[1155]. Ist allerdings schon die anzuwendende Rechtsordnung unklar, so gilt dies bezüglich der Frage nach der Rechtmäßigkeit erst recht. Vor diesem Hintergrund ist die Annahme, beim Herunterladen aus dem Internet sei die rechtswidrige Herstellung der Kopiervorlagen regelmäßig offensichtlich, nicht richtig[1156].

(a) Eindeutige Dogmatik

Weiterhelfen könnte die bereits vor der Neufassung des § 53 UrhG angedachte Ansicht, derjenige, der eine ansich von § 53 UrhG gedeckte Kopie allein zum Zwecke des anschließenden öffentlichen Zugänglichmachens im Internet anfertigt, überschreite schon beim Erstellen seines (Vorlage-) Vervielfältigungsstücks die Grenzen des Privatkopienprivilegs[1157]. Eine Vervielfältigung etwa, die nicht unter den Voraussetzungen des § 52a UrhG dem Zugriff Dritter zugänglich gemacht wird, würde demnach wegen §§ 15 II 1, 2 Nr. 2, 19a UrhG im Nachhinein mit Wirkung ex tunc rechtswidrig, obgleich sie sich zunächst innerhalb der Grenzen des § 53 UrhG befindet. Obwohl besagter Ansatz darauf zurückzuführen sein dürfte, daß die Neufassung des § 53 UrhG vordringlich auf die Eindämmung des Piraterieproblems im Internet abzielt, kann ihm aus dogmatischen Gründen jedoch nicht gefolgt werden, würde doch ansonsten die vom Gesetz vorgegebene, klare Unterscheidung von Vervielfältigung und

---

[1153] Bundesministerium der Justiz, Referentenentwurf Zweiter Korb, S. 32; Dreier in Dreier/Schulze, UrhG, § 53, Rn. 12; a. A. Stickelbrock GRUR 2004, 736 (738).

[1154] Entgegen der Ansicht des Bundesrates, BT-Dr. 15/1066, S. 2, ist dies auch dem Gesetzgeber bewußt: BT-Dr. 15/38, S. 39.

[1155] Siehe H.I. Dies gilt umsomehr für Internetseiten in englischer Sprache, ist doch wegen deren globalen Verbreitung schon das Zielland des Inhalts regelmäßig nicht ansatzweise erkennbar.

[1156] So aber Pleister/Ruttig MMR 2003, 763 (765).

[1157] Etwa Berger ZUM 2004, 257 (258/259), Fn. 16: Von privatem Gebrauch sei dann nicht mehr auszugehen; Jani ZUM 2003, 842 (848); Schack FS Erdmann, S. 165 (172); offenbar auch Loewenheim in Schricker, UrhR, § 53, Rn. 55; ähnlich Oekonomidis FS Dietz, S. 365 (374): § 53 UrhG a. F. erfaße solche digitalen Kopien nicht, welche ein Nutzer zu Tauschzwecken via Internet angefertigt hat, da diese Anfertigung nicht zu privaten Zwecken erfolgt; andeutend auch Bechtold ZUM 1997, 427 (430), indem er die Frage aufwirft, ob das Privatkopienprivileg bezüglich Internet-Sachverhalten sinnvoll ist.

öffentlicher Zugänglichmachung[1158] verwischt[1159]: § 53 I UrhG setzt nunmal an der rechtswidrigen Herstellung der Kopiervorlage an, und nicht daran, ob diese rechtswidrig öffentlich zugänglich gemacht worden ist[1160]. Den eindeutigen Wortlaut des § 53 I UrhG mit Blick auf die soeben angeführte Absicht des Gesetzgebers, Eindämmung der Piraterie im Internet, zu ignorieren, ginge – wie eben bereits festgestellt – zu weit. Die klare Unterscheidung zwischen Herstellung und öffentlicher Zugänglichmachung war dem Gesetzgeber des „Ersten Korbes" der Urheberrechtsreform bewußt, auch wenn das Recht der öffentlichen Zugänglichmachung erst zeitgleich gesetzlich kodifiziert wurde; anerkannt war es bereits vorher[1161].

(b) Einbezug des Referentenentwurfs zum „Zweiten Korb"

Auch können die Ausführungen in der Begründung des Referentenentwurfs zum „Zweiten Korb" hier nicht weiterhelfen. Zwar ist dort im allgemeinen Teil der Begründung davon die Rede, daß es sich bei der beabsichtigten Einfügung der Worte „oder öffentlich zugänglich gemachte" in § 53 I 1 UrhG lediglich um eine Klarstellung handle[1162], was in der Tat dafür sprechen könnte, daß dasjenige, was die geplante Wortlautänderung ausdrücklich regeln will, bereits heute geltendes Recht sei. Dem steht aber entscheidend entgegen, daß die Begründung zum Referentenentwurf im Teil der Einzelerläuterungen selbst vorträgt, die jetzige Regelung greife „beim Download von Werken aus dem Internet zu kurz"[1163]; man spricht an dieser Stelle sogar ausdrücklich von einer vorgeschlagenen „Ergänzung"[1164] des § 53 I UrhG. Die Begründungen im Referentenentwurf zum „Zweiten Korb" könnte man – wenn überhaupt – nur dann als Argumentation für eine weite Auslegung des Merkmals der Rechtswidrigkeit im Sinne des § 53 I 1 UrhG heranziehen, wenn sie eindeutig in die angedachte Richtung führten. Dazu müßte die Begründung aber zumindest in sich widerspruchsfrei sein. Dies gilt umso mehr, da es sich beim besagten Tatbestandsmerkmal ausweislich dessen Wortlauts[1165]

1158 § 15 I Nr. 1 UrhG (Vervielfältigung) sowie § 15 II 2 Nr. 2 UrhG (öffentliche Zugänglichmachung).

1159 Im Ergebnis ebenso Schack FS Erdmann, S. 165 (172); besagte Differenzierung der unterschiedlichen Verwertungsrechte nicht angemessen berücksichtigend indes Spindler JZ 2002, 60 (62), wenn er Dateien, welche zum Zwecke des Tauschs im Internet erstellt werden, als nicht „privat" im Sinne des § 53 I UrhG a. F. ansieht.

1160 Eine entsprechende Änderung des § 53 I UrhG ist daher durchaus anzuregen, siehe G.V.

1161 Siehe A.IV.1.b)bb).

1162 Bundesministerium der Justiz, Referentenentwurf Zweiter Korb, S. 29.

1163 Bundesministerium der Justiz, Referentenentwurf Zweiter Korb, S. 52.

1164 Bundesministerium der Justiz, Referentenentwurf Zweiter Korb, S. 52.

1165 § 53 I 1 UrhG a. E.: „… , soweit nicht …".

dogmatisch um eine das Privatkopienprivileg einschränkende Ausnahme handelt. Der Ausdehnung von Ausnahmen ist aber regelmäßig mit Zurückhaltung zu begegnen. Das Merkmal der offensichtlichen Rechtswidrigkeit im Sinne des § 53 I 1 UrhG hat sich daher maßgeblich am Wortlaut der Vorschrift zu orientieren. Relevanz gewinnt dies vordringlich in Sachverhalten mit Internetbezug.

(2) Kein Anscheinsbeweis der Rechtswidrigkeit allein wegen Internetkontext

Unter der Annahme, daß im Internet zum Herunterladen angebotene Inhalte in der Praxis in der deutlich überwiegenden Zahl der Fälle urheberrechtswidrig hergestellte Kopiervorlagen sind[1166], könnte man widerlegbar vermuten, daß die Rechtswidrigkeit der konkret verwandten, dem Internet entspringenden Kopiervorlage[1167] auch aus Sicht eines juristischen Laien offensichtlich ist, so daß eine Berufung auf § 53 I UrhG im Ergebnis ausscheidet. Dies soll jedenfalls naheliegen, wenn das Angebot unentgeltlich ist[1168]. Hiergegen könnte man durchaus anführen, die Natur der Sache, nämlich daß es dem Nutzer vor allem im Online-Bereich meistens nicht möglich ist, die Legalität der Vervielfältigungsvorlage zu prüfen, dürfe diesem hinsichtlich seiner in § 53 UrhG verkörperten legitimen Interessen nicht zum Nachteil gereichen. Vor dem Hintergrund der Notwendigkeit einer effektiven Pirateriebekämpfung kann der Nutzergemeinde dieses Opfer jedoch abverlangt werden. Dem widerspricht auch nicht, daß die Gewähr einer gesetzlichen Lizenz nach § 53 UrhG gerade auch verhindern will, daß Vervielfältigungshandlungen im privaten Bereich aus Gründen inkriminiert werden, welche sich der Kenntnis des Privatnutzers entziehen. Aufgrund der in den Medien verstärkten Thematisierung des Piraterieproblems kann und sollte der Nutzer nämlich durchaus an der Rechtmäßigkeit seiner Kopiervorlage zweifeln, insbesondere dann, wenn die Kopiervorlage typischerweise und im praktischen Alltag regelmäßig oder zumindest überaus häufig rechtswidrig ist. Bei kostenlosen Download-Angeboten möchte man dies spontan annehmen. Daß Downloads im Internet bislang regelmäßig oder zumindest überwiegend gratis sind, ändert das nicht, möchte man das Faktische nicht in den Status des Normativen erheben.

Der Annahme, die im Internet zum Herunterladen angebotenen Inhalte seien in der Praxis in der deutlich überwiegenden Anzahl der Fälle urhe-

[1166] In diese Richtung Sieber MMR 2002, 701 (702): „Massenhafte Verletzung der Urheberrechtsinteressen".

[1167] Sofern die Kopiervorlage tatsächlich rechtswidrig ist.

[1168] Jani ZUM 2003, 842 (852/853); weitergehend Dreyer in Dreyer/Kotthoff/Meckel, UrhR, § 53, Rn. 21: Schon ungewöhnlich niedrige Preise ohne besonderen (persönlichen) Grund seien ausreichend.

berrechtswidrig hergestellte Kopiervorlagen, ist jedoch kritisch zu begegnen: Erstens können Kopiervorlagen aus dem Internet nämlich durchaus im Rahmen des § 53 I UrhG rechtmäßig hergestellte Privatvervielfältigungen sein. Die Ansicht, eine Kopie sei schon deshalb nicht von § 53 UrhG erfaßt, weil sie letztlich der öffentlichen Zugänglichmachung im Internet dienen soll, vermag indes nicht zu überzeugen. Dies ist gerade dargelegt worden[1169]. Hinzu kommt, daß die Tatsache, daß ein Inhalt im Internet kostenlos heruntergeladen werden kann, genau besehen sogar dafür spricht, daß die entsprechende Vorlage eine rechtmäßige „Privat"-Kopie ist, denn § 53 I UrhG privilegiert eben nur Kopien, welche „weder unmittelbar noch mittelbar Erwerbszwecken dienen"; ist ein Internetangebot hingegen entgeltlich, so kann die entsprechende Kopiervorlage schon nicht mehr nach § 53 I UrhG rechtmäßig hergestellt worden sein, was es wahrscheinlicher macht, daß sie auf rechtswidrige Art und Weise zustande kam[1170]. Und zweitens ist ein Vervielfältigungsstück als Kopiervorlage, das ordnungsgemäß erworben und dann ins Internet eingestellt wird, nicht rechtswidrig hergestellt, sondern nur unter Verstoß gegen §§ 15 II 1, 2 Nr. 2, 19a UrhG unrechtmäßig öffentlich zugänglich gemacht: Dies ist aber im Rahmen der Merkmale des § 53 UrhG nicht relevant.

Allein aus der Tatsache, daß eine Kopiervorlage aus dem Internet stammt, kann ein Anscheinsbeweis für die Offensichtlichkeit der Rechtswidrigkeit der verwandten Kopiervorlage demnach nicht erwachsen[1171]. Ein solcher ergibt sich auch nicht daraus, daß das Internetangebot gratis ist.

(3) Anscheinsbeweis bei Download von „einschlägigen" Internetseiten

Ist demjenigen, der sich auf das Privatkopienprivileg des § 53 I UrhG berufen will, positiv bekannt, daß die Internetseite, von der er Inhalte herunterladen möchte, üblicherweise urheberrechtswidrig Inhalte zum Download anbietet, so spricht eine Vermutung dafür, daß dies auch hinsichtlich des von ihm konkret herunterzuladenden Inhaltes der Fall ist, auch wenn im Einzelfall sonst keinerlei Anhaltspunkte hierfür vorliegen[1172]. Das Verständnis des Beriffs der Offensichtlichkeit dürfte hierdurch nicht überstrapaziert werden. Allein die Ahnung eines Nutzers, daß die Internetseite, von der er den konkreten Inhalt herunterläd, üblicherweise urheberrechtswidrig Inhalte zum Download anbietet, dürfte

[1169] Siehe C.I.2.b)cc)(1).

[1170] Verkennend offenbar Nordemann/Dustmann CR 2004, 380 (381).

[1171] Ähnlich Ory AfP 2004, 500 (502); bezüglich des Herunterladens auf einer Tauschbörse a. A. Flechsig ZRP 2004, 249 (251); Berger ZUM 2004, 257 (260); offenbar auch Rehbinder, Urheberrecht, Rn. 256.

[1172] Ähnlich Dreyer in Dreyer/Kotthoff/Mechel, UrhR, § 53, Rn. 21: Dann könne der Nutzer „redlicherweise nicht die Augen davor verschließen".

die Vermutung der Offensichtlichkeit der Rechtswidrigkeit der Kopiervorlage indes nicht begründen, jedenfalls dann nicht, wenn sich die Ahnung nicht in Richtung einer (Fast-)Gewißheit verdichtet hat. Das Merkmal der „Offensichtlichkeit“ ist nun mal im Gesetzeswortlaut ausdrücklich verankert. Aus gleichem Grund dürfte auch die Ansicht, Kopiervorlagen aus dem Internet seien im Zweifel schon dann rechtswidrig, wenn ihre Quelle ungeklärt ist, zu weit gehen[1173].

Fraglich ist zugegebenermaßen natürlich, inwiefern der durchschnittliche Nutzer bei Inhalten aus dem Internet positiv um deren Rechtswidrigkeit i. S. d. § 53 I UrhG wissen kann. Da bei Internetbezug nicht zuletzt mit Blick auf die anzuwendende Rechtsordnung[1174] schon die Frage nach der objektiven Rechtmäßigkeit nur äußerst schwer zu beantworten ist, dürfte es regelmäßig noch schwerer fallen, von entsprechender positiver Kenntnis eines Durchschnittsnutzers auszugehen.

(4) Weitere Fälle eines Anscheinsbeweises

Werden Inhalte, die am Markt noch gar nicht legal erhältlich sind[1175], zum Download angeboten, so spricht dies für die Offensichtlichkeit der Rechtswidrigkeit der Kopiervorlage[1176] im Sinne eines Anscheinsbeweises[1177]. Gleiches soll im Ergebnis für Angebote in sog. File-Sharing-Systemen gelten[1178]. Dem wird allerdings nicht unberechtigt kritisch begegnet: Angeführt wird insbesondere, daß die Abrufmöglichkeit im Internet mittlerweile auch von den jeweiligen Rechteinhabern gezielt zu Marketingzwecken eingesetzt wird, was dann für die Rechtmäßigkeit entsprechender Vorlagen im Internet spricht[1179]. Allein der Umstand, daß bei einem Online-Angebot die Herkunftsbezeichnung nicht der üblichen Erscheinungsform entspricht, dürfte jedenfalls nicht zur Annahme der Rechtswidrigkeit ausreichen[1180].

1173 So aber Flechsig NJW 2004, 575 (579).

1174 Siehe H.I.

1175 Etwa Filme vor ihrem Kinostart oder Bücher vor ihrem Erscheinen. Der Gesetzgeber geht davon aus, daß eine Kopie eines Kinofilms von einer vor oder kurz nach dem Kinostart im Internet angebotenen Kopiervorlage nicht unter das Privatkopienprivileg fällt: Bundesministerium der Justiz, Referentenentwurf Zweiter Korb, S. 32.

1176 Ebenso Dreier in Dreier/Schulze, UrhG, § 53, Rn. 12; Schmid/Wirth, UrhG, § 53, Rn. 9; Pleister/Ruttig MMR 2003, 763 (765); Berger ZUM 2004, 257 (260); Nordemann/Dustmann CR 2004, 380 (381); ebenso offenbar Bundesministerium der Justiz, Referentenentwurf Zweiter Korb, S. 32; Stickelbrock GRUR 2004, 736 (738); kritisch indes Ory AfP 2004, 500 (502).

1177 Ähnlich Jani ZUM 2003, 842 (852).

1178 Bundesministerium der Justiz, Referentenentwurf Zweiter Korb, S. 52; ähnlich Jani ZUM 2003, 842 (852); Nordemann/Dustmann CR 2004, 380 (381).

1179 Freiwald, private Vervielfältigung im digitalen Kontext, S. 151 f.

1180 So aber Jani ZUM 2003, 842 (853).

(5) Zwischenergebnis

In bestimmten typischen Fallkonstellationen im Kontext des Internets darf im Ergebnis von der Offensichtlichkeit der Rechtswidrigkeit der verwandten Kopiervorlage ausgegangen werden. Generell können die Rechteinhaber deren Annahme in Zukunft durch entsprechende Aufklärungsarbeit erleichtern[1181]; letzteres gilt nicht allein im Online-Bereich.

3. Anzahl rechtmäßiger Privatkopien

Welche Anzahl an Vervielfältigungen ein Nutzer gemäß des Privatkopienprivilegs legitimerweise herstellen darf, ist eine seit langem kontrovers diskutierte Frage[1182]. Die Rechtsprechung hält sich bezüglich der genauen Zahl an legitimen Privatkopien bedeckt. Lediglich wurde die Anzahl begrenzt, indem der BGH ausführte, mehr als sieben Exemplare seien nicht erlaubt[1183]. Das Herausgreifen der Zahl Sieben wird jedoch als willkürlich kritisiert[1184]. Ein Nutzer dürfte regelmäßig kein legitimes Interesse daran haben, zum eigenen Gebrauch derart viele Vervielfältigungsstücke herzustellen[1185], so daß die maximal zulässige Anzahl grundsätzlich eher knapp bemessen werden sollte[1186]. Bezüglich digitaler Kopien muß wegen deren Besonderheiten erst recht gelten, daß ein legitimes Interesse des Nutzers an zahlreichen Vervielfältigungsstücken nicht anzuerkennen ist[1187]; insbesondere sind technisch notwendigerweise anfallende Vervielfältigungen ohne wirtschaftlich eingenständige Bedeutung mittlerweile bereits nach § 44a UrhG privilegiert[1188]. Hinsichtlich digitaler Privatkopien dürfte die Zahl Sieben als noch legitime Anzahl somit zu hoch gegrif-

1181 Vgl. Jani ZUM 2003, 842 (853).

1182 Siehe Hölscher, eigener Gebrauch, S. 151 ff.

1183 BGH Urt. v. 14.04.1978 – I ZR 111/76 – Vervielfältigungsstücke, GRUR 1978, 474 (476).

1184 So Rehbinder, Urheberrecht, Rn. 256; siehe auch Nippe GRUR 1994, 888 (888 f.).

1185 Schack, UrhR, Rn. 496 begrenzt das legitime Interesse auf drei Kopien; ders. ZUM 2002, 497 (501); für eine Beschränkung auf drei Exemplare auch Nordemann in Fromm/Nordemann, UrhR, § 53, Rn. 3, da es sich andernfalls nicht mehr um „einzelne" Kopien handle; a. A. Loewenheim in Schricker, UrhR, § 53, Rn. 14; Lüft in Wandtke/Bullinger, Praxiskommentar UrhR, § 53, Rn. 7: Unter Umständen könnten bis zu zehn Exemplaren zulässig sein; Bayreuther ZUM 2001, 828 (839): Neun Kopien als Obergrenze.

1186 Bayreuther ZUM 2001, 828 (839).

1187 Ähnlich Schack ZUM 2002, 497 (501) mit Blick auf die Gefahr, daß digitale Kopien in Umlauf geraten und als Vorlage für weitere perfekte Vervielfältigungen dienen; ähnlich Malpricht NJW-CoR 2000, 233 (234); Nippe GRUR 1994, 888 (889).

1188 Vgl. Decker in Möhring/Nicolini, UrhG, § 53, Rn. 8.

fen sein[1189]. Mit Blick auf die Anfälligkeit digitaler Speichermedien für den Verlust von Daten darf die zulässige Anzahl jedoch auch nicht zu tief angesetzt werden, da private Vervielfältigungen insofern auch die Funktion von Sicherheitskopien übernehmen[1190]. Insofern scheinen drei bis fünf[1191] Kopien angebracht. Daß der Gesetzgeber die Neufassung des § 53 UrhG nicht zum Anlaß nahm, eine Anzahl zulässiger Vervielfältigungsstücke vorzuschreiben, ist im Ergebnis allerdings richtig[1192], läßt dies doch auch in einem zunehmend digitalisierten Umfeld Raum für sachgerechte Einzelfallentscheidungen. Mehr noch aber als bei analogen Kopien muß es für die Rechtsprechung bezüglich der zulässigen Anzahl digitaler Vervielfältigungen gelten, die Orientierung am tatsächlichen Bedarf für den privaten Gebrauch nicht zu verlieren.

II. Kein Anspruch des Nutzers auf digitale Vervielfältigungen zum privaten Gebrauch

Im Folgenden wird gezeigt, daß ein „Recht auf digitale Privatkopien" – so ist es in den Medien in der aktuellen Diskussion bisweilen anzutreffen – nicht existiert, d.h. daß nach der aktuellen Rechtslage das Privatkopienprivileg des § 53 I UrhG hinsichtlich digitaler Vervielfältigungen gegenüber Rechteinhabern, welche technische Schutzmaßnahmen einsetzen, mangels entsprechenden Anspruchs der Konsumenten rechtlich nicht durchgesetzt werden kann[1193].

1. Kein gesetzlich normierter Anspruch

Nach den §§ 95b II 1 i.V.m. I 1 Nr. 6 UrhG besteht seit dem 01.09. 2004[1194] ein Anspruch auf Zurverfügungstellung der erforderlichen Mittel, um auch tatsächlich in den Genuß bestimmter in § 53 UrhG ange-

1189 Andeutend Goldmann/Liepe ZUM 2002, 362 (364); Schack ZUM 2002, 497 (510 f.).

1190 Eine allgemeine, über den Bereich der Computerprogramme hinausgehende Urheberrechtsschranke zur Erstellung von Sicherheitskopien existiert nicht.

1191 Ähnlich Spindler GRUR 2002, 105 (118): Drei digitale Kopien als Minimum; a.A. Stickelbrock GRUR 2004, 736 (737), die nur zwei bis drei digitale Vervielfältigungen zulassen will.

1192 Ähnlich Schwarz-Gondek TKMR 2003, 250 (254); Jaeger/Kreutzer, Stellungnahme Regierungsentwurf, S. 16 f.

1193 Zur Problemstellung siehe Arlt CR 2005, 646 (646).

1194 Vgl. Art. 6 II Gesetz zur Regelung des Urheberrechts in der Informationsgesellschaft, BGBl. I, S. 1784 ff.

führter Privilegierungen zu gelangen[1195]. Der Gesetzgeber hat allerdings von seiner fakultativen Möglichkeit nach Art. 6 IV Unterabs. 2 Multimedia-RL, auch die digitale Privatkopie durchsetzbar auszugestalten, trotz entsprechender Forderungen während des Gesetzgebungsverfahrens[1196] nicht Gebrauch gemacht[1197] und sich hinsichtlich der Durchsetzbarkeit privater Vervielfältigungen auf Kopien auf Papier oder einem ähnlichen Träger, sozusagen auf Kopien qualitativ zweiter Klasse beschränkt, während die qualitativ hochwertigen digitalen Kopien als perfekter Klon des Originals von § 95b I 1 Nr. 6 UrhG nicht erfaßt werden. Man will die kommerzielle Verwertung von Inhalten in den neuen Medien nicht entwerten, was aber der Fall sei, wenn der kostenlose Genuß geistigen Eigentums für den Verbraucher zu Regel würde[1198]. Dessen ungeachtet setzt sich die Diskussion fort[1199].

2. Verfassungskonforme Auslegung des § 95b I 1 Nr. 6, II UrhG

Auf § 95b I 1 Nr. 6, II UrhG könnte möglicherweise im Wege verfassungskonformer Auslegung dennoch ein Anspruch gründen, nämlich dann, wenn die Vorschrift nur auf diese Weise den verfassungsrechtlichen Anforderungen standhalten kann[1200]; § 95b I 1 Nr. 6, II UrhG müßte ansonsten also verfassungswidrig sein. Die Nichtberücksichtigung digitaler privater Kopien in besagter anspruchsbegründenden Vorschrift bietet durchaus Anlaß für verfassungsrechtliche Erwägungen. Dem wird im

[1195] Schon vor Umsetzung der Miltimedia-RL wurde diskutiert, ob sich ein Anspruch auf private Kopien, d. h. auf Freiheit von Kopierschutzmechanismen aus § 53 UrhG a. F. ergeben kann, vgl. Goldmann/Liepe ZUM 2002, 362 (364 ff.); Knies ZUM 2002, 793 ff.; v. Diemar, Digitale Kopie, S. 150 f.; siehe A.IV.4.d).

[1196] Etwa Metzger/Kreutzer, Stellungnahme Art. 6 IV Unterabs. 4, S. 1; dies. MMR 2002, 139 (139/142); Winghardt ZUM 2002, 349 (359), der einen inhaltsgleichen Anspruch allerdings im Rahmen des § 53 UrhG regeln will; Jaeger/Kreutzer, Stellungnahme Referentenentwurf, S. 5 f unter Anführung der Tatsache, daß die Verwertung geschützten Materials künftig zunehmend im Digitalformat stattfinden dürfte; ähnlich Kröger CR 2001, 316 (322): Das Anfertigen digitaler privater Kopien sei grundsätzlich zu untersagen, wofür aber in bestimmten Fällen dem Nutzer die Möglichkeit eingeräumt werden sollte, vom Rechteinhaber ein weiteres Vervielfältigungsstück zu ordern.

[1197] Der Gesetzgeber hat insofern ermessensfehlerfrei und richtlinienkonform gehandelt: Hoeren, Urheberrecht und Verbraucherschutz, S. 21.

[1198] Vgl. Bundesministerium der Justiz, Referentenentwurf Zweiter Korb, S. 35.

[1199] Etwa Hohagen FS Schricker 2005, S. 353 (365 f.); Häuser CR 2004, 829 (832 ff.).

[1200] Vgl. BVerfG Beschl. v. 15.10.1996 – 1 BvL 44, 48/92, BVerfGE 95, 64 (93) m. w. N.; BVerfG Beschl. v. 30.03.1993 – 1 BvR 1045/89, 1381/90 und 1 BvL 11/90, BVerfGE 88, 145 (166); BVerfG Beschl. v. 03.06.1992 – 2 BvR 1041/88, 78/89, BVerfGE 86, 288 (320) m. w. N.; BVerfG Urt. v. 24.04.1985 – 2 BvF 2, 3, 4/83 und 2/84, BVerfGE 69, 1 (55); BVerfG Beschl. v. 09.08.1978 – 2 BvR 831/76, BVerfGE 49, 148 (157) m. w. N.; Dreier in Dreier, GG, Art. 1 III, Rn. 84; Sachs in Sachs, GG, Einf., Rn. 52/56; Jarass in Jarass/Pieroth, GG, Art. 20, Rn. 34.

Folgenden nachgegangen. Der Überprüfung des § 95b I 1 Nr. 6, II UrhG anhand der Grundrechte steht insbesondere auch nicht die Solange-II-Rechtsprechung des Bundesverfassungsgerichts[1201] entgegen, da die Multimedia-RL als europarechtliche Vorgabe die Aufnahme der digitalen Privatkopie im nationalen Recht, also in § 95b I 1 UrhG gemäß Art. 6 IV Unterabs. 2[1202] ausdrücklich zuläßt[1203]. Der deutsche Gesetzgeber ist nicht dahingehend gebunden, die digitale Privatkopie aufgrund europäischer Vorgaben in § 95b I 1 UrhG nicht aufnehmen zu dürfen.

a) Verfassungskonformität des § 95b I 1 Nr. 6, II 1 UrhG

Bei der Beurteilung der Verfassungsmäßigkeit unter besagtem Gesichtspunkt darf folgendes nicht außer Acht gelassen werden: Das Grundgesetz bestimmt lediglich die Grenzen gesetzgeberischer Tätigkeit, eine (bestimmte) Ausgestaltung im Einzelnen kann hieraus nicht abgeleitet werden[1204]. Die Urheberrechtsordnung soll nicht nur die Investitionen der Schöpfer und kommerziellen Werkmittler sichern, sondern andererseits auch die in den jeweiligen Werken manifestierten kulturellen Werte dem Konsumenten zu angemessenen Bedingungen gewähren. Der Genuß urheberrechtlich geschützter Inhalte darf von daher nicht über Gebühr Restriktionen unterliegen[1205]. Die vorliegend in Rede stehende Verfassungswidrigkeit könnte sich aus Art. 3 I GG, Art. 5 I 1 Alt.2 GG sowie Art. 14 II GG ergeben. Ein Verstoß gegen das Sozialstaatsprinzip[1206] ist hingegen eher fernliegend.

aa) Art. 3 I GG (Allgemeiner Gleichheitssatz)

Mit Blick auf Art. 3 I GG werden Bedenken angeführt: Es sei ein sachlicher Grund nicht zu erkennen, der es rechtfertigen würde, der Privatkopie im analogen Umfeld uneingeschränkte Durchsetzbarkeit zuzusprechen, im digitalen indes nicht[1207]. Dieser Gesichtspunkt kann nicht ohne weiteres beiseite geschoben werden. Immerhin sind digitale Kopien heutzutage nicht nur weit verbreitet, sondern bereits durchaus als Standard zu

---

[1201] BVerfG Beschl. v. 22.10.1986 – 2 BvR 197/83 – Solange II, BVerfGE 73, 339 (340): Nationale Rechtsetzungsakte, die (zwingend) auf europäische Vorgaben zurückgehen, unterliegen nicht der Überprüfung am Maßstab der Grundrechte, solange die Europäische Gemeinschaft einen diesen vergleichbaren Standard gewährleistet, was nach Ansicht des Bundesverfassungsgerichts der Fall ist, BVerfGE 73, 339 (378). Vgl. auch BVerfG Beschl. v. 29.05.1974 – 2 BvL 52/71 – Solange I, BVerfGE 37, 271 (271).

[1202] Vgl. auch Erwägungsgrund 52 Multimedia-RL.

[1203] Vgl. Holznagel/Brüggemann FS Kilian, S. 423 (440 f.).

[1204] Vgl. Fechner, Geistiges Eigentum, S. 241.

[1205] Jaeger/Kreutzer, Stellungnahme Regierungsentwurf, S. 4.

[1206] Vgl. Jaeger/Kreutzer, Stellungnahme Regierungsentwurf, S. 4.

[1207] Peukert UFITA 2002, 689 (708). Von der Frage der Durchsetzbarkeit strikt zu unterscheiden ist die Frage, ob das Herstellen digitaler Kopien zum Privatgebrauch zulässig ist; letzteres beurteilt sich ausschließlich nach § 53 I UrhG.

betrachten. Hinsichtlich der faktischen Durchsetzbarkeit, d. h. mit Blick auf die Möglichkeit, im Rahmen der Legitimation der Privatkopieschranke (§ 53 I UrhG) auch tatsächlich genutzt werden zu können, werden digitale Kopien also gegenüber denjenigen im analogen Format wegen der insofern unterscheidenden Gesetzeslage ungleich behandelt: Die erforderlichen Mittel zur Verwirklichung der Privatkopienschranke können im Rahmen des Anspruchs nach § 95b I 1 Nr. 6, II 1 UrhG hinsichtlich analoger Vervielfältigungen notfalls klageweise durchgesetzt werden, nicht aber bezüglich digitaler Kopien.

Unter dem Gesichtspunkt des in Art. 3 I GG[1208] verfassungsrechtlich verankerten allgemeinen Gleichheitssatzes ist dies jedoch nicht zu beanstanden, wenn die vom Gesetzgeber getroffene Differenzierung sachlich gerechtfertigt, also nicht willkürlich, ist. Grundsätzlich ist es Sache des Gesetzgebers, diejenigen Sachverhalte auszuwählen, an welche er dieselben Rechtsfolgen knüpft, es sei denn, diese Auswahl stellt sich als sachfremd dar[1209]. Art. 3 I GG verlangt vom Gesetzgeber nicht, die zweckmäßigste, vernünftigste oder gerechteste Lösung zu wählen[1210]. Entscheidend ist also, ob bezüglich der in Rede stehenden Ungleichbehandlung zwischen analogen und digitalen Kopien rechtfertigende sachliche Unterschiede bestehen[1211]. Denn nur Gleiches ist vom Gesetzgeber auch gleich zu behandeln, Ungleiches hingegen seiner Eigenart entsprechend verschieden[1212]. Als Differenzierungsgrund kommt insofern jede vernünftige Erwägung in Betracht[1213]. Ein Verstoß gegen Art. 3 I GG kann also nur dann angenommen werden, wenn die maßgeblichen Erwägungen, welche zur Formulierung des besagten Anspruchs auf Durchsetzung des Privatkopienprivilegs im Analogbereich führten, auch hinsichtlich digitaler Kopien Geltung beanspruchen. Die Frage muß also lauten: Ist ein gesetzlicher Anspruch, mit dessen Hilfe man die Nutzungsmöglichkeit von Vervielfältigungsstücken zum privaten Gebrauch in den Grenzen des § 53 I UrhG durchsetzen kann,

[1208] Siehe statt vieler Osterloh in Sachs, GG, Art. 3, Rn. 1 ff.

[1209] BVerfG Beschl. v. 11.03.1980 – 1 BvL 20/76 und 1 BvR 826/76, BVerfGE 53, 313 (329); BVerfG Beschl. v. 09.03.1994 – 2 BvL 43, 51, 63, 64, 70, 80/92, 2 BvR 2031/92, BVerfGE 90, 145 (196); BVerfG Beschl. v. 08.04.1987 – 2 BvR 909, 934, 935, 936, 938, 941, 942, 947/82, 64/83 und 142/84, BVerfGE 75, 108 (157); BVerfG Beschl. v. 12.03.1996 – 1 BvR 609, 692/90, BVerfGE 94, 241 (260).

[1210] BVerfG Beschl. v. 25.01.1955 – 1 BvR 522/53, BVerfGE 4, 144 (155); BVerfG Beschl. v. 19.02.1991 – 1 BvR 1231/85, BVerfGE 83, 395 (401); BVerfG Beschl. v. 08.10.1991 – 1 BvL 50/86, BVerfGE 84, 348 (359); BGH Beschl. v. 30.07.1990 – NotZ 2/90, BGHZ 112, 163 (173).

[1211] Die unterschiedliche Behandlung von analoger und digitaler Werknutzung bedarf besonderer Begründung, vgl. Dreier GRUR Int. 1993, 742 (744).

[1212] Ständige Rechtsprechung des Bundesverfassungsgerichts seit BVerfG Beschl. v. 23.10.1951 – 2 BvG 1/51, BVerfGE1, 14 (52); bestätigt etwa von BVerfG Beschl. v. 25.01.1955 – 1 BvR 522/53, BVerfGE 4, 144 (155).

[1213] Jarass in Jarass/Pieroth, GG, Art. 3, Rn. 12.

mit Blick auf die Eigenheiten digitaler Kopien für diese anders zu beurteilen als hinsichtlich analoger Vervielfältigungen? Dem ist natürlich die Fragestellung vorgelagert, inwiefern sich analoge und digitale Kopien überhaupt unterscheiden. Die Nichtberücksichtigung digitaler Vervielfältigungen im Rahmen des Anspruchs gemäß § 95b I 1 Nr. 6, II 1 UrhG ist also im Lichte deren Besonderheiten zu untersuchen.

(1) Unterschiedliche Qualität digitaler und analoger Vervielfältigungen

Vervielfältigungen im Digitalformat haben analogen Kopien gegenüber beachtliche Vorteile[1214]: An dieser Stelle sei nur der digitalen Kopien verstärkt innewohnende Substitutionscharakter erwähnt. Hinsichtlich ihres Potentials unterscheiden sie sich deshalb von diesen nicht lediglich marginal. Digitale und analoge Vervielfältigungen lassen sich insofern kaum miteinander vergeichen: Sie sind von (völlig) unterschiedlicher Qualität[1215]. Der faktische Qualitätsunterschied ist auch im Rahmen der juristischen Beurteilung anhand des grundgesetzlich statuierten Gleichheitssatzes zu berücksichtigen: Digitale und analoge Vervielfältigungen sind nun mal nicht gleich.

(2) Digitale Privatkopien als modifizierte Wertungsgrundlage

Im Schrifttum wird postuliert, eine grundsätzlich unterschiedliche Behandlung von analogen und digitalen Medien sei nicht sachgerecht, so daß die Art der Nutzungsform regelmäßig keine Rolle spielen könne[1216]. Dies vermag schon deshalb nicht zu überzeugen, da diese Aussage gänzlich undifferenziert ist; das unterschiedliche Potential von digitalen und analogen Inhalten kann im Rahmen vernünftiger Erwägung vielmehr Berücksichtigung bei der Beurteilung hiermit in Zusammenhang stehender Rechtsnormen finden. Die Unterschiede von digitaler und analoger Kopie, d. h. die besondere Qualität digitaler Vervielfältigungen bilden somit hinsichtlich des Anspruchs zur Durchsetzung der Privatkopienschranke eine modifizierte Wertungsgrundlage[1217]. Hieraus folgt letztlich die sachliche Rechtfertigung der Differenzierung im Rahmen des Anspruchs aus § 95b I 1 Nr. 6, II 1 UrhG. Schließlich hält auch die Multimedia-RL dazu an, den Unterschieden zwischen analoger und digitaler privater Vervielfältigung Rechnung zu tragen und insofern in bestimmten Punkten zu unterscheiden[1218]. Diese in § 95b I 1 Nr. 6, II 1 UrhG getroffene Normierung verstößt somit nicht gegen den Gleichheitssatz des Art. 3 I GG.

1214 Siehe A.I.1.

1215 Winghardt ZUM 2002, 349 (351): „Qualitätssprung der digitalen Vervielfältigung".

1216 Vgl. Kröger CR 2001, 316 (321); ders. MMR 2002, 18 (19/21).

1217 Vgl. Rodríguez CRi 2003, 1 (2); Davies GRUR Int. 2001, 915 (919).

1218 Erwägungsgrund 38 S. 5 Multimedia-RL; ähnlich Krüger GRUR 2004, 204 (205); vgl. ferner Erwägungsgrund 39 S. 1 Multimedia-RL, wonach die Mitgliedstaa-

bb) Art. 5 I 1 Alt. 2 GG (Informationsfreiheit)

Die fehlende Möglichkeit, digitale private Vervielfältigungen im Fall des Einsatzes von DRM-Systemen auch durchsetzen zu können, könnte auch aus dem Blickwinkel der in Art. 5 I 1 Alt. 2 GG konstituierten Informationsfreiheit[1219] verfassungswidrig sein[1220], gleich, ob man hieraus einen Anspruch auf Teilhabe an den modernen Kommunikationsmedien ableitet oder nicht. Gerade in der durch neue Medien geprägten Informationsgesellschaft ist dem Zugang zu Informationen angemessen Rechnung zu tragen, um auch künftig den Nutzern eine angemessene Teilhabe am kulturellen und gesellschaftlichen Leben zu ermöglichen[1221]. Zwar ist die Frage berechtigt, ob auch mit Hilfe von DRM-Technik geschützte Inhalte allgemein zugängliche Informationen im Sinne der Verfassungsvorgabe[1222] darstellen und somit in den sachlichen Schutzbereich der Informationsfreiheit fallen. Dies ist insbesondere problematisch, wenn der geschützte Inhalt urheberrechtlichen Schutz genießt. Schließlich kann aufgrund urheberrechtlicher Positionen die Zugänglichkeit einer privaten Informationsquelle grundsätzlich beschränkt oder gar ausgeschlossen werden[1223]. Die allgemeine Zugänglichkeit einer Information entfällt aber nicht schon dadurch, daß die Information nur gegen Entgelt zur Verfügung gestellt wird[1224]. Sie ist jedenfalls dann anzunehmen, sofern der jeweilige Nutzer einen geschützten Inhalt rechtmäßig erworben hat[1225], erwirbt er doch mit dem Inhalt regelmäßig zugleich die Berechtigung, diesen zum Zwecke des eigenen Genusses zu nutzen. Eine Information bzw. ein (digitaler) Inhalt ist nämlich schon dann für die Allgemeinheit bestimmt, wenn der Rechteinhaber diesen einem bestimmten Ausschnitt der Allgemeinheit zugänglich macht[1226], insbesondere also dann, wenn

ten dazu angehalten sind, die technologischen und wirtschaftlichen Entwicklungen – vor allem in bezug auf die digitale Privatkopie – zu berücksichtigen.

[1219] Zur Informationsfreiheit als Schranke des Urheberrechts siehe Löffler NJW 1980, 201 ff.

[1220] Kritisch gegenüber der Geltendmachung der Informationsfreiheit allerdings Pichlmaier CR 2003, 910 (913), sofern ein eigenes Werkstück nicht erworben wurde. Tatsächlich liegt die Annahme schlichter Konsuminteressen dann durchaus nahe.

[1221] Heidemann-Peuser ZUM 2003, 1027 (1027).

[1222] Vgl. BVerfG Beschl. v. 03.10.1969 – 1 BvR 46/65, BVerfGE 27, 71 (83 f.); BVerfG Beschl. v. 09.02.1994 – 1 BvR 1687/92, BVerfGE 90, 27 (32).

[1223] Degenhart in Bonner Kommentar, GG, Art. 5 I und II, Rn. 344; siehe Berger ZUM 2004, 257 (264) m. w. N.

[1224] Häuser CR 2004, 829 (833).

[1225] Ebenso Holznagel/Brüggemann FS Kilian, S. 423 (426 f.); dies. MMR 2003, 767 (768 f.); weitergehend Ulbricht CR 2004, 674 (678), der den rechtmäßigen Erwerb des Inhaltes offenbar nicht für erforderlich hält; vgl. auch Hoeren, Urheberrecht und Verbraucherschutz, S. 26.

[1226] Degenhart in Bonner Kommentar, GG, Art. 5 I und II, Rn. 324; Lerche Jura 1995, 561 (565).

der Genuß des entsprechenden Inhaltes nur von bestimmten (Zugangs-) Voraussetzungen abhängig gemacht wird[1227]: Dies trifft bezüglich technischer Schutzmaßnahmen regelmäßig zu, welche den Inhalt nicht einem individuell bestimmten, sondern vielmehr einem allgemein bestimmbaren Personenkreis preisgeben, nämlich denjenigen Personen, die den ensprechenden Preis hierfür zahlen[1228]. Die Lösung der Kollision der Eigentumsgarantie im Rahmen des Art. 14 GG zugunsten der Rechteinhaber mit der Informationsfreiheit zugunsten der Allgemeinheit ist im Wege der praktischen Konkordanz[1229] zu suchen[1230]. Die Erstellung privater Kopien ist nämlich von beachtlicher Bedeutung für den Fluß von Informationen und Kulturgütern, welcher in einem demokratischen Gemeinwesen von besonderer Bedeutung ist[1231], da es für eine sinnvolle Informationsverarbeitung durchaus notwendig sein kann, ein Vervielfältigungsstück anzufertigen[1232]; dieser Befund gilt grundsätzlich ebenfalls im digitalen Kontext[1233]. Der Informationsanspruch des modernen Menschen hat sich nun einmal nicht nur erheblich erweitert, sondern auch unter dem Eindruck der modernen Informationstechnologie strukturell gewandelt[1234]. Bei der Beurteilung der Ausnahmen vom Ausschließlichkeitsrecht des Rechteinhabers bezüglich digitaler Vervielfältigungen zum Privatgebrauch gilt es allerdings auch, zu berücksichtigen, daß es letztlich darum geht, die Beeinträchtigungen der Position des Rechteinhabers nicht ausufern zu lassen, andererseits aber den Zugang der Allgemeinheit zu urheberrechtlich geschützten Inhalten zuzulassen[1235]. Dies muß natürlich auch bezüglich eines entsprechenden Anspruchs auf Durchsetzung der Privatkopierschranke gelten, also auch bei der Beurteilung der Nichberücksichtigung digitaler Kopien im Rahmen des Anspruchs nach § 95b I 1 Nr. 6, II UrhG.

Die Informationsfreiheit nach Art. 5 I 1 Alt. 2 GG schützt das aktive Handeln zur Informationsbeschaffung[1236] ebenso wie die Entscheidung

1227 Degenhart in Bonner Kommentar, GG, Art. 5 I und II, Rn. 324.

1228 Holznagel/Brüggemann FS Kilian, S. 423 (426) m. w. N.; allgemeiner gefaßt Degenhart in Bonner Kommentar, GG, Art. 5 I und II, Rn. 324.

1229 Siehe v. Münch in v. Münch/Kunig, GG, Vorb. Art. 1–19, Rn. 47.

1230 Hölscher, eigener Gebrauch, S. 63.

1231 Vgl. Schulze-Fielitz in Dreier, GG, Art. 5 I und II, Rn. 83.

1232 Hölscher, eigener Gebrauch, S. 62.

1233 Kreutzer, Stellungnahme § 53 UrhG, S. 2; Metzger/Kreutzer MMR 2002, 139 (142); dies., Stellungnahme Art. 6 IV Unterabs. 4, S. 1; a. A. offenbar Davies GRUR Int. 2001, 915 (919).

1234 Vgl. Löffler NJW 1980, 201 (201).

1235 Ähnlich Kröger, Informationsfreiheit, S. 304.

1236 BVerfG Beschl. v. 03.10.1969 – 1 BvR 46/65, BVerfGE 27, 71 (82 f.); Degenhart in Bonner Kommentar, GG, Art. 5 I und II, Rn. 348; Bethge in Sachs, GG, Art. 5, Rn. 53; Wendt in v. Münch/Kunig, GG, Art. 5, Rn. 26.

darüber, aus welcher Quelle sich jemand informieren will[1237], als auch die Speicherung von Informationen[1238] auf digitalen Medien[1239]. Erfaßt wird insbesondere auch das Kopieren technisch geschützter Inhalte zum privaten Gebrauch[1240]. Ein Anspruch auf Verschaffung von Information ist indessen wegen der Beschränkung auf „allgemein zugängliche Quellen" grundsätzlich nicht herleitbar[1241]; erst recht nicht ein Recht auf kostenlose Vermittlung von Information[1242]. Um letzteres geht es vorliegend allerdings auch nicht, stellt § 95b I 1 Nr. 6, II UrhG doch lediglich den tatsächlichen Genuß des Privatkopienprivilegs im Rahmen rechtmäßiger Nutzung auch beim Einsatz technischer Schutzmittel sicher, ohne jedoch einen Anspruch zu gewähren, der auf Ermöglichung des Werkgenusses durch den Rechteinhaber gerichtet ist[1243].

Sofern es um Vervielfältigungen zum privaten Gebrauch geht, ist auch zu berücksichtigen, daß sowohl Anspruchsberechtigter als auch Anspruchsverpflichteter regelmäßig private Rechtssubjekte sind[1244]: Da die Informationsfreiheit als Abwehrrecht grundsätzlich staatsgerichtet wirkt[1245], kann diese daher allenfalls gemäß ihres objektiv-rechtlichen Gehalts[1246] in Gestalt der Informationsfreiheit der Allgemeinheit zum Tragen kommen, welche den Gesetzgeber gewissen Handlungszwängen unterwirft[1247]. Der objektiv-rechtliche Gehalt der Informationsfreiheit

---

1237 BVerfG Beschl. v. 19.02.1963 – 1 BvR 610/62, BVerfGE 15, 288 (295); BVerfG Beschl. v. 09.02.1994 – 1 BvR 1687/92, BVerfGE 90, 27 (38); Starck in v. Mangoldt/Klein/Starck, GG, Art. 5 I und II, Rn. 40.

1238 Degenhart in Bonner Kommentar, GG, Art. 5 I und II, Rn. 349; Wendt in v. Münch/Kunig, GG, Art. 5, Rn. 26; Schulze-Fielitz in Dreier, GG, Art. 5 I und II, Rn. 83.

1239 Mangoldt/Klein/Starck, Art. 5 I und II, Rn. 50; Holznagel/Brüggemann MMR 2003, 767 (768).

1240 Holznagel/Brüggemann FS Kilian, S. 423 (427).

1241 Kröger, Informationsfreiheit, S. 201 m.w.N; Bundesministerium der Justiz, Referentenentwurf Zweiter Korb, S. 36.

1242 Starck in v. Mangoldt/Klein/Starck, GG, Art. 5 I und II, Rn. 52; vgl. Wendt in v. Münch/Kunig, GG, Art. 5, Rn. 28; Fechner, Geistiges Eigentum, S. 349; Bundesministerium der Justiz, Referentenentwurf Zweiter Korb, S. 35 f.; Häuser CR 2004, 829 (833).

1243 Letzteres käme einem Zugangsanspruch gleich.

1244 DRM-Systeme werden normalerweise von Privatpersonen zum Schutz ihrer digitalen Inhalte eingesetzt. Fälle des Einsatzes von DRM-Systemen staatlicherseits dürften wohl Ausnahmen darstellen.

1245 Bethge in Sachs, GG, Art. 5, Rn. 59.

1246 Die objektiv-rechtliche Komponente der Informationsfreiheit nimmt den Staat im Sinne einer Verfassungsdirektive in die Pflicht: Bethge in Sachs, GG, Art. 5, Rn. 58; zur objektiv-rechtlichen Funktion der Informationsfreiheit und deren Konkretisierung für das Urheberrecht siehe Kröger, Informationsfreiheit, S. 203.

1247 Kannengießer in Schmidt-Bleibtreu/Klein, GG, Art. 5 II. (S. 223): „Der Staat hat zu den Informationsquellen den Weg zu öffnen."; vgl. auch Wandtke/Ohst in Wandtke/Bullinger, Praxiskommentar UrhR Ergänzungsband, § 95b, Rn. 4.

geht nämlich dahin, daß dem Staat die Verantwortung für den Erhalt bzw. die Schaffung der Voraussetzungen freier Information zukommt. Der Staat hat also die Voraussetzungen für einen freien Informationsfluß zu gewährleisten[1248]; insbesondere darf er die Entstehung von Informationsquellen nicht verhindern[1249]. Diese Verantwortung kann sich in Situationen, in denen die Gefahr nicht vom Staat selbst ausgeht, in Schutzpflichten vor grundrechtsgefährdenden Handlungsweisen Dritter konkretisieren[1250]. Die Schutzpflichten des Staates treten dabei insbesondere als Regelungsaufgaben des parlamentarischen Gesetzgebers in Erscheinung; insofern sind sie Maßstab für die verfassungsrechtliche Kontrolle von Handlungen und Unterlassungen der Legislative[1251]. Grundsätzlich ist es im Lichte der Informationsfreiheit also denkbar, daß der Staat im Rahmen seiner Gesetzgebung die tatsächliche Nutzbarkeit urheberrechtlicher Schranken, so auch die Privatkopierfreiheit umfassend sicherstellen muß[1252]; tut er dies nicht, obwohl er dazu gehalten ist, so ist hierin ein zu mißbilligendes legislatives Unterlassen zu erblicken.

Jedoch verbleibt dem Gesetzgeber auch unter Berücksichtigung seiner Schutzpflichten grundsätzlich ein weiter Spielraum[1253]. Eine derart weitgehende Gefährdung der Informationsfreiheit der Allgemeinheit, die eine Verplichtung des Gesetzgebers der in Rede stehenden Art zur Beschränkung des Einsatzes von DRM-Systemen mit sich bringt, könnte daher wohl allenfalls dann angenommen werden, wenn sehr viele oder zumindest die Mehrzahl der Rechteinhaber digitale Privatkopien im Rahmen der Voraussetzungen des § 53 I UrhG gegen Zahlung einer (weiteren) sachlich angebrachten Vergütung nicht gewährten[1254] und der Gebrauch anderer Medien nicht offen stünde, wenn also die Rechteinhaber eine mit Hilfe von DRM-Systemen geschaffene Monopolstellung ausnutzten[1255]. Ob dies irgenwann der Fall sein wird, ist bislang schwer abzusehen. Solange jedenfalls den Nutzern die Möglichkeit verbleibt, die Privatkopienschranke durch analoge Vervielfältigungen wahrzunehmen[1256], ist die in Art. 5 I 1 Alt. 2 GG niedergelegte Informationsfreiheit auch bei Nichtberücksichtigung digitaler Vervielfältigungen in § 95b I 1 Nr. 6, II 1 UrhG

1248 Starck in v. Mangoldt/Klein/Starck, GG, Art. 5 I und II, Rn. 53.

1249 Kannengießer in Schmidt-Bleibtreu/Klein, GG, Art. 5 II. (S. 223).

1250 Vgl. BVerfG Beschl. v. 07.02.1990 – 1 BvR 26/84, BVerfGE 81, 242 (255); BVerfG Beschl. v. 07.07.1992 – 1 BvL 51/86, 50/87 und 1 BvR 873/90, 761/91, BVerfGE 87, 1 (42); Sachs in Sachs, GG, Vorb. Art. 1, Rn. 33.

1251 Starck in v. Mangoldt/Klein/Starck, GG, Art. 1, Rn. 158.

1252 Diese Funktion erfüllt eben § 95b I 1, II UrhG.

1253 Sachs in Sachs, GG, Vorb. Art. 1, Rn. 35.

1254 Vgl. v. Diemar GRUR 2002, 587 (592).

1255 Vgl. Fechner, Geistiges Eigentum, S. 349.

1256 Bislang werden Inhalte weitgehend auch noch im Analogformat auf den Markt gebracht.

gewahrt[1257]. Die Nichtberücksichtigung digitaler Privatkopien in § 95b I 1 Nr. 6, II 1 UrhG ist also unter dem Blickwinkel der Informationsfreiheit nicht zu beanstanden[1258]. Diese Richtung deudet nunmehr auch eine aktuelle Entscheidung des OLG München vom 28.07.2005 an[1259].

cc) Art. 14 II GG (Sozialpflichtigkeit des Eigentums)

Auch unter dem Blickwinkel der in Art. 14 II GG statuierten Sozialpflichtigkeit des geistigen Eigentums[1260] könnte es problematisch sein, daß der Anspruch gemäß § 95b I 1 Nr. 6, II 1 UrhG Kopien zum privaten Gebrauch dann nicht erfaßt, wenn es sich um Vervielfältigungen im digitalen Format handelt. Art. 14 II GG soll nämlich bestimmen, daß die Interessen der Allgemeinheit bei der Regelung eines sozial stark eingebundenen Rechts wie dem Urheberrecht durch die Gewährung von Freiräumen zu berücksichtigen sind; diese Wertungen entsprächen auch den Anforderungen an ein modernes Urheberrecht[1261]. Die Sozialpflichtigkeit des Urheberrechts als geistiges Eigentum soll also den Gesetzgeber dazu anhalten, die tatsächliche Möglichkeit zur Anfertigung digitaler Kopien zu privaten Zwecken und die Kontrollinteressen der Urheber und Werkverwerter in Einklang zu bringen, diesbezüglich also eine gesetzliche Lösung anzubieten[1262]. Indem der Gesetzgeber dieser Verpflichtung nicht nachgekommen ist, habe er sich der Möglichkeit begeben, diesen wichtigen Ausschnitt des urheberrechtlichen Interessenausgleichs selbst zu regeln und überlasse es stattdessen den Rechteinhabern, jene zuzulassen oder nicht[1263]. Auch wenn der Gesetzgeber durchaus Gestaltungsspielraum hat, kann die Beschränkung der Position des Rechteinhabers hinsichtlich seiner Verwertungsinteressen jedoch nur durch ein entsprechendes öffentliches Interesse legitimiert werden[1264]; teilweise ist sogar ein

[1257] Ebenso Schack ZUM 2002, 497 (511); dahingehend auch Stickelbrock GRUR 2004, 736 (741); a. A. offenbar Kröger MMR 2002, 18 (19/21); ders. CR 2001, 316 (321): Unter dem Gesichtspunkt der Informationsfreiheit spiele die Art der Nutzungsform grundsätzlich keine Rolle.

[1258] Im Ergebnis ebenso Wandtke/Ohst in Wandtke/Bullinger, Praxiskommentar UrhR Ergänzungsband, § 95b, Rn. 4.

[1259] Vgl. OLG München Urt. v. 28.07.2005 – 29 U 2887/05 – AnyDVD, S. 12 f.

[1260] Urheberrechtliche Verwertungsrechte fallen als geistiges Eigentum unter das Eigentum i. S. d. Art. 14 GG: BVerfG Beschl. v. 07.07.1971 – 1 BvR 765/66, BVerfGE 31, 229 (238 f.); BVerfG Beschl. v. 04.11.1987 – 1 BvR 1611, 1669/84, BVerfGE 77, 263 (270); Ahlberg in Möhring/Nicolini, UrhG, Einl., Rn. 16; vgl. auch Wendt in Sachs, GG, Art. 14, Rn. 63/22 f.; Rehbinder, Urheberrecht, Rn. 85; siehe auch Hohagen FS Schricker 2005, S. 353 (357).

[1261] Jaeger/Kreutzer, Stellungnahme Regierungsentwurf, S. 3.

[1262] So zu verstehen Jaeger/Kreutzer, Stellungnahme Referentenentwurf, S. 6.

[1263] Jaeger/Kreutzer, Stellungnahme Referentenentwurf, S. 7.

[1264] BVerfG Beschl. v. 10.07.1958 – 1 BvF 1/58, BVerfGE 8, 71 (80); BVerfG Beschl. v. 28.02.1980 – 1 BvL 17/77, 7, 9, 14, 15, 16, 37, 64, 74, 78, 100/78, 5, 16/79 und 1

gesteigertes öffentliches Interesse erforderlich[1265]. Grund und Orientierungspunkt als auch Grenze im Rahmen des Art. 14 II GG ist das Wohl der Allgemeinheit[1266]. Zwar ist die Funktion der Urheberrechtsordnung in ihrer Gestalt als soziales Modell zu beachten[1267]. Solange aber die Möglichkeit besteht, das betreffende Werk in analoger Form ohne unverhältnismäßigen Aufwand genießen und vervielfältigen zu können, ist auch bei Nichtberücksichtigung digitaler Vervielfältigungen in der anspruchsbegründenden Norm des § 95b I 1 Nr. 6, II 1 UrhG nicht davon auszugehen, daß die Sozialpflichtigkeit des geistigen Eigentums zum Wohl der Allgemeinheit hierdurch unzulässigerweise berührt wird[1268]; ein gesteigertes öffentliches Interesse liegt dann nicht vor[1269]. Die Sozialpflichtigkeit des geistigen Eigentums schreibt nämlich nicht vor, daß die Allgemeinheit dieses in bestmöglicher Qualität und mit all seinen Vorteilen genießen können muß. Ansonsten dürfte die Belastung für die Rechteinhaber unverhältnismäßig hoch sein. Vielmehr ist der Grundsatz der Verhältnismäßigkeit zu beachten[1270]; aus diesem geht letztlich hervor, daß der Eigentümer im vermögensrechtlichen Bereich durch Einschränkungen seiner Rechtsposition nicht unzumutbar getroffen werden darf[1271]. Eine verfassungsrechtliche Verpflichtung des Gesetzgebers, von der ihm in der Multimedia-RL in Art. 6 IV Unterabs. 2 eingeräumten Möglichkeit Gebrauch zu machen, kann dem objektiven Gehalt der Sozialpflichtigkeit des Urheberrechts also nicht entnommen werden[1272].

BvR 807/78, BVerfGE 53, 257 (292/294); Wendt in Sachs, GG, Art. 14, Rn. 70; siehe auch BVerfG Beschl. v. 01.07.1981 – 1 BvR 874/77, 322, 324, 472, 543, 694, 752, 753, 754/78; 1 BvL 33/80, 10, 11/81, BVerfGE 58, 81 (110); Depenheuer in v. Mangoldt/Klein/Starck, GG, Art. 14, Rn. 230; vgl. ferner BVerfG Beschl. v. 07.07.1971 – 1 BvR 765/66, BVerfGE 31, 229 (243).

[1265] Siehe BVerfG Beschl. v. 11.10.1988 – 1 BvR 743/86 und 1 BvL 80/86, BVerfGE 79, 29 (41); Berkemann in Umbach/Clemens, GG, Art. 14, Rn. 464; vgl. auch BVerfG Beschl. v. 25.10.1978 – 1 BvR 352/71, BVerfGE 49, 382 (400).

[1266] BVerfG Beschl. v. 15.01.1969 – 1 BvL 3/66, BVerfGE 25, 112 (118); BVerfG Beschl. v. 01.03.1979 – 1 BvR 532, 533/77, 419/78 und 1 BvL 21/78, BVerfGE 50, 290 (340); BVerfG Beschl. v. 12.06.1979 – 1 BvL 19/76, BVerfGE 52, 1 (29); BVerfG Beschl. v. 12.03.1986 – 1 BvL 81/79, BVerfGE 72, 66 (78); BVerfG Beschl. v. 11.10.1988 – 1 BvR 743/86 und 1 BvL 80/86, BVerfGE 79, 29 (41); BVerfG Beschl. v. 16.02.2000 – 1 BvR 242/91, 315/99, BVerfGE 102, 1 (17).

[1267] Berkemann in Umbach/Clemens, GG, Art. 14, Rn. 463.

[1268] Vgl. aber Dreyer in Dreyer/Kotthoff/Mechel, UrhR, § 95b, Rn. 27: Der Schrankenprivilegierte dürfe nicht auf veraltete Techniken verwiesen werden.

[1269] Siehe die parallelen Erwägungen im Rahmen der Informationsfreiheit unter C.II.2.a)bb).

[1270] Vgl. BVerfG Beschl. v. 01.07.1981 – 1 BvR 874/77, 322, 324, 472, 543, 694, 752, 753, 754/78; 1 BvL 33/80, 10, 11/81, BVerfGE 58, 81 (114).

[1271] BVerfG Beschl. v. 14.07.1981 – 1 BvL 24/78, BVerfGE 58, 137 (148) m. w. N.; vgl. auch BVerfG Beschl. v. 10.02.1987 – 1 BvL 15/83, BVerfGE 74, 203 (214 f.); siehe ferner Depenheuer in v. Mangoldt/Klein/Starck, GG, Art. 14, Rn. 231.

[1272] So auch v. Diemar GRUR 2002, 587 (592/593).

Dies ist auch stimmig, hält man sich vor Augen, daß der Gesetzgeber gehalten ist, das vermögenswerte Ergebnis einer schöpferischen Leistung rechtlich dem Urheber zuzuordenen[1273] und ihm eine angemessene Verwertung zu ermöglichen[1274]. Auch aus dem Blickwinkel der in Art. 14 II GG statuierten Sozialpflichtigkeit des geistigen Eigentums ist die Nichtberücksichtigung digitaler Kopien in § 95b I 1 Nr. 6, II UrhG demnach nicht zu beanstanden[1275].

b) Zwischenergebnis

§ 95b I 1 Nr. 6, II 1 UrhG ist in seiner geltenden Fassung, also bereits ohne Berücksichtigung digitaler Privatkopien verfassungskonform[1276]. Dieses Ergebnis ist auch sinnvoll, verdeutlicht man sich, daß der Anspruch auf tatsächliche Ermöglichung des Genusses der Privatkopierschranke (§ 95b I 1 Nr. 6, II 1 UrhG) schon hinsichtlich analoger Vervielfältigungen einen durchaus empfindlichen Eingriff in die Rechtsposition des Rechteinhabers darstellt. Würde der Anspruch auch digitale Kopien erfassen, so wäre dieser Eingriff noch weitreichender[1277]. Wegen des im Gegensatz zu analogen Kopien ausgeprägten Potentials zur Substitution dürfte der in Rede stehende Anspruch bezüglich digitaler Vervielfältigungen sich zudem nur schwerlich damit in Verbindung bringen lassen, daß dem Rechteinhaber grundsätzlich Erwerbsmöglichkeiten aus seinen Werken bzw. Investitionen gesichert werden sollen[1278]. Das Argument hingegen, Rechteinhaber könnten regelmäßig nicht umfassend kontrollieren, was ein privater Nutzer mit seinem digitalen Vervielfältigungsstück nach dessen privilegierter Herstellung macht[1279], so daß der Piraterie Tür und Tor offenstünden[1280], vermag nicht zu überzeugen. Schon der Ausgangspunkt dürfte nicht zutreffend sein: Mit Hilfe von DRM-Systemen müßten

---

1273 BVerfG Beschl. v. 25.10.1978 – 1 BvR 352/71, BVerfGE 49, 382 (392); BVerfG Beschl. v. 04.11.1987 – 1 BvR 1611, 1669/84, BVerfGE 77, 263 (270 f.); BVerfG Beschl. v. 11.10.1988 – 1 BvR 743/86 und 1 BvL 80/86, BVerfGE 79, 29 (40).

1274 Berkemann in Umbach/Clemens, GG, Art. 14, Rn. 463.

1275 Im Ergebnis ebenso Wandtke/Ohst in Wandtke/Bullinger, Praxiskommentar UrhR Ergänzungsband, § 95b, Rn. 5.

1276 Arlt CR 2005, 646 (651); Bornkamm ZUM 2003, 1010 (1012); a. A. Hoeren, Urheberrecht und Verbraucherschutz, S. 30; ders., Internetrecht, S. 110: „schlichtweg unerträglich und verfassungswidrig"; ders. thesenhaft in Picot, DRM, S. 5 (47); ebenfalls a. A. offenbar Hohagen FS Schricker 2005, S. 353 (366): „völlig unakzeptabel".

1277 Goldmann/Liepe ZUM 2002, 362 (363) stellen einen gesteigert empfindlichen Eingriff schon für die Zulässigkeit digitaler Kopien zum privaten Gebrauch gemäß § 53 I UrhG fest.

1278 Ähnlich Goldmann/Liepe ZUM 2002, 362 (365).

1279 Schippan ZUM 2001, 116 (120) will daher schon digitale Kopien von der Privatkopieschranke des § 53 I UrhG ausnehmen; ebenso Paul/Naskret CR 2003, 473 (479).

1280 Paul/Naskret CR 2003, 473 (479); Schippan ZUM 2001, 116 (120).

sich schon heute digitale Vervielfältigungshandlungen besser kontrollieren lassen als analoge. Nicht überzeugend ist ferner die These, es sei einfach Tatsache, daß die Werkkategorie digitale Inhalte sich für die Herstellung von Vervielfältigungsstücken im Rahmen einer nach § 53 I UrhG zulässigen Privatkopie von vornherein nicht eignet[1281]. Schon wegen der Verfassungsgemäßheit des § 95b I 1 Nr. 6, II 1 UrhG ist in seiner geltenden Fassung kann der in Rede stehende Anspruch der nach § 53 I UrhG Privilegierten auf Zurverfügungstellung der erforderlichen Mittel, um auch beim Einsatz technischer Schutzmaßnahmen in den Genuß digitaler Privatkopien zu kommen, nicht im Wege verfassungskonformer Auslegung auf § 95b I 1 Nr. 6, II 1 UrhG gründen[1282]. Die Grenzen der verfassungskonformen Auslegung wären überschreiten, wollte man besagten Anspruch auf diese Weise installieren; der Wille des Gesetzgebers darf nämlich nicht in sein Gegenteil verkehrt werden[1283]. Letzteres wäre dann aber der Fall: Der Gesetzgeber hat von der ihm in Art. 6 IV Unterabs. 2 Multimedia-RL eingeräumten Möglichkeit, auch die digitale Privatkopie durchsetzbar auszugestalten, eben gerade bewußt keinen Gebrauch gemacht, obwohl dies von ihm nicht nur vereinzelt gefordert worden war.

3. Keine nicht normierten Ansprüche

a) Kein Anspruch aus Art. 3 I GG i. V. m. §§ 53 I, 95b I 1 Nr. 6, II 1 UrhG

Es wurde gezeigt, daß die Regelung in § 95b I 1 Nr. 6, II 1 UrhG, wonach digitale Vervielfältigungen keine Berücksichtigung finden, verfassungskonform ist, sie insbesondere auch nicht gegen den allgemeinen Gleichheitssatz des Art. 3 I GG verstößt. Somit kann sich ein Anspruch auf Durchsetzung der Privatkopienschranke für digitale Kopien aus Art. 3 I GG i. V. m. §§ 53 I, 95b I 1 Nr. 6, II 1 UrhG nicht ergeben.

b) Kein Annexanspruch aus § 53 I UrhG

Jede Urheberrechtsschranke, und damit auch die Privatkopienschranke nach § 53 I UrhG soll die legitime Befugnis des von ihr Begünstigten implizieren, von dieser auch faktisch Gebrauch machen zu können[1284]. An-

[1281] So Goldmann/Liepe ZUM 2002, 362 (365).

[1282] Im Ergebnis ebenso Hucko ZUM 2005, 128 (130).

[1283] BVerfG Beschl. v. 26.04.1994 – 1 BvR 1299/89 und 1 BvL 6/90, BVerfGE 90, 263 (275) m. w. N.; BVerfG Urt. v. 28.05.1993 – 2 BvF 2/90 und 4, 5/92, BVerfGE 88, 203 (331 f.) m. w. N.; BVerfG Beschl. v. 22.10.1985 – 1 BvL 44/83, BVerfGE 71, 81 (105); BVerfG Beschl. v. 11.06.1980 – 1 PBvU 1/79, BVerfGE 54, 277 (299 f.); BVerfG Beschl. v. 30.06.1964 – 1 BvL 16, 17, 18, 19, 20, 21, 22, 23, 24, 25/62, BVerfGE 18, 97 (111); BVerfG Beschl. v. 11.06.1958 – 1 BvL 149/52, BVerfGE 8, 28 (28/33 f.); vgl. auch BVerfG Beschl. v. 27.11.1990 – 1 BvR 402/87, BVerfGE 83, 130 (144).

[1284] So Spindler GRUR 2002, 105 (118).

gedacht werden kann mit Blick auf diese These ein mit § 95b I 1 Nr. 6, II 1 UrhG inhaltsgleicher, in § 53 I UrhG implizit begründeter Anspruch auch bezüglich digitaler Vervielfältigungen, also quasi ein Annexanspruch aus besagter Urheberrechtsschranke[1285]. Die Annahme eines solchen Anspruchs würde allerdings nicht ausreichend würdigen, daß die Zulässigkeit eines urheberrechtlich relevanten Verhaltens und ein Anspruch auf Ermöglichung eben dieses Verhaltens zwei Paar Schuhe sind: Ersteres richtet sich nach den Urheberrechtsschranken, letzteres nicht. Urheberrechtsschranken haben dogmatisch lediglich Rechtfertigungscharakter gegen die Inanspruchnahme des Rechteinhabers wegen Verletzung ihm ausschließlich zustehender Rechte, nicht hingegen Anspruchscharakter[1286]. Dem privaten Nutzer wird durch § 53 I UrhG somit kein gesetzliches Nutzungsrecht auf Vornahme von Vervielfältigungshandlungen im Sinne eines Anspruchs eingeräumt[1287], mit dessen Hilfe er sich Zugang zu technisch geschützten Inhalten oder Kopien hiervon verschaffen könnte[1288]. Dies verdeutlicht schon die in § 53 I UrhG geregelte Rechtsfolge: Es ist die Rede von Zulässigkeit. Zulässigkeit bedeutet nun aber nicht einen Anspruch auf Ausführung eines Vorhabens unter allen Umständen[1289]. Das gefundene Ergebnis gilt umso mehr seit Einführung der §§ 95a ff. UrhG, insbesondere des Anspruchs nach § 95b II 1 UrhG. Nähme man einen Anspruch direkt aus § 53 I UrhG an, so würde man die hierin manifestierten Wertungen des Gesetzgebers, welcher diese Normen vor allem unter dem Eindruck des Potentials digitaler Vervielfältigungen sowie der DRM-Technik erlassen hat, kontakarieren. Der angedachte Annexanspruch aus § 53 I UrhG besteht folglich nicht[1290].

c) Kein Anspruch aus der Vergütungpflicht nach §§ 54, 54a UrhG

Vereinzelt wird ein Anspruch auf Durchsetzung der Privatkopienschranke für digitale Kopien offenbar unmittelbar aus der Vergütungspflicht gemäß der §§ 54, 54a UrhG diskutiert und schließlich abgeleht[1291]. Dem ist

1285 Vgl. Trayer, Technische Schutzmaßnahmen, S. 144 ff.

1286 Siehe A.V.4.d).

1287 Ebenso Hohagen FS Schricker 2005, S. 353 (354 ff./360): § 53 UrhG als „objektiv-rechtliche Grenze“ des ausschließlichen Vervielfältigungsrechts des Urhebers; Stickelbrock GRUR 2004, 736 (740).

1288 Schack ZUM 2002, 497 (504); v. Diemar GRUR 2002, 587 (588/592); Goldmann/Liepe ZUM 2002, 362 (365); a. A. offenbar Holznagel/Brüggemann FS Kilian, S. 423 (442).

1289 Ebenso Goldmann/Liepe ZUM 2002, 362 (365).

1290 Dies vereinbart sich auch mit der Erwägung, daß § 53 I UrhG allein das Vervielfältigungsrecht des Rechteinhabers beschränken kann, weitere am entsprechenden Inhalt ggf. bestehende Leistungsschutzrechte hingegen nicht, vgl. Goldmann/Liepe ZUM 2002, 362 (365).

1291 So Hohagen FS Schricker 2005, S. 353 (360); Stickelbrock GRUR 2004, 736 (740 f.).

im Ergebnis zuzustimmen: Es existiert eben – jedenfalls in diese Richtung – kein Äquivalent zum Vergütungsanspruch des Rechteinhabers im Sinne eines Rechts zur Privatvervielfältigung. Ansonsten würden Ursache und Wirkung vertauscht: Die pauschale Vergütungspflicht ist Folge des Privatkopienprivilegs[1292], nicht andersrum. Insbesondere richtet sich die Pauschale unmittelbar auch nicht gegen die Nutzer, sondern vielmehr gegen die Hersteller, Importeure und Vertreiber entsprechender Medien[1293].

4. Ergebnis

Nutzer haben grundsätzlich keinen Anspruch darauf, daß der Rechteinhaber sein Werk in einer Form veröffentlicht, welche private Kopien zuläßt[1294]. Einzige Ausnahme hiervon sind die gesetzlich vorgesehenen Ansprüche nach § 95b II 1 i.V.m. I 1 Nr. 6 UrhG im Rahmen der entsprechenden Voraussetzungen. Ein Anspruch auf Zurverfügungstellen der erforderlichen Mittel zum Genuß des Privatkopienprivilegs hinsichtlich digitaler Vervielfältigungen ist hiernach allerdings nicht vorgesehen. Insofern kommt es auch nicht darauf an, ob man sich im Kontext interaktiver Dienste i.S.d. § 95b III UrhG befindet oder nicht[1295]. Ein „Recht auf digitale Privatkopie" besteht demnach nicht und ist somit begrifflich verfehlt[1296]. Diese Auffassung scheint auch das BVerfG zu teilen, daß sich in seinem Beschluß vom 25.07.2005[1297] die Möglichkeit nicht nehmen lies, entsprechende Andeutungen zu machen, obwohl es im Rahmen der konkret zu treffenden Entscheidung keineswegs erforderlich gewesen wäre.

III. Zusammenfassung

Dem materiellen Urheberrecht gemäß können unter den Voraussetzungen des § 53 UrhG Vervielfältigungen zum privaten Gebrauch hergestellt

[1292] Siehe E.I.1. und 2.a).

[1293] Siehe E.I.2.a).

[1294] Dies galt auch schon gemäß der alten Rechtslage vor Inkrafttreten der Novellierung des UrhG am 13.09.2003, siehe Schack ZUM 2002, 497 (504).

[1295] Spindler GRUR 2002, 105 (119) geht bei seiner Aussage, der Vertrieb etwa technisch geschützter Musikwerke in Digitalformat über das Internet werde im Gegensatz zur körperlichen Weiterverbreitung bessergestellt, offensichtlich davon aus, daß eine Aufnahme des Privilegs für digitale Privatkopien in den Katalog des § 95b I 1 UrhG erfolgen würde.

[1296] Krings spricht daher etwa vom „Recht an der Privatkopie" oder der „rechtlichen Duldung der Vervielfältigung", wiedergegeben von Trinkl K&R 2004, 584 (585).

[1297] BVerfG Beschl. v. 25.07.2005 – 1 BvR 2182/04, abgerufen (09.09.2005) unter http://www.affiliateundrecht.de/bverfg-verfassungsbeschwerde-gegen-kopierschutz-regelungen-1-BvR-2182–04.html.

werden. Dies umfaßt auch digitale Kopien, nunmehr sogar ausweislich des Gesetzeswortlautes. Voraussetzung ist, daß die verwandte Kopiervorlage nicht offensichtlich rechtswidrig hergestellt worden ist. Dieses Merkmal ist bislang nicht abschließend geklärt und Gegenstand fortdauernder Diskussion. Denkbar ist, in bestimmten Sachverhaltskonstellationen, vordringlich im Internetkontext, das Vorliegen der Rechtswidrigkeit der Herstellung der Kopiervorlage zu vermuten. Allein die Tatsache, daß die verwandte Kopiervorlage selbst erst durch die Umgehung von DRM-Technik ermöglicht wurde, macht deren Herstellung allerdings nicht rechtswidrig im Sinne des § 53 I UrhG. Auch wird die verwandte (originale) Kopiervorlage hierdurch nicht rechtswidrig im Sinne des Tatbestandes.

Ansprüche der Nutzer, die auf die Ermöglichung des Genusses des Privatkopienprivilegs bezüglich digitaler Inhalte gerichtet sind, bestehen nach geltendem Recht nicht. Solche können vordringlich nicht an einer verfassungskonforme Auslegung des § 95b I 1, II UrhG anknüpfen. Diese Regelung ist trotz der Nichtberücksichtigung digitaler Vervielfältigungen nicht verfassungswidrig.

D. Gesetzliche Sanktionen zum Schutz des Rechteinhabers

Für den wirtschaftlichen Erfolg des Einsatzes von DRM-Technik und entsprechender (neuer) Geschäftsmodelle des Informationszeitalters ist das Instrumentarium der Sanktionen zum Schutz der Rechteinhaber unabdingbar[1298]. Hierfür können gesetzliche Sanktionen ebenso fruchtbar sein wie vertragliche. Im Folgenden soll im Schwerpunkt das gesetzliche Sanktionensystem zum Schutz des Einsatzes von DRM-Systemen dargestellt werden, welches parallel zu dem wegen materiellen Urheberrechtsverletzungen besteht. Hierein sind europäische Vorgaben eingeflossen: Die Multimedia-RL enthält in Art. 8 grobe Vorgaben für den Fall der Verletzung von in ihr festgelegten Rechten und Pflichten[1299]. So ist in Art. 8 I insbesondere vorgesehen, daß die Mitgliedstaaten angemessene Sanktionen und Rechtsbehelfe zum Schutz der Integrität von DRM-Systemen bieten; diese müssen wirksam, verhältnismäßig und abschreckend sein. Die Verwirklichung dieser Ziele ist den einzelnen Mitgliedstaaten im Rahmen der jeweils nationalen Rechtsordnung überlassen. Zu unterscheiden sind die rechtlichen Folgen wegen der (aktiven) Umgehung von DRM-Systemen von denjenigen wegen des gesetzlichen Vorfeldschutzes. Auch an die Manipulation elektronischer Informationen zur Wahrnehmung der Rechte sind rechtliche Sanktionen geknüpft. Die Rechtsordnung bemüht sich durch die Kombination zivilrechtlicher Ansprüche einerseits sowie Straf- und Ordnungswidrigkeitstatbeständen andererseits um eine jeweils angemessene Sanktionierung[1300]. Der Gesetzgeber hat sich bei den speziellen Vorschriften an den Sanktionsvorschriften des ebenfalls noch relativ neuen ZKDSG orientiert[1301]. Dieser Gleichklang soll auch geboten gewesen sein, da das ZKDSG ebenfalls auf europäische Vorgaben zurückzuführen ist[1302]. Die strafrechtliche sowie ordnungsbehördliche Ahndung dürfte auch mit der Intention der nunmehr erlassenen Richtlinie zur Durchsetzung der Rechte des geistigen Eigentums[1303] konform gehen[1304]. Soweit Sanktionen sich an

---

1298 Reinbothe ZUM 2003, 27 (33); ähnlich Dusollier EIPR 1999, 285 (285).

1299 Siehe Spindler GRUR 2002, 105 (119 f.); Dreier ZUM 2002, 28 (40 f.); Flechsig ZUM 2002, 1 (17 f.); Reinbothe GRUR Int. 2001, 733 (742 f.); Kröger CR 2001, 316 (323).

1300 Vgl. Flechsig in Loewenheim, Hdb UrhR, § 91, Rn. 2.

1301 Pakuscher, wiedergegeben von Zecher ZUM 2002, 451 (452).

1302 Flechsig in Loewenheim, Hdb UrhR, § 90, Rn. 119/§ 91, Rn. 7.

1303 Richtlinie 2004/48/EG des Europäischen Parlaments und des Rates vom 29.04.2004, abgedruckt in GRUR Int. 2004, 615; siehe Frey ZUM 2004, 522 ff.; Ellard CRi 2004, 65 ff.

1304 Vgl. Flechsig in Loewenheim, Hdb UrhR, § 90, Rn. 118.

die §§ 95a ff. UrhG anknüpfen, scheiden sie wegen § 69a V UrhG aus, wenn der technisch geschützte Inhalt Computerprogramme sind[1305]. Allerdings regelt § 69f I, II UrhG[1306] insoweit einen Vernichtungsanspruch des Rechteinhabers gegen den Eigentümer oder Besitzer von Umgehungsvorrichtungen.

I. Zivilrechtliche Sanktionen: Ansprüche des Rechteinhabers

Zivilrechtliche Sanktionen in Gestalt von Ansprüchen des Rechteinhabers können entweder an die Umgehung von DRM-Systemen selbst oder an Vorbereitungsmaßnahmen hierzu anknüpfen, als auch an die hierdurch erst ermöglichte und sich regelmäßig anschließende Verletzung ausschließlicher urheberrechtlicher Rechtspositionen. Insofern muß strikt unterschieden werden[1307]. Die an ein jeweiliges Ereignis anknüpfenden Ansprüche stehen grundsätzlich in Anspruchskonkurrenz[1308]. Zu trennen sind ferner Ansprüche aus der Verletzung des § 95a UrhG von denen wegen Verstoßes gegen § 95c UrhG. Ansprüche wegen Nichtbefolgung des § 95a UrhG stehen zu solchen wegen Mißachtung des § 95c UrhG in Konkurrenz[1309]. Anspruchsgegner ist derjenige, der technische Schutzmaßnahmen aktiv, d.h. in eigener Person umgeht bzw. wer hierzu einen sonstigen (Vorfeld-)Beitrag leistet.

1. Urheberrechtliche Ansprüche

a) Ansprüche aufgrund der Umgehung technischen Schutzes

Bei an den §§ 95a ff. UrhG anknüpfenden Ansprüchen des Rechteinhabers dürfte es sich wegen des Charakters dieser Normen zwar nicht um urheberrechtliche im eigentlichen Sinn handeln[1310]; sie werden wegen ihrer Sachnähe sowie ihrer systematischen Stellung im UrhG aber dennoch vorliegend als solche eingeordnet. Besagte Ansprüche gründen auf den §§ 97 ff. UrhG[1311].

[1305] Vgl. Hildebrandt in Wandtke/Bullinger, Praxiskommentar UrhR Ergänzungsband, § 108b, Rn. 1/4.

[1306] Ausführlich unter D.III.1.a).

[1307] Vgl. Peukert in Loewenheim, Hdb UrhR, § 82, Rn. 4/25; Bechtold in Hoeren/Sieber, Multimediarecht, Kap. 7.11, Rn. 98.

[1308] Peukert in Loewenheim, Hdb UrhR, § 82, Rn. 27.

[1309] Wandtke/Ohst in Wandtke/Bullinger, Praxiskommentar UrhR Ergänzungsband, § 95a, Rn. 90/§ 95c, Rn. 34; vgl. auch Bechtold in Hoeren/Sieber, Multimediarecht, Kap. 7.11, Rn. 46.

[1310] Vgl. B.IV.1.a)bb)(2)(a).

[1311] Zur Geltendmachung von Ansprüchen, die an eine Verletzung der §§ 95a, c UrhG anknüpfen, kommt der Gerichtsstand der unerlaubten Handlung nach § 32 ZPO in Betracht, siehe Pleister/Ruttig MMR 2003, 763 (767).

aa) Zur Anspruchsgrundlage

Hinsichtlich der zivilrechtlichen Rechtsfolgen von Verstößen im Umfeld der Umgehung von DRM-Systemen oder der Manipulation von Informationen zur Rechtswahrnehmung einschließlich entsprechender Vorbereitungs- bzw. Anschlußhandlungen (§§ 95a, c UrhG) existiert keine spezielle Normierung. Es ist insofern auf die allgemeine Vorschrift des § 97 UrhG zurückzugreifen[1312]. Wegen des Bezugs der §§ 95a ff. UrhG zum Urheberrecht ist die Anwendung der allgemeinen Vorschriften des BGB, vorliegend der §§ 823 II, 1004 BGB[1313], hingegen fernliegend, bietet § 97 UrhG doch die sachnähere Regelung[1314]. Dieser Sachnähe steht auch nicht entgegen, daß der Schutz technischer Schutzmaßnahmen mit dem Umfang des materiellen Urheberrechts nicht deckungsgleich ist[1315]. Daran, daß § 97 UrhG heranzuziehen ist, ändert auch nichts, daß für die besagten BGB-Vorschriften durchaus spricht, daß der Gesetzgeber eine entsprechende klarstellende Regelung dem § 97 UrhG nicht zur Seite gestellt hat[1316]. Auch der Gesetzgeber geht offensichtlich davon aus, daß § 97 UrhG heranzuziehen ist. Zum Teil wird mehr oder weniger explizit angenommen, § 97 UrhG könne direkt herangezogen werden[1317]. Das ist jedoch nicht richtig: Da in den §§ 95a ff. UrhG das materielle Urheberrecht als solches nicht erweitert und auch kein neues Leistungsschutzrecht statuiert wird[1318], § 97 UrhG jedoch eine „Rechtsverletzung" voraussetzt, kann diese Anspruchsgrundlage nur zu analoger Anwendung

---

[1312] Peukert in Loewenheim, Hdb UrhR, § 82, Rn. 6; im Ergebnis ebenso Schmid/Wirth, UrhG, § 95a, Rn. 1/11; Pleister/Ruttig MMR 2003, 763 (766), ausdrücklich jedoch nur bezüglich von Verstößen gegen § 95a III UrhG; ebenso offenbar Haedicke FS Dietz, S. 349 (360).

[1313] Dreyer in Dreyer/Kotthoff/Mechel, UrhR, § 95a, Rn. 43 ff./105/§ 95c, Rn. 24: Verstöße gegen die §§ 95a, c UrhG brächten allein Ansprüche aus den §§ 823 II, 1004 BGB mit sich, vgl. zu entsprechenden Folgefragen dies. a.a.O., Rn. 45; für § 823 II BGB als heranzuziehende Anspruchsgrundlage auch Wandtke/Ohst in Wandtke/Bullinger, Praxiskommentar UrhR Ergänzungsband, § 95a, Rn. 89; Enders ZUM 2004, 593 (600) will sogar eine dahingehende herrschende Auffassung erkennen.

[1314] Unzutreffend daher OLG München Urt. v. 28.07.2005 – 29 U 2887/05 – AnyDVD, S. 18; ebenfalls schon die Vorinstanz LG München I Urt. v. 07.03.2005 – 21 O 3220/05, K&R 2005, 329 (331). Beide Urteile ziehen die §§ 823 II, 1004 BGB begründungslos als Anspruchsgrundlage heran.

[1315] Unzutreffend daher Schack, UrhR, Rn. 732l.

[1316] Bechtold in Hoeren/Sieber, Multimediarecht, Kap. 7.11, Rn. 63.

[1317] Bechtold in Büllesbach/Dreier, Information im 21. Jahrhundert, S. 145 (160); ders. in Hoeren/Sieber, Multimediarecht, Kap. 7.11, Rn. 63 unter Anführung des absolut wirkenden Verbotes des § 95a I UrhG; Wandtke/Ohst in Wandtke/Bullinger, Praxiskommentar UrhR Ergänzungsband, § 95a, Rn. 89; Hoeren, Urheberrecht und Verbraucherschutz, S. 36/37; ders., Internetrecht, S. 160; Schwarz-Gondek TKMR 2003, 250 (255); Hertin, UrhR, Rn. 226.

[1318] Seinem Wortlaut gemäß ist § 95a UrhG als Verbot formuliert: „... dürfen ... nicht ..." (§ 95a I UrhG) bzw. „Verboten sind ..." (§ 95a III UrhG).

kommen[1319]. Ob man § 97 UrhG direkt oder analog heranzieht, ändert im Ergebnis allerdings nichts. Das Umgehen von DRM-Systemen kann somit direkt oder analog gemäß § 97 UrhG verschiedene zivilrechtliche Ansprüche des Verletzten mit unterschiedlichen Anspruchszielen nach sich ziehen[1320]. Dieses Ergebnis ist auch vor dem Hintergrund stimmig, daß § 95a UrhG, insbesondere § 95a I UrhG, den einzelnen Rechteinhaber schützen will, der sich moderner technischer Maßnahmen zum Schutz seiner Inhalte bedient[1321]. Wollte man an einen Verstoß gegen § 95a UrhG Ansprüche nach § 97 UrhG nicht knüpfen, etwa unter Berufung auf den bloßen Verbotscharakter der Norm[1322], so liefe das der Intention des Gesetzgebers zuwider. Insbesondere kann der Wortlaut des § 95a UrhG hierzu nicht fruchtbar gemacht werden, hat der Gesetzgeber doch die Multimedia-RL insoweit mit dem Ziel möglichst weitgehender Harmonisierung eben bewußt nicht „sprachlich verdichtet“[1323].

bb) Anspruchsinhaber, Anspruchsgegner

Inhaber eines Anspruchs aus der Verletzung des § 95a UrhG ist jeweils derjenige, in dessen Rechtskreis eingegriffen wird. Im Rahmen des § 95a I UrhG ist das derjenige, dessen urheberrechtliche Befugnisse durch das eingesetzte DRM-System abgesichert werden[1324]. Die Aktivlegitimation deckt sich insofern mit derjenigen hinsichtlich der Verletzung der gesetzlichen Primärbefugnisse[1325]. Insoweit besteht also ein Gleichlauf der Ansprüche hinsichtlich der Verletzung von Urheberrechten einerseits sowie bezüglich der Umgehung entsprechender DRM-Systeme zum Schutz dieser Rechtsposition andererseits. Zwar ist zwischen Ansprüchen wegen Verletzung einer materiellen Rechtsposition und Verstoß gegen § 95a UrhG streng zu unterscheiden, jedoch ändert dies nichts daran, daß diese beiden Ebenen miteinander verwoben sind: Erwägungen auf der einen Ebene können daher ohne Verstoß gegen besagte Differenzierung auch auf die andere maßgeblich ausstrahlen. Anspruchsverpflichteter ist jeder, der einen Tatbestand der §§ 95a, c UrhG in verantwortlicher Weise ver-

[1319] Vgl. Trayer, Technische Schutzmaßnahmen, S. 137 f.; Fallenböck/Haberler ecolex 2002, 262 (266); weitergehend Dreyer in Dreyer/Kotthoff/Mechel, UrhR, § 95a, Rn. 43: Aus besagtem Grund müßten die §§ 97 ff. UrhG gar ausscheiden.

[1320] A. A. Spieker GRUR 2004, 475 (480/482): Jedenfalls aus der Verletzung von § 95a UrhG ergäben sich keine Ansprüche aufgrund der §§ 97 ff. UrhG.

[1321] Offenbar a. A. Spieker GRUR 2004, 475 (477): § 95a UrhG wolle (vordringlich) die Gesamtheit der Rechteinhaber als solche begünstigen.

[1322] So offenbar Spieker GRUR 2004, 475 (477).

[1323] Ausdrücklich BT-Dr. 15/38, S. 26.

[1324] Peukert in Loewenheim, Hdb UrhR, § 82, Rn. 29; zur Aktivlegitimation siehe ferner ders. in Loewenheim, Hdb UrhR, § 82, Rn. 29 ff.; Wand, Technische Schutzmaßnahmen, S. 104.

[1325] Peukert in Loewenheim, Hdb UrhR, § 82, Rn. 30.

wirklicht[1326]. Im Gegensatz zu Konstellationen des § 95a I UrhG müssen bei der Verletzung des § 95a III UrhG neben den Rechteinhabern[1327] letztlich auch die Hersteller von DRM-Systemen aktivlegitimiert sein[1328], schon um § 95a III UrhG gegen sein Leerlaufen zu sichern[1329]: Andernfalls müßten die Hersteller mangels rechtlicher Handhabe nämlich tatenlos zusehen, wie Umgehungsmittel verbreitet werden, was zur Folge hat, daß ihre Produkte am Markt nicht mehr nachgefragt werden[1330]. Die Entwicklung auf dem Feld der DRM-Technik könnte hierdurch gehemmt werden. Welche Rechte ein Hersteller hinsichtlich der von ihm entwickelten DRM-Technik hat[1331], kann indes nicht berücksichtigt werden[1332], würde dies doch verkennen, daß es sich bei den §§ 95a ff. UrhG um einen Schutz zugunsten desjenigen handelt, der technische Maßnahmen zur Sicherung seiner Inhalte einsetzt, und besagte Hersteller regelmäßig an den geschützten Inhalten eben keine Rechte innehaben. Da § 95a III UrhG dahingehend zu verstehen ist, daß er Vorbereitungshandlungen der eigentlichen Umgehung technischer Schutzmaßnahmen unabhängig davon erfaßt, ob diese letztlich urheberrechtlich geschützte Inhalte sichern[1333], dürften nicht nur die Inhaber urheberrechtlicher Positionen aktivlegitimiert zur rechtlichen Bekämpfung von Verstößen gegen besagte Vorschrift sein, sondern vielmehr jeder, der technische Schutzmaßnahmen einsetzt, welche mit Hilfe entsprechender Vorbereitungshandlung umgangen werden kann.

cc) Anspruchsziele

Nach § 97 I UrhG analog kann der Rechteinhaber unter den dort genannten weiteren Voraussetzungen denjenigen auf Beseitigung der Beeinträchtigung, Unterlassung im Fall der Wiederholungsgefahr[1334], Scha-

---

1326 Siehe Peukert in Loewenheim, Hdb UrhR, § 82, Rn. 32.

1327 Das sind die originären Rechteinhaber oder die Inhaber eines absoluten Nutzungsrechts, nicht hingegen lediglich einfach nutzungsberechtigte Parteien, siehe A.II.1.c). Dies ergibt sich letztlich daraus, daß die an einen Verstoß gegen § 95a UrhG anknüpfenden Ansprüche die Folge einer ausschließlich wirkenden Rechtsposition sind.

1328 A. A. Bechtold in Hoeren/Sieber, Multimediarecht, Kap.7.11, Rn. 114, der a. a. O. in Rn. 113 jedoch selbst zubilligt und sogar nicht zu knapp darlegt, daß ein praktisches Bedürfnis an der Aktivlegitimation der Hersteller besteht.

1329 Im Ergebnis ebenso Pleister/Ruttig MMR 2003, 763 (766).

1330 Pleister/Ruttig MMR 2003, 763 (766).

1331 Etwa patentrechtlicher Schutz.

1332 Ebenso Bechtold in Hoeren/Sieber, Multimediarecht, Kap.7.11, Rn. 66.

1333 Siehe B.VI.2.d)aa)(1).

1334 Peukert in Loewenheim, Hdb UrhR, § 82, Rn. 7. Nach Spieker GRUR 2004, 475 (480) soll insbesondere ein am Verstoß gegen § 95a UrhG ansetzender Unterlassungsanspruch von der Multimedia-RL nicht geboten gewesen sein: Diese verlange lediglich „angemessenen Rechtsschutz", der jedenfalls durch § 108b UrhG und § 111a UrhG gewährleistet werde.

densersatz[1335] oder Herausgabe des Gewinns in Anspruch nehmen, welcher gegen die §§ 95a, c UrhG verstößt. Ein Anspruch auf Ersatz eines immateriellen Schadens (§ 97 II UrhG analog) dürfte hingegen ausscheiden, da Voraussetzung hierfür die Verletzung von Urheberpersönlichkeitsrechten ist, welche allein durch Manipulation an DRM-Systemen nicht begangen, sondern vielmehr nur ermöglicht oder verschleiert werden kann[1336].

b) Haftung aufgrund materieller Urheberrechtsverletzung

Sofern sich an die Umgehung technischen Schutzes ein materiell urheberrechtsverletzendes Verhalten anschließt, ist für dieses gemäß § 97 UrhG zu haften[1337]. Dabei kann auch derjenige, der ohne eigenes Verschulden adäquat kausal zu einer Urheberrechtsverletzung beigetragen hat, grundsätzlich gemäß § 97 UrhG auf Unterlassung oder Beseitigung in Anspruch genommen werden, nämlich in seiner Eigenschaft als Störer: Ausreichende Tathandlung kann insofern schon die Unterstützung einer urheberrechtswidrigen Handlung eines Dritten sein, auch wenn dieser völlig eigenverantwortlich gehandelt hat; eine Begrenzung erfahren diese Grundsätze allerdings durch Erwägungen der Zumutbarkeit[1338]. Anspruchsverpflichteter kann demnach entweder der Umgehende selbst, sonst ein Dritter oder gar eine dem § 95a III UrhG zuwiderhandlende Person[1339] sein: Begeht der Umgehende selbst eine materiell urheberrechtswidrige Handlung, so ist er bezüglich dieser anspruchsverpflichtet. Die Umgehung technischen Schutzes stellt aber gleichfalls eine materiell-urheberrechtlich relevante Beitragshandlung gemäß der Grundsätze der Störerhaftung dar[1340]: Verletzt also ein Dritter im Anschluß an die Umgehung das materielle Urheberrecht, so haftet dieser selbst und nach den Grundsätzen der Störerhaftung zudem derjenige, der den technischen Schutz umgangen hat. Darüber hinaus kommen nach gleichen Grundsät-

---

[1335] Siehe Peukert in Loewenheim, Hdb UrhR, § 82, Rn. 8 ff.

[1336] Peukert in Loewenheim, Hdb UrhR, § 82, Rn. 16.

[1337] Arlt MMR 2005, 148 (150 f.).

[1338] Vgl. BGH Urt. v. 15.10.1998 – I ZR 120/96 – Möbelklassiker, GRUR 1999, 418 (419 f.); BGH Urt. v. 12.06.1963 – Ib ZR 23/62 – Tonbänder-Werbung, 1964, 91 (92 f.); BGH Urt. v. 29.05.1964 – Ib ZR 4/63 – Personalausweise, BGHZ 42, 118 ff.; BGH Urt. v. 22.01.1960 – I ZR 41/58 – Werbung für Tonbandgeräte, GRUR 1960, 340 (343 f.); siehe auch Haedicke GRUR 1999, 397 (397 f/399 ff.); v. Wolff in Wandtke/Bullinger, Praxiskommentar UrhR, § 97, Rn. 13 f m.w.N; Wild in Schricker, UrhR, § 97, Rn. 35/37 m. w. N.; Vinck in Loewenheim, Hdb UrhR, § 81, Rn. 15; Dreier in Dreier/Schulze, UrhG, § 97, Rn. 33 m.w.N; Meckel in Dreyer/Kotthoff/Mechel, UrhR, § 97, Rn. 12.

[1339] Bestätigt durch OLG München Urt. v. 28.07.2005 – 29 U 2887/05 – AnyDVD, S. 19 f.

[1340] Zurückhaltender Bechtold in Hoeren/Sieber, Multimediarecht, Kap.7.11, Rn. 98.

zen auch Ansprüche gegen denjenigen in Betracht, der die Umgehung durch vorbereitende Handlungen i. S. d. § 95a III UrhG erst ermöglicht hat. Letztere Norm untersagt die die eigentliche Umgehung technischer Schutzmaßnahmen unterstützenden Vorfeldhandlungen wegen deren großen Schädigungspotentials. Das rechtfertigt es, diese für die spätere Umgehung und materielle Urheberrechtsverletzung kausalen Verursachungsbeiträge nach den Grundsätzen der Störerhaftung zu behandeln[1341]. Es liegt nicht fern, daß die Haftungsvoraussetzungen der Störerhaftung regelmäßig vorliegen, sofern die Merkmale des § 95a III UrhG erfüllt sind. Im Regelfall werden daher Ansprüche wegen Verletzung des § 95a III UrhG und aus materiell-urheberrechtlicher Störerhaftung nebeneinander[1342] bestehen.

c) Keine Ansprüche aufgrund der §§ 98, 99 UrhG

Redet man im Kontext der vorliegenden Arbeit über Ansprüche aus § 98 UrhG oder gemäß den §§ 99 i. V. m. 98 UrhG, so sind als Bezugspunkt Vervielfältigungsstücke und Vervielfältigungsvorrichtungen einerseits und Vorrichtungen zur Umgehung technischer Schutzmaßnahmen i. S. d. § 95a II UrhG andererseits[1343] zu unterscheiden[1344]: Während erstere und zweitere als Bezugspunkt quasi die materiellrechtliche Ebene spiegeln, haben letztgenannte Umgehungsvorrichtungen Bezug zu den §§ 95a ff. UrhG.

aa) Hinsichtlich Vervielfältigungsstücken und Vervielfältigungsvorrichtungen

Sofern die zugrunde liegende Vervielfältigung urheberrechtlich zulässig ist[1345], scheiden Ansprüche auf Vernichtung oder Überlassung von angefertigten Vervielfältigungsstücken (§ 98 UrhG) oder der entsprechenden Vervielfältigungsvorrichtungen (§ 99 UrhG) allein wegen der Umgehung technischer Schutzmaßnahmen[1346] aus[1347]. Denn Voraussetzung hierfür

---

1341 OLG München Urt. v. 28.07.2005 – 29 U 2887/05 – AnyDVD, S. 20.

1342 Während § 95a III UrhG an der Umgehung technischen Schutzes ansetzt, knüpft die Störerhaftung an der regelmäßig nachfolgenden materiellen Urheberrechtsverletzung an.

1343 Vervielfältigungsvorrichtungen müssen nicht denknotwendig identisch mit Vorrichtungen zur Umgehung technischer Schutzmaßnahmen sein. Ein Gerät kann vielmehr entsprechende, zu unterscheidende Komponenten in sich vereinen: Stichwort Multifunktionsgeräte.

1344 Ungenau Hertin, UrhR, Rn. 226.

1345 Etwa aufgrund urheberrechtlicher Schranken, z. B. § 53 I UrhG, oder mangels urheberrechtlicher Schutzfähigkeit des Inhalts.

1346 Zu einschlägigen Fallkonstellationen siehe Peukert in Loewenheim, Hdb UrhR, § 82, Rn. 20.

1347 A. A. Wandtke/Ohst in Wandtke/Bullinger, Praxiskommentar UrhR Ergänzungsband, § 95a, Rn. 89; offenbar auch Hertin, UrhR, Rn. 226.

ist, daß diese (urheber-)rechtswidrig hergestellt oder verbreitet wurden oder zumindest zur rechtswidrigen Verbreitung bestimmt sind. Dies beurteilt sich allerdings ausschließlich nach den Vorschriften über die urheberrechtlichen Verwertungsrechte (§§ 15 ff. UrhG) sowie den korrespondierenden Schranken (§§ 44a ff. UrhG). Die Umgehung technischer Schutzmaßnahmen und deren rechtliche Würdigung gemäß der §§ 95a ff. UrhG ist indes eine hiervon strikt abzuschichtende Frage[1348]. Die Ansicht, auch die aufgrund einer unerlaubten Umgehung von DRM-Systemen ermöglichte Herstellung von Vervielfältigungsstücken sei als rechtswidrig im Sinne der §§ 98, 99 UrhG anzusehen[1349], mag vor dem Hintergrund der Vorgaben der Multimedia-RL[1350] im Ergebnis zwar opportun sein, stellt sich nach obig Erläutertem jedoch als Überstrapazierung der gesetzlichen Vorschriften dar und kann daher nicht überzeugen. Besagtes Verständnis drängt sich auch nicht im Wege europarechtskonformer Auslegung auf[1351]. Auch der Hinweis auf die parallele Schutzrichtung der §§ 95a, c UrhG mit den §§ 98, 99 UrhG[1352] vermag hieran nichts zu ändern. Es ist regelmäßig weder Sache der Rechtswissenschaft noch der Rechtsprechung, klare gesetzliche Regelungen zu korrigieren. Die §§ 98, 99 UrhG können mit dem Anknüpfungspunkt der Manipulationen an technischen Schutzmaßnahmen bzw. Handlungen im Zusammenhang hiermit auch nicht analog zur Anwendung kommen, da der Gesetzgeber sehenden Auges[1353] eine entsprechende Regelung nicht geschaffen hat und somit eine planwidrige Regelungslücke nicht angenommen werden kann[1354]. Dies steht auch nicht im Widerspruch zur analogen Anwendung des § 97 UrhG, da in dieser Vorschrift im Gegensatz zu den §§ 98, 99 UrhG immerhin auf ein nach dem UrhG geschütztes Recht Bezug genommen wird. Sollte sich das Ergebnis als abträgliche Gesetzeslücke darstellen, so ist zu deren Schließung der Gesetzgeber aufgerufen.

[1348] Nicht erkennend Bechtold in Hoeren/Sieber, Multimediarecht, Kap. 7.11, Rn. 64.

[1349] Peukert in Loewenheim, Hdb UrhR, § 82, Rn. 21/22, der a. a. O., Rn. 23, der jedoch Vorrichtungen zur Entfernung oder Änderung von Metadaten oder zur Verwertung manipulierter Vervielfältigungsstücke (§ 95c UrhG) nicht von § 99 UrhG erfaßt sieht und insofern inkonsequent ist.

[1350] Nach Art. 8 I 2 Multimedia müssen die vorzusehenden Sanktionen wirksam und abschreckend sein.

[1351] Die bestehenden Sanktionsmöglichkeiten dürften auch so angemessen i. S. d. Art. 8 I 1 Multimedia-RL sein.

[1352] Peukert in Loewenheim, Hdb UrhR, § 82, Rn. 21.

[1353] So hat etwa Dreier ZUM 2002, 28 (40 f.) während des Gesetzgebungsverfahrens auf die Erforderlichkeit der Anpassung der §§ 98, 99 UrhG hingewiesen.

[1354] Ebenso Peukert in Loewenheim, Hdb UrhR, § 82, Rn. 22.

bb) Bezüglich der Umgehungsvorrichtungen

(1) Keine unmittelbare Einschlägigkeit

Auch wenn es der Wortlaut des § 99 UrhG mit etwas Phantasie durchaus hergeben könnte, bestimmte Vorrichtungen zur Umgehung technischer Schutzmaßnahmen bezüglich digitaler Inhalte unter die Vorschrift zu subsumieren[1355], so scheitert dies wiederum daran, daß § 99 UrhG an die rechtswidrige Herstellung von Vervielfältigungen anknüpft, eine Kopie aber nicht allein deshalb rechtswidrig ist, weil sie durch die Umgehung technischen Schutzes erst ermöglicht wurde: Die Frage der Rechtmäßigkeit einer Vervielfältigung ist vielmehr anhand des materiellen Urheberrechts zu beantworten[1356]. § 99 UrhG kann bezüglich der in Rede stehenden Umgehungsvorrichtungen zudem selbst dann nicht greifen, wenn der Umgehung technischer Maßnahmen eine urheberrechtsverletzende Vervielfältigung regelmäßig folgt, da besagte Norm die Benutzung oder Bestimmung der Vorrichtung „ausschließlich oder nahezu ausschließlich" zur rechtswidrigen Herstellung von Vervielfältigungsstücken voraussetzt[1357].

(2) Keine analoge Anwendung

Da im Rahmen des Gesetzes zur Regelung des Urheberrechts in der Informationsgesellschaft eine dem § 99 UrhG entsprechende Vorschrift bezüglich der Umgehungsvorrichtungen nicht statuiert worden ist, die betroffenen Rechteinhaber an einem entsprechenden Anspruch aber durchaus verständliches Interesse haben, kann man allerdings die Überlegung anstellen, ob besagte Norm analog herangezogen werden kann. Die Frage lautet also: Können technische Mittel, welche der Umgehung technischer Schutzmaßnahmen i. S. d. § 95a II UrhG dienen, angelehnt an § 99 UrhG aus dem Verkehr gezogen werden? Da auf die Notwendigkeit der Schaffung einer entsprechenden Regelung während des Gesetzgebungsverfahrens hingewiesen wurde[1358], ist aber wiederum schon nicht von einer planwidrigen Regelungslücke als Voraussetzung einer jeden Analogie auszugehen. Vielmehr scheint der Gesetzgeber insofern bewußt (nicht) gehandelt zu haben. Die analoge Anwendung des § 99 UrhG auf Umgehungsvorrichtungen ist daher abzulehnen. Aus gleichem Grund kann

---

[1355] Im Fall der Umgehung eines Kopierschutzes ermöglichen besagte Vorrichtungen mittelbar ja immerhin die Herstellung von Kopien.

[1356] Nicht erkennend Bechtold in Hoeren/Sieber, Multimediarecht, Kap. 7.11, Rn. 145; Wand GRUR Int. 1996, 897 (903).

[1357] Ungenau Trayer, Technische Schutzmaßnahmen, S,82: Von § 99 UrhG erfaßt seien alle Arten technischer Schutzmaßnahmen.

[1358] Etwa Dreier ZUM 2002, 28 (40 f.).

auch § 69f II UrhG über den Bereich der Computerprogramme hinaus nicht analog fruchtbar gemacht werden. Diesem Ergebnis steht auch eine richtlinienkonforme Auslegung anhand des Art. 8 II Multimedia-RL nicht entgegen, da dort lediglich die Rede davon ist, daß ein Anspruch der besagten Art „gegebenenfalls“ vorzusehen ist; verbindlich ist die Richtlinie insofern also nicht. Erwägungsgrund 58 S. 3 Multimedia-RL spricht von der Möglichkeit der Beschlagnahme „rechtswidrigen Materials“. Dies spricht ebenfalls für das gefundene Ergebnis, deutet es doch eher allein auf die Beschlagnahmemöglichkeit der durch die Umgehung letztlich ermöglichten Vervielfältigungsstücke hin, sofern diese materiell-urheberrechtlich rechtswidrig sind[1359]. Wird ein Vernichtungs- und Überlassungsanspruch bezüglich Umgehungsvorrichtungen für opportun gehalten, so ist wiederum der Gesetzgeber zur Einführung einer entsprechenden gesetzlichen Regelung aufgerufen[1360]. Die bestehende Regelungslücke kann von § 110 S. 1 UrhG jedenfalls nicht (umfassend) geschlossen werden, da Umgehungen im Privatbereich gemäß § 108b I a. E. UrhG nicht strafbar sind[1361] und von jener Vorschrift daher nicht erfaßt werden.

(3) Multifunktionale Vorrichtungen

Sofern man entgegen der soeben vertretenen Auffassung einen Vernichtungs- und Überlassungsanspruch hinsichtlich Umgehungsvorrichtungen analog § 99 UrhG anerkennt, knüpft hieran folgendes Probelm an: Ob multifunktionale Vorrichtungen unter § 95a III UrhG fallen hängt davon ab, ob diese hauptsächlich oder zumindest überwiegend Umgehungszwecken dienen[1362]. Der Vernichtungsanspruch gemäß § 69f I, II UrhG im Bereich der Computerprogramme gibt indes einen anderen Maßstab vor[1363]. Hieraus entspringt die Frage, welche Regelung zu gelten hat, wenn eine einzige (multifunktionale) Kopiersoftware sowohl Software als auch andere Inhalte, etwa Musik- und/oder Viedeodateien vervielfältigen kann[1364]. Hier zeigt sich, daß die Herausnahme von Computerprogrammen vom Schutz der §§ 95a ff. UrhG durchaus ihre Tücken hat. Um zu vermeiden, daß die Rechtsvorschriften der § 95a ff. UrhG in der Praxis umgangen werden, wird man bei besagten multifunktionalen Vorrichtungen wohl deren strengeren Maßstab anwenden müssen.

[1359] Diese Aufgabe erfüllt § 98 UrhG auch.

[1360] So fordernd etwa die Stellungnahme Rechteinhaber, S. 3/8.

[1361] Siehe D.II.1.a)aa).

[1362] Siehe B.VI.2.d)aa)(1).

[1363] Siehe D.III.1.a).

[1364] So etwa die Kopiersoftware CloneCD von SlySoft, berichtet auf heise online news vom 23.09.2004, abgerufen (25.09.2004) unter http://www.heise.de/newsticker/meldung/51389.

2. Nicht urheberrechtliche Ansprüche

Gemäß § 97 III UrhG (analog) bleiben Ansprüche aus anderen gesetzlichen Vorschriften, deren Anknüpfungspunkt ebenfalls die Umgehung der eingesetzten technischen Schutzmaßnahmen als solche oder entsprechende hiermit in Zusammenhang stehende Handlungen sind, unberührt.

a) Vorfeldschutz gemäß § 3 UWG

Das Inverkehrbringen von Vorrichtungen, die zur Umgehung von DRM-Systemen geeignet sind, oder entsprechende Dienste können gegen § 3 UWG verstoßen und daher Ansprüche des Rechteinhabers auslösen, welche zu denen wegen des Verstoßes gegen § 95a III UrhG hinzutreten: Obwohl grundsätzlich der dem UWG entspringende Schutz gegenüber dem urheberrechtlichen bezüglich des gleichen Gegenstandes nachgeordnet ist[1365], kommt das UWG vorliegend neben dem Schutz der Urheberrechtsordnung zur Anwendung[1366]. Zwar gilt außerhalb des Bereichs der Computerprogramme nicht das in § 69g I UrhG niedergelegte Prinzip der parallelen Anwendung von UrhG und UWG[1367], jedoch würde die Zubilligung von Rechtsschutz nach dem UrhG bei gleichzeitiger Streichung des Schutzes nach § 3 UWG den Sinn und Zweck des Gesetzes zur Regelung des Urheberrechts in der Informationsgesellschaft[1368] pervertieren[1369]. Die Herstellung von Umgehungsvorrichtungen steht aber insoweit in Bezug zum Wettbewerbsrecht, als deren Nutzung letztlich am Angebot des Rechteinhabers anknüpft[1370]. Die Anwendbarkeit des UWG neben § 95a III UrhG[1371] und den hieran anknüpfenden Ansprüchen folgt schließlich auch aus der Multimedia-RL: Art. 9 gibt vor, daß die Rechtsvorschriften über den unlauteren Wettbewerb vom Gesetz zur Regelung des Urheberrechts in der Informationsgesellschaft nicht berührt werden. Die Grundsätze zur Beurteilung des Inverkehrbringens von Umgehungsvorrichtungen sowie der Erbringung entsprechender Dienste anhand des § 3 UWG[1372] behalten da-

[1365] Siehe Schricker in Schricker, UrhR, Einl., Rn. 39 m. w. N.

[1366] Vgl. BGH Urt. v. 09.11.1995 – I ZR 220/95 – Dongle, CR 1996, 79 (80).

[1367] Trayer, Technische Schutzmaßnahmen, S. 94: „Koexistenzprinzip" m. w. N. in Fn. 337; Lehmann CR 1996, 80 (81): „Kumulationsprinzip".

[1368] Das ist die Anpassung des Schutzes der Rechte an digitalen Inhalten an die Gegebenheiten der Informationsgesellschaft, vordringlich zur Eindämmung der Piraterie: Anklingend insbesondere in Art. 1 I Multimedia-RL.

[1369] Vgl. Raubenheimer NJW-CoR 1996, 174 (175).

[1370] Vgl. Trayer, Technische Schutzmaßnahmen, S. 93.

[1371] Im Ergebnis ebenso Enders ZUM 2004, 593 (600): „§ 1 UWG a. F. ... auch weiterhin relevant.".

[1372] Vgl. Grützmacher in Wandtke/Bullinger, Praxiskommentar UrhR, § 69f, Rn. 25; Baumbach/Hefermehl, Wettbewerbsrecht, UWG § 1, Rn. 518b.

her weiterhin ihre Gültigkeit[1373]. Unabhängig davon, ob ein Verstoß gegen das ZKDSG vorliegt[1374], soll § 3 UWG im angesprochenen Kontext im Folgenden untersucht werden.

aa) § 4 Nr. 10, 11 UWG

Die Annahme der Unlauterkeit i. S. d. § 3 UWG in Fällen des Inverkehrbringens von Vorrichtungen, die zur Umgehung von DRM-Systemen geeignet sind, oder des Angebots entsprechender Dienste ergibt sich möglicherweise schon aufgrund des Regelbeispielkatalogs des § 4 UWG. Denkbar ist zunächst die Einschlägigkeit des § 4 Nr. 10 UWG. Dieses Regelbeispiel erfaßt grundsätzlich alle Erscheinungsformen der Behinderung von Mitbewerbern, welche die Rechtsprechung früher im Rahmen des § 1 UWG a. F. anerkannt hat[1375]. Zwar reicht die Behinderung von Mitbewerbern als bloße Folge des Wettbewerbs, also wettbewerbsimmanente reflexartige Behinderungswirkungen wegen des Merkmals der „Gezieltheit" hierzu nicht aus[1376]. Dies ist aber nicht gleichbedeutend damit, daß eine Behinderungsabsicht stets vorliegen muß; ausreichend kann vielmehr ein Handeln sein, das seiner Art nach darauf gerichtet ist, Konkurrenten an ihrer wettbewerblichen Entfaltung zu hindern[1377]. Da für die Hersteller und Vertreiber von Umgehungsmitteln i. S. d. § 95a III UrhG der Absatz der eigenen Produkte, nicht indes die Behinderung der Rechteinhaber, welche DRM-Technik zum Schutz ihrer digitalen Inhalte einsetzen, im Vordergrund steht, ist das Regelbeisbiel des § 4 Nr. 10 UWG allerdings nicht erfüllt. Herstellern bzw. Vertreibern von Umgehungsmitteln geht es regelmäßig nicht um die Beeinträchtigung der Rechteinhaber, sondern vielmehr um die Förderung ihrer eigenen kommerziellen Interessen. Das dem Merkmal der „Gezieltheit" aus semantischen Gründen innewohnende subjektive Element[1378] ist bei dieser Sachlage nicht gegeben. Der bloße Vertrieb von Umgehungsmitteln ist auch keine unmittelbare Einwirkung auf die technischen Schutzmaßnahmen der Rechteinhaber[1379]. Ob es sich bei § 95a III UrhG um eine gesetzliche

[1373] A. A. Trayer, Technische Schutzmaßnahmen, S. 136, der § 1 UWG a. F. gegenüber den §§ 95a ff. UrhG für subsidiär hält.

[1374] Ein Verstoß gegen § 3 UWG ist dann regelmäßig anzunehmen, siehe B.VII.1.b).

[1375] Hasselblatt in Gloy/Loschelder, Hdb Wettbewerbsrecht, § 45, Rn. 7; Köhler NJW 2004, 2121 (2123 f.).

[1376] BT-Dr. 15/1487, S. 19; siehe Omsels WRP 2004, 136 (139 ff.); Hasselblatt in Gloy/Loschelder, Hdb Wettbewerbsrecht, § 45, Rn. 8; Plaß in Ekey/Klippel/Kotthoff/Meckel, UWG, § 4, Rn. 421; vgl. auch Götting in Fezer, UWG, § 4–10, Rn. 14 f.

[1377] Köhler NJW 2004, 2121 (2124); zurückhaltender Omsels in Harte-Bavendamm/Henning-Bodewig, UWG, § 4 Nr. 10, Rn. 7. § 4 Nr. 10 UWG dürfte grundsätzlich eng auszulegen sein: Omsels WRP 2004, 136 (144).

[1378] Siehe Omsels in Harte-Bavendamm/Henning-Bodewig, UWG, § 4 Nr. 10, Rn. 7.

[1379] Vgl. Götting in Fezer, UWG, § 4–10, Rn. 70.

Vorschrift i. S. d. § 4 Nr. 11 UWG handelt, die jedenfalls auch dazu bestimmt ist, im Interesse der Marktteilnehmer das Marktverhalten zu regeln, der also zumindest eine sekundäre Schutzfunktion zugunsten des Wettbewerbs zukommt, ist fraglich[1380]. Dagegen sprechen dürfte, daß § 95a III UrhG durchaus Bezug zum Urheberrecht hat, auch wenn er eine urheberrechtliche Regelung im eigentlichen Sinne nicht darstellt[1381]. Normen zum Schutz des geistigen Eigentums dürften aber regelmäßig nicht den Zweck verfolgen, einen Beitrag zur Chancengleichheit von Wettbewerbern am Markt zu leisten.

bb) Übertragbarkeit der „Dongle-Rechtsprechung"

Ein Verstoß gegen § 3 UWG kommt in besagtem Kontext insbesondere unter dem Gesichtspunkt der unbilligen Behinderung des Rechteinhabers als Marktteilnehmer[1382] in Betracht[1383], da schon die Umgehbarkeit von DRM-Systemen durch eine Vielzahl an Personen den Vertrieb der durch diese geschützten Inhalte potentiell behindert[1384]: Eine solche Umgehbarkeit wird eben durch besagtes Handeln ermöglicht. Hinsichtlich privater Handlungen ohne Verfolgung eines geschäftlichen Zwecks scheidet ein Anspruch nach § 3 UWG – im Gegensatz zu § 95a III UrhG, der auch nicht geschäftliches Verhalten erfassen kann[1385] – aus[1386]. Es existiert bereits Rechtsprechung, die vorliegend untersuchten Fallkonstellationen sehr nahe kommt: Bezüglich Pay-TV und Computerprogrammen wurde entschieden, daß der unberechtigte Vertrieb von Decodern zur Entschlüsselung des Programms in Form des Behinderungswettbewerbs gegen § 1 UWG a. F. verstößt[1387]. Hierfür spricht, daß der Vertreiber von Umge-

---

1380 Verneinend Dreyer in Dreyer/Kotthoff/Mechel, UrhR, § 95a, Rn. 44/105.

1381 Vgl. B.IV.1.a)bb)(2)(a).

1382 § 2 I Nr. 2 UWG definiert Marktteilnehmer i. S. d. UWG als alle Personen neben Mitbewerbern und Verbrauchern, die als Anbieter oder Nachfrager von Waren oder Dienstleistungen tätig sind.

1383 Arlt MMR 2005, 148 (153). Ebenso dient der Gesichtspunkt des Ausnutzens bzw. Schmarotzens an fremder Leistung als Ansatzpunkt, vgl. Trayer, Technische Schutzmaßnahmen, S. 101 f.; Wand, Technische Schutzmaßnahmen, S. 161; vgl. zur Rechtsprechung bezüglich Pay-TV-Programm-Decodern Bechtold, Informationsrecht, S. 224, Fn. 1148; auch der Gesichtspunkt des Geheimnisverrates wird in vorliegendem Zusammenhang angeführt: Trayer, Technische Schutzmaßnahmen, S. 102 f.

1384 Vgl. BGH Urt. v. 09.11.1995 – I ZR 220/95 – Dongle, CR 1996, 79 (80); ausführlich Trayer, Technische Schutzmaßnahmen, S. 100 f.

1385 Siehe B.VI.2.d)aa)(3).

1386 Bechtold in Hoeren/Sieber, Multimediarecht, Kap.7.11, Rn. 144: „inhärente Schwäche".

1387 BGH Urt. v. 09.11.1995 – I ZR 220/95 – Dongle, GRUR 1996, 78 (78) = CR 1996, 79 (80); OLG Frankfurt a. M. Urt. v. 13.06.1995 – 6 U 14/95 – Piratenkarte, NJW 1996, 264 (264 f.) = CR 1995, 533 (534); OLG München Urt. v. 19.03.1992 – 29 U 4370/91 – Multifilter, CR 1993, 31 = WRP 1992, 661 (661 f.); vgl. auch Lehmann CR 1996, 80 (81).

hungsvorrichtungen die durch sein Angebot geschaffene Gefahr der Piraterie regelmäßig nicht wirksam kontrollieren kann[1388]. Der Vertreiber solcher Vorrichtungen will letztlich regelmäßig auch die Leistung des Anbieters zu eigenen Zwecken fruchtbar machen; es geht ihm also um das Ausnutzen einer fremden Leistung. Als Erwerber kommen nämlich nur Personen in Betracht, die ein Interesse an dem durch entsprechendes DRM-System geschützten Inhalt haben: Über das Recht, diesen zu nutzen, kann aber nur der Rechteinhaber entscheiden. Der Bezug der entschiedenen Fälle zum Informationsrecht liegt auf der Hand[1389]. Es spricht demnach nichts dagegen, besagte Rechtsprechung auf das Inverkehrbringen von Vorrichtungen oder dem Angebot von Diensten, die letztlich dem Ziel der Umgehung von DRM-Systemen dienen, zu transferieren[1390]. Schließlich kommt es im Rahmen des § 3 UWG auch nicht darauf an, wie eine technische Schutzmaßnahme umgangen wird[1391]. Im Ergebnis erfährt der Schutz im Vorfeld der Umgehung technischer Schutzmaßnahmen hierdurch ein weiteres Standbein: Ein Verstoß gegen § 95a III UrhG führt regelmäßig auch zu Ansprüchen wegen Verletzung des § 3 UWG. Die soeben angestellten Überlegungen lassen sich auch auf Einrichtungen bzw. Dienste zur Manipulation von Informationen zur Rechtewahrnehmung (§ 95c UrhG) übertragen[1392].

cc) Multifunktionale Vorrichtungen

(1) Verhältnis von § 95a III UrhG und § 3 UWG

Was den Vertrieb multifunktionaler Vorrichtungen betrifft, d. h. solcher, die neben unberechtigten Umgehungen auch legale Verhaltensweisen ermöglichen, so muß man sich für die Beurteilung der Reichweite des Vorfeldschutzes anhand § 3 UWG nicht zwangsläufig an § 95a III UrhG orientieren. Hierfür spräche zwar zunächst der Gedanke der Einheitlichkeit der Rechtsordnung: Der Rechtsschutz nach § 3 UWG hat seine Grenzen dort, wo er urheberrechtlichen Wertungen zu widersprechen beginnt[1393]; dies gilt auch hinsichtlich § 95a III UrhG[1394]. Jedoch bleiben die

[1388] Vgl. Raubenheimer CR 1996, 69 (79).

[1389] Vgl. die Anmerkung der Redaktion in CR 1993, 31 (31).

[1390] Im Ergebnis offenbar ebenso Bechtold, Informationsrecht, S. 223; Plaß in Ekey/Klippel/Kotthoff/Meckel, UWG, § 4, Rn. 434; a. A. Marly K&R 1999, 106 (110): Besagte Rechtsprechung sei einzelfallbezogen und daher nicht verallgemeinerungsfähig.

[1391] Raubenheimer CR 1994, 264 (266).

[1392] Siehe Trayer, Technische Schutzmaßnahmen, S. 99 f.

[1393] Vgl. BGH Urt. v. 14.11.1985 – I ZR 68/83 – Bob Dylan, GRUR 1986, 454 (456); Baumbach/Hefermehl, Wettbewerbsrecht, UWG § 1, Rn. 575; Köhler in Köhler/Piper, UWG, Einf., Rn. 54.

[1394] Obwohl es sich bei § 95a III UrhG dem Regelungsgehalt gemäß nicht um Urheberrechtsschutz im eigentlichen Sinne handelt, siehe B.IV.1.a)bb)(2)(a), so bestehen dennoch Berührungspunkte.

Regeln über den unlauteren Wettbewerb vom Gesetz zur Regelung des Urheberrechts in der Informationsgesellschaft auf Anordnung der Multimedia-RL unberührt[1395]. § 3 UWG verfolgt zudem ein anderes Ziel als § 95a III UrhG[1396] und ist auch in seinen Voraussetzungen mit diesem nicht kongruent. Der Rechtsschutz nach § 3 UWG bezüglich des Vertriebs multifunktionaler Umgehungsvorrichtungen im soeben beschriebenen Sinn kann daher grundsätzlich von dem auf § 95a III UrhG gründenden abweichen. Die Bewertung multifunktionaler Vorrichtungen ist demzufolge zwar im Rahmen des § 3 UWG nicht derart eng mit derjenigen im Kontext des § 95a III UrhG verwoben wie bezüglich nicht multifunktionaler Vorrichtungen, wird im Ergebnis allerdings dennoch häufig mit dieser übereinstimmen.

(2) Ausrichtung auf legale Zwecke

In Konstellationen, in denen der Anwendungsbereich einer multifunktionalen „Umgehungs-" Vorrichtung auf legale Zwecke ausgerichtet ist, ist ein unlauteres Verhalten i. S. d. § 3 UWG in deren Vertrieb nicht zu erblicken, jedenfalls wenn die legalen Zwecke nicht nur in ganz geringem Umfang verfolgt werden. In solchen Konstellationen wäre es nicht gerechtfertigt[1397], dem Vertreiber sein Angebot zu untersagen und das entsprechende Produkt dem Markt vorzuenthalten. Etwaige legale Zwecke einer multifunktionalen „Umgehungs-" Vorrichtung wirken sich bei der Beurteilung der Unlauterkeit im Sinne des § 3 UWG also durchaus aus[1398]. In der Praxis werden multifunktionale Vorrichtungen allerdings häufig im Schwerpunkt auf illegale Zwecke abzielen[1399], so daß deren Vertrieb in vielen Fällen gegen § 3 UWG verstößt.

b) Am ZKDSG anknüpfende Ansprüche

Das ZKDSG sieht einen speziellen zivilrechtlichen Anspruch für den Fall seiner Verletzung nicht vor[1400]. Das ZKDSG ist nach seiner Konzeption allerdings Schutzgesetz im Sinne des § 823 II BGB zugunsten von Zu-

1395 Vgl. Art. 9 Multimedia-RL.

1396 Während § 95a III UrhG im Umfeld urheberrechtlichen Schutzes wirkt, will § 3 UWG die Lauterkeit des Wettbewerbs schützen; Baumbach/Hefermehl, Wettbewerbsrecht, UWG § 1, Rn. 575: „Urheberrechtsschutz und wettbewerbsrechtlicher Leistungsschutz liegen auf verschiedenen Ebenen.".

1397 Trayer, Technische Schutzmaßnahmen, S. 105 spricht hier von „Unbilligkeit".

1398 A. A. Raubenheimer CR 1996, 69 (79).

1399 Trayer, Technische Schutzmaßnahmen, S. 105 f erwartet dies sogar in der Mehrzahl der Fälle.

1400 Noch im Gesetzesentwurf vom 24.10.2001 war hingegen ein § 4 geplant, wonach Anbietern von Zugangskontrolldiensten gegen Personen, welche gegen die Vorgaben des § 3 ZKDSG verstoßen, ein Anspruch auf Herausgabe des erlangten Gewinns zustehen sollte, vgl. zur Begründung BT-Dr. 14/7229, S. 8.

gangskontrolldiensteanbietern[1401]: Hieraus kann sich grundsätzlich ein Anspruch auf Schadensersatz aus den §§ 823 II 1 BGB i. V. m. 3 ZKDSG ergeben. Ebenso ist im Anwendungsbereich des ZKDSG auch ein Anspruch des Rechteinhabers auf Herausgabe des erlangten Gewinns aus Eingriffskondiktion gemäß § 812 I 1 Alt. 2 BGB grundsätzlich in Betracht zu ziehen[1402].

c) Ansprüche aus allgemeinem Delikts- und Bereicherungsrecht

Im Gegensatz zum Recht des unlauteren Wettbewerbs findet sich weder in Art. 9 Multimedia-RL noch sonstwo in der Richtlinie ein ernstzunehmendes Indiz dafür, daß für nunmehr in den §§ 95a ff. UrhG besonders geregelte Sachverhalte weiterhin auch das allgemeine Delikts- und Bereicherungsrecht herangezogen werden soll. Auch in der deutschen Rechtsordnung deutet nichts hierauf hin, regelt sie doch regelmäßig explizit, daß andere (allgemeine) Normen unberührt, d. h. anwendbar bleiben sollen, sofern dies beabsichtigt ist[1403]. Diese beiden Gesichtspunkte sprechen tendenziell gegen die Anwendbarkeit des allgemeinen Delikts- und Bereicherungsrechts in Konstellationen, die durch die §§ 95a ff. UrhG grundsätzlich eine Regelung erfahren haben. Andererseits darf man aber auch nicht übergehen, daß Art. 9 Multimedia-RL die Rechtsvorschriften nur „insbesondere" in den angeführten Bereichen unberührt läßt, die dortige Aufzählung also eben gerade nicht abschließend sein will. Im Ergebnis scheint die Anwendbarkeit des allgemeinen Delikts- und Bereicherungsrechts neben den speziellen Vorschriften der §§ 95a ff. UrhG daher vertretbar, wenn auch nicht allzu naheliegend. Es werden daher ein paar kurze Ausführungen unter der Annahme der grundsätzlichen Anwendbarkeit der in Rede stehenden Regeln folgen:

aa) Nichtanwendbarkeit des § 826 BGB neben § 95a III UrhG und § 3 UWG

Man kann in Erwägung ziehen, in Fällen der Ermöglichung der Umgehung technischer Schutzmaßnahmen neben § 95a III UrhG zugunsten der Rechteinhaber auch § 826 BGB als Vorschrift des allgemeinen Deliktsrechts heranzuziehen, etwa in Fällen privater Verhaltensweisen, welche von § 95a III UrhG nicht erfaßt werden. Allerdings ist dies im Ergebnis schon deshalb abzulehnen[1404], da durch § 826 BGB der durch das Urheberrecht gewährleistete Schutz grundsätzlich nicht erweitert werden

[1401] BT-Dr. 14/7229, S. 8.
[1402] Vgl. BT-Dr. 14/7229, S. 8.
[1403] Etwa in § 16 StVG.
[1404] Ansprüche aus § 826 BGB neben an § 95a III UrhG anknüpfenden zulassend indes Bechtold in Hoeren/Sieber, Multimediarecht, Kap. 7.11, Rn. 146; vgl. auch Trayer, Technische Schutzmaßnahmen, S. 107.

darf[1405]. Auch vor dem Hintergrund, daß § 95a UrhG seinem Charakter gemäß im UrhG möglicherweise nicht optimal plaziert ist[1406], kann nichts anderes gelten: Die Wertungen des § 95a III UrhG gilt es jedenfalls zu respektieren. Ebensowenig vermag dies die Tatsache zu ändern, daß § 826 BGB neben § 3 UWG grundsätzlich zu Geltung kommt[1407], da dies § 95a III UrhG nicht ausreichend würdigen würde.

bb) Sonstige Ansprüche

In Betracht zu ziehen sind schließlich auch die sonstigen Ansprüche des allgemeinen Delikts- und Bereicherungsrechts. Praktisch relevant dürften insofern lediglich Bereicherungsansprüche sein[1408]. Anderen Ansprüchen[1409] dürfte in der Praxis indes regelmäßig allein ergänzende Bedeutung zukommen[1410]. Im Grundsatz kommen sie jedoch durchaus in Betracht[1411]. So hat etwa derjenige, welcher gegen § 95a I UrhG verstößt, dem Rechteinhaber wegen der Umgehung der von ihm eingesetzten Schutztechnik den Wert der hieraus resultierenden Nutzungsmöglichkeit in Gestalt einer angemessenen Lizenz nach den §§ 812 I 1 Alt. 2 BGB i. V. m. 97 III UrhG analog herauszugeben[1412]: Besagter Wert wird mit dem Wert der materiell urheberrechtswidrigen Handlung regelmäßig identisch sein. Korrespondierend besteht ein entsprechender Anspruch des Rechteinhabers auf Auskunft und Rechnungslegung[1413]. Eine gegen § 95a I UrhG verstoßende Handlung kann zugleich Schadensersatzansprüche nach § 823 II BGB auslösen[1414], allerdings nicht unter dem Gesichtspunkt der Verletzung des § 95a UrhG per se[1415]. Aus einer Verletzung des § 95a III UrhG geht – im Gegensatz zu § 95a I UrhG – ein Bereicherungsanspruch aus den §§ 812 I 1 Alt.2 BGB i. V. m. 97 III UrhG

1405 Spindler in Bamberger/Roth, BGB, § 826, Rn. 82; vgl. auch Schricker in Schricker, UrhR, Einl., Rn. 31.

1406 Vgl. B.IV.1.a)bb)(2)(a).

1407 Spindler in Bamberger/Roth, BGB, § 826, Rn. 84 m. w. N.

1408 Vgl. Dreier in Dreier/Schulze, UrhG, Einl., Rn. 33.

1409 Siehe Peukert in Loewenheim, Hdb UrhR, § 82, Rn. 28; vgl. auch Wandtke/Ohst in Wandtke/Bullinger, Praxiskommentar UrhR Ergänzungsband, § 95a, Rn. 89/§ 95c, Rn. 33; v. Wolff in Wandtke/Bullinger, Praxiskommentar UrhR, § 97, Rn. 85; Wild in Schricker, UrhR, § 97, Rn. 88 ff.; Lütje in Möhring/Nicolini, UrhG, § 97, Rn. 253 ff.

1410 Nordemann in Fromm/Nordemann, UrhR, § 97, Rn. 56.

1411 Peukert in Loewenheim, Hdb UrhR, § 82, Rn. 28.

1412 Peukert in Loewenheim, Hdb UrhR, § 82, Rn. 18; vgl. auch BGH Urt. v. 24.11.1981 – X ZR 7/80 – Kunststoffhohlprofil II, GRUR 1982, 301 (303); v. Wolff in Wandtke/Bullinger, Praxiskommentar UrhR, § 97, Rn. 82; Nordemann in Fromm/Nordemann, UrhR, § 97, Rn. 56 f.; Wild in Schricker, UrhR, § 97, Rn. 86 f.

1413 Peukert in Loewenheim, Hdb UrhR, § 82, Rn. 24; vgl. auch Nordemann in Fromm/Nordemann, UrhR, § 97, Rn. 59; Wild in Schricker, UrhR, § 97, Rn. 87.

1414 Etwa i. V. m. § 303a StGB, siehe D.II.1.b)aa).

1415 Siehe D.I.1.a)aa).

analog nicht hervor, da dieser Norm eine Zuordnung von Vermögenswerten zu einem konkreten Rechteinhaber nicht zu entnehmen ist[1416]. Auf den ersten Blick kommt auch ein Anspruch gegen den Hersteller oder Vertreiber von Umgehungsvorrichtungen[1417] gemäß § 823 I BGB wegen der Verletzung eines vom Rechteinhaber eingerichteten und ausgeübten Gewerbebetriebs in Betracht[1418]. Im gewerblichen Bereich ist dieser Anspruch im Verhältnis zum Wettbewerbsrecht jedoch nur von lückenauffüllendem, d.h. subsidiärem Charakter[1419]. Zudem dürfte ein betriebsbezogener Eingriff[1420] in den Gewerbebetrieb des Rechteinhabers im Sinne eines unmittelbaren Eingriffs in den Bereich dessen Gewerbebetriebs als solchen[1421] nicht leicht zu begründen sein. Besagter Anspruch nach § 823 I BGB wegen der Verletzung eines vom Rechteinhaber eingerichteten und ausgeübten Gewerbebetriebs dürfte also im Regelfall ausscheiden.

d) Markenrechtliche Ansprüche

Erwähnenswert scheint auch die Rechtsprechung, daß die Entfernung sogenannter SIM-Lock-Sperren bei Mobiltelefonen, welche die Bindung an einen bestimmten Netzbetreiber ermöglichen, zu markenrechtlichen Ansprüchen führen kann[1422]. Mögen die Ausführungen besagter Rechtsprechung zur Begründung markenrechtlicher Ansprüche auch nicht unbestreitbar sein, so ist es dennoch durchaus denkbar, daß entsprechende Grundsätze auf das Umgehen technischer Schutzmaßnahmen zu transferieren sind[1423], sofern jene Rechtsprechung sich durchsetzen sollte.

II. Strafvorschriften und Ordnungswidrigkeiten

Ohne daß es von der Multimedia-RL gefordert worden ist, sanktioniert der deutsche Gesetzgeber in § 108b UrhG sowie in § 111a UrhG be-

[1416] Peukert in Loewenheim, Hdb UrhR, § 82, Rn. 18. Aus demselben Grund scheidet auch im Rahmen des Schadensersatzes die Berechnungsmethode der Lizenzanalogie regelmäßig aus: Peukert in Loewenheim, Hdb UrhR, § 82, Rn. 12.

[1417] Also in Konstellationen des § 95a III UrhG.

[1418] Ebenfalls für möglich haltend Bechtold in Hoeren/Sieber, Multimediarecht, Kap.7.11, Rn. 146; vgl. auch Trayer, Technische Schutzmaßnahmen, S. 107; Wand GRUR Int. 1996, 897 (903).

[1419] BGH Urt. v. 05.05.1988 – I ZR 179/86 – Entfernung von Kontrollnummern II, NJW 1988, 3154 (3155).

[1420] Siehe Schienemann in Erman § 823, Rn. 63; Sprau in Palandt § 823, Rn. 128.

[1421] Vgl. Urt. v. 15.11.1982 – II ZR 206/81, BGHZ 86, 152 (156).

[1422] OLG Frankfurt a. M. Urt. v. 15.08.2002 – SIM-Lock-Sperre, MMR 2002, 745 (745 f.).

[1423] Zurückhaltender Bechtold in Hoeren/Sieber, Multimediarecht, Kap.7.11, Rn. 145, der dies nur in Einzelfällen in Betracht zieht.

stimmte Verstöße gegen § 95a I, III UrhG als auch gegen § 95c UrhG außerhalb des Zivilrechts als Straftat oder als Ordnungswidrigkeit[1424]. Über die Verfolgung bestimmter Handlungen als Ordnungswidrigkeit soll neben der eigentlichen Ahndung auf die öffentliche Meinungsbildung eingewirkt werden[1425]. Mit Blick auf wirtschaftlich motiviertes Handeln erfüllen Geldbußen zudem die Funktion der Gewinnabschöpfung sowie der Vorbeugung unlauteren Gewinnstrebens[1426].

1. Sanktionierung des aktiven Umgehens von DRM-Systemen

a) Spezielle Regelungen

Der im Zusammenhang mit den §§ 95a ff. UrhG neu eingeführte § 108b UrhG stellt eine Strafvorschrift bezüglich unerlaubter Eingriffe in technische Schutzmaßnahmen dar[1427].

aa) Regelungsgehalt

Nach § 108b I Nr. 1 UrhG wird mit Freiheitsstrafe von bis zu einem Jahr oder mit Geldstrafe bestraft, wer in der Absicht, sich oder einem Dritten den Zugang zu nach dem Urhebergesetz geschützten Inhalten oder deren Nutzung zu ermöglichen, eine wirksame technische Maßnahme ohne Zustimmung des Rechteinhabers umgeht[1428] und hierdurch wenigstens leichtfertig die Verletzung von nach dem Urhebergesetz geschützten Rechten veranlaßt, ermöglicht, erleichtert oder verschleiert. Bei gewerbsmäßigem Umgehen von DRM-Systemen kann die Freiheitsstrafe gemäß § 108b III UrhG sogar bis zu drei Jahre betragen. Eine Strafbarkeit scheidet hingegen gemäß § 108b I a. E. UrhG dann aus, wenn die Tat zum eigenen privaten Gebrauch des Täters oder mit dem Täter persönlich verbundener Personen[1429] erfolgt oder sich auf einen derartigen Gebrauch bezieht[1430], wenn sie also als erforderliche Vorstufe anzusehen ist, durch welche der Privatgebrauch erst ermöglicht wird[1431]. Diese Privilegierung bezieht sich erkennbar auf das ganz persönliche Umfeld und ist insofern eng auszulegen[1432]. Sie läßt zudem allein die Strafbarkeit entfallen, nicht

1424 Strafrechtliche Sanktionen konnte die Multimedia-RL mangels Kompetenz der Europäischen Gemeinschaft insoweit auch nicht vorgeben: Trayer, Technische Schutzmaßnahmen, S. 137 m. w. N.

1425 Vgl. BT-Dr. 15/38, S. 27.

1426 Flechsig in Loewenheim, Hdb UrhR, § 91, Rn. 23.

1427 Kritisch Sieber MMR 2002, 701 (702).

1428 Siehe Flechsig in Loewenheim, Hdb UrhR, § 90, Rn. 120 f.

1429 Insofern wird auf § 15 III UrhG zurückgegriffen, BT-Dr. 15/38, S. 29.

1430 Kritisch Sieber in Picot, DRM, S. 138: Dies fördere das mangelnde Unrechtsbewußtsein in der Bevölkerung bezüglich der Piraterie digitaler Inhalte.

1431 Bechtold in Hoeren/Sieber, Multimediarecht, Kap. 7.11, Rn. 67.

1432 Ernst CR 2004, 39 (42).

indes die zivilrechtliche Verantwortlichkeit. Bei § 108b I a. E. UrhG handelt es sich um einen Tatbestandsausschluß, nicht lediglich um einen rechtfertigenden Umstand[1433]. Der Gesetzgeber will grundsätzlich nicht den „Schulhof kriminalisieren“, ebensowenig wie das Wohn- oder Kinderzimmer[1434], sondern vor allem gewerbliche Rechtsverletzer sanktionieren[1435]. Hintergrund dürfte aber auch gewesen sein, daß ansonsten wegen des im Strafrecht geltenden Legalitätsprinzips[1436] ein entsprechender Zwang zu umfangreichem Tätigwerden der Strafverfolgungsbehörden bestünde. Das wird jedoch als weitgehend wenig erfolgversprechend angesehen und dürfte zudem wegen der damit häufig notwendig werdenden Hausdurchsuchungen unter dem Gesichtspunkt der Verhältnismäßigkeit auch nicht unproblematisch sein[1437]. Der Gesetzgeber wollte dies daher vermeiden. Möglicherweise ergeben sich durch § 108b I a. E. UrhG aber (gravierende) strafrechtliche Sanktionslücken: Schon während des Gesetzgebungsverfahrens ist darauf hingewiesen worden, daß durch die Herausnahme des privaten Bereichs aus der Strafbarkeit eine Regelungslücke drohe[1438]. Wie sich besagte Regelung tatsächlich auswirken wird, insbesondere ob sie die gewünschte Abschreckungswirkung zu erzielen vermag[1439], kann zum jetzigen Zeitpunkt nur abgewartet werden. Die Einziehung von Gegenständen, auf die sich eine Straftat nach § 108b UrhG bezieht, ist in § 110 S. 1 UrhG ausdrücklich vorgesehen[1440].

bb) Antragsberechtigung (§ 109 UrhG)

Eine Tat nach § 108b UrhG wird gemäß § 109 UrhG jedoch nur auf Antrag verfolgt, es sei denn, die zuständige Strafverfolgungsbehörde hält ein Einschreiten von Amts wegen aufgrund eines besonderen öffentlichen Interesses an der Strafverfolgung für geboten. Hinsichtlich der Antragsberechtigung werden wiederum Erwägungen relevant, die an jene im Rah-

---

1433 Flechsig in Loewenheim, Hdb UrhR, § 90, Rn. 125.

1434 Kotthoff in Dreyer/Kotthoff/Mechel, UrhR, § 108b, Rn. 7; kritisch Trayer, Technische Schutzmaßnahmen, S. 138: Der Gesetzgeber beuge sich der „Macht des Faktischen“.

1435 Pakuscher, wiedergegeben von v. Rom ZUM 2003, 128 (129 f.).

1436 Siehe statt vieler Schoreit in KarlsKomm, StPO, § 152, Rn. 13; Pfeiffer in KarlsKomm, StPO, Einl., Rn. 5.

1437 BT-Dr. 15/38, S. 29; Hildebrandt in Wandtke/Bullinger, Praxiskommentar UrhR Ergänzungsband, § 108b, Rn. 6; Flechsig in Loewenheim, Hdb UrhR, § 90, Rn. 126; vgl. auch ders. a. a. O., § 91, Rn. 4/10.

1438 Schwarz, wiedergegeben von Zecher ZUM 2002, 451 (456) mit dem Hinweis, es werde übersehen, daß es im Internet häufig eher „sportlicher Ehrgeiz“ sei, der zum „Knacken“ von Kopierschutzvorrichtungen antreibe, denn kommerzielle Absichten; Sieber MMR 2002, 701 (702): „Freibrief“; a. A. offenbar Dreier in Dreier/Schulze, UrhG, § 108b, Rn. 6.

1439 Skeptisch Trayer, Technische Schutzmaßnahmen, S. 138 f.

1440 Leugnend Flechsig in Loewenheim, Hdb UrhR, § 90, Rn. 129.

men der Zustimmungsberechtigung im Tatbestand des § 95a I UrhG anlehnen[1441]. Es ist zu differenzieren: Antragsberechtigt bezüglich der an § 108b I Nr. 1 UrhG anknüpfenden Strafbarkeit wegen der eigentlichen Umgehung technischer Maßnahmen sind weder deren Hersteller noch bloße Installateure, sondern vielmehr die Inhaber der Rechte am technisch geschützten Inhalt, also die entsprechenden Rechteinhaber[1442]. Hinsichtlich der Strafbarkeit im Zusammenhang mit dem in § 95a III UrhG geregelten Vorfeldschutz gemäß § 108b I, II UrhG sind indes auch die Hersteller entsprechender DRM-Technik antragsbefugt, da diese im Fall der Umgehbarkeit ihrer Produkte insofern getroffen werden, als diese potentiell entwertet werden[1443]. Besagte Unterscheidung folgt letztlich daraus, daß das Schutzgut des § 108b UrhG das geistige Eigentum im Allgemeinen sowie verwertungsrechtliche Befugnisse im Besonderen sind; die DRM-Technik als solche ist als Mittel zum Zweck hingegen nur mittelbar geschützt[1444].

b) Allgemeine Regelungen

Die Umgehung von DRM-Systemen (§ 95a I UrhG) oder die Entfernung oder Veränderung von Informationen der Rechteinhaber für die Rechtewahrnehmung (§ 95c I UrhG)[1445] kann über die genannten neuen Vorschriften hinaus durchaus auch nach den allgemeinen Vorschriften des StGB strafbar sein.

aa) § 303a StGB

Möglich erscheint eine Straffälligkeit nach § 303a StGB. Tatbestandliche Voraussetzung ist, daß durch besagtes Handeln rechtswidrig fremde[1446] Daten i. S. d. § 202a II StGB gelöscht, unterdrückt, unbrauchbar gemacht oder verändert werden. DRM-Systeme in softwareimplementierter Gestalt bauen auf digitalen Informationen auf, welche auch elektronisch gespeichert und übermittelt werden. Unter Zugrundelegung des anzulegen-

---

[1441] Siehe B.VI.2.b)aa)(4).

[1442] Ebenso Hildebrandt in Wandtke/Bullinger, Praxiskommentar UrhR Ergänzungsband, § 109, Rn. 2.

[1443] Vgl. Pleister/Ruttig MMR 2003, 763 (766).

[1444] Hildebrandt in Wandtke/Bullinger, Praxiskommentar UrhR Ergänzungsband, § 108b, Rn. 2; anders Pleister/Ruttig MMR 2003, 763 (766): Mittelpunkt des § 95a III UrhG ist nicht der geschützte Inhalt, sondern der Schutzmechanismus.

[1445] Zu unterscheiden ist hiervon die Nutzung von Inhalten, deren technischer Schutz umgangen wurde. Diesbezüglich ist eine Strafbarkeit gemäß § 263a StGB sowie § 265a StGB denkbar, vgl. Bechtold in Hoeren/Sieber, Multimediarecht, Kap.7.11, Rn. 147.

[1446] Tolksdorf in LeipKomm § 303a, Rn. 5; Tröndle/Fischer § 303a, Rn. 4: § 303a StGB erfaßt nach h. M. nur fremde Daten, d. h. solche, an denen eine andere Person ein unmittelbares Recht hat.

den weiten Datenbegriffs[1447] handelt es sich somit um Daten i.S.d. § 202a II StGB. Da Rechteinhaber durch den Einsatz von DRM-Systemen regelmäßig die ihnen zugeordneten digitalen Inhalte schützen wollen, haben sie an deren Unversehrtheit auch ein unmittelbares Interesse[1448]. Welche der Tathandlungsalternativen durch die Umgehung eines DRM-Systems oder die Entfernung oder Veränderung von Informationen zur Rechtewahrnehmung erfüllt wird, ergibt sich aus deren konkreter Erscheinung. Dies ist jedoch auch nicht relevant, da die in § 303a I StGB angeführten Handlungen einen umfassenden Schutz vor entsprechenden Beeinträchtigungen erreichen wollen[1449] und sich wohl deshalb auch zum Teil überschneiden. Für einen breit angelegten Schutz sprechen schließlich auch die Motive zu § 303a StGB[1450]. Die Umgehung von DRM-Systemen bzw. die Entfernung oder Veränderung von Informationen zur Rechtewahrnehmung, welche eine andere Person zum Schutz ihrer Inhalte eingesetzt hat, kann demnach also den objektiven Tatbestand des § 303a I StGB erfüllen[1451]. Geschieht die Handlung vorsätzlich, so liegt auch der subjektive Tatbestand vor. Das Verhalten ist rechtswidrig[1452], wenn ein anderer als der potentielle Täter eine mit dem Eigentum vergleichbare Verfügungs- und Nutzungsbefugnis bezüglich der in Rede stehenden Daten hat[1453]. Hier liegt der Berührungspunkt des § 303a I StGB mit dem UrhG[1454]: § 95a I UrhG bringt nämlich klar zum Ausdruck, daß die Entscheidung darüber, ob ein vom Rechteinhaber eingesetztes DRM-System umgangen werden darf, allein diesem zugeordnet ist. Insoweit besitzt diese Befugnis auch den Charakter einer absoluten Rechtsposition. Auch § 95c I UrhG dürfte einen vergleichbaren Charakter aufweisen. Sofern § 303a I StGB durch die in Rede stehenden Handlungen tatbestandlich erfüllt ist, geschieht dies daher regelmäßig auch rechtswidrig[1455]. Sofern Schuldausschließungs- oder Entschuldigungsgründe nicht vorliegen, wird die Umgehung eines DRM-Systems oder die Entfernung oder Veränderung von Informationen zur Rechtewahrnehmung folglich regelmäßig die Strafbarkeit nach § 303a I StGB mit sich bringen[1456]:

[1447] Siehe Lenckner in Schönke/Schröder, StGB, § 202a, Rn. 3.

[1448] Vgl. Stree in Schönke/Schröder, StGB, § 303a, Rn. 3; Tolksdorf in LeipKomm § 303a, Rn. 5.

[1449] Stree in Schönke/Schröder, StGB, § 303a, Rn. 4; Tröndle/Fischer § 303a, Rn. 8.

[1450] Siehe BT-Dr. 10/5058, S. 34.

[1451] § 95a IV UrhG muß aber auch hier Beachtung finden.

[1452] Die Rechtswidrigkeit ist allgemeines Verbrechensmerkmal: Stree in Schönke/Schröder, StGB, § 303a, Rn. 6; Tröndle/Fischer § 303a, Rn. 13 m.w.N.

[1453] Abdallah/Gercke/Reinert ZUM 2004, 31 (37 f.).

[1454] Abdallah/Gercke/Reinert ZUM 2004, 31 (38).

[1455] Die allgemeinen Rechtfertigungsgründe behalten natürlich ihre Gültigkeit.

[1456] Offengelassen von Grützmacher in Wandtke/Bullinger, Praxiskommentar UrhR, § 69f, Rn. 26.

Die Strafandrohung beträgt bis zu zwei Jahren Freiheitsstrafe oder Geldstrafe.

bb) Spezialität des § 108b UrhG

Die soeben aufgezeigte Strafbarkeit nach § 303a I StGB dürfte allerdings im Wege der Spezialität hinter § 108b UrhG zurücktreten, würde doch ansonsten die besondere Würdigung dieser Vorschrift hinsichtlich des spezifischen Unrechts, insbesondere was Handlungen im privaten Umfeld betrifft, nicht zur Geltung gelangen. Dies kann der Geber des Gesetzes zur Regelung des Urheberrechts in der Informationsgesellschaft nicht beabsichtigt haben, hatte er doch explizit den Schutz vor der Umgehung von DRM-Systemen vor Augen. Auch sieht § 108b UrhG für den Normalfall einen milderen Strafrahmen vor; dieser muß ebenfalls zur Anwendung kommen.

2. Sanktionen zur Gewährleistung des Vorfeldschutzes

a) Sanktionen des UrhG

Beim Ausformulieren der an einen Verstoß gegen § 95a III UrhG anknüpfenden Sanktionen hat der Gesetzgeber versucht, sich an den Wertungen des ZKDSG zu orientieren, insbesondere weil dieses ebenfalls europäisches Recht umsetzt[1457]. Als Ergebnis ging folgendes hervor: Wer gegen den in § 95a III UrhG geregelten Vorfeldschutz verstößt, indem er eine Umgehungsvorrichtung, ein Erzeugnis oder einen Bestandteil zu gewerblichen Zwecken herstellt, einführt, verbreitet, verkauft oder vermietet, wird nach § 108b II, I UrhG ebenso bestraft wie derjenige, der DRM-Systeme aktiv umgeht, also mit Freiheitsstrafe von bis zu einem Jahr oder Geldstrafe. Die Strafandrohung ist deshalb gerechtfertigt, weil es sich bei diesen Handlungen um schwerwiegende Fälle von Vorbereitungshandlungen zur Umgehung wirksamer technischer Maßnahmen handelt[1458]. Andere Handlungsweisen werden hingegen als weniger schwerwiegend angesehen[1459] und dementsprechend lediglich als Ordnungswidrigkeit eingestuft: Nach § 111a I Nr. 1, II UrhG kann mit einer Geldbuße von bis zu 50.000 Euro belegt werden, wer sich über den Vorfeldschutz nach § 95a III UrhG hinwegsetzt, indem er eine Vorrichtung, ein Erzeugnis oder einen Bestandteil verkauft, vermietet oder über den Kreis der mit dem Täter persönlich verbundenen Personen hinaus verbreitet (§ 111a I Nr. 1a UrhG) oder zu gewerblichen Zwecken eine Vorrichtung, ein Erzeugnis oder einen Bestandteil besitzt, für deren Verkauf oder Vermietung wirbt oder eine ent-

[1457] BT-Dr. 15/38, S. 28.
[1458] BT-Dr. 15/38, S. 28.
[1459] BT-Dr. 15/38, S. 28.

sprechende Dienstleistung erbringt (§ 111a I Nr. 1b UrhG)[1460]. Mit Blick auf die effektive Absicherung wirksamer technischer Maßnahmen[1461] wird also in § 111a I Nr. 1a UrhG teilweise auch nicht gewerbsmäßiges Handeln als Ordnungswidrigkeit geahndet. Schutzgut des § 111a I Nr. 1 UrhG sind wiederum das geistige Eigentum im allgemeinen sowie verwertungsrechtliche Befugnisse im besonderen[1462]. Vom Sanktionenkatalog des UrhG nicht erfaßt werden dürfte die unentgeltliche Verbreitung von Anleitungen zur Umgehung technischer Schutzvorrichtungen. Dies könnte tatsächlich eine sich nicht unbeachtlich auswirkende Regelungslücke darstellen[1463]. Verständlicherweise ist deren Schließung schon während des Gesetzgebungsverfahrens angeregt worden[1464].

b) Sanktionen des ZKDSG

Die im ZKDSG vorgesehenen Sanktionen erfassen gewerbsmäßiges Handeln. So ist in § 4 ZKDSG eine Freiheitsstrafe von bis zu einem Jahr oder Geldstrafe für denjenigen vorgesehen, der Umgehungsvorrichtungen i.S.d. § 2 Nr. 3 ZKDSG[1465] gewerbsmäßig herstellt, einführt oder verarbeitet; die entsprechende Umgehungsvorrichtung kann nach § 6 ZKDSG zudem eingezogen werden. Nach Ansicht des Gesetzgebers ist die Strafbewährung erforderlich, um die von der Zugangskontroll-RL geforderte Wirksamkeit der Abschreckung sicherzustellen[1466]. Ferner kann gemäß § 5 ZKDSG mit einer Geldbuße bis zu 50.000 Euro geahndet werden, wenn jemand eine solche Umgehungsvorrichtung in Besitz hat, technisch einrichtet, wartet oder austauscht; unterstützende Handlungen von minderem Unrechtsgehalt[1467] sind also dennoch als Ordnungswidrigkeit ausgestaltet. Sofern es im Rahmen des Vorfeldschutzes zu Überschneidungen der §§ 108b, 111a UrhG mit dem ZKDSG kommt[1468], treten die Vorschriften des ZKDSG hinter die des UrhG zurück[1469].

[1460] Siehe Flechsig in Loewenheim, Hdb UrhR, § 91, Rn. 9 ff.

[1461] BT-Dr. 15/38, S. 29.

[1462] Hildebrandt in Wandtke/Bullinger, Praxiskommentar UrhR Ergänzungsband, § 111a, Rn. 2.

[1463] In Betracht kommt möglicherweise jedoch eine Strafbarkeit nach den §§ 108b I Nr. 1 UrhG, 27 I StGB wegen der Beihilfe zur Umgehung technischer Schutzmaßnahmen.

[1464] Schwarz und Braun, wiedergegeben von Zecher ZUM 2002, 451 (456 f.).

[1465] Siehe OLG Frankfurt a. M. Beschl. v. 05.06.2003 – 6 U 7/03 – Magic Modul, CR 2003, 766 (767).

[1466] BT-Dr. 14/7229, S. 8.

[1467] BT-Dr. 14/7229, S. 8.

[1468] Überschneidungen treten vor allem bei § 108b I Nr. 1, II UrhG und § 4 ZKDSG sowie § 111a I Nr. 1 UrhG und § 5 ZKDSG auf; erwartet werden sie insbesondere für Teledienste: So Dreier in Dreier/Schulze, UrhG, § 108b, Rn. 3/§ 111a, Rn. 3.

[1469] Ebenso Hildebrandt in Wandtke/Bullinger, Praxiskommentar UrhR Ergänzungsband, § 108b, Rn. 11/§ 111a, Rn. 5; vgl. auch D.II.1.b)bb); zum Verhältnis des ZKDSG zu den §§ 95a ff. UrhG siehe B.VII.2.d)dd).

3. Sanktionen wegen Manipulation elektronischer Metadaten

Nach § 108b I Nr. 2a UrhG wird mit Freiheitsstrafe von bis zu einem Jahr oder mit Geldstrafe bestraft, wer wissentlich unbefugt eine von Rechteinhabern stammende Information entfernt oder verändert, wenn irgendeine der betreffenden Informationen an einem Vervielfältigungsstück eines Werkes oder eines sonstigen Schutzgegenstandes angebracht ist oder im Zusammenhang mit der öffentlichen Wiedergabe eines solchen Werkes oder Schutzgegenstandes erscheint und dadurch wenigstens leichtfertig die Verletzung von Urheberrechten oder verwandten Schutzrechten veranlaßt, ermöglicht, erleichtert oder verschleiert, es sei denn, die Tat erfolgt ausschließlich zum eigenen privaten Gebrauch des Täters oder mit dem Täter persönlich verbundener Personen oder bezieht sich auf einen derartigen Gebrauch. Bei den angesprochenen Fällen handelt es sich also um solche des § 95c I UrhG. Verstöße gegen § 95c III UrhG werden entsprechend gemäß § 108b I Nr. 2b UrhG strafrechtlich sanktioniert. Im Fall gewerbsmäßigen Handelns ist nach § 108b III UrhG sogar eine Freiheitsstrafe von bis zu drei Jahren möglich.

III. Spezielle Sanktionsvorschriften für Computerprogramme

Spezielle Straf- oder Ordnungswidrigkeitsvorschriften für den Bereich der Computerprogramme existieren nicht; lediglich nach § 303a StGB kommt eine Strafbarkeit in Betracht. Das Sanktionsspektrum beschränkt sich daher quasi auf zivilrechtliche Ansprüche. Auch im Bereich der Computerprogramme ist zwischen rechtlichen Schutz bezüglich der technischen und hinsichtlich der materiell-urheberrechtlichen Ebene zu differenzieren.

1. Ansprüche wegen Vorbereitung der Umgehung von DRM-Systemen

a) § 69f I, II UrhG

Für die Umgehung von DRM-Systemen, deren Aufgabe der Schutz von Computerprogrammen ist, findet sich ein spezieller Regelungskomplex in den Vorschriften der §§ 69a ff. UrhG. Auf die an die §§ 95a, c UrhG anknüpfenden Sanktionen kann nicht zurückgegriffen werden[1470]. Geschützt wird der Rechteinhaber gemäß § 69f I, II UrhG gegen die Verbreitung von Mitteln, welche die unerlaubte Beseitigung oder Umgehung

1470 § 69a V UrhG.

technischer Programmschutzmechanismen erleichtern[1471]; solche Mittel können sowohl Hardware als auch wiederum Computerprogramme sein[1472]. Dem Rechteinhaber steht insofern ein Vernichtungs-[1473] oder alternativ ein Überlassungsanspruch[1474] zu. Umstritten ist allerdings das Verhältnis der computerprogrammspezifischen Schrankenregelungen der §§ 69d, 69e UrhG zum Anspruch gemäß § 69f I, II UrhG, d. h. die Frage, ob dieser auch besteht, wenn Umgehungsvorrichtungen dem Genuß jener Schranken dienen[1475]. Anknüpfungspunkt ist insoweit das Merkmal „unerlaubt“. Multifunktionale Vorrichtungen, d. h. solche, die neben der unerlaubten Umgehung technischer Programmschutzmechanismen auch legale Zwecke verfolgen, werden wegen des klaren Wortlauts des § 69 f II UrhG nicht von besagtem Anspruch erfaßt[1476]. Der Auffassung, maßgeblich sei der Hauptzweck der Vorrichtung[1477], ist daher eine klare Absage zu erteilen. Die geschilderte Rechtslage ist durchaus vergleichbar mit dem Vorfeldschutz nach § 95a III UrhG. § 69f II UrhG richtet sich gegen jeden Besitzer entsprechender Mittel, auch wenn er mit diesen ausschließlich private Zwecke verfolgt[1478].

b) Ansprüche wegen Verstoßes gegen § 3 UWG

Anknüpfend an die Vorbereitung der Umgehung von DRM-Systemen können sich auch im Bereich der Computerprogramme Ansprüche des technische Schutzmaßnahmen einsetzenden Rechteinhabers wegen Verstoßes gegen § 3 UWG ergeben, etwa gegen den Hersteller von Umgehungsvorrichtungen. Insoweit sei auf bereits getätigte Ausführungen verwiesen[1479].

1471 Ausführlich Lindhorst, Technische Maßnahmen, S. 79 ff.

1472 Bechtold in Hoeren/Sieber, Multimediarecht, Kap. 7.11, Rn. 121 m. w. N.; Grützmacher in Wandtke/Bullinger, Praxiskommentar UrhR, § 69f, Rn. 14.

1473 § 69f I 1, II UrhG; zum Inhalt des Anspruchs vgl. Grützmacher in Wandtke/Bullinger, Praxiskommentar UrhR, § 69f, Rn. 21; Loewenheim in Schricker, UrhR, § 69f, Rn. 16; Nordemann/Vinck in Fromm/Nordemann, UrhR, § 69f, Rn. 2.

1474 §§ 69f I 2, II i. V. m. 98 II UrhG.

1475 Siehe Bechtold in Hoeren/Sieber, Multimediarecht, Kap. 7.11, Rn. 122 m. w. N.; den Anspruch verneinend etwa Grützmacher in Wandtke/Bullinger, Praxiskommentar UrhR, § 69f, Rn. 16; Loewenheim in Schricker, UrhR, § 69f, Rn. 11.

1476 Voraussetzung des § 69f II UrhG ist gemäß seines eindeutigen Wortlauts die alleinige Bestimmung zur Umgehung technischer Schutzmaßnahmen; ebenso Trayer, Technische Schutzmaßnahmen, S. 72 f.; Bechtold in Hoeren/Sieber, Multimediarecht, Kap. 7.11, Rn. 121; Lindhorst, Technische Maßnahmen, S. 80; verkennend indes Stickelbrock GRUR 2004, 736 (739).

1477 So Höhne in Wiebe/Leupold, elektronische Datenbanken, Teil V, C., Rn. 69; Nordemann/Vink in Fromm/Nordemann, UrhR, § 69f, Rn. 3.

1478 § 69f II UrhG geht somit bezüglich seines Adressatenkreises über die Anforderungen des Art. 7 I Lit c Computerprogramm-RL hinaus, vgl. Marly K&R 1999, 106 (107).

1479 Siehe D.I.2.a).

c) Ansprüche wegen materiell urheberrechtswidrigen Verhaltens

Zwar kommen neben § 69f I, II UrhG, welcher rechtlichen Schutz bezüglich des technischen Schutzes bietet, urheberrechtliche Ansprüche wegen Vorbereitung der Umgehung von DRM-Systemen auch unter dem Gesichtspunkt materiell urheberrechtswidrigen Verhaltens in Betracht[1480]. Voraussetzung hierfür ist aber der tatsächliche Eintritt einer kausal und adäquat verursachten Verletzung ausschließlicher Urheberrechtspositionen[1481]: Die bloße Vorbereitung der Umgehung ohne später tatsächlich eintretende Urheberrechtsverletzung reicht zur Begründung besagter Ansprüche indes nicht aus.

2. Keine UrhG-Ansprüche wegen der Umgehung selbst

Ansprüche wegen der Umgehung technischer Mechanismen zum Schutz von Computerprogrammen selbst, also schon allein wegen der eigentlichen (aktiven) Umgehungshandlung, sind im Gegensatz zu den allgemeinen Regeln der §§ 95a ff. UrhG nicht vorgesehen.

3. Ansprüche aufgrund Urheberrechtsverletzung

Wie auch im Rahmen der §§ 95a ff. UrhG ist von der Sanktionierung im Zusammenhang mit der Umgehung technischer Maßnahmen die rechtliche Sanktion nach § 69f I UrhG mit Blick auf urheberrechtlich rechtswidrige Vervielfältigungsstücke strikt zu trennen: Nach § 69f I 1 UrhG hat der Rechteinhaber gegen den Eigentümer oder Besitzer rechtswidrig hergestellter, verbreiteter oder zur rechtswidrigen Verbreitung bestimmter Vervielfältigungsstücke des entsprechenden Computerprogramms einen Anspruch auf Vernichtung. Gemäß den §§ 69f I 2 i. V. m. 98 II UrhG kann er auch verlangen, daß ihm die Vervielfältigungsstücke im Eigentum des Verletzers gegen eine angemessene Vergütung überlassen werden; diese darf die Herstellungskosten jedoch nicht übersteigen. Durch §§ 69f I 2 i. V. m. 98 III UrhG wird zudem die Geltung des Verhältnismäßigkeitsgebots mit bestimmten Folgen angeordnet.

1480 Vgl. D.I.1.b).

1481 Siehe Bechtold, Informationsrecht, S. 222 f.; vgl. auch Grützmacher in Wandtke/Bullinger, Praxiskommentar UrhR, § 69f, Rn. 24.

4. Allgemeine deliktische Ansprüche

Ansprüche kommen wiederum ebenfalls nach den allgemeinen deliktsrechtlichen Grundsätzen in Betracht[1482]. Aufgrund des Fehlens urheberrechtlicher Ansprüche wegen der Umgehung technischer Schutzmaßnahmen selbst sind diese im Bereich der Computerprogramme tendenziell von größerer Bedeutung.

IV. Zusammenfassung

Zu unterscheiden sind gundsätzlich Sanktionen wegen der aktiven Umgehung technischer Schutzmaßnahmen, der Mißachtung des Vorfeldschutzes sowie wegen der Manipulation elektronischer Metadaten. Werden DRM-Systeme umgangen oder dies mittelbar unterstützt, und schließen sich hieran Urheberrechtsverletzungen an, so können entsprechende Sanktionen sowohl an der Umgehung als solcher, als auch an der Mißachtung des materiellen Urheberrechts anknüpfen. Im Umfeld der Umgehung technischer Schutzmaßnahmen kann es so insbesondere zu einer Haftung nach den Grundsätzen der urheberrechtlichen Störerhaftung kommen. Die in den §§ 98, 99 UrhG vorgesehenen Sanktionen kommen nicht in Betracht. Außerhalb des UrhG können Ansprüche der Rechteinhaber insbesondere an § 3 UWG – die Grundsätze der „Dongle-Rechtsprechung" sind hierher übertragbar –, am ZKDSG und möglicherweise auch an markenrechtlichen Regelungen anknüpfen. Strafrechtliche Sanktionen im Zusammenhang mit der Umgehung von DRM-Technik kommen sowohl nach speziellen, vordringlich im UrhG anzutreffenden als auch nach den allgemeinen Vorschriften des StGB in Betracht. Auf dem Feld der Computerprogramme gelten wiederum spezielle Regelungen.

1482 Vgl. D.I.2.c); vgl. auch Grützmacher in Wandtke/Bullinger, Praxiskommentar UrhR, § 69f, Rn. 26 m. w. N.

E. Ausstrahlung der DRM-Technik auf das Vergütungssystem

Schon der Vorschlag des Europäischen Parlaments für einen geänderten Art. 5 II Lit. 2.b) (a) und (b) dachte den Übergang vom pauschalen Abgabensystem hin zu einem auf DRM-Technik aufbauenden, individuellen und von deren Effizienz und Durchsetzungsfähigkeit abhängigen System an[1483]. Obwohl der Gedanke schließlich nicht in den verfügenden Teil, sondern nur in Erwägungsgrund 39 in die Richtlinie einging, nach welchem Vergütungssysteme die Entwicklung technischer Kontrollmaßnahmen nicht beeinträchtigen sollen, wird jener mittlerweile des öfteren diskutiert[1484]. Im Folgenden wird aufgezeigt, daß die technischen Entwicklungen auf dem Gebiet der DRM-Technik auf das bislang etablierte Vergütungssystem mit Blick auf Inhalte im Digitalformat Einfluß haben können[1485], insbesondere was dessen Legitimation und Sinnhaftigkeit betrifft[1486]. Es wird versucht, unter Berücksichtigung der ökonomischen und rechtlichen Zusammenhänge eine Antwort auf die Frage nach dem künftig sachgerechtesten urheberrechtlichen Vergütungssystem anzubieten.

I. Ansatzpunkte der Vergütung

Grundsätzlich stehen zwei unterschiedliche Ansatzpunkte der Vergütung zur Verfügung: Zum einen die unmittelbare, individuelle Gebührenabrechnung, zum anderen die mittelbare Vergütung mittels pauschaler Abgaben[1487], welche von den Verwertungsgesellschaften[1488] eingezogen und

1483 Siehe Reinbothe GRUR Int. 2001, 733 (739); Spindler GRUR 2002, 105 (112).

1484 Befürwortend etwa Ulmer-Eilfort FS Nordemann, S. 285 (293); zum Diskussionsstand vgl. Günnewig in Becker/Buhse/Günnewig/Rump, DRM, S. 528 (546 ff.).

1485 Flechsig ZUM 2002, 1 (17): „tiefer Eingriff in das Institut der Verwertungsgesellschaften".

1486 Zur politischen Diskussion siehe Becker/Günnewig in Becker/Buhse/Günnewig/Rump, DRM, S. 655 (680 ff.).

1487 Für Pauschalabgaben ist kennzeichnend, daß sie nicht an die konkrete Werknutzung, sondern vielmehr an die Möglichkeit zur Nutzung anknüpfen, siehe Peukert ZUM 2003, 1050 (1055 f.).

1488 Siehe Reber, GRUR 2000, 203 (203); Bechtold GRUR 1998, 18 (21); Wünschmann, kollektive Verwertung, S. 18; Wirtz in Bröcker/Czychowski/Schäfer, Geistiges Eigentum im Internet, § 8, Rn. 237 ff.; Gerlach in Wandtke/Bullinger, Praxiskom-

an die Rechteinhaber ausgeschüttet werden[1489]. Auf dem Gebiet der Musik ist die Bedeutung der kollektiven Rechtewahrnehmung traditionell stärker ausgeprägt als bezüglich anderer Werkkategorien wie etwa Literatur und Film[1490].

1. Probleme individueller Rechtsdurchsetzung

Während die Rechteeinräumung und deren Abrechnung hinsichtlich der Erstverwertung eines Werkes regelmäßig noch effektiv in individueller Weise vonstatten gehen kann, führen tatsächliche Gegebenheiten schon im alltäglichen Massengeschäft des Analogbereichs zu diversen Problemen[1491], welche die angemessene Vergütung des Werkschöpfers bezüglich zweiter und weiterer Verwertungsstufen auf tatsächlicher Ebene in Frage stellen. Die Ubiquität geistigen Eigentums sowie dessen Internationalität versetzen den einzelnen Rechteinhaber häufig faktisch außerstande, die über die Erstverwertung hinausgehende Nutzung seiner Werke mit angemessenen Mitteln zu kontrollieren[1492]. Auch unter rechtlichen Gesichtspunkten stehen einer Überwachung Hindernisse entgegen: Ein zentraler Aspekt ist, daß der private Lebensbereich, in welchem der Großteil urheberrechtsrelevanten Handelns vonstatten geht, starken grundrechtlichen Schutz genießt[1493] und insoweit schon von Rechts wegen kaum effektiv überwacht werden kann[1494], auch wenn die Privatsphäre natürlich kein rechtsfreier Raum ist[1495]. Der Rechteinhaber könnte eine ihm zustehende ausschließliche Rechtsposition als Einzelner daher sowohl aus faktischen wie auch aus rechtlichen Gründen kaum effektiv durchzusetzen[1496]. Dies soll auch im Kontext digitaler Privatkopien und des Internets entschei-

mentar UrhR, Vor §§ 1 ff. WahrnG, Rn. 4 ff.; Wünschmann, kollektive Verwertung, S. 22 f.; zur Rechtsnatur der Verwertungsgesellschaften siehe Gerlach in Wandtke/Bullinger, Praxiskommentar UrhR, Vor §§ 1 ff., Rn. 19 ff.; Schack, UrhR, Rn. 1160 ff.; zu Tarifen und Lizenzierungspraxis der Verwertungsgesellschaften siehe Wirtz in Bröcker/Czychowski/Schäfer, Geistiges Eigentum im Internet, § 8, Rn. 216 ff.; zur historischen Entstehung der Verwertungsgesellschaften als Institution siehe Melichar UFITA 1991, 5 (5 ff.); zur Behandlung von Verwertungsgesellschaften in der Multimedia-RL siehe Spindler GRUR 2002, 105 (120); siehe ferner Delp, Recht des geistigen Schaffens, Rn. 439 ff.

[1489] Siehe Schack, UrhR, Rn. 1218 ff.; Delp, Recht des geistigen Schaffens, Rn. 453.

[1490] Becker in Stern/Prütting, Entwicklung des Urheberrechts, S. 53 (53).

[1491] Siehe Reber GRUR 2000, 203 (203); vgl. auch Davies GRUR Int. 2001, 915 (915).

[1492] Bechtold, Informationsrecht, S. 11.

[1493] Insbesondere: Unverletzlichkeit der Wohnung (Art. 13 GG), Allgemeines Persönlichkeitsrecht (Art. 2 I GG).

[1494] Begründung zum Regierungsentwurf des UrhG von 1962, BT-Dr. 4/3401, S. 8.

[1495] Ulmer-Eilfort FS Nordemann, S. 285 (287).

[1496] Ähnlich Wandtke GRUR 2002, 1 (7).

dend zu berücksichtigen sein[1497] oder gar im Prinzip erst recht gelten[1498]. Auch sind die Grenzen der Verwertungsstufen bei digitalen Inhalten nicht mehr klar zu ziehen[1499]. Wenn der Rechteinhaber aber schon sein Ausschließlichkeitsrecht nicht effektiv durchsetzen kann, so tut er sich verständlicherweise schwer, auf individuellem Weg hierauf gründende Nutzungsgebühren zu realisieren. Auf der anderen Seite ist es auch Nutzern bisweilen praktisch unmöglich, die erforderlichen Rechte auf individuellem Weg mit angemessenem Aufwand zu beschaffen; vielmehr fallen insoweit regelmäßig nicht unbeachtliche Transaktionskosten an[1500], welche im Verhältnis zum Wert der Nutzung regelmäßig zu hoch sind. Letzteres führt im Normalfall dazu, daß an sich erwünschte Nutzungen unterbleiben, sofern man nicht eine andere Lösung findet.

2. Pauschalvergütung

a) Mittelbare Vergütung durch Verwertungsgesellschaften

Um sicherzustellen, daß individuell schöpferisch Tätige an den wirtschaftlichen Früchten der von ihnen geschaffenen Inhalte auch angemessen beteiligt werden, obwohl sie das ausschließlich ihnen zustehende Recht tatsächlich oftmals mit angemessenen Mitteln nicht durchsetzen können[1501], wurde quasi als Antwort auf die tatsächlichen Probleme individueller Rechtsdurchsetzung[1502] das System der mittelbaren Vergütung[1503] geschaffen. Da dem Gesetzgeber davon abzuraten ist, nicht kontrollierbares urheberrechtsbeeinträchtigendes Verhalten zu verbieten[1504],

---

1497 Vgl. Bundesministerium der Justiz, Urheberrecht in der Wissensgesellschaft, S. 1 f.

1498 So Wandtke GRUR 2002, 1 (7).

1499 Siehe Melichar, Urheberrecht, S. 169 (169 f.).

1500 Bechtold, Informationsrecht, S. 11; ähnlich Reber GRUR 2000, 203 (203).

1501 Hinzu kommt das soeben angesprochene Interesse auf Nutzerseite, eine aufwendige Rechtsbeschaffung nicht betreiben zu müssen; vgl. auch Peukert ZUM 2003, 1050 (1052): Das pauschale Vergütungssystem beruhe historisch auf der Annahme eines Marktversagens.

1502 Kreile/Becker GRUR Int. 1996, 677 (692): Der Daseinsgrund der Verwertungsgesellschaften liegt darin, überall dort tätig zu werden, wo eine individuelle Lizenzierung und Rechtewahrnehmung nicht mehr möglich ist oder nicht mehr zugemutet werden kann; siehe auch Ulmer-Eilfort in Becker/Buhse/Günnewig/Rump, DRM, S. 447 (453 f.).

1503 Das Modell wird auch als „kollektive" oder „zentrale" Rechtewahrnehmung oder -verwaltung bezeichnet.

1504 Schack ZUM 2002, 497 (499) sieht hierin den maßgeblichen Gesichtspunkt für das herrschende Vergütungssystem; ders. FS Erdmann, S. 165 (170): Praktisch nicht durchsetzbare Vervielfältigungsverbote nützen niemandem, schaffen nur Rechtsunsicherheit und schaden der Autorität und Glaubwürdigkeit der Rechtsordnung; im Ergebnis ebenso Dreier/Nolte in Becker/Buhse/Günnewig/Rump, DRM, S. 479 (500).

wird dieses auch ohne Zustimmung des Rechteinhabers für zulässig erklärt. Im Gegenzug erhält dieser als Ausgleich einen Vergütungsanspruch[1505], der wie folgt verwirklicht wird:

Unter den Voraussetzungen der §§ 54 I, 54a I UrhG haben die Rechteinhaber gegen den Hersteller sowie Importeur als auch Händler[1506] und gemäß § 54a II UrhG auch gegen den Betreiber bestimmter Geräte, welche der Wahrnehmung urheberrechtlicher Schranken durch die jeweils Begünstigten dienen, einen Anspruch auf angemessene Vergütung[1507] als Ausgleich dafür, daß sie im Rahmen entsprechender Schranken das urheberrechtlich relevante Verhalten nicht unterbinden können[1508]. Die Vergütungspflicht in Form von Pauschalabgaben auf Geräte und Leermedien wird in der Praxis seitens der Betroffenen regelmäßig auf die Endabnehmer abgewälzt[1509]. Die Vergütungshöhe bemißt sich mangels anderer Vereinbarung dabei nach § 54d UrhG i. V. m. der entsprechenden Anlage hierzu. Da der Anspruch sich nicht gegen denjenigen selbst richtet, der die Vervielfältigung vornimmt, sondern vielmehr gegen soeben beschriebene Personengruppen, spricht man von einem System der mittelbaren Vergütung. Diese könnten die Rechteinhaber theoretisch zwar in eigener Person, also im Wege einer dezentralen Rechtewahrnehmung einfordern. Häufig beläuft sich der Vergütungsanspruch jedoch auf Beträge, bei deren dezentraler Geltendmachung der Aufwand den Vergütungsanspruch übersteigen würde. Die vorgeschriebene angemessene Vergütung wäre in solchen Fällen mangels ökonomisch effektiver Durchsetzbarkeit faktisch ausgeschlossen. Dem wird Abhilfe geschaffen durch das hinsichtlich der Ansprüche aus den §§ 54, 54a UrhG nach § 54h I UrhG verpflichtend vorgeschriebene[1510] Modell der zentralen Rechtewahrnehmung durch Verwertungsgesellschaften, welche auch als Bindeglied zwischen Kreativen und Verwertern[1511] angesehen werden; diese sind letztlich in der Position eines Treuhänders[1512]. Die Ver-

---

[1505] Wandtke GRUR 2002, 1 (7): „Die Vergütungsansprüche … verschaffen den Rechteinhabern einen finanziellen Ausgleich für die Reduzierung ihrer Möglichkeiten einer angemessenen wirtschaftlichen Verwertung ihrer Werke.“.

[1506] § 54 I 2 UrhG bzw. § 54a I 2 UrhG.

[1507] Siehe Lüft in Wandtke/Bullinger, Praxiskommentar UrhR, § 54, Rn. 1 ff./§ 54a, Rn. 1 ff.; Loewenheim in Schricker, UrhR, § 54, Rn. 1 ff./§ 54a, Rn. 1 ff.; Gass in Möhring/Nicolini, UrhG, § 54, Rn. 1 ff./§ 54a, Rn. 1 ff.

[1508] Melichar in Schricker, UrhR, Vor §§ 45 ff., Rn. 18: Anspruch als „Relikt des positiven Nutzungsrechts“.

[1509] Gass in Möhring/Nicolini, UrhG, § 54, Rn. 4.

[1510] Gass in Möhring/Nicolini, UrhG, § 54h, Rn. 4; Loewenheim in Schricker, UrhR, § 54h, Rn. 1.

[1511] Reber GRUR 2000, 203 (211); hingegen Wandtke GRUR 2002, 1 (11): „Interessenvertreter des Urhebers“; ebenso Wirtz in Bröcker/Czychowski/Schäfer, Geistiges Eigentum im Internet, § 8, Rn. 256.

[1512] Reinbothe in Schricker, UrhR, Vor §§ 1 ff. WahrnG, Rn. 6; Gerlach in Wandtke/Bullinger, Praxiskommentar UrhR, Vor §§ 1 ff. WahrnG, Rn. 20.

wertungsgesellschaften treten für eine Vielzahl einzelner Rechteinhaber auf und machen deren Ansprüche auf angemessene Vergütung geltend. So werden beispielsweise die Ansprüche nach § 54 UrhG inklusive der vorbereitenden Auskunftsansprüche (§ 54g I UrhG) von der ZPÜ[1513] wahrgenommen. Nach § 54 h II UrhG steht jedem Berechtigten ein angemessener Anteil an den gezahlten Vergütungen zu; es darf folglich nicht zu Diskriminierungen kommen. Die Verteilung erfolgt nach den Grundsätzen des § 7 UrhWahrnG[1514].

Die soeben beschriebene mittelbare Vergütung mittels Geräte- und Leermedienabgaben ist grundsätzlich auch insofern gerecht, als dem Rechteinhaber im Gegenzug ein entsprechendes Verbotsrecht nicht zusteht: Von entsprechenden Schranken erfaßte urheberrechtsrelevante Handlungen sind wegen der gesetzlichen Erlaubnis rechtmäßig und werden deswegen auch nicht durch die §§ 97 ff. UrhG sanktioniert, da diese Vorschriften nur rechtswidriges Verhalten erfassen. Das in der Praxis mangels Durchsetzbarkeit häufig relativ wertlose Zustimmungsrecht wird also ersetzt durch den (tatsächlich) werthaltigeren Anspruch auf mittelbare Vergütung. Bislang hat das soeben beschriebene Vergütungssystem in der analogen Welt dazu beigetragen, daß das Postulat, den Urheber tunlichst an jedem aus seinem Werk gezogenen wirtschaftlichen Nutzen zu beteiligen, effektiv verwirklicht wird[1515].

b) Vergütungspflicht für Informationstechnik

aa) Abgabenpflichtige Produkte

Mit Pauschalabgaben belegt sind einerseits technische Geräte, mit deren Hilfe Vervielfältigungen angefertigt werden können, sowie entsprechende Leermedien, auf welchen die vervielfältigten Inhalte gespeichert werden. Im digitalen Zeitalter ist der PC insbesondere seit dem triumphalen Einzug des Internets in unseren Alltag zu einem bedeutsamen Vervielfältigungsgerät geworden, auch wenn dies natürlich nur einen Teilbereich seiner Einsatzmöglichkeiten darstellt. So sind Abgaben auf die einzelnen

---

1513 Zentralstelle für private Überspielungsrechte: In dieser haben sich alle deutschen Verwertungsgesellschaften zusammengeschlossen, die für ihre Mitglieder die Rechte bei der privaten Überspielung wahrnehmen; zu den Gesellschaftern gehören u. a. auch die GEMA sowie die VG Wort; vgl. Lüft in Wandtke/Bullinger, Praxiskommentar UrhR, § 54h, Rn. 2.

1514 Gesetz über die Wahrnehmung von Urheberrechten und verwandten Schutzrechten vom 09.09.1965 (Urheberrechtswahrnehmungsgesetz); zu Einzelheiten bezüglich der Verteilungsgrundsätze siehe Reber GRUR 2000, 203 (208 ff.); Gerlach in Wandtke/Bullinger, Praxiskommentar UrhR, § 7 WahrnG, Rn. 1 ff.

1515 Reber GRUR 2000, 203 (211); ähnlich Däubler-Gmelin ZUM 1999, 265 (273).

Komponenten und Peripheriegeräte[1516], d.h. auf Festplatten[1517], DVD-Brenner[1518], CD-Brenner[1519], Scanner[1520], Drucker[1521] und ähnliches[1522] ein aktuelles Thema. Auch die Erhebung pauschaler Abgaben auf PCs[1523] als solche ist nicht selten Diskussionsgegenstand[1524]; mittlerweile wurde sie sogar gerichtlich bestätigt[1525]. Da die Zahl der Vervielfältigungen zunimmt, die Einnahhmen der Verwertungsgesellschaften wegen des Bedeutungsverlustes traditionell erfaßter (analoger) Geräte indes sinken, soll die Vergütung für PC-Komponenten einschließlich der Peripheriegeräte bzw. gar für den PC als solchen auch keine zusätzliche Einnahmequelle, sondern vielmehr eine bloße Anpassung an den technischen Fortschritt und den damit verbundenen tatsächlichen Wandel darstellen[1526].

bb) Funktionseinheiten

Die undifferenzierte Forderung nach einer Vergütungspflicht für PC-Komponenten und Peripheriegeräte trifft aber nicht überall auf Zustimmung[1527]. Mit dem Argument der Sachlogik soll zwar die Geräteabgabe nach § 54a UrhG auch multifunktional einsetzbare Apparate erfas-

[1516] Wandtke GRUR 2002, 1 (7); Wirtz in Bröcker/Czychowski/Schäfer, Geistiges Eigentum im Internet, § 8, Rn. 159; unklar Schack FS Erdmann, S. 165 (171 f.) sowie Fn. 41; siehe Kreutzer, § 54 UrhG, passim; Ulmer-Eilfort in Becker/Buhse/Günnewig/Rump, DRM, S. 447 (460 f.).

[1517] Befürwortend Schack ZUM 2002, 497 (510); Cichon K&R 1999, 547 (552); ebenso die deutsche Landesgruppe der IFPI (International Federation of the Phonographic Industry e.V.) sowie die VFF (Verwertungsgesellschaft der Film- und Fernsehproduzenten mbH), berichtet im Vergütungsbericht der Bundesregierung, UFITA 2000, 689 (726).

[1518] Siehe Dreier in Dreier/Schulze, UrhG, § 54, Rn. 5/§ 54a, Rn. 4.

[1519] LG Stuttgart Urt. v. 19.06.2001 – 17 O 519/00, ZUM 2001, 614 (616 ff.); Schack, UrhR, Rn. 444; ebenso die Schiedsstelle beim DPMA in ihrem Einigungsvorschlag vom 04.05.2000, siehe ZUM 2000, 599 ff.; zustimmend Kröber ZUM 2000, 545 (550); siehe auch Dreier in Dreier/Schulze, UrhG, § 54, Rn. 5.

[1520] So bereits Maaßen ZUM 1992, 338 (348); ebenso Loewenheim in Schricker, UrhR, § 54a, Rn. 9; Schack, UrhR, 2.Aufl., Rn. 444; mittlerweile höchstrichterlich bestätigt: BGH Urt. v. 05.07.2001 – I ZR 335/98, CR 2002, 176 ff.

[1521] Befürwortend Schack ZUM 2002, 497 (510); ders. FS Erdmann, S. 165 (172); Wirtz in Bröcker/Czychowski/Schäfer, Geistiges Eigentum im Internet, § 8, Rn. 159.

[1522] Denken kann man etwa auch an Modems und Netzwerkkarten. Gemäß § 54 I UrhG-RefE soll de lege ferenda der Begriff der „Speichermedien" eingeführt werden, siehe Bundesministerium der Justiz, Referentenentwurf Zweiter Korb, S. 59.

[1523] Hierunter fallen auch Laptops. Ferner ist an Organizer zu denken, vgl. Lüft in Wandtke/Bullinger, § 54, Rn. 5.

[1524] Siehe Kreutzer, § 54 UrhG, passim; Lehmann CR 2003, 553 (557), Fn. 40; Dreier in Dreier/Schulze, UrhG, § 54, Rn. 5; kritisch Bornkamm FS Nordemann, S. 299 (310 f.); vgl. auch Kreile/Becker FS Nordemann, S. 279 (289); ablehnend Kreutzer/Jaeger/Schulz, Stellungnahme Fragebogen, S. 5 f.

[1525] LG München I Urt. v. 23.12.2004 – 7 O 18484/03, CR 2005, 217 (218 f.).

[1526] Pressemitteilung der VG Wort vom 20.12.2000, berichtet von Paul/Naskret CR 2003, 473 (474).

[1527] Skeptisch etwa Malpricht NJW-CoR 2000, 233 (234).

sen[1528]. Da die Vervielfältigung nicht der ausschließliche Zweck eines Gerätes zu sein braucht[1529], kann man dem zuzustimmen, soweit eine Gerätefunktion dazu bestimmt ist, urheberrechtlich geschützte Werke zu vervielfältigen[1530]. Eine Vergütung für Drucker oder PC-Komponenten etwa dürfte aber mit Blick darauf, daß mittlerweile Abgaben auf Scanner zu leisten sind, konsequenterweise jedoch nur für Vervielfältigungen in Betracht kommen, deren Herstellung nicht auf den Einsatz eines Scanners zurückzuführen ist: In der Funktionseinheit PC/Drucker/Scanner ist nämlich der Scanner als das maßgebliche Vervielfältigungsgerät anzusehen[1531]. In der Tat muß der Aspekt, welchen Anteil eine PC-Komponente an Vervielfältigungshandlungen hat, Berücksichtigung finden[1532]. Hardware soll demnach nur insoweit mit pauschalen Abgaben belegt werden können, wie sie ihrer Konstruktion gemäß einen hinreichend klaren Rückschluß auf Quantität und Qualität der mit ihr herstellbaren Vervielfältigungen zuläßt[1533]. Letztere Erwägungen sind allerdings eine Frage der Abgabenhöhe[1534].

c) Abgabenhöhe

Berechnungsgrundlage für die Abgabentarife sollen gemäß § 13 III 1 UrhWahrnG in der Regel die geldwerten Vorteile sein, die durch die entsprechende Verwertung erzielt werden. Pauschalabgaben sind insbesondere nur insoweit gerechtfertigt, als daß Vervielfältigungen tatsächlich wirtschaftlichen Schaden verursachen, d.h. soweit sie vom Kauf eines Originals potentiell abhalten[1535]. Im digitalen Kontext relevant werdende, technisch erforderliche Vervielfältigungen können daher nicht Gegenstand solcher Abgaben sein. Je enger urheberrechtliche Schranken gefaßt sind, d.h. je größer der Bereich ist, in welchem die Zustimmung des Rechteinhabers für eine rechtmäßige Nutzung notwendig ist, desto geringer haben auch die Pauschalabgaben auszufallen[1536]. Folglich muß auch der Grad des Einsatzes von DRM-Systemen Einfluß auf die Höhe der von den Verwertungsgesellschaften erhobenen pauschalen Abgabensätze haben, sofern das Gebrauchmachen urheberrechtlicher Schranken hierdurch auf faktischer Ebene beschränkt wird, etwa wenn Kopierschutz-

---

[1528] Jaeger/Kreutzer, Stellungnahme Regierungsentwurf, S. 14.

[1529] BGH Urt. v. 28.01.1999 – I ZR 208/96 – Telefaxgeräte, GRUR 1999, 928 (929).

[1530] Ebenso Paul/Naskret CR 2003, 473 (474); ähnlich Rohleder ZUM 2003, 1061 (1062).

[1531] Paul/Naskret CR 2003, 473 (475/477).

[1532] Vgl. BT-Dr. 15/38, S. 37; Stellungnahme BITKOM zur Privatkopie, S. 8 f.; Kreutzer/Jaeger/Schulz, Stellungnahme Fragebogen, S. 5 f.

[1533] Ähnlich Ulbricht, Pauschalabgaben, S. 22.

[1534] Die Abgaben können grundsätzlich durchaus gegen Null tendieren.

[1535] Rohleder ZUM 2003, 1061 (1062); Stellungnahme BITKOM zur Privatkopie, S. 7.

[1536] Vgl. Schack ZUM 2002, 497 (510); ders. FS Erdmann, S. 165 (172).

mechanismen zum Einsatz kommen. Will man derartigen technischen Schutz rechtskonform umgehen, so erfordert dies nämlich wiederum die regelmäßig wohl entgeltliche Zustimmung des Rechteinhabers[1537]. Dieser Zusammenhang geht schließlich auch aus der Soll-Vorgabe im Erwägungsgrund 35 S. 5 der Multimedia-RL hervor. Für Kopien zum privaten Gebrauch ist besagte Erwägung in Art. 5 II Lit. b Multimedia-RL sogar verpflichtend in deren verfügenden Teil eingegangen[1538]. Auf den ersten Blick wird jedoch nicht klar, ob der Einsatz von DRM-Systemen insoweit konkret oder abstrakt zu verstehen ist. Muß man also auf die Existenz oder Verfügbarkeit[1539] entsprechender DRM-Systeme abstellen, auf die Durchdringung des Marktes mit technischen Schutzmaßnahmen generell[1540] oder darauf, ob und welcher technische Schutz gerade bezüglich des in Frage stehenden Inhalts eingesetzt wird? Da sich Pauschalabgaben letztlich auf bestimmte Inhalte beziehen, kann es nur auf zum Einsatz kommende Systeme hinsichtlich konkreter Inhalte ankommen. Besagter Grad des Einsatzes technischer Schutzmaßnahmen ist somit konkret zu verstehen. Dies untermauert letztlich auch die Multimedia-RL selbst: Trotz des widersprüchlichen Erwägungsgrundes 39 S. 1, der darauf abstellt, ob wirksame technische Maßnahmen „verfügbar" sind, macht die Richtlinie, indem sie in Art. 5 II Lit b von „angewendet"[1541] spricht, deutlich, daß jedenfalls für den angesprochenen Bereich der Privatkopien die Pauschalvergütung dann unvermindert bestehen soll, wenn DRM-Systeme zwar bestehen, aber nicht zum Einsatz kommen[1542].

aa) § 13 IV UrhWahrnG

Die deutsche Rechtsordnung greift soeben beschriebene Vorgaben in § 13 IV UrhWahrnG auf: Bei der auf den §§ 54, 54a UrhG beruhenden Tarifgestaltung ist demnach auch zu berücksichtigen, inwieweit technische Schutzmaßnahmen nach § 95a UrhG auf die betreffenden Werke oder die betreffenden Schutzgegenstände angewendet werden[1543]. Schon

---

[1537] Die Zustimmungskompetenz stellt regelmäßig eine geldwerte Position des Berechtigten dar.

[1538] Undifferenziert insofern Goldmann in Becker/Buhse/Günnewig/Rump, DRM, S. 502 (514), die Art. 5 II Lit b Multimedia-RL offenbar eine generelle Aussage entnehmen will.

[1539] So Wuermeling K&R 2003 Heft 1 „Die Erste Seite".

[1540] Anklingend bei Goldmann in Becker/Buhse/Günnewig/Rump, DRM, S. 502 (517).

[1541] Und zwar „auf das betreffende Werk oder den betreffenden Schutzgegenstand", vgl. Art. 5 II Lit b Multimedia-RL.

[1542] Ähnlich Ulmer-Eilfort in Becker/Buhse/Günnewig/Rump, DRM, S. 447 (456).

[1543] § 13 IV UrhWahrnG verknüpft also letztlich die Pauschalabgaben mit den Marktverhältnissen von geschützten und ungeschützten Inhalten; kritisch Kreutzer ZUM 2003, 1041 (1044), Fn. 30; Melichar ZUM 2003, 1046 (1047): § 13 IV UrhWahrnG und § 54d UrhG widersprächen sich.

der Wortlaut des § 13 IV UrhWahrnG („auch“ zu berücksichtigen) macht deutlich, daß es sich dabei nicht um eine Alles-oder-nichts-Regelung, sondern vielmehr um einen flexiblen Tatbestand handelt. Ob der Einsatz von DRM-Systemen auch bei den Verteilungsgrundsätzen der Verwertungsgesellschaften zu berücksichtigen ist[1544], muß man hiervon unterscheiden. Angebracht wäre dies jedenfalls. Erfreulich ist daher, daß der Gesetzgeber aktuell eine entsprechende Regelung plant[1545]. Mit § 13 IV UrhWahrnG soll insbesondere den Unterschieden zwischen analogen und digitalen Kopien in flexibler Art und Weise[1546] Rechnung getragen[1547] als auch vermieden werden, daß sich die Zahlung des gerechten Ausgleichs mit der tatsächlichen Durchsetzung des Verbotsrechts mit Hilfe von DRM-Systemen überschneidet, was zu einer doppelten und insoweit nicht gerechtfertigten Vergütung führen könnte[1548]: Auch wenn aus der Tatsache, daß mehrfach zu zahlen ist, nicht zwangsläufig folgt, daß zu hoch vergütet wird, die einzelnen Beträge sind möglicherweise erst in ihrer Gesamtheit angemessen[1549], so besteht dennoch eine reelle dahingehende Gefahr. Teleologisch folgt hieraus, daß § 13 IV UrhWahrnG nicht einschlägig sein will, wenn zwar DRM-Systeme zum Einsatz kommen, der Rechteinhaber aber für die Nutzung entsprechender Inhalte dennoch keine Verütung verlangt[1550]: Wie oft solche Fälle aber in der Praxis vorkommen, bleibt abzuwarten; es dürfte sich um einzelne Ausnahmen handeln. Ob § 13 IV UrhWahrnG in der Praxis die ihm zugedachte Wirkung entfalten kann, wird teilweise angezweifelt[1551], ebenso wie dessen Vereinbarkeit mit der Multimedia-RL[1552].

[1544] Hierfür Peukert ZUM 2003, 1050 (1057 f/1060); Dietz, wiedergegeben von Zecher ZUM 2002, 451 (455): Auch bei der Verteilung der Urheberrechtsabgaben muß es sich auswirken, wenn ein Berechtigter bereits im Vorfeld Nutzungsentgelte erlangt hat; Ory JurPC 126/2002, Rn. 13.

[1545] § 54g II 2 UrhG-RefE; siehe Bundesministerium der Justiz, Referentenentwurf Zweiter Korb, S. 64 f.

[1546] Vgl. Gerlach in Wandtke/Bullinger, Praxiskommentar UrhR Ergänzungsband, WahrnG § 13, Rn. 2.

[1547] Vgl. Erwägungsgrund 38 S. 5 Multimedia-RL.

[1548] Reinbothe GRUR Int. 2001, 733 (739); vgl. auch BT-Dr. 15/38, S. 30; Huppertz CRi 2002, 105 (108).

[1549] Schulze in Dreier/Schulze, UrhG, UrhWG § 13, Rn. 31. Grundsätzlich müssen in einer Marktwirtschaft die durch den Markt bestimmten individuellen Preise als angemessen gelten. Sofern Pauschalabgaben neben einer individuellen Vergütung anfallen, werden diese in der Praxis jedoch in den Preisfindungsprozeß bezüglich der (restlichen) Individualvergütung regelmäßig einfließen. Unter Zugrundelegung dessen ist es in der Tat möglich, daß auch im Fall doppelter Vergütung der zu zahlende Gesamtbetrag angemessen ist.

[1550] Ebenso Schulze in Dreier/Schulze, UrhG, UrhWG § 13, Rn. 29.

[1551] So Jaeger/Kreutzer, Stellungnahme Referentenentwurf, S. 10; Wuermeling K&R 2003 Heft 1 „Die Erste Seite“: „zaghafter Versuch“ der Verhinderung von doppelter Vergütung der Rechteinhaber.

[1552] So Goldmann in Becker/Buhse/Günnewig/Rump, DRM, S. 502 (516).

bb) Berücksichtigung der konkreten Konfiguration des technischen Schutzes

Ob im Rahmen des § 13 IV UrhWahrnG auch in Ansatz zu bringen ist, in welchem Maß eingesetzte DRM-Systeme die Nutzung beschränken, d. h. ob die konkrete Konfiguration des technischen Schutzes[1553] bezüglich eines Inhaltes Berücksichtigung finden muß, geht aus § 13 IV UrhWahrnG nicht eindeutig hervor. Der Wortlaut der Vorschrift läßt es jedenfalls zu, spricht er doch davon, „inwieweit“ technische Schutzmaßnahmen angewendet werden. Auch wenn die Richtlinie durchaus eher anderes nahelegt[1554], so dürfte sie dem soeben gefundenen Ergebnis jedoch nicht im Wege stehen[1555]. Dies dürfte auch das vorzugswürdige Verständnis von § 13 IV UrhWahrnG sein, denn pauschale Vergütung ist eben (nur) insoweit gerechtfertigt, als technischer Schutz nicht vorliegt: Läßt also etwa die zum Schutz einer bestimmten Audio-CD eingesetzte DRM-Technik immerhin eine Kopie zu, so sollten die Pauschalabgaben tendenziell höher ausfallen, als wenn nicht eine einzige Vervielfältigung erstellt werden kann.

cc) Interpretation des § 13 IV UrhWahrnG

Das gesetzliche Rahmenwerk ist bezüglich der Höhe pauschaler Abgaben offensichtlich aber auch aus einer anderen Perspektive nicht ganz ausgereift[1556]: Der Begünstigte einer in § 95b I 1 UrhG angeführten Urheberrechtsschranke kann diese nach § 95b II 1 UrhG im Rahmen der Anspruchsvoraussetzungen nämlich ohne unmittelbare Gegenleistung durchsetzen. Warum der Einsatz von DRM-Systemen bei der Bemessung der Pauschalabgaben insoweit, d. h. bezüglich der in § 95b I 1 UrhG enumerierten Schranken Berücksichtigung finden soll, leuchtet nicht ohne weiteres ein[1557]. Ansatzfähig sind vielmehr nur solche Schranken, welche in § 95b I 1 UrhG nicht aufgezählt sind. Die Regelung des § 13 IV UrhWahrnG sollte deshalb in diesem Sinne interpretiert werden.

[1553] DRM-Systeme müssen nicht zwangsweise einem Alles-oder-nichts-Prinzip insofern folgen, daß der Schutz entweder in vollem technisch machbaren Umfang oder eben gar nicht besteht. Vielmehr kann die Nutzung digitaler Inhalte häufig selektiv beschränkt werden.

[1554] Art. 5 II Lit. b Multimedia-RL: „ob“ sowie Erwägungsgrund 39 S. 1: „wenn“.

[1555] Hierfür spricht auch Erwägungsgrund 35 S. 5: „Grad des Einsatzes“.

[1556] Dies ist freilich bereits in der Multimedia-RL angelegt.

[1557] Paul/Naskret CR 2003, 473 (479): „nicht auflösbares Spannungsverhältnis“ bzw. „Widerspruch“; implizit anklingend auch bei Peukert ZUM 2003, 1050 (1052).

II. DRM-Technik als potentielles Mittel effektiver individueller Lizenzierung

Das mittelbare Vergütungssystem mittels pauschaler Abgaben soll ein unerläßlicher Bestandteil der Wahrnehmung urheberrechtlicher Positionen sein, da es wesentlich für das Funktionieren des Urheberrechtsschutzes überhaupt sei[1558]; anders könnten entsprechende Rechte nicht effizient oder überhaupt nicht wahrgenommen werden[1559]. Mit Blick auf die Problematik individueller Gebührenabrechnung ist dies in einer Welt mit ausschließlich traditionellen, d. h. analogen Vervielfältigungsmöglichkeiten wohl zutreffend. Im Zeitalter analoger Medien hat sich die Einziehung und Verteilung der Abgaben durch die Verwertungsgesellschaften deshalb auch bewährt[1560]. Bezieht man allerdings das funktionale Potential von DRM-Systemen in seine Erwägungen mit ein, so scheint diese Ausgangsposition für den digitalen Bereich zweifelhaft, zumindest im Hinblick auf die Zukunft: Soweit ausreichend sichere DRM-Systeme nicht zur Verfügung stehen, hat die Möglichkeit der individuellen Rechtewahrnehmung gegenüber dem System der gesetzlichen Lizenz, also dem Vergütungseinzug und der Ausschüttung durch Verwertungsgesellschaften, den entscheidenden Nachteil, daß die Beteiligung der Werkschöpfer an der Verwertung ihrer Inhalte wegen Problemen bei der Durchsetzbarkeit nicht sichergestellt werden kann[1561]. In Gestalt von Kopierschutzmechanismen können DRM-Systeme aber durchaus ein Instrument zur Durchsetzung des bedeutsamen Vervielfältigungsrechts bieten[1562]. Die Kontrolle der ausschließlichen Rechtsposition wird hinsichtlich digitaler Inhalte von diesen somit durchaus ermöglicht. Sofern sie sich als ausreichend sicher darstellen, könnten DRM-Systeme für den digitalen Bereich Verwertungsgesellschaften unter dem Gesichtspunkt der Rechtsdurchsetzung von daher durchaus obsolet werden lassen[1563]. DRM-Systeme können es darüberhinaus sogar ermöglichen, die jeweils konkrete Nutzung von Inhalten im Digitalformat zu erfassen und bilden so die Basis individueller Abrechnung[1564] zwischen Rechteinhaber und Nutzer; insofern unterscheiden sie sich vom System pauschaler Abgaben[1565]. Ferner er-

[1558] Reinbothe ZUM 2003, 27 (28/30).
[1559] Reinbothe ZUM 2003, 27 (29).
[1560] Dietz, wiedergegeben von Zecher ZUM 2002, 451 (455).
[1561] Ulmer-Eilfort FS Nordemann, S. 285 (293 f.).
[1562] Ähnlich Cichon K&R 1999, 547 (553).
[1563] Ähnlich Reinbothe FS Dietz, S. 517 (522).
[1564] Zu Problembereichen nutzungsabhängiger Abrechnung vgl. Thomaschki DuD 1998, 265 (268).
[1565] Huppertz CRi 2002, 105 (108).

laubt die DRM-Technik, daß der einzelne Rechteinhaber den jeweiligen Vergütungssatz, etwa entsprechend der Nutzungsintensität selbst bestimmt. Der Einsatz von DRM-Systemen kann dem Urheber grundsätzlich durchaus die Stellung zurückgeben, welche er im digitalen Zeitalter – dem Zeitalter der digitalen Massenvervielfältigung – schon fast verloren hatte: Die Möglichkeit der individuellen Rechtevergabe[1566]. Der Einsatz von DRM-Systemen bietet also im Grundsatz, d.h. die technische Leistungsfähigkeit vorausgesetzt, im digitalen Umfeld einerseits die Möglichkeit, Lizenzen individuell zu vergeben und abzurechnen, sowie andererseits ein Mittel zur Durchsetzung der urheberrechtlichen Rechtsposition, insbesondere hinsichtlich des Vervielfältigungsrechts. Die individuelle Rechtewahrnehmung wird hierdurch im Informationszeitalter leichter[1567].

III. Reaktionsmöglichkeiten auf die technische Entwicklung

Traditionell ist die Rechtewahrnehmung zweigeteilt: Der Berechtigte nimmt regelmäßig diejenigen Rechte selbst wahr, die er auch individuell verwalten und deren Nutzung er kontrollieren kann[1568]; dies ist der Fall vor allem bei der Erstverwertung. Für den nicht oder kaum kontrollierbaren Bereich[1569] erfährt er eine mittelbare Vergütung über die Pauschalabgaben. Im Bereich digitaler Inhalte zeichnet sich hingegen parallel zum technischen Fortschritt bezüglich der Rechtewahrnehmung ab, daß eine gegenüber dem Analogbereich völlig neue Form der Interaktion zwischen Rechteinhabern und Nutzern möglich ist[1570]. Wie man hierauf reagieren kann, ist Gegenstand der folgenden Ausführungen.

1. Beibehaltung pauschaler Vergütung

Eine im Interesse der Rechteinhaber[1571] befürwortete[1572] „Reaktionsmöglichkeit" auf die technischen Entwicklungen besteht darin, am bisherigen mittelbaren Vergütungssystem auch bezüglich digitaler Inhalte festzuhalten[1573]. An der kollektiven Rechtewahrnehmung soll aber grundsätzlich nicht nur ein Interesse der Rechteinhaber, sondern viel-

[1566] Bechtold GRUR 1998, 18 (21 f.); Möschel/Bechtold MMR 1998, 571 (576).

[1567] A. A. Becker in Stern/Prütting, Entwicklung des Urheberrechts, S. 53 (55).

[1568] Wirtz in Bröcker/Czychowski/Schäfer, Geistiges Eigentum im Internet, § 8, Rn. 252.

[1569] Regelmäßig die Verwertung auf zweiter oder höherer Stufe.

[1570] Ulmer-Eilfort FS Nordemann, S. 285 (285).

[1571] Jaeger/Kreutzer, Stellungnahme Regierungsentwurf, S. 11 ff.

[1572] So offenbar Wandtke GRUR 2002, 1 (7).

[1573] Schack FS Erdmann, S. 165 (172): „einzig praktikable Vergütungsmethode".

mehr auch eines der Nutzer bestehen[1574]. Dem ist insofern beizupflichten, als daß es tatsächlich aus Nutzersicht nicht wünschenswert sein kann, sich einer Vielzahl von Ansprüchen unterschiedlicher Rechteinhaber ausgesetzt zu sehen[1575]. Ein Vorteil des herrschenden Vergütungssystems wird auch darin erblickt, daß Urheber und Leistungsschutzberechtigte nicht Gefahr laufen, sich leichtfertig ihrer Ansprüche zu begeben, da sie diese bereits über den Wahrnehmungsvertrag einer Verwertunggesellschaft übertragen haben[1576]. Die Urheber kämen auf diesem Weg am ehesten zu einer angemessenen Vergütung, ohne um diese sprichwörtlich kämpfen zu müssen[1577]. Das System der mittelbaren Vergütung durch Pauschalabgaben wird für die nahe Zukunft auch als einzig ersichtlich realisierbares Regulierungskonzept angesehen[1578], da die traditionellen Gründe, die schon früher für die kollektive Vergütung gesprochen haben, auch in der Informationsgesellschaft bestehen blieben[1579].

2. Individuelles Vergütungsmodell

Als Alternative zur Beibehaltung des bisherigen Vergütungssystems ist die Abkehr vom herrschenden System zugunsten eines Übergangs zu einem Modell individueller Vergütung zu erwägen. Entsprechend fielen pauschale Abgaben auf Leermedien und Vervielfältigungsgeräte dann weg; die Rechteinhaber könnten und müßten sich um ihre Vergütung in individueller Weise selbst kümmern. Ein solcher Übergang soll bereits durch die Multimedia-RL eingeleitet worden sein[1580] und wird nun auch in Deutschland gefordert[1581]: Erwägungsgrund 38 enthalte klare Vorbehalte gegen das System mittelbarer Vergütung[1582]. Das System der mittelbaren Vergütung über die Verwertungsgesellschaften lasse sich nämlich alleine mit der Vermeidung hoher Transaktionskosten rechtfertigen, die im analogen Zeitalter bei individueller Lizenzierung regelmäßig angefallen wären[1583]. Dieses System sei jedoch nur die „zweitbeste Lösung“[1584].

1574 Reinbothe ZUM 2003, 27 (28).

1575 Reinbothe ZUM 2003, 27 (31): „schlichte Notwendigkeit“.

1576 Wirtz in Bröcker/Czychowski/Schäfer, Geistiges Eigentum im Internet, § 8, Rn. 256.

1577 Dietz, wiedergegeben von Zecher ZUM 2002, 451 (455).

1578 Jaeger/Kreutzer, Stellungnahme Referentenentwurf, S. 7; andeutend Rosén GRUR Int. 2002, 195 (206); kritisch hingegen Paul/Naskret CR 2003, 473 (477/479): Über die Zeitgemäßheit bzw. Zukunftsfähigkeit des etablierten Systems müsse „nachgedacht“ werden.

1579 So Becker in Stern/Prütting, Entwicklung des Urheberrechts, S. 53 (54).

1580 Goldmann/Liepe ZUM 2002, 362 (368).

1581 Bremer, wiedergegeben von Zecher ZUM 2002, 451 (455).

1582 Wuermeling K&R 2003 Heft 1 „Die Erste Seite“.

1583 Möschel/Bechtold MMR 1998, 571 (576).

1584 Kreile/Becker FS Nordemann, S. 279 (297); Möschel/Bechtold MMR 1998, 571 (576); Schack ZUM 2002, 497 (506); ders. ZUM 2002, 497 (510): „Notlösung“;

Wenn die DRM-Technik eine kostengünstigere Lizenzierung und Abrechnung erlaubte, könnte dies in der Tat für die Abkehr vom noch herrschenden System streiten. Das Festhalten an den Pauschalabgaben auf Geräte oder Leermedien ohne Berücksichtigung der im digitalen Zeitalter möglichen Instrumente individueller Lizenzierung würde dann folglich auch nicht grundlos als den Anforderungen der digitalen Wirklichkeit nicht mehr gerecht werdend angesehen[1585]. Abgesehen von den Vorteilen einer gesetzlichen Regelung, die individuelle Abrechnungen ermöglicht, wird das für die analoge Welt entwickelte Modell der Geräte- und Leermedienabgaben im digitalen Kontext auch als nicht praktikabel angesehen[1586].

3. Für und Wider pauschaler und individueller Vergütung

a) Probleme des kollektiven Vergütungsmodells

Das Festhalten am tradierten Vergütungssystem trifft auf rechtlich sowie auch ökonomisch und politisch begründete Bedenken.

aa) Rechtliche Bedenken

(1) Fraglichkeit der Rechtfertigung des Pauschalabgabensystems

Das System pauschaler Abgaben stellt sich aus Sicht der Nutzer als nicht unproblematisch dar: Es basiert wie bereits geschildert darauf, daß man bestimmte Verhaltensweisen, welche die ausschließliche Position des Rechteinhabers berühren, mit guten Gründen nicht untersagen will, oftmals weil man ein Verbot ohnehin kaum effektiv durchsetzen könnte. Die mittelbare Vergütung soll sicherstellen, daß der Kreative trotzdem angemessene Teilhabe an den wirtschaftlichen Früchten seines Werkes hat. Dieses Vergütungssystem bezieht seine Rechtfertigung also gerade daraus, daß im Rahmen der entsprechenden Urheberrechtsschranken der Rechteinhaber quasi die Verfügungsgewalt über die Nutzung seines Werkes verliert[1587]. Folglich muß das System seine Berechtigung verlieren, wenn es dem Rechteinhaber mit Hilfe des Einsatzes von DRM-Systemen in effektiver Weise möglich ist, den Genuß entsprechender Schranken technisch zu unterbinden[1588], spätestens jedenfalls dann, wenn er von die-

ebenso Monkemöller GRUR 2000, 663 (669); Ulbricht, Pauschalabgaben, S. 19: „fauler Kompromiß"; a. A. Freiwald, private Vervielfältigung im digitalen Kontext, S. 199.

[1585] So Schippan ZUM 2003, 378 (384).

[1586] So Dreier CR 2000, 45 (47).

[1587] Anders betrachtet beraubt das existierende kollektive Vergütungssystem den Rechteinhaber natürlich auch seiner individuellen Kontrolle: So Dreier GRUR Int. 1993, 742 (745).

[1588] Vgl. Peukert ZUM 2003, 1050 (1052 f.); Ulbricht, Pauschalabgaben, S. 7. Eine hiervon abzuschichtende Frage ist, ob daß System mittelbarer Vergütung im digitalen Kontext mit Blick auf die mit der DRM-Technologie verbundenen umfangreichen

ser Möglichkeit Gebrauch macht[1589]. Letzteres dürfte im Rahmen des technisch Möglichen regelmäßig der Fall sein. Kaum ein Rechteinhaber wird von sich aus auf die Möglichkeiten technischer Neuerungen verzichten. Es ist aber nicht zu rechtfertigen, daß ein Verbraucher letztlich auch für solche Vervielfältigungsgeräte und Leermedien durch Pauschalabgaben erhöhte Preise zahlen muß, mit denen er urheberrechtlich relevante Kopien technisch überhaupt nicht erstellen kann[1590]. Könnte der Rechteinhaber nämlich individuell entgeltliche Lizenzen erteilen oder andernfalls den Genuß urheberrechtlicher Schranken faktisch unterbinden, und hätte er parallel hierzu zudem Anteil am mittelbaren Vergütungssystem über die Pauschalabgaben, so liefe dies auf eine doppelte Vergütung hinaus. Eine Vergütung für ein urheberrechtlich relevantes Handeln, das wegen des Einsatzes technischer Schutzmaßnahmen tatsächlich niemals stattfinden kann und daher über das Versuchsstadium nicht hinauskommt, läßt sich nicht rechtfertigen[1591]; dies trifft etwa zu für das mangels technischer Möglichkeit allenfalls versuchte Erstellen einer Kopie. Sollte man die Herstellung einer Vervielfältigung unter Umgehung der eingesetzten Schutztechnik dennoch faktisch ermöglichen, so knüpfen sich hieran nachteilige rechtliche Konsequenzen wegen Verstoßes gegen § 95a I UrhG: Über diese Norm ist die Vervielfältigung von der konkreten Kopiervorlage sanktioniert, sofern diese technisch geschützt ist; dies gilt auch im Rahmen urheberrechtlicher Schranken, etwa dem Privatkopienprivileg.

(2) Pauschalabgaben als Beschränkung des freien Warenverkehrs

Pauschale Abgaben rufen aufgrund nationaler Unterschiede wettbewerbsverzerrende Effekte am europäischen Markt hervor[1592]. Da sie in anderen wichtigen Handelsstaaten nicht existieren, sollen sie als Beschränkung des freien Warenverkehrs[1593] bzw. als Hemmnisse für den Binnenmarkt[1594] gewertet werden können[1595]. Zwar sind unterschiedliche Vergütungsregelungen innerhalb der Europäischen Gemeinschaft zu-

Möglichkeiten individueller Abrechnung unter den Gesichtspunkten der Sinn- und Zweckhaftigkeit noch angebracht ist.

1589 Ähnlich Goldmann/Liepe ZUM 2002, 362 (371); vgl. Winghardt ZUM 2002, 349 (359): „Unterwanderung des Vergütungssystems“, durch welche die Systematik der §§ 53 ff. UrhG umgangen wird.

1590 Schack ZUM 2002, 497 (510); Huppertz CRi 2002, 105 (108).

1591 Huppertz CRi 2002, 105 (108).

1592 Siehe Ulbricht, Pauschalabgaben, S. 9 f.; Kreile/Becker FS Nordemann, S. 279 (279).

1593 Paul/Naskret CR 2003, 473 (479).

1594 Rohleder ZUM 2004, 203 (203); Spindler GRUR 2002, 105 (112); siehe Reinbothe ZUM 2003, 27 ff.

1595 Siehe auch Geerlings GRUR 2004, 207 (212).

lässig, auch wenn sie das Funktionieren des Binnenmarktes tatsächlich beeinträchtigen[1596]. Dennoch dürfte der nationale Gesetzgeber im Lichte der Binnenmarktfreiheiten gut daran tun, bei entsprechender Entwicklung von DRM-Systemen als technische Kontrollmöglichkeiten über das nationale Vergütungssystem nachzudenken[1597]. Diese Anregung ist natürlich gleichsam an die übrigen nationalen Gesetzgeber der Europäischen Gemeinschaft gerichtet[1598]. Allerdings zeigt schon Erwägungsgrund 38 S. 3 Multimedia-RL, daß eine gemeinschaftsweite Vereinheitlichung des Vergütungssystems auch künftig nicht zu erwarten ist.

bb) Ökonomische Bedenken

Das System der Pauschalabgaben könnte einerseits die technische Weiterentwicklung von DRM-Systemen verlangsamen: Wenn Rechteinhaber eine Vergütung erhalten, so mindert das den Anreiz zu Investitionen in die Entwicklung leistungsfähigerer DRM-Technik[1599]; dies auch, wenn diese Vergütung nicht ganz angemessen ist. Die Bedenken hingegen, die Geräteabgaben könnten andererseits als „künstliche Kosten" auf längere Sicht zudem den deutschen Markt negativ beeinflussen[1600], indem sie die Wettbewerbsfähigkeit deutscher Unternehmen gefährdeten[1601], da deutsche Hersteller von Vervielfältigungsgeräten schon ohne diese Abgaben spürbar von ausländischen Märkten[1602] bedrängt würden, relativieren sich dadurch, daß gemäß § 54c UrhG die Pauschalabgaben entfallen, soweit den Umständen nach mit Wahrscheinlichkeit erwartet werden kann, daß entsprechende Geräte nicht zu Vervielfältigungen in Deutschland benutzt werden, also zum Export ins Ausland bestimmt sind[1603]. Pauschalabgaben insbesondere auf PC-Komponenten[1604], die teilweise einem verschärften Preisverfall unterliegen, sind dennoch brisant: Die nicht gerade geringen[1605]

[1596] Flechsig ZUM 2002, 1 (9).

[1597] Spindler GRUR 2002, 105 (112).

[1598] Vgl. Kreile/Becker FS Nordemann, S. 279 (279).

[1599] Huppertz CRi 2002, 105 (108).

[1600] Geerlings GRUR 2004, 207 (210); Bremer, wiedergegeben von Zecher ZUM 2002, 451 (455); Rohleder, wiedergegeben von v. Rom ZUM 2004, 204 (205); ders. ZUM 2004, 203 (203); ähnlich die Bundesregierung, vgl. den Vergütungsbericht der Bundesregierung, UFITA 2000, 689 (732/740).

[1601] Vgl. BT-Dr. 15/38, S. 37; Pfennig ZUM 2004, 198 (201).

[1602] Vor allem der asiatische Markt ist hier von Bedeutung, berichtet von Bremer, wiedergegeben von Zecher ZUM 2002, 451 (455).

[1603] Sofern in Deutschland ansässige Unternehmen durch (überhöhte) Pauschalabgaben tatsächlich zusätzlich strapaziert werden und ihnen hierdurch möglicherweise Anreiz zur Abwanderung ins Ausland gegeben wird, sollte man nicht zuletzt vor dem Hintergrund des ohnehin schon schlechten Arbeitsmarktes in Deutschland jene jedoch sorgsam überdenken.

[1604] Vgl. Ulmer-Eilfort in Becker/Buhse/Günnewig/Rump, DRM, S. 447 (461).

[1605] Die Abgabe für einen Scanner liegt beispielsweise zwischen 10,23 und 255,65 Euro: Ulmer-Eilfort in Becker/Buhse/Günnewig/Rump, DRM, S. 447 (448).

Geräteabgaben sind am Markt zum Teil schwer durchsetzbar[1606]. Insbesondere im Verhältnis zum teils niedrigen Verkaufspreis von Informationstechnologie kann der für Pauschalabgaben anfallende Anteil nämlich auffallend groß sein. Geräteabgaben sollten daher in einem angemessenen Verhältnis zum Gerätepreis stehen[1607], was nicht gleichbedeutend ist mit der Knüpfung an den entsprechenden Kaufpreis[1608].

cc) Politische Bedenken

Pauschalabgaben auf Geräte der digitalen Technik kollidieren mit dem Ziel, diese neuen Medien preisgünstig zu gestalten und so einer möglichst breiten Öffentlichkeit zugänglich zu machen[1609]. Der Entwicklung der Informationsgesellschaft wird hierdurch eine nicht wegzudiskutierende Bürde auferlegt[1610]. Betroffen sind hiervon nicht zuletzt staatliche Einrichtungen, welche Informationstechnologie mittlerweile in nicht geringem Umfang nutzen. Pauschale Geräte- und Leermedienabgaben können der Öffentlichkeit zudem durchaus einen falschen Eindruck vermitteln, nämlich daß schöpferische Inhalte regelmäßig frei verfügbar seien[1611]. Aus ihnen könnte gar eine Rechtfertigung für die Mißachtung urheberrechtlicher Positionen abgeleitet werden[1612]. Dadurch, daß bei Pauschalabgaben der Zusammenhang zwischen dem Genuß eines Inhaltes und der Vergütung hierfür dem Durchschnittsbürger nicht ohne weiteres ersichtlich wird, besteht mit anderen Worten die Gefahr, daß er das geistige Eigentum nicht als Wert erkennt und dieses in der Folge nicht respektiert[1613].

dd) Erwägungen bezüglich der Abgabenhöhe

Die Höhe der aktuellen Geräte- und Leermedienabgaben wird insbesondere unter dem Eindruck des Potentials digitaler Technik, welche eine der ananlogen Technik gegenüber gesteigerte Nutzung erlaubt, als nicht mehr zeitgemäß oder gar nicht (mehr) verfassungsgemäß erachtet[1614]. Sofern man aus dieser Erwägung heraus nicht gar auf die Abschaffung des Pau-

1606 Siehe Delp, Recht des geistigen Schaffens, Rn. 445; vgl. auch Zypries ZUM 2003, 981 (982).

1607 Rohleder ZUM 2003, 1061 (1062); Stellungnahme BITKOM zur Privatkopie, S. 8; siehe auch Berger ZUM 2004, 257 (265).

1608 Zur Knüpfung der Abgaben an den Kaufpreis siehe E.IV.5.

1609 Vgl. Rohleder ZUM 2004, 203 (203).

1610 Ähnlich Huppertz CRi 2002, 105 (108).

1611 Paul/Naskret CR 2003, 473 (479); vgl. auch Ulbricht, Pauschalabgaben, S. 20.

1612 Stellungnahme BITKOM zur Privatkopie, S. 3.

1613 Rohleder ZUM 2004, 203 (204).

1614 Verfassungswidrigkeit der aktuellen Abgabenhöhe bejahend Nordemann in Fromm/Nordemann, UrhR, §§ 54/54a, Rn. 3. In der Tat sind die pauschalen Vergütungssätze seit 1985 konstant geblieben und somit mangels Inflationsausgleichs real sogar gesunken; siehe auch Kreutzer/Jaeger/Schulz, Stellungnahme Fragebogen, S. 3.

schalabgabensystems plädiert[1615], wird daher die Erhöhung der Abgabensätze unter grundsätzlicher Beibehaltung des Vergütungssystems gefordert[1616], um die Beteiligungsinteressen der Rechteinhaber angemessen zu berücksichtigen[1617]; teilweise hält man sogar eine massive Anhebung für notwendig[1618], da die Pauschalen derzeit teilweise deutlich zu niedrig seien[1619]. Für die Erhöhung der Abgaben dürfte auch die Grundaussage des § 13 III 1 UrhWahrnG sprechen[1620]; dies gilt besonders im digitalen Kontext. Die Erhöhung der Abgabentarife hätte zudem den erwünschten (Neben-)Effekt, gewerblich produzierten („Original"-) Inhalten den Rücken zu stärken. Denn wenn das Anfertigen einer Kopie wegen der hiermit einhergehenden Pauschalabgaben teurer wird, so entfällt in gleichem Maße der Anreiz zum Kopieren[1621]. Allerdings gelten dieselben Bedenken ökonomischer und politischer Natur, welche soeben schon gegen das Beibehalten des mittelbaren Vergütungssystems überhaupt erörtert worden sind, notwendigerweise erst recht hinsichtlich der Frage nach der Erhöhung der pauschalen Abgabensätze[1622]. Zudem bestünde die Gefahr, daß (deutlich) erhöhte Abgaben weitgehend als Rechtfertigung für die Mißachtung des Urheberrechts angesehen werden könnten[1623]. Darüberhinaus werden bezüglich einer Ausweitung pauschaler Geräteabgaben im digitalen Raum auch verfassungs- und europarechtliche Bedenken erhoben, insbesondere mit Blick auf Art. 14 GG[1624]. Es überrascht daher nicht, daß entsprechend der jeweiligen Interessenlage im digitalen Kontext auch eine Senkung der bestehenden pauschalen Abgabensätze gefordert wird[1625]. Hierfür spricht schließlich auch § 13 IV UrhWahrnG[1626]. Sofern der Einsatz technischer

[1615] So offenbar Ulbricht, Pauschalabgaben, S. 3/9.

[1616] Kreile ZUM 2003, 1018 (1019); Jaeger/Kreutzer, Stellungnahme Regierungsentwurf, S. 5; Schulze in Dreier/Schulze, UrhG, UrhWG § 13, Rn. 31; Freiwald, private Vervielfältigung im digitalen Kontext, S. 199; Schack ZUM 2002, 497 (500), insbesondere unter Berufung auf die Zulässigkeit digitaler privater Vervielfältigungen; ders. FS Erdmann, S. 165 (172); Cichon K&R 1999, 547 (552) für CD-Rohlinge; siehe auch Däubler-Gmelin ZUM 1999, 265 (272); Vergütungsbericht der Bundesregierung, UFITA 2000, 689 (727); zum Ausmaß siehe www.golem.de/0309/27408.html (05.09.2004).

[1617] Vgl. Melichar in Schricker, UrhR, Vor §§ 45 ff., Rn. 11.

[1618] Melichar ZUM 2003, 1046 (1047); Schaefer FS Nordemann, S. 191 (199) bezüglich MP3-fähiger Speicherchips und bespielbarer CDs; Schack ZUM 2002, 497 (510/511) insbesondere unter Berufung auf die Zulässigkeit digitaler Kopien zum privaten Gebrauch.

[1619] Schack, UrhR, Rn. 445.

[1620] So auch Ulbricht, Pauschalabgaben, S. 19 f.

[1621] Ähnlich Cichon K&R 1999, 547 (552).

[1622] Ähnlich Rohleder ZUM 2003, 1061 (1062).

[1623] Rohleder ZUM 2003, 1061 (1062).

[1624] So Geerlings GRUR 2004, 207 (208 ff.).

[1625] Siehe den Vergütungsbericht der Bundesregierung, UFITA 2000, 689 (727 f.).

[1626] A. A. Schulze in Dreier/Schulze, UrhG, UrhWG § 13, Rn. 32 f.

Kopierschutzmaßnahmen zunimmt, spricht dies tendenziell für die Senkung der Pauschalabgaben[1627].

b) Bedenken bezüglich der Abkehr vom Pauschalvergütungssystem

aa) Unberechtigte

Es wird vorgebracht, für die Aufgabe oder grundlegende Änderung des bestehenden Vergütungsmodells, welches sich in der Praxis bewährt hat[1628] und das Prinzip eines angemessenen Interessenausgleichs verwirklicht, müßten zwingende Gründe vorliegen[1629]; dies gelte auch in Zeiten des Wandels, welche aktuell durch die Digitalisierung und das Aufkommen neuer Dienste der Informationsgesellschaft charakterisiert sind[1630]. Selbst wenn man von besagtem Erfordernis zwingender Gründe ausgeht, so sind diese wegen der Vorteile eines dezentralen Vergütungsmodells hinsichtlich digitaler Werke, insbesondere der Vermeidung doppelter Vergütung, gegeben. Dennoch dürfte schon der Ansatzpunkt fragwürdig sein, weil die individuelle Rechteverwaltung dem unserer Zivilrechtsordnung zugrundeliegenden Prinzip der Privatautonomie wesentlich eher gerecht wird als das kollektive Vergütungssystem. Im Gegensatz zu einem Modell der individuellen Nutzungsvergütung bedarf dann schon eher die Rechtewahrnehmung durch Verwertungsgesellschaften einer besonderen Rechtfertigung[1631]. Zwar wird es wohl immer wieder vorkommen, daß DRM-Systeme umgangen und die entsprechenden Inhalte vergütungslos genutzt werden; dies könnte grob besehen gegen die Etablierung eines individuellen Vergütungssystems für digitale Inhalte sprechen. Unter der Annahme entsprechend ausgereifter DRM-Technik wird es sich dabei jedoch erstens regelmäßig um Ausnahmen handeln. Und zweitens können ungerechtfertigte Handlungsweisen keinen Grund für die Beibehaltung des Modells der mittelbaren Vergütung darstellen, da die pauschalen Abgaben legale Handlungen kompensieren sollen, nicht indes Piraterieverhalten[1632]; mit anderen Worten: Pauschalabgaben dienen nicht dem

---

[1627] Ebenso Hucko FS Nordemann, S. 321 (325).

[1628] So der Vergütungsbericht der Bundesregierung, UFITA 2000, 689 (719 f.).

[1629] Ähnlich der Vergütungsbericht der Bundesregierung, UFITA 2000, 689 (731).

[1630] Schwarze ZUM 2003, 15 (23); ähnlich Becker in Stern/Prütting, Entwicklung des Urheberrechts, S. 53 (56): Da das bisherige System sich bewährt habe, müsse es lediglich in die neue Technologie überführt werden, so daß auch in der Informationsgesellschaft nichts dafür spreche, auf die kollektive Rechtewahrnehmung durch Verwertungsgesellschaften zu verzichten.

[1631] Dies räumt auch Becker in Stern/Prütting, Entwicklung des Urheberrechts, S. 53 (53 f.) ein.

[1632] Huppertz CRi 2002, 105 (108); Rohleder ZUM 2003, 1061 (1062); Stellungnahme BITKOM zur Privatkopie, S. 6; a. A. Flechsig ZRP 2004, 249 (252); vgl. auch Müller in Hoeren/Sieber, Multimediarecht, Kap. 7.12, Rn. 34.

Zweck, Urheberrechtsverletzungen abzufangen[1633]. Letztere Fuktion kommt vielmehr den zivilrechtlichen Ansprüchen der Rechteinhaber zu, etwa auf entsprechenden Schadensersatz (§ 97 UrhG) gerichtet. Ein individuelles Vergütungsmodell soll ferner nur gegenüber solchen Nutzern greifen, die sich hierauf auch einlassen[1634], die also einen hierdurch für sie ggf. anfallenden Mehraufwand nicht scheuen. Dieser Einwurf relativiert sich aber dadurch, daß ein solches Vergütungssystem ohnehin erst dann Sinn ergeben dürfte, wenn weitgehend leistungsstarke DRM-Systeme zur Verfügung stehen. Sofern jemand digitale Inhalte nutzen will, wird es dann aber mangels Alternative häufig nicht darauf ankommen, ob der Nutzer sich auf dieses System gerne einläßt oder nicht. Aus diesem Grund können insbesondere Bedenken, ob der jeweilige Rechteinhaber wegen des hiermit verbundenen, vordringlich zeitlichen Aufwands überhaupt zu einer individuellen Rechtewahrnehmung bereit ist[1635], nicht überzeugen. Auch wird angeführt, eine individuelle Wahrnehmung von Rechten werde angesichts der zunehmenden Zahl von Verbreitungsmedien und von potentiellen Nutzern und Verbrauchern den Anforderungen der Praxis immer weniger gerecht, so daß auf lange Sicht nur die kollektive Rechtewahrnehmung in der Lage sei, diese neue Dimension der Nutzung nutzerfreundlich zu bewältigen und den Zugang der Nutzer zu geschützten Werken zu erleichtern[1636]. Diese Ansicht erklärt sich offenbar aus einer Verkennung des Potentials technischer Abrechnungsmöglichkeiten durch den Einsatz von DRM-Systemen. Denn das Gegenteil liegt näher: Die Entwicklung läßt erkennen, daß auf absehbare Zeit mit Hilfe von DRM-Technik effizient individuell lizenziert und abgerechnet werden kann, selbst wenn dies zum gegenwärtigen Zeitpunkt noch nicht der Fall sein dürfte[1637]. Weiter wird befürchtet, daß von einem Modell der individuellen Rechtewahrnehmung nur die Verwerter einseitig zulasten der Nutzer profitieren könnten[1638]. Auch sei es nicht gleichermaßen gut zu kontrollieren, wie Verwertungsgesellschaften[1639]. Diese Bedenken vermögen jedoch nicht zu überzeugen. Vielmehr kann der Markt in einem indivi-

[1633] Goldmann in Becker/Buhse/Günnewig/Rump, DRM, S. 502 (516); implizit auch Ory AfP 2004, 500 (502); verkennend Flechsig, wiedergegeben von Chromek ZUM 2003, 1063 (1063); ebenso Gerlach, wiedergegeben von Chromek ZUM 2003, 1063 (1064), der dies dogmatisch als Abschlag auf den Schadensersatz einordnen will.

[1634] Winghardt ZUM 2002, 349 (358).

[1635] Wirtz in Bröcker/Czychowski/Schäfer, Geistiges Eigentum im Internet, § 8, Rn. 258.

[1636] Berichtet von Reinbothe FS Dietz, S. 517 (521); Kreile/Becker GRUR Int. 1996, 677 (678) stellen die Frage nach der Zeitgemäßheit individueller Rechtevergabe.

[1637] Siehe A.II.3.b)aa)(1).

[1638] Wand, Technische Schutzmaßnahmen, S. 284.

[1639] Becker in Stern/Prütting, Entwicklung des Urheberrechts, S. 53 (55 f.); siehe auch Wirtz in Bröcker/Czychowski/Schäfer, Geistiges Eigentum im Internet, § 8, Rn. 193; Schack, UrhR, Rn. 1183 ff.

duell ausgerichteten Vergütungssystem einen wirksamen Ausgleich erzielen.

bb) Berechtigte

Man darf aber nicht außer acht lassen, daß eine gänzliche Abschaffung des Systems der pauschalen Vergütung zugunsten eines dezentralen Vergütungsmodells für Rechteinhaber mit geringerer Wirtschaftskraft durchaus Probleme mit sich bringen kann, da auch der Einsatz von DRM-Systemen nicht zum Nulltarif stattfinden kann und bezahlt sein will[1640]. Tendenziell dürften Rechteinhaber mit größerer Wirtschaftskraft eher in der Lage sein, ihre Rechte in einem individuellen Vergütungssystem auch durchsetzen zu können als „kleine" Rechteinhaber, welchen es durchaus schwerfallen kann, ihre Rechte individuell mit wirtschaftlich vertretbarem Aufwand wahrzunehmen[1641]. Auswirkungen auf den Wettbewerb können unter diesem Gesichtspunkt nicht ausgeschlossen werden, so daß auch kartellrechtliche Erwägungen nicht ohne weiteres beiseite gelassen werden dürfen[1642].

c) Vorteile individueller Vergütung

An den Verwertungsgesellschaften wird kritisiert, die Kosten ihrer Verwaltung seien zu hoch; außerdem herrsche zu wenig Demokratie bei der Entscheidungsfindung innerhalb dieser Organisationen sowie mangelnde Transparenz bei der Vergütungsausschüttung[1643]. Individuelle Abrechnung hingegen sei auf elektronischen Märkten angemessen[1644]. Den Schwachpunkten der mittelbaren Pauschalvergütung kann durch den Einsatz von DRM-Technik entsprechend ihrer technischen Leistungsfähigkeit abgeholfen werden. Ein dezentrales Vergütungsmodell, wonach

---

1640 Siehe Müller in Hoeren/Sieber, Multimediarecht, Kap. 7.12, Rn. 32 f.; Freiwald, private Vervielfältigung im digitalen Kontext, S. 179, Fn. 849; anklingend auch in der Stellungnahme des Bundesrates zum Gesetz zur Regelung des Urheberrechts in der Informationsgesellschaft, BT-Dr. 15/38, S. 37; siehe ferner Grassmuck ZUM 2003, 1014 (1015); Pfennig ZUM 2004, 198 (199 f.); Berger ZUM 2004, 257 (261); Stickelbrock GRUR 2004, 736 (742).

1641 Goldmann in Becker/Buhse/Günnewig/Rump, DRM, S. 502 (517); Stickelbrock GRUR 2004, 736 (743); Freiwald, private Vervielfältigung im digitalen Kontext, S. 179 f.; siehe auch Reinbothe ZUM 2003, 27 (30/31): „faktische Notwendigkeit" kollektiver Rechtewahrnehmung; eindeutiger die Stellungnahme privatkopie.net u.a., S. 6 f: DRM nütze allein Großunternehmen.

1642 Hierauf soll im Rahmen der vorliegenden Untersuchung jedoch nicht weiter eingegangen werden. Eine hiervon zu unterscheidende Problemstellung ist die kartellrechtliche Mißbrauchskontrolle von Verwertungsgesellschaften anhand des Art. 82 EG, vgl. Reinbothe FS Dietz, S. 517 (527 f.).

1643 Berichtet von Reinbothe ZUM 2003, 27 (29); vgl. auch Vergütungsbericht der Bundesregierung, UFITA 2000, 689 (729 f.).

1644 Kuhlen in Picot, DRM, S. 107 (125).

Nutzungsrechte individuell vergeben werden können, dürfte daher gegenüber der kollektiven Wahrnehmung der Verwertungsrechte durch Verwertungsgesellschaften unter wirtschaftlichen Gesichtspunkten tatsächlich gewisse Vorteile bringen. So dürften die Betriebs- und Transaktionskosten eines dezentralen Systems geringer ausfallen als die Rechteverwertung über die Verwertungsgesellschaften[1645]: Einerseits können im Rahmnen der Abwicklung durch letztere zwar durchaus Synergieeffekte erzielt werden, andererseits jedoch fallen in einer Verwertungsgesellschaft auch Verwaltungskosten in nicht geringer Höhe an[1646]. Die Abwicklung mittels DRM-Systemen hingegen bietet unter der Annahme entsprechender technischer Leistungsfähigkeit unter anderem den nicht zu unterschätzenden Vorteil, die Vergabe von Nutzungsrechten an digitalen Inhalten zusammen mit deren Übermittlung via Internet abzuwickeln. Hieraus resultiert letztlich die Möglichkeit einer technisierten Abwicklung von Lizenzverträgen; dies kann sich für den jeweiligen Rechteinhaber als äußert effizient und somit sehr ökonomisch darstellen. Ein individuelles Vergütungssystem verspricht folglich jedenfalls im bedeutsamen Onlinebereich gesteigerte ökonomische Effektivität[1647]. Überdies dürften die bei der Ertragsausschüttung über die Verwertungsgesellschaften im Rahmen der Vergütungsverteilung anfallenden Allokationsverzerrungen[1648], welche unter dem Gesichtspunkt der Verteilungsgerechtigkeit durchaus problematisch sind[1649], bezüglich analoger Technik mit guten Gründen jedoch in Kauf genonommen werden[1650], reduziert werden[1651], da sich die Vergütung an der tatsächlichen Nutzungsintensität von Inhalten orientieren könnte; auf Pauschalierungen müßte nicht mehr zurückgegriffen werden[1652]. Vor dem Hintergrund eines mit Hilfe des Internets transparent gestaltbaren Wettbewerbs mehrerer, ihre Rechte individuell vergebender Inhalteanbieter könnten sich zudem wegen der hierdurch zwischen diesen entstehenden Konkurrenzsituation für den entsprechenden Markt positive Effekte ergeben[1653]; tendenziell niedrigere Lizenzgebühren stünden zu erwarten[1654], auch wenn sich dieser Gedanke freilich

1645 Möschel/Bechtold MMR 1998, 571 (576); Schack, UrhR, Rn. 1196a.

1646 Enders ZUM 2004, 593 (601 f.) sieht die Verteilung der Vergütung hingegen als überwiegend effizient an.

1647 A.A. Reber GRUR 2000, 203 (203): Größtmögliche Effektivität werde durch kollektive Wahrnehmung erreicht.

1648 Möschel/Bechtold MMR 1998, 571 (576) m.w.N.

1649 A.A. Reber GRUR 2000, 203 (203): Die kollektive Rechtewahrnehmung durch Verwertungsgesellschaften biete ein hohes Maß an Verteilungsgerechtigkeit.

1650 Siehe Bechtold GRUR 1998, 18 (21).

1651 Bechtold, Informationsrecht, S. 12 m.w.N.

1652 Bechtold GRUR 1998, 18 (21).

1653 Ähnlich Bechtold GRUR 1998, 18 (21).

1654 Möschel/Bechtold MMR 1998, 571 (576).

dadurch relativiert, daß künstlerischen Inhalten häufig einzigartiger Charakter zukommt. Auch können Probleme bei der Abrechnung, die sich aus der im Internetzeitalter gesteigerten Internationalität digitalisierten geistigen Eigentums ergeben[1655], wohl einfacher im Rahmen individueller Vergütung mit Hilfe der DRM-Technik einer Lösung zugeführt werden. Nicht vergessen werden darf schließlich, daß ein individuelles Vergütungsmodell auch nicht das Problem doppelter, d. h. nicht gerechtfertigter Vergütung wegen der Unmöglichkeit der Realisierung urheberrechtlicher Schranken bei gleichzeitiger Geräte- und Leermedienabgabe mit sich bringt.

4. Pflicht zum Einsatz von DRM-Technik nicht rechtfertigbar

In der Diskussion im Vorfeld des „Zweiten Korbs“ der Urheberrechtsnovelle ist bisweilen auch die Erwägung anzutreffen, den Rechteinhabern den Einsatz von DRM-Systemen gesetzlich vorzuschreiben. Eine solche Verpflichtung ist allerdings nicht angezeigt[1656]. Ein solcher Eingriff in die Autonomie der Rechteverwerter, durch welchen diese gegen ihren Willen zum Schutz ihrer urheberrechtlichen Positionen gezwungen werden könnten, dürfte nicht zu rechtfertigen sein[1657]. Wollen jene – etwa aus marktstrategischen Überlegungen – von den technischen Möglichkeiten zum Schutz ihrer Inhalte nicht Gebrauch machen, so ist dies zu respektieren. Allein die Intention, individuelle Vergütungsmodelle zu fördern, kann hierüber nicht hinweg helfen.

IV. Notwendigkeit der Restrukturierung des Vergütungssystems

Wurde die urheberrechtliche Vergütung soeben vordringlich unter juristischen und ökonomischen Gesichtspunkten diskutiert, so soll im Folgenden Anstoß zur Neustrukturierung des Vergütungssystems gegeben werden, insbesondere unter Würdigung des Standes der DRM-Technik.

1. Individuelle Vergütung als Ideallösung

Der Gesetzgeber muß den Rahmen hinsichtlich der urheberrechtlichen Vergütung der Rechteinhaber auch im digitalen Kontext zur Verfügung stellen. Leitender Gesichtspunkt sollte das Erzielen größtmöglicher Ver-

1655 Siehe Senger, Wahrnehmung digitaler Urheberrechte, S. 143 ff.

1656 Im Ergebnis ebenso Kreile/Becker FS Schricker 2005, S. 387 (391).

1657 Zutreffend Kreutzer/Jaeger/Schulz, Stellungnahme Fragebogen, S. 7 f., die eine solche Verpflichtung als nicht hinzunehmende „staatliche Bevormundung“ qualifizieren.

gütungsgerechtigkeit sein. Dies könnte letztlich dazu beitragen, daß das Urheberrecht künftig an Akzeptanz gewinnt[1658] oder zumindest nicht einbüßt: Nicht nur mit Blick auf die aktuell ausufernde Piraterieproblematik ist dies anzustreben[1659]. Fest stehen dürfte, daß Pauschalabgaben urheberrechtliche Vergütungen ihrem Wesen gemäß regelmäßig nicht mit gleicher Gerechtigkeit abwickeln können wie ein individuelles, nutzungsabhängiges Vergütungssystem[1660], da die Verteilung der Abgaben auf einzelne Geräte dies nicht ermöglicht[1661]. Eine mittelbare Vergütung sollte daher nur dort stattfinden, wo die individuelle Rechtewahrnehmung nicht möglich ist[1662]. Hierfür spricht letztlich auch, daß urheberrechliche Ausschließlichkeitspositionen ihrem Wesen gemäß nunmal individuell sind[1663].

a) Differenzierung zwischen unterschiedlichen Typen von Inhalten

Zur Klarstellung: Im Rahmen der Frage nach dem sachgerechtesten Vergütungmodell ist bezüglich analogen und digitalen Inhalten zu unterscheiden. Hinsichtlich analoger Inhalte ändert sich durch den Fortschritt und den Einsatz von DRM-Technik im Grunde nichts, sind jene von letzterer doch regelmäßig nicht betroffen, da sie im Normalfall nicht vom technischen Schutz erfaßt werden[1664]. Bezüglich analoger Inhalte behält das Pauschalabgabensystem somit auch weiterhin seine Berechtigung. Inhalte werden auf absehbare Zeit auch künftig in analoger Form auf den Markt kommen; selbst digitale Inhalte werden nicht in jedem Fall mit technischem Schutz versehen werden[1665]. Aber selbst wenn Inhalte künftig irgendwann womöglich nur noch in digitaler Form erscheinen sollten[1666] und dann auch durch DRM-Technik geschützt sind, so verschwinden bereits existierende ungeschützte Werke – seien sie im Analog- oder

1658 Ähnlich Dreier GRUR Int. 1993, 742 (747).

1659 Vgl. Breinersdorfer ZUM 2003, 1013 (1013).

1660 Vgl. BT-Dr. 15/38, S. 37; Otto, wiedergegeben von Ruttig K&R 2004, 182 (185); Stellungnahme BITKOM zur Privatkopie, S. 6; in diese Richtung auch Davies GRUR Int. 2001, 915 (917): „... kein Abgabensystem ... könnte Rechteinhaber in einer Welt der digitalen Übertragungen und des Internet auch nur annähernd angemessen für digitale Kopien entschädigen.".

1661 Rohleder ZUM 2004, 203 (204).

1662 Ähnlich Müller in Hoeren/Sieber, Multimediarecht, Kap. 7.12, Rn. 42; in diese Richtung auch Schaefer FS Nordemann, S. 191 (198).

1663 Müller in Hoeren/Sieber, Multimediarecht, Kap. 7.12, Rn. 11/42; in diese Richtung auch Freiwald, private Vervielfältigung im digitalen Kontext, S. 198.

1664 Vgl. auch Peukert ZUM 2003, 1050 (1054).

1665 Siehe Peukert ZUM 2003, 1050 (1055); Pfennig ZUM 2004, 198 (200/202).

1666 Gerade im Internet werden mittlerweile Inhalte angeboten, welche im Analogformat gar nicht mehr erhältlich sind, etwa die juristische Zeitschrift „JurPC", die früher in gedruckter Form vertrieben wurde, heute aber nur noch online (www.jurpc.de) zur Verfügung steht.

im Digitalformat – nicht[1667]. Und diese analogen Inhalte können dann wiederum ohne großen Aufwand digitalisiert werden; sie sind dann regelmäßig nicht mit technischen Schutzvorkehrungen ausgestattet, so daß aus technischer Sicht nichts gegen eine von der DRM-Technik ungestörte Verbreitung über das Internet spricht. Der Marktanteil technisch ungeschützter Inhalte dürfte in der Tendenz allerdings geringer werden. Wegen des Nebeneinanders[1668] von technisch schützbaren und unschützbaren Verwertungsformen, d. h. digitalem und analogem Format, ist das herkömmliche Verwertungssystem auf absehbare Zeit weiterhin von Nöten[1669]; insofern ergänzen sich pauschales Abgabensystem und individuelle Abrechnungsmöglichkeiten. Dieser Befund ist auch übertragbar auf die sich bereits in Umlauf befindlichen digitalen Inhalte, welche nicht oder kaum effektiv geschützt sind[1670].

b) Digitale Inhalte neueren Datums

Demzufolge erscheint es sachdienlich, hinsichtlich analoger Inhalte wie gehabt pauschal zu kompensieren und bezüglich neuer, d. h. schützbarer digitaler Inhalte eine individuelle Vergütung anzustreben[1671]. Bereits am Markt befindliche ungeschützte digitale Inhalte sollten ebenfalls pauschal in Ansatz gebracht werden. Verwertungsgesellschaften bleiben somit auch künftig zunächst unverzichtbar[1672]; sie können deswegen jedenfalls kurz- und mittelfristig nicht abgeschafft werden[1673]. Hinsichtlich digitaler Inhalte neueren Datums, d. h. bezüglich technisch geschützter oder zumindest schützbarer Inhalte, ist ein individuelles Vergütungsmodell, wie gerade aufgezeigt, bereits heute eine vertiefte Überlegung wert: Ein solches Modell stellt nämlich die sachgerechteste Lösung dar[1674], so-

[1667] Zypries ZUM 2003, 981 (982); Freiwald, private Vervielfältigung im digitalen Kontext, S. 178; vgl. auch Bundesministerium der Justiz, Referentenentwurf Zweiter Korb, S. 22; Stickelbrock GRUR 2004, 736 (743).

[1668] Höhne in Wiebe/Leupold, elektronische Datenbanken, Teil V, C., Rn. 108: „duales System"; siehe auch Bundesministerium der Justiz, Urheberrecht in der Wissensgesellschaft, S. 3.

[1669] Dietz, wiedergegeben von Zecher ZUM 2002, 451 (455); Goldmann/Liepe ZUM 2002, 362 (368); Goldmann in Becker/Buhse/Günnewig/Rump, DRM, S. 502 (518); Ulbricht, Pauschalabgaben, S. 20 f.; ähnlich Müller in Hoeren/Sieber, Multimediarecht, Kap.7.12, Rn. 40; Reinbothe FS Dietz, S. 517 (522); verkennend hingegen Möschel/Bechtold MMR 1998, 571 (576): „überkommene Urheberrechtsverwertungsgesellschaften".

[1670] Siehe Bundesministerium der Justiz, Referentenentwurf Zweiter Korb, S. 22.

[1671] In diese Richtung auch Geerlings GRUR 2004, 207 (209).

[1672] Vgl. Bechtold GRUR 1998, 18 (22); Winghardt ZUM 2002, 349 (358).

[1673] Ähnlich Bremer, wiedergegeben von Zecher ZUM 2002, 451 (455). Auf lange Sicht mag dies möglicherweise einmal anders sein.

[1674] Ähnlich Becker in Stern/Prütting, Entwicklung des Urheberrechts, S. 53 (53); Schack JZ 1998, 753 (759); Melichar, wiedergegeben von v. Rom ZUM 2004, 204 (206); ebenfalls positiv gegenüber einem individuellen Vergütungsmodell Weber in Hil-

fern es technisch ausreichend sicher und zuverlässig realisierbar ist. Unter dieser Prämisse sollten die Rechteinhaber in der Lage sein, mit dem Einsatz entsprechender technischer Mittel die angebrachte Ausbeutung ihrer Rechte sicherzustellen, um auf diese Weise angemessene Einkünfte zu erzielen[1675]. Die folgenden Erwägungen werden sich insbesondere mit der Vergütung besagter digitaler Inhalte neueren Datums beschäftigen.

2. Mangelnde Grundvoraussetzungen rein individueller Vergütung

Ein auf individueller Lizenzierung aufbauendes Vergütungssystem für digitale Inhalte kann nur zu sachgerechten Ergebnissen führen, wenn die entsprechenden technischen Hilfsmittel, also entsprechende DRM-Systeme ausreichend wirksam sind[1676]: Dies ist somit die grundlegende Voraussetzung. Über die Leistungsfähigkeit derzeit marktüblicher DRM-Systeme fehlen allerdings zuverlässige Aussagen. Das Funktionieren eines individuellen Vergütungssystems hängt ferner maßgeblich davon ab, daß die technischen Schutzmaßnahmen vom Markt akzeptiert werden[1677], d. h. daß sich die Mehrheit der Konsumenten mit diesen grundsätzlich arrangiert, sich also nicht kategorisch dagegen wendet. Zumindest letzteres ist derzeit jedoch (noch) nicht der Fall[1678]. Bislang fehlt es demnach im Ergebnis schon an den Grundvoraussetzungen für ein erfolgreiches durch DRM-Technik gestütztes individuelles Vergütungsmodell. Hinzu kommt, daß die individuelle Abrechnung nur dann effizient und sicher vonstatten gehen kann, wenn alle am Verwertungsprozeß Beteiligten über die entsprechende Technik, d. h. entsprechende Hard- und Software verfügen[1679]. Auch dies ist zur Zeit nicht der Fall.

---

ty, Urheberrecht am Scheideweg, S. 69 (79): „Chance" für einen fairen Interessenausgleich; siehe auch E.III.3.a).

1675 Fallenböck/Weitzer CRi 2003, 40 (40).

1676 Ähnlich Hoeren, Urheberrecht und Verbraucherschutz, S. 40/50; Kreile in Picot, DRM, S. 134; implizit ebenso Günnewig in Becker/Buhse/Günnewig/Rump, DRM, S. 528 (556).

1677 Goldmann/Liepe ZUM 2002, 362 (368); Reinbothe ZUM 2003, 27 (33); ders. FS Dietz, S. 517 (522) rechnet daher damit, daß nicht der Gesetzgeber, sondern der Markt über das künftige Vergütungsmodell entscheiden wird.

1678 Skeptisch Schack ZUM 2002, 497 (503/506); Knies ZUM 2002, 793 (797); offenbar auch Reinbothe ZUM 2002, 43 (49) wenn er die Frage aufwirft, wie eine vom Markt akzeptierte Einführung von DRM-Systemen vonstatten gehen könnte; vgl. auch Fetscherin in Becker/Buhse/Günnewig/Rump, DRM, S. 301 (316). Voraussetzung für die Akzeptanz und somit für den Erfolg von DRM-Systemen am Markt scheint die Verständigung aller Beteiligten, also der Rechteinhaber, Hersteller von DRM-Technik sowie der Nutzer zu sein: Reinbothe, Papier vom 04./05.04.2002 an der Fordham University School of Law, berichtet von Huppertz CRi 2002, 105 (106).

1679 Senger, Wahrnehmung digitaler Urheberrechte, S. 181.

3. Beibehaltung pauschaler Vergütung

Würde man Pauschalabgaben wegen digitaler Vervielfältigungen zum jetzigen Zeitpunkt zugunsten eines rein individuellen Vergütungssystems abschaffen, so bestünde durchaus eine beträchtliche Wahrscheinlichkeit dafür, daß die tatsächliche Vergütung für Kreative noch geringer ausfällt als dies derzeit im Wege der Pauschalabgaben der Fall ist[1680]. Daher ist die pauschale Vergütung auf absehbare Zeit auch für den digitalen Kontext beizubehalten[1681]. Es wird jedoch die Frage zu beantworten sein, ob es insoweit nicht sinnvoll wäre, die ausschließliche Stellung der jeweiligen Verwertungsgesellschaften zu beenden und den Markt so für Wettbewerber zu öffnen[1682].

4. Vergütung im Kontext digitaler Inhalte

a) Förderung individueller Vergütungsmodelle

Theoretisch bietet ein individuelles Vergütungssystem wie gesagt die sachgerechteste Lösung der urheberrechtlichen Vergütung. Man sollte daher mehr Anreiz zur Entwicklung von Systemen zur individuellen Lizenzierung und Abrechnung im digitalen Kontext geben[1683]. Der ideale Anreiz ist letztlich die Überzeugung der Rechteinhaber, daß sie im Wege individueller Lizenzierung gesteigerte Gewinne erzielen können, denn wenn diese entsprechende DRM-Systeme nachfragen, wird diese Nachfrage seitens der Entwickler und Hersteller von DRM-Technik auch befriedigt werden[1684]. Solange diese Überzeugung nicht besteht, sollte der Gesetzgeber andere Anreize setzen[1685]. Ob allerdings etwa die vorgeschlagene Obliegenheit zum Einsatz von DRM-Technik[1686] angebracht

[1680] Paul/Naskret CR 2003, 473 (479).

[1681] Zur Frage, wie sich dies auf europäischer Ebene gestalten sollte, siehe Reinbothe FS Dietz, S. 517 ff.: Erforderlich sei ein „level playing field", also eine gemeinschaftsweit harmonisierte Regelung für die kollektive Rechtewahrnehmung. Generell verringert sich allerdings die Notwendigkeit zur Harmonisierung der Vergütungssysteme, je mehr es die DRM-Technik den Rechteinhabern gestattet, die Vervielfältigung zu kontrollieren: Wandtke/Ohst in Wandtke/Bullinger, Praxiskommentar UrhR Ergänzungsband, § 95b, Rn. 1.

[1682] Bremer, wiedergegeben von Zecher ZUM 2002, 451 (455); zur Monopolstellung der Verwertungsgesellschaften siehe auch Bechtold GRUR 1998, 18 (21); vgl. ferner Reinbothe FS Dietz, S. 517 (525 ff.).

[1683] Ebenso Wuermeling K&R 2003 Heft 1 „Die Erste Seite".

[1684] Vgl. Pfennig ZUM 2004, 198 (201).

[1685] Vgl. Goldmann in Becker/Buhse/Günnewig/Rump, DRM, S. 502 (515).

[1686] So die Stellungnahme BITKOM zur Privatkopie, S. 6; ablehnend Bundesministerium der Justiz, Referentenentwurf Zweiter Korb, S. 22: Es bestünden gute Gründe, den Rechteinhabern die Wahl zwischen einer auf technischen Maßnahmen beruhenden

ist, soll nicht weiter vertieft werden, um den Rahmen dieser Arbeit nicht zu sprengen. Nur soviel sei angemerkt: Es spricht durchaus einiges dafür, daß Rechteinhaber auch künftig vom Einsatz technischer Schutzmaßnahmen absehen wollen, etwa aus Gründen der Kundenbindung oder der Marktakzeptanz[1687].

b) Kombinierte Vergütung

Vor dem Hintergrund des Potentials der Abrechnungsmöglichkeiten der DRM-Technik und des bislang Erläuterten sollte man pauschale und individuelle Rechtewahrnehmung nicht mehr als einander strikt ausschließende alternative Systeme betrachten[1688]; vereinzelt wird sogar angedacht, die Pauschalabgaben für die Durchsetzung von DRM-Systemen am Markt fruchtbar zu machen[1689]. Auf absehbare Zeit scheint ein kombiniertes Vergütungssystem im Digitalbereich, das letztlich eine pauschale sowie eine individuelle Vergütungskomponente gleichermaßen besitzt, durchaus sinnvoll zu sein[1690]; so wird es bereits auch für die Zukunft erwartet[1691]. Für ein kombiniertes System spricht letztlich auch die bereits erwähnte Tatsache, daß selbst dann, wenn die DRM-Technik eines Tages ein ausreichend sicheres Umfeld für individuelle Vergütung bietet, bereits zahlreiche digitale Inhalte in ungeschützter Form auf dem Markt sind, bezüglich derer Pauschalabgaben auch künftig ihre Berechtigung behalten werden[1692]. Allgemein und kurz gesagt: Das technisch Schützbare sollte durch DRM-Systeme geschützt und individuell abgerechnet werden, während es im Übrigen bei der Pauschalvergütung bleiben muß[1693].

Individuallizenzierung und pauscheler Vergütung zu lassen; Bundesministerium der Justiz, Urheberrecht in der Wissensgesellschaft, S. 2 f.; Kreutzer/Jaeger/Schulz, Stellungnahme Fragebogen, S. 7 f.

[1687] So will etwa Sony Music in Japan ab November 2004 nur noch Audio-CDs ohne Kopierschutz produzieren, berichtet von heise online news vom 03.10.2004, abgerufen (05.10.2004) unter http://www.heise.de/newsticker/meldung/51755; siehe auch Bundesministerium der Justiz, Referentenentwurf Zweiter Korb, S. 22/36. Daß während des Gesetzgebungsverfahrens zum „Ersten Korb“ nicht zum ersten Mal Widerstand der Inhalteindustrie schon gegen die Beibehaltung der Privatkopienschranke überhaupt erkennbar geworden ist, spricht indes dafür, daß einige Rechteinhaber künftig auf jeden Fall DRM-Technik einzusetzen gedenken.

[1688] Montag, wiedergegeben von Ruttig K&R 2004, 182 (185); Ulbricht, Pauschalabgaben, S. 23. Denkbar ist etwa auch, den Rechteinhaber im Rahmen des mittelbaren Vergütungssystems die Abgabenhöhe selbst bestimmen zu lassen, sofern hierfür technische Lösungen zur Verfügung stehen, vgl. Kreile/Becker GRUR Int. 1996, 677 (681).

[1689] So Ulbricht, Pauschalabgaben, S. 23.

[1690] Siehe Melichar ZUM 2003, 1046 (1046); Peukert ZUM 2003, 1050 (1055); Freiwald, private Vervielfältigung im digitalen Kontext, S. 178.

[1691] Offenbar von Kreile/Becker FS Nordemann, S. 279 (298).

[1692] Siehe E.IV.1.a).

[1693] Ähnlich Pfennig ZUM 2004, 198 (203); Montag, wiedergegeben von Ruttig K&R 2004, 182 (185).

Der richtige Zeitpunkt zum Übergang auf ein kombiniertes Vergütungssystem im digitalen Kontext ist im Zweifel eher zu früh denn zu spät gegeben, um den Anreiz für die (Weiter-)Entwicklung der DRM-Technik beizubehalten oder sogar noch zu steigern[1694]. Demnach sind entsprechende Absichten des Gesetzgebers im Rahmen des „Zweiten Korbs"[1695] positiv zu bewerten.

c) Vergütung auf lange Sicht

Ein Modell kombinierter Vergütung wird bisweilen nur als Übergangsphase angesehen[1696]. Zum Teil geht man davon aus, daß der Übergang vom Pauschalabgabensystem hin zur individuellen Vergütung sogar in der Multimedia-RL grundsätzlich angelegt ist[1697]. In der Tat zielen die Vorschriften der §§ 95a ff. UrhG und die zugrunde liegenden Vorgaben der Multimedia-RL auf ein System der Individuallizenzierung ab. In dem Zeitpunkt, in welchem die technischen Möglichkeiten in Gestalt von ausreichend leistungsfähigen und sicheren DRM-Systemen zur Sicherstellung eines funktionierenden individuellen Vergütungssystems am Markt zur Verfügung stehen, scheint bezüglich neuerer digitaler Sachverhalte das Festhalten am bestehenden, auf Geräte- und Leermedienabgaben aufbauenden mittelbaren Vergütungssystem, welches durch die Verwertungsgesellschaften verwirklicht wird, tatsächlich kaum noch zu rechtfertigen zu sein[1698]. Hierfür dürfte auch der Grundgedanke des Erwägungsgrundes 39 Multimedia-RL streiten, dessen Kernaussage sich nicht allein bezüglich privater Vervielfältigungen erschöpft[1699]. Ferner nimmt mit zunehmend verbreitetem Einsatz von DRM-Systemen unter der Annahme deren technischer Leistungsfähigkeit die Möglichkeit ab, urheberrechtlich geschützte Inhalte zu vervielfältigen; sie wird schließlich potentiell

[1694] Zurückhaltender Krüger GRUR 2004, 204 (207).

[1695] Siehe Bundesministerium der Justiz, Referentenentwurf Zweiter Korb, S. 22 f.

[1696] Vgl. Goldmann in Becker/Buhse/Günnewig/Rump, DRM, S. 502 (517 f.); Paul/Naskret CR 2003, 473 (479): Individuelle Lizenzierungsmöglichkeiten böten sich zumindest nach einer Übergangsphase als Alternative an; anklingend auch bei Peukert ZUM 2003, 1050 (1055/1060); Pfennig ZUM 2004, 198 (203).

[1697] Krüger GRUR 2004, 204 (207) unter Berufung auf Erwägungsgrund 55 Multimedia-RL.

[1698] Goldmann in Becker/Buhse/Günnewig/Rump, DRM, S. 502 (519); ähnlich Krüger GRUR 2004, 204 (207); Spindler GRUR 2002, 105 (112) äußert insofern „erhebliche Zweifel"; Kuhlen in Picot, DRM, S. 143 f: Im digitalen Umfeld könnten pauschale Abgaben nur noch sehr knapp zeitlich limitiert akzeptiert werden; Mayer CR 2003, 274 (278).

[1699] Ähnlich offenbar Ulbricht, Pauschalabgaben, S. 23 f.; Reinbothe GRUR Int. 2001, 733 (739). Erwägungsgrund 39 S. 1 Multimedia-RL lautet: „Bei der Anwendung der Ausnahme oder Beschränkung ... sollten die Mitgliedstaaten die technologischen ... Entwicklungen, insbesondere in Bezug auf ... Vergütungssysteme, gebührend berücksichtigen, wenn wirksame technische Schutzmaßnahmen verfügbar sind.".

gegen Null tendieren[1700]. Vorstehende Erwägungen lassen sich auf eine pauschale Komponente in einem kombinierten Vergütungssystem übertragen.

Möglicherweise ist die DRM-Technik eines Tages derart fortgeschritten, daß sie eine ausreichend sichere Basis für individuelle Lizenzierung bietet. Dann wäre über den Übergang zu einem gänzlich individuellen Vergütungsmodell hinsichtlich aktueller und künftiger digitaler Inhalte in der Tat nachzudenken[1701]. Momentan ist dies jedoch mangels entsprechender technischer Entwicklung (noch) nicht angezeigt. Zu bedenken ist zudem, daß technisch ungeschützte Inhalte zumindest auf absehbare Zeit nicht vom Markt verschwinden werden[1702]. Bezüglich dieser bleibt die Pauschalvergütung geboten, da vergütungsfreies Kopieren im Rahmen urheberrechtlicher Schranken wegen des hieraus fließenden Eingriffs in das Eigentumsrecht des schöpferisch Tätigen wohl verfassungswidrig wäre[1703]. Sollte der Zeitpunkt kommen, daß die vorhandene DRM-Technik im Digitalbereich einen Übergang zu einem Modell der individuellen Abrechnung erlaubt, und sollte man sich dann zu einem solchen entschließen[1704], so will doch die Frage, wie dieser zu vollziehen ist[1705], gut überlegt sein. Wann dies der Fall ist, hängt wiederum von der technischen Entwicklung ab. Obwohl ein Wechsel im Vergütungssystem einen gewissen zeitlichen Vorlauf benötigt[1706], sollte, sofern der technische Stand der DRM-Technik es zuläßt, zu einem System der individuellen Vergütung allerdings wiederum im Zweifel früher denn zu spät übergegangen werden[1707]. Der zeitnah anstehende „Zweite Korb“ kommt hierzu allerdings zu früh[1708].

1700 Siehe Peukert ZUM 2003, 1050 (1056 f.).

1701 Ob und wie man dann die sich am Markt bereits befindlichen ungeschützten digitalen Inhalte berücksichtigen will, ist eine andere Frage.

1702 Siehe E.IV.1.a).

1703 Bundesministerium der Justiz, Referentenentwurf Zweiter Korb, S. 22; siehe A.IV.1.a)aa)(1).

1704 Berechtigterweise kritisch Zypries ZUM 2003, 981 (982): „Man wird wohl auch nicht jedermann zwingen können, entweder seine Inhalte zu verschlüsseln oder auf sein Eigentum zu verzichten.“.

1705 Vgl. Reinbothe ZUM 2002, 43 (49). Die Frage des „wie“ soll jedoch nicht Gegenstand der vorliegenden Untersuchung sein.

1706 Zypries ZUM 2003, 981 (982).

1707 In diese Richtung auch Rohleder ZUM 2003, 1061 (1062); vgl. E.IV.4.b).

1708 Ebenso Peukert ZUM 2003, 1050 (1055).

5. Anknüpfungspunkt und Höhe der Pauschalabgaben

Die Pauschalabgaben zu erhöhen, dürfte aus ökonomischen und politischen Erwägungen heraus nicht empfehlenswert sein[1709]. Die Abgabenhöhe an den Verkaufspreis des entsprechenden Produkts zu knüpfen[1710], etwa durch eine prozentuale Deckelung[1711], ist eine eingehendere Überlegung wert. Der Ansatz ist aber insofern problematisch, als daß Pauschalabgaben tatsächlich und potentiell hergestellte Vervielfältigungen kompensieren sollen und das Ausmaß der mit einer Vervielfältigungseinrichtung hergestellten Kopien nicht vom Kaufpreis des Gerätes abhängt. Vorgeschlagen wird deshalb, Pauschalabgaben am Kaufpreis (digitaler) Medien selbst auszurichten, d.h. an den beim Erwerb faktisch eingeräumten Vervielfältigungsmöglichkeiten[1712]. Der Gesetzgeber plant, besagter Problematik indes durch eine Regelung zu begegnen, wonach die Vergütung zum Preis des abgabenbelegten Träger- oder Wiedergabemediums in einem wirtschaftlich angemessenen Verhältnis stehen muß[1713]. Die Abgabenhöhe soll künftig auch nicht mehr durch den Gesetzgeber, sondern vielmehr durch die beteiligten Parteien selbst, also die Verbände der Hersteller einerseits sowie die Verwertungsgesellschaften andererseits bestimmt werden[1714]. Durchaus sinnvoll erscheint, den Schwerpunkt der Pauschalabgaben auf die Datenträger, nicht auf entsprechende Vervielfältigungsgeräte zu legen, um einer übermäßigen Belastung derjenigen entgegenzuwirken, welche lediglich wenige Kopien anfertigen[1715]. Besagter

---

1709 Siehe E.III.3.a)cc) und dd).

1710 So befürwortet von Pfennings und Rohleder, wiedergegeben von v. Rom ZUM 2004, 204 (205).

1711 Angedacht von Hucko, wiedergegeben von Ruttig K&R 2004, 182 (183).

1712 So Ulbricht, Pauschalabgaben, S. 22.

1713 § 54a III UrhG-RefE; siehe Bundesministerium der Justiz, Referentenentwurf Zweiter Korb, S. 24/62; Bundesministerium der Justiz, Urheberrecht in der Wissensgesellschaft, S. 3 f.; befürwortend offenbar Hucko: „Vernünftigkeitsklausel", wiedergegeben von Trinkl K&R 2004, 584 (584); kritisch hingegen Krüger GRUR 2005, 206 (207 ff.) mit Hinweis auf die Gefahr unangemessen niedriger Vergütungssätze.

1714 Siehe Bundesministerium der Justiz, Referentenentwurf Zweiter Korb, S. 57; Bundesministerium der Justiz, Urheberrecht in der Wissensgesellschaft, S. 4; so bereits Däubler-Gmelin ZUM 1999, 265 (272); siehe auch Peukert ZUM 2003, 1050 (1058 ff.); Freiwald, private Vervielfältigung im digitalen Kontext, S. 193 f.; kritisch Kreutzer/Jaeger/Schulz, Stellungnahme Fragebogen, S. 2 f., welche das System staatlich festgelegter Tarife auch für die Zukunft präferieren, wobei gleichzeitig allerdings die Konkretisierung mittels Rechtsverordnung, anstatt wie bislang durch förmliches Gesetz, angeregt wird.

1715 Anklingend bereits in der Stellungnahme des Bundesrates zum Gesetz zur Regelung des Urheberrechts in der Informationsgesellschaft, BT-Dr. 15/38, S. 37; ausdrücklich Hoeren, Urheberrecht und Verbraucherschutz, S. 50 f.; siehe auch Berger ZUM 2004, 257 (265); vgl. ferner Bornkamm FS Nordemann, S. 299 (310 f.).

Ansatz könnte durchaus zu einer möglichst gerechten finanziellen Inanspruchnahme der einzelnen Schrankenbegünstigten entsprechend ihres individuellen Schrankengenusses beitragen. Sachdienlich erscheint ferner auch die für den „Zweiten Korb" zur Einführung vorgesehene Regelung, die darauf abstellt, ob das jeweilige Gerät oder Leermedium seinem Typ gemäß tatsächlich in nennenswertem Umfang zur Vervielfältigung genutzt wird[1716]. Man verspricht sich hiervon, langwierige Rechtsstreitigkeiten über die Frage, ob eine Vergütung geschuldet ist, zu vermeiden, welche sowohl den Kreativen als auch den Herstellern entsprechender Medien abträglich sind: Erstere erhalten dann nämlich während des Streites keine Vergütung, letztere müssen entsprechende gewinnmindernde Rückstellungen bilden[1717].

6. Ergebnis

Auch künftig wird im analogen Bereich ein pauschaliertes Vergütungsmodell seinen Sinn haben. Im digitalen Kontext hingegen bietet sich kurz- bis mittelfristig ein kombiniertes Vergütungsmodell an, auf lange Sicht ist insoweit sogar über ein rein individuelles System der Vergütung nachzudenken. Entscheidendes Kriterium insofern ist, wie sich die DRM-Technik entwickeln wird[1718]: Je zuverlässiger die Technik zur individuellen Lizenzierung wird, desto geringer wird tendenziell der Bedarf nach kollektiver Rechtewahrnehmung[1719]. Mit Blick darauf, daß kreative Inhalte der Eigentumsgarantie des Art. 14 GG unterfallen, kann eine ersatzlose Abschaffung des Systems pauschaler Abgaben als Problemlösung hingegen nicht in Betracht kommen[1720].

V. Pauschalabgabe für Internetzugang

Mit Blick auf den „Zweiten Korb" der Urheberrechtsnovelle wird bisweilen auch angedacht, grundsätzlich am pauschalen Abgabensystem festzuhalten, dem Problem der massenhaften Vervielfältigung urheberrechtlich geschützter Inhalte via Internet allerdings durch die Einführung einer Pauschale auf den Internetzugang als solchen Rechnung zu tragen; deren Einziehung sollen die Anbieter von Internetdiensten übernehmen[1721]. Als

[1716] § 54 I UrhG-RefE; siehe Bundesministerium der Justiz, Referentenentwurf Zweiter Korb, S. 23 f/58; Bundesministerium der Justiz, Urheberrecht in der Wissensgesellschaft, S. 3.

[1717] Bundesministerium der Justiz, Referentenentwurf Zweiter Korb, S. 23.

[1718] Ebenso Krüger GRUR 2004, 204 (207).

[1719] Müller in Hoeren/Sieber, Multimediarecht, Kap. 7.12, Rn. 31.

[1720] Ebenso Ulbricht, Pauschalabgaben, S. 20.

[1721] Kompensation ohne Kontrolle, S. 8 ff.

Vorteile einer solchen Regelung werden insbesondere ins Feld geführt, daß diese datenschutzfreundlich sei und die massenhafte Kriminalisierung von Filesharern entbehrlich mache; desweiteren fielen Zugangshürden auf dem Weg hin zu den Urheberrechtsabgaben für kleinere und mittlere Medienunternehmen geringer aus als in einem System individueller Vergütung[1722]. Zumindest letzterem ist insofern zuzustimmen, daß der Aufbau einer DRM-Infrastruktur in der Tat gewisse Investitionen erfordert. Auch die beiden anderen Gesichtspunkte haben natürlich was für sich. Die grundsätzlichen Bedenken am System pauschaler Vergütung[1723] können indes durch diesen Ansatz nicht aus der Welt geschafft werden. Das Argument, Pauschalabgaben für den Internetzugang per se fügten sich gut in eine bewährte Regelungstradition ein[1724], vermag auch nicht zu überzeugen, geht es doch bei der Diskussion über das urheberrechtliche Abgabensystem eben darum, dieses grundsätzlich neu zu überdenken. Besagtes Argument ist insbesondere schon deshalb nicht richtig, da der Internetzugang als solcher das Urheberrecht betreffende Handlungen nicht mit sich bringt. Der Zugang zum Internet ermöglicht vielmehr nur urheberrechtsrelevantes Verhalten. Bislang werden Pauschalabgaben auf Vervielfältigungs- und Speichermedien allerdings gerade als Kompensation für urheberrechtlich relevantes Handeln erhoben. Von einem Einfügen in eine Regelungstradition kann also keine Rede sein.

VI. Zusammenfassung

Das Aufkommen der DRM-Technik strahlt auf das System urheberrechtlicher Vergütung aus. So ist bei der Tarifgestaltung der Pauschalabgaben insbesondere in Ansatz zu bringen, inwieweit technische Schutzmaßnahmen zum Einsatz kommen. Pauschale Urheberrechtsabgaben wurden im Zeitalter der analogen Technik in erster Linie aus praktischen Gründen eingeführt und machten in jener Epoche auch Sinn. Ob das in der analogen Welt bewehrte pauschale Abgabensystem allerdings noch zeitgemäß oder gar rechtlich haltbar ist, wird nachhaltig und sehr kontrovers diskutiert; dies gilt bezüglich der Frage des „ob" der Pauschalabgaben als auch – hiermit in Zusammenhang stehend – hinsichtlich der Frage der Abgabenhöhe. Sowohl für als auch gegen das derzeit geltende Abgabensystem streiten beachtliche Argumente. Eine durchaus als Unbekannte zu bezeichnende Größe ist das ebenfalls unterschiedlich bewertete technische Potential der DRM-Technik. Unter dem Strich ist eine Restrukturierung des Vergütungssystems angezeigt.

1722 Kompensation ohne Kontrolle, S. 10.
1723 Vgl. E.III.3.a).
1724 Kompensation ohne Kontrolle, S. 11.

F. Marktabschottung aufgrund des Einsatzes von DRM-Technik

Der Berührungspunkt des Einsatzes von DRM-Technik mit dem Kartellrecht und dem Recht des unlauteren Wettbewerbs ist bislang eher stiefmütterlich untersucht worden[1725], und das, obwohl im Kontext technischen Schutzes dem Wettbewerbsrecht eine bedeutende Rolle zufallen dürfte[1726]. Sofern kartellrechtliche Gesichtspunkte gestreift worden sind, geschah dies zumeist im Rahmen des Begriffs der technischen Maßnahme i. S. d. § 95a II UrhG[1727]. Regelmäßig bleibt es indes bei kurzen Hinweisen[1728], sofern der Zusammenhang überhaupt gesehen wird. Als Zugangs- und Nutzungskontrollen müssen DRM-Systeme aber selbstverständlich auch kartellrechtlichen Vorschriften genügen[1729], wohnt ihnen doch ein auf tatsächlicher Ebene digitale Inhalte monopolisierendes Element inne[1730]; zu berücksichtigen bleibt auch das Recht des unlauteren Wettbewerbs. Insbesondere unter dem Gesichtspunkt der Marktabschottung kann die Verwendung von DRM-Systemen aus besagter Perspektive problematisch sein[1731]. Soweit ersichtlich liegt konkrete Rechtsprechung jedenfalls auf nationaler Ebene noch nicht vor.

1725 Siehe aber Kirk IPQ 1999, 37 (50 f/54); vgl. auch Koenig/Neumann MMR 2003, 695 (697 ff.).

1726 Möschel/Bechtold MMR 1998, 571 (576): Mögliche „Schlüsselfunktion" des Kartellrechts.

1727 So etwa Jaeger/Kreutzer, Stellungnahme Regierungsentwurf, S. 18; vgl. auch dies., Stellungnahme Referentenentwurf, S. 3 f.

1728 So Bechtold, Informationsrecht, S. 14; Spindler GRUR 2002, 105 (117); Möschel/Bechtold MMR 1998, 571 (575/576); vgl. auch Dreier ZUM 2002, 28 (36), Fn. 63; Wand, Technische Schutzmaßnahmen, S. 123/135/185.

1729 Peukert in Loewenheim, Hdb UrhR, § 36, Rn. 33.

1730 Ähnlich Spindler GRUR 2002, 105 (107): „Element eines natürlichen Monopols".

1731 Siehe Goldmann/Liepe ZUM 2002, 362 (373 ff.); vgl. auch Jaeger/Kreutzer, Stellungnahme Regierungsentwurf, S. 18; dies., Stellungnahme Referentenentwurf, S. 3; Metzger, Stellungnahme Multimadia-RL, S. 4 f am Beispiel der US-amerikanischen DeCSS-Entscheidung; Weber in Hilty, Urheberrecht am Scheideweg, S. 69 (82 f.): Wettbewerbsrecht als „ klassisches Instrumentarium" zur Offenhaltung des Marktzugangs.

I. Problematik

Der Einsatz von DRM-Technik kann zu Inkompatibilität digitaler Datentechnik führen[1732]. Es zeichnet sich ab, daß zumindest in der Musikbranche einige Hersteller Probleme mit der Kompatibilität ihrer Produkte haben, vor allem beim Einsatz von Kopierschutzroutinen. Dies wirkt sich wegen des Phänomens der Netzwerkeffekte[1733] zum einen nachteilig auf betroffene Gerätehersteller aus, welche sich primär um ihr Image und somit auch um ihre Marktanteile sorgen müssen, wenn beispielsweise die Wiedergabefähigkeit von Audio-CDs auf den von ihnen hergestellten Abspielgeräten limitiert ist[1734]; zum anderen trifft es im vorliegenden Beispiel gleichermaßen auch die Hersteller der CDs, welche sich auf Standard-Playern nicht wiedergeben lassen. Die große Bedeutung der Kompatibilität[1735] digitaler Datentechnik im Informationszeitalter wird daran ersichtlich. Diese verdeutlicht aktuell auch die Entscheidung der Kommission vom 24.03.2004 im Fall Microsoft und dem folgend der bestätigende Beschluß des Präsidenten des EuG vom 22.12.2004[1736]. Das

1732 Goldmann/Liepe ZUM 2002, 362 (374 f.); siehe auch Shapiro in Dreyfuss/Zimmermann/First, S. 81 (88 ff.); Hoeren, Urheberrecht und Verbraucherschutz, S. 40/51/52. Die Problematik kann sich grundsätzlich auch im Kontext technischer Maßnahmen ergeben, welche dem Begriff der DRM-Systeme gemäß des im Rahmen der Arbeit maßgeblichen Verständnisses möglicherweise nicht unterfallen. Es handelt sich also bei dem Phänomen um kein Spezifikum ausschließlich der DRM-Technik.

1733 Vgl. Sitar MR-Int 2004, 2 (2 f.) am Fall der Kommissionsentscheidung im Fall Microsoft vom 24.03.2004; zu Netzwerkeffekten siehe B.II.3.

1734 Für den Hersteller ist es regelmäßig von großer wirtschaftlicher Bedeutung, daß die von ihm angefertigten Produkte weitgehend zu am Markt gängigen Produkten kompatibel sind. Dies ist natürlich auch aus Konsumentensicht wünschenswert. Es wird erwartet, daß Inkompatibilität künftig technisch zunehmend vermieden werden kann, siehe A.II.3.b)bb).

1735 Vinje EIPR 1999, 192 (197): Kompatibilität als „gute Sache".

1736 Kommissionsentscheidung vom 24.03.2004 – COMP/C-3/37.792 – Microsoft, WuW 2004, 673 ff.; siehe Sitar MR-Int 2004, 2 (2); Moritz CR 2004, 321 (324 ff.); Wirtz/Holzhäuser WRP 2004, 683 (683): Microsoft wurde mit Blick auf die Unerläßlichkeit für die Entwicklung von Wettbewerb auf dem entsprechenden Markt verpflichtet, die Schnittstellenprotokolle seiner Serversoftware anderen Herstellern von Software zur Verfügung zu stellen, damit diese ihre Programme so gestalten können, daß sie mit Microsoftservern kommunizieren können, zu diesen also kompatibel sind; siehe auch Vinje EIPR 1996, 431 (437 f.); zu Schnittstellen bei Computerprogrammen vgl. Pilny GRUR Int. 1990, 431 (431); Mennicke ZHR 160 (1996), 626 (655); vgl. auch Stollhoff, Ausschluß von Marktrisiken, S. 251 f.; ausführlich zum Fall Microsoft Zimmerlich WRP 2004, 1260 (1264 ff.); Körber K&R 2005, 193 (193 f.); ders. RIW 2004, 568 ff.; ders. RIW 2004, 881 (882 ff.); siehe ferner Gaster CR 2005, 247 (252 f.); Höppner GRUR Int. 2005, 457 (460); Vinje/Dodoo CRi 2005, 97 (99 f.); Fleischer/Körber K&R 2001, 623 ff.

gilt insbesondere für DRM-Systeme[1737]. Wie in jüngster Zeit die Streitigkeit zwischen Apple und RealNetworks bezüglich der Software „Harmony“[1738] oder der in den USA bereits im Februar 2003 zur Entscheidung angestandene Lexmark-Fall[1739] verdeutlicht haben, ist es mit Hilfe von DRM-Systemen auch möglich, Kompatibilität im eigenen wirtschaftlichen Interesse zu vereiteln[1740], etwa um De-facto-Standards zu setzen[1741] oder einen Markt für sich abzuschotten. Letzterenfalls geht es ökonomisch gesehen um die Übertragung einer starken Marktstellung, welche regelmäßig Monopol- oder monopolähnlichen Charakter haben wird, auf einen Komplemetär-, d. h. Sekundärmarkt[1742], also um eine Monopolausdehnung[1743]. Technisch ist es durchaus machbar, daß digitale Medien nur auf entsprechenden Geräten desselben Herstellers funktionieren. Die DRM-Technik stellt ein hierzu taugliches Mittel dar[1744]. Für Geräte- oder Medienhersteller mit gewisser Marktmacht ist besagte Strategie naturgemäß reizvoll. Für kleinere Unternehmen oder solche, welche erst auf den Markt treten wollen, kann ein entsprechendes Verhalten der Marktführer indes ein kaum auszugleichender Nachteil sein[1745]. Der Einsatz von DRM-Technik kann unter diesem Gesichtspunkt ein probates Mittel zur Erhaltung oder gar Erweiterung wirtschaftlicher Macht sein. Die Gewährung rechtlichen Schutzes vor der Umgehung technischer Maßnahmen hatte dieses Ziel allerdings nicht vor Augen. Letztlich kann ein marktabschottendes Verhalten mit Hilfe gezielt erzeugter Inkompatibilität aber nicht nur Wettbewerber am Markt, sondern auch die Verbraucher empfindlich berühren. Ein Verbraucher will sich nämlich regelmäßig nicht etwa mehrere CD-Player zulegen müssen, um von unterschiedlichen Herstellern vertriebene CDs genießen zu können.

[1737] Ebenso Peukert UFITA 2002, 689 (692).

[1738] Siehe http://www.spiegel.de/netzwelt/politik/0,1518,310966,00.html (10.09.2004): Apple wirft RealNetworks vor, mit Methoden und der Moral von Hackern zu arbeiten.

[1739] Lexmark International, Inc. vs. Static Control Components, Inc., Civil Action No. 02–571-KSF, abzurufen unter: www.eff.org/IP/DRM/DMCA/Lexmark_v_Static_Controls/20030303-finding-of-facts.pdf (25.03.2004).

[1740] Ausführlich anhand realer Fallkonstellationen Bechtold in Becker/Buhse/Günnewig/Rump, DRM, S. 597 (623 ff.); vgl. auch Jung in Grabitz/Hilf, EG, Art. 82, Rn. 187 ff.

[1741] Vgl. Pilny GRUR Int. 1995, 954 (960).

[1742] Bunte WuW 1997, 302 (311): „Marktmachttransfer“.

[1743] Im US-amerikanischen Kartellrecht wird dieses Verhalten als „Monopoly Leveraging“ bezeichnet; siehe Schwintowski WuW 1999, 842 (848 f.) m. w. N.; Holzhäuser, Essential Facilities, S. 208; vgl. auch Sprickmann Kerkerinck, Essential-Facilities-Doktrin, S. 56 f. Bekannt für Strategien der Monopolausdehnung ist beispielsweise Microsoft, siehe Maske K&R 2004 Heft 2 „Die Erste Seite“.

[1744] Vgl. Retzer CRi 2002, 134 (135).

[1745] Ähnlich Metzger, Stellungnahme Multimadia-RL, S. 5.

II. Rechtsschutz nach § 95a UrhG

Wenn Rechteinhaber technische Maßnahmen allein mit der Motivation der Marktabschottung einsetzen, werden sie dies regelmäßig nicht offen bekennen. Sie werden als Argumentation anführen, die installierten technischen Maßnahmen dienten allein, im Schwerpunkt oder zumindest auch dem Schutz urheberrechtlicher Positionen. Dies mag auch tatsächlich der Fall sein, kann man doch beide Ziele technisch mit demselben DRM-System verfolgen[1746]. Fraglich ist nun, ob § 95a UrhG rechtlichen Schutz auch dann bietet, wenn zweifelsfrei feststeht, daß die eingesetzte Technik allein der Abschottung eines Komplementärmarktes dient. Zwar existieren Stimmen, DRM-Systeme, welche (allein) den normalen Betrieb eines Produkts behindern, unterfielen nicht dem Schutz des § 95a UrhG, da es sich dann nicht um eine technische Maßnahme i. S. d. § 95a II UrhG handle[1747], denn eine solche müsse überwiegend den Schutz des Urheberrechts und der verwandten Schutzrechte bezwecken[1748]; hierfür spreche auch Erwägungsgrund 48 der Multimedia-RL[1749]. Andere wiederum lehnen einen Schutz nach § 95a UrhG schon per se ab, wenn Schutzmaßnahmen allein den Zweck der Marktzugangsbeschränkung verfolgen[1750]. So sieht das offenbar auch der Gesetzgeber[1751]. Den vorgetragenen Stimmen kann jedoch nicht gefolgt werden[1752]: Indem der Richtliniengeber die Aussage des Erwägungsgrundes 48 eben nicht in den verfügenden Teil der Richtlinie aufgenommen hat, gibt er nämlich zu erkennen, daß auch in diesem Kontext rechtlicher Schutz beabsichtigt ist[1753]. Der verfügende

[1746] So kann man Inkompatibilität etwa mit dem Einsatz bestimmter Kopierschutzroutinen erreichen, vgl. B.I.2.b); zu gewährleistungsrechtlichen Gesichtspunkten siehe J.III.

[1747] In diese Richtung Schwarz-Gondek TKMR 2003, 250 (255).

[1748] Strömer/Gaspers K&R 2004, 14 (16); vgl. auch Dreyer in Dreyer/Kotthoff/Mechel, UrhR, § 95a, Rn. 6/9: Eine technische Maßnahme i. S. d. § 95a II 1 UrhG setzt voraus, daß sie größtenteils oder zumindest überwiegend in schützender Funktion mit Blick auf urheberrechtliche Rechtspositionen eingesetzt wird.

[1749] So Schwarz-Gondek TKMR 2003, 250 (254).

[1750] Wirtz in Bröcker/Czychowski/Schäfer, Geistiges Eigentum im Internet, § 8, Rn. 181a; Wandtke/Ohst in Wandtke/Bullinger, Praxiskommentar UrhR Ergänzungsband, § 95a, Rn. 5/53; Schmid/Wirth, UrhG, § 95a, Rn. 2; Enders ZUM 2004, 593 (600); im Ergebnis ebenso Peukert in Loewenheim, Hdb UrhR, § 34, Rn. 6: Es handle sich dann um einen nicht schutzwürdigen Mißbrauch des Rechtsschutzes technischer Maßnahmen; offenbar auch Vinje EIPR 1999, 192 (198): Einsatz von DRM-Systemen in der Absicht der Wettbewerbsbeschränkung als „illegitimate purposes".

[1751] BT-Dr. 15/38, S. 26.

[1752] Im Ergebnis offenbar ebenso Lindhorst, Technische Maßnahmen, S. 136.

[1753] So ist schließlich auch die – etwa von Jaeger/Kreutzer, Stellungnahme Regierungsentwurf, S. 18/21; dies., Stellungnahme Referentenentwurf, S. 4 – vorgetragene

Teil der Richtlinie, vordringlich der Wortlaut des Art. 6 III 1 Multimedia-RL spricht insofern klar für einen zunächst umfassenden Rechtsschutz, indem er auf den „normalen Betrieb“ abstellt: Auf den konkreten Einsatz kommt es also gerade nicht an[1754]. Dem Kriterium des normalen Betriebs kommt normative Bedeutung nicht zu, da die Definition der technischen Schutzmaßnahme sich nicht auf deren tatsächliche Wirkung bezieht, sondern auf den ihr verliehenen Schutzzweck[1755]. Will man das – zugegebenermaßen offenbar nicht angestrebte[1756] – Ergebnis, nämlich die Ermöglichung von Mißbrauch nicht hinnehmen, so ist die erforderliche Korrektur nicht an dieser Stelle möglich. Da § 95a UrhG auf der Multimedia-RL beruht und somit konform zu dieser auszulegen ist, ist die entsprechende Absichtsbekundung im Rahmen der Gesetzesbegründung zu § 95a UrhG[1757] an dieser Stelle von daher irrelevant. Für dieses Ergebnis spricht ganz klar, daß auch in § 95a II 1 UrhG das Merkmal des „normalen Betriebs“ explizit angeführt ist. Eine Interpretation des § 95a II 2 UrhG bzw. Art. 6 III 2 Multimedia-RL dahingehend, technische Maßnahmen gälten nur dann als wirksam, wenn sie im konkreten Fall den Schutz einer urheberrechtlichen Position bezwecken, kann hingegen deshalb nicht überzeugen, da weder der Wortlaut des Art. 6 III 2 der Richtlinie noch der des § 95a II 2 UrhG anklingen läßt, daß technische Maßnahmen allein und nur unter dieser Bedingung wirksam im Sinne der Vorschrift sein können. Allein eine Absichtsbekundung in der Gesetzesbegründung zu § 95a UrhG ist insofern nicht ausreichend[1758]. Auch in Fallkonstellationen, in welchen feststeht, daß die eingesetzte Technik al-

Forderung an den Gesetzgeber, den Begriff der technischen Maßnahmen eng zu fassen und diese nur im Hinblick auf den Schutz urheberrechtlicher Inhalte einem Umgehungsverbot zu unterstellen, nicht aber hinsichtlich solcher Funktionalitäten, welche die Kompatibilität mit anderen Hard- oder Softwarekomponenten einschränken, unberücksichtigt geblieben. Daß dies möglicherweise gerade der deutschen Wirtsachft abträglich ist – so jedenfalls Jaeger/Kreutzer, Stellungnahme Regierungsentwurf, S. 18 – ist ein anderes Thema.

[1754] Lindhorst, Technische Maßnahmen, S. 136.

[1755] Auer FS Dittrich, S. 3 (15); Wandtke/Ohst in Wandtke/Bullinger, Praxiskommentar UrhR Ergänzungsband, § 95a, Rn. 44.

[1756] Daß die rechtliche Absicherung von DRM-Systemen soweit führt, daß künstliche Marktzutrittsschranken geschaffen werden, dürfte auch von der Multimedia-RL nicht beabsichtigt gewesen sein: Wandtke/Ohst in Wandtke/Bullinger, Praxiskommentar UrhR Ergänzungsband, § 95a, Rn. 45. So soll schließlich gemäß Erwägungsgrund 48 S. 2 der Multimedia-RL auch kein Zwang folgen, technische Geräte entsprechend marktüblicher DRM-Systeme zu konzipieren, solange jene nicht einer Umgehung letzterer dienen.

[1757] So ausdrücklich die Gesetzesbegründung: BT-Dr. 15/38, S. 26.

[1758] Ein gesetzgeberischer Wille muß grundsätzlich im Gesetzestext selbst, nicht allein in der Gesetzesbegründung Anklang finden, vgl. BVerfG Urt. v. 19.12.1961 – 2 BvL 6/59, BVerfGE 13, 261 (268); BVerfG Beschl. v. 17.05.1960 – 2 BvL 11/59, 11/60, BVerfGE 11, 126 (129 f.).

lein der Abschottung eines Komplementärmarktes dienen soll, bietet § 95a UrhG aus dargelegten Gründen grundsätzlich rechtlichen Schutz. Zusammenfassend ist festzustellen, daß die Produktion von kompatiblen (Konkurrenz-) Produkten unter Einsatz von technischen Mitteln, welche hierzu technische Schutzmaßnahmen des Rechteinhabers überwinden (müssen), grundsätzlich von § 95a UrhG erfaßt wird.

III. Anspruch auf Ermöglichung der Herstellung kompatibler Produkte

Es liegt naturgemäß im Interesse eines Geräte- oder Medienherstellers, Produkte auf den Markt zu bringen, welche mit den gängigen Standards kompatibel sind[1759]; etwas anderes mag gelten für einen marktbeherrschenden Anbieter oder gar Monopolisten. Häufig dürfte die Kompatibilität der eigenen Produkte sogar die Voraussetzung wirtschaftlichen Erfolgs sein[1760]. Sofern diese (gezielt) durch den Einsatz von Technik vereitelt wird, ist zur Herstellung kompatibler Produkte wiederum die Installation technischer Mittel erforderlich, welche die die Kompatibilität vereitelnden technischen Systeme ihrerseits umgehen (können). Wenn durch den Einsatz technischer Maßnahmen im Wege „künstlicher Inkompatibilität" ein Markt abgeschottet werden soll, wird der Rechteinhaber die „Umgehung" mit dem Ziel der Herstellung kompatibler Produkte regelmäßig allerdings von sich aus natürlich nicht hinnehmen[1761], oder allenfalls nur zu entsprechend unakzeptablen Bedingungen. In derartigen Situationen stellt sich dann für den Wettbewerber die existentiell wichtige Frage, ob er gegen den Rechteinhaber Ansprüche hat, die dessen Verhalten entgegen wirken.

1. Abgrenzung einschlägiger Fallkonstellationen

Einen von der Herstellung kompatibler eigener Produkte zu unterscheidenden Fall stellt es dar, wenn ein Dritter Umgehungsmittel zur Ermöglichung kompatiblen Gebrauchs anbietet. Eine derartige Fallkonstellation kann etwa wie folgt aussehen: Der Rechteinhaber möchte wiederum durch den Einsatz technischer Mittel vermeiden, daß ein Konkurrent den Komplementärmarkt zu seinen Produkten bedient. Die Umgehungstech-

[1759] Vgl. Pilny GRUR Int. 1995, 954 (960 f.) am Beispiel von Computerschnittstellen; vgl. ferner Montag EuZW 1997, 71 (77 f.).

[1760] Vgl. Sitar MR-Int 2004, 2 (2 f.) anhand der Kommissionsentscheidung vom 24.03.2004 im Fall Microsoft; Pilny GRUR Int. 1990, 431 (435).

[1761] Vgl. Pilny GRUR Int. 1995, 954 (960).

nik zur Ermöglichung von Kompatibilität wird nun aber nicht vom Konkurrenten in seine Erzeugnisse eingebaut, sondern vielmehr von einem Dritten am Markt angeboten. Dies ist zu beurteilen anhand § 95a III UrhG, § 3 ZKDSG oder § 3 UWG[1762]; das Kartellrecht kommt insoweit nicht zum Tragen.

2. Inhalt, Charakter und Passivlegitimation möglicher Ansprüche

a) Inhalt

In Betracht kommt in vorliegend untersuchten Fallkonstellationen ein Anspruch auf Hinnahme der Umgehung der technischen Mittel oder darüberhinausgehend sogar auf Kooperation[1763], oder aber noch weitergehend auf Deaktivierung der marktabschottend wirkenden technischen Mittel zu angemessenen, d.h. nicht diskriminierenden Bedingungen[1764]. Letztlich handelt es sich also um einen Anspruch auf Ermöglichung der Herstellung kompatibler Produkte. Achtung: Das in Rede stehende Anspruchsbegehren ist gerade nicht auf Nutzung eines ggf. urheberrechtlich geschützten Gegenstandes gerichtet, sondern allein auf die Hinnahme der Umgehung eingesetzter Technik zur Ermöglichung der Herstellung kompatibler Produkte[1765]. Ob man in der Installation technischer Mittel, welche die die Kompatibilität vereitelnden technischen Systeme ihrerseits umgehen, einen Fall des § 95a I UrhG oder des § 95a III UrhG sieht, ist an dieser Stelle nicht relevant[1766]. Ersterenfalls richtet sich ein potentieller Anspruch auf Zustimmung des Rechteinhabers i.S.d. § 95a I UrhG, letzterenfalls auf Duldung des Inverkehrbringens entsprechender „Umgehungs-"Geräte. In beiden Fällen richtet sich der Anspruch aber letztlich auf Hinnahme der Umgehung der technischen Maßnahmen.

b) Charakter

Unabhängig von seinem genauen Inhalt ähnelt der in Rede stehende Anspruch charakterlich durchaus einem Anspruch auf Zugang zu einer wesentlichen Einrichtung bzw. auf die Erteilung einer (Nutzungs-)Lizenz; insofern kann auf Erwägungen hierzu, insbesondere die sog. Essential-

[1762] Diese Normen dürfen nicht unter dem Deckmantel der Zurverfügungstellung von Mitteln zur Erreichung von Kompatibilität umgangen werden.

[1763] Etwa ein Anspruch auf Zurverfügungstellung des erforderlichen Know-Hows, welches zur Gewährleistung von Kompatibilität benötigt wird.

[1764] Vgl. die Kommissionsentscheidung vom 24.03.2004 im Fall Microsoft, berichtet von Koenig/Neumann DuD 2004, 555 (559); Sitar MR-Int 2004, 2 (5): Microsoft kann für das Zurverfügungstellen der Schnittstellencodes eine vernünftige und nichtdiskriminierende Vergütung verlangen.

[1765] Vgl. Stollhoff, Ausschluß von Marktrisiken, S. 251 f., Fn. 297.

[1766] Allerdings wird dies relevant bei der Frage, wem gegenüber ein ggf. bestehender Anspruch geltend zu machen ist, siehe F.III.2.c).

Facilities-Doktrin[1767] zurückgegriffen werden. Im Folgenden soll daher besagte Doktrin zunächst dargestellt und im Anschluß daran zur vorliegend untersuchten Fragestellung in Bezug gesetzt werden.

aa) Herkunft und Aussagegehalt

Die Essential-Facilities-Lehre hat ihre Wurzeln in der US-amerikanischen Rechtsprechung[1768]. Auch wenn man sich nicht gänzlich sicher ist, auf welchen Präzedenzfällen die Lehre beruht[1769], so wird als ihre Geburtsstunde regelmäßig die Terminal Railroad-Entscheidung des US-Supreme Court aus dem Jahre 1912[1770] genannt[1771], welcher im Wesentlichen folgender Sachverhalt zugrunde lag: Mehrere Eisenbahngesellschaften kontrollierten die einzige Eisenbahnbrücke über den Mississippi im Umkreis und somit den Zugverkehr durch St. Louis. Nichtbeteiligte Bahngesellschaften wurden von der Benutzung der Brücke ausgeschlossen oder zumindest hinsichtlich der Konditionen benachteiligt. Hiergegen begehrten diese Rechtsschutz mit dem Ziel der Aufnahme in das entsprechende Konsortium. Der Begriff der „essential facilities“ wurde zunächst in erster Linie von der auf der Rechtsprechung aufbauenden Doktrin, nicht von den Gerichten selbst benutzt[1772]. Die Lehre besagt im Kern, daß die Weigerung eines Inhabers einer wesentlichen Einrichtung, diese einem Dritten zugänglich zu machen, rechtswidrig ist, wenn diesem hierdurch die Tätigkeit auf einem vor- oder nachgelagerten, d.h. abgeleiteten Markt unmöglich gemacht wird[1773]. Kennzeichnend sind also Situationen, in denen der Zugriff eines (potentiellen) Konkurrenten auf Ressourcen des Marktbeherrschers das Entstehen von Wettbewerb überhaupt erst ermöglicht. Man spricht daher in diesem Zusammenhang von strategischen Engpaßeinrichtungen. Im US-amerikanischen Rechtsraum hat sich auch der Begriff der „bottleneck-resources“[1774] etabliert. Der Sache

[1767] Englisch „essential facilities doctrine“, quasi die Lehre der wesentlichen Einrichtungen. Wollte man kritisch sein, so könnte man diese Lehre auch als „Market Opening Doctrine“ bezeichnen, so zumindest Gaster CR 2005, 247 (253).

[1768] Zur Essential-Facilities-Doktrin im US-Kartellrecht siehe Holzhäuser, Essential Facilities, S. 168 ff.; Perrit, Information Superhighway, S. 84 ff.

[1769] Siehe Heinemann, Immaterialgüterschutz, S. 94 f.; Hohmann, essential facility doctrine, S. 25.

[1770] United States vs. Terminal Railroad Association 224 U.S. 383 (1912); siehe Stollhoff, Ausschluß von Marktrisiken, S. 65 ff.; ferner Heinemann, Immaterialgüterschutz, S. 94; Müller EuZW 1998, 232 (233); Möschel in Immenga/Mestmäcker, Kartellrecht, § 19, Rn. 178.

[1771] Etwa Dreher DB 1999, 833 (833); Stollhoff, Ausschluß von Marktrisiken, S. 65.

[1772] Vgl. Hohmann, essential facility doctrine, S. 25.

[1773] Zu Fallkonstellationen siehe Markert FS Mestmäcker, S. 661 (665 ff.); zu wettbewerbspolitischen und ökonomischen Gesichtspunkten siehe Möschel in Immenga/Mestmäcker, Kartellrecht, § 19, Rn. 183 ff.

[1774] Zu Deutsch „Flaschenhals-Einrichtungen“.

nach geht es also um die Gewährleistung von Wettbewerb auf einem abgeleiteten Markt, zu dessen Erschließung die Nutzung der wesentlichen Einrichtung erforderlich ist. Die Doktrin gewinnt demnach Bedeutung für Fallgestaltungen, in denen eine Partei sich in einer natürlichen Monopolposition befindet. Wegen ihrer typischen Fallkonstellationen kommt der Essential-Facilities-Doktrin eine gesteigerte wirtschaftliche Bedeutung zu[1775]. Auch im vorliegend untersuchten Kontext ist für die Zukunft nichts anderes zu erwarten.

bb) Geltung im europäischen Kartellrecht

Der Grundgedanke der Essential-Facilities-Doktrin, wonach eine Monopolstellung nicht zur Blockade eines abgeleiteten Marktes benutzt werden darf, ist natürlich nicht auf den US-amerikanischen Rechtsraum beschränkt, sondern kann vielmehr auch auf das europäische und nationale Kartellrecht übertragen werden. So hat mittlerweile seit gut zehn Jahren die Doktrin auch ins europäische Kartellrecht Einzug gehalten, und zwar zur Konkretisierung des Merkmals der Mißbräuchlichkeit einer marktbeherrschenden Stellung im Rahmen des Art. 82 EG[1776]. Bemerkenswert ist, daß der EuGH sich zwar offensichtlich an die Essential-Facilities-Doktrin anlehnt, sie hiermit auch stillschweigend billigt[1777], sich aber nicht ausdrücklich auf diese bezieht[1778]. Auf europäischer Ebene gilt der Grundsatz der restriktiven Auslegung der Essential-Facilities-Doktrin[1779]. Dies dürfte insbesondere dadurch begründet sein, daß der erzwingbare Zugang zu einer wesentlichen Einrichtung generell den Ausnahmefall darstellen soll; hierfür sprechen neben grundrechtlichen und wohlfahrtstheoretischen Erwägungen letztlich auch wettbewerbspolitische sowie ordnungspolitische Gesichtspunkte[1780]. An ein Zugangsrecht eines potentiellen Mitbewerbers zu den Einrichtungen des Marktbeherrschers sind also strenge Anforderungen zu stellen.

[1775] Vgl. Montag EuZW 1997, 71 (75).

[1776] Siehe Hohmann, essential facility doctrine, S. 42 ff.; Tränkle, essential facilities, S. 38 ff.; Holzhäuser, Essential Facilities, S. 181 ff.; Möschel in Immenga/Mestmäcker, Kartellrecht, § 19, Rn. 181; Heinemann, Immaterialgüterschutz, S. 100 f.; Lampert NJW 1999, 2235 (2235).

[1777] Wirtz/Holzhäuser WRP 2004, 683 (684): „de-facto-Geltung" der Doktrin in der europäischen Entscheidungspraxis; Ehle EuZW 1999, 89 (89); zurückhaltender Brinker in Schwarze, EG, Art. 82, Rn. 38; vgl. aber Lubitz K&R 2004, 469 (472).

[1778] Vgl. EuGH Urt. v. 06.04.1995 – verb. Rs. C-241/91 P u. C-242/91 P – Magill, EuZW 1995, 339; EuGH Urt. v. 26.11.1998 – Rs. C-7/97 – Bronner, NJW 1999, 2259; zuletzt EuGH Urt. v. 29.04.2004 – C-418/01 – IMS-Health, GRUR 2004, 524 ff.; siehe Wirtz/Holzhäuser WRP 2004, 683 (685 ff.); Körber RIW 2004, 881 (884 ff.).

[1779] Vgl. Möschel in Immenga/Mestmäcker, Kartellrecht, § 19, Rn. 181; vgl. auch Sprickmann Kerkerinck, Essential-Facilities-Doktrin, S. 54, Fn. 89.

[1780] Siehe Fleischer/Weyer WuW 1999, 350 (355 ff.).

cc) Hinnahme der Umgehung als Anwendungsfall der Doktrin

Bei dem durch den Einsatz von DRM-Technik abgeschotteten Markt handelt es sich regelmäßig um einen komplementären, d. h. sekundären, also gerade nicht um den (Primär-)Markt für die eigentlichen Produkte[1781], sondern vielmehr um den Markt der hiermit in Zusammenhang stehenden Geräte oder Medien[1782]: In der Musikbranche stellen etwa die musikalischen Inhalte samt deren Werkträger[1783] den primären Markt dar, während die zum Musikgenuß erforderlichen Abspielgeräte hierzu einen komplementären, aber doch in engem Zusammenhang stehenden Markt repräsentieren. Der Rechteinhaber will durch den Einsatz der DRM-Technik letztlich also seine starke oder gar Monopolstellung auf dem Markt für die von ihm hergestellten Produkte auf den Markt für kompatible Produkte hierzu ausdehnen und hierdurch den Anspruchsteller als potentiellen Konkurrenten auf diesem abgeleiteten Markt von vornherein ausschalten. Dies fällt klassischerweise unter die Essential-Facilities-Doktrin[1784]. Die Situation, daß ein Wettbewerber vom Rechteinhaber die Hinnahme der Umgehung eingesetzter Technik mit dem Ziel der Herstellung kompatibler Produkten begehrt, ist daher nicht nur mit Konstellationen der Essential-Facilities-Doktrin vergleichbar, sondern wird vielmehr vom Gedanken der Essential-Facilities-Doktrin erfaßt[1785]. Schließlich ist die Überwindung der die Kompatibilität vereitelnden technischen Maßnahmen unerläßliches Element zur Herstellung kompatibler Produkte[1786].

dd) Essential-Facilities-Doktrin und absolute Rechte an der DRM-Technik

Regelmäßig werden an der marktabschottend wirkenden DRM-Technik selbst ebenfalls absolute Rechte bestehen[1787]. Dies ist nicht zu verwechseln mit den Rechtspositionen an den geschützten Inhalten. Kaum ein Inhalteanbieter wird jedoch seine eigene DRM-Technik entwickeln. Rechte an der entsprechenden Technik – nicht an den durch diese geschützten Inhalten – werden im Regelfall daher nicht dem Rechteinhaber zustehen, sondern vielmehr einem auf solche Technik spezialisierten Anbieter, von

[1781] Siehe Sprickmann Kerkerinck, Essential-Facilities-Doktrin, S. 42.

[1782] Vgl. Pilny GRUR Int. 1995, 954 (960): Der Markt für Peripheriegeräte ist gegenüber dem Markt für Computer ein benachbarter Markt; zur Abgrenzung des primären zum abgeleiteten Markt siehe Lober GRUR Int. 2002, 7 (11 f.); siehe ferner Traugott WuW 1998, 929 ff.

[1783] Etwa Audio-CDs.

[1784] Vgl. Schwintowski WuW 1999, 842 (848 f.).

[1785] Im Einzelnen unter F.III.6.c.bb).

[1786] Vgl. EuGH Urt. v. 29.04.2004 – C-418/01 – IMS-Health, GRUR 2004, 524 (527).

[1787] Etwa Patentrechte.

welchem der Rechteanbieter diese erwirbt bzw. sich deren Einsatz lizenzieren lässt. Daher stellt sich die Frage, ob die Erwägungen im Rahmen der Essential-Facilities-Doktrin grundsätzlich auch dann greifen können, wenn an der eingesetzten DRM-Technik, deren Umgehung durch den Anspruchsteller hingenommen werden soll, absolute Schutzrechte bestehen.

(1) Grudsätzliche Einschlägigkeit der Essential-Facilities-Doktrin

Zwar ist die Essential-Facilities-Doktrin ursprünglich für strategisch wichtige Einrichtungen physischer Natur entwickelt worden[1788], weshalb sie den rechtlichen Besonderheiten im immaterialgüterrechtlichen Umfeld nicht gerecht werden soll[1789]. Hintergrund der Bedenken dürfte die Überzeugung sein, daß beim Vorliegen absoluter Schutzrechte an die Annahme eines Anspruchs höhere Anforderungen zu stellen sind als in klassischen Essential-Facilities-Konstellationen[1790]. Die Anwendbarkeit des Essential-Facilities-Gedankens wird aber trotz besagter Bedenken auch hinsichtlich immaterialgüterrechtlich gestützter Positionen als möglich eingestuft[1791]. Dies ist auch richtig: Auch wenn die Doktrin ursprünglich für strategisch wichtige Einrichtungen physischer Natur entwickelt wurde, weshalb auch in der Rechtsprechung der US-amerikanischen Obergerichte bislang kein Fall ersichtlich ist, in dem unter Bezug auf die Doktrin einem Wettbewerber das Recht auf Nutzung einer Einrichtung zugesprochen wurde, an der immaterielle Schutzrechte bestehen[1792], so sprechen der vergleichbare Charakter von Sacheigentum und geistigem Eigentum[1793], zumindest aber deren zunehmende Gleichstellung jedenfalls dafür, daß die Essential-Facilities-Lehre auf beide Erscheinungsformen des Eigentums gleichermaßen anzuwenden ist[1794]. Von daher ist es sinnvoll, die Essential-Facilities-Lehre von ihren Wurzeln bei den physischen Einrichtungen zu lösen und auf alle „Flaschenhals-Konstellationen" zu erstrecken. Dahingehend hat sich mittlerweile auch der EuGH erklärt, indem er feststellte, daß auch der Zugang zu Informationen, an denen Urheberrechte bestehen, Gegenstand eines Verfahrens nach Art. 82 EG sein kann[1795]; dies dürfte etwa für Patentrechte entsprechend gelten. Für

[1788] Heinemann, Immaterialgüterschutz, S. 93/98.

[1789] Vgl. Montag EuZW 1997, 71 (75 f.).

[1790] Dahingehend etwa Montag EuZW 1997, 71 (78).

[1791] Heinemann, Immaterialgüterschutz, S. 98; Mennicke ZHR 160 (1996), 626 (651 f.).

[1792] Berichtet von Heinemann, Immaterialgüterschutz, S. 99.

[1793] A. A. Schwarze ZUM 2003, 15 (25): Zwischen Sacheigentum und geistigem Eigentum bestünden entscheidende Unterschiede, weshalb die gleiche Behandlung bezüglich der Einschränkung von Urheberrechten abzulehnen sei.

[1794] Heinemann, Immaterialgüterschutz, S. 99 m. w. N.

[1795] Grundlegend EuGH Urt. v. 06.04.1995 – verb. Rs. C-241/91 P u. C-242/91 P – Magill, EuZW 1995, 339.

die Anwendung der Lehre auf sämtliche „Flaschenhals-Konstellationen“ sprechen auch teleologische Gründe, da der Sinn der Lehre nicht von der Beschaffenheit der strategischen Einrichtung abhängt, sondern vielmehr von deren Funktion[1796]. Die Aushöhlung der Privatautonomie hierdurch ist nicht ernsthaft zu befürchten, denn die Ausdehnung des Anwendungsbereichs der Doktrin ist strikt zu trennen von der Ausgestaltung der Anwendungsvoraussetzungen; für immaterialgüterrechtlich abgesicherte Positionen gilt aber gleichermaßen wie für rein physische Einrichtungen, daß die Einschränkung der Privatautonomie nur unter sehr restriktiven Voraussetzungen möglich sein kann, dann aber auch geboten ist[1797]. Auch hier muß der Grundsatz gelten, daß eine wirtschaftliche Machtposition zu einer Einschränkung der Privatautonomie führen kann[1798]. Daß beim Vorliegen absoluter Schutzrechte an die Annahme eines Anspruchs höhere Anforderungen zu stellen sind als in klassischen Essential-Facilities-Konstellationen, kann auch im Rahmen der Essential-Facilities-Lehre unter dem Gesichtspunkt der sachlichen Rechtfertigung des Verhaltens des in Anspruch Genommenen berücksichtigt werden.

(2) Rechteinhaber als Nichtrechteinhaber bezüglich der DRM-Technik

Fraglich ist aber, wie es sich vorliegend auswirkt, daß die Rechte an der DRM-Technik, nicht also an den durch diese geschützten Inhalten, bei deren Hersteller liegen. Hier wird relevant, wie man die Umgehung technischer Maßnahmen zur Herstellung kompatibler Produkte in § 95a UrhG verortet: Obwohl die eigentliche Umgehungshandlung erst bei Benutzung des entsprechenden Gerätes, also durch den Nutzer erfolgt, liegt die Annahme eines „§ 95a I UrhG-Falls“ bei lebensnaher Betrachtung näher als die eines „§ 95a III UrhG-Falls“, da sich die Handlung des Nutzers im bloßen Gebrauch des Gerätes erschöpft, der Schwerpunkt der Umgehung also beim Gerätehersteller anzusiedeln ist. Der Hersteller der die Kompatibilität verhindernden Technik ist im Rahmen des § 95a I UrhG aber nicht zustimmungskompetent[1799], da der Schutz der durch die entsprechende Technik faktisch geschützten Inhalte im Vordergrund steht. Hieraus folgt letztlich, daß grundsätzlich zwar zu berücksichtigen ist, wenn an der DRM-Technik absolute Rechte bestehen. Im vorliegend untersuchten Kontext dürfte dies indes häufig irrelevant sein, da der Inhaber der Rechte an der DRM-Technik regelmäßig vom Rechteinhaber bezüglich der geschützten Inhalte personenverschieden ist. Anspruchsgegner ist hier aber allein letzterer.[1800]

[1796] Heinemann, Immaterialgüterschutz, S. 100.
[1797] Heinemann, Immaterialgüterschutz, S. 100.
[1798] Heinemann, Immaterialgüterschutz, S. 100.
[1799] Siehe B.VI.2.b)aa)(4).
[1800] Hierzu gleich, siehe F.III.2.c).

c) Passivlegitimation

Sofern an der zum Einsatz kommenden DRM-Technik absolute Schutzrechte deren Entwicklers bzw. Herstellers bestehen, drängt sich darüberhinaus die Frage auf, ob der Anspruchsteller den Anspruch – sofern dieser denn bejaht werden kann – auch diesem gegenüber geltend machen muß, d.h. ob dieser gesondert zur Hinnahme zu verpflichten ist. Entscheidend ist auch insoweit wiederum die Einordnung der untersuchten Konstellation als Fall des § 95a I UrhG. Deren Richtigkeit vorausgesetzt, muß der Anspruchsteller den ggf. bestehenden Anspruch also gegenüber dem Hersteller der zum Einsatz kommenden Technik mangels dessen Zustimmungskompetenz i.S.d. § 95a I UrhG nicht gesondert geltend machen.

3. Mögliche Anspruchsgrundlagen

Vorliegend in Rede stehende Ansprüche sind grundsätzlich als ultima ratio anzusehen[1801]. Dennoch kommen sie sowohl aufgrund Art. 82 EG[1802] als auch gemäß des § 33 S. 1 HS1 GWB in Betracht; die Verordnung (EG) Nr. 1/2003[1803] steht der parallelen Anwendung besagter europäischer und nationaler Kartellrechtsvorschriften nicht entgegen[1804]. Insbesondere bietet Art. 82 EG auch durchaus die Grundlage für die Eröffnung von Wettbewerb[1805]. Ein Anspruch besagten oder ähnlichen Inhalts ergibt sich über kartellrechtliche Erwägungen hinaus möglicherweise auch we-

---

1801 Vgl. Schwarze EuZW 2002, 75 (77); Stollhoff, Ausschluß von Marktrisiken, S.251/254 f.

1802 Siehe Kirk IPQ 1999, 37 (50 f.).

1803 Verordnung (EG) Nr. 1/2003 des Rates zur Durchführung der in den Artikeln 81 und 82 des Vertrages niedergelegten Wettbewerbsregeln vom 16.12.2002, ABlEG. L 1, S. 1 ff.

1804 Nach dem gemäß Art. 45 S.2 Verordnung (EG) Nr. 1/2003 seit 01.05.2004 geltenden Art. 3 I 2 der Verordnung (EG) Nr. 1/2003 sind Art. 82 EG sowie entsprechende einzelstaatliche kartellrechtliche Vorschriften nebeneinander anzuwenden, sofern ein marktmißbräuchliches Verhalten geeignet ist, den Handel grenzüberschreitend zwischen den Mitgliedstaaten zu beeinträchtigen; siehe Hossenfelder/Lutz WuW 2003, 118 (120); Montag/Rosenfeld ZWeR 2003, 107 (123 f.); siehe auch Erwägungsgrund 8 Verordnung (EG) Nr. 1/2003. Die Anwendung nationalen Kartellrechts ist also nicht grundsätzlich ausgeschlossen. Dies regelt mittlerweile auch die entsprechende Umsetzung in § 22 III GWB. Zur Verordnung (EG) Nr. 1/2003 allgemein siehe Weitbrecht EuZW 2003, 69 ff.; Hossenfelder/Lutz WuW 2003, 118 ff.; Montag/Rosenfeld ZWeR 2003, 107 ff.

1805 Die früher vertretene Auffassung, Art. 82 EG (damals Art. 86 EGV) schütze nur den bereits bestehenden Markt, biete hingegen aber keine Grundlage für die Eröffnung von Wettbewerb, so Schnelle EuZW 1994, 556 (557 f.) m.w.N., dürfte spätestens durch das Magill-Urteil, EuGH Urt. v. 06.04.1995 – verb. Rs. C-241/91 P u. C-242/91 P – Magill, EuZW 1995, 339, überholt sein: Deselaers EuZW 1995, 563 (565), Fn. 32.

gen Verstoßes gegen § 3 UWG, nämlich dann, wenn der marktabschottend wirkende Einsatz von DRM-Technik als unlauterer Wettbewerb anzusehen ist.

4. Konsequenzen im Fall der Anspruchsgewährung

Man muß sich im Rahmen des Befindens über solch einen Anspruch allerdings über die Auswirkungen im Klaren sein.

a) Gefährdung praktizierter Geschäftsmodelle

Dessen Gewährung kann gewaltigen Einfluß auf den Erfolg ganzer Geschäftsmodelle haben: Teilweise werden Produkte zu nicht rentablen Preisen auf den Markt gebracht, um dies dann später am Komplementärmarkt durch Preise oberhalb des Preisniveaus wieder auszugleichen und darüberhinaus auch Gewinne einzufahren. Dieses Geschäftsmodell bietet durchaus auch den Konsumenten Vorteile[1806]. Um zu verhindern, daß die Nachfrage nach Komplementärprodukten von dritter Seite befriedigt wird, bietet es sich an, dies dadurch zu unterbinden, daß die Produkte Dritter nicht kompatibel sind; hierfür können eben DRM-Systeme fruchtbar gemacht werden[1807]. Billigt man den in Rede stehenden Anspruch zu, so kann dies im Ergebnis dazu führen, daß soeben beschriebenem Geschäftsmodell seine Grundlage entzogen wird.

b) Risiko der langfristigen Beeinträchtigung des Wettbewerbs

Durch die Gewährung des in Rede stehenden Anspruchs dürfte der Wettbewerb kurzfristig zwar eine Belebung erfahren; langfristig hingegen könnte jedoch durchaus dessen Beeinträchtigung eintreten[1808], da der Anreiz für die Vornahme von Investitionen in Effizienzsteigerungen verringert wird, wenn die hiermit zu erlangenden Vorteile nicht ausschließlich genutzt werden können[1809].

[1806] Siehe Bechtold in Becker/Buhse/Günnewig/Rump, DRM, S. 597 (624) m. w. N.

[1807] Besagtes Geschäftsmodell wird etwa betrieben für Drucker und die dazugehörigen Tintenpatronen, vgl. Bechtold in Becker/Buhse/Günnewig/Rump, DRM, S. 597 (623 ff.).

[1808] Vgl. Sprickmann Kerkerinck, Essential-Facilities-Doktrin, S. 119; Holzhäuser, Essential Facilities, S. 210 f.; v. Wallenberg K&R 1999, 152 (155); ähnlich Martenczuk EuR 1999, 565 (569); Möschel in Immenga/Mestmäcker, Kartellrecht, § 19, Rn. 185: „Spannungsverhältnis von langfristigen Effizienzverlusten und kurzfristigen Effizienzgewinnen".

[1809] Lober GRUR Int. 2002, 7 (15 f.).

5. Zentrale Unterscheidung

Im Rahmen des zu untersuchenden Anspruchs auf Hinnahme der Umgehung der eingesetzten technischen Maßnahmen – gleich aufgrund welcher der in Betracht kommenden Anspruchsgrundlagen – wird von Bedeutung sein, ob durch diese allein das Ziel der Marktabschottung verfolgt wird, oder zumindest auch urheberrechtlich geschützte Inhalte technisch abgesichert werden sollen. Ob in ersterem Fall noch von DRM bzw. DRM-Systemen gesprochen werden kann, ist durchaus fraglich[1810], tut aber vorliegend nichts zur Sache. Die Anforderungen an die Bewilligung des in Rede stehenden Anspruchs gegen den Rechteinhaber sind in letzterem Fall tendenziell höher anzusetzen.

6. Anspruch gemäß Art. 82 EG

Schon in den Erwägungsgründen zur Computerprogramm-RL findet ausdrücklich Anklang, daß die Verweigerung von Informationen, die zur Gewährleistung von Interoperabilität notwendig sind, durch einen marktbeherrschenden Anbieter ein nach Art. 82 EG zu mißbilligendes Verhalten darstellen kann[1811]. Behandelt die Computerprogramm-RL den Bereich der Software, so steht im Mittelpunkt der vorliegenden Untersuchung der Genuß technisch geschützter Inhalte. In beiden Fällen stellt die technische Kompatibilität einen wichtigen Faktor dar. Insofern, d. h. mit Blick auf die Kompatibilität, sind also grundsätzliche Wertungen der Computerprogramm-RL auf den Einsatz von DRM-Systemen durchaus übertragbar. Ein auf Art. 82 EG gestützter Anspruch setzt voraus, daß derjenige, der technische Mittel mit der Folge der Inkompatibilität einsetzt, eine beherrschende Stellung auf dem gemeinsamen Markt der Europäischen Gemeinschaften oder auf einem wesentlichen Teil desselben mißbräuchlich ausnutzt und dies dazu führen kann, den Mitgliedstaaten übergreifenden Handel zu beeinträchtigen. Zwar schützt Art. 82 EG primär den Wettbewerb als Institution[1812] sowie die möglichst optimale Versorgung der Verbraucher[1813]. Vorrangiges Schutzobjekt des Kartellrechts und somit auch des Art. 82 EG ist mit anderen Worten die Leistungsfähigkeit des Wettbewerbs als solche, nicht hingegen die Situation

1810 Es dürfte sich um den Einsatz technischer Maßnahmen handeln, der vom DRM in seiner eigentlichen Bedeutung wohl zu unterscheiden ist; dennoch wird im Folgenden auch weiterhin von DRM-Systemen die Rede sein.

1811 Siehe Erwägungsgründe der Computerprogramm-RL a. E.

1812 Holzhäuser, Essential Facilities, S. 207; Stollhoff, Ausschluß von Marktrisiken, S. 184; zum Ziel des Art. 82 EG siehe Möschel in Immenga/Mestmäcker, EG-WbR, Art. 86, Rn. 1.

1813 Deselaers EuZW 1995, 563 (566).

einzelner Wettbewerber[1814]. Durchgesetzt wird dieses Ziel jedoch in erster Linie durch die einzelnen Wettbewerber, so daß das Schutzgut des Art. 82 EG besagtem Anspruch nicht im Wege steht. Ob bzw. wann die Voraussetzungen des in Rede stehenden Anspruchs im Fall des Einsatzes von DRM-Systemen, welcher die Abschottung eines Komplementärmarktes mit sich bringt, vorliegen, wird im Folgenden untersucht. Einbezogen werden vordringlich auch der Essential-Facilities-Doktrin entspringende Erwägungen. Soweit durch den Einsatz von DRM-Systemen tatsächlich auch urheberrechtliche Positionen des Rechteinhabers abgesichert werden, ist im Rahmen des Befindens über besagten Anspruch die Frage nach dem Verhältnis von Urheber- und Kartellrecht von zentraler Bedeutung. Insofern sind die Regelungen über den Einsatz technischer Schutzmechanismen mit der entsprechenden urheberrechtlichen Rechtsposition verknüpft[1815].

a) Anwendbarkeit des Art. 82 EG: Art. 86 II 1 EG

Die Vorschrift des Art. 82 EG könnte gemäß Art. 86 II 1 EG auf die zu untersuchende Fallgestaltung unanwendbar[1816] sein, nämlich dann, wenn das fragliche Unternehmen mit Dienstleistungen von allgemeinem wirtschaftlichem Interesse betraut und die Einschränkung des Wettbewerbs notwendig ist, um dem Unternehmen die Erfüllung seiner Aufgaben unter wirtschaftlich tragbaren Bedingungen zu ermöglichen[1817]. Das Vorhandensein dieser Voraussetzungen ist im Einzelfall zu beurteilen. Im vorliegend untersuchten Zusammenhang drängt sich deren Annahme jedoch nicht auf. Es dürfte schon am erforderlichen allgemeinen wirtschaftlichen Interesse an der Tätigkeit des Rechteinhabers[1818] fehlen, welches sich vom Interesse an anderen Tätigkeiten des Wirtschaftlebens besonders unterscheiden muß[1819]. Die Wahrnehmung von Privatinteressen ohne Bezug zum öffentlichen Interesse fällt hierunter nämlich nicht[1820]; dies gilt auch,

---

[1814] Fleischer/Weyer WuW 1999, 350 (356).

[1815] Kirk IPQ 1999, 37 (49/51) redet etwa von einer Analogie zwischen Verschlüsselung und den aus dem geistigen Eigentum entspringenden Rechten, da beide ein ähnliches Ziel verfolgen.

[1816] Vgl. Deselaers EuZW 1995, 563 (568); Müller EuZW 1998, 232 (235); anders Möschel in Immenga/Mestmäcker, EG-WbR, Art. 86, Rn. 264, der Art. 86 II EG als eine Norm zur Rechtfertigung eines wettbewerbsrechtlich relevanten Verhaltens einordnet; ungenau auch Sprickmann Kerkerinck, Essential-Facilities-Doktrin, S. 81: Art. 86 II EG wirke „wie ein Rechtfertigungsgrund".

[1817] EuGH Urt. v. 27.04.1994 – Rs. C-393/92 – Almelo, EuZW 1994, 408 (410 f.); EuGH Urt. v. 19.05.1993 – Rs C-320/91 – Corbeau, EuZW 1993, 422 (423).

[1818] Siehe Hochbaum in Schröter/Jakob/Mederer, EG-WbR, Art. 86, Rn. 51.

[1819] V. Burchard in Schwarze, EG, Art. 86, Rn. 63.

[1820] Koenig/Kühling in Streinz, EUV/EGV, Art. 86, Rn. 45; v. Burchard in Schwarze, EG, Art. 86, Rn. 63; Hochbaum in Schröter/Jakob/Mederer, EG-WbR, Art. 86, Rn. 51; ders./Klotz in von der Groeben/Schwarze, EG, Art. 86, Rn. 60.

wenn es sich dabei um gesetzlich geschützte geistige Eigentumsrechte handelt[1821]. Art. 82 EG ist vorliegend im Ergebnis anzuwenden.

b) Kompatible Produkte als Bezugspunkt der Marktstellung

Art. 82 EG setzt eine beherrschende Stellung des Rechteinhabers auf dem relevanten Markt voraus. Hierzu ist letzterer zu bestimmen, und zwar aus sachlichem, räumlichem und zeitlichem Blickwinkel[1822]. Bezugspunkt ist jeweils die technische Kompatibilität zu den Produkten des Rechteinhabers. Wenn ein Rechteinhaber die Kompatibilität verhindernde Technik einsetzt, so können kompatible Geräte oder Medien[1823] ohne entsprechende technische „Gegenmaßnahmen" auch an einem anderen Ort oder zu späterer Zeit nicht zur Verfügung stehen. Der sachlich relevante Markt, zu dessen Bestimmung das Prinzip der funktionellen Austauschbarkeit aus Sicht der Marktgegenseite, d. h. das sog. Bedarfsmarktkonzept heranzuziehen ist[1824], wird durch die zu den Geräten oder Medien des Rechteinhabers technisch kompatiblen Produkte bestimmt. Daraus folgt schließlich die beherrschende Stellung des Rechteinhabers auf dem relevanten Markt für kompatible Geräte bzw. Medien[1825]. Diese wirtschaftliche Machtstellung ermöglicht es ihm letztlich, sich anderen Marktteilnehmern[1826] gegenüber weitgehend unabhängig zu verhalten. Da die technische Kompatibilität zu den Produkten des Rechteinhabers Bezugspunkt für die Beurteilung des relevanten Marktes ist, kann es auf die allgemeine wirtschaftliche Stärke des Rechteinhabers bei der Feststellung der beherrschenden Stellung nicht ankommen[1827]. Deshalb können letztlich auch wirtschaftlich schwächere Rechteinhaber, nicht etwa nur weltweit tätige Musikkonzerne[1828] marktbeherrschend bezüglich kompatibler Produkte zu ihren Erzeugnissen sein.

[1821] Pernice/Wernicke in Grabitz/Hilf, EG, Art. 86, Rn. 37.

[1822] Siehe Schröter in von der Groeben/Schwarze, EG, Art. 82, Rn. 124 m. w. N.; ders. in Schröter/Jakob/Mederer, EG-WbR, Art. 82, Rn. 125 m. w. N.; Jung in Grabitz/Hilf, EG, Art. 82, Rn. 27 m. w. N.

[1823] Beispielsweise Audio-CD oder DVDs.

[1824] Vgl. Jung in Grabitz/Hilf, EG, Art. 82, Rn. 30; Möschel in Immenga/Mestmäcker, EG-WbR, Art. 86, Rn. 43 ff.; Schröter in von der Groeben/Schwarze, EG, Art. 82, Rn. 124; ders. in Schröter/Jakob/Mederer, EG-WbR, Art. 82, Rn. 131; Brinker in Schwarze, EG, Art. 82, Rn. 7. Zum sachlich relevanten Markt gehören alle Erzeugnisse oder Dienstleistungen, welche aus Sicht eines verständigen Verbrauchers als gleichartig anzusehen sind.

[1825] Vgl. auch Kirk IPQ 1999, 37 (51 f.).

[1826] Das können Wettbewerber, Abnehmer sowie Verbraucher sein.

[1827] So aber Goldmann/Liepe ZUM 2002, 362 (374).

[1828] Etwa Time Warner Inc., BMG Entertainment Inc., Sony Music Entertainment Inc. oder Universal Music Group Inc.

c) Mißbrauch der marktbeherrschenden Stellung

Der Einsatz von DRM-Systemen mit dem Ergebnis der Marktabschottung muß sich auch als mißbräuchliches Verhalten darstellen[1829]. Der Begriff der mißbräuchlichen Ausnutzung i. S. d. Art. 82 EG[1830] ist zwar nicht explizit definiert; fest steht indes, daß es sich um einen objektiven Begriff handelt[1831]. Maßgeblich ist dabei allein das Handeln des Rechteinhabers, nicht hingegen dessen Absichten oder Beweggründe. Art. 82 EG richtet sich gegen eine dem Ziel eines freien Wettbewerbs zuwider laufende Ausnutzung einer marktbeherrschenden Stellung. Ein Marktbeherrscher trägt quasi grundsätzlich die Verantwortung dafür, daß sein Verhalten den Wettbewerb nicht beeinträchtigt[1832]. Auch eine Lizenzverweigerung oder Nichtgestattung des Nutzens einer wesentlichen Einrichtung, die im Fall, daß der Bewerber auf die Erteilung bzw. Nutzung angewiesen ist, der vorliegend geprüften Konstellation durchaus vergleichbar ist[1833], kann im Grundsatz den Mißbrauch einer marktbeherrschenden Stellung darstellen[1834]. Die Annahme eines mißbräuchlichen Verhaltens des Rechteinhabers kommt in Betracht mit Blick darauf, daß dieser Wettbewerb durch den Anspruchsteller als Konkurrenten bereits vor seiner Enstehung, also außerhalb eines echten Wettbewerbs verhindern möchte, indem er diesem überhaupt keine Chance bietet, den Wettbewerb aufzunehmen: Der Rechteinhaber eröffnet sozusagen einen eigenen Markt für kompatible Produkte, von welchem er den Anspruchsteller von vornherein ausschließt. Die vorliegend untersuchte Konstellation kommt wie bereits erwähnt denen der Essential-Facilities-Lehre nahe. Mißbrauchsbegründende Umstände können sich daher aus einer Betrachtung des Untersuchungsgegenstandes aus deren Blickwinkel ergeben. Besagte Lehre hat ihren dogmatischen Berührungspunkt mit Art. 82 EG nämlich in dessen Tatbestandsmerkmal des Mißbrauchs[1835]. Die Essential-Facilities-

[1829] Zu mißbräuchlichen Formen des Einsatzes von DRM-Systemen vgl. auch Kirk IPQ 1999, 37 (52 ff.).

[1830] Siehe Möschel in Immenga/Mestmäcker, EG-WbR, Art. 86, Rn. 115 ff.; Schröter in Schröter/Jakob/Mederer, EG-WbR, Art. 82, Rn. 160 ff.; Tränkle, essential facilities, S. 111 ff.

[1831] Ullrich in Immenga/Mestmäcker, EG-WbR, GRUR, Rn. 41 m. w. N.; Möschel in Immenga/Mestmäcker, EG-WbR, Art. 86, Rn. 125.

[1832] Sprickmann Kerkerinck, Essential-Facilities-Doktrin, S. 120 m. w. N.

[1833] Vgl. F.III.2.b)cc).

[1834] Siehe Lubitz K&R 2004, 469 (470 f.); Schwarze EuZW 2002, 75 ff.

[1835] Nach überwiegender Meinung dient die Essential-Facilities-Lehre zur Konkretisierung des Mißbrauchsmerkmals i. S. d. Art. 82 EG: Schwarze EuZW 2002, 75 (78); Deselaers EuZW 1995, 563 (564); Stollhoff, Ausschluß von Marktrisiken, S. 257; ebenso offenbar Möschel in Immenga/Mestmäcker, EG-WbR, Art. 86, Rn. 258 ff.; Sprickmann Kerkerinck, Essential-Facilities-Doktrin, S. 45 ff.; a. A. Heinemann, Immaterialgüterschutz, S. 97, Fn. 271, der die Doktrin eher dem Tatbestandsmerkmal der Marktbeherrschung zuordnet.

Doktrin zwingt einen Marktbeherrscher letztlich, Wettbewerb gegen sich selbst zu eröffnen und fördert so im Kern die strukturelle Marktöffnung schlechthin[1836].

aa) Essential-Facilities-Konstellation als Mißbrauch

Noch nicht ganz geklärt ist bislang die Frage, ob es zur Annahme eines mißbräuchlichen Verhaltens i. S. d. Art. 82 EG ausreicht, wenn entweder eine Essential-Facilities-Fallkonstellation vorliegt oder wenn sonst ein Mißbrauchstatbestand gegeben ist, oder ob beide Merkmale kumulativ erfüllt sein müssen. Es stellt sich also die Frage, wie die Essential-Facilities-Doktrin auf das Tatbestandsmerkmal des Mißbrauchs einwirkt. Die in diesem Zusammenhang bislang ergangenen Entscheidungen können die Frage nicht beantworten[1837]. Verbreitet wird aber angenommen, daß ein mißbräuchliches Verhalten schon dann gegeben ist, wenn eine Essential-Facilities-Konstellation vorliegt[1838]: Essential-Facilities-Situationen stellen demnach einen Fall des Mißbrauchs einer marktbeherrschenden Stellung dar und fallen so per se unter Art. 82 EG[1839]. Anknüpfungspunkt des Mißbrauchs ist letztlich aber wiederum die Weigerung des Rechteinhabers, den Anspruchsteller an seiner Einrichtung teilhaben zu lassen.

bb) Vorliegen einer Essential-Facilities-Konstellation

Die Essential-Facilities-Doktrin wurde als solche bereits dargestellt. Im Folgenden sollen nun die Merkmale der Essential-Facilities-Lehre im zu untersuchenden Kontext zunächst konkretisiert und dann im Anschluß untersucht werden.

(1) Merkmale im konkreten Kontext

Die Rechtsprechung des EuGH legt verallgemeinerungsfähige Voraussetzungen zur Bestimmung einer Essential-Facilities-Situation zwar nicht ohne weiteres offen[1840], jedoch haben sich bestimmte Merkmale herauskristallisiert[1841]: Die Einrichtung, zu der Zugang gesucht wird, ist wesent-

---

1836 Vgl. Schwintowski WuW 1999, 842 (847 f.); vgl. auch Fleischer/Weyer WuW 1999, 350 (353), welche die Essential-Facilities-Lehre als einen Teilausschnitt des allgemeinen Problemkreises der Förderungspflichten marktbeherrschender Unternehmen sehen; vgl. ferner Mennicke ZHR 160 (1996), 626 (646).

1837 Hierzu Lober GRUR Int. 2002, 7 (13).

1838 Bunte, Kartellrecht, S. 426 f.; ähnlich Hohmann, essential facility doctrine, S. 45; so sieht das wohl auch die EG-Kommission, vgl. Möschel in Immenga/Mestmäcker, Kartellrecht, § 19, Rn. 181.

1839 Schwarze EuZW 2002, 75 (78).

1840 Vgl. Bechtold EuZW 1995, 345 (346).

1841 Siehe Schwarze ZUM 2003, 15 (19); ders. EuZW 2002, 75 (77); Heinemann, Immaterialgüterschutz, S. 96; vgl. auch Jung in Grabitz/Hilf, EG, Art. 82, Rn. 218; Montag EuZW 1997, 71 (75 f.).

lich, d.h. sie ist maßgeblich für das Überleben des Anspruchstellers hinsichtlich des konkreten Wettbewerbs. Die Verweigerung der begehrten Leistung muß zudem geeignet sein, jeglichen Wettbewerb auf dem abgeleiteten Markt durch den anspruchstellenden potentiellen Konkurrenten auszuschalten. Der verweigerte Gegenstand muß ferner in dem Sinne unentbehrlich sein, daß er weder tatsächlich noch potentiell ersetzbar ist[1842]; eine Duplizierung der Einrichtung aus eigener Kraft darf demnach nicht möglich, nur äußerst schwierig zu bewerkstelligen oder aus Gründen des Gemeinwohls höchst unerwünscht sein[1843]. Der Anspruchsteller ist insoweit von der wesentlichen Einrichtung abhängig. Der Inhaber der Einrichtung verweigert dem Anspruchsteller den Zugang zu dieser ohne berechtigten sachlichen Grund. Die Weigerung darf also objektiv nicht zu rechtfertigen sein. Ein mißbräuchliches Verhalten des Rechteinhabers durch den Einsatz technischer Mittel, welches als Folge letztlich einen Anspruch auf Hinnahme der Umgehung technischer Maßnahmen durch den Rechteinhaber mit sich bringt, ergibt sich aus dem Blickwinkel der Essential-Facilities-Lehre somit beim Vorliegen folgender Voraussetzungen: Die Herstellung der angestrebten Kompatibilität darf nicht auf andere zumutbare Weise als der Umgehung der technischen Maßnahmen erlangt werden können; ebenso darf es hierzu keine in zumutbarer Weise realisierbare Alternativen geben (Umgehung technischer Maßnahmen als Äquivalent zur Nutzung einer wesentlichen Einrichtung)[1844]. Die Hinnahme der Umgehung muß ferner für den Anspruchsteller entscheidend sein, um am Markt eine reelle Chance zu haben, erfolgreich geschäftlich tätig zu sein, also als potentieller Wettbewerber auftreten zu können (Abhängigkeit des Anspruchstellers). Darüberhinaus steht dem Rechteinhaber bezüglich der tatsächlichen Verwehrung der Herstellung kompatibler Produkte durch den Anspruchsteller ein sachlicher anzuerkennender Grund nicht zur Seite (fehlende sachliche Rechtfertigung). Die soeben konkretisierten Merkmale werden im Folgenden untersucht.

(2) Umgehung als Äquivalent zur Nutzung einer wesentlichen Einrichtung

Die Umgehung der eingesetzten technischen Maßnahmen muß sich für das Ziel der Herstellung von Kompatibilität als Nutzung einer wesentli-

[1842] EuGH Urt. v. 26.11.1998 – Rs. C-7/97 – Bronner, NJW 1999, 2259 (2259).

[1843] Siehe Sprickmann Kerkerinck, Essential-Facilities-Doktrin, S. 63 ff.; vgl. auch Dreher DB 1999, 833 (834 f.).

[1844] Im Rahmen des Merkmals der wesentlichen Einrichtung ist auf die Umgehung der technischen Maßnahme abzustellen: Klassischerweise ist der Zugang zu einem abgeleiteten Markt durch die Mitbenutzung einer fremden physischen Einrichtung angestrebt. Ziel ist also der Marktzugang, während besagte Mitbenutzung das hierzu notwendige Mittel ist. Vorliegend heißt das Ziel nun Herstellung von Kompatibilität, das Mittel hierzu ist die Umgehung der technischen Maßnahme. Siehe F.III.6.c)bb)(2).

chen Einrichtung[1845] im Sinne der Lehre darstellen. Schon begrifflich kann die Umgehung technischer Maßnahmen jedoch keine physische Einrichtung, also keine Einrichtung im klassischen Sinn der Doktrin sein. Der Einrichtungsbegriff ist jedoch weit zu verstehen und umfaßt grundsätzlich alle einzigartigen monopolistischen Einrichtungen oder Infrastrukturen oder signifikanten Schlüsseltechnologien[1846]. Ausreichend muß mit Blick auf Sinn und Zweck der Essential-Facilities-Doktrin, nämlich die Verhinderung der mißbräuchlichen Abschottung eines Marktes, letztlich also die Gewährleistung der Funktionsfähigkeit des entsprechenden Marktes[1847], daher sein, wenn besagte Umgehung zur Erreichung des beabsichtigten Ziels eine vergleichbare Funktion einnimmt wie eine wesentliche Einrichtung im klassischen Anwendungsbereich der Lehre: Die Umgehung muß also wertungsmäßig ein Äquivalent zur Nutzung einer wesentlichen Einrichtung darstellen. Bezweckt wird mit in Rede stehender Umgehung die Herstellung von Kompatibilität zwischen Geräten und Medien der Digitaltechnik. Sie ist hierfür ebenso wichtig wie dies etwa die Benutzung der im Umkreis einzigen Eisenbahnbrücke über den Mississippi für den Zugverkehr nach St. Louis im Jahre 1912 war. Die Situation ist folglich durchaus vergleichbar mit derjenigen, welche schließlich zur grundlegenden US-amerikanischen Entscheidung führte, die weitläuftig als Geburtsstunde der Essential-Facilities-Doktrin angesehen wird[1848]. Die Umgehung der entsprechenden technischen Maßnahmen ist für das Ziel der Herstellung der Kompatibilität des entsprechenden Geräts oder Mediums daher als wesentliche Einrichtung im Sinne der Doktrin bzw. als anerkennenswertes Äquivalent anzusehen. Dies läuft insbesondere auch konform mit der Erkenntnis, daß sich Informationen über De-Facto-Standards als Einrichtungen darstellen können[1849].

(3) Abhängigkeit des Anspruchstellers

Die Hinnahme der Umgehung seines technischen Schutzes durch den Rechteinhaber muß ferner für den Anspruchsteller entscheidend sein, um am Markt eine reelle Chance zu haben, geschäftlich erfolgreich tätig zu sein, also als potentieller Wettbewerber auftreten zu können[1850]. Will ein

[1845] Siehe Sprickmann Kerkerinck, Essential-Facilities-Doktrin, S. 50 ff.

[1846] Stollhoff, Ausschluß von Marktrisiken, S. 161 f.

[1847] Holzhäuser, Essential Facilities, S. 208.

[1848] Pilny GRUR Int. 1995, 954 (961) zeigt die besondere Bedeutung von Schnittstellencodes im Bereich der Computerschnittstellen auf und folgert hieraus den Charakter einer „essential facility" zur Erzielung von Kompatibilität. Die Parallelen zu Konstellationen der Inkompatibilität durch den Einsatz von DRM-Systemen liegen auf der Hand.

[1849] Sprickmann Kerkerinck, Essential-Facilities-Doktrin, S. 51.

[1850] Mit anderen Worten: Ein milderes Mittel kommt nicht in Betracht, vgl. Sprickmann Kerkerinck, Essential-Facilities-Doktrin, S. 76.

Hersteller etwa von CD-Abspielgeräten, daß handelsübliche Standard-CDs auf seinen Geräten abspielbar sind, so ist er, sofern diese aufgrund des Einsatzes technischer Maßnahmen nicht kompatibel sind, darauf angewiesen, in seine CD-Player entsprechende Umgehungsmaßnahmen zu integrieren. Da dies gegen § 95a UrhG verstößt, ist er letztlich im Sinne unentziehbarer Notwendigkeit darauf angewiesen, daß der Rechteinhaber den Einsatz solcher technischen „Gegenmaßnamen" hinnehmen muß. Dieser Befund beschränkt sich nicht allein etwa auf den Musikmarkt, sondern ist vielmehr hinsichtlich digitaler Medien verallgemeinerungsfähig.

(4) Fehlende sachliche Rechtfertigung

Um ein mißbräuchliches Verhalten darzustellen darf der Einsatz der technischen Mittel unter Berücksichtigung der besonderen Umstände nicht zu rechtfertigen sein[1851]. Die Verweigerung des Zugangs zu einer wesentlichen Einrichtung ist allgemein dann nicht mißbräuchlich, wenn eine sachliche, d. h. objektive Rechtfertigung für dieses Verhalten vorliegt. Der Gesichtspunkt der sachlichen Rechtfertigung wird teilweise auch als Tatbestandsmerkmal des Art. 82 EG anstatt als Merkmal des Mißbrauchs eingeordnet[1852]. Dies sei dogmatisch vorzugswürdig, da eine Rechtfertigung aus systematischer Sicht erst dann in Betracht käme, wenn ein Mißbrauch feststehe[1853]. Diese Ansicht ist allerdings verfehlt, denn wer sich sachlich gerechtfertigt verhält, kann sich nicht gleichzeitig mißbräuchlich verhalten, denn eine sachliche Rechtfertigung schließt das mit der Annahme von Mißbrauch gleichzeitig implizierte Unwerturteil aus. Die sachliche Rechtfertigung ist demnach als negatives Merkmal des mißbräuchlichen Verhaltens zu begreifen. Unabhängig von der dogmatischen Einordnung der sachlichen Rechtfertigung[1854] wird dem Rechteinhaber die Möglichkeit gegeben, sein Verhalten mit der Darlegung eigener legitimer Interessen zu verteidigen, was letztlich als Ausfluß des Ausnahmecharakters der aus der Feststellung einer mißbräuchlichen Ausnutzung einer marktbeherrschenden Stellung folgenden Verpflichtung zur Hinnahme eines grundsätzlich abwehrbaren Verhaltens zu verstehen ist[1855]. Schließlich geht es um den Ausgleich zwischen der Offenhaltung des entsprechenden Marktes und der Aufrechterhaltung von Innovationsanreiz durch das Inaussichtstellen der

[1851] Siehe Sprickmann Kerkerinck, Essential-Facilities-Doktrin, S. 75 ff.; Tränkle, essential facilities, S. 128 ff.; vgl. auch Hohmann, essential facility doctrine, S. 271 ff.

[1852] So Montag EuZW 1997, 71 (74); ebenso offenbar Lober GRUR Int. 2002, 7 (12/14).

[1853] Montag EuZW 1997, 71 (74); sich anschließend Tränkle, essential facilities, S. 52.

[1854] Vgl. Stollhoff, Ausschluß von Marktrisiken, S. 169.

[1855] Mennicke ZHR 160 (1996), 626 (656); vgl. auch Möschel in Immenga/Mestmäcker, EG-WbR, Art. 86, Rn. 263.

Erzielung von Monopolrenten[1856]. Wegen der einschneidenden Folgen, welche die Abschottung eines Marktes für den grundsätzlich wünschenswerten Wettbewerb mit sich bringt, sollten an deren Rechtfertigung allerdings schon gewisse Anforderungen gestellt werden[1857].

Hinsichtlich der Beurteilung einer Rechtfertigung existieren vor dem Hintergrund der Vielfältigkeit des wirtschaftlichen Lebens keine abschließenden und verallgemeinerungsfähigen Grundsätze[1858]. Dennoch ist das Merkmal der Rechtfertigung notwendig, weil ohne die Abwägung zwischen den widerstreitenden Interessen von Rechteinhaber und Anspruchsteller das wertende Merkmal des Mißbrauchs kaum konkretisierbar wäre. Fest steht allein, daß der Prüfungspunkt der Rechtfertigung letztlich auf eine am Verhältnismäßigkeitsgrundsatz orientierte Interessenabwägung hinausläuft[1859]. Berücksichtigungsfähig sind grundsätzlich alle von der Rechtsordnung anerkannten Interessen[1860]. Einzustellen in die konkret maßgebliche Abwägung ist auf seiten des Rechteinhabers dessen berechtigtes Interesse an der Integrität der von ihm eingesetzten technischen Maßnahmen. Dies zeigt auch die Wertung des § 95a UrhG. Zugunsten des Anspruchstellers zu berücksichtigen ist dessen Interesse an einem reibungslosen Zusammenspiel der von ihm hergestellten Produkte mit denen des Rechteinhabers, also an technischer Kompatibilität, von welcher letztlich der wirtschaftliche Erfolg seiner Produkte am Markt regelmäßig abhängen wird[1861]. Nicht allein vor dem Hintergrund, daß eine Marktabschottung zu Verzerrungen des Wettbewerbs innerhalb des Binnenmarktes führen kann, ist der bloße Wunsch, einem Wettbewerber nicht zu helfen, diesen gar vom Markt auszuschließen oder auch nur eigene (erhebliche) Marktanteilsverluste zu verhindern[1862], nicht berücksichtigungsfähig.

Zwar besteht eine allgemeine Pflicht zur Versorgung des Marktes grundsätzlich nicht[1863]. Als Faustformel kann man dennoch formulieren, daß an eine sachliche Rechtfertigung umso höhere Anforderungen zu stellen sind, je weniger Restwettbewerb vorhanden ist und je größer das drohende Versorgungsdefizit der Verbraucher zu sein droht[1864], allge-

1856 Trafkowski, Medienkartellrecht, S. 134 f.

1857 Vgl. Klimisch/Lange WuW 1998, 15 (24).

1858 Sprickmann Kerkerinck, Essential-Facilities-Doktrin, S. 75 f.

1859 Sprickmann Kerkerinck, Essential-Facilities-Doktrin, S. 76; Klimisch/Lange WuW 1998, 15 (24); Deselaers EuZW 1995, 563 (568); Müller EuZW 1998, 232 (235); vgl. auch Mennicke ZHR 160 (1996), 626 (656); Möschel in Immenga/Mestmäcker, EG-WbR, Art. 86, Rn. 263.

1860 Sprickmann Kerkerinck, Essential-Facilities-Doktrin, S. 76.

1861 Goldmann/Liepe ZUM 2002, 362 (374).

1862 Deselaers EuZW 1995, 563 (567 f.).

1863 Kröger, Informationsfreiheit, S. 357.

1864 Deselaers EuZW 1995, 563 (568); Müller EuZW 1998, 232 (235); Möschel in Immenga/Mestmäcker, EG-WbR, Art. 86, Rn. 263; Tränkle, essential facilities, S. 129.

mein je nachhaltiger die Wettbewerbsstruktur betroffen ist[1865]. Dies fogt letztlich auch aus dem Schutzzweck des Art. 82 EG, die Wohlfahrt der Verbraucher zu steigern[1866]. Ein Versorgungsdefizit liegt insbesondere in den Fällen vor, in denen den Verbrauchern durch das Verhalten des Inhabers der wesentlichen Einrichtung ein neues Produkt oder eine neue Dienstleistung[1867] vorenthalten wird[1868], wenn also die optimal mögliche Versorgung mit entsprechenden Produkten nicht sichergestellt ist[1869], insbesondere weil der Einrichtungsinhaber selbst eine solche (potentielle) Nachfrage nicht bedient[1870]. Durch Inkompatibilität technischer Geräte und Medien kann ein Versorgungsdefizit in diesem Sinne durchaus entstehen oder aufrechterhalten werden. Dies deutet durchaus auch die für den Bereich der Computerprogramme geltende Schranke des Art. 6 Computerprogramm-RL an, wonach – wenn auch unter strikten Voraussetzungen – die Dekompilierung von Software unabhängig vom Willen des Berechtigten möglich ist, wenn dies schließlich zur Herstellung der Interoperabilität eines unabhängig entwickelten Computerprogramms mit anderen Programmen notwendig ist[1871]. Vorstehende Erwägungen gelten natürlich auch dann, wenn die Imkompatibilität auf dem Einsatz technischer Maßnahmen beruht. Nicht unberücksichtigt bleiben darf auch das Interesse der Allgemeinheit am Wettbewerb als solchem[1872], denn Wettbewerb steht regelmäßig für eine größere Produktvielfalt sowie für ein angemessenes Preisniveau und kommt so letztlich den Verbrauchern, also der Allgemeinheit zugute[1873].

Ob der Einsatz der die Kompatibilität vereitelnden technischen Maßnahmen durch den Rechteinhaber sachlich gerechtfertigt ist, kann letztlich davon abhängen, ob diese auch dem Schutz urheberrechtlicher Positionen dienen, da dann die Bedeutung des Urheberrechts mit berücksichtigt werden muß, oder ob durch diese allein ein Markt abgeschottet wird. Diese Differenzierung führt zu einer getrennten Untersuchung. Insbesondere im Fall, daß marktabschottende Technik auch den Schutz urheberrechtlicher Positionen bezweckt, kann sich die sachliche Rechferti-

[1865] Sprickmann Kerkerinck, Essential-Facilities-Doktrin, S. 76; Müller EuZW 1998, 232 (235); vgl. auch Holzhäuser, Essential Facilities, S. 212; Mennicke ZHR (1996), 626 (654).

[1866] Vgl. Mennicke ZHR 160 (1996), 626 (653); Holzhäuser, Essential Facilities, S. 209.

[1867] Mit Blick auf das Ziel, Innovationen zu fördern, dürften die Anforderungen an die Neuheit des Produktes nicht allzu hoch anzusetzen sein: Spindler/Apel JZ 2005, 133 (138) unter Berufung auf Ausführungen des EuGH.

[1868] Deselaers EuZW 1995, 563 (566/568).

[1869] Ähnlich Deselaers EuZW 1995, 563 (566).

[1870] Siehe Spindler/Apel JZ 2005, 133 (137); vgl. auch Gaster CR 2005, 247 (252).

[1871] In diese Richtung zu verstehen Gaster CR 2005, 247 (253).

[1872] Montag EuZW 1997, 71 (76).

[1873] Vgl. Schnelle EuZW 1994, 556 (559 f.).

gung für deren Einsatz sowohl unter allgemeinen als auch unter speziellen, d. h. für solche technische Maßnahmen spezifischen Gesichtspunkten ergeben.

(a) Technischer Schutz urheberrechtlich geschützter Inhalte

Die folgende Untersuchung geht von Konstellationen aus, in welchen die eingesetzte Technik zumindest auch dem Schutz urheberrechtlicher Positionen dient.

(aa) Spannungsverhältnis von Urhbeberrecht und Wettbewerb

Da das Recht am geistigen Eigentum eine, sei es auch nur eine zeitlich befristete ausschließliche Stellung begründet, besteht ein natürliches Spannungsverhältnis[1874] zwischen diesem und der Wettbewerbsfreiheit[1875], und zwar gleichermaßen auf europäischer[1876] wie auf nationaler Ebene[1877]: Einerseits begründet das Urheberrecht ein Ausschließlichkeits-, d. h. ein Monopolrecht und somit auch ein Recht zur Beschränkung des Wettbewerbs[1878], andererseits schafft es aber wiederum selbst als Prämie oder Belohnung auf Zeit einen wesentlichen Anreiz für Innovation und Investitionen und damit eine maßgebliche Voraussetzung für die Entstehung von Markt- und Wettbewerbsverhältnissen überhaupt[1879]. Das Spannungsverhältnis kommt nicht zuletzt in der grundsätzlich gegenläufigen Zielsetzung von Urheber- und Wettbewerbsrecht zum Ausdruck: Während das Urheberrecht neben dem Persönlichkeitsschutz zugunsten des Urhebers durch Gewährung eines gesetzlichen Monopols einen Anreiz für schöpferisches Tätigwerden bieten will und hierdurch den Wettbewerb beschränkt, geht es dem Kartellrecht gerade um den Schutz des Wettbewerbs vor Beschränkungen, also um die Sicherstellung eines Konkurrenzmarktes[1880]. Bei der Beantwortung der vorliegenden wirtschaftlich sehr bedeutsamen Frage nach einem Anspruch auf Hinnahme der Umgehung von DRM-Systemen kommt man also nicht daran vorbei, das Konkurrenzverhältnis urheberrechtlicher Ausschließlichkeitsrechte zum europäischen Wettbewerbsrecht zu bewerten. Es gilt in diesem Rahmen

[1874] Götting JZ 1996, 307 (308); im digitalen Kontext hierzu Ullrich in Dreyfuss/Zimmerman/First, Boundaries, S. 365 ff.

[1875] Grundlegend zur Problematik Beier FS Quack, S. 15 ff.; siehe auch Spindler/Apel JZ 2005, 133 (133 f.).

[1876] Kirk IPQ 1999, 37 (43): „direkter Konflikt von Art. 82 EG und dem Schutz geistigen Eigentums"; ausführlich hierzu Gaster CR 2005, 247 (252 f.).

[1877] Siehe Schricker in Schricker, UrhR, Einl., Rn. 47.

[1878] Den Besonderheiten der Verwertung urheberrechtlich geschützter Werke ist auch in kartellrechtlichen Fragestellungen grundsätzlich Rechnung zu tragen: Schricker in Schricker, UrhR, Einl., Rn. 45.

[1879] Vgl. Schwarze ZUM 2003, 15 (15 f.); siehe auch A.IV.1.a)bb)(1).

[1880] V. Welser in Wandtke/Bullinger, Praxiskommentar UrhR, Vor §§ 120, Rn. 43.

insbesondere die grundlegende Frage zu beantworten, inwieweit urheberrechtliche Ausschließlichkeitspositionen überhaupt schon im Grundsatz durch kartellrechtliche Erwägungen beschränkt oder reduziert werden können. Nach einer Auffassung soll die ausschließliche Rechtsposition, welche die Urheberrechtsordnung dem Rechteinhaber einräumt, auch ausgeübt werden dürfen[1881]. Das Urheberrecht verleiht demnach seinem Inhaber mit anderen Worten innerhalb seiner Reichweite auch ein Recht zur Beschränkung des Wettbewerbs. Das Urheberrecht ist somit quasi ein Mittel zum Wettbewerb, ein gewerbliches Schutzrecht, dessen Natur gerade in seiner Exklusivität besteht[1882]. Die Ausübung der aus dem Urheberrecht erwachsenden Befugnisse als zeitlich befristete Ausnahme von der Konkurrenz und als Belohnung für geistig-schöpferische Innovation darf dieser Ansicht nach aus Wettbewerbsgründen prinzipiell nicht eingeschränkt werden[1883]. Dieser Ansicht wird allerdings zu Recht entgegengehalten, daß sie die Interessen des Wettbewerbs vernachlässigt[1884]. Sie trifft zwar im Grundsatz, nicht aber notwendigerweise und ausnahmslos zu[1885]. So hat sich letztlich auch der EuGH dahingehend geäußert, daß unter außergewöhnlichen Umständen – allerdings nur dann – die Ausübung einer ausschließlichen urheberrechtlich geschützten Rechtsposition[1886] durch den Rechteinhaber aus kartellrechtlichen Erwägungen eingeschränkt werden kann[1887]. Die rechtliche Zuordnung des geistigen Eigentums zum Rechteinhaber soll hierdurch nicht angetastet werden; beeinträchtigt werde allein die Verfügungsbefugnis über das entsprechende Recht[1888]. Besagte Äußerung des EuGH wird zwar teilweise als nicht verallgemeinerungsfähig erachtet[1889], doch dürfte dem mit Blick auf die

[1881] Schwarze ZUM 2003, 15 (26); ähnlich v. Bechtolsheim/Beuder WRP 2002, 55 (60): Die Ausübung dürfe lediglich nicht völlig willkürlich und rücksichtslos sein.

[1882] Lober GRUR Int. 2002, 7 (10).

[1883] Schwarze ZUM 2003, 15 (26); siehe auch Sprickmann Kerkerinck, Essential-Facilities-Doktrin, S. 119 f.

[1884] Sprickmann Kerkerinck, Essential-Facilities-Doktrin, S. 120.

[1885] So Generalanwalt Claus Gulmann in seinen Schlußanträgen in der Sache „Magill" vom 01.06.1994 – verb. Rs. C-241/91 P u. C-242/91 P, Slg. 1995, I-743, Rn. 14.

[1886] Ein Eingriff in den Wesensgehalt, also Bestand einer ausschließlichen Rechtsposition darf hingegen nicht stattfinden. Diese durchaus künstlich wirkende Differenzierung dürfte letztlich auf die mangelnde Kompetenz der Europäischen Gemeinschaft, also auf Gewährleistung der mitgliedstaatlichen Eigentumsordnungen durch Art. 295 EG zurückzuführen sein, vgl. Lober GRUR Int. 2002, 7 (14), Fn. 75 m. w. N.; Schnelle EuZW 1994, 556 (558); v. Burchard EuZW 1992, 693 (696); Stollhoff, Ausschluß von Marktrisiken, S. 245 ff.; kritisch Leible in Grabitz/Hilf, EG, Art. 30, Rn. 21.

[1887] Grundlegend EuGH Urt. v. 06.04.1995 – verb. Rs. C-241/91 P u. C-242/91 P – Magill, EuZW 1995, 339 (339); siehe etwa Moritz CR 2004, 321 (324 ff.); kritisch Kirk IPQ 1999, 37 (47): Ein Recht zu haben, es aber nicht ausüben zu dürfen, sei so, als ob man überhaut kein Recht hätte.

[1888] Kritisch Stollhoff, Ausschluß von Marktrisiken, S. 235 f.

[1889] So Schwarze ZUM 2003, 15 (26).

Entwicklung der die Fragestellung aufgreifenden Rechtsprechung nicht beizupflicheten sein[1890]. Zudem ist unter Transfer der Grundsätze des Art. 30 EG zu folgern, daß auch im Rahmen von Art. 82 EG nicht von einer absoluten Anerkennung mitgliedstaatlich vorgegebener Schutzrechte auszugehen ist[1891]. Grundsätzlich kann daher eine auf das Urheberrecht gestützte Rechtsposition aus kartellrechtlichen Erwägungen heraus beschränkt werden, letztlich also auch ein Anspruch etwa auf Erteilung einer urheberrechtlichen Lizenz bestehen. Das gleiche muß gelten für die Hinnahme eines Verhaltens, welches mit dem Urheberrecht verknüpft ist, letztlich also auch für die Hinnahme der Umgehung seiner technischen Schutzmaßnahmen durch den Rechteinhaber zur Herstellung von Kompatibilität digitaler Geräte und Medien seitens eines Konkurrenten, also des Anspruchstellers. Mit anderen Worten: Es ist grundsätzlich möglich, daß die besonderen Umstände zur Beschränkung der Ausübung der Rechte im Einsatz von DRM-Systemen mit dem Ergebnis der Marktabschottung begründet sind[1892].

(bb) Ausübung von Urheberrechten als Mißbrauch

Schon seit einiger Zeit geht man davon aus, daß das Gebrauchmachen von einer durch das Urheberrecht verliehenen Rechtsposition das Kartellrecht grundsätzlich nicht verletzt, es sei denn, es liegen besondere wirtschaftliche oder rechtliche Begleitumstände vor, welche eine spürbare Einschränkung oder Verfälschung des Wettberwerbs im Hinblick auf die Besonderheiten des jeweiligen Marktes bezwecken oder bewirken. Mittlerweile entwickelte diese Erkenntnis sich dahingehend weiter, daß die Verweigerung einer Lizenz durch den Inhaber eines gewerblichen Schutzrechts wie dem Urheberrecht selbst dann, wenn sie von einem Unternehmen in beherrschender Stellung ausgesprochen wird, als solche grundsätzlich keinen Mißbrauch einer beherrschenden Stellung darstellt; vielmehr kann nur unter außergewöhnlichen Umständen die Ausübung eines ausschließlichen Rechts durch den Inhaber als mißbräuchliches Verhalten angesehen werden[1893]. Es steht also fest, daß es sich insoweit um Ausnahmefälle handeln muß[1894]; eine Einschränkung des Urheberrechts durch europäisches Wettbewerbsrecht kommt nur dann in Betracht. Zurecht wird allerdings darauf hingewiesen, daß der Natur der Sache gemäß die Bestimmung objektiver Kriterien für das Vorliegen außergewöhnli-

---

[1890] Tränkle, essential facilities, S. 78.

[1891] Stollhoff, Ausschluß von Marktrisiken, S. 249 f m. w. N.

[1892] Vgl. Kirk IPQ 1999, 37 (51).

[1893] EuGH Urt. v. 06.04.1995 – verb. Rs. C-241/91 P u. C-242/91 P – Magill, EuZW 1995, 339 (339); EuGH Urt. v. 26.11.1998 – Rs. C-7/97 – Bronner, NJW 1999, 2259 (2259).

[1894] Deselaers EuZW 1995, 563 (564).

cher Umstände durchaus Schwierigkeiten bereitet[1895] und daß dies zu erheblicher Rechtsunsicherheit in einem wirtschaftlich sensiblen Bereich führen könne[1896]. Der Rechtsprechung des EuGH liegt im Kern die Prämisse zugrunde, daß im Grundsatz, d.h. abgesehen von ganz bestimmten engen Ausnahmen, die Verweigerung der Erteilung einer Lizenz vom spezifischen Gegenstand des Urheberrechts umfaßt wird und deshalb auch nicht ein mißbräuchliches Verhalten darstellen kann. Dies kann etwa als Konkretisierung dessen angesehen werden, daß die Ausübung von Rechten, welche von der Rechtsordnung ausdrücklich gewährt worden sind, grundsätzlich rechtmäßig ist[1897]. Hierdurch wird schließlich auch dem Umstand Rechnung getragen, daß bei der Kontrolle der Ausübung von Immaterialgüterrechten am Maßstab des Art. 82 EG beachtet werden muß, daß jenen die Ausschließlichkeit eben immanent ist[1898]; somit müssen also an das Vorliegen eines mißbräuchlichen Verhaltens hohe Anforderungen gestellt werden, da ansonsten die Immaterialgüterrechte ihrer spezifischen Funktion beraubt werden[1899]. Berücksichtigt wird dadurch ferner, daß das Werk, an welchem dem Rechteinhaber ein ausschließliches Recht zusteht, regelmäßig mit leistungskonformen Mitteln geschaffen worden ist, und dieser auch deshalb grundsätzlich berechtigt sein muß, die mit solchen Mitteln erworbenen Vorteile für sich zu nutzen und nicht zwangsweise teilen zu müssen[1900]. Dargelegtes Verständnis nimmt auf das Urheberrecht insofern Rücksicht, als es den bloßen Gebrauch der hierdurch verliehenen Rechtsposition grundsätzlich als konform mit dem Wettbewerbsrecht einstuft. Dies ist auch zu begrüßen; denn andernfalls würde das Urheberrecht um seine Essenz gebracht[1901] und sein wirtschaftlicher Wert in Frage gestellt. Jedenfalls aber würde die Reduzierung des Urheberrechts auf ein rein wirtschaftliches Recht, im Rahmen von Lizenzerteilungen Gebühren einnehmen zu können, dessen spezifischen Wesensgehalt verkürzen[1902] und besäße zudem die Eignung, dem Rechteinhaber beachtlichen, potentiell irreparablen Schaden zuzufügen. Grundsätzlich müssen bestehende Urheberrechte demnach als anzuerkennender Grund für eine Zugangsverweigerung angesehen werden. Die-

[1895] Schwarze EuZW 2002, 75 (80).

[1896] Lober GRUR Int. 2002, 7 (10).

[1897] Mennicke ZHR 160 (1996), 626 (648); Lober GRUR Int. 2002, 7 (7); vgl. auch Beier GRUR 1998, 185 (194 f.); ders. FS Quack, S. 15 (31 f.): Es sei auch für markbeherrschende Unternehmen ein legitimes Ziel, mit Hilfe gewerblicher Schutzrechte den Wettbewerb innerhalb ihrer Reichweite zu unterbinden.

[1898] Beier FS Quack, S. 15 (31 f.).

[1899] Lober GRUR Int. 2002, 7 (8).

[1900] Vgl. Deselaers EuZW 1995, 563 (564).

[1901] Schwarze ZUM 2003, 15 (19).

[1902] Pilny GRUR Int. 1995, 954 (957): „unverhältnismäßige Verkürzung des Immaterialgüterrechts“.

se Überlegungen sind auf die Beurteilung des Anspruchs auf Hinnahme der Umgehung von DRM-Systemen durch den Rechteinhaber wegen dessen charakterlicher Ähnlichkeit übertragbar. Vor dem Hintergrund, daß die Urheberrechtsordnung dem Rechteinhaber grundsätzlich das ausschließliche Recht zur Nutzung seines Werkes einräumt, kann sich im Fall der bloßen Lizenzverweigerung und somit auch in vorliegend untersuchter Konstellation, in der DRM-Systeme (auch) zum Schutz urheberrechtlicher Positionen eingesetzt werden, ein mißbräuchliches Verhalten nach allgemeinen Grundsätzen nicht ergeben, denn dieses Verhalten wird vom spezifischen Gegenstand des Urheberrechts umfaßt und kann von daher grundsätzlich keinen Mißbrauch einer marktbeherrschenden Stellung bedeuten[1903]. Sofern die Ausübung von Ausschließlichkeitsrechten der Wahrung deren spezifischen Gegenstands, also deren spezifischer Funktion dient, ist dieses Verhalten legitim[1904]. Zur Annahme eines mißbräuchlichen Verhaltens müssen demnach besondere, d. h. außergewöhnliche mißbrauchsbegründende Umstände vorliegen, d. h. im Rahmen einer Gesamtbetrachtung muß der Vorwurf des Mißbrauchs nachvollziehbar und in anzuerkennender Weise zu begründen sein. Der Einsatz von DRM-Technik mit dem Ziel, seine urheberrechtlichen Positionen auf tatsächlicher Ebene zu schützen, ist durchaus vergleichbar mit der Ausübung von Urheberrechten, geht es doch ebenfalls um die Durchsetzung materieller Ausschließlichkeitsrechte. Das besondere mißbrauchsbegründende Element liegt in vorliegend untersuchten Fallkonstellationen darin, daß dem Anspruchsteller als potentiellem Konkurrenten auf Komplementärmärkten durch den Einsatz technischer Mittel schon von vornherein jede reelle Chance genommen wird, mit seinen Produkten erfolgreich zu sein. Anders ist dies nur dann zu beurteilen, wenn der Rechteinhaber besagte technische Maßnahmen aus sachlich gerechtfertigten Gründen einsetzt. Ob solche im in Rede stehenden Kontext in Betracht kommen, ist Gegenstand der folgenden Untersuchung.

(cc) Sachliche Rechtfertigung unter allgemeinen Gesichtspunkten

Im Rahmen der Beantwortung des Merkmals der sachlichen Rechtfertigung muß man sich letztlich der Frage stellen, welches Gewicht man einem möglichst unverzerrtem Wettbewerb gegenüber der Bedeutung technischer Maßnahmen in der Informationsgesellschaft einräumt. Die sachliche Rechtfertigung für den Einsatz der in Rede stehenden technischen Mittel kommt zunächst unter allgemeinen Gesichtspunkten in Betracht.

1903 Vgl. Lober GRUR Int. 2002, 7 (12); Montag EuZW 1997, 71 (73).
1904 Montag EuZW 1997, 71 (71).

(i) Keine Einschlägigkeit allgemeiner Rechtfertigungsgründe

Als allgemeine Rechtfertigungsgründe, d.h. als Gesichtspunkte, die im Rahmen der gebotenen Abwägung regelmäßig rechtfertigend wirken dürften, kommen Erwägungen der Praktikabilität als auch der Zumutbarkeit[1905] in Betracht[1906]. Abgesehen davon, daß der Anspruchsteller sich weigert, ein entsprechendes angemessenes Entgelt zu entrichten[1907], stellt insbesondere die unzureichende Kapazität der Einrichtung hinsichtlich der Nutzung durch weitere Interessenten einen anerkennenswerten Grund zur Rechtfertigung dar; bei unbegrenzter Kapazität ist es indes deutlich schwieriger, einen durchgreifenden Rechtfertigungsgrund zu finden[1908]. Der Einwand der beschränkten Kapazität seitens des Rechteinhabers ergibt im vorliegend untersuchten Kontext allerdings keinerlei Sinn[1909], da es nicht um eine lediglich in bestimmten Umfang nutzbare Einrichtung geht: Das Äquivalent zur Nutzung einer wesentlichen Einrichtung im Sinne der Lehre ist hier eben die Umgehung der entsprechenden Technik, welche Kompatibilität verhindert[1910]. Auch die übrigen allgemein anerkannten Rechtfertigungsgründe kommen im untersuchten Kontext nicht ernsthaft in Betracht. Dies verwundert auch nicht, ist die Essential-Facilities-Doktrin doch hervorgegangen aus Fallkonstellationen, in denen es um den Zugang zu physischen Einrichtungen ging, also um die Frage der Beschränkung der Rechtsposition eines Sacheigentümers.

(ii) Ergebnisorientierte Betrachtung

Eine Rechtfertigung im Sinne der Doktrin könnte sich auch aus wirtschaftlichen Erwägungen heraus, letztlich also ergebnisorientiert ergeben: Billigt man nämlich dem Anspruchsteller den in Rede stehenden Anspruch zu, so kann dies zu Anreizverlusten für die Rechteinhaber und zu einer Behinderung des technischen Fortschritts führen[1911]. Der dieser These zugrundegelegten Theorie folgen aber nicht alle Ökonomen[1912].

[1905] Sprickmann Kerkerinck, Essential-Facilities-Doktrin, S. 75.

[1906] Siehe Sprickmann Kerkerinck, Essential-Facilities-Doktrin, S. 76 ff.; Tränkle, essential facilities, S. 130 ff.; vgl. auch Lober GRUR Int. 2002, 7 (14); Deselaers EuZW 1995, 563 (568); Klimisch/Lange WuW 1998, 15 (24); Montag EuZW 1997, 71 (76); Möschel in Immenga/Mestmäcker, EG-WbR, Art. 86, Rn. 263.

[1907] In der mangelnden Bereitschaft des Anspruchstellers zur Zahlung eines angemessenen Entgelts ist ein rechtfertigender Umstannd zu erblicken, vgl. Koenig/Neumann DuD 2004, 555 (560).

[1908] Tränkle, essential facilities, S. 129.

[1909] Vgl. Stollhoff, Ausschluß von Marktrisiken, S. 170, Fn. 239.

[1910] Siehe F.III.6.c)bb)(2).

[1911] Siehe F.III.4.b).

[1912] Berichtet von Möschel in Immenga/Mestmäcker, Kartellrecht, § 19, Rn. 185, Fn. 1013; Spindler/Apel JZ 2005, 133 (138).

Zudem übersähe eine Rechtfertigung auf dieser Grundlage, daß der mindestens ebenso wichtige Anreiz, seine Produkte mit Hilfe des Einsatzes technischer Mittel vor Piraterie zu schützen, selbst dann nach wie vor bestehen bleibt. Eine Rechtfertigung allein unter dem Gesichtspunkt der Vermeidung von Anreizverlusten überzeugt im Ergebnis somit nicht.

(iii) Rechtfertigung aufgrund urheberrechtlicher Erwägungen

Möglicherweise kommt eine sachliche Rechtfertigung aber aufgrund urheberrechtlicher Erwägungen in Betracht.

(1) Allgemeines

Es gibt Einwände, es sei nicht einzusehen, warum der Inhaber eines gewerblichen Schutzrechts, etwa eines Urheberrechts, dessen Ausübung überhaupt zu rechtfertigen habe; vielmehr bedürfe die Ausübung eines rechtmäßig erlangten Rechts eben gerade keiner Rechtfertigung[1913]. Der EuGH schließt sich dem jedoch einschränkungslos nicht an[1914]. Sofern Urheberrechte im Spiel sind, sind die sich in der erforderlichen Interessenabwägung gegenüberstehenden Pole letztlich das Interesse des Rechteinhabers an der Ausschließlichkeitswirkung seiner Immaterialgüterrechte sowie das gegenläufige Interesse der Konkurrenten und der Allgemeinheit an unverfälschtem Wettbewerb[1915]. Nicht außer acht gelassen werden darf bei der Gewichtung der Bedeutung der Urheberrechts jedoch, daß die Marktabschottung streng genommen nicht auf dem Urheberrecht beruht, sondern vielmehr allein auf dem Einsatz technischer Maßnahmen, und sie insofern über den urheberrechtlich geschützten Bereich im klassischen Sinn hinausgeht[1916]. Denn die Urheberrechtsordnung schützt etwa die Musik auf einer Audio-CD, nicht hingegen auch die Technik, welche erforderlich ist, um diese auch wahrnehmen zu können, also den CD-Player. Auch die Einführung der §§ 95a ff. UrhG stellt sich letzterem Aspekt nicht entgegen, schützen diese Normen doch mit Blick auf das materielle Urheberrecht vor der Umgehung zum Einsatz kommender technischer Schutzmaßnahmen: Diese sind aber von der eigentlichen Wiedergabetechnik[1917] und erst recht von den wiedergegebenen Inhalten zu unterscheiden.

[1913] So Lober GRUR Int. 2002, 7 (12); Montag EuZW 1997, 71 (74).

[1914] Vgl. EuGH Urt. v. 06.04.1995 – verb. Rs. C-241/91 P u. C-242/91 P – Magill, EuZW 1995, 339; EuGH Urt. v. 26.11.1998 – Rs. C-7/97 – Bronner, NJW 1999, 2259; EuGH Urt. v. 29.04.2004 – C-418/01 – IMS-Health, GRUR 2004, 524 ff.

[1915] Ähnlich Sprickmann Kerkerinck, Essential-Facilities-Doktrin, S. 118.

[1916] Vgl. Bechtold EuZW 1995, 345 (346).

[1917] Etwa CD-Player oder DVD-Player.

(2) Art. 30 S. 1 EG

Es geht vorliegend um die Hinnahme der Umgehung technischer Schutzmaßnahmen, welche urheberrechtlich geschützte Werke auf tatsächlicher Ebene abzusichern bestimmt sind. In der Sache sind also schließlich auch urheberrechtliche Positionen des Rechteinhabers berührt, da die Hinnahme der Umgehung technischer Maßnahmen durch den Rechteinhaber hiermit verknüpft ist[1918]. Trotz seiner persönlichkeitsrechtlichen Prägung stellt das Urheberrecht ein gewerbliches Schutzrecht i. S. d. Art. 30 S. 1 EG dar[1919]. Die Interessenabwägung könnte deswegen vom besagtem Rechtssatz zugrunde liegenden Gedanken maßgeblich beeinflußt werden. Schließlich könnte sich eine sachliche Rechtfertigung für den Einsatz der technischen Mittel aus Art. 30 S. 1 EG ergeben, welcher auf die kartellrechtliche Regelung des Art. 82 EG Anwendung findet[1920]. Nationale Schutzrechte unterfallen Art. 30 S. 1 EG in dem Umfang, in welchem sie nach Art. 295 EG unter dem Schutz der mitgliedstaatlichen Eigentumsordnungen stehen[1921]. Der Einsatz der technischen Mittel könnte also letztlich aus Gründen des geistigen Eigentums gerechtfertigt sein, nämlich dann, wenn dies den spezifischen Gegenstand des Rechts ausmacht[1922]. Hieran bestehen jedoch Zweifel. Zwar mag die Befugnis des Inhabers gewerblicher Schutzrechte, Dritte an deren Verwertung zu hindern, gerade die Substanz seines ausschließlichen Rechts darstellen[1923], d. h. die Entscheidungsfreiheit über die Erteilung einer urheberrechtlich relevanten Zustimmung, also die hierin verkörperte Dispositionsbefugnis, den spezifischen Gegenstand des Urheberrechts und nicht lediglich einen Aspekt der Rechtsausübung bedeuten[1924]. Nicht außer acht gelassen werden darf indes, daß der Einsatz von DRM-Systemen die urheberrechtliche Position lediglich faktisch absichern soll; diese wird hingegen nicht

[1918] § 95a I UrhG: „Wirksame technische Maßnahmen zum Schutz eines nach diesem Gesetz geschützten Werkes ... dürfen ohne Zustimmung des Rechteinhabers nicht umgangen werden ...".

[1919] Siehe Leible in Grabitz/Hilf, EG, Art. 30, Rn. 19 m. w. N. Art. 30 S. 1 EG schränkt die Art. 28, 29 EG ein, sofern dies u. a. zum Schutz des gewerblichen und kommerziellen Eigentums gerechtfertigt ist.

[1920] Möschel in Immenga/Mestmäcker, EG-WbR, Art. 86, Rn. 238; Fikentscher FS Schricker, S. 149 (156); Cohen Jehoram/Mortelmans GRUR Int. 1997, 11 (13); v. Welser in Wandtke/Bullinger, Praxiskommentar UrhR, Vor §§ 120, Rn. 46.

[1921] Stollhoff, Ausschluß von Marktrisiken, S. 245 f.

[1922] Vgl. Leible in Grabitz/Hilf, EG, Art. 30, Rn. 21.

[1923] Vgl. EuGH Urt. v. 05.10.1988 – Rs 238/87 – Volvo/Veng, NJW 1990, 628 (628).

[1924] Götting JZ 1996, 307 (308); v. Welser in Wandtke/Bullinger, Praxiskommentar UrhR, Vor §§ 120, Rn. 46; Schack, UrhR, Rn. 129; zur Unterscheidung von Bestand und Ausübung der urheberrechtlichen Rechtsposition siehe Montag EuZW 1997, 71 (71).

modifiziert oder gar ausgedehnt. Es liegt daher näher, in diesem Zusammenhang von der Ausübung des Urheberrechts auszugehen denn von der Betroffenheit des eigentlichen Rechtsgegenstands. Art. 30 S. 1 EG fällt somit nicht ausschlaggebend ins Gewicht.

(dd) Sachliche Rechtfertigung unter DRM-spezifischen Gesichtspunkten

Gerade im Medienbereich kann es wettbewerbspolitisch sinnvoll sein, bei der Annahme eines mißbräuchlichen Verhaltens zurückhaltend zu sein[1925], an das Rechtfertigungsmerkmal also nicht zu hohe Anforderungen zu stellen. Gründe für die sachliche Rechtfertigung des Einsatzes technischer Maßnahmen können vor allem auch deren spezifischen rechtlichen Umfeld, vordringlich also der Multimedia-RL entspringen.

(i) Allgemeine Aussagen der Multimedia-RL

Obwohl die Erwägungsgründe einer Richtlinie grundsätzlich zwar nicht verbindlich sind, kann ihnen im Rahmen von Abwägungsentscheidungen durchaus indizielle Wirkung zukommen. Die Multimedia-RL hebt in Erwägungsgrund 2 S. 4 zwar die gesteigerte Bedeutung von Urheberrechten in der Informationsgesellschaft hervor. Erwägungsgrund 1 S. 1 Multimedia-RL, der den Schutz des Binnenmarktes vor Verzerrungen betont, spricht aber dafür, daß das Interesse des Rechteinhabers an der Abschottung oder sogar Monopolisierung eines (Komplementär-)Marktes grundsätzlich nicht zu seinen Gunsten in die erforderliche Abwägung Eingang finden soll[1926].

(ii) Sonderfall: Interaktive Dienste

In Betracht kommt jedoch eine abweichende Beurteilung für den Bereich des Art. 6 IV Unterabs. 4 Multimedia-RL, also dann, wenn durch den Einsatz von DRM-Technik Kompatibilität im Kontext interaktiver Dienste vereitelt wird. Indem die Rechtsordnung in dieser Vorschrift vorgibt, daß im Bereich interaktiver Dienste auf Abruf Begünstigte urheberrechtlicher Schranken nicht die Möglichkeit haben, diese im Fall des Einsatzes von DRM-Systemen durch den Rechteinhaber auch durchsetzen zu können, macht sie deutlich, daß letzterer auf besagtem Gebiet eine besonders starke Position haben soll. Mann kann nun überlegen, ob diese Privilegierung der Anbieter interaktiver Dienste aus dem urheberrechtlichen Kontext herausgelöst und wertungsmäßig auf das Kartellrecht übertragen werden kann. Bejaht man dies, könnte man schließlich zu dem Ergebnis gelangen, daß der Einsatz marktabschottend wirkender technischer Maßnahmen im Umfeld interaktiver Dienste eine besondere sachliche Rechtfertigung erfährt und deshalb nicht als mißbräuchliches Verhalten

---

1925 Trafkowski, Medienkartellrecht, S. 134.

1926 Im Ergebnis offenbar ebenso Goldmann/Liepe ZUM 2002, 362 (375).

eingestuft werden kann. Die Multimedia-RL gibt hier explizit keine weitere Hilfestellung, indirekt vielleicht indes schon: In Erwägungsgrund 53 S. 1 führt sie aus, der Schutz technischer Maßnahmen sollte ein sicheres Umfeld für die Erbringung interaktiver Dienste auf Abruf gewährleisten, welche in der Weise erbracht werden, daß Mitgliedern der Öffentlichkeit urheberrechtlich geschützte Inhalte von Orten und Zeiten ihrer Wahl zugänglich sind. Eine sachliche Rechtfertigung für den Einsatz marktabschottend wirkender technischer Maßnahmen im Bereich interaktiver Dienste kann hieraus jedoch nicht gefolgert werden. Vielmehr muß angemessene Berücksichtigung finden, daß die Richtlinie selbst wiederum in Erwägungsgrund 54 S. 2 bis 4 die wichtige Bedeutung von Kompatibilität der Technik des digitalen Zeitalters feststellt sowie die Förderung von Kompatibilität und Interoperabilität anregt. Die rechtliche Anerkennung der beschriebenen Marktabschottung mit Hilfe des Einsatzes technischer Maßnahmen kann hiermit nicht vereinbart werden. Für entsprechendes Agieren seitens der Rechteinhaber läßt sich im Ergebnis daher auch die in Art. 6 IV Unterabs. 4 Multimedia-RL niedergelegte Wertung nicht als überzeugender sachlicher Grund ins Feld führen. Eine Rechtfertigung scheidet insoweit aus. Insbesondere vor dem Hintergrund, daß sich der Markt für interaktive Dienste i. S. d. Art. 6 IV Unterabs. 4 Multimedia-RL erst in seinem Entwicklungsstadium befindet, dürfte dieses Ergebnis Sinn ergeben.

(iii) Technische Notwendigkeit der Inkompatibilität

Der Einsatz marktabschottend wirkender technischer Mittel wäre aber wohl dann sachlich gerechtfertigt, wenn es technisch nicht oder nur unter unverhältnismäßig großem Aufwand möglich wäre, effektiven Schutz der urheberrechtlich geschützten Inhalte zu gewährleisten, ohne daß es hierzu zu entsprechenden Inkompatibilitäten kommt[1927]. Zwar sind DRM-Systeme zur Zeit nicht immer kompatibel; eine technische Notwendigkeit in dem Sinne, daß effektiver technischer Urheberrechtsschutz nur zulasten von Kompatibilität möglich ist, dürfte schon heute, jedenfalls aber auf absehbare Zeit allerdings nicht bestehen[1928]. Unter besagtem Gesichtspunkt eine Rechtfertigung anzunehmen und den Anspruch eines potentiellen Wettbewerbers auf Ermöglichung der Herstellung kompatibler Produkte im Ergebnis abzulehnen, ist wohl auch nicht das richtige Signal gegenüber marktbeherrschenden Unternehmen, die entsprechende Marktstrategien fahren. Dies könnte schließlich dazu führen, daß die Entwicklung von Standards gehemmt wird, da marktstarke Unternehmen mit Blick auf eine quasi „legale“ Marktabschottung dann häufig

[1927] Vgl. Goldmann/Liepe ZUM 2002, 362 (374).
[1928] Siehe A.II.3.b).

kein ausgeprägtes Interesse hieran haben dürften[1929]. Besagter Gesichtspunkt scheint daher nicht tauglich für die Annahme einer sachlichen Rechtfertigung des Einsatzes marktabschottend wirkender technischer Mittel.

(ee) Zwischenergebnis, Reflexion

Selbst für Fälle, in denen der Rechteinhaber technische Mittel (auch) zum Schutz ihm zustehender urheberrechtlicher Positionen einsetzt, kann im Ergebnis eine Rechtfertigung dieses Verhaltens nicht angenommen werden. Dieses Ergebnis geht auch konform mit der Überlegung, daß der Einsatz marktabschottender technischer Mittel kaum mit dem in Art. 2, 3 Lit.g EG niedergelegten Ziel der Europäischen Gemeinschaft zu vereinbaren ist, einen unverfälschten und wirksamen Wettbewerb zu garantieren[1930], was letztlich vornehmliche Aufgabe des Art. 82 EG ist[1931]. Denn es liegt auf der Hand, daß ein wirksamer Wettbewerb nicht mehr angenommen werden kann, wenn den Verbrauchern durch den Einsatz technischer Maßnahmen letztlich die Kompatibilität ihrer Geräte und Medien in gewissem Umfang vorenthalten wird[1932]. So stellt auch die Beschränkung der techischen Entwicklung anderer Unternehmen zum Nachteil der Verbraucher[1933], etwa durch Vorenthaltung notwendiger technischer Informationen, nach Art. 82 S. 2 Lit.b Alt. 3 EG ein mißbräuchliches Verhalten dar[1934]. Dies überschneidet sich ferner mit der Erwägung, daß denkbare Versorgungsdefizite auf Seite der Konsumenten unter Wohlfahrtsgesichtspunkten unerwünscht sind. Zu solchen kann es insbesondere kommen, wenn der Rechteinhaber die Produkte, welche der Anspruchsteller technisch kompatibel herstellen möchte, selbst gar nicht anbietet[1935]. Aus dem aus Art. 2, 3 Lit.g EG abzuleitenden Schutz-

---

1929 Die Standardisierung der DRM-Technik ist aber zu fördern, siehe A.II.3.b)aa)(2).

1930 Sprickmann Kerkerinck, Essential-Facilities-Doktrin, S. 57: Auch in Fällen, in denen Marktmacht auf einen sekundären Markt transferiert werden soll (Monopoly Leveraging), unterliegt in der Interessenabwägung das Interesse des Rechteinhabers an der Ausübung seiner ausschließlichen Rechtsposition dem gemeinschaftsrechtlichen Ziel gemäß Art. 3 Lit.g EG.

1931 Vgl. EuGH Urt. v. 14.02.1978 – Rs 27/76, NJW 1978, 2439 (2442).

1932 Vgl. Deselaers EuZW 1995, 563 (566).

1933 Der Gesichtspunkt der Behinderung anderer Unternehmen an technischen Entwicklungen zum Nachteil der Verbraucher dürfte auch ein Faktor bei der Kommissionsentscheidung im Fall Microsoft vom 24.03.2004 gewesen sein, vgl. WuW 2004, 673 (673/681), Rz 711; vgl. auch Sitar MR-Int 2004, 2 (3).

1934 Jung in Grabitz/Hilf, EG, Art. 82, Rn. 253; Wirtz/Holzhäuser WRP 2004, 683 (684) sehen in Art. 82 S. 2 Lit.b EG eine Art dogmatische Grundlage der Essential-Facilities-Doktrin.

1935 Vgl. EuGH Urt. v. 29.04.2004 – C-418/01 – IMS-Health, GRUR 2004, 524 (527); zum Kriterium der Verhinderung eines neuen Produkts siehe Höppner GRUR Int. 2005, 457 (460 ff.); vgl. auch Wirtz/Holzhäuser WRP 2004, 683 (689 f.).

zweck des Art. 82 EG[1936] ergibt sich vorliegend letztlich die Grenze für eine Rechtfertigung[1937]. Sofern die (zu erstellenden) Produkte des Anspruchstellers im Wege mittelbarer urheberrechtlicher Vergütung mit pauschalen Urheberrechtsabgaben belegt sind, ist ein Anspruch auf Ermöglichung der Herstellung kompatibler Produkte schließlich auch aus dem Gedanken heraus stimmig, daß diese Pauschalabgaben nicht sachgerecht sind, sofern etwa Vervielfältigungen schon mangels Kompatibilität von Gerät und Medium überhaupt nicht erfolgen können[1938]: Die mittelbare Vergütung der Rechteinhaber soll eben die tatsächliche und legale Vervielfältigung trotz grundsätzlicher Ausschließlichkeitsposition des Rechteinhabers kompensieren.

(b) Zielgerichtete Marktabschottung

Im Folgenden wird davon ausgegangen, daß die Marktabschottung zielgerichtet erfolgt.

(aa) Selbsthilferecht des Konkurrenten

Jedenfalls in dem in der Praxis vermutlich allenfalls selten relevant werdenden Fall, daß sämtliche von der konkret eingesetzten DRM-Technik faktisch geschützten Inhalte schon im Grundsatz keinen urheberrechtlichen Schutz genießen[1939], so daß der Schutz nach § 95a I UrhG nicht besteht[1940], dürfte den allgemeinen Erwägungen gemäß[1941] auch dem Hersteller, welcher kompatible Produkte entwickeln will, ein entsprechendes Selbsthilferecht zur Umgehung der entsprechenden technischen Maßnahme zustehen. Der in Rede stehende Anspruch ist daneben dann nicht erforderlich.

(bb) Anspruch auf Hinnahme der Umgehung

Sollte man besagtes Selbsthilferecht im gewerblichen Kontext nicht annehmen[1942], so stellt sich im Rahmen des vorliegend in Rede stehenden Anspruchs die Frage, ob auch in dem Fall, daß der Rechteinhaber technische Mittel nicht (auch) zum Schutz seiner urheberrechtlichen Positionen, sondern vielmehr allein mit dem Ziel der Marktabschottung einsetzt, dieses Verhalten sachlich zu rechtfertigen ist. Wesentlicher Un-

---

[1936] Siehe Stollhoff, Ausschluß von Marktrisiken, S. 184 ff.

[1937] Holzhäuser, Essential Facilities, S. 207/212; Müller EuZW 1998, 232 (235); Deselaers EuZW 1995, 563 (566).

[1938] Anklingend bei Goldmann/Liepe ZUM 2002, 362 (373 f.).

[1939] Etwa mangels ausreichender Schöpfungshöhe oder wegen § 5 UrhG oder § 64 UrhG.

[1940] Die Umgehung technischer Maßnahmen zur Herstellung kompatibler Produkte ist wohl als ein Fall des § 95a I UrhG einzuordnen, siehe F.III.2.b)dd)(2).

[1941] Vgl. B.VI.2.b)aa)(2).

[1942] Etwa aus Erwägungen des Rechts des unlauteren Wettbewerbs heraus, oder weil man die vorliegende Konstellation als einen Fall des § 95a III UrhG betrachtet.

terschied ist, daß urheberrechtliche Erwägungen in dieser Konstellation keine Berücksichtigung finden können: Der Rechteinhaber kann sich nicht auf sein geistiges Eigentum berufen, wenn er nicht das Ziel verfolgt, dieses zu schützen, sondern es ihm vielmehr allein darum geht, seinen bisherigen Absatz zu erhalten oder sogar noch zu steigern und damit letztlich allein um Marktchancen bzw. Marktanteile[1943]. Die Berücksichtigung des Aspektes des geistigen Eigentums zugunsten des Rechteinhabers würde den Sinn und Zweck des Art. 82 EG, das ist die Erhaltung oder Schaffung wirksamen Wettbewerbs, also die Verhinderung einer Verschlechterung der Wettbewerbsstrukturen[1944], konterkarieren[1945]. Zwar ist das Interesse des Anspruchstellers an der Maximierung seines Gewinns ebensowenig berücksichtigungsfähig, da es vom Schutzgegenstand des Art. 82 EG nicht umfaßt ist[1946]. In Konstellationen der Marktabschottung dürfte die Gewährung eines Anspruchs auf Hinnahme der Umgehung der technischen Mittel allerdings auf lange Sicht häufig weniger den Gesichtspunkt der Gewinnmaximierung des Anspruchstellers betreffen, sondern vielmehr die Ermöglichung oder Erhaltung dessen Wettbewerbsfähigkeit überhaupt. Kommt man bereits in Fällen, in denen der Rechteinhaber technische Mittel zum Schutz seiner urheberrechtlichen Positionen einsetzt oder dies zumindest auch bezweckt wird, zu dem Ergebnis, daß dies wegen der daraus resultierenden Marktabschottung nicht zu rechtfertigen ist, so muß dies letztlich erst recht gelten, wenn die Abschottung eines Marktsegments das alleinige Ziel des Einsatzes der technischen Maßnahmen ist, da dann urheberrechtliche Erwägungen zugunsten des Rechteinhabers nicht streiten können. Für das gefundene Ergebnis spricht zudem die Funktion, d. h. Sinn und Zweck des § 95a UrhG, welchem der Schutz urheberrechtlicher Positionen obliegt, da der Einsatz von DRM-Systemen zum Transfer der Marktmacht auf einen anderen Markt (allein) zum Zwecke dessen Monopolisierung vom Telos dieser Norm nicht erfaßt ist[1947].

(c) Darlegungs- und Beweislast

Sofern sich entgegen der hier vertretenen Auffassung Gesichtspunkte finden lassen, welche den marktabschottend wirkenden Einsatz technicher Mittel rechtfertigen, liegt die Darlegungs- und Beweislast für deren tatsächliche Voraussetzungen beim Rechteinhaber, d. h. dieser muß das Vorliegen der rechtfertigenden Umstände im Prozeß vortragen und ggf. be-

[1943] Vgl. Klimisch/Lange WuW 1998, 15 (24); zur Eigentumsgarantie auf gemeinschaftlicher Ebene siehe Stollhoff, Ausschluß von Marktrisiken, S. 234 f.

[1944] Holzhäuser, Essential Facilities, S. 209.

[1945] Vgl. Hohmann, essential facility doctrine, S. 299.

[1946] Deselaers EuZW 1995, 563 (566).

[1947] Vgl. Stollhoff, Ausschluß von Marktrisiken, S. 253.

weisen[1948]. Dies entspricht dem allgemeinen Grundsatz, daß jede Partei die für sie günstigen Tatsachen darlegen und beweisen muß. Diese Regelung ergibt auch Sinn: Rechtfertigungsgründe werden regelmäßig in der Sphäre des Rechteinhabers anzusiedeln sein und sind für den Anspruchsteller daher allenfalls sehr schwer, d.h. nur mit großem Aufwand, nachprüfbar[1949]. Der Rechteinhaber soll aber nicht das Verfahren verschleppen und die Entscheidung über den Anspruch somit auf gewisse Zeit vereiteln können[1950]. Gefundenes Ergebnis ist auch mit der neuen Beweislastregelung des Art. 2 S. 1 der Verordnung (EG) Nr. 1/2003 vereinbar, handelt es sich bei rechtfertigenden Umständen eben nicht um Aspekte, die einen Anspruch gemäß Art. 82 EG begründen, sondern vielmehr um anspruchsausschließende Gesichtspunkte[1951].

d) Eignung zur Beeinträchtigung des Handels zwischen den Mitgliedstaaten

Die mißbräuchliche Ausnutzung einer marktbeherrschenden Stellung verstößt nur dann gegen Art. 82 EG, soweit dies dazu führen kann, den Handel zwischen Mitgliedstaaten zu beeinträchtigen (sog. Zwischenstaatlichkeitsklausel)[1952]; mit Hilfe dieses Tatbestandsmerkmals wird also der Geltungsbereich des Art. 82 EG definiert. Im Informationszeitalter besteht ein globaler Markt für Inhalte im digitalen Format. Räumliche Entfernungen zwischen dem Schöpfer des Werkes und dessen Konsumenten sowie Staatsgrenzen spielen eine zunehmend geringere Rolle. Auch innerhalb der Europäischen Gemeinschaft kann der Markt für geistige Werke in digitaler Ausdrucksform selbstverständlich nicht für einzelne Mitgliedstaaten beschränkt betrachtet werden. Da nach Art. 82 EG allein die abstrakte Eignung zur Beeinträchtigung des Handels zwischen Mitgliedstaaten ausreicht, d.h. konkrete Auswirkungen insoweit nicht feststellbar sein müssen, ist im Fall des Einsatzes von DRM-Technik, aus welcher die Abschottung eines Komplementärmarktes resultiert, die potentielle Beeinträchtigung des Handels zwischen den Mitgliedstaaten

1948 Vgl. Klimisch/Lange WuW 1998, 15 (24); Deselaers EuZW 1995, 563 (568); zurückhaltender Hohmann, essential facility doctrine, S. 367; vgl. auch Möschel in Immenga/Mestmäcker, EG-WbR, Art. 86, Rn. 263.

1949 Sprickmann Kerkerinck, Essential-Facilities-Doktrin, S. 82; Tränkle, essential facilities, S. 128.

1950 Vgl. Klimisch/Lange WuW 1998, 15 (24).

1951 Anders wäre dies nur, begriffe man das Fehlen rechtfertigender Umstände als positives Merkmal des Anspruchs gemäß Art. 82 EG.

1952 Siehe Jung in Grabitz/Hilf, EG, Art. 82, Rn. 258 ff.; Stockenhuber in Grabitz/Hilf, EG, Art. 81, Rn. 205 ff.; Eilmansberger in Streinz, EUV/EGV, Art. 82, Rn. 79; Schröter in Schröter/Jakob/Mederer, EG-WbR, Art. 82, Rn. 293 ff.; ders. in von der Groeben/Schwarze, EG, Art. 82, Rn. 292 ff.

mangels gegenläufiger Anhaltspunkte im konkreten Einzelfall grundsätzlich anzunehmen.

e) Zwischenergebnis

Der Anspruchsteller hat in den untersuchten Konstellationen gemäß Art. 82 EG gegen den Rechteinhaber einen Anspruch auf Ermöglichung der Herstellung kompatibler Produkte bzw. auf Hinnahme der Umgehung der von ihm eingesetzten technischen Maßnahmen zu angemessenen diskriminierungsfreien Bedingungen[1953]; dies gilt auch, sofern die technischen Mittel (auch) urheberrechtliche Positionen des Rechteinhabers absichern. Zur Klarstellung: Besagter Anspruch richtet sich nicht auf die (aktive) Gewährleistung von Kompatibilität durch den Rechteinhaber, sondern nur auf die (passive) Hinnahme des Umstandes, daß der Anspruchsteller zur Herstellung kompatible Produkte die von ihm eingesetzte Schutztechnik umgeht. Das Ergebnis geht konform mit Entscheidungen der Kommission in vergleichbar gelagerten Fällen[1954] und spiegelt letztlich auch den in Erwägungsgrund 48 S. 1 Multimedia-RL niedergelegten Gedanken wider, nach welchem der rechtliche Schutz vor Umgehung nur für diejenigen technischen Maßnahmen eingreifen soll, die den normalen Betrieb elektronischer Geräte nicht behindern[1955]. Man kann das Ergebnis als ordnungspolitische Korrektur der wirtschaftlichen Handlungsfreiheit zugunsten der Funktionsfähigkeit des Wettbewerbs sehen, wodurch der Realisierung des in Art. 2, 3 Lit.g EG benannten Ziels eines unverfälschten Wettbewerbs gedient ist[1956]. Die Frage, was unter angemessenen Konditionen zu verstehen ist, d.h. die Bestimmung sachgerechter Bedingungen durch das zuständige Gericht dürfte sich in der Praxis als problematisch erweisen[1957]; dies ist jedoch eine andere Frage.

[1953] Ähnlich Pilny GRUR Int. 1995, 954 (960), der offenbar einen Anspruch nach Art. 82 EG bejaht, wenn im Bereich von Computerschnittstellen der Inhaber der Codes eines De-Facto-Standards seine Kontrolle auf benachbarte Märkte, etwa für peripheres Zubehör, ausweiten will; offenlassend hingegen Trayer, Technische Schutzmaßnahmen, S. 174.

[1954] Vgl. insbesondere die Kommissionsentscheidung vom 24.03.2004 – COMP/C-3/37.792 – Microsoft, WuW 2004, 673 ff.; vgl. auch Jung in Grabitz/Hilf, EG, Art. 82, Rn. 187 ff.

[1955] Kritisch zu besagtem Gedanken Dreier ZUM 2002, 28 (36), Fn. 63: „frommer Wunsch", da jede Sperre zu einer Nutzungsbehinderung führe. Mag zwar Erwägungsgrund 48 S. 1 Multimedia-RL ein Selbsthilferecht zur Umgehung technischer Maßnahmen zur Ermöglichung der Herstellung kompatibler Produkte näherlegen als den in Rede stehenden Anspruch. Ein Umgehungsrecht im Fall grundsätzlich bestehenden urheberrechtlichen Schutzes, also im Rahmen des § 95a I UrhG existiert jedoch nicht.

[1956] Vgl. Stollhoff, Ausschluß von Marktrisiken, S. 256.

[1957] Siehe Beier GRUR 1998, 185 (188).

f) Anspruch auf Kooperation

Es schließt sich nun die Frage an, ob auch ein weitergehender Anspruch auf Kooperation nach Art. 82 EG besteht, d. h. auf eine aktive Rolle des Rechteinhabers.

aa) Anspruch auf aktive Hilfe

Über die Hinnahme der Umgehung hinaus könnte dann vom Rechteinhaber eingefordert werden, daß dieser (aktiv) kooperiert, ggf. sogar das erforderliche Know-How, welches zur Gewährleistung von Kompatibilität benötigt wird, diskriminierungsfrei zu angemessenen Konditionen zur Verfügung stellt[1958]. Hierbei muß es darauf ankommen, ob der Anspruchsteller ansonsten kompatible Produkte mit angemessenen Mitteln herstellen kann[1959]. Ist dies nämlich nicht der Fall, so kann wirksamer Wettbewerb nur gewährleistet werden, wenn der Rechteinhaber zur Kooperation verpflichtet ist. Der Anspruch auf aktive Kooperation scheint dann aufgrund bestehender Informationsasymmetrien sachgerecht[1960]. Kann Kompatibilität jedoch allein durch den Anspruchsteller selbst mit angemessenen Mitteln erreicht werden, so dürfte insofern[1961] schon nicht von einer wesentlichen Einrichtung des Rechteinhabers im Sinne der Essential-Facilities-Doktrin auszugehen, zumindest aber der Anspruchsteller hinsichtlich der Herstellung der Kompatibilität nicht vom Rechteinhaber abhängig im Sinne der Lehre sein. Vielmehr ist es dem Anspruchsteller dann zuzumuten, die Kompatibilität ohne die Kooperation des Rechteinhabers zu realisieren[1962]. Daß ferner berücksichtigt werden kann, daß es dem Rechteinhaber regelmäßig wenig Aufwand abverlangt, die angestrebte Kompatibilität zu ermöglichen, ist indes anzuzweifeln. Zwar mag es auf den ersten Blick im Sinne einer gesamtvolkswirtschaftlichen Betrachtung nicht sinnvoll erscheinen, wenn der Anspruchsteller nicht auf das bereits vorhandene Know-How des Rechteinhabers zurückgreifen kann und so die Realisierung der Kompatibilität seiner Produkte nur mit minderer Effektivität vorantreiben kann. Allerdings dürfte es nicht mehr viel mit Wettbewerb zu tun haben, würde man dem Rechteinhaber regelmäßig abverlangen, anderen Marktteilnehmern aktiv zur Seite zu stehen, welche für ihn (potentielle) Konkurrenten darstellen. Ob dem Anspruchsteller besagter Anspruch auf Kooperation gemäß Art. 82 EG zusteht, ist

---

1958 Vgl. Goldmann/Liepe ZUM 2002, 362 (374).

1959 Das Erzielen von Kompatibilität kann unter Umständen erheblichen finanziellen sowie zeitlichen Aufwand erfordern, vgl. Pilny GRUR Int. 1990, 431 (435).

1960 Vgl. Möschel in Immenga/Mestmäcker, Kartellrecht, § 19, Rn. 183; kritisch in vergleichbarem Kontext Bechtold, GWB, § 19, Rn. 82.

1961 D.h. bezüglich eines Anspruchs auf Kooperation.

1962 Vgl. Fleischer/Weyer WuW 1999, 350 (359 ff.).

im Ergebnis also anhand des Einzelfalls zu beurteilen. Ein solcher Anspruch ist allerdings nur mit äußerster Zurückhaltung zu bejahen[1963], vordringlich da das in Rede stehende Anspruchsbegehren selbst wiederum auf seine Missbräuchlichkeit hin zu untersuchen sein dürfte[1964].

bb) Anspruch auf Deaktivierung der technischen Mittel

Einen Unterfall eines Anspruchs auf Kooperation dürfte ein etwaiger Anspruch des Konkurrenten auf Deaktivierung der marktabschottend wirkenden technischen Mittel darstellen. Sofern die eingesetzte Technik (auch) urheberrechtliche Positionen des Rechteinhabers schützt, geht ein solcher Anspruch auf jeden Fall zu weit[1965], bringt doch § 95a UrhG unmißverständlich zum Ausdruck, daß der Rechteinhaber am Einsatz technischer Mittel zu diesem Ziel ein legitimes anzuerkennendes Interesse hat. Außerdem käme ein solcher Anspruch in den Kategorien der Essential-Facilities-Doktrin einem Anspruch auf Beseitigung der wesentlichen Einrichtung nahe[1966]; einen solchen will die Lehre aber gerade nicht begründen.

In Fällen, in denen der Rechteinhaber technische Mittel mit dem alleinigen Ziel der Marktabschottung einsetzt, scheint besagter Anspruch auf Deaktivierung schon eher möglich. Das Befinden über den Anspruch auf Deaktivierung hängt hier letztlich davon ab, ob man den Anspruch auf Hinnahme der Umgehung durch den Wettbewerber als ausreichend betrachtet, um dem Einsatz von DRM-Technik allein zur Marktabschottung wirksam entgegenzutreten. Hier kann man natürlich unterschiedlicher Ansicht sein. Persönlich neige ich zu der Auffassung, daß der in Rede stehende Deaktivierungsanspruch auch in derartigen Fallkonstellationen nicht gewährt werden sollte, insbesondere soweit man ein Selbsthilferecht des Konkurrenten zur Umgehung anerkennt. Im Fall der Deaktivierung der technischen Schutzmaßnahmen wären entsprechende Inhalte nämlich frei zugänglich. Zwar entspräche dies den klassischen urheberrechtlichen Wertungen, schützen die §§ 95a ff. UrhG doch nicht bezüglich urheberrechtlich grundsätzlich nicht schutzfähiger Inhalte. Jedoch geht aus der gesamten Rechtsordnung nicht hervor, daß der Einsatz technischer Mittel insoweit zu mißbilligen sei. Im Gegenteil: Art. 6 Multimedia-RL zeigt gerade, daß der Einsatz von DRM-Technik zur Wahrung der eigenen Interessen im Informationszeitalter grundsätzlich ein legitimes Mittel ist.

1963 Vgl. Martenczuk EuR 1999, 565 (569): Die Essential-Facilities-Lehre darf nicht zu einer „heimlichen Sozialisierung" privat finanzierter Infrastrukturen werden.

1964 Vgl. Spindler/Apel JZ 2005, 133 (138).

1965 In ähnlichem Kontext bejahend allerdings Trayer, Technische Schutzmaßnahmen, S. 171.

1966 Also quasi einem Anspruch auf Sprengung der einzigen Eisenbahnbrücke über den Mississippi im Umkreis.

g) Ergebnis

Sofern es für die Herstellung kompatibler Produkte erforderlich ist, kann ein Rechteinhaber aus kartellrechtlichen Erwägungen heraus nach Art. 82 EG dazu verpflichtet sein, die Umgehung technischer Maßnahmen hinzunehmen. Darüberhinaus kommt sogar eine entsprechende Verpflichtung zur Kooperation in Betracht. Beim Befinden über besagte Verpflichtungen darf allerdings nicht außer acht gelassen werden, daß solche Ansprüche nur sehr bedacht und restriktiv zuzusprechen sind, da der mangelnde Schutz der Ergebnisse oftmals aufwendiger Forschung und Entwicklung Investoren abschreckt, was nicht im Sinne von Innovation sein kann[1967].

7. Anspruch gemäß § 33 S. 1 HS1 GWB

Obwohl das deutsche GWB auf den Einsatz von DRM-Systemen und sich hieraus ergebender Rechtsfragen ebensowenig wie das EG-Kartellrecht ausgelegt ist, könnte der im Ergebnis marktabschottende Einsatz technischer Maßnahmen auch nach dem GWB zu mißbilligen sein, nämlich insbesondere dann, wenn es den Mißbrauch einer marktbeherrschenden Stellung i. S. d. § 19 I GWB darstellt. Im vorliegenden Kontext kommt auch ein Verstoß gegen das Verbot unbilliger Behinderung nach § 20 I Alt. 1 GWB in Betracht[1968]. Zu erwägen ist somit ein Anspruch gegen den Rechteinhaber auf Unterlassung nach § 33 S. 1 HS1 GWB. § 19 GWB will nämlich den Konkurrenten schützen[1969]; gleiches gilt für § 20 GWB[1970]. Unterlassung bedeutet im vorliegenden Kontext dann die Ermöglichung der Herstellung kompatibler Produkte zu angemessenen Bedingungen[1971]. Sofern dem Rechteinhaber Vorsatz oder Fahrlässigkeit zur Last fällt[1972], ist unter den genannten Voraussetzungen darüberhinaus gemäß § 33 S. 1 HS2 GWB grundsätzlich auch ein Schadensersatzanspruch

[1967] Vgl. Pilny GRUR Int. 1995, 954 (962); vgl. auch Hölscher, eigener Gebrauch, S. 135.

[1968] Siehe Goldmann/Liepe ZUM 2002, 362 (374); unklar Trayer, Technische Schutzmaßnahmen, S. 171.

[1969] Wiedemann in Wiedemann, Hdb KartellR, § 23, Rn. 78; Möschel in Immenga/Mestmäcker, Kartellrecht, § 19, Rn. 211 für § 19 IV Nr. 4 GWB.

[1970] Lübbert in Wiedemann, Hdb KartellR, § 30, Rn. 1; auch Art. 82 EG kann Schutzgesetz i. S. d. § 33 GWB sein: Wiedemann in Wiedemann, Hdb KartellR, § 23, Rn. 78.

[1971] Zu unterlassen ist das mißbräuchliche Verhalten i. S. d. § 19 I GWB, welches sich im Hinblick auf § 19 IV Nr. 4 GWB als die Nichtermöglichung der Herstellung kompatibler Produkte darstellt.

[1972] In Fällen, in denen der Einsatz der technischen Mittel gezielt die Marktabschottung verfolgt, liegt dies durchaus nicht fern.

denkbar. Unter der Voraussetzung, daß der Rechteinhaber eine marktbeherrschende Stellung einnimmt[1973], kommt ein Verstoß gegen § 19 I GWB insbesondere gemäß § 19 IV Nr. 4 GWB[1974] in Betracht. Daß § 19 IV Nr. 4 GWB keinen Anspruch auf Nutzung fremder Immaterialgüterrechte statuieren will[1975], steht einem Anspruch auf Hinnahme der Umgehung eingesetzter technischer Mittel nicht entgegen, ist dieser doch nicht auf urheberrechtlich relevantes Handeln im eigentlichen Sinn gerichtet, sondern erschöpft sich vielmehr in der Duldung der Umgehung technischer Maßnahmen: Die Umgehung technischer Mittel ist von urheberrechtlich relevanten Nutzungen aber strikt zu trennen. Anders ausgedrückt: Dem Anspruchsteller geht es nicht um die Nutzung der durch die eingesetzte Technik geschützten Inhalte, sondern allein um die Umgehung als solche.

a) Mißbrauch i. S. d. § 19 I GWB

aa) Einschlägigkeit des § 19 IV Nr. 4 GWB

Mit § 19 IV Nr. 4 GWB soll der zunehmenden Vernetzung in der Informationsgesellschaft Rechnung getragen werden[1976], auch soweit deren Auswirkungen bei Erlaß der Vorschrift noch nicht abzusehen waren[1977]. Wenn § 19 IV Nr. 4 GWB zwar nicht auf den Einsatz von DRM-Systemen zugeschnitten ist, so spricht das soeben Gesagte dennoch dafür, daß es dem Willen des Gesetzgebers entspricht, diesen anhand der Vorschrift zu beurteilen. Und selbst wenn besagte Vorschrift vom Zugang zu „Infrastruktureinrichtungen"[1978] redet, was auf den ersten Blick durchaus gegen die Einschlägigkeit im untersuchten Kontext zu sprechen scheint, so ist aufgrund paralleler Überlegungen, aus welchen die Umgehung technischer Maßnahmen als Äquivalent zur wesentlichen Einrichtung im Sinne der Essential-Facilities-Doktrin anzusehen ist[1979], letztlich auch anzunehmen, daß die untersuchte Fragestellung einen Anwendungsfall des § 19 IV Nr. 4 GWB darstellt. Vor dem Hintergrund, daß auch virtuelle Infrastruktureinrichtungen wie etwa Schnittstellen für Computersoftware erfaßt sind[1980], ist jedenfalls der Gedanke des § 19 IV Nr. 4 GWB heranzuziehen. Das Ergebnis läßt sich schließlich dadurch untermauern, daß die

---

1973 Vgl. F.III.6.b); vgl. ferner die Vermutung des § 19 III GWB.

1974 Siehe v. Wallenberg K&R 1999, 152 ff.; siehe ferner Wirtz/Holzhäuser WRP 2004, 683 (690 f.); Sprickmann Kerkerinck, Essential-Facilities-Doktrin, S. 161 ff.; Möschel in Immenga/Mestmäcker, Kartellrecht, § 19, Rn. 190 ff.

1975 Ausdrücklich BT-Dr. 13/10633, S. 72; anklingend auch im Wortlaut des § 19 IV Nr. 4 GWB: „Infrastruktureinrichtung".

1976 Anklingend in BT-Dr. 13/9720, S. 36.

1977 Vgl. BT-Dr. 13/9720, S. 51.

1978 Siehe v. Bechtolsheim/Bruder WRP 2002, 55 (58 ff.).

1979 Siehe F.III.6.c)bb)(2).

1980 Möschel in Immenga/Mestmäcker, Kartellrecht, § 19, Rn. 196.

Vorschrift teilweise auch als sprachlich zu eng gefaßt angesehen wird[1981]. Da die Beurteilung im Rahmen des § 19 IV Nr. 4 GWB auch auf § 20 I GWB ausstrahlt[1982], liegt es nahe, daß in einschlägigen Fallkonstellationen auch gegen § 20 I GWB verstoßen wird[1983], schließlich wird durch den Einsatz marktabschottend wirkender Technik im Ergebnis der Anspruchsteller in seinen Wettbewerbsmöglichkeiten beeinträchtigt.

bb) Unbenannter Fall des § 19 I GWB

Selbst wenn man Fälle des Einsatzes marktabschottend wirkender Technik nicht unter § 19 IV Nr. 4 GWB subsumieren will, so strahlt die Wertung letztgenannter Vorschrift dennoch derart stark auf besagte Konstellation aus, daß von einem unbenannten Fall des Mißbrauchs i. S. d. § 19 I GWB ausgegangen werden kann[1984].

b) Orientierung der Beurteilung an Erwägungen im Rahmen des Art. 82 EG

Vor dem Hintergrund, daß § 19 IV Nr. 4 GWB die gesetzliche Ausformulierung des Essential-Facilities-Gedankens darstellt[1985], sind in die auf nationaler Ebene anzustellende Beurteilung letztlich wiederum die gleichen Gesichtspunkte einzubringen wie im Rahmen des Art. 82 EG[1986]; insofern kann an dieser Stelle nach oben verwiesen werden.

c) Zwischenergebnis

Auch gemäß § 33 S. 1 HS1 GWB kann der Rechteinhaber auf Ermöglichung der Herstellung kompatibler Produkte, insbesondere auf Hinnahme der Umgehung der von ihm eingesetzten technischen Maßnahmen in Anspruch genommen werden. Sofern der Rechteinhaber die DRM-Technik gezielt zur Marktabschottung und nicht (auch) zum Schutz urheberrechtlicher Positionen einsetzt, steht dem gefundenen Ergebnis auch nicht der in Art. 14 GG grundrechtlich verbürgte Schutz seines geistigen Eigentum entgegen, da er insoweit nicht dieses schützen will, sondern es ihm vielmehr darum geht, seinen bisherigen Absatz zu erhalten oder sogar noch zu steigern, letztlich also allein um seine Gewinnchancen: Dies fällt nicht in den Schutzbereich des Art. 14 GG[1987].

[1981] So Schwintowski WuW 1999, 842 (850 f.).

[1982] Siehe Markert in Immenga/Mestmäcker, Kartellrecht, § 20, Rn. 163.

[1983] Offengelassen bei Goldmann/Liepe ZUM 2002, 362 (374).

[1984] Vgl. Möschel in Immenga/Mestmäcker, Kartellrecht, § 19, Rn. 216.

[1985] Trafkowski, Medienkartellrecht, S. 85; vgl. auch Möschel in Immenga/Mestmäcker, Kartellrecht, § 19, Rn. 188; Bechtold, GWB, § 19, Rn. 93: § 19 GWB entspricht Art. 82 EG. Mit der Einführung des § 19 IV Nr. 4 GWB wurde das Ziel verfolgt, das GWB an die Auslegung des Art. 82 EG durch den EuGH anzugleichen.

[1986] Offengelassen bei Goldmann/Liepe ZUM 2002, 362 (374).

[1987] Klimisch/Lange WuW 1998, 15 (24).

8. Anspruch wegen Verstoßes gegen § 3 UWG

In Fällen des Einsatzes marktabschottend wirkender technischer Maßnahmen kommt auch ein Anspruch von Wettbewerbern, welche allein die Herstellung kompatibler Produkte verfolgen, gegen den Rechteinhaber aus Erwägungen des Rechtes des unlauteren Wettbewerbs in Betracht[1988]. Schließlich können die Hersteller entsprechender Produkte diese am Markt nicht rein zur Geltung bringen, wenn sie zu gängigen, also weit verbreiteten (Komplementär-)Produkten anderer Hersteller nicht kompatibel sind; insofern droht ersteren, vom Leistungsvergleich quasi augeschaltet zu werden[1989]. § 3 UWG als insofern maßgebliche Vorschrift des UWG ist neben den relevanten kartellrechtlichen Vorschriften parallel anwendbar[1990] und bietet als Rechtsfolge einen Unterlassungsanspruch (§ 8 I UWG), der im Fall des Vorliegens seiner Voraussetzungen dahingehend zu interpretieren ist, daß der Rechteinhaber sich gegen die Umgehung der von ihm eingesetzten technischen Maßnahmen rechtlich nicht zur Wehr setzen darf[1991]. Auf eine bestimmte Marktmacht kommt es im Gegensatz zur kartellrechtlichen Beurteilung insoweit nicht an[1992]. Aus diesem Grund besteht an der Klärung des Einsatzes marktabschottend wirkender technischer Maßnahmen am Maßstab des § 3 UWG auch ein rechtliches Interesse; ob dieses auch praktischer Natur ist[1993], kann derzeit noch nicht seriös beurteilt werden[1994]. § 3 UWG will nicht nur den Wettbewerb als solchen und damit die Interessen der Allgemeinheit schützen[1995], sondern vielmehr auch die Interessen des Kunden als Marktgegenseite[1996] und zudem auch den einzelnen Wettbewerber[1997].

1988 Ebenso Fränkl/Karpf, DRM-Systeme, S. 86 f.

1989 Vgl. Baumbach/Hefermehl, Wettbewerbsrecht, UWG § 1, Rn. 208.

1990 Nordemann, Wettbewerbs- und Markenrecht, Rn. 29 m. w. N.; Baumbach/Hefermehl, Wettbewerbsrecht, UWG § 1, Rn. 840; zurückhaltender Möschel in Immenga/Mestmäcker, Kartellrecht, § 19, Rn. 259 ff.

1991 Vgl. F.III.7.

1992 Inwiefern unterhalb der Marktmachtschwelle ein unlauteres Verhalten i. S. d. § 3 UWG noch angenommen werden kann, ist eine andere Frage, vgl. Nordemann, Wettbewerbs- und Markenrecht, Rn. 30 m. w. N.

1993 Kritisch Markert in Immenga/Mestmäcker, Kartellrecht, § 20, Rn. 244.

1994 Gegen ein gesteigertes praktisches Interesse spricht in der Tat, daß nicht marktbeherrschende Rechteinhaber aus einer Marktabschottung regelmäßig wohl keinen wirtschaftlichen Nutzen ziehen können.

1995 § 1 S. 1 UWG.

1996 § 1 S. 1 Alt. 2 UWG; vgl. auch Nordemann, Wettbewerbs- und Markenrecht, Rn. 51.

1997 § 1 S. 1 Alt. 1 UWG; vgl. auch BGH Urt. v. 16.03.1954 – I ZR 179/52 – Warenkredit, BGHZ 13, 33 (37); BGH Urt. v. 25.04.2002 – I ZR 250/00 – Elektroarbeiten, GRUR 2002, 825 (826); BGH Urt. v. 05.10.2000 – I ZR 224/98, GRUR 2001, 354 (356); BGH Urt. v. 11.05.2000 – I ZR 28/98 – Abgasemissionen, GRUR 2000, 1076 (1078).

a) Behinderung von Wettbewerbern

Im vorliegenden Kontext erscheint ein Verstoß gegen § 3 UWG unter dem Gesichtspunkt der wettbewerbswidrigen, also unbilligen Behinderung[1998] wegen der hiermit verbundenen gemeinschaftsschädigenden Störung des Wettbewerbs möglich[1999]. Die Erschwerung des Absatzes von Waren eines konkurrierenden Wettbewerbers kann nämlich wettbewerbswidrig sein[2000]. Sofern der Einsatz von Technik im Ergebnis zu Inkompatibilitäten führt, kann von einer durch den Rechteinhaber initiierten Behinderung insoweit regelmäßig ausgegangen werden: Wer kauft schon in der Kompatibilität beschränkte Produkte? Ob die Behinderung auch wettbewerbswidrig ist, ist grundsätzlich aufgrund einer umfassenden Würdigung aller Umstände des Einzelfalls zu beurteilen[2001]. In diesem Rahmen muß man schließlich zur Beurteilung der Frage, ob der Einsatz technischer Maßnahmen, durch welchen es zu Inkompatibilitäten kommt, eine wettbewerbswidrige Handlung, d.h. unlauter i.S.d. § 3 UWG ist, insbesondere den Anlaß für den Einsatz, seinen Zweck, seine Bedeutung und seine Wirkung betrachten[2002]. Sofern ein Regelbeispiel des § 4 UWG einschlägig sein sollte, wäre unlauteres Verhalten i. S. d. § 3 UWG ohne weitere Prüfung anzunehmen. Andernfalls läuft die Beurteilung auf besagte Interessenabwägung hinaus[2003], innerhalb derer die berechtigten Interessen des die DRM-Technik einsetzenden Rechteinhabers einen zu berücksichtigenden Faktor darstellen[2004]. Im Rahmen der Beurteilung ist vor allem auch der Grundsatz der Wettbewerbsfreiheit angemessen zu würdigen[2005]. In die anzustellende Interessenabwägung zur Beurteilung des Einsatzes marktabschottend wirkender Technik fließt ein, ob die Abschottung von Märkten gezielt oder nur beiläufig geschieht[2006]. Von einer gezielten Marktabschottung ist nach lebensnaher Beurteiligung

1998 Vgl. Baumbach/Hefermehl, Wettbewerbsrecht, UWG Einl., Rn. 116/162; ders. a.a.O., UWG § 1, Rn. 208.

1999 Bei der unbilligen Behinderung von Wettbewerbern handelt es sich um eine anerkannte Fallgruppe des § 1 UWG a.F., vgl. Baumbach/Hefermehl, Wettbewerbsrecht, Einl., Rn. 160/162.

2000 Baumbach/Hefermehl, Wettbewerbsrecht, UWG § 1, Rn. 219a.

2001 Baumbach/Hefermehl, Wettbewerbsrecht, UWG § 1, Rn. 208.

2002 Vgl. BGH Urt. v. 05.10.2000 – I ZR 224/98, GRUR 2001, 354 (356); BGH Urt. v. 1.05.2000 – I ZR 28/98 – Abgasemissionen, GRUR 2000, 1076 (1078); Köhler in Köhler/Piper, UWG, § 1, Rn. 386.

2003 Vgl. Baumbach/Hefermehl, Wettbewerbsrecht, UWG § 1, Rn. 848; ders., Wettbewerbsrecht, Einl. UWG, Rn. 83.

2004 Vgl. Goldmann/Liepe ZUM 2002, 362 (375).

2005 Köhler in Köhler/Piper, UWG, § 1, Rn. 386; Baumbach/Hefermehl, Wettbewerbsrecht, UWG § 1, Rn. 848.

2006 Vgl. Baumbach/Hefermehl, Wettbewerbsrecht, UWG § 1, Rn. 208; Köhler in Köhler/Piper, UWG, § 1, Rn. 386.

dann auszugehen, wenn durch die eingesetzte Technik im konkreten Fall nicht gleichzeitig (auch) urheberrechtliche Inhalte technisch geschützt werden. Ist das jedoch der Fall, so spricht dies maßgeblich für eine nur beiläufige, quasi als Nebeneffekt auftretende Marktabschottung.

b) Beurteilungsmaßstab

Es stellt sich die Frage, inwieweit sich die Beurteilung im Rahmen des § 3 UWG an der kartellrechtlichen zu orientieren hat.

aa) Orientierung an kartellrechtlicher Beurteilung

Wegen der unterschiedlichen Schutzrichtungen von Kartellrecht und dem Recht des unlauteren Wettbewerbs muß die Beurteilung nicht zwangsweise parallel verlaufen[2007]. Sie wird dies aber im Regelfall vermutlich tun, dienen doch sowohl das Kartellrecht als auch das Unlauterkeitsrecht letztlich einem gemeinsamen Schutzzweck, nämlich der Aufrechterhaltung einer einheitlichen Wettbewerbsordnung[2008]. Eine Orientierung an den kartellrechtlichen Befunden kommt schon von daher in Betracht, daß bestimmte Tatsachen gleichzeitig sowohl kartellrechtlich als auch wettbewerbsrechtlich relevant sein können[2009]. Vorliegend ist dies nicht anders, stehen Kartellrecht und § 3 UWG doch in einem wechelbezüglichen Verhältnis. Dieses hat vor allem Bedeutung bei der vorliegend anzustellenden Beurteilung unter dem Gesichtspunkt der wettbewerbswidrigen Behinderung; so wird die anfallende Interessenabwägung regelmäßig im Ergebnis ebenso oder zumindest ähnlich ausfallen wie im kartellrechtlichen Kontext[2010]. Die gleichen Aspekte, die für die kartellrechtliche Inanspruchnahme des Rechteinhabers sprechen, können also dazu führen, daß man von einem Verstoß gegen § 3 UWG in Fällen einer Marktabschottung aufgrund des Einsatzes technischer Maßnahmen ebenfalls auszugehen hat[2011].

[2007] BGH Urt. v. 16.03.1954 – I ZR 179/52 – Warenkredit, BGHZ 13, 33 (36 f.); Baumbach/Hefermehl, Wettbewerbsrecht, Allg. UWG, Rn. 89 m. w. N.; vgl. auch Omsels in Harte-Bavendamm/Henning-Bodewig, UWG, § 4 Nr. 10, Rn. 10.

[2008] Möschel in Immenga/Mestmäcker, Kartellrecht, § 19, Rn. 257; ähnlich v. Bechtolsheim/Beuder WRP 2002, 55 (61).

[2009] Vgl. BGH Urt. v. 16.03.1954 – I ZR 179/52 – Warenkredit, BGHZ 13, 33 (37); Baumbach/Hefermehl, Wettbewerbsrecht, Allg. UWG, Rn. 89 f m. w. N.; Nordemann, Wettbewerbs- und Markenrecht, Rn. 29.

[2010] Vgl. Omsels in Harte-Bavendamm/Henning-Bodewig, UWG, § 4 Nr. 10, Rn. 12; Nordemann, Wettbewerbs- und Markenrecht, Rn. 30; Plaß in Ekey/Klippel/Kotthoff/Meckel, UWG, § 4, Rn. 419.

[2011] Zurückhaltender Goldmann/Liepe ZUM 2002, 362 (375).

bb) Im Unlauterkeitsrecht anzulegender Maßstab

Der Umstand, daß es im Rahmen des § 3 UWG nicht von Bedeutung ist, ob der Rechteinhaber eine beherrschende Stellung am relevanten Markt einnimmt[2012], dürfte dafür sprechen, daß im Kontext des Einsatzes markabschottend wirkender Technik tendenziell höhere Anforderungen an die Annahme der Unlauterkeit i. S. d. § 3 UWG zu stellen sind als an die Annahme mißbräuchlichen Verhaltens im Sinne des § 19 I GWB.

c) Gezielte Marktabschottung

aa) Kein Fall des § 4 Nr. 10 UWG

Im Kontext gezielter Marktabschottung ist an § 4 Nr. 10 UWG zu denken. Besagtes Regelbeispiel bezieht sich allerdings auf die individuelle Mitbewerberbehinderung[2013], also auf Fälle, in denen ein bestimmter Konkurrent gezielt behindert wird. In den vorliegend untersuchten Fallkonstellationen werden aber sämtliche Hersteller von mit dem Produkt des Rechteinhabers nicht kompatiblen Erzeugnissen gleichsam getroffen; eine gezielte Behinderung eines einzelnen Mitbewerbers kann daher nicht angenommen werden. Weitere Regelbeispiele des § 4 UWG kommen nicht ernsthaft in Betracht. Erforderlich wird daher eine umfassende Interessenabwägung.

bb) Interessenabwägung

Die Behinderung sämtlicher potentieller Konkurrenten als Mittel zu deren Ausschaltung vom Leistungswettbewerb mit dem alleinigen Ziel, sich für den eigenen Absatz freie Bahn zu schaffen[2014], ist grundsätzlich wettbewerbswidrig[2015]. Wenn also der Einsatz technischer Mittel ausschließlich den Zweck verfolgt, andere Marktteilnehmer zu behindern, also eine Absatzbehinderung beabsichtigt wird, so widerspricht dies dem Grundsatz des fairen (Leistungs-)Wettbewerbs[2016], da die Behinderung dann nicht mehr Folge, sondern vielmehr Mittel des Wettbewerbs ist. Dann ist ein Verstoß gegen § 3 UWG als unbenannter Fall unlauteren Verhaltens

---

[2012] Vgl. zur sog. Vorfeldthese Möschel in Immenga/Mestmäcker, Kartellrecht, § 19, Rn. 262.

[2013] BT-Dr. 15/1487, S. 19; Omsels in Harte-Bavendamm/Henning-Bodewig, UWG, § 4 Nr. 10, Rn. 5; Plaß in Ekey/Klippel/Kotthoff/Meckel, UWG, § 4, Rn. 417; Hasselblatt in Gloy/Loschelder, Hdb Wettbewerbsrecht, § 45, Rn. 6.

[2014] Sofern technische Mittel die Kompatibilität anderer Produkte verhindern, dürfte dies in der Praxis häufig auch so beabsichtigt sein.

[2015] Baumbach/Hefermehl, Wettbewerbsrecht, UWG Einl., Rn. 162.

[2016] Vgl. Baumbach/Hefermehl, Wettbewerbsrecht, UWG Allg., Rn. 22; ders. a. a. O., UWG Einl., Rn. 96; zum Leistungswettbewerb siehe auch Nordemann, Wettbewerbs- und Markenrecht, Rn. 1 ff.

anzunehmen[2017]. Wird ein Markt gezielt mit Hilfe technischer Mittel abgeschottet, so ist dies demnach mit § 3 UWG nicht zu vereinbaren[2018]. Dieses Ergebnis entspricht letztlich auch der grundlegenden Wertung des Schikaneverbots des § 226 BGB[2019], welche Geltung für das gesamte deutsche Privatrecht beansprucht[2020]: Aus § 95a UrhG geht hervor, daß Rechteinhaber am Einsatz technischer Schutzmaßnahmen grundsätzlich ein legitimes Interesse haben. Dieses erfährt jedoch seine Begrenzung im Kontext des Schikaneverbots[2021].

d) Beiläufige Marktabschottung

Von der gezielten Marktabschottung zu unterscheiden sind Fallkonstellationen, in denen die Behinderung von Wettbewerbern nicht bezweckt ist, sondern nur beiläufig zu Tage tritt. Dies ist insbesondere der Fall, wenn ein Rechteinhaber mit dem Einsatz der DRM-Technik in der konkreten Situation primär oder zumindest auch seine urheberrechtlichen Positionen schützen will. Ob dies tatsächlich so ist, stellt sich regelmäßig als Frage des konkreten Einzelfalls dar. Im Fall einer nur beiläufigen, d. h. unbeabsichtigten technischen Marktabschottung durch den Einsatz von Technik, hinsichtlich derer sich ein Regelbeispiel des § 4 UWG nicht aufdrängt, sind an die Annahme eines Verstoßes gegen § 3 UWG im Rahmen der anzustellenden Interessenabwägung tendenziell höhere Anforderungen zu stellen. Dies muß vor allem dann gelten, wenn die Ursache technischer Art ist, wenn also die Vermeidung des besagten Effekts technisch nicht oder allenfalls nur unter unverhältnismäßig hohen Aufwendungen möglich ist. Ob ein effektiver faktischer Schutz bestehender Urheberrechte den Einsatz von Inkompatibilität mit sich bringenden Maßnahmen aus technischen Gründen regelmäßig erfordert, hängt vom Entwicklungsstand der am Markt zur Verfügung stehenden DRM-Systeme ab: Zwar steht die DRM-Technik noch am Anfang ihrer Entwicklung. Dennoch dürfte bereits heute von der technischen Erforderlichkeit im soeben beschriebenen Sinne für den Regelfall nicht auszugehen sein[2022]. Mit fortschreitendem technischen Niveau der DRM-Technik wird künftig immer

---

[2017] Vgl. BT-Dr. 15/1487, S. 19.

[2018] Im Ergebnis ebenso Goldmann/Liepe ZUM 2002, 362 (375).

[2019] § 226 BGB: „Die Ausübung eines Rechts ist unzulässig, wenn sie nur den Zweck haben kann, einem anderen Schaden zuzufügen.“. Die grundsätzliche Aussage des § 226 BGB als Gebot sozialer Ethik ist jedenfalls zu respektieren, Grothe in MünchKommBGB § 226, Rn. 1.

[2020] Grothe in MünchKommBGB § 226, Rn. 2; Wagner in Erman § 226, Rn. 3; Heinrichs in Palandt § 226, Rn. 2.

[2021] Dies gilt erst recht, wenn keine urheberrechtliche Position zugunsten des die DRM-Technik Einsetzenden streitet, da diese Konstellation dann nicht von § 95a I UrhG erfaßt wird.

[2022] Vgl. auch F.III.6.c)bb)(4)(a)(dd)(iii).

mehr gegen besagte Notwendigkeit sprechen. Auch die beiläufige Marktabschottung aufgrund des Einsatzes von Technik kann demnach gegen § 3 UWG verstoßen. Bereits heute wird dies häufig anzunehmen sein; in Zukunft dürfte es sogar den Regelfall darstellen. Die Richtigkeit der soeben angestellten rechtlichen Ausführungen vorausgesetzt, sind Streitigkeiten auf Tatbestandsebene künftig zu erwarten. Entsprechenden Vorträgen der Rechteinhaber[2023] gegenüber ist grundsätzlich kritisch zu begegnen, eine eingehende Prüfung der zugrunde liegenden Tatsachen, insbesondere bezüglich des aktuellen Standes der DRM-Technik in vorliegend interessierender Hinsicht, ist also regelmäßig erforderlich.

9. Ergebnis

Werden von einem Rechteinhaber technische Maßnahmen mit marktabschottender Wirkung eingesetzt, so können konkurrierende Wettbewerber zur Ermöglichung der Herstellung kompatibler Produkte Ansprüche, insbesondere einen Anspruch auf Hinnahme der Umgehung der eingesetzten Technik, sowohl nach Art. 82 EG, § 33 S. 1 HS1 GWB als auch wegen Verletzung des § 3 UWG haben.

IV. Zusammenfassung

Im digitalen Zeitalter ist die Kompatibilität unterschiedlicher technischer Systeme zu einem entscheidenden Faktor erwachsen. Teilweise versuchen marktstarke Hersteller entsprechender Produkte sich dies mit Hilfe des Einsatzes von DRM-Technik zunutze zu machen, indem sie Märkte durch technische Inkompatibilität fremder Produkte für sich abschotten. Auch in solchen Fällen ist der rechtliche Schutz vor der Umgehung technischer Schutzmaßnahmen grundsätzlich gewährleistet. Zur Ermöglichung der Herstellung kompatibler Produkte können Wettbewerber allerdings dem entgegentretende Ansprüche aus kartellrechtlichen Erwägungen heraus, ebenso wie aufgrund der Regelungen gegen den unlauteren Wettbewerb, haben. Tragend sind insofern die Grundsätze der im US-amerikanischen Recht verwurzelten „essential facilities doctrine", wobei der Bedeutung absoluter urheberrechtlicher Rechtspositionen der Rechteinhaber hinreichend Rechnung zu tragen ist, sofern die die Inkompatibilität hervorrufende Technik tatsächlich (auch) zum Schutz solcher eingesetzt wird.

[2023] Häufig werden diese Schutzbehauptungen sein.

G. Würdigung des Ersten Korbs der Urheberrechtsnovelle und anknüpfende Anregungen

Angesichts des vom Gesetzgeber empfundenen Zeitdrucks bei der Umsetzung der Multimedia-RL[2024] wurde entgegen vereinzelter Stimmen[2025] versucht, Streitpunkte aus dem Gesetzgebungsverfahren auszuklammern, d. h. vermeidbare Konfliktpunkte abzuschichten[2026], um eine hieraus resultierende Verzögerung zu vermeiden[2027]. Man hoffte offenbar, auf diese Weise die Richtlinie fristgemäß umsetzen zu können; gelungen ist dies indes nicht. Ob das nun daran lag, daß beim Prozeß der Umsetzung ähnliche Interessengegensätze zutage getreten sind, wie es schon bei der Erarbeitung der Richtlinie der Fall war[2028], oder ob es darauf zurückzuführen ist, daß das Bundesjustizministerium eventuell nicht alle verfügbaren Kräfte gebündelt hat, um eine rechtzeitige Umsetzung zu versuchen[2029], kann dahinstehen. Zur Ehrrettung des Gesetzgebers sollte man allerdings nicht verschweigen, daß die fristgemäße Umsetzung durch die einzelnen Mitgliedstaaten der Ausnahmefall ist. Im Folgenden sollen einige würdigende Anmerkungen zum Gesetz zur Regelung des Urheberrechts in der Informationsgesellschaft erfolgen. Den Ausführungen kommt mit Blick auf den geplanten „Zweiten Korb" des Gesetzes zur Regelung des Urheberrechts in der Informationsgesellschaft rechtspolitischer Charakter bei.

I. Fehlende Regelungen

1. Verhältnis der §§ 95a ff. UrhG zum ZKDSG

Bezüglich der Umgehung von DRM-Systemen zur Kontrolle des Zugangs zu digitalen Inhalten finden sich Regelungen sowohl in den §§ 95a ff.

2024 Die Richtlinie trat am 22.06.2001 in Kraft (Art. 14 Multimedia-RL) und mußte bis zum 22.12.2002 (Art. 13 I Multimedia-RL) umgesetzt werden.

2025 Etwa Bremer, wiedergegeben von Krempl c't 8/2002, S. 18 (20): Bevor die Urheberrechtsnovelle absolut halbherzig erfolge, sei es vorzugswürdig, ggf. Sanktionen wegen einer verspäteten Umsetzung in Kauf zu nehmen; ebenfalls durchaus kritisch Olenhusen ZRP 2003, 232 (233): „eilfertiger Zwischenschritt".

2026 Hierzu Pakuscher, wiedergegeben von Zecher ZUM 2002, 451 (453).

2027 Zum Phänomen verspätet umgesetzter Richtlinien siehe Schack ZEuP 2000, 799 (805 ff.).

2028 So erwartet von Dreier ZUM 2002, 28 (34).

2029 Anklingend bei Schippan ZUM 2003, 378 (379).

UrhG als auch im ZKDSG. Es wäre sachdienlich gewesen, wenn der Gesetzgeber zum Verhältnis dieser Regelungskomplexe Stellung genommen hätte[2030]. In Ermangelung dessen wird die Rechtslage für besagten Kontext intransparent und ist so abträglich für die Rechtssicherheit[2031]. Zwar besteht besagtes Defizit bereits auf Ebene der europäischen Vorgaben. Angesichts der wohl steigenden Bedeutung für die Praxis hätte es sich dennoch angeboten, dieses im Rahmen der Umsetzung der Multimedia-RL (klarstellend) zu korrigieren.

2. Marktabschottung

Auch wenn der Begriff der technischen Maßnahme im Sinne des Art. 6 III 1 Multimedia-RL von dieser selbst dahingehend vorgegeben ist, daß der Schutz auch im Fall des Einsatzes technischer Schutzmaßnahmen zur Marktabschottung grundsätzlich besteht, so ist dies doch aufgrund kartellrechtlicher Erwägungen im Ergebnis zu relativieren. Eine gesetzliche Klarstellung, daß der Einsatz marktabschottend wirkender DRM-Technik aus Sicht des Kartellrechts mißbilligt wird, ist daher zu empfehlen, jedenfalls sofern allein die Marktabschottung beabsichtigt wird. Es bietet sich an, dies im Rahmen des § 95a UrhG zu tun[2032], wobei die Definition der technischen Maßnahme in § 95a II 1 UrhG wohl nicht den richtigen Ansatzpunkt darstellt[2033].

II. Absoluter Umgehungsschutz im Rahmen des § 95a I UrhG

Der absolute Vorrang des Umgehungsschutzes nach § 95a I UrhG gegenüber den Urheberrechtsschranken wird zum Teil, vordringlich unter dogmatischen Gesichtpunkten kritisiert[2034]. Es sei vorzugswürdig, die Umgehung technischer Schutzmaßnahmen in gleicher Weise durch die Schrankenregelungen zu privilegieren wie sonstige Formen des Eingriffs in Urheberrechte[2035]. Diese Forderung wäre mit den Vorgaben der Multimedia-RL allerdings nicht zu vereinbaren gewesen. Darüberhinaus wurde als Kritik auch vorgetragen, es sei nicht ein starres, sondern vielmehr

[2030] Vgl. auch Dusollier, Anti Circumvention, S. 31.
[2031] Bär/Hoffmann MMR 2002, 654 (658): „Flickenteppich".
[2032] Denkbar wäre auch eine Verortung im Rahmen des § 19 IV Nr. 4 GWB.
[2033] Vgl. F.II.; in diese Richtung indes Hoeren, Urheberrecht und Verbraucherschutz, S. 51 f.
[2034] Haedicke FS Dietz, S. 349 (360 ff.).
[2035] Haedicke FS Dietz, S. 349 (363); so bereits Lessig, zitiert nach Bechtold in Zerdick/Picot/Schrape/Burgelman/Silverstone, E-Merging Media, S. 333 (339): Es sei nicht zulässig, indirekt das zu tun, was auf direktem Wege verboten ist.

ein flexibles und einer wertenden Betrachtung offenstehendes Verbot der Umgehung technischer Schutzmaßnahmen angebracht, um der Gefahr vorzubeugen, daß die entsprechende Rechtsfortbildung durch zu starre gesetzliche Regelungen gehemmt werde[2036]. Letzterem ist zu entgegnen, daß gerade mit Blick auf die Aktualität der Rechtsfragen im vorliegenden Kontext der Rechtssicherheit durch eine flexible Ausgestaltung nicht geholfen wäre. Bei aller Kritik an § 95a I UrhG darf generell auch nicht aus den Augen verloren werden, daß dem nationalen Gesetzgeber wegen der Vorgaben des Art. 6 I Multimedia-RL kein großer Spielraum offenstand.

III. Interessenausgleich des § 95b UrhG

Man kann freilich diskutieren, ob die Umsetzung des Art. 6 IV Multimedia-RL, so wie sie in § 95b UrhG erfolgt ist, optimal ist. Im Rahmen einer solchen Diskussion darf man aber nicht aus den Augen verlieren, welche Alternativmöglichkeiten die Vorgaben der Richtlinie dem nationalen Gesetzgeber überhaupt gelassen haben.

1. Alternativmöglichkeiten zur geltenden Lösung

Bleiben beim Einsatz von DRM-Systemen freiwillige Selbstbeschränkungen der Rechteinhaber aus, so sind die Mitgliedstaaten der Europäischen Union gehalten, zu gewährleisten, daß von den in Art. 6 IV Unterabs. 1 Multimedia-RL aufgelisteten Urheberrechtsschranken in der Praxis auch angemessen Gebrauch gemacht werden kann. Wie geeignete staatliche Maßnahmen auszusehen haben oder aussehen könnten, spricht die Richtlinie nicht an[2037]. Es kamen dennoch verschiedene Lösungsansätze in Betracht[2038]. Diese sollen im Folgenden dargestellt und kurz gewürdigt werden.

a) Selbsthilferecht des Nutzers zur Umgehung

Zunächst wäre in Betracht gekommen, technische Schutzmaßnahmen nicht unter den gesetzlichen Umgehungsschutz zu stellen, welche die Ausübung der entsprechenden Schranken unterbinden oder erschweren[2039]. Dies hätte folgende Konsequenz: Die Schrankenvorschriften hätten dann für den Fall, daß der jeweilige Rechteinhaber seinen Verpflichtungen aus

2036 Haedicke FS Dietz, S. 349 (358 f/363).

2037 Kritisch insofern Lindhorst, Technische Maßnahmen, S. 128.

2038 Ausführlich Bechtold, Informationsrecht, S. 407 ff.; prägnant Metzger/Kreutzer MMR 2002, 139 (140 f.).

2039 Siehe Bechtold, Informationsrecht, S. 411 f.; vgl. auch Wand, Technische Schutzmaßnahmen, S. 125.

dem Gebot der entsprechenden Schrankennorm nicht von sich aus nachkommt, unmittelbare Geltung[2040]. Priviligierte Nutzer dürften die Schranken im Rahmen der Beschränkungen des Umgehungsschutzes sanktionsfrei durchsetzen und könnten von Rechts wegen alles Notwendige unternehmen, um von jenen zu profitieren. Der Nutzer wäre faktisch berechtigt, die technische Schutzmaßnahme zur Wahrnehmung urheberrechtlicher Schrankenbestimmungen zu umgehen[2041]; ihm wäre damit quasi ein „right to hack“[2042] im Sinne eines Selbsthilferechts verliehen. Aus dogmatischer Sicht spräche für ein solches Selbsthilfemodell, daß technische Schutzmaßnahmen dem Schutz urheberrechtlicher Positionen dienen sollen, es von daher auch interessengerecht erscheint, diese den gleichen Beschränkungen zu unterwerfen wie die Rechtspositionen der Rechteinhaber selbst[2043].

aa) Vorteile

Eine Einschränkung im Umgehungsschutz hätte ein deutliches Signal des Gesetzgebers sein können, daß er bestimmten Nutzungen priviligierter Kreise gegenüber dem Schutz der Rechteinhaber mit Hilfe technischer Einrichtungen den Vorrang einräumt. Rechteinhaber könnten dahingehend motiviert werden, zu versuchen, ihre Schutzsysteme möglichst weitgehend parallel zum rechtlichen Umgehungsschutz auszugestalten, um auf diese Weise die legale Umgehung ihrer Schutzsysteme zu vermeiden. Denn ist ein Schutzsystem erst einmal umgangen, dann stehen die erforderlichen Methoden und Mittel hierzu grundsätzlich zur Verfügung, auch wenn die Umgehung legal erfolgt ist. Die illegale Umgehung unter Verwendung dieser ist dann im Grunde nur noch eine Frage der Zeit[2044]; hieran ändert auch das Verbot entsprechender Vorbereitungshandlungen grundsätzlich nichts. Diese Gefahr brächte erwartungsgemäß auf seiten der Rechteinhaber eine gewisse Abschreckungswirkung mit sich[2045]. Die Einführung eines Selbsthilferechts begünstigter Nutzerkreise hätte das Spannungsverhältnis der urheberrechtlichen Ausschließlichkeitsrechte und deren Ausnahmen somit vordergründig lösen können[2046].

[2040] Metzger/Kreutzer, Stellungnahme Art. 6 IV Unterabs. 4, S. 6.

[2041] Bechtold, Informationsrecht, S. 411; Metzger/Kreutzer MMR 2002, 139 (140).

[2042] Spindler GRUR 2002, 105 (117); Bechtold, Informationsrecht, S. 411; siehe auch Koelman/Helberger in Hugenholtz, Future of Copyright, S. 165 (192 ff.); negativer formulierend Reinbothe GRUR Int. 2001, 733 (742): „Freibrief“.

[2043] So offenbar Linnenborn K&R 2001, 394 (401), der sich jedoch nicht explizit für das Selbsthilfemodell ausspricht.

[2044] Ähnlich Dreier CR 2000, 45 (47).

[2045] Metzger/Kreutzer, Stellungnahme Art. 6 IV Unterabs. 4, S. 6.

[2046] Ebenso Bechtold, Informationsrecht, S. 411.

bb) Bedenken

Gegen beschriebenes Selbsthilfemodell bestanden jedoch auch Bedenken, und zwar sowohl tatsächlicher als auch rechtlicher Art.

(1) Tatsächlicher Art

Es liegt auf der Hand, daß das Selbsthilfemodell primär vor allem technisch versierten Nutzern hilft[2047]. Denn der Durchschnittsnutzer wird regelmäßig nicht selbst über die erforderlichen Kenntnisse verfügen, um technische Maßnahmen zu umgehen[2048], sondern ist vielmehr auf ihm zugängliche Umgehungsdienstleistungen oder –vorrichtungen angewiesen[2049]. Letztere fallen aber unter den Vorfeldschutz nach Art. 6 II Multimedia-RL und sind deshalb auf dem europäischen Markt in Zukunft idealerweise nicht ohne weiteres erhältlich[2050]. Für den von einer Schrankennorm begünstigten Durchschnittsnutzer liefe das Recht zur Umgehung als alleinige Umsetzungsmaßnahme im Rahmen des Art. 6 IV Unterabs. 1 Multimedia-RL somit gewissermaßen ins Leere. Der Nachteil für technisch nicht versierte begünstigte Nutzer bestünde darin, daß diese erst abwarten müßten, bis eine entsprechende Umgehungsmöglichkeit zur Verfügung steht[2051]. Dieser Ansatz der Beschränkung des Umgehungsschutzes stellt sich damit unter mehreren Gesichtspunkten als faktisch nicht ausreichend effizient dar[2052]. Zur Effektivität könnte man der Beschränkung des Umgehungsschutzes nur dadurch verhelfen, daß man den Vertrieb von Vorrichtungen und Dienstleistungen zur Umgehung technischer Schutzsysteme in gewissem Maße zuließe[2053]. Will man diesen Weg beschreiten, so stellt sich aber zugleich das nächste Problem: Umgehungsvorrichtungen dienen der Umgehung von DRM-Systemen zu beliebigen Zwecken[2054]. Ebensowenig wie derzeitige technische Schutzeinrichtungen erkennen können, wann eine Nutzung zu legitimen Zwecken erfolgt, kann eine Umgehungsvorrichtung zwischen urheberrecht-

[2047] Fallenböck/Weitzer CRi 2003, 40 (43); Metzger/Kreutzer, Stellungnahme Art. 6 IV Unterabs. 4, S. 7; dies. MMR 2002, 139 (140); Goldmann/Liepe ZUM 2002, 362 (370).

[2048] Metzger/Kreutzer MMR 2002, 139 (140); Bechtold, Informationsrecht, S. 411.

[2049] Koelmann/Helberger in Hugenholtz, Future of Copyright, S. 165 (196).

[2050] Daran ändert sich grundsätzlich auch nichts mit Blick darauf, daß außerhalb der Europäischen Gemeinschaft ein vergleichbares Verbot möglicherweise nicht besteht, so daß entsprechende Umgehungsvorrichtungen bzw. -dienstleistungen auf inoffiziellen Wegen durchaus erhältlich sein könnten.

[2051] Vgl. Dreier CR 2000, 45 (47).

[2052] Ähnlich Bechtold, Informationsrecht, S. 411 f.

[2053] Bechtold, Informationsrecht, S. 411 sieht dies sogar als logische Folge einer Beschränkung des Umgehungschutzes technischer Schutzsysteme.

[2054] Bechtold, Informationsrecht, S. 412: „rechtliche Neutralität“ von Umgehungsvorrichtungen.

lich berechtigter und unberechtigter Umgehung einer technischen Einrichtung differenzieren[2055]. Aus Gründen des technisch (nicht) Machbaren dürfte es für den überblickbaren Zeitraum folglich nicht sinnvoll sein, den Vertrieb allein solcher Vorrichtungen rechtlich zuzulassen, welche lediglich einer legitimen Umgehung von Schutzsystemen dienen sollen. Die unbeschränkte Erlaubnis des Vertriebs von Umgehungsvorrichtungen zu legitimen Zwecken würde die Gefahr urheberrechtlich nicht gerechtfertigter Umgehungshandlungen erhöhen; Mißbräuchen und Piraterie würde quasi in die Karten gespielt[2056]. Die Wirksamkeit eingesetzter DRM-Systeme würde letztlich entscheidend geschwächt, da einschlägige Schutzbehauptungen in der Praxis häufig nicht zu widerlegen sein dürften[2057]. Die Einschränkung des rechtlichen Umgehungsschutzes ist von daher nicht angebracht. In Art. 6 II Multimedia-RL ist eine Unterscheidung von Umgehungsvorrichtungen zu legitimen und unberechtigten Zwecken auch nicht angelegt. Desweiteren gilt es zu bedenken, daß eine Legalisierung der Umgehung von DRM-Systemen in bestimmten Fällen den mit deren Einsatz bezweckten Schutz letztlich wieder aufheben würde, da einmal gefundene und publizierte Umgehungsmaßnahmen aller Voraussicht nach nicht nur im erlaubten Rahmen, sondern auch für illegale Zwecke eingesetzt würden[2058].

(2) Rechtlicher Art

Die Gestattung eines Rechts zur Umgehung technischer Schutzmaßnahmen im Rahmen urheberrechtlicher Schranken ist auch mit Art. 6 IV Multimedia-RL nicht zu vereinbaren: Dort heißt es nämlich, daß die Mitgliedstaaten geeignete Maßnahmen ungeachtet des Rechtsschutzes nach Absatz 1 treffen. Das spricht dafür, daß die Geltung des rechtlichen Umgehungsschutzes von staatlichen Maßnahmen unberührt sein soll. Die Einräumung eines Rechts zur Umgehung stellt zudem auch kein „Zur-Verfügung-Stellen der Mittel durch die Rechteinhaber“ im Sinne des Art. 6 IV Unterabs. 1 Multimedia-RL dar[2059]. Der Wortlaut besagter Norm spricht also gegen das Selbsthilfemodell: Die Formulierung impliziert, daß die Mitgliedstaaten die Rechteinhaber zu einem aktiven Zulassen bestimmter begünstigter Nutzungen veranlassen sollen[2060]. Die bloße Verweigerung des rechtlichen Schutzes gegen eine Selbsthilfe seitens der

[2055] Siehe A.II.3.b)aa)(1). Auch auf absehbare Zeit dürfte sich dies nicht ändern, A.II.3.b)bb).

[2056] Ebenso Bayreuther ZUM 2001, 828 (838); ähnlich Metzger/ Kreutzer MMR 2002, 139 (140).

[2057] Wand, Technische Schutzmaßnahmen, S. 178; Schack ZUM 2002, 497 (505).

[2058] Goldmann/Liepe ZUM 2002, 362 (370); ähnlich Dreier CR 2000, 45 (47).

[2059] Metzger/Kreutzer MMR 2002, 139 (140); Dreier ZUM 2002, 28 (39).

[2060] Dreier ZUM 2002, 28 (39); siehe auch Rosén GRUR Int. 2002, 195 (205).

Nutzer dürfte diesem Auftrag an die Mitgliedstaaten nicht genügen. Daß der Nutzer selbst entsprechende Maßnahmen ergreifen können sollte, liegt also fern[2061]. Man müßte sich schon am Zweck des Art. 6 IV Unterabs. 1 Multimedia-RL orientieren, um im Rahmen einer teleologischen Auslegung die Selbsthilfelösung in Einklang mit der Richtlinie zu bringen[2062]. Dies ginge aber in Anbetracht des doch ziemlich eindeutigen Wortlauts wohl zu weit. Es dürfte zudem – ebenso wie es einem Zutrittsberechtigten zu einem Haus etwa nicht zuzumuten ist, zur Wahrnehmung seines Eintrittsrechts in ein verschlossenes Gebäude einbrechen zu müssen – einem Schrankenbegünstigten nicht zugemutet werden können, zur Ausübung der ihm durch die Urheberrechtsschranken eingeräumten Nutzungsbefugnisse ein ihn hieran hinderndes DRM-System umgehen zu müssen[2063].

cc) Zwischenergebnis

Die Gestattung der Umgehung im Rahmen urheberrechtlicher Schranken ginge also mit Art. 6 IV Multimedia-RL nicht konform[2064]. Eine legale Selbsthilfe des Nutzers gegen DRM-Systeme, welche ihn an einer im Rahmen urheberrechtlicher Schranken zulässigen Nutzung hindern, kommt somit nicht in Betracht. Eine so weitreichende Befugnis für die Nutzer erwiese sich angesichts des immensen Potentials des Netzmarktes für die Rechteinhaber wohl als zu bedrohlich[2065].

b) Direkte Regulierung

Die Richtlinie hätte offenbar als Maßnahme im Sinne des Art. 6 IV Unterabs. 1 Multimedia-RL auch die direkte Regulierung von DRM-Systemen von staatlicher Seite aus zugelassen[2066]. Durch gesetzliche Regelung könnte demnach festgelegt werden, daß DRM-Systeme bestimmte Voraussetzungen erfüllen müssen um rechtlich zulässig zu sein[2067]. Die tat-

2061 Spindler GRUR 2002, 105 (117); im Ergebnis ebenso Reinbothe GRUR Int. 2001, 733 (742); siehe auch Metzger/Kreutzer, Stellungnahme Art. 6 IV Unterabs. 4, S. 6 f.

2062 Angedacht von Metzger/Kreutzer, Stellungnahme Art. 6 IV Unterabs. 4, S. 6.

2063 Glarner, Musikpiraterie, S. 164.

2064 So die wohl h. M.: Reinbothe ZUM 2002, 43 (51); Rosén GRUR Int. 2002, 195 (205); Dreier ZUM 2002, 28 (39); Spindler GRUR 2002, 105 (117); a. A. Retzer CRi 2002, 134 (135); ebenfalls a. A. offenbar Marly K&R 1999, 106 (111).

2065 Rosén GRUR Int. 2002, 195 (205).

2066 Weder im verfügenden Teil noch in den Erwägungsgründen der Richtlinie, insbesondere in Erwägungsgrund 51, finden sich beachtliche gegenläufige Anhaltspunkte; siehe Koelman/Helberger in Hugenholtz, Future of Copyright, S. 165 (198 ff.).

2067 So offenbar befürwortet von Weber in Hilty, Urheberrecht am Scheideweg, S. 69 (85): Überläßt der Gesetzgeber das Feld der DRM-Technik allein den Privaten, so werde er zum Komplizen der Schaffung von Informationsmonopolen bzw. einer privat administrierten Informationsverwaltung.

sächliche Realisierbarkeit der DRM-resistenten Schranken könnte in der Theorie somit auch erzielt werden, indem der Gesetzgeber auf die Ausgestaltung technischer Schutzsysteme direkt, d. h. unmittelbar regulierend einwirkt, etwa durch eine Regelung, daß ausschließlich solche Schutzsysteme eingesetzt werden dürfen, die die Ausübung urheberrechtlicher Schrankenbestimmungen nicht vereiteln[2068]. Hiergegen spricht jedoch folgendes:

aa) Behinderung und Gefährdung der DRM-Technik

Staatlicher Einfluß auf die zu verwendende Technik könnte den Anreiz mindern, am technischen Fortschritt für Schutzsysteme zu arbeiten[2069]. Die Regulierung von Standards könnte schlimmstenfalls alle Investitionen in die Entwicklung von neuen und fortgeschrittenen Systemen einfrieren und so Inhalteanbieter des Vorteils künftig sowohl technisch sicherer und zugleich nutzerfreundlicher Systeme berauben[2070]. Insbesondere vor dem Hintergrund, daß die technische Entwicklung von DRM-Systemen derzeit noch in ihren Kinderschuhen steckt, wäre dies nicht wünschenswert. Ferner würde das Setzen technischer Standards alle Inhalteanbieter dazu zwingen, letztlich mehr oder weniger gleiche Systeme zu verwenden. Dies dürfte letztlich dazu führen, daß die hiervon geschützten Werke gegenüber Piraterie verwundbarer würden[2071]. Letzteres ist nicht ganz von der Hand zu weisen, denn die Suche nach Umgehungsmöglichkeiten des Schutzsystems könnte sich dann gewissermaßen hinsichtlich der Standards kanalisieren und somit potentiell dazu beitragen, daß das System (früher) gehackt wird. Sowie Umgehungmethoden gefunden sind, ist entsprechender, häufig weit verbreiteter Schutzstandard in der Praxis nur noch wenig effektiv.

bb) Technische Unmöglichkeit umfassender direkter Regulierung

Auf absehbare Zeit wird es technisch nicht möglich sein, sämtliche oder wenigstens nahezu alle Wertungen und Voraussetzungen der maßgeblichen Schrankenbestimmungen in einem DRM-System vollständig zu integrieren[2072]. Eine pauschale Regelung, wonach eingesetzte technische Schutzmaßnahmen die Ausübung aller Schrankenregelungen des geltenden Urheberrechts zuzulassen hätten, hätte deshalb keinen angemessenen Ausgleich zwischen den Interessen der Rechteinhaber einerseits und denen der der Allgemeinheit auf der anderen Seite dargestellt, sondern wäre

[2068] Siehe Bechtold, Informationsrecht, S. 409.
[2069] Huppertz CRi 2002, 105 (108 f).
[2070] Huppertz CRi 2002, 105 (109).
[2071] Huppertz CRi 2002, 105 (108).
[2072] Siehe A.II.3.b).

im Ergebnis vielmehr einem Verbot des Einsatzes technischer Maßnahmen gleichgekommen[2073].

c) Hinterlegung von Mitteln zur kontrollierten Überwindung von DRM-Systemen

Der Gesetzgeber hätte auch Schrankenbegünstigten das Recht einräumen können, von einer hierzu legitimierten Instanz die zur Überwindung von DRM-Systemen notwenigen Mittel zu erhalten, sofern zu ihren Gunsten eine Schranke im Sinne des Art. 6 IV Unterabs.1 einschlägig ist[2074]. Da besagte Mittel bei einer bestimmten Stelle hinterlegt sein müssen, spricht man insofern vom Hinterlegungsmodell[2075]. In dessen Rahmen dürfen besagte Mittel ausschließlich von der hierzu berechtigten Stelle zur Verfügung gestellt werden und auch nur solchen Kreisen, welche von einer DRM-resistenten Schrankenbestimmung begünstigt sind. Eine Weitergabe der Mittel an Dritte muß dem Nutzer untersagt sein[2076]. Zur Lösung hätte die Frage angestanden, wie der Beweis hätte geführt werden sollen, daß derjenige, der die Mittel zur Überwindung einer technischen Einrichtung begehrt, auch Begünstigter einer Schranke i. S. d. Art. 6 IV Unterabs. 1 Multimedia-RL ist[2077]. Sofern es für die Prüfung, ob dem die Umgehungsmittel begehrenden Nutzer diese aus urheberrechtlicher Sicht auch zustehen, der Erhebung von Daten bedarf, berührt besagtes Hinterlegungsmodell zudem das Datenschutzrecht. Die Praktikabilität des Modells soll fraglich sein[2078], insbesondere da ein für den Begünstigten anfallendes Verwaltungsverfahren von langer Dauer und ebenfalls mit beachtlichen Kosten verbunden sein kann[2079]. Insofern wären letztlich aber wohl auch keine auffallend längeren Verfahren oder höhere Kosten zur Schrankendurchsetzung entstanden als dies im nunmehr geltenden Modell im Rahmen des Anspruchs gemäß § 95b II 1 UrhG der Fall ist.

2. Anspruch gemäß § 95b II 1 UrhG

Zum Teil wird die Einräumung des Rechts zur Durchsetzung der in § 95b I 1 UrhG enumerierten Schranken, d.h. der Anspruch nach § 95b II 1 UrhG kritisch betrachtet, da die Interessen der Urheber und ihrer Verwer-

2073 Siehe aber Peukert UFITA 2002, 689 (708).

2074 Ausführlich Bechtold, Informationsrecht, S. 412 ff.; siehe auch Peukert UFITA 2002, 689 (708 f.); vgl. auch Grassmuck ZUM 2003, 1014 (1016), der eine Art Regulierungsbehörde zur Überwachung des Einsatzes von DRM-Technik fordert, die u.a. die Pflicht der Rechteinhaber nach § 95b I 1 UrhG handhaben soll.

2075 Ähnlich Bechtold, Informationsrecht, S. 413: „Key Escrow"-Modell.

2076 Dies könnte etwa auf vertraglicher Ebene vonstatten gehen.

2077 Kritisch insofern Metzger/Kreutzer, Stellungnahme Art. 6 IV Unterabs. 4, S. 5.

2078 Dreier ZUM 2002, 28 (39).

2079 Metzger/Kreutzer, Stellungnahme Art. 6 IV Unterabs. 4, S. 5.

ter hierdurch nicht in ausgewogenem Maße gewahrt würden und der Schutz technischer Schutzmaßnahmen nach § 95a UrhG so weitgehend leer liefe[2080]. Die hierdurch erreichte abschreckende Wirkung auf potentiell am technischen Schutz ihrer Werke durch den Einsatz von DRM-Technik interessierte Rechteinhaber sei im digitalen Zeitalter das völlig falsche Signal des Gesetzgebers[2081]. Dieser Kritik ist jedoch nicht zu folgen. Richtig ist allein, daß ein Rechteinhaber, sofern er sein digitales Werk mit DRM-Technik schützt, damit rechnen muß, daß neben den Kosten für diese noch weitere auf ihn zukommen, nämlich diejenigen, welche durch das Zurverfügungstellen der benötigten Mittel i. S. d. § 95b I 1 UrhG entstehen[2082]. Mit Blick auf die ebenfalls einzubeziehenden Interessen der schrankenrechtlich begünstigten Kreise rechtfertigt dies allerdings nicht, von einer unausgewogenen Regelung zuungunsten der Urheber zu sprechen. Problematisch erscheint dagegen schon eher die Tatsache, daß die anspruchsbegründende Norm zur Durchsetzung DRM-resistenter Schranken (§ 95b II 1 UrhG) erst am 01.09.2004 in Kraft getreten ist[2083], während das Verbot der Umgehung von technischen Schutzmaßnahmen (§ 95a I UrhG) bereits seit dem 13.09.2003 gilt. Für den Zeitraum fast eines Jahres wurde somit den entsprechenden Schranken potentiell ihr praktischer Wert entzogen. Vor dem Hintergrund, daß Zugangskontrollen ein sehr effektives Mittel zur Kontrolle der Nutzung sind, hätte es sich schließlich sachlich angeboten, im Rahmen der in § 95b I 1 UrhG genannten Schranken dem Begünstigten auch einen Anspruch auf Zugang zu entsprechenden Inhalten einzuräumen[2084].

3. Flexibilität und Unabdingbarkeit des § 95b I 1 UrhG

Die flexible Ausgestaltung des § 95b I 1 UrhG ist zu begrüßen[2085], bietet sie doch eine gewisse Gewähr dafür, daß neue und zeitgemäße technische

---

2080 So Schippan ZUM 2003, 378 (386); ders. ZUM 2003, 188 (197); a. A. Dreier ZUM 2002, 28 (39) mit dem zutreffenden Hinweis, daß eine übermäßige Belastung der Rechteinhaber schon wegen der Geltungsbereichsausnahme für interaktive Dienste (§ 95b III UrhG) nicht zu befürchten steht.

2081 So Schippan ZUM 2003, 378 (387).

2082 Hertin, UrhR, Rn. 269: Durch § 95b UrhG würde dem Rechteinhaber der Anreiz zum Einsatz technischer Schutzmaßnahmen empfindlich vergällt.

2083 Art. 6 II Gesetz zur Regelung des Urheberrechts in der Informationsgesellschaft.

2084 Vgl. Dreier ZUM 2002, 28 (39): Nur so könne dem Nutzer in solchen Fällen ein effektiver Zugriff im Rahmen betroffener Schrankenbestimmungen gewährleistet werden.

2085 Vgl. Hugenholtz EIPR 2000, 499 (501): Das letzte, was die Informationsindustrie in der heutigen dynamischen Zeit gebrauchen könne, seien starre konkrete Vorschriften, welche auch für die kommende Zeit unbeschränkte Geltung beanspruchen; a. A. Lindhorst, Technische Maßnahmen, S. 139, der es begrüßt hätte, wäre vom Ge-

Modelle dem rechtlichen Rahmen regelmäßig nicht zuwider laufen. Sinnvoll ist auch, die in § 95b I 1 UrhG gefundene gesetzliche Lösung in § 95b I 2 UrhG für unabdingbar zu erklären[2086], da wegen der regelmäßig mächtigeren Position der Rechteinhaber gegenüber dem einzelnen Nutzer ansonsten zu befürchten wäre, daß von § 95b I 1 UrhG in der Praxis nicht viel übrig bliebe. Am Grundsatz der Privatautonomie kann daher aus Nutzerschutzgesichtspunkten sinnvollerweise nicht festgehalten werden.

4. Verbandsklage

Die bloße Gewährung eines Anspruchs des jeweiligen einzelnen Begünstigten einer Urheberrechtsschranke gegen den diese nicht achtenden Rechteinhaber wäre sicherlich keine optimale Lösung gewesen. Sinnvoll ist daher die Einführung der Möglichkeit einer Verbandsklage[2087]. Mit dieser sind die wesentlichen Schwachstellen eines individuellen Anspruchs theoretisch durchaus in den Griff zu bekommen; dies gilt hoffentlich auch in der Praxis.

5. Beweislastumkehr zugunsten der Rechteinhaber (§ 95b II 2 UrhG)

Vor dem Hintergrund, daß der Durchsetzung der in § 95b I 1 UrhG aufgezählten Schranken ohnehin faktische Barrieren im Weg stehen, erscheint die weitere Stärkung der Position der Rechteinhaber durch die Beweislastumkehr in § 95b II 2 UrhG auf den ersten Blick zwar bedenklich. Allerdings ist nicht zu leugnen, daß diese Regelung einen gewissen Ansporn für die beteiligten Verbände darstellt, sich auf bestimmte technische Standards zu verständigen. Die Rechteinhaber haben dann einen Anreiz, freiwillig, d.h. von sich aus die erforderlichen Mittel entsprechend der mit den Vereinigungen der Begünstigten getroffenen Vereinbarungen zur Verfügung zu stellen. Dies dürfte die grundsätzliche Entscheidung zugunsten des Vorrangs freiwilliger Maßnahmen mit Leben erfüllen und kommt somit letztlich den durch § 95b I 1 UrhG begünstigten Kreisen zugute. Vielmehr steht auch die gesetzliche Vermutung des § 95b II 2

setzgeber in irgendeiner Weise festgelegt worden, wann ein Rechteinhaber seine Pflicht nach § 95b I 1 UrhG erfüllt hat; sich ebenfalls für klare gesetzliche Vorgaben aussprechend Kröger CR 2001, 316 (322); offenlassend Dreier CR 2000, 45 (49), der im vorliegenden Kontext lediglich bemerkt, daß eine abstrakte Regelung wie regelmäßig zu weniger Rechtssicherheit und mehr Einzelfallgerechtigkeit führt.

2086 Ebenso Lindhorst, Technische Maßnahmen, S. 139.

2087 Ebenfalls positiv gegenüber der Verbandsklage Metzger/Kreutzer MMR 2002, 139 (141); kritisch Peukert UFITA 2002, 689 (709): Wegen des mit ihnen verbundenen Zeit- und Kostenaufwands seien Verbandsklagen allenfalls in der Funktion des ergänzenden Schutzes sinnvoll.

UrhG dem Anreiz für die Weiterentwicklung von DRM-Systemen nicht massiv entgegen, obwohl dies mit dem Argument behauptet wird, besagte Norm fördere lediglich die Verständigung auf technische Standards, nicht jedoch deren technische Weiterentwicklung[2088]. Dies übersieht allerdings, daß eine weitere Motivation für Innovation und Verbesserung der Leistungsfähigkeit von DRM-Systemen durch den Gesetzgeber überhaupt nicht erforderlich ist, da die besagten faktischen Barrieren bei der Durchsetzung der in § 95b I 1 UrhG benannten Schranken unabhängig hiervon Bestand haben. Außerdem bleibt auch die Motivation bestehen, die DRM-Technik im Rahmen entsprechender Vereinbarungen i. S. d. § 95b II 2 UrhG möglichst optimal zu gestalten. Die Vorschrift des § 95b II 2 UrhG ist daher überwiegend positiv zu bewerten[2089].

6. Ordnungswidrigkeit

Mit der Einführung des entsprechenden Tatbestandes einer Ordnungswidrigkeit für den Fall, daß Rechteinhaber die zur Durchsetzung einer begünstigten Nutzung erforderlichen Mittel nicht zur Verfügung stellen (§§ 111a I Nr. 2, II i. V. m. 95b I 1 UrhG), ist im Ansatz ein sinnvoller, ergänzender Mechanismus zur Sicherung der Interessen der Schrankenbegünstigten geschaffen worden.

a) Bußgeldhöhe

Vor dem Hintergrund, daß ein Bußgeld nach den §§ 111a I Nr. 2, II i. V. m. 95b I 1 UrhG hinsichtlich ein- und desselben technisch geschützten Inhaltes nach vorliegend vertretener Ansicht nur einmal zu verhängen ist[2090], erscheint es fraglich, ob die maximal mögliche Bußgeldhöhe von 50.000 Euro das mit dem Ordnungswidrigkeitstatbestand verfolgte Ziel, nämlich die Rechteinhaber dazu anzuhalten, schon von sich aus, also ohne die entsprechende Klage seitens eines Begünstigten priviligierte Nutzungen zu ermöglichen, erreichen kann. Im Ergebnis ist dies wohl eher negativ zu beantworten[2091]. Denn vor dem Hintergrund, daß die Verwertungsrechte traditionell selten bei den Urhebern selbst, sondern zumeist bei großen oder zumindest größeren wirtschaftlich leistungsfähigen Rechteverwertern liegen, erscheint die Höhe eines zu verhängenden Bußgeldes mit 50.000 Euro als Höchstgrenze eher als zahnloser Tiger, um

---

[2088] So Schippan ZUM 2003, 378 (387).

[2089] Kritisch hingegen Schippan ZUM 2003, 188 (197): § 95b II 2 UrhG sei lediglich ein „Mini-Anreiz".

[2090] Siehe B.VI.2.c)bb)(6)(b).

[2091] War schon die noch im Gesetzesentwurf vom 31.07.02 vorgesehene maximale Bußgeldhöhe von 100.000 Euro bedenklich, so gilt dies erst recht nach Absenkung des Maximalbetrags auf 50.000 Euro.

eine Abschreckungswirkung zu erzielen, welche geeignet ist, potentielle Adressaten der Ordnungswidrigkeit nachdrücklich zur Befolgung der Rechtsordnung zu bewegen. Erforderlich sind vor diesem Hintergrund vielmehr Bußgelder in empfindlicher Höhe mit der potentiellen Eignung, das für die Rechteinhaber finanziell kalkulierbare Risiko auszuschalten[2092]. Ein höherer Bußgeldrahmen wäre angebracht gewesen, ohne daß dies bedeuten soll, ein Bußgeld von bis zu 50.000 Euro könne regelmäßig das verfolgte Ziel nicht erreichen. Eine gewisse Symbolwirkung wie auch der mittelbare Druck auf die Rechteverwerter aufgrund der potentiellen Medienwirksamkeit eines entsprechenden Ordnungswidrigkeitsverfahrens kann jedenfalls nicht geleugnet werden.

b) Zuständigkeit

Mangels spezieller Regelung bestimmt sich die sachliche Zuständigkeit zur Ahndung der Ordnungswidrigkeit nach § 111a I Nr. 2 UrhG, wenn also Rechteinhaber die zur Verwirklichung durch Urheberrechtsschranken begünstigter Handlungen erforderlichen Mittel nicht zur Verfügung stellen, gemäß § 36 I Nr. 2 OWiG. Die Regelung der Zuständigkeit ist somit Sache der Länder[2093]. Noch im Gesetzesentwurf vom 31.07.02 waren hierfür indes die Kartellbehörden vorgesehen[2094]. Zuständig sollte gemäß den §§ 48 i.V.m. 36 I Nr. 1 OWiG das Bundeskartellamt sein, wenn die Wirkung des Einsatzes eines DRM-Systems, welches die Durchsetzung der DRM-resistenten Schrankenregelungen nicht achtet, über das Gebiet eines Bundeslandes hinausreicht; ansonsten sollte die oberste Landesbehörde nach den Bestimmungen des jeweiligen Landesrechts zuständig sein. Die Zuständigkeit der Kartellbehörden zur Verhängung eines entsprechenden Bußgeldes wäre wohl sinnvoll[2095], da der Einsatz von DRM-Systemen wie gesehen durchaus Bezug zum Kartellrecht aufweist[2096] und die Kartellbehörden auf dem Gebiet des Ordnungswidrigkeitsverfahrens im Wirtschaftsrecht bereits langjährige Erfahrung vorweisen können.

7. Schutz nach § 95b IV UrhG

Der rechtliche Schutz gemäß § 95b IV UrhG geht über die Vorgaben der Multimedia-RL sinnvollerweise insofern hinaus, als er sich sowohl auf

---

2092 Vgl. Metzger/Kreutzer, Stellungnahme Art. 6 IV Unterabs. 4, S. 8. Die Bundesregierung sieht diesen Aspekt, BT-Dr. 15/38, S. 27, zieht daraus aber nicht die notwendigen Konsequenzen.

2093 Vgl. BT-Dr. 15/837, S. 36.

2094 § 111a III UrhG-E vom 31.07.2002.

2095 Vgl. Dreier in Dreier/Schulze, UrhG, § 111a, Rn. 8; Metzger/Kreutzer, Stellungnahme Art. 6 IV Unterabs. 4, S. 9.

2096 Ähnlich Dreier in Dreier/Schulze, UrhG, § 95b, Rn. 7: „sicherlich gerechtfertigt".

den Schutz nach § 95a I UrhG als auch gemäß § 95a III UrhG bezieht. Daß die Richtlinie diesem umfassenderen Schutz entgegenstehen könnte, ist eher fernliegend, äußert diese sich doch in Erwägungsgrund 51 S. 2 dahingehend, daß die Mitgliedstaaten freiwillige Maßnahmen durch die Rechteinhaber zur faktischen Durchsetzung der DRM-resistenten Schrankenvorschriften fördern sollen. Und eine solche Förderung kann mit der über Art. 6 IV Unterabs. 3 Multimedia-RL hinausgehenden Umsetzung eben durchaus erzielt werden.

8. Interaktive Dienste (§ 95b III UrhG)

Daß sich der Gesetzgeber nicht festlegt, welche konkreten Dienste als interaktiv i. S. d. § 95b III UrhG anzusehen sind, sondern die Beantwortung dieser Frage der Rechtsprechung überläßt, ist angesichts der raschen Entwicklungen im Umfeld digitaler Technik durchaus sinnvoll[2097]. Desweiteren ist anzumerken: Mit Blick auf die Problemfelder im Umfeld der Sonderstellung von interaktiven Diensten wäre es empfehlenswert gewesen, bei der Umsetzung die geübte Kritik zu berücksichtigen und entsprechend exakt zu formulieren[2098]. Die Verpflichtung von Rechteinhabern, begünstigende Urheberrechtsschranken beim Einsatz von DRM-Systemen zu sichern, sollte sich ausdrücklich auch auf Werke erstrecken, die von Online-Diensten heruntergeladen werden[2099]. Dies gilt besonders vor dem Hintergrund der zu erwartenden weiteren Zunahme des Online-Vertriebs urheberrechtlich geschützter Inhalte[2100]. Der Vorschlag, dem § 95b III UrhG einen zweiten klarstellenden Satz hinzuzufügen[2101], war durchaus sinnvoll. Er wurde aber nicht berücksichtigt, vermutlich da nach Ansicht des Gesetzgebers die möglichst präzise Übernahme der Richtlinienformulierung den optimalen Ausgangspunkt für deren erforderliche einheitliche Anwendung und Auslegung in allen Mitgliedstaaten darstellt[2102]. Dieser Gesichtspunkt hat natürlich einiges für sich. Allerdings wären dann zumindest entsprechende Ausführungen in der Gesetzeserläuterung zu § 95b III UrhG angebracht gewesen[2103]. Ob sich die Befürchtung, allei-

---

[2097] Offenbar ebenso Dreier ZUM 2002, 28 (31); Spindler GRUR 2002, 105 (108).

[2098] Vgl. Metzger/Kreutzer MMR 2002, 139 (142).

[2099] Ebenso Metzger/Kreutzer MMR 2002, 139 (142); dies., Stellungnahme Art. 6 IV Unterabs. 4, S. 12.

[2100] Vgl. Metzger/Kreutzer MMR 2002, 139 (142).

[2101] Sowohl Metzger/Kreutzer, Stellungnahme Art. 6 IV Unterabs. 4, S. 12, als auch Jaeger/Kreutzer, Stellungnahme Referentenentwurf, S. 9 schlugen folgenden Zusatz vor: „Diese Einschränkung gilt nicht für diejenigen Vervielfältigungsstücke von Werken und sonstigen Schutzgegenständen, die durch die Inanspruchnahme eines in Satz 1 genannten Angebots auf dem Endgerät des Nutzers eines solchen Dienstes entstehen.“.

[2102] Vgl. BT-Dr. 15/38, S. 26.

[2103] Vorschlag von Jaeger/Kreutzer, Stellungnahme Referentenentwurf, S. 9.

ne das Wort „soweit" reiche nicht als Klarstellung dafür aus, daß die Beschränkung sich nicht auf von einem interaktiven Dienst heruntergeladene Werkstücke und darauf angewandte Schutzmaßnahmen beziehen soll[2104], bewahrheiten wird, kann wohl allein durch Beobachtung des künftigen Marktgeschehens und der hieraus resultierenden Rechtsprechung beantwortet werden.

9. Fehlende Durchsetzbarkeit digitaler Privatkopien

Der Ansatz, umstrittene Punkte bei der Richtlinienumsetzung erst im Rahmen eines „Zweiten Korbs" vertieft zu erörtern, war zwar im Grundsatz richtig; dies wird schon daran deutlich, daß der Gesetzgeber eine fristgemäße Umsetzung der Multimedia-RL trotz der Ausklammerung bestimmter Problempunkte nicht vollbringen konnte. So wurde vom Bundesministerium der Justiz auch schon im Rahmen des „Ersten Korbs" wiederholt darauf hingewiesen, daß die Frage, ob die digitale Privatkopie in den Katalog des § 95b I 1 UrhG aufzunehmen ist, in einem zweiten Gesetzgebungsschritt mit allen Beteiligten und ohne zeitlichen Druck diskutiert und geklärt werden soll[2105].

Auch wenn eine objektivrechtliche Verpflichtung des Gesetzgebers, wegen der Sozialpflichtigkeit des Urheberrechts den Einsatz von DRM-Systemen insoweit zu beschränken, nicht besteht[2106], sollte die digitale Privatkopie in den Katalog des § 95b I 1 UrhG aufgenommen werden, um eine ausgewogene, die Interessen der Rechteinhaber nicht über Gebühr berücksichtigende Rechtslage zu schaffen[2107]. Dies vordringlich aus der Erwägung heraus, daß die allgemeine Akzeptanz des Rechtssystems leiden kann, wenn Regelungen, die einen Großteil der Bevölkerung betreffen, im Widerspruch zur offenbar überwiegenden öffentlichen Meinung stehen: Der Durchschnittskonsument dürfte es regelmäßig als ungerecht empfinden, daß er eine Privatkopie im Digitalformat im Fall entsprechenden technischen Schutzes nicht durchsetzen kann[2108]. Die Aufnahme der digitalen Privatkopie in § 95b I 1 UrhG könnte so für die Nutzer den An-

2104 So Jaeger/Kreutzer, Stellungnahme Referentenentwurf, S. 8.

2105 Vgl. Mayer CR 2003, 274 (276).

2106 Siehe C.II.2.a)cc).

2107 Ebenso mit ausführlicher Begründung Kreutzer/Jaeger/Schulz, Stellungnahme Fragebogen, S. 11 f.; Grassmuck ZUM 2005, 104 (104 ff.) unter Bezugnahme auf die einschlägige BGH-Rechtsprechung zu § 53 UrhG; Kompensation ohne Kontrolle, S. 4; ebenso offenbar v. Braunmühl ZUM 2005, 109 (110); vgl. auch Mayer CR 2003, 274 (281); a. A. Häuser CR 2004, 829 (835); Senftleben CR 2003, 914 (918/919) mit Blick auf den Drei-Stufen-Test; Bornkamm ZUM 2003, 1010 (1011 f.) mit dem Hinweis, der Markt werde sich der Problematik annehmen.

2108 Ebenso offenbar Dreier/Nolte in Becker/Buhse/Günnewig/Rump, DRM, S. 479 (500).

reiz verringern, Umgehungsvorrichtungen zu erwerben und einzusetzen[2109]. Verbraucherverbände weisen im vorliegenden Kontext auch auf den Bezug der Privatkopie zu Art. 27 der Allgemeinen Erklärung der Menschenrechte hin[2110]. Sachlich leuchtet jedenfalls dem Nutzer nur schwer ein, warum er als Konsument, etwa wenn er eine CD käuflich erworben hat, sich hiervon nicht eine digitale Kopie zulegen können, sondern vielmehr die Qualitätseinbußen einer analogen Vervielfältigung hinnehmen soll[2111]. Er wird künftig – um beim Beispiel zu bleiben – wohl seine CD regelmäßig von der häuslichen Stereoanlage etwa ins Auto und wieder zurück mitnehmen müssen, will er sich rechtstreu verhalten[2112]. Oder aber er kauft sich frustriert von diesem Zustand ein weiteres Originalstück. Diese – wohl gewissermaßen alltägliche – Situation ist durchaus fragwürdig. Es mutet letztlich auch in sich widersprüchlich an, digitale private Kopien unter den Voraussetzungen des § 53 UrhG zu gestatten, deren faktische Durchsetzung dann aber zu verweigern[2113]; nicht allein dem juristischen Laien ist dies durchaus intransparent. Widersprüchlichkeit wäre abzulehnen, gäbe es Gründe, welche die Erlaubnis des Anfertigens digitaler Privatkopien rechtfertigten, deren Durchsetzung im Fall des Einsatzes von DRM-Systemen indes nicht. Solche Gründe drängen sich jedoch nicht auf[2114].

Als gangbarer Weg erscheint etwa, den Rechteinhabern im Gegenzug zu gestatten, durch entsprechende Vorkehrungen die möglichen Privatkopien auf eine Generation zu beschränken[2115]: Dies dürfte technisch machbar sein[2116]. Es vermag insoweit zudem die Überlegung zu überzeugen, daß es nicht entscheidend sein kann, ob entsprechende technische Vorrichtungen bereits existieren, da davon auszugehen ist, daß durch eine entsprechende gesetzliche Vorschrift ein Markt für derartige Systeme erzeugt und somit auch die Motivation potentieller Anbieter geschaffen wird[2117]. Zwar ver-

---

2109 So Lauber/Schwipps GRUR 2004, 293 (300).

2110 Berichtet vom Bundesministerium der Justiz, Referentenentwurf Zweiter Korb, S. 30.

2111 Die in Art. 5 I 1 GG verankerte Informationsfreiheit dürfte dem allerdings nicht entgegenstehen, siehe C.II.2.a)bb).

2112 Hieran zeigt sich das berechtigte Interesse eines Nutzers, sich digitale Kopien zum privaten Gebrauch anfertigen zu können; ebenso Goldmann/Liepe ZUM 2002, 362 (364).

2113 Peukert UFITA 2002, 689 (708); Stickelbrock GRUR 2004, 736 (740).

2114 A. A. v. Diemar GRUR 2002, 587 (592) mit dem Argument, der entscheidende Grund für das Privileg der Privatkopie, nämlich der Schutz der Privatsphäre der Nutzer, bliebe durch den Einsatz technischer Schutzmaßnahmen unberührt; ebenso Däubler-Gmelin ZUM 1999, 769 (773 f.): Mit dem Einsatz von Verschlüsselungssystemen entfiele die Frage des Schutzes der Privatsphäre.

2115 Vorschlag von Jaeger/Kreutzer, Stellungnahme Regierungsentwurf, S. 20.

2116 Vgl. A.II.3.b)aa)(1).

2117 Jaeger/Kreutzer, Stellungnahme Regierungsentwurf, S. 20.

mag die Industrie die entsprechende Technik vielleicht nicht kurzfristig bereitzustellen[2118]; auf einen überblickbaren Zeitraum müßte dies jedenfalls möglich sein. Sinnvoll erscheint auch der Ansatz, digitale Privatvervielfältigungen zwar in § 95b I 1 UrhG aufzunehmen, die hieraus resultierende Verpflichtung der Rechteinhaber jedoch dahingehend zu modifizieren, daß diese für einen gewissen Zeitraum nach dem Erscheinen des entsprechenden Werkes von dieser entbunden sind; dies mit dem Ziel der Ermöglichung, vom Neuheitseffekt angemessen zu profitieren[2119]. Schließlich setzt dieser Ansatz keine entsprechende Technik voraus. In Betracht zu ziehen ist ferner der Kompromiß, die digitale Privatkopie in § 95b I 1 UrhG aufzunehmen, deren Durchsetzbarkeit allerdings auf einige wenige, d. h. deutlich weniger als sieben Exemplare[2120] zu beschränken[2121]: Hier scheinen zwei bis drei Vervielfältigungen durchaus angebracht.

Zusammenfassend ist es bedauerlich, daß die Aufnahme der digitalen Privatkopie in § 95b I 1 UrhG im Rahmen des „Zweiten Korbs" nach aktuellem Stand der Dinge nicht stattfinden soll[2122]; dies vordringlich mit Blick auf die Wechselwirkung zwischen der Durchsetzbarkeit des Privatkopienprivilegs und entsprechenden Pauschalabgaben[2123]. Es steht zu befürchten, daß die Durchsetzung digitaler Privatkopien dann auch dauerhaft nicht möglich sein wird; isoliert dürfte die notwendige Gesetzesänderung politisch kaum durchsetzbar sein[2124]. Dies könnte auf die Einflußnahme von Lobbyisten der Inhalteindustrie zurückzuführen sein[2125]. Auf den ersten Blick erscheint es jedenfalls wenig verständlich, warum man die Realisierung des Privatkopienprivilegs faktisch den Rechteinhabern,

---

2118 So Goldmann/Liepe ZUM 2002, 362 (370).

2119 Angedacht von Goldmann/Liepe ZUM 2002, 362 (367).

2120 Als zulässige Anzahl privater Vervielfältigungen scheint sich die Zahl Sieben etabliert zu haben, siehe C.I.3.

2121 Angedacht von Peukert ZUM 2003, 1050 (1053).

2122 Siehe Bundesministerium der Justiz, Referentenentwurf Zweiter Korb, S. 34 ff.; Bundesministerium der Justiz, Urheberrecht in der Wissensgesellschaft, S. 2; kritisch Metzger/Kreutzer, Stellungnahme Art. 6 IV Unterabs. 4, S. 2; Goldmann/Liepe ZUM 2002, 362 (370) vermuten sogar, daß der Gesetzgeber dies schon bei Verabschiedung des „Ersten Korbs" vorhatte.

2123 Vgl. Dreier/Nolte in Becker/Buhse/Günnewig/Rump, DRM, S. 479 (499 f.); Peukert ZUM 2003, 1050 (1054): Sofern die Privatkopie uneingeschränkt in § 95b I 1 UrhG aufgenommen würde, könne am Pauschalabgabensystem festgehalten werden, weil davon auszugehen sei, daß die Rechteinhaber bestehende Nutzungsmöglichkeiten dann nicht technisch beschneiden werden.

2124 Jaeger/Kreutzer, Stellungnahme Regierungsentwurf, S. 19 f.; andeutend Höhne in Wiebe/Leupold, elektronische Datenbanken, Teil V, C., Rn. 104, Fn. 111. Goldmann/Liepe ZUM 2002, 362 (371) erwarten hingegen eine entsprechende Gesetzesänderung, sofern die Inhalteindustrie sich nicht freiwillig zu Zugeständnissen durchringen kann; zuversichtlich hoffend auch Gottschalk MMR 2003, 148 (156).

2125 Ebenso Peukert UFITA 2002, 689 (708): „politischen Notwendigkeiten".

also genau denjenigen überläßt, welche sich schon bei den Verhandlungen über die Multimedia-RL hartnäckig für die Abschaffung der Zulässigkeit privater Kopien starkgemacht haben[2126].

10. Fazit

Vorhandene Unstimmigkeiten des Augleichs der Interessen der Rechteinhaber und der Nutzer in § 95b UrhG gehen weitgehend auf die Vorgaben der Multimedia-RL zurück. Dem Gesetzgeber kann allenfalls der Vorwurf gemacht werden, nicht versucht zu haben, deren Schwächen auszugleichen, soweit dies im Rahmen seines Umsetzungsspielraums möglich ist. Inwieweit das vom Gesetzgeber zur Verfügung gestellte Modell praxistauglich ist, muß abgewartet werden. Es dürfte aber wie regelmäßig eine gewisse Zeit dauern, ehe sich konkrete Auswirkungen erkennen und benennen lassen. Dies gilt insbesondere vor dem Hintergrund, daß unsere Gesellschaft sich momentan erst am Anfang des Informationszeitalters und erst recht noch am Ausgangspunkt der Epoche der DRM-Systeme befindet. Der Gesetzgeber hat den in Art. 6 IV Multimedia-RL angelegten Interessenausgleich im Grundsatz tauglich umgesetzt. Damit hat er seine Schuldigkeit aber noch lange nicht getan: Er muß vor allem die weitere Entwicklung der Praxis aufmerksam verfolgen, um eventuell auftretende Mißstände frühzeitig erkennen und bekämpfen zu können. Sofern solche auftreten, ist dies zuungunsten der Schrankenprivilegierten wahrscheinlicher. Ziel des Gesetzgebers muß es sein, zu vermeiden, daß mit Hilfe von DRM-Systemen gerade in der modernen Informationsgesellschaft Inhalte kultureller und informativer Art quasi weggesperrt werden[2127].

IV. Technischer Schutz und Pauschalvergütung

Der Einsatz von DRM-Systemen wirkt sich auch auf das urheberrechtliche Vergütungssystem aus. Es gilt zu verhindern, daß Rechteinhaber doppelt zur Kasse bitten, einmal direkt mit Hilfe der DRM-Technik und darüberhinaus hinsichtlich des gleichen Inhaltes mittelbar über die von den Verwertungsgesellschaften eingeforderten Pauschalabgaben: § 13 IV UrhWahrnG will dem entgegensteuern. Diese Norm ist zwar inhaltlich zu begrüßen[2128], wäre zur Verdeutlichung ihrer Funktion allerdings wohl

[2126] Ebenso Metzger/Kreutzer, Stellungnahme Art. 6 IV Unterabs. 4, S. 2; Mayer CR 2003, 274 (280): „Paradoxon"; Wiebe FS Kilian, S. 603 (609) sieht in in besagtem Umstand bereits eine faktische Abschaffung der Privatkopieschranke.

[2127] Ähnlich Dusollier in Kaestner, Intellectual Property Rights, S. 227 (231).

[2128] Ebenso Jaeger/Kreutzer, Stellungnahme Referentenentwurf, S. 10.

besser an entsprechender Stelle im UrhG plaziert gewesen, etwa im Rahmen der §§ 54, 54a UrhG[2129]. Letzeres will der Gesetzgeber mittlerweile nachholen: § 13 IV UrhWahrnG soll an soeben genannter Stelle positioniert werden[2130]. Ferner bietet es sich an, die Vorgabe an die Verwertungsgesellschaften gesetzlich zu konkretisieren, sowohl hinsichtlich des Umfangs der Berücksichtigung des Einsatzes von DRM-Systemen als auch mit Blick auf den Zeitrahmen, in welchem dies zu verwirklichen ist[2131]. Desweiteren macht auch durchaus Sinn, über eine Verpflichtung der Rechteinhaber nachzudenken, nach welcher sie den Verwertungsgesellschaften mitzuteilen haben, wenn und in welchem Umfang sie DRM-Technik einsetzen[2132]. Eine solche Meldepflicht würde den jetzigen § 13 IV UrhWahrnG stärkend flankieren und dürfte es in der Praxis erleichtern oder bisweilen gar erst ermöglichen, bei der Tarifgestaltung berücksichtigen zu können, inwieweit technische Schutzmaßnahmen nach § 95a UrhG auf die betreffenden Werke oder die betreffenden Schutzgegenstände angewendet werden.

V. Zur Reichweite des Privatkopienprivilegs

Daß das Privatkopienprivileg nicht eingreift, soweit zur Vervielfältigung eine „offensichtlich rechtswidrig" hergestellte Vorlage verwendet wird, ergibt insbesondere im Internetkontext nicht unerhebliche Rechtsunsicherheit[2133], die zugleich eine Vielzahl von Personen betrifft und von daher auf Nutzerseite häufig nicht auf Verständnis für die Novellierung des Urheberrechts treffen dürfte. Der Tatbestand des § 53 I UrhG sollte daher mit Blick auf das Internet sinnvollerweise (auch) daran anknüpfen, ob die verwandte Kopiervorlage rechtswidrig öffentlich zugänglich gemacht, d. h. ins Internet eingestellt worden ist, anstatt allein auf die Rechtswidrigkeit deren Herstellung abzustellen. Die Erkenntnis, daß die aktuelle Fassung des § 53 I UrhG insoweit zu kurz greift, hat mittlerweile auch das Bundesministerium der Justiz gewonnen, welches daher eine entspre-

2129 Ebenso Goldmann in Becker/Buhse/Günnewig/Rump, DRM, S. 502 (515); Goldmann/Liepe ZUM 2002, 362 (371); ähnlich Bremer, wiedergegeben von Zecher ZUM 2002, 451 (455).

2130 § 54a I 2 UrhG-RefE; siehe Bundesministerium der Justiz, Referentenentwurf Zweiter Korb, S. 61.

2131 Zu recht kritisch daher Goldmann in Becker/Buhse/Günnewig/Rump, DRM, S. 502 (515), die in diesem Kontext sogar die Frage aufwirft, ob der Gesetzgeber die Richtlinie ausreichend umgesetzt hat.

2132 Kreutzer/Jaeger/Schulz, Stellungnahme Fragebogen, S. 3; Kompensation ohne Kontrolle, S. 12.

2133 Ebenso Lauber/Schwipps GRUR 2004, 293 (299); ähnlich, wenn auch zurückhaltender Ernst CR 2004, 39 (40); siehe aber C.I.2.b)cc)(1).

chende Änderung dessen Wortlautes plant[2134]. Diesem Ansatz ist konsequent zu folgen.

VI. Einführung einer überwachenden Instanz

Zwar dürfte der „Zweite Korb" hierfür noch verfrüht anstehen, dennoch scheint die Überlegung, eine den Einsatz von DRM-Technik überwachende Instanz einzuführen[2135], eine eingehendere Überlegung wert, zu der ich an dieser Stelle anregen möchte.

VII. Konkrete Anregungen

Das Gesetz zur Regelung des Urheberrechts in der Informationsgesellschaft ist unter dem Strich ein erster Schritt hin zu einer sachgerechten Regelung des Einsatzes moderner DRM-Technologie. Weitere Modifikationen der Rechtsordnung bleiben dennoch erforderlich. Dies betrifft vordringlich die Durchsetzbarkeit digitaler Privatkopien gegenüber DRM-Systemen, das urheberrechtliche Vergütungssystem sowie den marktabschottend wirkenden Einsatz technischer Schutzmaßnahmen. Der Markt für digitale Inhalte ist vor dem Hintergrund des Einsatzes von DRM-Systemen und dessen Auswirkungen seitens des Gesetzgebers ebenso ständig zu beobachten wie die tatsächlichen Auswirkungen des Gesetzes zur Regelung des Urheberrechts in der Informationsgesellschaft in der Praxis. Sich ggf. abzeichnenden Mißständen ist möglichst frühzeitig zu begegnen.

[2134] Siehe Bundesministerium der Justiz, Referentenentwurf Zweiter Korb, S. 29/52 f.; Bundesministerium der Justiz, Urheberrecht in der Wissensgesellschaft, S. 2.

[2135] So Grassmuck ZUM 2003, 1014 (1016).

H. Weitere Problemfelder des Einsatzes von DRM-Systemen

I. DRM-Systeme als internationale Herausforderung

Die Inhalte- und Informationsindustrie ist international ausgerichtet. Sowohl wegen der gesteigerten Ubiquität des geistigen Eigentums im digitalen Format, vordringlich aber wegen der internationalen Dimension des Internets ist der Einsatz von DRM-Systemen kein Phänomen, welches sich auf einen einzelnen Staat und somit auf eine einzelne nationale Rechtsordnung beschränkt oder irgendwie beschränken läßt[2136]; entsprechendes gilt natürlich hinsichtlich der Umgehung von DRM-Technik[2137]. Auf das global angelegte Internet läßt sich nun mal kaum effektiv durch lediglich einzelstaatlich wirkende Rechtsvorschriften reagieren. Eine für die Praxis zentrale Frage ist deshalb diejenige nach der maßgeblichen (nationalen) Rechtsordnung. Denn das beste Rechtssystem nützt nichts, wenn es gar nicht zur Anwendung kommt. Dies wirft kollisionsrechtliche Fragen auf[2138], welche deutlichen praktischen Bezug haben und zudem von beachtlicher wirtschaftlicher Bedeutung sind. Die Rechtsprechung in Deutschland wendet beisbielsweise die nationale Urheberrechtsordnung des Schutzlandes an, also des Landes, für dessen Gebiet im konkreten Fall urheberrechtlicher Schutz beansprucht wird (Schutzlandprinzip oder lex loci protectionis)[2139]. Die Frage nach der anzuwendenden Rechtsordnung im Kontext des Einsatzes von DRM-Systemen ist bislang ungeklärt. Es ist daher damit zu rechnen, daß insofern sicherlich noch der ein oder andere Streit ausgetragen werden wird, sowohl vor Gericht als auch in der Wissenschaft. Wichtig ist, daß das Recht jeglichen Mißbrauchsmöglichkeiten[2140] so wirksam wie möglich entgegentritt. Hierzu muß es auf lange

---

2136 Siehe Lehmann in Lehmann, Cyberlaw, S. 25 (31 f.); siehe auch Dreier in Fiedler/Ullrich, Information als Wirtschaftsgut, S. 155 (175 ff.); siehe ferner A.III.2.a).

2137 Vgl. OLG München Urt. v. 28.07.2005 – 29 U 2887/05 – AnyDVD, S. 20 f.

2138 Vgl. Peukert in Loewenheim, Hdb UrhR, § 33, Rn. 17 ff.; Hoeren in Picot, DRM, S. 5 (7 ff.); Spindler IPRax 2003, 412 (413 ff.).

2139 BGH Urt. v. 02.10.1997 – I ZR 88/95 – Spielbankaffaire, BGHZ 136, 380 (380); BGH Urt. v. 16.06.1994 – I ZR 24/92, BGHZ 126, 252 (255); BGH Urt. v. 17.06.1992 – I ZR 182/90 – ALF, BGHZ 118, 394 (397 f.); siehe auch v. Welser in Wandtke/Bullinger, Praxiskommentar UrhR, Vor §§ 120 ff., Rn. 4 f.; Katzenberger in Schricker, UrhR, Vor §§ 120 ff., Rn. 124 f.; Dreier in Dreier/Schulze, UrhG, Vor §§ 120 ff., Rn. 28; Hartmann in Möhring/Nicolini, UrhG, Vor §§ 120 ff., Rn. 1 ff.

2140 Gemeint sind Möglichkeiten des Mißbrauchs mit Blick auf die anzuwendende Rechtsordnung, d. h. auf das internationale Schutzgefälle.

Sicht zu einer internationalen Harmonisierung kommen[2141]: Der wirtschaftlichen Globalisierung muß im Kontext digitaler Inhalte die Globalisierung urheberrechtlicher Grundsätze folgen. Entscheidend wird sein, daß diese flächendeckend erreicht werden kann, daß also keine Rechtsoasen bestehenbleiben. Denn vor dem Hintergrund des globalen Mediums Internet kann eine einzige solche Oase das gesamte (globale) Rechtssystem aushebeln. Die Praxis würde entsprechend schnell reagieren. Die globale Vereinheitlichung des Schutzes durch die Rechtsordnung ist daher von großer Bedeutung, dürfte allerdings nur schwer zu bewerkstelligen sein. Jedenfalls dürfte hier eine große Herausforderung für die internationale Rechtspolitik liegen. Mit Blick auf den Binnenwettbewerb ist insbesondere eine zumindest europaweite Vereinheitlichung der urheberrechtlichen Vergütungssysteme sinnhaft[2142]. Denn gerade in einer Zeit, in der neue Technologien immer mehr zu globalen Nutzungen von immateriellrechtlich geschützten Werken führen, ist es besonders wichtig[2143], daß eine gleichförmige Rechtsentwicklung stattfindet.

II. DRM-Systeme als Objekt des Datenschutzes

DRM-Systeme können die Erfassung einzelner Nutzungsvorgänge ermöglichen[2144], auch wenn sie im privaten Bereich geschehen[2145]; DRM wird daher bisweilen als ein „invasives Überwachungsinstrument" erblickt[2146]. Jedenfalls dann, wenn ein Rechteinhaber mit Hilfe von DRM-Systemen individuell Nutzungsrechte einräumen und abrechnen will, muß er grundsätzlich bestimmte Personendaten des Nutzers abfragen und mit den Nutzungsdaten verknüpfen. Die dem Rechteinhaber in diesem Zusammenhang zufallenden Daten kann dieser zur Erstellung aussagekräftiger und umfassender persönlicher Nutzungsprofile verwenden[2147]. Diese Nutzungsprofile können der Rechteinhaber oder etwa auch Dritte, denen er die Daten – regelmäßig wohl entgeltlich – zur Verfügung stellt, weiterverarbeiten: Der Weg zu einem Profil des jeweilgen

[2141] Herrnleben MMR 2004, 505 (506); Thomaschki DuD 1998, 265 (269); Fränkl/Karpf, DRM-Systeme, S. 102 f.; vgl. Köhler K&R 2003, 535 (536 f/541); v. Lewinski in Schricker/Dreier/Kur, Geistiges Eigentum, S. 139 ff.; Henning-Bodewig in Schricker/Dreier/Kur, Geistiges Eigentum, S. 125 (131 ff.).

[2142] Stickelbrock GRUR 2004, 736 (743).

[2143] Eindringlicher v. Lewinski CR 1997, 438 (444): „entscheidend".

[2144] Siehe Bechtold, Informationsrecht, S. 69 ff.

[2145] Die pauschalvergüteten Urheberrechtsschranken verkörpern hingegen die Möglichkeit, anonym zu lesen und zu vervielfältigen, kurzum den Schutz der Privatsphäre: Grassmuck in Koenig/Neumann/Katzschmann, Trusted Computing, S. 152.

[2146] So die Stellungnahme privatkopie.net u.a, S. 6.

[2147] Thomaschki DuD 1998, 265 (268).

Nutzers ist nicht sehr weit[2148]. So ist etwa nachvollziehbar, wer wann, wie häufig und jeweils wie lange auf bestimmte Inhalte zugegriffen hat. An dieser Stelle tritt der Einsatz der DRM-Technik mit dem Datenschutzrecht bzw. dem Recht auf informationelle Selbstbestimmung eines jeden Nutzers in Kontakt[2149]. Die zu berücksichtigenden maßgeblichen Vorschriften sind je nach den Umständen des konkreten Einzelfalls entweder dem Gesetz über den Datenschutz bei Telediensten (TDDSG), dem Mediendienstestaatsvertrag (MDStV), dem Rundfunkstaatsvertrag (RStV) oder dem Bundesdatenschutzgesetz (BDSG) zu entnehmen[2150]. Der datenschutzrechtlich problematische Einsatz von Technik ist keine Zukunftsmusik mehr[2151]. Dies ist bereits dem europäischen Richtliniengeber beim Erlaß der Multimedia-RL klar gewesen, wie aus Erwägungsgrund 57 hervorgeht. Es gilt daher, datenschutzrechtlich akzeptable DRM-Systeme zur Verfügung zu stellen[2152], etwa Systeme, die anfallende Lizenzgebühren anonym abrechnen können[2153]; technisch sollte dies spätestens mittelfristig möglich sein[2154]. Aus datenschutzrechtlicher Sicht ist es schließlich anzustreben, durch DRM-Systeme gesammelte Daten über die Nutzung der entsprechenden Inhalte strikt von den eigentlichen Kundendaten zu trennen; letztere könnten etwa in einer unabhängigen Datenbank eines Dritten gespeichert werden.

2148 Wandtke/Ohst in Wandtke/Bullinger, Praxiskommentar UrhR Ergänzungsband, § 95b, Rn. 6/§ 95c, Rn. 5; ebenso offenbar Spindler GRUR 2002, 105 (119).

2149 Siehe Büllesbach in Büllesbach/Dreier, Information im 21. Jahrhundert, S. 163 ff.; Höhne in Wiebe/Leupold, elektronische Datenbanken, Teil V, C., Rn. 110 ff.; siehe auch Lessig, Code, S. 253 ff.; Köhler K&R 2003, 535 (539); grundlegend zum Recht auf informationelle Selbstbestimmung BVerfG Urt. v. 15.12.1983 – 1 BvR 209, 269, 362, 420, 440, 484/83 – Volkszählung, BVerfGE 65, 1.

2150 Siehe Höhne in Wiebe/Leupold, elektronische Datenbanken, Teil V, C., Rn. 110 ff.

2151 Siehe Bechtold, Informationsrecht, S. 138, Fn. 709. Hoeren, Urheberrecht und Verbraucherschutz, S. 41 f/52 plädiert daher darauf, technische Maßnahmen, die dem geltenden Datenschutzrecht widersprechen, vom Schutz des § 95a UrhG herauszunehmen, was richtlinienkonform möglich sei, wie Erwägungsgrund 60 Multimedia-RL zeige.

2152 Ebenso Goldmann in Becker/Buhse/Günnewig/Rump, DRM, S. 502 (519); Wandtke/Ohst in Wandtke/Bullinger, Praxiskommentar UrhR Ergänzungsband, § 95b, Rn. 6.

2153 Siehe Bechtold, Informationsrecht, S. 139 f.; Möschel/Bechtold MMR 1998, 571 (575).

2154 Ebenso Bechtold in Becker/Buhse/Günnewig/Rump, DRM, S. 597 (619).

III. Der Einsatz von DRM-Systemen als Gegenstand des Gewährleistungsrechts

Der Einsatz von DRM-Systemen berührt auch das (kaufrechtliche) Gewährleistungsrecht[2155]. Etwa die fehlende Möglichkeit, von einer legal erworbenen Audio-CD digitale Kopien herzustellen, könnte einen Sachmangel i. S. d. § 434 BGB mit der Folge von Gewährleistungsansprüchen des Käufers nach § 437 BGB darstellen[2156]; gleiches gilt hinsichtlich der fehlenden Abspielbarkeit[2157]. Vor allem CD-Player älteren Baujahrs, CD-Audioradios und DVD-Player haben nämlich teilweise Probleme mit dem Lesen kopiergeschützter Audio-CDs. Bei der Frage über das Vorliegen eines Sachmangels ist jedoch zu berücksichtigen, daß jedenfalls Neuerscheinungen seit dem 01.12.2003 regelmäßig einen entsprechenden Hinweis aufweisen, welcher dem Erwerber die Beschaffenheit des Produkts, d. h. besagte Einschränkungen in der Nutzung verdeutlicht. Jedenfalls ist ein solcher nun durch § 95d I UrhG vorgeschrieben. Besagte Informationen müssen dem Konsumenten auch jeweils im Vorfeld des Vertragsschlusses zur Verfügung stehen, so daß er seine Erwerbsentscheidung entsprechend daran ausrichten kann. Kommt der Rechteinhaber seiner Pflicht aus § 95d I UrhG nach, so wird schon die Annahme eines Sachmangels hierdurch tendenziell erschwert[2158], wenn nicht sogar unmöglich gemacht[2159]. Gewährleistungsansprüche des Konsumenten als Käufer nach § 437 BGB sind dann ferner gemäß § 442 I BGB ausgeschlossen[2160],

---

[2155] Siehe Trayer, Technische Schutzmaßnahmen, S. 147 ff.; Hoeren, Urheberrecht und Verbraucherschutz, S. 37 f.; Dreyer in Dreyer/Kotthoff/Mechel, UrhR, § 95a, Rn. 108 f.; Diesbach K&R 2004, 8 (13); siehe Goldmann/Liepe ZUM 2002, 362 (371 ff.); Schack ZUM 2002, 497 (506); vgl. auch Lindhorst, Technische Maßnahmen, S. 69 ff.

[2156] Lapp/Lober ITRB 2003, 234 (235): § 95d I UrhG brächte deutlich zum Ausdruck, daß die Normalbeschaffenheit eines Produkts eine solche ohne technische Schutzmaßnahmen sei; verneinend allerdings Diesbach K&R 2004, 8 (13). In diesem Kontext stellt sich inzident die Frage, ob ein Äquivalent des Kaufpreises des Produkts wirklich die Möglichkeit zur Erstellung privater Vervielfältigungen ist. Zwar sind wohl eher die Pauschalabgaben gemäß der §§ 54, 54a UrhG äquivalent hierzu, doch werden diese regelmäßig auf den Endverbraucher umgelegt, so daß der vom Konsumenten gezahlte Kaufpreis das Äquivalent zur Vervielfältigungsmöglichkeit im Regelfall mitenthält.

[2157] Bejahend Wiegand MMR 2002, 722 (723 f.); offenbar ebenso Diesbach K&R 2004, 8 (13); siehe Goldmann/Liepe ZUM 2002, 362 (371 ff.); vgl. auch Runte CR 2001, 657 (659 ff.).

[2158] Vgl. Goldmann/Liepe ZUM 2002, 362 (372 f.).

[2159] So Hoeren, Urheberrecht und Verbraucherschutz, S. 38; siehe Trayer, Technische Schutzmaßnahmen, S. 152.

[2160] Hoeren, Urheberrecht und Verbraucherschutz, S. 39; vgl. auch Koch CR 2002, 629 (633).

da er die fehlende Abspielbarkeit oder mangelnde Möglichkeit der Herstellung digitaler Kopien dann normalerweise positiv kennt (§ 442 I 1 BGB) oder grob fahrlässig nicht kennt (§ 442 I 2 BGB). Ansprüche nach § 437 BGB kommen im Ergebnis regelmäßig nur dann in Betracht, wenn der Rechteinhaber seiner Pflicht nach § 95d I UrhG zuwider handelt. In der breiten Bevölkerung dürfte der Einsatz von DRM-Systemen vor dem Hintergrund fehlender Kopier- und insbesondere Abspielbarkeit noch einigen Unmut hervorrufen.

IV. Schadensverursachung durch den Einsatz von DRM-Technik

Ein weiterer Problemkreis entsteht, wenn durch den Einsatz von DRM-Technik Schäden an anderen, also mit dem erworbenen Produkt nicht „stoffgleichen" Gegenständen des Nutzers entstehen[2161], die auf technische Schutzmaßnahmen zurückzuführen sind[2162]. Daß dies tatsächlich passieren kann, zeichnet sich neuerdings durchaus ab[2163]. In beschriebenen Situationen kann der Nutzer grundsätzlich Ansprüche nach § 280 BGB[2164], § 823 BGB[2165] oder aus § 1 I 1 ProdHaftG[2166] haben.

2161 Im Fall von Systemabstürzen drohen etwa Datenverluste.

2162 Vgl. Abdallah/Gercke/Reinert ZUM 2004, 31 (35); Rombach CR 1990, 101 (102 ff.).

2163 Vgl. Dreyer in Dreyer/Kotthoff/Mechel, UrhR, § 95a, Rn. 114.

2164 Dies ist auch möglich, wenn ein späterer Vertragsschluß gar nicht zustande kommt, etwa weil der Schaden bereits beim Testen des Produkts eintritt: §§ 280 I, 282, 241 II, 311 II BGB.

2165 Im Fall fehlender Stoffgleichheit bezüglich des zu liquidierenden Schadens kommt § 823 I BGB neben vertraglichen (Gewährleistungs-) Ansprüchen zur Geltung, siehe Schienemann in Erman § 823, Rn. 124 m.w.N.; vgl. auch Wagner in MünchKommBGB § 823, Rn. 547.

2166 Vgl. § 1 I 2 ProdHaftG.

J. Die Kernaussagen

Unter DRM-Systemen sind weit gefaßt technische Mittel zu verstehen, welche digitale Inhalte gegen unbefugten Zugriff schützen und/oder deren Gebrauch überwachen, also der Durchsetzung von Einschränkungen der eingeräumten Nutzerrechte dienen. Zu differenzieren sind die Funktionen der Zugangskontrolle sowie der Nutzungskontrolle. Während vor Anbruch des Digitalzeitalters die klassische (Urheber-)Rechtsordnung[2167] der alleinige Schutz der Rechteinhaber war, stehen diesen im digitalen Kontext nun gleich mehrere Schutzinstrumente parallel zur Verfügung. Der Einsatz der aufkommenden DRM-Technik ermöglicht Schutz auf insgesamt drei unterschiedlichen Ebenen: Einmal können Inhalte im digitalen Format mit dieser vor ungewollten Nutzungen gesichert werden (technische Ebene)[2168]. Diese Systeme sind zweitens seitens der Rechtsordnung auch gegen ihre Umgehung geschützt, indem diese für den Umgehungsfall diverse – zivilrechtliche sowie strafrechtliche – Sanktionen anordnet (rechtliche Ebene zur Absicherung des technischen Schutzes). Und zum Dritten besteht daneben noch der traditionelle Schutz der (Urheber-)Rechtsordnung (klassische rechtliche Ebene). Man kann insofern von einer Schutztrilogie sprechen. Der rechtliche Schutz vor der Umgehung von DRM-Systemen ist als solcher strikt zu unterscheiden von demjenigen, der an die Verletzung urheberrechtlicher Ausschließlichkeitsrechte anknüpft. Der Einsatz von DRM-Systemen kann also ein probates Mittel zur Bekämpfung der Piraterie rechtlich geschützter digitaler Inhalte sein. Die DRM-Technik hat darüberhinaus auch das Potential, den Markt für digitale Inhalte neu zu gestalten[2169]: Markt- und Preisdifferenzierung sind hier die Stichwörter. Darüberhinaus kann DRM-Technik auch zur Abschottung von Märkten mißbraucht werden, indem – regelmäßig marktbeherrschende oder zumindest marktstarke – Unternehmen Inkompatibilitäten gezielt als Marktstrategie einsetzen. In solchen Mißbrauchsfällen können konkurrierenden Wettbewerbern aufgrund kartellrechtlicher Erwägungen sowie gemäß des Lauterkeitsrechts Ansprüche

---

2167 Bezüglich des rechtlichen Schutzes der Rechteinhaber steht das Urheberrecht im Mittelpunkt. Flankierend kommen insbesondere Vorschriften des UWG sowie die allgemeinen Regelungen des BGB hinzu, siehe D.I.2.

2168 Wie die Art. 6, 7 Multimedia-RL und dem folgend die §§ 95a, c UrhG zeigen, wird der Einsatz von DRM-Technik grundsätzlich auch von der Rechtsordnung akzeptiert.

2169 Siehe B.I.1.b).

zustehen, die auf die Ermöglichung der Herstellung kompatibler Produkte gerichtet sind. Der Einsatz von DRM-Systemen birgt viele Chancen in sich, zugleich jedoch auch Risiken. Insbesondere steht er in einem natürlichen Spannungsverhältnis zum in der analogen Welt bewährten Interessenausgleich in Form von Ausschließlichkeitspositionen der Rechteinhaber und entsprechenden Urheberrechtsschranken zugunsten der Nutzergemeinde. Ziel muß es insofern sein, bewährte materiell-urheberrechtliche Regelungen im Lichte der DRM-Technik zu modifizieren. Die technische Entwicklung der DRM-Technik gilt es hierbei hinreichend zu berücksichtigen. Im Blickpunkt der Öffentlichkeit steht besagtes Spannungsverhältnis insbesondere im Kontext digitaler Privatkopien. Diese dürfen zwar unter den Voraussetzungen des § 53 UrhG erstellt werden, ein Anspruch auf Durchsetzung der Schranke gegenüber dem Rechteinhaber beim Einsatz von DRM-Systemen besteht indes nicht. DRM-Systeme machen mit fortschreitender technischer Leistungsfähigkeit die Rechtfertigung eines rein pauschalen Abgabensystems schwieriger. Individuelle Vergütungsmodelle haben bachtenswerte Vorteile. Der Einsatz von DRM-Technik stellt eine internationale Herausforderung dar, im Tatsächlichen wie im Juristischen. Schließlich tun sich rechtliche Problemfelder auch im Kontext des Gewährleistungsrechts und verstärkt aus datenschutzrechtlichen Erwägungen auf.

K. Ausblick

Die Zukunft vorauszusehen vermag niemand. Absehbar ist allerdings, daß der einzelne Rechteinhaber künftig weniger die Rolle eines Händlers, denn die eines Dienstleisters einnehmen dürfte[2170]: Während im analogen Bereich der Rechteinhaber regelmäßig das entsprechende Produkt, etwa eine Audio-CD herstellt und anschließend vertreibt, beschränkt sich seine Tätigkeit im an Relevanz gewinnenden Online-Bereich tendenziell darauf, zu lizenzieren und entsprechend die tatsächliche Nutzung durch den Kunden zu ermöglichen. Klar ist ferner, daß der Markt für Inhalte im digitalisierten Format enormes wirtschaftliches Potential aufweist. Ein wesentlicher Faktor bei dessen Nutzung ist, die zunehmend ausufernde Piraterie in den Griff zu bekommen sowie neue, dem Informationszeitalter angepaßte Vertriebsmodelle zu entwickeln. Der Einsatz von DRM-Systemen verspricht in beiderlei Hinsicht ein taugliches Mittel zu sein[2171]. Schon heute lassen sich im Kontext der DRM-Technik durchaus gewisse Tendenzen erkennen.

I. Die Urheberrechtsordnung unter dem Eindruck der DRM-Technik

Gegenwärtig dürfte das Urheberrecht die zentrale Rechtsmaterie, die „Magna Charta“[2172] der Informationsgesellschaft sein[2173]. Vor dem Hintergrund, daß Veränderungen der Urheberrechtsordnung sich häufig auf tatsächliche, d. h. vor allem technische Entwicklungen zurückführen lassen, liegt auf der Hand, daß der Fortschritt auf dem Gebiet der DRM-Technologie und deren zunehmender Einsatz am Markt auch auf die Urheberrechtsordnung als solche ausstrahlen wird.

2170 Siehe Guggemos ZUM 2004, 183 (184 f.).

2171 Siehe Becker/Günnewig in Becker/Buhse/Günnewig/Rump, DRM, S. 655 (668 ff.).

2172 So Hoeren MMR 2000, 3 (3).

2173 Ähnlich Kröger CR 2001, 316 (316).

1. Existenzberechtigung der Urheberrechtsordnung

So stellt sich schon die fundamentale Frage, ob die Urheberrechtsordnung in Zukunft überhaupt noch erforderlich sein wird[2174].

a) Zweifel an der Existenzberechtigung

Zumal geistige Inhalte im digitalen Format zunehmend durch DRM-Technik geschützt werden können, könnte man annehmen, das Urheberrecht im herkömmlichen Sinn habe im digitalen Umfeld keinerlei Berechtigung mehr[2175]. Stimmen werden laut, in der Informationsgesellschaft sollte Information frei sein von behindernden urheberrechtlichen Vorschriften[2176]. Gesetze seien nämlich unfähig, mit dem Tempo technischer Entwicklungen Schritt zu halten. Kurz gesagt, der Cyberspace habe dem Urheberrecht die Fähigkeit genommen, den Rechteinhabern angemessenen Rechtsschutz zu bieten[2177]. Der richtige Weg sei daher, den Gefahren der Technik wiederum mit technischen Mitteln zu begegnen[2178]. Es sei nicht sinnvoll, viel Energie darauf zu verwenden, das Aufkommen neuer urheberrechtsfeindlicher Technik zu verhindern, sondern besser sei in die Entwicklung entgegenwirkender, sichernder Technologie investiert. Bisweilen liest man auch, dem herkömmlichen Urheberrecht komme im digitalen Umfeld lediglich nur noch Sicherheitsfunktion zu, etwa wenn die eingesetzten DRM-Systeme versagen[2179]. Von denjenigen, die die Existenzberechtigung des Urheberrechts anzweifeln, wird offensichtlich vorausgesetzt, daß DRM-Systeme dieses in dessen Funktion als zentrales Schutzinstrument der Rechteinhaber umfassend ersetzen können. Folgerichtig behauptet man, mit dem Aufkommen der DRM-Technik verliere die Urheberrechtsordnung ihre Funktion als zentrales Schutz- und Anreizinstrument für geistige Schöpfungen[2180]. Inwiefern die Zweifel an der Existenzberechtigung des Urheberrechts begründet sind, wird im Folgenden untersucht.

2174 Vgl. Wiebe FS Kilian, S. 603 (616): Technischer Schutz sei äquivalent zum Urheberrechtsschutz, aber praktisch effektiver.

2175 Siehe Bechtold, Informationsrecht, S. 250 ff.: These vom „Tod des Urheberrechts"; ders. ZUM 1997, 427 (446).

2176 Vgl. Barlow, Economy of Ideas, S. 9: „Information wants to be free.".

2177 Vgl. Lessig, Code, S. 224.

2178 Vgl. Clark in Hugenholtz, Future of Copyright, S. 139 ff.: „The answer to the machine lies within the machine.".

2179 Bechtold, Informationsrecht, S. 371 ff.: „Sicherheitsnetz".

2180 Bechtold, Informationsrecht, S. 373, der seine seine Aussage in Fn. 1929 jedoch relativiert; ähnlich Fallenböck/Weitzer CRi 2003, 40 (44).

b) Fehlende Substituierbarkeit der Urheberrechtsordnung

Stimmen, welche die Entbehrlichkeit der Urheberrechtsordnung im digitalen Umfeld propagieren, übersehen bereits folgendes: Die Rechte, welche durch den Einsatz von DRM-Technik faktisch geschützt werden sollen, werden erst durch die Urheberrechtsordnung begründet[2181]. Insoweit wird der Schutzumfang und die Schutzintensität ausschließlich durch das materielle Urheberrecht definiert. Dieses verleiht den Rechteinhabern ein Ausschließlichkeitsrecht und legt die berechtigten sowie unberechtigten Nutzungen fest. Das Urheberrecht fungiert somit als das primäre Schutz- und Anreizinstrument für geistige Schöpfungen und kann schon deshalb nicht mit Hilfe der DRM-Technologie vollständig substituiert werden. Hinzu kommen Defizite in der technischen Sicherheit derzeit marktüblicher DRM-Systeme.

aa) Urheberpersönlichkeitsrechte

Das Urheberrecht schützt nicht nur die Verwertung schöpferischer Werke, also finanzielle Interessen der Rechteinhaber, sondern daneben auch das Persönlichkeitsrecht des Urhebers. Mittelbar kann DRM-Technik auch zu dessen Durchsetzung fruchtbar gemacht werden: So kann etwa durch digitale Wasserzeichen oder Signaturen gesichert werden, daß digitale Inhalte von Dritten nicht unbefugt verändert werden (sog. Integritätsschutz); dies bietet Schutz vor Entstellung im Sinne des § 14 UrhG. Auch die Urheberbezeichnung (§ 13 UrhG) kann durch den Einsatz von DRM-Systemen gegen ihre Beseitigung geschützt werden. Normen, die den rechtlichen Schutz von DRM-Systemen betreffen, schützen daher letztlich auch urheberpersönlichkeitsrechtliche Interessen. Allerdings findet der Schutz urheberpersönlichkeitsrechtlicher Interessen durch Technik naturgemäß dort seine Grenzen, wo diese nicht durch die strikte Nutzungsunterbindung sichergestellt werden können, also an dem Punkt, an welchem Wertungen und die sachliche Auseinandersetzung mit dem Inhalt zur Entscheidung über die Zulässigkeit oder Unzulässigkeit einer möglicherweise das Urheberpersönlichkeitsrecht verletzenden Handlung notwenig werden. DRM-Systeme auf dem momentan aktuellen Stand der Technik können nicht unterscheiden zwischen der zulässigen Bearbeitung eines Werkes oder dessen Entstellung, und schon gar nicht, ob eine solche geeignet ist, die berechtigten geistigen und persönlichen Interessen des Urhebers zu beeinträchtigen[2182]. Technische Maßnahmen können zudem grundsätzlich von jedermann eingesetzt werden und wirken regelmäßig im Interesse des sie Einsetzenden: Sie können somit auch Unberechtigte

---

[2181] So knüpft § 95a I UrhG ausdrücklich an den urheberrechtlichen Schutz an.
[2182] Vgl. A.II.3.b)aa)(1).

schützen[2183]. In diesem Zusammenhang können sich Persönlichkeitsverletzungen urheberrechtlicher Art ergeben. Dies kann DRM-Technik allein weder verhindern noch bewerten, noch angemessen sanktionieren. Will man einen umfassenden Schutz des Urheberpersönlichkeitsrechts gewährleisten, so kann auch hinsichtlich digitaler Inhalte nicht auf einen Schutz durch die Urheberrechtsordnung verzichtet werden.

bb) Interessenausgleichsfunktion

Auch die Funktion des Urheberrechts als Instrument des Ausgleichs der Interessen aller Beteiligten kann in der Praxis nicht von DRM-Systemen übernommen werden. Der Grund hierfür liegt schon in der Natur der Sache: Diejenigen, welche technische Maßnahmen zum Schutz ihrer Rechte einsetzen, haben regelmäßig nur ihre eigenen Interessen vor Augen, nicht indes die anderer Beteiligter oder gar die ihrer wirtschaftlichen Gegenspieler[2184]. Im Regelfall wird dies dazu führen, daß Inhalteanbieter durch DRM-Systeme ihre Interessen so weit wie technisch möglich schützen, ohne auf gegenläufige Interessen Dritter oder der Allgemeinheit Rücksicht zu nehmen. Zwar könnte man versuchen, es dem Markt zu überlassen, die Interessen aller beteiligten Kreise zu einem angemessenen Ausgleich zu bringen. Ob dies gelingen kann, ist allerdings fragwürdig[2185], da ein wirksamer technischer Schutz digitaler Werke zu einer Art Monopolstellung des Rechteinhabers bezüglich des entsprechenden Inhaltes führen kann. Die vom Urheberrecht bislang wahrgenommene Interessenausgleichsfunktion läßt sich in der Praxis kaum durch einen Schutz erreichen, welcher allein auf Technik aufbaut. Folglich wird besagte Funktion allein durch DRM-Systeme praktisch nicht erfüllt.

c) Existenzberechtigung der Urheberrechtsordnung

Aus obigen Erläuterungen wird klar: Technische Schutzmaßnahmen und der an deren Einsatz geknüpfte rechtliche Schutz ergänzen den materiellen Urheberrechtsschutz lediglich. So wird auch niemand auf die Idee kommen, etwa den Diebstahl eines Fahrrads als solchen nicht mehr unter Strafe zu stellen, nur weil es mehr oder weniger sichere Fahrradschlösser gibt, die auch verbreitet zum Einsatz kommen[2186]. Das Bedürfnis nach

2183 Ein Unberechtigter könnte zum Beispiel das Werk eines anderen als sein eigenes deklarieren und unter Verwendung von DRM-Technik zu einer entgeltlichen Nutzung anbieten.

2184 Rechteinhaber und Nutzer sind insofern Kontrahenten, als daß jede Nutzung eines Werkes, welche das Einverständnis des Rechteinhabers nicht erfordet, diesem regelmäßig Einbußen an Lizenzgebühren bringt.

2185 Vgl. B.II.3.

2186 Etwa mit dem Argument, das Knacken des Schlosses (Äquivalent zur Umgehung technischen Schutzes) als solches sei schon mit Sanktionen bedroht, oder aus der Erwägung heraus, der durch das Schloß gewährleistete Schutz sei ausreichend.

rechtlichem Urheberrechtsschutz im klassischen Sinn wird im Ergebnis auch künftig bestehen bleiben. Aussagen, wonach klassische urheberrechtliche Regelungen in einer digitalen Welt keine Berechtigung mehr hätten, verkennen dies.

d) Komplementärverhältnis von Urheberrecht und DRM-Systemen

Funktionen des klassischen Urheberrechts werden zwar zunehmend durch technische Maßnahmen übernommen[2187]. DRM-Systeme und das Urheberrecht stehen dennoch in keinem solchen wirklichen Alternativverhältnis zueinander, daß effektiver Schutz digitaler Inhalte entweder durch den Einsatz technischer Maßnahmen oder mit Hilfe der Urheberrechtsordnung erfolgen kann, sondern vielmehr in einem Komplementärverhätnis[2188]: DRM-Technologie und die Urheberrechtsordnung sind insofern gleichermaßen bedeutsam, sozusagen Partner zur Gewährleistung des Schutzes geistiger Inhalte im Digitalformat. Es ist auch kein Grund ersichtlich, warum man DRM-Systeme und Rechtsordnung nicht zugleich für den Schutz geistigen Eigentums fruchtbar machen sollte[2189]. Urheberrecht und DRM-Systeme sind im Ergebnis als zwei sich ergänzende Komponenten eines Gesamtschutzkonzepts bezüglich digitaler Inhalte zu verstehen, welche jeweils die Schwächen der anderen Komponente kompensieren können. Mit Hilfe von DRM-Systemen werden lediglich einige urheberrechtliche Wertungen besser durchsetzbar[2190], andere wiederum nicht. Auch im digitalen Zeitalter wird die Urheberrechtsordnung daher nicht obsolet[2191]. Was sich ändert ist folgendes: Die Verantwortlichkeit, Rahmenbedingungen zum Schutz der Rechteinhaber zur Verfügung zu stellen, wird sich in gewissem Umfang von den Juristen weg hinein in die Branche der Informationstechnik verschieben[2192].

2. Anpassungsfähigkeit der Urheberrechtsordnung

Die Urheberrechtsordnung besitzt auch durchaus die Fähigkeit, sich zeitgemäß fortzuentwickeln und die neuen technologischen Entwicklungen in-

---

[2187] Höhne in Wiebe/Leupold, elektronische Datenbanken, Teil V, C., Rn. 122.

[2188] Ähnlich Möschel/Bechthold MMR 1998, 571 (574/576), welche dem Urheberrecht als Funktion einerseits das Schaffen von Rahmenbedingungen, andererseits das Schließen eventueller Lücken im technischen Schutz beimessen; Bechtold ZUM 1997, 427 (449 f.); a. A. Bechtold, Informationsrecht, S. 280 f., der das Urheberrecht im digitalen Bereich offensichtlich lediglich noch als Ergänzung zum Schutz durch DRM-Systeme ansieht; wiederum a. A. Peukert UFITA 2002, 689 (703): Die DRM-Technologie ergänze das Urheberrecht.

[2189] So bereits Lessig, Code, S. 232.

[2190] Ähnlich Lessig, Code, S. 232.

[2191] Ebenso Peukert UFITA 2002, 689 (713).

[2192] Ähnlich Bechtold ZUM 1997, 427 (450).

teressengerecht zu bewältigen. Schon immer gehörte der technische Fortschritt zu den Herausforderungen des Urheberrechts[2193]. So fand eine erfolgreiche Reaktion des Urheberrechts auf Herausforderungen durch neuartige Technik schon mehr als einmal statt[2194]. Sogar die Entstehung der Urheberrechtsordnung überhaupt soll ihre Wurzeln im Aufkommen neuer Technologie, nämlich in der Erfindung des Buchdrucks[2195] haben[2196]. Teilweise wird das Urheberrecht gar als das „verbindende Glied zwischen Recht und Technik" eingeordnet[2197]. Seinerzeit waren auch technische Novitäten wie Radio, Fernsehen, Kopier- oder Videogeräte neuartige Erfindungen. Vor diesem geschichtlichen Hintergrund besteht kein Grund, warum das Urheberrecht auf die heutzutage aktuellen Herausforderungen der Digitaltechnik nicht angemessen sollte reagieren können[2198]. Die Hauptstoßrichtungen des Urheberrechts, also das Zurverfügungstellen einer Anreizwirkung für die Schaffung und Verbreitung von geistigem Eigentum zur Förderung von Kultur und Wissenschaft gleichermaßen sowie die Bereitstellung eines Interessenausgleichs zwischen den beteiligten Personengruppen, bestehen auch weiterhin, und zwar unabhängig von der sich dahinter verbergenden Technologie. Die Multimedia-RL äußert sich in Erwägungsgrund 5 zwar dahingehend, daß die Bestimmungen im Bereich des Urheberrechts und der verwandten Schutzrechte angepaßt und ergänzt werden sollten, um den wirtschaftlichen Gegebenheiten in angemessener Weise Rechnung zu tragen. Jedoch ergibt sich hieraus kein Bedarf nach grundlegend neuen Konzepten für den Schutz des geistigen Eigentums. Zusammenfassend ist im Lichte des soeben Erläuterten von einer ausreichenden Flexibilität des Urheberrechts auszugehen, um auch die Neuerungen des Digitalzeitalters sachdienlich rechtlich begleiten zu können[2199]. Hiervon geht auch der europäische Richtliniengeber aus. Insbesondere der Rechtsprechung wird künftig diesbezüglich eine wichtige Aufgabe zuteil werden[2200]. Der Stellenwert des Urheberrechts dürfte künftig wegen der Verschiebung von der materiellen Produktionstätigkeit weg hin zu unkörperlichen Produkten und Dienstleistungen sogar noch zunehmen[2201].

[2193] Oder negativ ausgedrückt: Das Urheberrecht stand schon immer mit der Technik auf Kriegsfuß, so Lessig, Code, S. 223.

[2194] Reinbothe ZUM 2002, 43; Schack JZ 1998, 753 (754): Das Urheberrecht ist an seinen Herausforderungen gewachsen; vgl. auch Lessig, Code, S. 223 f.

[2195] Mit der Erfindung des Buchdrucks Mitte des 15. Jahrhunderts stand das erste Massenkommunikationsmittel zur Verfügung.

[2196] Ernst CR 2004, 39 (39): Urheberrecht als „Kind der Technik"; Reinbothe ZUM 2002, 43; Schack JZ 1998, 753 (754); vgl. Vogel in Schricker, UrhR, Einl., Rn. 52 ff.

[2197] Nordemann in Fromm/Nordemann, UrhR,, Einl., Rn. 1.

[2198] Vgl. Schack JZ 1998, 753 (754).

[2199] Ebenso Schack JZ 1998, 753 (754).

[2200] Ähnlich Bechtold ZUM 1997, 427 (449).

[2201] Ähnlich Dreier CR 2000, 45 (45).

3. Charakter der Urheberrechtsordnung

Der Charakter der Urheberrechtsordnung ist im Begriff, sich zu ändern[2202]. Betroffen sind hiervon Schutzgegenstand wie geschützter Personenkreis gleichermaßen: Zwar ist der rechtliche Schutz hinsichtlich des Einsatzes von DRM-Systemen nicht zu verwechseln mit dem klassichen Urheberrechtsschutz für schutzfähige Werke oder Leistungen als solche. Die auf die Multimedia-RL zurückgehenden §§ 95a ff. UrhG haben daher auch eher informationsrechtlichen denn urheberrechtlichen Charakter. Dennoch baut der Schutz nach besagten Vorschriften auf dem Urheberrecht auf und ist insofern mit diesem verwandt. Das Aufkommen von DRM-Systemen und der entsprechende Rechtsschutz dürften langfristig dazu führen, daß sich mit Fortschreiten der Informationsgesellschaft der Akzent des UrhG in der Praxis weg von einem „Kulturrecht" hin zu einem „Industrierecht"[2203] oder „Recht der Kulturwirtschaft" entwickeln wird. Das bedeutet, daß finanzielle Interessen immer mehr in den Mittelpunkt des technisierten Urheberrechtsschutzes rücken, während kulturellen Gesichtspunkten möglicherweise der Rang abgelaufen wird. Gleichermaßen dürften Erwägungen zum Persönlichkeitsschutz in der Bedeutung des Urheberrechts zugunsten solcher des Investitionsschutzes in den Hintergrund geraten[2204]. Was den vom UrhG geschützten Personenkreis betrifft, erscheint es möglich, daß künftig primär nicht mehr die Rechteinhaber das Schutzsubjekt sein werden, sondern vielmehr die Nutzer, letztlich also die Allgemeinheit[2205]. Denn schon heute kann sich ein Durchschnittsnutzer gegen unberechtigt eingesetzte DRM-Systeme, d. h. in dem Fall, daß der geschützte Inhalt keinen Schutz nach der materiellen Urheberrechtsordnung genießt, technisch nur bedingt zur Wehr setzen, ganz abgesehen davon, daß er dies regelmäßig, etwa zur bloßen Durchsetzung ihn begünstigender Schrankenregelungen, rechtlich gesehen nicht darf. Die Nutzer werden daher vermehrt auf rechtliche Beschränkungen des Einsatzes von DRM-Systemen angewiesen sein[2206].

2202 Siehe Bechtold in Sander, Digital Rights Management, S. 213 ff.

2203 Schricker, Informationsgesellschaft, S. 142; siehe Rohleder ZUM 2003, 1061 (1061); vgl. auch Schricker GRUR 1992, 242 ff.

2204 Vgl. Dusollier/Poullet/Buydens, Copyright and Access to Information, S. 6 ff.

2205 Bechtold in Zerdick/Picot/Schrape/Burgelman/Silverstone, E-Merging Media, S. 333 (338).

2206 Strömer/Gaspers K&R 2004, 14 (19) stellen hierzu fest, daß ein jedes DRM-System durch ein geeignetes „User-Rights-Management-System" korrigiert werden müßte.

II. Konfliktpotential multifunktionale Einrichtungen

Multifunktionale Einrichtungen können die Umgehung von DRM-Systemen ermöglichen oder zumindest fördern. Daneben haben sie jedoch auch legitime, d. h. dem Recht konforme Funktionen. Die rechtliche Behandlung solcher multifunktional einsetzbaren Einrichtungen gilt es in den Griff zu bekommen. Relevant werden kann das Phänomen der Multifunktionalität durchaus an vielerlei Schauplätzen; künftig dürfte es daher Gegenstand noch zahlreicher Diskussionen sein. Abgrenzungsprobleme zwischen erlaubten technischen Maßnahmen, welche die Umgehung von DRM-Systemen mittelbar erleichtern können, und denjenigen Maßnahmen, die primär hierzu dienen, sind jedenfalls zu erwarten[2207].

III. Zukunft interaktiver Dienste

Der Rechteinhaber kann sich durch die Wahl seines Geschäftsmodells praktisch sämtlicher urheberrechtlicher Schrankenbestimmungen entledigen, er muß seine Inhalte lediglich interaktiv im Sinne des § 95b III UrhG anbieten[2208]. Die Rechteinhaber bekommen für den Bereich des elektronischen Geschäftsverkehrs auf diese Weise eine beachtliche Machtposition zugesprochen, da sie der Rechtslage gemäß ihre Ausschließlichkeitsrechte im Bereich interaktiver Dienste faktisch quasi selbst definieren können, einzig begrenzt durch die Leistungsfähigkeit der ihnen zur Verfügung stehenden DRM-Technik[2209]. Rechteinhaber, welche ihre Inhalte zum Abruf im Internet anbieten, werden gegenüber Inhalteanbietern im Offline-Bereich besser gestellt, da sie im Gegensatz zu letzteren den Einschränkungen des § 95b I, II UrhG nicht unterliegen. Die durch § 95b III UrhG geschaffene Rechtslage kann mittel- und langfristig zu folgendem führen: Rechteinhaber gehen vermehrt dazu über, ihre Inhalte nach und nach bis hin zur Ausschließlichkeit nur noch via Internet zugänglich zu machen; die Offline-Verbreitung geistiger Inhalte wird entsprechend reduziert, um so die Privilegierung von Online-Anbietern nach § 95b III UrhG für sich fruchtbar zu machen[2210]. Im Extremfall verschwindet der praktische Anwendungsbereich des § 95b I, II UrhG.

2207 Ebenso Spindler GRUR 2002, 105 (116); vgl. auch Hoeren MMR 2000, 515 (520).

2208 Bayreuther ZUM 2001, 828 (838); Bechtold, Informationsrecht, S. 426; Peukert UFITA 2002, 689 (707 f.).

2209 Siehe aber B.VI.2.b)aa)(2).

2210 Vgl. auch Mayer CR 2003, 274 (280).

Sämtliche in entsprechenden Schrankenbestimmungen angelegten urheberrechtlichen Wertungen werden hiermit einhergehend dann durch den Einsatz von DRM-Systemen ausgehebelt. Im digitalen Umfeld setzen sich also die Interessen der Rechteinhaber einseitig auf Kosten der Nutzer und der Allgemeinheit durch; die urheberrechtlichen Wertungen verlieren ihre praktische Relevanz[2211]. Es kann also die ungewöhnliche, bislang wohl relativ einzigartige Situation eintreten, daß das Recht sich nicht der Zeit, insbesondere dem technologischen Fortschritt und vor allem dem Markt anpaßt, sondern im Gegenteil die Rechtsordnung im Bereich von Online-Angeboten den Markt prägt. In dem Fall steht zu erwarten, daß dies mittelbar die Forschung und den Markt für DRM-Systeme belebt. Jedenfalls ist ein wesentlicher Schub für die interaktive Online-Verwertung digitaler Inhalte durchaus wahrscheinlich[2212]. Ob dies allerdings mit Blick auf den eintretenden faktischen Verlust priviligierter Nutzungsrechte hinsichtlich digitaler Inhalte als wünschenswert zu beurteilen ist, stellt eine andere Frage dar. Nicht auszuschließen ist jedoch auch, daß der Markt sich entgegen der soeben dargestellten Überlegung entwickeln wird, und zwar deshalb, da durch die Regelung des § 95b III UrhG dem Verbraucher letztlich der Anreiz genommen wird, den Online-Handel in breitem Umfang zu nutzen. Aus diesem Blickwinkel könnte § 95b III UrhG sich sogar als entwicklungsfeindlich erweisen, da er die Etablierung und Weiterentwicklung neuer innovativer Geschäftsmethoden durchaus hemmen kann[2213]. Wie der Markt für Online-Dienste sich künftig entwickeln wird, kann von daher mit Spannung erwartet werden.

IV. Freiwillige Maßnahmen der Rechteinhaber

Zum Einsatz kommende DRM-Technologie ist idealerweise neutral, d. h. sie bewertet die Interessen der Beteiligten ausgewogen[2214]. Das ideale DRM-System ermöglicht also einerseits den Schutz der Interessen der Rechteinhaber, indem es die unberechtigte Nutzung entsprechender digitaler Inhalte unterbindet, und beachtet dabei gleichzeitig die Interessen der Nutzer, insbesondere Zugangs- und Nutzungsmöglichkeit im Rahmen urheberrechtlicher Schranken als auch insoweit, als ein Schutz nach der Urheberrechtsordnung überhaupt nicht besteht. Solange derart neutrale DRM-Systeme technisch nicht realisierbar sind, können freiwillige Maßnahmen seitens der Rechteinhaber zur Sicherstellung des Genusses

2211 Provokativ Dietz, wiedergegeben von Zecher ZUM 2002, 451 (457): „Neutralisierung der Schrankenregelungen".

2212 Peukert in Loewenheim, Hdb UrhR, § 36, Rn. 5.

2213 Vgl. Jaeger/Kreutzer, Stellungnahme Referentenentwurf, S. 7.

2214 Siehe aber K.I.1.b)bb).

der in § 95b I 1 UrhG aufgezählten Urheberrechtsschranken Abhilfe schaffen. Solche hätten nicht nur für die Nutzer, sondern auch für die Rechteinhaber selbst durchaus Vorteile: So könnten sie insbesondere vermeiden, daß der Gesetzgeber (weitere) Regelungen in Bezug auf den Einsatz von DRM-Systemen erlassen muß, welche sich für die Mehrzahl der Rechteinhaber womöglich als sehr empfindlich präsentieren könnten. Nehmen diese hingegen das Heft selbst in die Hand, kümmern sie sich also von sich aus um eine angemessene und interessengerechte, urheberrechtlichen Grundsatzentscheidungen zur praktischen Geltung verhelfende Ausgestaltung des Einsatzes von DRM-Systemen, so können sie möglicherweise mehr Einfluß nehmen und einen für sie günstigeren status quo etablieren. Unter diesem Blickwinkel ist den Rechteinhabern zu raten, von sich aus entsprechende Maßnahmen zu ergreifen[2215]. Zumal sich mit den Rechteinhabern auf der einen Seite und Nutzern andererseits kaum gleichmächtige Parteien gegenüberstehen[2216], ist es unter dem Strich allerdings eher unwahrscheinlich, daß die Rechteinhaber den Interessen von zur Nutzung berechtigten Kreisen im Wege einer freiwilligen Selbstbeschränkung aufgrund von Vereinbarungen oder auf andere Weise angemessen Rechnung tragen werden[2217]. Eine Vereinbarung muß nämlich stets ausgehandelt werden. Unwahrscheinlich dürfte sein, daß sich hierbei die priviligierten Kreise gegen die sich mit Blick auf das Potential der DRM-Technologie in einer durchaus gestärkten Verhandlungsposition befindlichen Rechteinhaber in angemessenem Maße durchzusetzen vermögen. Daher kann nicht erwartet werden, daß die Rechteinhaber angemessene freiwillige Maßnahmen zum Schutz der durch Schranken privilegierten Nutzerkreise ergreifen werden. Hierfür spricht auch, daß DRM-Systeme regelmäßig seitens der Rechteinhaber letztlich mit der Absicht der Gewinnsteigerung finanziert werden. Von daher ist es sinnvoll, daß den Rechteinhabern nicht noch mehr Freiraum eingeräumt worden ist[2218]. Möglicherweise wird der Markt die Rechteinhaber dennoch zu freiwilligen Maßnahmen bewegen[2219], vielleicht aber auch nicht. Insbesondere in letzterem Fall ist der Gesetzgeber aufgerufen, einen fairen Ausgleich der Interessen auch für das digitale Umfeld zu schaffen und dann auch aufrecht zu erhalten. Die Multimedia-RL äußert sich in Erwägungs-

---

2215 Im Ergebnis ebenso Goldmann/Liepe ZUM 2002, 362 (375): Die Inhalteindustrie sollte sich durch den aus der Multimedia-RL hervorgehenden Selbstregulierungsauftrag motiviert fühlen, den Kompromiß mit den Nutzern zu suchen; dahingehend auch Knies ZUM 2002, 793 (797).

2216 Vgl. Mayer CR 2003, 274 (279).

2217 Dreyer in Dreyer/Kotthoff/Mechel, UrhR, § 95b, Rn. 3: Die Anreize, § 95b I UrhG ohne gerichtlichen Zwang nachzukommen, seien „eher gering".

2218 A. A. Schippan ZUM 2003, 188 (197); kritisch insoweit auch Braun, wiedergegeben von v. Rom ZUM 2003, 128 (134).

2219 Vgl. Günnewig in Becker/Buhse/Günnewig/Rump, DRM, S. 528 (573).

grund 51 S. 2 dahingehend, daß die Mitgliedstaaten freiwillige, den Einsatz von DRM-Systemen angemessen regelnde Vereinbarungen zwischen Rechteinhabern und anderen interessierten Parteien fördern sollen. Dem Gesetzgeber dürfte insofern allerdings keine einfache Aufgabe zufallen.

V. Bedeutungszunahme des rechtlichen Vorfeldschutzes

Bislang haben Rechteinhaber trotz durchaus bestehender Ansprüche einzelne private Nutzer im Kontext der Umgehung technischer Schutzmaßnahmen soweit ersichtlich kaum in Anspruch genommen. Hauptgrund dürfte sein, daß dies im Regelfall nicht rentabel zu sein verspricht. Zudem sind derartige Verletzungshandlungen im privaten Umfeld regelmäßig allenfalls schwer festzustellen oder gar zu beweisen. Letzteres dürfte sich hinsichtlich digitaler Inhalte auf absehbare Zeit mit Blick auf die Möglichkeiten des Einsatzes von DRM-Systemen jedoch ändern. Auch künftig wird jedoch von Privatleuten in vielen Fällen nicht einmal das zu holen sein, was die Verfolgung der Ansprüche an Kosten mit sich bringt. Wahrscheinlich ist daher, daß der rechtliche Schutz im Vorfeld von eigentlichen Umgehungshandlungen in der Praxis an Bedeutung gewinnen wird: Naturgemäß sucht ein potentieller Kläger nämlich nach „tiefen Taschen", welche die von ihm gestellten Ansprüche auch zu befriedigen vermögen, also regelmäßig die Taschen der Anbieter von Vorbereitungsbeiträgen der Umgehung technischer Schutzmaßnahmen.

VI. Streitigkeiten über die Wirksamkeit technischer Mittel

Für die Wirksamkeit einer technischen Maßnahme i. S. d. § 95a II UrhG werden sich Kriterien herausbilden. Hieraus ist jedoch nicht zu folgern, daß eine konkrete Schutzmaßnahme dauerhaft oder auch nur für längere Zeit ohne weitere Prüfung als wirksam angesehen werden kann[2220]. Zu Zeiten wesentlicher technischer Veränderungen sind daher Streitigkeiten in Wissenschaft und vor allem Praxis zu erwarten, inwieweit ein konkretes Schutzsystem (noch) wirksam ist.

VII. Wandel der urheberrechtlichen Vergütung

Das Potential der DRM-Technik strahlt auch auf das System der urheberrechtlichen Vergütung aus.

[2220] Ebenso Wandtke/Ohst in Wandtke/Bullinger, Praxiskommentar UrhR Ergänzungsband, § 95a, Rn. 51.

1. Der Urheber als Selbstverwerter

Es ist abzusehen, daß mit Hilfe der DRM-Technik künftig eine individuelle und nutzungsbezogene Einzelabrechnung der Nutzung urheberrechtlich geschützter digitaler Inhalte technisch möglich und weitgehend zuverlässig sein wird. Dies dürfte dazu führen, daß Urheber die ihnen an ihren Werken zustehenden Rechte vermehrt selbst wahrnehmen: Urheber dürften sich also allmählich immer mehr zu ihrem eigenen Verwerter entwickeln; der Ausdruck „Direktverwertung“[2221] scheint insofern angebracht. Die Möglichkeit individueller (preisdiskriminierender) Lizenzierung und Abrechnung wird sich vermutlich auch auf die Höhe des Nutzungsentgelts auswirken, da Angebot und individuelle Nachfrage an konkreten Inhalten berücksichtigt werden können. Pauschalierte Entgelte dürften hinsichtlich digitaler Inhalte daher vermehrt individuell bestimmten Preisen weichen.

2. Zukunft der Verwertungsgesellschaften

Verwertungsgesellschaften sollen kulturelle und soziale Aufgaben erfüllen[2222]. Die Multimedia-RL geht in Erwägungsgrund 17 offensichtlich davon aus, daß Verwertungsgesellschaften auch weiterhin bestehen bleiben werden. Zum Teil werden sie jedoch auch als Auslaufmodell in der digitalen Medienwelt angesehen; sie seien schlicht überflüssig[2223]. Bei genauerer Betrachtung kann dem aber so nicht beigepflichtet werden[2224]. Die kollektive Rechtewahrnehmung wird daher auch künftig neben der individuellen ihre eigene Daseinsberechtigung haben[2225]; welche Rolle ihr jedoch zufällt, bleibt abzuwarten[2226]. Die Verwertungsgesellschaften könnten neue Aufgaben wahrnehmen[2227], etwa eine Funktion als Mittler zwischen Rechteinhaber und Nutzer[2228]. Die Funktion als Gegenpol zu den regelmäßig

[2221] BT-Dr. 15/38, S. 37: „Direktvermarktung“.

[2222] Becker in Stern/Prütting, Entwicklung des Urheberrechts, S. 53 (55).

[2223] Wuermeling K&R 2003 Heft 1 „Die Erste Seite“.

[2224] Stickelbrock GRUR 2004, 736 (743); Kreile/Becker GRUR Int. 1996, 677 (680); siehe E.IV.1.a).

[2225] Siehe E.IV.1.a).

[2226] Reinbothe FS Dietz, S. 517 (522) erwartet eine wichtige Rolle.

[2227] Vgl. Peukert UFITA 2002, 689 (709); Dreier CR 2000, 45 (47); Höhne in Wiebe/Leupold, elektronische Datenbanken, Teil V, C., Rn. 108; Möschel/Bechtold MMR 1998, 571 (576); Terheggen in Kaestner, Intellectual Property Rights, S. 165 (168); Rasch in Kaestner, Intellectual Property Rights, S. 173 (175 f.); Dreier/Nolte in Becker/Buhse/Günnewig/Rump, DRM, S. 479 (500); Reinbothe FS Dietz, S. 517 (522): „Möglichkeit der Änderung des Anwendungsbereichs der kollektiven Wahrnehmung“.

[2228] Bechtold, Informationsrecht, S. 13; andeutend Kreile/Becker FS Schricker 2005, S. 387 (391).

mächtigen Rechteverwertungsgesellschaften[2229] dürfte sich indes relativieren: Die bereits bestehenden und künftig zu erwartenden Möglichkeiten der individuellen Lizenzierung und Abrechnung mit Hilfe von DRM-Systemen streiten gegen die Notwendigkeit von Verwertungsgesellschaften unter dem Gesichtspunkt, daß erst der Zusammenschluß in starken Verwertungsgesellschaften die Urheber in eine adäquate Verhandlungsposition bringt, um ihre Interessen gegenüber den großen Rechteverwerten angemessen durchsetzen zu können[2230]: Urheber werden durch die DRM-Technik künftig in die Lage versetzt, die Lizenzierung ihrer Werke selbst zu betreiben; Rechteverwertungsgesellschaften werden dann nicht mehr derart von Bedeutung sein, wie dies noch im analogen Kontext der Fall ist[2231]. Es wird angeregt, Verwertungsgesellschaften könnten die zentrale Verwaltung der mit Hilfe von DRM-Systemen individuell registrierten und abgerechneten Nutzungsvorgänge übernehmen[2232]. Verwertungsgesellschaften könnten die Rolle sog. Clearingstellen ausfüllen[2233]. Sie könnten aber auch etwa die Nutzerseite bei deren individueller Lizenzierung beraten[2234]; diese Funktion können allerdings auch andere Unternehmen übernehmen. Zusammenfassend: Der Siegeszug der digitalen Technik wird letztlich auch die Tätigkeit der Verwertungsgesellschaften entscheidend beeinflussen[2235]; deren Bedeutung wird schwinden[2236].

VIII. DRM-Systeme im Brennpunkt des Kartellrechts und des Datenschutzrechts

Die Bedeutung des Kartellrechts wird im Umfeld der DRM-Technik an Bedeutung gewinnen. Im Kern wird es um die Frage gehen, inwieweit es

[2229] Reber GRUR 2000, 203 (211): Verwertungsgesellschaften als ein sinnvolles Gegengewicht zur Übermachtstellung einiger Rechteverwerter, welche urheberrechtlich geschützte Werke allein als kommerzielle Ware sehen.

[2230] So aber Kreile/Becker GRUR Int. 1996, 677 (680).

[2231] Andeutend Wandtke/Ohst in Wandtke/Bullinger, Praxiskommentar UrhR Ergänzungsband, § 95a, Rn. 36.

[2232] Melichar in Loewenheim, Hdb UrhR, § 45, Rn. 29; ähnlich schon Dreier GRUR Int. 1993, 742 (745).

[2233] Eine Clearingstelle ist eine zentrale Stelle, welche den Nutzern gegenübertritt und die individuellen Lizenzbedingungen der ihr angeschlossenen Rechteinhaber bereit hält. Sie kann grundsätzlich Lizenzverträge entweder selbst in deren Namen abschließen oder den Nutzer an den jeweiligen Rechteinhaber weiterverweisen.

[2234] Geäußert von Hoeren in Kaestner, Intellectual Property Rights, S. 189.

[2235] Melichar in Loewenheim, Hdb UrhR, § 45, Rn. 28.

[2236] Siehe Dreier CR 2000, 45 (47 f.); a.A. Kreile/Becker GRUR Int. 1996, 677 (680); offensichtlich auch Reinbothe in Schricker, UrhR, Vor §§ 1 ff. WahrnG, Rn. 16, der prophezeit, daß Verwertungsgesellschaften im Informationszeitalter nötiger sind denn je und entscheidend zum Funktionieren neuer Dienste beitragen können.

legitim sein soll, Märkte oder einzelne Marktsegmente im digitalen Bereich durch den Einsatz besagter Technik abschotten zu können. Basis der Diskussion wird sein, ob die Tatsache, daß die Stellung der Rechteinhaber mit voranschreitender Entwicklung technischer Schutzmaßnahmen massiv gestärkt wird, erfordert, die Ausübung urheberrechtlicher Ausschließlichkeitspositionen unter dem Gesichtspunkt des Kartellrechts in größerem Umfang zu kontrollieren[2237]. Hierbei handelt es sich um Fragen von enormer wirtschaftlicher Bedeutung. Zu erwarten ist ferner, daß datenschutzrechtliche Untersuchungen und Diskussionen hinsichtlich des Einsatzes von DRM-Systemen künftig vermehrt auf der Tagesordnung stehen werden, jedoch auch, daß die Informationstechnik auf absehbare Zeit hierzu zufriedenstellende Lösungen wird anbieten können.

IX. Technischer Schutz als preisbildender Faktor

Der Einsatz von DRM-Systemen stellt insbesondere in der Erscheinungsform als Kopierschutzmechanismen künftig möglicherweise einen preisbildenden Faktor dar, da der Konsument die verschiedenen Nutzungsmöglichkeiten regelmäßig tatsächlich auch umfassend nutzen können will. So wird der Kunde etwa beim Erwerb von Musik regelmäßig zur Zahlung eines höheren Preises bereit sein, wenn er digitale Vervielfältigungen zum privaten Gebrauch herstellen kann, als wenn ihm diese Möglichkeit aufgrund des Einsatzes eines Kopierschutzes nicht offen steht[2238]. Auch Einschränkungen in der Kompatibilität beispielsweise einer Audio-CD mit gängigen CD-Abspielgeräten werden normalerweise dazu führen, daß der Kunde nicht gewillt ist, den selben Preis zu zahlen, wie wenn die CD von allen marktüblichen Playern problemlos gelesen werden kann[2239]; möglicherweise wird man gar vom Erwerb der CD absehen. Kurz gesagt: Digitale Inhalte, welche durch DRM-Systeme geschützt werden, sind aus Konsumentensicht weniger wert als ungeschützte. Inwiefern sich vor diesem Hintergrund Kopierschutzsysteme am Markt überhaupt durchsetzen werden, ist durchaus fraglich. Geht man hiervon aus, so ist zu erwarten, daß mittel- und langfristig die jeweilige Konfiguration der zum Einsatz kommenden DRM-Systeme in die Bestimmung des Marktpreises einfließt. Die Eigenschaften „Kopierbarkeit" und „Abspielbarkeit" – beides Eigenschaften deren Beschränkung durch DRM-Systeme möglich ist – könnten sich künftig als preisbildender Faktor dar-

[2237] Siehe Ullrich in Dreyfuss/Zimmerman/First, Boundaries, S. 365 ff.

[2238] Ähnlich Grassmuck, wiedergegeben von Ruttig K&R 2004, 182 (184); vgl. auch Pfennig ZUM 2004, 198 (199).

[2239] Diesbach K&R 2004, 8 (10): Kopierfähigkeit und Kompatibilität als preisbildende Faktoren.

stellen[2240], selbst wenn es für künstlerische Inhalte wegen deren Einzigartigkeit regelmäßig kein äquivalentes Austauschprodukt am Markt gibt. Es liegt ferner im Bereich des Wahrscheinlichen, daß sich neben dem eigentlichen Markt auch ein Schwarzmarkt etablieren wird. Auf diesem werden für technisch ungeschützte Inhalte in Digitalform[2241], mit denen der Nutzer also nach Belieben verfahren kann, möglicherweise sogar höhere Preise gehandelt als am regulären Markt.

X. Piraterie in der Informationsgesellschaft

Wurden DRM-Systeme eingangs als die Antwort der Unterhaltungsindustrie auf die zunehmende Inhaltepiraterie charakterisiert, so soll der Kreis mit den folgenden Ausführungen nunmehr geschlossen werden: Festzuhalten ist, daß die Inhaltepiraterie eine ernstzunehmende Bedrohung für die Rechte der Kreativen und Produzenten darstellt. DRM-Systeme erlangen vor diesem Hintergrund zunehmend an Bedeutung: Wurden etwa im Jahre 2002 Audio-CDs noch eher sporadisch mit technischem Schutz versehen, so waren schon kurze Zeit später am 10.03.2003 von den zehn CDs der Top Ten Album-Charts nur noch drei ungeschützt[2242]. Auch für die Zukunft ist eine weitere Bedeutungszunahme der DRM-Technik zu erwarten[2243]. DRM-Systeme werden jedoch zumindest kurz- und mittelfristig umgehbar bleiben. Hieraus ergibt sich eine besondere Schwierigkeit bei der Bekämpfung der Piraterie digitaler Inhalte: Diese besteht darin, daß wegen der Verbreitungsmöglichkeit des Internets schon eine einzelne Umgehung eines DRM-Systems ausreichen kann, um von einer Vielzahl von Piraten genutzt werden zu können, sofern der entsprechende Inhalt dann ungeschützt zum Download angeboten wird[2244]. Auch der rechtliche Schutz der Interessen der Rechteinhaber vermag die Lücke mangelnden technischen Schutzes nicht auszufüllen. Will man künftig der Piraterie geistigen Eigentums Herr werden, so wird man auch Recht und Technik ergänzende Strategien verfolgen müssen[2245]. Hierfür kom-

2240 Ebenso Wandtke/Ohst in Wandtke/Bullinger, Praxiskommentar UrhR Ergänzungsband, § 95d, Rn. 2.

2241 Etwa für Inhalte, deren technischer Schutz bereits umgangen worden ist.

2242 Hansen c't 7/2003, S. 136.

2243 So bereits Möschel/Bechtold MMR 1998, 571 (576); ebenso Schippan ZUM 2001, 116 (120): DRM-Systeme werden „in Zukunft flächendeckend das Erscheinungsbild prägen"; siehe aber auch Höhne in Wiebe/Leupold, elektronische Datenbanken, Teil V, C., Rn. 62.

2244 Ähnlich Haber/Horne/Pato/Sander/Tarjan in Becker/Buhse/Günnewig/Rump, DRM, S. 224 (233).

2245 Ebenso Haber/Horne/Pato/Sander/Tarjan in Becker/Buhse/Günnewig/Rump, DRM, S. 224 (224); ähnlich Sieber MMR 2002, 701 (701); ders. in Picot, DRM,

men verschiedene Vorgehensweisen in Betracht: Obwohl geistige Inhalte wegen ihrer Flüchtigkeit und Omnipräsenz eine außerordentlich sensible Handelsware darstellen, ist ihre Anerkennung im Bewußtsein der Bevölkerung bislang auffällig schwächer verankert als die des Sacheigentums[2246]: Kaum jemand vergleicht die Verletzung von Urheberrechten mit Diebstahl[2247]. Vordringlich Jugendliche sollen den Wert geistigen Eigentums nicht (an-)erkennen[2248]. Insbesondere im Umfeld des Internets ist das Bewußtsein, gegen die (Urheber-)Rechtsordnung zu verstoßen, nur rudimentär ausgeprägt. Auf lange Sicht ist daher ein hoffnungsvoller Ansatzpunkt, das Unrechtsbewußtsein der „Netzgemeinde"[2249] zu schärfen[2250] sowie Aufklärung über die durch Raubkopien angerichteten Schäden zu betreiben[2251]. Denn nicht jeder, der gegen das Urheberrecht verstößt, wird hierbei von krimineller Energie getrieben. Teilweise sind sich die Nutzer der urheberrechtlichen Relevanz ihres Handelns gar nicht bewußt, teils wird das Herunterladen aus dem Internet unter Verletzung von Urheberrechten auch nur als Revolte gegen eine Inhalteindustrie verstanden, welche den Konsumenten mit überhöhten Preisen abzocken will[2252]. Der Mehrzahl von Piraten dürfte auch nicht klar sein, daß ihr Handeln nicht nur die jeweiligen Verwerter, d. h. die Unterhaltungsindustrie, sondern auch die dahinterstehenden kreativen Urheber schädigt. Will man die gesellschaftliche Akzeptanz des Urheberrechts steigern, so muß man also entsprechende Aufklärungsarbeit betreiben[2253]. Dabei sollte man sich auf der Seite der Rechteinhaber jedoch nicht genötigt sehen, sich für Maßnahmen zum Schutz seiner urheberrechtlichen Positionen quasi rechtfertigen oder entschuldigen zu müssen. Erfolg lässt ferner verspre-

S. 137; Möschel/Bechtold MMR 1998, 571 (576); a. A. Glarner, Musikpiraterie, S. 161: Der Piraterie könne allein durch die Entwicklung entsprechender Schutzsysteme Einhalt geboten werden.

[2246] Däubler-Gmelin ZUM 1999, 769 (769).

[2247] Das geltende Vergütungssystem der Pauschalabgaben mag hierbei ein Faktor sein, vgl. E.III.3.a)cc).

[2248] So jedenfalls Manzewski, wiedergegeben von Trinkl K&R 2004, 584 (585).

[2249] Gegenwärtig werden Urheberrechtsverletzungen insbesondere im Kontext des Internets weitläufig als Kavaliersdelikte angesehen.

[2250] Ein Schritt in diese Richtung ist beispielsweise die Aktion „Raubkopierer sind Verbrecher" seitens der Filmindustrie, siehe die heise online news vom 28.07.2004, abgerufen (27.09.2004) unter http://www.heise.de/newsticker/meldung/49526.

[2251] Vgl. Leupold/Demisch ZUM 2000, 379 (389); Cichon K&R 1999, 547 (552 f.); skeptisch allerdings Fränkl/Karpf, DRM-Systeme, S. 108.

[2252] Vgl. Guggemos ZUM 2004, 183 (187); Gottschalk GRUR Int. 2002, 95 (95); Stellungnahme BITKOM zur Privatkopie, S. 2 f.; Herrnleben MMR 2004, 505 (506): Es ist die Rede von „Preistreiberei" oder „Monopolmißbrauch". So halten etwa nur 17 Prozent der in einer Studie Befragten moralische Gründe davon ab, nicht lizenzierte Kopien von Filmen im Internet herunterzuladen, siehe heise online news vom 27.09. 2004, abgerufen (27.09.2004) unter http://www.heise.de/newsticker/meldung/51504.

[2253] Vgl. Peukert UFITA 2002, 689 (703).

chen, zur Verfolgung von Urheberrechtsverletzungen die Internetgemeinde selbst einzubeziehen, indem man entsprechende Anreize zu einer gegenseitigen Kontrolle der Nutzer schafft[2254]: Ein bißchen Denunziantentum für die gute Sache könnte möglicherweise nicht schaden. Auch die Einbindung von Access-Providern als Zugangsvermittler zum Internet[2255] könnte schließlich im Kampf gegen ausufernde Inhaltepiraterie fruchtbar sein.

Fest stehen dürfte dennoch, daß es Produktpiraterie an digitalen Inhalten auch künftig geben wird. Die These, Rechteinhaber müßten akzeptieren, daß Piraterie insbesondere im digitalen Kontext eine nicht zu ändernde Realität darstellt, und deshalb dazu übergehen, gegen Piraterieversionen ihrer eigenen Produkte den Wettbewerb aufzunehmen[2256] mag zwar auf den ersten Blick ein Schmunzeln hervorrufen, ist genauer besehen allerdings sehr innovativ und meines Erachtens durchaus ein Faktor, der zur Eindämmung der Produktpiraterie beitragen kann. Auch wenn die Unterhaltungsindustrie dies nicht gerne zugibt, so wirkt ein gesundes Maß an Piraterie nicht selten sogar durchaus umsatzfördernd, indem hierdurch Multiplikationseffekte geschaffen und letztlich auch Werbung betrieben wird[2257]. Die Frage muß schließlich also lauten: Kann man die Piraterie auf ein gesundes und somit mehr oder weniger unschädliches Ausmaß begrenzen? Maßgeblich sind im Wesentlichen drei Faktoren: Technik, Recht und ergänzende Strategien[2258]. So werden zur Eindämmung der Piraterie neue Geschäftsmodelle gefordert, welche den Nutzern entsprechende Inhalte in Digitalform zu angemessenen Bedingungen legal zur Verfügung stellen[2259]. Mittlerweile beginnt der Markt entsprechend zu reagieren; es ist zu erwarten, daß auf DRM-Technik aufbauende Geschäftsmodelle künftig zunehmen werden[2260]: Legale Download-Angebote im Internet erfreuen sich durchaus wachsender Beliebtheit[2261], auch wenn bisweilen einzelne Angebote wieder eingestellt

---

2254 Vgl. Leupold/Demisch ZUM 2000, 379 (389); Cichon K&R 1999, 547 (553).

2255 Angeregt von Kreile/Becker FS Schricker 2005, S. 387 (395).

2256 So Fetscherin in Becker/Buhse/Günnewig/Rump, DRM, S. 301 (302 ff.).

2257 Vgl. Freiwald, private Vervielfältigung im digitalen Kontext, S. 41; Breinersdorfer ZUM 2003, 1013 (1013); v. Reden in Picot, DRM, S. 145 f.

2258 Ähnlich Gehrke/Seidenfaden/Hellmond/Schuhmann WISU 2004, 666 (672).

2259 Sieber in Picot, DRM, S. 137/139; Kuhlen in Picot, DRM, S. 143; siehe Guggemos ZUM 2004, 183 (187 f.); Sattler in Picot, DRM, S. 150; vgl. auch Freiwald, private Vervielfältigung im digitalen Kontext, S. 39 f.; Köhler K&R 2003, 535 (540 f.).

2260 Vgl. Rosenblatt/Trippe/Mooney, DRM, S. 262.

2261 Wie etwa das iTunes Music Store, vgl. heise onlie news vom 02.10.2004, abgerufen (05.10.2004) unter http://www.heise.de/newsticker/meldung/51741; zum Geschäftsmodell der Virgin Music Group siehe heise online news vom 27.09.2004, abgerufen (28.09.2004) unter http://www.heise.de/newsticker/meldung/51509. Am 26.09. 2005 startete auch die Handelskette Saturn ein Portal zum Download von Musik, siehe heise online news vom 26.09.2005, abgerufen (26.09.2005) unter http://www.heise.de/newsticker/meldung/64290.

werden[2262]. Zwar bedienen solche Angebote bislang vordringlich den Musikmarkt. Aber auch Video-Filme werden im Internet bereits legal angeboten[2263]. Es wird letztlich darauf ankommen, das Verhalten der Nutzer, ihre Bedürfnisse sowie ihre Zahlungsbereitschaft zu ergründen und das Angebot hieran auszurichten[2264]. Natürlich dürfen die Preise für den legalen Erwerb digitaler Inhalte nicht unattraktiv sein; dies gilt nicht allein etwa für Musikangebote im Internet[2265]. Ob, in welchem Umfang und wann ein Rückgang der Produktpiraterie erreicht werden kann, ist ungewiß. Der Zukunft ist insoweit jedoch nicht derart schwarz entgegenzublicken, wie die Inhalteindustrie die Allgemeinheit dies oft glauben machen will[2266]. DRM-Systeme sind jedenfalls ein vielversprechendes Mittel im Kampf gegen die in den letzten Jahren ausufernde Piraterie an digitalen Inhalten. Die Medienindustrie wird daher gut daran tun, die Entwicklung der DRM-Technik voranzutreiben[2267]. Nicht außer acht lassen darf man an dieser Stelle nämlich auch folgende Gesichtspunkte: Ist der finanzielle Aufwand für die Umgehung eines DRM-Systems größer als für eine legale Nutzung, so entfällt regelmäßig der Anreiz zur Umgehung[2268]: Die Umgehung von DRM-Systemen ergibt wirtschaftlich gesehen nur dann Sinn, wenn hierdurch der Zugriff auf geschützte Inhalte ermöglicht wird, dessen Wert den mit der Umgehung verbundenen Kostenaufwand übersteigt[2269].

[2262] So erwägt etwa Karstadt, sein im April 2003 eröffnetes Musikdownload-Angebot zum 30.11.2005 einzustellen, vgl. heise online news vom 24.09.2005, abgerufen (26.09.2005) unter http://www.heise.de/newsticker/meldung/64267.

[2263] Etwa das Angebot „one4movie" der 4friends GmbH, siehe heise online news vom 29.09.2004, abgerufen (05.10.2004) unter http://www.heise.de/newsticker/meldung/51600; siehe auch das Angebot T-Online Vision, abgerufen (05.10.2004) unter http://t-online-vision.de/c/10/45/72/1045726.html.

[2264] Vgl. Fetscherin in Becker/Buhse/Günnewig/Rump, DRM, S. 301 (309 ff.); Generotzky/Nieland/Weigand, DRM, S. 9 f/60 ff.; vgl. auch Buhse in Sander, Digital Rights Management, S. 201 ff.

[2265] Siehe allerdings die heise online news vom 27.09.2004, abgerufen (28.09.2004) unter http://www.heise.de/newsticker/meldung/51525: Momentan seien die notwendigen Kosten zur Betreibung eines Online-Stores zu hoch, um etwa Musik-Titel zum Preis von 99 Cent mit attraktiven Gewinnchancen anbieten zu können. Im Sinne der Eindämmung der Piraterie dürfte es für den potentiellen Kunden aber psychologisch wichtig sein, daß legale Downloads sich im Cent-Bereich bewegen.

[2266] So wurden etwa im August 2004 in Deutschland bereits mehr als eine Million Musikdateien legal aus dem Internet heruntergeladen, abgerufen (25.09.2004) unter http://www.ifpi.de/index.html?jumpUrl=/index.htm. Die Tendenz dürfte steigend sein.

[2267] Apokalyptisch Czychowski NJW 2003, 2409 (2412): Die Medienindustrie würde ansonsten einer „Napstarization" anheim fallen.

[2268] Bechtold GRUR 1998, 18 (20); anklingend auch bei Sieber in Picot, DRM, S. 137; vgl. auch Picot in Picot, DRM, S. 140.

[2269] Dreier GRUR Int. 1993, 742 (746). Dieser Gedanke hat logischerweise allerdings keine Gültigkeit für Fälle, in denen nicht aus finanziellen Interessen technische Schutzsysteme umgangen werden, sondern vielmehr aus „sportlichem Ehrgeiz".

Ferner ist eine 100%ig gegen ihre Umgehung sichere DRM-Technik möglicherweise auch gar nicht erforderlich: Diese muß vielleicht lediglich gewährleisten, daß nur ein Teil – wenn auch ein sehr großer – der Nutzer sich an die (urheberrechtlichen) Regeln halten muß[2270].

2270 Ähnlich Peukert UFITA 2002, 689 (692); anklingend auch bei Bechtold in Zerdick/Picot/Schrape/Burgelman/Silverstone, E-Merging Media, S. 333 (335).

L. Schlußwort

Die angemessene Vergütung des Urhebers für die Nutzung seiner geistigen Schöpfungen wird auch im digitalen Zeitalter als Anreiz zur Schaffung immaterieller Werke unerläßlich sein. Um dies sicherzustellen, bietet der Einsatz von DRM-Technik im Grundsatz eine taugliche Handhabe. Da technischer Schutz früher oder später jedenfalls von Spezialisten umgangen werden kann, ist ein entsprechender rechtlicher Schutz hiergegen nicht verzichtbar. Andererseits darf der technische Schutz digitaler Inhalte im Interesse der Allgemeinheit und der Nutzer aber auch nicht übertrieben werden: DRM-Systeme stellen sich vor diesem Hintergrund als Chance und Risiko zugleich dar. Diese Gegenpole zu harmonisieren, ist eine extrem wichtige, allerdings nicht minder schwere Aufgabe. Mit dem Ziel der angemessenen und ausgewogenen Ausgestaltung der rechtlichen Rahmenbedingungen unter Berücksichtigung möglichst sämtlicher anzuerkennender Interessen der beteiligten Kreise sind insbesondere der Gesetzgeber als auch die Rechtswissenschaft, nicht weniger aber auch die Rechtsprechung zu einer aktiven Begleitung der technischen Entwicklung durch das Recht aufgerufen. Das Urheberrecht stellt dabei für den Einsatz von DRM-Systemen zwar ein zentrales Rechtsgebiet dar. Den Blickwinkel ausschließlich hierauf zu kanalisieren, wäre jedoch verfehlt. Die DRM-Technologie strahlt auf vielerlei Facetten der Rechtsordnung aus: Explizit sollen neben dem Urheberrecht an dieser Stelle nur das Kollisionsrecht, der Datenschutz sowie das Wettbewerbsrecht genannt sein. Der Rechtsrahmen bezüglich der technischen Erscheinungen der Informationsgesellschaft, insbesondere was den digitalen Kontext betrifft, befindet sich nach wie vor in einem dynamischen Gestaltungsprozeß. Dies gilt verstärkt für den Einsatz von DRM-Technik. In Anlehnung an Clarks für das DRM schon fast monumentale Äußerung „The answer to the machine is in the machine“[2271] möchte ich diese These schließlich daher wie folgt weiterentwickeln: „The ultimate answer to the machine is still to be found.“. Dieser Aufgabe müssen auch wir – die Juristen – uns stellen. Packen wir es also an!

2271 Clark in Hugenholtz, Future of Copyright, S. 139 ff.

Stichwortverzeichnis

(Die Zahlen beziehen sich auf die jeweiligen Seiten.)